ARMORIAL DU PAYS DE TOURNUS

RECUEIL D'ARMOIRIES

DES FAMILLES NOBLES ET BOURGEOISES
DE L'ABBAYE ET DE LA VILLE DE TOURNUS,
DE L'ABBAYE DE LA FERTÉ-SUR-GROSNE,
DE L'ARCHIPRÊTRÉ DE LANCHARRE ET
DE LA CHATELLENIE DE BRANCION

FORMÉ PAR

JEAN MARTIN

COMPLÉTÉ ET PUBLIÉ PAR

JACQUES MEURGEY

PARIS
ÉDOUARD CHAMPION, ÉDITEUR
5, QUAI MALAQUAIS

LIBRAIRIE ANCIENNE ÉDOUARD CHAMPION, ÉDITEUR

5, QUAI MALAQUAIS, PARIS VI

OUVRAGES DE M. C. MARTIN

Sépultures barbares sous dalles brutes des environs de Tournus. Mâcon, Protat, 1898, in-8°.

Découvertes archéologiques dans la dépendance de l'église abbatiale de Tournus. Mâcon, 1900, in-8°.

Influence de la dévotion populaire sur le monnayage de l'Abbaye de Tournus. Mâcon, 1900, in-8°.

Pierres tombales de l'Abbaye de Tournus. Châlon, 1901, in-8°.

Étude rétrospective sur les anciens bâtiments claustraux de l'Abbaye de Tournus. Mâcon, 1901, in-8°.

Nouvelles découvertes de sépultures barbares aux environs de Tournus. Mâcon, 1903, in-8°.

Fresques du XVI° siècle de l'ancienne église de Varennes-le-Grand. Mâcon, 1903, in-8°.

Pierres tombales du Prieuré de Lanchâtre, 1904, in-8°.

Pierres tombales (inscriptions et documents archéologiques) de l'ancien archiprêtré de Tournus. Châlon, 1905, in-8°.

Pierres tombales (inscriptions et documents archéologiques) de l'église cathédrale de Saint-Vincent de Châlon-sur-Saône. Châlon, 1906, in-8°.

Objets d'art religieux dans l'ancien archidiaconé de Tournus. Paris, 1906, in-8°.

Notre-Dame de Consolation de l'église de Brienne. Paris, 1906, in-8°.

Le château d'Uxelles et ses seigneurs (en collaboration avec M. Gabriel Jeanton). Mâcon, 1907, in-8°.

Les derniers grands bailliss d'épées du Mâconnais : Des Verbois. Mâcon, 1908, in-8°.

Étude sur une statue de la Victoire sans ailes trouvée à Lacroix (dans *Annales Académie de Mâcon et Mémoires de la Société des Amis des Arts de Tournus,* 1908).

L'œuvre de J.-B. Greuze. Catalogue raisonné, suivi de la liste des gravures exécutées d'après ses ouvrages. Paris, 1908, in-4°.

Les pierres tombales figurées du département de Saône-et-Loire, en collaboration avec M. Gabriel Jeanton. Paris, 1909, in-8°.

La Bibliothèque de Tournus. Toireaus, 1909, in-8°.

La carte préhistorique de la Prusse orientale, compte-rendu du travail de M. Hollack de Kœnigsberg. Mâcon, 1909, in-8°.

Église de Mervans, par Guillemin, publié par J. Martin. Châlon, 1909, in-8°.

Les pierres tombales circulaires et ovales de la Bourgogne, en collaboration avec M. Gabriel Jeanton. Paris, 1910, in-8°.

Catalogue du Musée de Tournus. Tournus, 1910, in-8°.

Pierres tombales de l'Abbaye du Miroir. Paris, 1911, in-8°.

Nouvelles découvertes archéologiques faites en 1910 autour de l'église abbatiale de Tournus. Mâcon, 1911, in-8°.

La noble maison de Trézette en Bourgogne (en collaboration avec M. Gabriel Jeanton). Châlon, 1911, in-8°.

Devenet, sculpteur tournusien, (dans *Mémoires de la Société des Amis des Arts de Tournus,* 1912).

Deux tableaux de Greuze (dans *Annales Académie de Mâcon,* 1912).

ARMORIAL

DU

PAYS DE TOURNUS

JUSTIFICATION DU TIRAGE

———

*Cet ouvrage a été tiré à 25 exemplaires
sur vélin d'Arches numérotés,
et à 250 exemplaires sur papier ordinaire non numérotés.*

———

Abbaye de Tournus. — Abbaye de la Ferté-sur-Grosne
Ville de Tournus.
Archiprieuré de Lancharre. — Sires de Brançion.

ARMORIAL

DU

PAYS DE TOURNUS

RECUEIL D'ARMOIRIES

DES FAMILLES NOBLES ET BOURGEOISES
DE L'ABBAYE ET DE LA VILLE DE TOURNUS,
DE L'ABBAYE DE LA FERTÉ-SUR-GROSNE,
DE L'ARCHIPRIEURÉ DE LANCHARRE ET
DE LA CHATELLENIE DE BRANCION

FORMÉ PAR

JEAN MARTIN

REVU ET PUBLIÉ PAR

JACQUES MEURGEY

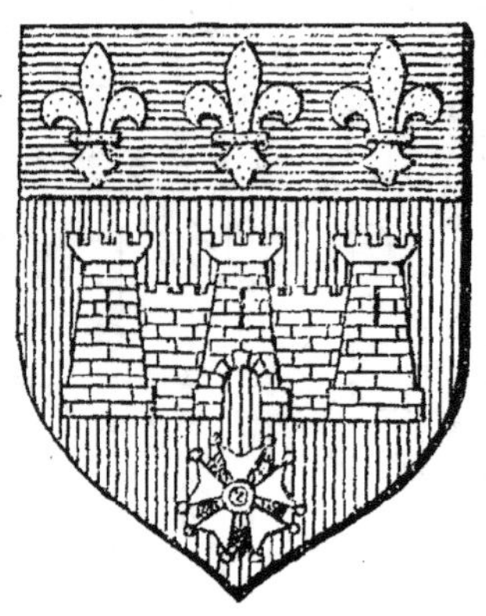

PARIS

ÉDOUARD CHAMPION, ÉDITEUR

5, QUAI MALAQUAIS

MCMXX

AVERTISSEMENT

Au moment de la mort de M. Jean MARTIN, survenue le 22 avril 1919, cet ouvrage était presque terminé. Chargé de revoir ce travail en vue de sa publication, j'ai considéré comme définitif le texte de M. Martin et je n'y ai apporté que les rares modifications qui m'ont semblé indispensables.

Jacques Meurgey.

AVANT-PROPOS

Le cadre de cet Armorial est l'ancien Tournugeois, région de France dont les limites ne furent pas fixées d'une manière certaine au Moyen Age par suite de la rivalité qui existait entre le Chalonnais et le Mâconnais ou plutôt entre leurs maîtres, les rois de France et les ducs de Bourgogne. Mais deux divisions peuvent servir de base pour la délimitation du Tournugeois, d'une part son archiprêtré avec ses 31 paroisses, d'autre part, à la fin de l'Ancien Régime, sa subdélégation, division administrative correspondant à notre arrondissement avec ses 48 communes ou communautés.

Voici les noms de ces paroisses et de ces communes :

I. ARCHIPRÊTRÉ DE TOURNUS [1]

(31 paroisses)

Tournus (2)
Beaumont-sur-Grosne.
Boyer.
Brancion.
Bresse-sur-Grosne.
Champlieu.
Colombier-sous-Uxelles.
Etrigny.
Gigny
Grevilly.
La Chapelle-de-Bragny.
La Chapelle-sous-Brancion.
Lambres.
Lancharre.
Lux.

Mancey.
Marnay.
Nanton.
Ozenay.
Royer.
St-Ambreuil.
St-Cyr.
St-Germain-des-Buis (Jugy).
St-Julien (Sennecey).
St-Loup-de-Varennes.
St-Martin-de-Laives.
Sennecey.
Sevrey.
Varennes-le-Grand.
Vers.

---

1. Cf. G. JEANTON, *Le Tournugeois*, Mâcon, 1917.

II. SUBDÉLÉGATION DE TOURNUS [1]

(48 communes)

Bissy-la-Mâconnaise.	La Chapelle de Bragny.
Bissy-sous-Uxelles.	Lacrost.
Blanot.	La Truchère.
Bonnay.	Lugny.
Boyer.	Mancey.
Bray.	Martailly.
Burgy.	Messey-sur-Grosne.
Burnand.	Montbellet.
Burzy.	Ozenay.
Chapaize.	Peronne.
Chardonnay.	Plottes.
Chavy.	Prayes.
Charcuble.	Préty.
Chissey.	Ragny.
Cortevaix.	St-Boil.
Cruzille.	St-Gengoux-de-Scissé.
Culles.	St-Gengoux-le-Royal.
Curtil-sous-Burnand.	St-Julien.
Dulphey.	Tournus.
Farges.	Uchizy.
Fley.	Vaux-en-Pré.
Germagny.	Vers.
Grevilly.	Le Villars.
Jugy.	Viré.

Nous ajouterons à ces 31 paroisses et 48 communes les villages peu nombreux que la division cantonale a rattachés en 1791 à Tournus, comme Romenay, Brancion, Ratenelle.

Voici les 14 communes du canton de Tournus :

Tournus.	Préty.
La Chapelle-sous-Brancion.	Ratenelle.
Farges.	Romenay.
Lacrost.	Royer.
Martailly-les-Brancion.	La Truchère.
Ozenay.	Uchizy.
Plottes.	Le Villars.

1. Cf. G. JEANTON, *Le Tournugeois*, Mâcon, 1917.

Le Tournugeois est intéressant à étudier au point de vue armorial et nobiliaire à cause de ses établissements ecclésiastiques dont la plupart, comme l'abbaye de Tournus, devinrent peu à peu, selon l'expression heureuse et pittoresque de Saint-Julien de Balleure, des « hôpitaux de noblesse ».

Le Tournugeois possédait en effet dans son cadre :

L'Abbaye de Tournus,
L'Abbaye de la Ferté-sur-Grosne,
L'Archiprieuré des Dames Nobles de Lancharre.
Le Prieuré des Bénédictines du Villars.
Les Commanderies du Temple, puis de Malte, du Temple Ste.-Catherine à Montbellet et de Rougepont.

Les châteaux de Brancion, d'Uxelles, de Sennecey, de Cormatin, de Ruffey, de Cruzille, de Lugny, ont abrité les meilleures familles féodales de Bourgogne. Enfin, ce pays riche et plantureux a donné naissance à de nombreuses familles bourgeoises qui ont porté des armoiries peu connues, pour la plupart, méritant d'être recueillies.

ARMORIAL

DU

PAYS DE TOURNUS

ABBAYE DE CLUNY. — Armes : *De gueules à deux clefs d'argent posées
en sautoir, traversées d'une épée de même en pal, la garde d'or* (Palliot).

Cette célèbre abbaye fut fondée en 910 par Guillaume-le-Pieux,
comte d'Aquitaine, et Bernon, abbé de Baume, en fut le premier abbé [1].

Cette abbaye possédait dans notre région les cures de Cortambert,
Chissey et Beaumont, ainsi que la ville de Saint-Gengoux, dont en 1166
elle céda la moitié indivise au roi Louis VII.

ABBAYE DE LA FERTÉ. — Armes : *De gueules à une tour d'argent,
maçonnée de sable, au bras à la manche monacale d'argent, tenant une
crosse d'or et mouvant d'une fenêtre de la tour* (Arm. général) ; al.
*écartelé d'argent et de sable, au chandelier d'église de l'un à l'autre,
sur le tout d'azur à une fleur de lys d'or* (P. Berthault, *Illustre
Orbandale*).

En 1112, une partie des religieux de Cîteaux vint s'établir dans la forêt
de Bragny, qui leur fut concédée par Gauthier, évêque de Chalon, et par
d'autres seigneurs. — De cette riche abbaye, il ne reste actuellement que
le logis abbatial reconstruit au XVIIIᵉ siècle et appartenant à la famille
Thénard.

Ce monastère eut 47 abbés, dont le dernier fut Antoine-Louis Desvignes de La Cerve, né à Mâcon (1777-1793).

ABBAYE DE SAINT-PIERRE DE CHALON. — Armes : *De gueules
à deux clefs d'argent adossées et posées en sautoir, traversées par une épée
du même posée en pal, la pointe en haut, et accompagnées de quatre fleurs
de lys d'or, deux en chef et deux en flanc* (D'Hozier).

Cette abbaye fut fondée par saint Flave, Flavie ou Flavius, évêque
de Chalon, dont le pontificat se place entre 580 et 591. Il y fut inhumé

---

1. Voir « Académie de Mâcon », *Le Millénaire de Cluny*.

ainsi que saint Loup, son successeur probable, dont la mort date des premières années du viie siècle.

Cette abbaye possédait le monastère et l'église de Chapaize, les cures de Culles, Sennecey, Saint-Martin-de-Laives, etc.

ABBAYE DE TOURNUS. — Armes : *De gueules à une crosse d'or, posée en pal, senestrée d'une épée d'argent aussi en pal, la garde et la poignée d'or, la pointe en haut.*

Fondée dès les premiers siècles du christianisme sous le patronage de saint Valérien, apôtre de Tournus, elle fut donnée en 875 par Charles-le-Chauve aux moines de Saint-Philibert de Noirmoutiers.

ACHIES (d'), *al.* d'ACHEY, d'ACIE, d'ACZIES, de ANZIACO.— Armes : *De ... au lion de ...* (Juénin).

Gérard IV, dit d'Achies, abbé de Tournus, vivait en 1331, et portait les armes ci-dessus. Cette maison a pris le nom de la terre d'Achey, située au bailliage de Gray, auprès de l'abbaye de Theuley. Philippe d'Achey, chevalier, Julienne, sa femme, et leurs enfants, sont nommés dans un titre de Clairefontaine de l'an 1117.

Les d'Achy en Bourgogne ont pour armes : *de gueules à deux haches d'arme d'or, adossées et mises en pal.* (Verlot : *Hist. de l'ordre de Malte*). Ceux du Dauphiné : *de gueules à trois chevrons d'argent* (Rivoire de La Bâtie).

Nous ne savons à laquelle de ces familles appartient notre abbé.

Fiefs : Thoraise, Vereux, Avilley, Maillot, Granges, Le Vernois, Grozon.

Alliances : de Nordans, de Chargé, d'Orchamps, de Cité, de Thoraise, de Vaudrel, Mouchet, Perrenot de Granvelles, de Peloux, de Choiseul, de Vienne, de La Chambre, de Neufchatel, de Bauffremont, de Scey, de Refuge, Bergeret, de Damas, d'Orsans, de Trestondan.

ADVENAT. — Armes : *D'azur au chevron d'or accompagné de trois croisettes ancrées d'or.* (D'après un manuscrit intitulé : *Le livre de la famille Niepce*, conservé à Pont-de-Veyle chez le capitaine Dombey.)

Famille de Tournus possessionnée à Plottes (xviie s.).

AILLY (d'). — Armes : *De gueules à deux branches d'alisier d'argent, au chef échiqueté d'argent et d'azur de trois tires ;* al. : *d'azur à deux branches d'alisier d'or passées en double sautoir, au chef échiqueté d'azur et d'argent de trois tires* (Beaune et d'Arbaumont).

Pierre-Louis d'Ailly devint, en 1729, marquis de Sennecey-le-Grand ; il épousa en, 1733, Marie-Louise-Madeleine de Beauveau.

Maison qui tirait son origine et son nom de la terre d'Ailly-le-Haut-Clocher, en Ponthieu. Cette noble et ancienne famille de Picardie eut l'honneur de s'allier à la maison de France par le mariage de Jacqueline d'Ailly, fille de Raoul, vidame d'Amiens, avec Jean de Bourgogne, duc de Brabant, comte de Nevers, arrière-petit-fils du roi Jean le Bon.

Robert III d'Ailly, seigneur de Roubers et de Fontaines, connu sous le nom de sire d'Ailly, vivait en 1090.

Fiefs : Ailly, marquis d'Annebault et de Sennecey, comte de Pont-Audemer, de Pont-Authou, vicomte de Berneuil, vidame d'Amiens, seigneur d'Anneri, Roubers, Varennes, Sains, Ignaucourt, Bellonne, Montgeron.

Alliances : de Saint-Aignan, de Gouffier, de Béthune, de Bourgogne, du Breuc de Péquigny, d'Albert, de Saint-Quentin, de Vieux-Pont, de Beauveau, Lannoy-Péquigny, d'Auxy, d'Anglure, Raineval, Créqui, d'Estournel, Clermodt, Nècle, Boufflers, d'Harcourt, Mailly, Hénin-Liétard, Halluin, Bournonville, Melun, Roye, Rouvroy Saint-Simon, d'Epinay-Saint-Luc, d'Etampes, Bueil, Batarnai, Longueval, Mouchy, d'Humières, Laval, Riencourt, Coligny, de Rambure.

ALBE (d'). — ARMES :

En 1311, messire Jacques d'Albe est dénommé clerc du Roi à Tournus.

ALBON (d'). — ARMES : *De sable à la croix d'or* (Eglise Saint-Julien).

Les armes de cette famille alliée à celle de Lugny se voient dans la chapelle de Lugny, église Saint-Julien, à Sennecey-le-Grand.

Ancienne famille lyonnaise, tenant fief au Mont-d'Or. En 1400, Guillaume d'Albon et Alix de l'Espinasse, sa femme, firent hommage à l'abbé de Corgenon, de leur maison de Vers, et de tout ce qu'ils possé-daient en ce lieu. Jacques d'Albon, seigneur de Saint-André, marquis de Fronsac, comte de Vallery, maréchal de France, était lieutenant-général du Dauphiné en 1544 (Rivoire de La Bâtie : *Arm. du Dauphiné*).

Fiefs : Saint-Forgeux, Curis, Albon, Saint-Didier, Monthoux.

Alliances : d'Amanzé, d'Apchon, de Damas, de Rougemont, de Vichy.

ALEMANT. — ARMES : *De gueules, semé de fleurs de lys d'or, à la bande d'argent brochant sur le tout* (Rivoire de La Bâtie).

Claude Alemant, fille de dame Isabeau du Pont, fut religieuse à Lancharre après 1542 (H. Batault). Cette ancienne famille se trouve établie en Dauphiné dès le Xe siècle et se divisa en vingt branches, dont les principales furent celles de Valbonnais, d'Uriage, de Champier, de Puvelin, de Demptézieu, de la Levratière, etc.

En 1455, les différentes branches de cette famille réunies par Siboud Alleman, évêque de Grenoble, décidèrent que tous porteraient les armes de celle de Valbonnais ci-dessus décrites (Riv. de La B.).

Fiefs : La Roche-Chazault, La Tour-Bandin, Longepierre, Rosey, Montmartin.

Alliances : Du Pont, de Montrichard, des Forges, Brûlart de Sillery.

Une famille de ce nom, d'après Palliot, portait : *de gueules à trois aigles d'or.*

Une autre, d'après Révérend du Mesnil, blasonnait : *de sable à un lion d'argent couronné et armé de gueules.*

ALIN. — ARMES : *De ...... à une fasce de ...... accompagnée en chef de deux étoiles et en, pointe de deux cœurs.*

Cette famille originaire de Cuiseaux, en Bresse, s'établit à Tournus au XVIIe siècle. Gilbert Alin, seigneur de Pimont, était conseiller du roi, et contrôleur au grenier à sel de cette ville. Son petit-fils, Antoine Alin, épousa Marie Commarmond, dont le testament mystique était scellé des armes ci-dessus.

Alliances : Baron, Paisible, Chavot, Commarmond, etc.

ALLOING. — CACHET ARMORIÉ : *De .... à quatre losanges de ......*

Famille bourgeoise de Tournus aux XVIIe et XVIIIe siècles. — François Alloing, substitut du Procureur fiscal au bailliage de Tournus, scellait des armes ci-dessus.

Alliances : Gigaud, Delafarge, Guignot, Perreault.

AMANZÉ (D'). — ARMES : *De gueules à trois coquilles d'or 2 et 1.* (Palliot).

Selon Chevillard ils écartelèrent *de France.* — La branche cadette des seigneurs de Chauffailles brise d'une *bordure d'or* (Arcelin).

Au XVIe siècle, Jean d'Amanzé traite à prix d'argent avec le baron d'Uxelles, au sujet de la ville de Saint-Gengoux-le-Royal, dont il s'est emparé pour le roi.

Le chef de cette illustre maison, Jean de Villon, damoiseau, fit hommage en 1265 pour le château d'Amanzé en Brionnais, qu'il tenait du chef de sa mère Alix, héritière de la première maison d'Amanzé, connue dès le XIe siècle, et dont il releva le nom.

Fiefs : Amanzé (comté), Arcinges, Beaurepaire, Belmont, Bierre, Cheminau, Chauffailles, Combles (baronnie), Courcelles, Courcheval, Estenevins, Estiengues, Les Feuillées, La Font, Langères, Lessartot, La Place Ponthion, Prizy, Pruzilly, Puligny, Saint-Ambroise, Saint-Germain-la-Montagne, Thiracou, Toulesie, Tramay, Turrant, La Vault, La Vallée, Virey, Maraud, Le Magny.

Alliances : de l'Aubépin, de Balorre, de Bayard, de Boulogne, de Brancion, de La Bussière, de Busseuil, de Chandieu, de Chantemerle, de Chauvirey, de Coligny-Saligny, de Damas-la-Bazolle, de Damas-Digoine, de Damas-Estiengue, de Dio, d'Escars-Vauguyon, des Gouttes, de La Guiche, de Jaquot-Mypont, de Marcilly, de Mitte-Chevrières, de Montjournal, de Montcoquier, de Montchanin, Raquin des Gouttes, de Semur, de Choiseul-Traves, du Verney-la-Garde, de Villon, de Vergy, de Vichy, de La Queuille.

AMONCOURT (D'). — ARMES : *De gueules à un sautoir d'or* (Palliot). René d'Amoncourt fut élu en 1549 trente-sixième abbé de la Ferté ; en 1600, François d'A., comte de Savigny-en-Revermont, seigneur de Montigny-sur-Aube, Ruffey, Branges, Lalheue, affranchit des immeubles à Laives.

La famille d'Amoncourt est originaire de Champagne où vivait, en 1301, Hervé d'Amoncourt. Elle se divisa en deux branches : les Piepape et les Montigny-sur-Aube, et s'éteignit en 1677.

Fiefs : Montigny-sur-Aube, Villey, Brion, Cussey, Guérole, La Tresse, Boudreville, Ruffey, Branges, Savigny-en-Revermont, l'Epervière, Beaurepaire, Varennes-le-Grand, Igé, Montbellet, Lalheue, Crèches et La Chaigne en partie.

Alliances : de Chauviré, de Conflandé, de Saint-Aubin, de Saulx, du Châtelet, de Maugiron, de La Chambre, de Clermont-Thalard de la Quille, de Genlis, de Barillon de Morangis.

AMYOT. — Armes : *De gueules à une croix d'argent* (D'Hozier).

Famille bourgeoise originaire de Tournus, connue dès le xvie siècle.

En 1643, Albert Amyot, notaire et procureur, greffier et commissaire aux saisies réelles, portait les armes ci-dessus.

Jacques Amyot, greffier de Tournus, en 1681, scellait d'un cachet armorié : *De gueules au sautoir de ...., accompagné de deux croisettes pattées, l'une en chef, l'autre en pointe* (Arch. du Bailliage)

Cette famille s'éteignit à la fin du xviiie siècle.

Alliances : Puget, Enjorrand, Vauriot, Bonne, Richard, de la Porte, Bérardan, Mitoud, Marcellet, Palluat.

ANDELOT (d'). — Armes : *De gueules à une fleur de lys d'or* (Pierres tombales. Abbaye de Tournus).

En 1085, Guillaume d'Andelot et Jacquète, sa femme, firent hommage à l'abbé de 10 deniers sur un pré d'Uchizy et sur une terre située à Saluces. Jean d'Andelot, *alias* Dubois, prieur du Villars, infirmier de l'abbaye de Tournus, décéda en 1493 ; Hugues d'Andelot, hôtelier, était son frère ; et, en 1559, Renaud d'Andelot était pitancier de l'abbaye.

Cette famille, originaire de Bresse, remonte à Achard d'Andelot, chevalier en 1200.

Françoise et Béatrice d'Andelot étaient religieuses du Villars. Un puîné d'Andelot, en Franche-Comté, épousa une héritière de *Pressiat*, dont le surnom était du Boys.

De cette branche, Jean II d'Andelot, marié à Jeanne de Filigny, en 1412, eut dix enfants, dont nos religieux : Jean et Hugues.

Fiefs : Pressiat, Marmont, La Vernée.

Alliances : Forcalquier, Pressilly, Belvoir, La Palu, Loysia, Serve, La Vernée, Chatillon, Fitigny, Ancieux, Vergier, Rochebarron, Montjouvent, Clugny, Cléron, Foissy, Nance, Ugnies, Vaudrey, d'Apchon, de Foudras (Beaune et d'Arbaumont).

ANDRAL (d'). — Armes :

N. d'Andral, chevalier de Saint-Louis en 1757, capitaine-commandant à Tournus, paraît dans le procès-verbal de la bénédiction des cloches de l'église Saint-André.

ANDRÉ-JOUBERT. — Armes : André : *D'azur à la croix de Saint-André d'argent.* — Joubert : *D'azur au mont de six copeaux d'argent* *au chef d'or chargé d'un lambel de gueules* (Armoiries communiquées par la famille). .

Cette famille est actuellement représentée à Tournus par le général André-Joubert, propriétaire du château de Saint-Autin. (Cf. *Répertoire*).

ANGEVILLE (D'). — ARMES : *De sinople à trois fasces ondées d'argent* (Guichenon) ; al. : *de sinople à deux faces ondées d'argent* (D'Hozier).

Claude d'Angeville devint seigneur de La Saugerée (Etrigny) par son mariage avec Marie de Chevriers, dame de La Saugerée.

Famille originaire de Bassigny. Le premier qui vint s'établir en Savoie, en 1440, fut Robert, écuyer de Louis, duc de Savoie.

Elle se divisa en trois branches : les d'Angeville de Lompnes, ceux de Luyrieux et ceux de Montveran (pour généalogie, voir La Chesnaye-Desbois).

Fiefs : Montverrend, La Saugerée, Douvres, Vaudin, Lompnes, Culoz, Talant (partie), Longpont, etc.

Alliances : de Chevriers, de Moyria, de Luyrieux, de Champier, etc.

ANGLOIS. — ARMES :

Hugues Anglois, évêque de Carlisle, compagnon d'exil de saint Thomas de Cantorbéry, en 1213, fut enterré à La Ferté.

ANGLURE (D'). — ARMES ANCIENNES : *D'or à la croix ancrée de sable* (Paillot). ARMES NOUVELLES : *D'or semé de grelots d'argent, soutenus d'angles ou croissants de gueules* (P. Menestrier. Palliot).

En 1640, Charles d'Anglure était prieur du Villars, et sa sœur, Claude d'Anglure, comtesse de Saint-Trivier, favorisa à Tournus l'installation des Bénédictines.

Maison originaire de Champagne qui se divisa en plusieurs branches.

Fiefs : Colmier, Ampilly-le-Sec, Massingy, Recey (en partie), Riel-les-Eaux, Boussenois.

Alliances : Joinville, Vergy, Chastellux, Ligneville, du Châtelet, Dinteville, Choiseul, Lascaris, Neufchâtel, Pontailler, Ornaison, Chabot, Rochebaron, Rouville, Toulongeon, Mailly, Livron, Saulx, Damas-Fuligny, Tressondau, Rouhier (B. et d'Arb.).

ANGLURE-BOURLEMONT (D'). — ARMES : *Ecartelé 1 et 4 d'Anglure, 2 et 3 de Chatillon, qui est : de gueules à trois pals de vair, au chef d'or, et brochant sur le tout, fascé d'or et de gueules de huit pièces qui est de Bourlemont* (Vertot).

Scipion d'Anglure-Bourlemont, originaire du diocèse de Toul, était Commandeur des Temples de Chalon, Sainte-Catherine de Montbellet et Rougepont en 1632.

ANGUILLON (D'). — ARMES :

En 1615, Albert d'Anguillon, écuyer, fils de Marguerite de Malvoisin, demeurait à Jugy ; et noble Pierre d'Anguillon, écuyer, garde du corps du roi, y demeurait également en 1677.

ANIMÉ. — Armes : *D'or à un cœur enflammé de gueules.*

En 1629, Gabriel Animé, était notaire à Cluny, époux de Madeleine de Cheminant.

En 1701, Claude Animé était notaire à Messey-sur-Grosne. A la même époque, François Animé, prêtre, curé de Loisy, portait les armes ci-dessus décrites.

Alliances : de Cheminant, Ochier.

ANTHON (d'). — Armes : *De gueules à un dragon d'or* (Guichenon) ; al. : *de gueules à un dragon à face humaine* (La Chesnaye-Desbois) ; al. : *de gueules, parti de vair* (Le Laboureur).

En 1311, Guichard d'Anthon était arrière-feudataire de l'abbaye de Tournus pour La Truchère, qu'il tenait de fief d'Henri d'Antigny.

Puissante famille du Viennois, établie en Bresse vers 1130, époque où nous trouvons Guichard Ier, seigneur d'Anthon et Pérouges ; elle s'éteignit au xive siècle.

Fiefs : Anthon (Dauphiné), Pérouges (Bresse), Gordans, Illiat, Loyettes, etc.

Alliances : de Genève, de Montaigny (Rivoire de La Bâtie).

ANTIGNY (d'). — Armes : *D'or au lion naissant de sable* (Palliot).

Guillaume d'Antigny, comte de Vienne et de Mâcon, mort en 1224, fut inhumé à l'abbaye de Tournus (Juénin).

Cette illustre et ancienne famille est originaire de la terre d'Antigny en Bourgogne.

Philippe d'Antigny, seigneur de Pagny, eut deux fils, dont l'aîné, Guillaume, fut père de Hugues qui, ayant épousé Béatrix de Vienne, fut substitué, en 1257, au nom et aux armes de Vienne.

Fiefs : Pagny, Antigny, Sainte-Croix, Louhans, Cuisery, Sagy, Mont-pont, Loisy, etc...

Alliances : de Vienne, de Montaigu, de Damas, etc.

ANTIGNY DE SAINTE-CROIX (d'). — Armes : *D'or à une croix de sinople* (Guichenon).

En 1311, Hugues d'Antigny, seigneur de Sainte-Croix, possédait le fief de La Truchère, ainsi que le bois de Darbonnay et le péage de Loisy.

Ancienne et très illustre famille qui possédait la seigneurie de Mont-fort, paroisse de Cuisia, sous l'hommage du duc de Bourgogne. En 1308, Henri d'Antigny, seigneur de Sainte-Croix, reçut du sire de Villars, à titre de fiefs, Benesens, la Féole, la garde d'Ambérieux et le Temple de Villars (Révérend du Mesnil).

APVRIL. — Armes :

En 1631, René Apvril, conseiller pour le roi au grenier à sel de Saint-Gengoux, et sa femme, Adrienne Muguet, habitaient Tournus. En 1701,

Jacques Avril était chapelain de la chapelle de Tous-les-Saints, en l'église du Temple Sainte-Catherine (M. Rameau).

Une famille Avril était domiciliée et possessionnée à Lenax (Allier).

ARBELLOT. — Cachet armorié : *De .... à une étoile posée au premier canton dextre, et à un A majuscule en pointe à senestre.*

En 1650, Louis Arbellot était maître chirurgien à Tournus, et scellait des armes ci-dessus décrites (Arch. du Bailliage).

Une famille Arbellot en Bourgogne portait : *D'azur à quatre arcs d'or, cordés de sable, posés en pals, surmontés de trois étoiles du second* (Rietstap).

ARCELIN. — Armes : *D'azur à une tête de cerf arrachée d'or ramée de neuf cors de même, surmontée d'une étoile d'argent* (D'Hozier).

François-Etienne Arcelin était, en 1756, chirurgien à Farges-les-Mâcon, où il avait épousé Françoise-Louise Richard ; à la même époque, on trouve une notification de lettres de gradué sur l'abbaye pour Mᶜ Gilbert Arcelin, prêtre du diocèse de Mâcon.

Famille mâconnaise, originaire de Cluny, où Giovanni Arcelin, médecin de Florence, vint s'établir au XVᵉ siècle.

Les armes ci-dessus décrites étaient portées par Pierre Arcelin, en 1698 ; il leur fut ajouté : *une étoile d'argent* comme brisure de cadet. A cette famille appartient l'éminent érudit Adrien Arcelin (1838-1904). (Cf. *Répertoire*).

ARCY (d'). — Armes :

Hugues d'Arcy était commandeur de Chalon, Beaune, Montbellet, Bares, Lorraine, Espailly et Rougepont en 1421, 1429, 1461.

En 1608, Joachim d'Arcy, écuyer, seigneur de La Varenne, La Farge Coutouvre, marie sa fille Marguerite-Minerve à François de Musy, seigneur de Satonnay (Mâconnais) (Arch. S. et L. E.). En 1609, Claudine d'Arcy était religieuse au couvent des Bénédictines du Villars. Nous ne savons si ces différents personnages appartenaient à la même famille.

Alliance : de Foudras.

ARNOUX.

En 1356, Jean Arnoux fait hommage à l'abbé de Tournus de la moitié d'une garenne au bois de Lume (Auvergne).

ARNOUX. — Armes : *D'argent à un arc de gueules, accompagné de deux roses du même, au chef d'or chargé de deux étoiles de gueules* (Niepce).

Cette famille d'origine louhannaise se divisa en plusieurs branches, celles de Ronfand, de Joux, de Corgeat.

Antoinette Arnoux de Corgeat, veuve de Jean-Claude-Guillaume Durand, capitaine au régiment des volontaires bretons, chevalier de Saint-Louis, décéda à Tournus en 1756.

En 1829, Claude-Charles-Emmanuel-Melchior-Théodore-Bernard Arnoux de Ronfand, époux de Marie Ducret, acheta la terre de l'Epervière.

Fiefs : Ronfand, Voite, Montflin, Mont-Charvey, Vaugrenand (partie), Promby.

Alliances : Loubat de Bohan, Ducret, Niepce, de Rotalier, Raviot, Varennes de Feuille, de Chapuys-Montlaville.

ASNIÈRES (d'). — Armes : *D'azur à la tour d'argent senestrée d'un avant-mur du même, le tout maçonné de sable* (Rietstap et Palliot).

Hugues d'Asnières était, en 1359, sacristain de l'abbaye de Tournus.

La maison d'Asnières est une très ancienne maison bressanne, possessionnée audit lieu, paroisse de Confrançon et à Saint-Julien-sur-Reyssouze, Loriol. Humbert d'Asnières, damoiseau, vivait en 1261 (Révérend du Mesnil).

AUBEL. — Armes : *D'azur à deux cœurs d'or posés en fasce, suspendus à une chaîne de gueules passée en sautoir et accompagnés en chef de deux étoiles d'argent et en pointe d'une tour de même.*

Etienne Aubel de la Genète, conseiller au bailliage et présidial de Mâcon, vers 1750, avait épousé en 1741, Jeanne Grenelle, qui lui apporta la seigneurie de Pimont (à Boyer).

Famille mâconnaise connue dès le xvᵉ siècle ; Jacques Aubel fut commissaire au bureau de la poste de Mâcon en 1696.

Alliances : Goujon, Gontard, Grenelle, de Moncy, Armand d'Argenteuil, de Perthuis de La Salle, de Sorbier, Passant, Bonne, Royer, Latache de Neuvillette, de Rivérieulx de Varax qui représentent actuellement cette famille à Pymont et à Baraban.

AUGER. — Armes : *D'argent à la croix de sinople, cantonnée aux 1 et 4 d'une tête de léopard de gueules, aux 2 et 3 d'une fleur de lys de même* (Rietstap).

Armand Auger, avocat au Parlement de Bordeaux, épousa, en 1741, Marie, fille de Claude Compagnot, maire de Tournus ; leur fils naquit en cette ville en 1742.

Famille noble, originaire du Berry, dont une branche établie en Auvergne possédait, aux environs de Tournus, les fiefs de Cornon, Leyssiat, Frettechise, Les Robin, etc.

AUMONT (d'). — Armes : *D'argent au chevron de gueules accompagné de 7 merlettes de même, 4 en chef, 3 en pointe mal ordonnées* (La Chesnaye-Desbois, Steyert).

Au milieu du xvıᵉ siècle, Messire Jacques d'Aumont, chevalier, baron de Châteauroux, aliène un bois, à Saint-Laurent-d'Andenay, appartenant à l'abbaye de La Ferté (Arch. S.-et-L.).

Famille d'ancienne chevalerie, originaire de Picardie, qui remonte à Jean Iᵉʳ, sire d'Aumont, chevalier croisé en 1248. Elle s'établit en Bourgogne en 1405. Au xvııᵉ siècle, elle se substitua à celle des Rochebaron. Louis-Marie d'Aumont-Rochebaron, duc et pair de France, était seigneur de Lys et autres lieux en 1725.

Fiefs : marquisat de Nolay, seigneuries d'Aubigny, Molinot, Thury, Ceuves, Lys, etc., baronnies de Couches et d'Estrabonne.

AUSQUE (de). — Armes :

En 1380, Jehan de Ausque, écuyer du duc de Bourgogne, son bailli et maistre des foires de Chalon, est enterré à l'abbaye de La Ferté (L. Bazin). Le Père Berthault, dans l'*Illustre Orbandale*, t. II, p. 267, rapporte ainsi son épitaphe : Jean de *Vasque* ou de *Visque*, écuyer, etc.

Alliances : De Vincens, Compagnot.

AUTHUMES (d'). — Voir de MASSON.

AUTHUMES d'AVAUGOUR (d'). — Armes : *D'argent au chef de gueules* (Guichenon et Palliot).

En 1584, Magdeleine d'Avaugour était mariée à Nicolas Le Valoys, seigneur et baron de La Villeneuve et La Truchère (G. Jeanton et Ravenet).

Famille originaire des environs de Saint-Brieuc, qui s'éteignit en 1646.

Fiefs : Avaugour, Montville.

AVOUT (d'). — Armes : *De gueules à la croix d'or chargée de 5 molettes de sable.*

Cette famille a pris son nom du village d'Avout, au bailliage de Dijon. Huguenin et Jacot d'Avout figurent, vers 1340, parmi les féodaux de Saulx-le-Duc.

Le comte Edgar d'Avout, né le 7 octobre 1842, † 1907, époux de Angèle de La Rocque de Chanfray, est propriétaire du château de Sans, près Sennecey-le-Grand.

AYMARD de MONTVAL. — Armes : *D'azur à un lion d'or issant d'un roc d'argent.*

En 1775, Mathieu Aymard de Montval, par suite de son mariage avec Marie-Thérèse de Meaux, posséda, en partie, la seigneurie de La Douze (Lugny).

D'après une généalogie de famille, que Mathieu Aymard de Montval a lui-même dressée, les Aymard remonteraient à Aimeré Aymard de Montval, seigneur de La Roche-aux-Enfants, vivant en 1433, époux de Marie Guichard, il avait pour armes : *de gueules à 3 coquilles d'argent, 2 et 1.*

Fiefs : Montval, Marbé, Chatillon, Francheleins, La Roche-aux-Enfants, La Douze, le moulin de la Maigrette.

Alliances : De Meaux, Bernard de La Vernette, Guichard, Chaussat de Montburon, Lécherre, du Rousset, Siraudin (Perraud).

AYMON de MONTÉPIN. — Armes : *D'azur à un besant d'or posé en abîme* (Révérend du Mesnil).

En 1666, François-Marie Aymon, écuyer, fils de François, seigneur de Montépin et autres lieux, épousa Louise-Marguerite, fille de Claude-Philibert Volatier, écuyer, seigneur de La Train. En 1729, il vendit ses biens sis à Uchizy.

Fiefs : Montépin, La Train, Châtillon ?

Alliances : Molin, La Souche, Volatier.

AYMOND, *al.* Aimond, Emond.

Jacques Aymon, chanoine de l'église Saint-Philibert de Tournus, en 1733, était fils de Pierre-Joseph Aymon, apothicaire et échevin de cette ville. En 1738, Pierre Aymon était notaire à Tournus.

AZÉ (D'). — ARMES :

A la fin du XIIIe siècle, Jocerand, dit d'Azé, écuyer, et sa femme, *Marguerona*, fille de Guillaume de *Mommella*, engage les biens qu'il possède à Lalheue, pour assurer la somme de 100 livres qui est due aux religieux de La Ferté. En 1387, André d'Azé était feudataire de l'abbaye de Tournus, à Azé. En 1407, Simonin l'était également pour des bois sis à Azé. Vers le commencement du XVe siècle, Marguerite d'Azé, femme de Jean de Vergy, seigneur de Dulphey, échange avec Simonne de Verchizeuil, dame de Lugny, des terres sises à Igé, Soligny, Verzé, Verchizeuil, contre d'autres sises à Brancion, Royer, Martailly, Nogent, La Chapelle-sur-Brancion, etc.

AZINCOURT (D') *al.* **DAZINCOURT**. — ARMES : *D'azur au chevron d'or accompagné de trois merlettes d'argent, deux en chef, une en pointe* (Ex-libris d'Anne-Joseph d'Az. Bibliothèque de l'Académie de Mâcon) ; al. : *tranché, fascé et contre-fascé de gueules et d'or de six pièces.*

En 1587, vivait à Tournus Charles d'Azincourt, marchand et bourgeois, son fils Henri fut notaire et procureur vers 1633.

Charles d'Azincourt, docteur en médecine, se signala pendant la peste qui sévit à Tournus en 1630, et devint par la suite médecin ordinaire du prince de Condé.

Anne-Joseph d'Azincourt, célèbre avocat et jurisconsulte, fut échevin de Dijon en 1681 et rédigea plusieurs ouvrages.

Famille bourgeoise de Tournus aux XVIIe et XVIIIe siècles, paraissant être originaire de Verdun sur le Doubs, où vivait, en 1440, un Jacques d'Azincourt, cité par Courtépée ; elle est actuellement représentée par : François-Auguste, docteur en droit, avocat à Demigny, et ses deux enfants Emile-François et Marguerite-Clotilde-France. (Cf. *Répertoire*).

Alliances : Perroux, Ravel, Machoud, de La Forest, Lepage, Desbois, Tournus, Abord, Gouraud, Coste.

BAASGE. — ARMES :

Frédéric Baasge, en 1378, était capitaine-châtelain de la Colonne (Gigny).

BABILLON.

En 1569, Claude Babillon, prêtre et procureur spécial de noble Jean Florette, était religieux de l'abbaye de Tournus (Fief d'Uchizy).

BAGÉ (DE), *al.* **BAUGÉ**. — ARMES : *D'azur au lion d'hermines* (Salle des Croisades).

Entre 924 et 1059, les sires de Baugé ou Bagé donnèrent à l'abbaye

Saint-Philibert de Tournus les villages de Préty et Lacrost, qui restèrent possession abbatiale jusqu'en 1787.

En 1230, Renaud de Baugé obtient de l'abbé de Tournus une augmentation de fief consistant en un droit de garde sur ces deux villages, avec une redevance annuelle de 30 « moitiers » d'avoine.

En 1281 un traité est conclu entre l'abbaye de Tournus et Amédée de Savoie, au nom de son épouse, Sibylle, fille unique et héritière de Guy, dernier sire de Baugé, au sujet de la garde de ces villages (G. Jeanton et Ravenet, *Hist. de Préty*).

BAGNA.

En 1329, Joanin Bagna rend hommage à l'abbé de Tournus de tout ce qu'il possède sur la terre de Nully (Auvergne).

BAILLET. — ARMES : *D'argent à trois chardons de sinople, fleuris de gueules* (Palliot) ; al. : *d'argent à trois chardons de gueules tigés et feuillés de sinople, rangés sur une terrasse du même* (Rietstap).

En 1534, Jean Baillet, avocat du roi, au bailliage de Chalon, président au Parlement de Bourgogne, était seigneur de Saint-Germain-du-Plain, La Colonne, L'Epervière, La Motte, Vaugrenant, Givry, Chamirey, Droux, La Teyssonnière (en partie).

Cette famille bourgeoise chalonnaise, connue dès le XVe siècle, donna deux présidents et six conseillers au Parlement de Bourgogne (Palliot).

Fiefs : Saint-Julien, Cressey, Brognon, Foncegrive, Brazey, Echigey, Is-sur-Tille, Maison-Rouge, Saint-Désert, Authumes, Lesmes.

Alliances : Foucault, de la Boutière, Burgat, Perreault, Dumay, Ocquidem, Millière, Fyot, Villers, Bouhier, Bretagne, Mathieu, La Michodière, Lebeau, Noblet, Brûlart (B. et d'Arb.).

BALAY. — ARMES : *D'azur à un chevron d'argent, accompagné en chef de 3 étoiles et en pointe d'un croissant du même* (Arch. hôpital de Tournus).

En 1686, Marie Balay, épouse de François Chappuis, marchand à Cuisery, fut une bienfaitrice de l'hôpital de Tournus.

Dans la première moitié du XVIIIe siècle, Claude Balay, lieutenant en la châtellenie royale de Cuisery, amodie à l'hôpital de Tournus plusieurs domaines sis à L'Abergement, Charette ?, etc.

Alliances : Claret de Revermy, Delaporte, Vitte, Gauthier, Petitjean, Monot, Clerguet, Chappuis.

BALEURRE (DE). — Voir DE SAUVEMENT.

BALGIACO (DE). — ARMES :

En 1120, Harduin et Bernard *de Balgiaco* donnent à l'abbaye de La Ferté des terres qu'ils possèdent sur les territoires de Molaise, *Molesiaco* et *Normus* (L. Bazin).

BALLARD. — ARMES : *D'or à un aigle à deux têtes de sable, charg sur son estomac d'un écusson d'azur, surchargé de trois quintefeuilles d'or, 2 et 1* (D'Hozier).

(1646-49). Noble Jean Ballard, époux de Jeanne des Prés, était seigneur de Védy ? et de Fortunet.

(1673-81). Claude Balard, écuyer, seigneur de Fortunet, fut l'un des 25 gentilshommes de là Garde de « la Marche du Roi. »

Pierre Ballard, receveur des Etats au bailliage d'Autun portait les armes ci-dessus décrites.

Alliances : des Prés, de Poncelet.

BALLORE (DE). — ARMES : *D'azur à la croix engreslée d'or* (Rietstap).

Philibert de Ballore, chambrier de Parey, obtint, en 1373, la permutation de son office avec Pierre Vindaices, aumônier de l'abbaye de Tournus (Juénin).

Famille noble, originaire de Bourgogne.

Guillaume de Ballore était, en 1315, capitaine d'Argilly.

Fiefs : Cognard, Moulin-Neuf.

Alliance : d'Amanzé.

BAMEL (DE). — ARMES :

Henri de Bamel, moine de Tournus en 1399, exerça des violences sur les habitants (Juénin).

BARANGUES. — ARMES : *D'azur au chevron d'argent accompagné de 3 coqs d'or* (Chevillard).

Antoine Barangues, secrétaire du roi, fut nommé en 1713, pour la régie des bénéfices consistoriaux vacants (Baill. de Tournus).

En 1722, N. Barangue, conseiller au Châtelet, portait les armes ci-dessus.

BARBIÈRE (DE). — ARMES :

Nicolas de Barbière, en 1530, vivait à Lampagny.

BARITEL. — ARMES : *Ecartelé au 1 et 4, au chevron de .... au 2 et 3 de ...., à 3 quintefeuilles posées 2 et 1, au chef de ....* (Bailliage de *Tournus*).

Philibert Baritel, substitut du Procureur fiscal au bailliage de Tournus, en résidence à Saint-Symphorien-d'Ancelles pour le prieuré de Saint-Romain, portait les armes ci-dessus décrites.

Famille de Saint-Symphorien-d'Ancelles et des environs, paraissant encore existante dans cette même région.

Les Baritel, en Lyonnais, portent : *d'azur, au chevron d'argent, chargé d'une fleur de lys du champ* (Rietstap).

BARNAUL (DE), *al.* BERNAULT. — ARMES : *De sable à la croix d'or* (Palliot).

En 1366, Jean de Barnaul, écuyer, fils de Philippe de Barnaul, chevalier, confesse tenir en fief du duc de Bourgogne sa maison sise au-dessous du château de Brancion, maison appelée maison de Beaufort.

En 1295, Perreau de Bernault, vend à Geoffroy de Germolles tout ce qu'il possède à Châtenay-le-Larron, Courcelles et Champforgeuil.

V. plus loin, *de Bernaut.*

Fiefs : Châtenay, Lessertot, Montmort, Darcey, Marcilly, Montaigu, La Teyssonnière, Givry (partie), Maxilly, Chassy, Chivechières, etc.

Alliances : Saint-Seine, Damas, Thoisy, Loron, Moroges, Chaudyo, Bouton, Haranguier, Guierche.

BAROLET. — ARMES : *D'argent à 3 barils d'azur, posés 2 et 5* (D'Hozier).

Famille de robe de Tournus, aux xviie et xviiie siècles, originaire du Chalonnais ; dont Vincent Barolet, prêtre, curé de Chorey, bailliage de Beaune, qui portait, en 1698, les armes ci-dessus décrites.

Dans la seconde moitié du xviie siècle, Vincent Barolet, bourgeois de Beaune, achète la charge de contrôleur des actes des notaires du Mâconnais.

BARTHELOT. — ARMES : *D'azur au chevron d'or, accompagné de 3 trèfles de même, 2 en chef, 1 en pointe* (D'Hozier).

Claude Barthelot, conseiller au bailliage (1598), acheta, en 1603, la seigneurie d'Ozenay.

Cette famille, originaire de Castel-Moraud ?, remonte à Claude Barthelot, procureur du roi, au Bois-Sainte-Marie, en 1537, et se divisa en trois branches : 1° les seigneurs d'Ozenay, éteints depuis peu, auxquels fut substitué par adoption Marie-Augustin-Amédée de La Barge de Certeau, cousin de Jules Barthelot, dernier marquis d'Ozenay ; 2° les seigneurs de Rambuteau ; 3° les seigneurs de Bellefond.

La branche de Rambuteau porte : *parti au 1er de Barthelot ancien, au 2e coupé, en chef d'azur à 3 fasces d'or, surmontées de 3 annelets de même, en pointe de gueules plein* (*Arm. de l'Empire*; Rietstap).

Alliances : de Rymon, de Bullion, Dormy, Chappuis, Pianello, de Châtenay, Farjon, Ling, des Colabeau, de La Barge, de Certeau, d'Orlier, de Saint-Innocent, Schœffer, Presle du Plessis, etc. (Pour généalogie, v. *Répertoire des familles notables de Tournus*).

BASTIER. — ARMES :

En 1516, Etienne Bastier, seigneur d'Arc-sur-Tille, reprend de fief le moulin de Saint-Cyr, appelé le Moulin-Neuf, Les Essarts et dépendances.

Cette famille remonte à Etienne Bastier, mort avant 1368 ; son fils Hugues reprit le fief du meix de Monteils, paroisse de Mussy-sur-Dun, en Mâconnais.

Fiefs : Monteils, Magny-sur-Tille.

Alliances : Bouesseau, de La Tour, de Plaine, d'Izié, Opros, de Bousseret, Moingin, Douet (B. et d'Arb.).

BATAILLE DE MANDELOT. — ARMES : *D'argent à 3 flammes de gueules, mouvant de la pointe* (B. et d'Arb.).

N. Bataille de Maudelot devint seigneur de Messey-sur-Grosne, par son mariage avec N. Clermont de Montoison.

Famille chalonnaise, connue au xvie siècle, époque où nous trouvons Guillaume Bataille, avocat du roi au bailliage de Chalon.

Fiefs : Messey, Drousson, La Chaux, Dampierre, Prémeaux, Varennes-les-Beaune, Cussy-la-Colonne, Mavilly, Maudelot, Lancey, Petit-Bois, Taizé, Saint-Germain, Fontenay, Alloise, Reure, Talant, Virey, Saint-Martin-en-Bresse, Perret, Civry, etc...

Alliances : du Blé, Bonvalot, Legoux, Thyard, Roger de Saint-Micaud, Vallerot, Damas, Venot, Gaudet, de Beaumont, Gagnepain.

BAUDERON de SENNECÉ. — ARMES : *D'azur, coupé de sable, à un chevron d'or, brochant sur le tout* (D'Hozier).

Brice Bauderon, seigneur de Sennecé, lieutenant général au bailliage de Mâcon, 1644, conseiller d'Etat des finances, 1651, était possessionné à Lys, Chissey, Prayes, Culey, Saint-Quentin-de-Bray.

Cette famille, originaire de Paray-le-Monial, où vivait Brice Bauderon en 1550, s'établit dans le Mâconnais, où elle acheta la terre de Sennecé en 1601.

Fiefs : Sennecé, Condemines (Charnay).

Alliances : Grattier, Dussolier, Dumont, Grillet, Roux, Quiny, Burnot, de Bleuzy, Brunot de Paule, Paissaud, Solvy, Desvignes, Berthet de Gorze, Chambre, De La Salle, Vigousset, Bernard de Sennecé.

BAUDINOT. — ARMES : *De gueules à 3 faces d'or, et 3 croissants d'argent rangés en chef*. Al. : *D'azur* (Rietstap) ; al. : *de gueules à 3 fasces d'or surmontées de 3 croisettes d'argent rangées en chef* (Steyert).

Joseph-Palamède Baudinot, fils de Louis-Palamède B., seigneur de Villorbaine, fut percepteur à Tournus en 1840, il eut trois fils, dont Archambaud Baudinot de Villorbaine (1834-1874), élève de l'école Polytechnique, ingénieur des mines, époux de Pauline Sirand, qui eut quatre enfants, représentant actuellement cette famille.

Ancienne famille noble de Bourgogne et du Charollais, ayant possédé les fiefs de : Chateauvert, Selore, La Brosse, Puthières, Pouilly, Champ-Jacob, L'Espinasse, Villorbaine, etc.

Alliances : Champagnhac, Sirand, Durande, Lalande, Delignon, Moreau, La Curée, Masse, Lenet, Guyot de La Faye, Gouvenain, Raffin, Callard, Macheco, Thélis, Blanchet, Perrin, etc.

BAUDOT. — ARMES :

En 1757, Louis Baudot, avocat en Parlement, habite Saint-Gengoux-le-Royal et épouse Philiberte Chaillot.

En 1697, Jean Baudot, avocat en Parlement à Autun, porte pour armes : *D'azur à un chevron d'or, accompagné en chef de 2 étoiles et en pointe d'un cœur de même* (D'Hozier).

François Baudot, maître des requêtes (1673), puis conseiller maître et vicomte-mayeur de Dijon en 1695, blasonnait : *D'azur à une ancre d'argent, et une fasce de gueules chargée de 3 étoiles d'or brochant sur le tout* (D'Arbaumont).

BAUFFREMONT (de). — ARMES : *Vairé d'or et de gueules* (Palliot).

Guillaume de Bauffremont, époux de Claude de Toulongeon, à la fin

du xve siècle, devient seigneur de Sennecey ; en 1619, Henri de Bauffremont, marquis de Sennecey, épousa Catherine de La Rochefoucauld, nièce
de l'abbé de ce nom ; elle fit don aux Récollets, en 1620, du tableau représentant saint Antoine de Padoue recevant l'enfant Jésus des mains de
la sainte Vierge, actuellement à l'abbaye Saint-Philibert.

Georges de Bauffremont, comte de Cruzilles, possédait Brancion au
xvie siècle.

Selon Rousset, cette illustre famille encore existante, serait originaire
de la terre de Bauffremont, sise à deux lieues de Neufchâteau (Vosges),
ne paraissant en Bourgogne qu'à la fin du xiiie siècle.

Fiefs : baronnies de Scey-sur-Saône, Sombernon, Couches, Bourbonne, Clairvaux, Mirebeau, Sennecey ; les terres de Molniot, Sau-
tosse, Sarrigny, Grosbois, la Borde, Couchey, Ouroux, Bonnencontre, Gemeaux, Tanay, Charmes, Cuiserey, Echirey, Ruffey, Marigny,
Remigny, Chateauvillain, Dracy, Bauffremont, Bulgueville, Couches,
Jonvelle, de Charny, Sombernon, Malain, Listenois, Arc-en-Barrois,
Meximieux, Marnay, Ruppes, Soye ; barons puis marquis de Raudan,
de Sennecey ; comtes de Cruzille ; princes-ducs de Bauffremont, pairs
de France (Niepce).

Alliances : Longwy, Cusance, Choiseul, Vaudrey, Poligny, Rupt,
Lugny, Toulonjon, Vergy, Vienne, Brichanteau, Pot du Blé, Patarin,
La Rochefoucauld, Foix, Chalon, Mailly, Courtenay, Daupmartin,
Malain, Tenarre, Amboise, Pontailler, des Barres, Luxembourg, Ville-
lune, Drée, Lugny, Raulin, de Vergy, de Traves, de Fancogny, de Rougemont, de Furstemberg, de Cusance, de Bauffremont, de Livron, de Montmartin, etc.

BAUGÉ (de). — Voir BAGÉ. — Armes : *D'azur au lion d'hermine* (Juénin).

Pierre de Beaugé fut abbé de Tournus en 1066. Il était de l'illustre
maison de Baugé, en Bresse, dont Ulric, qui donna par les mains de
l'archevêque Humbert et de l'abbé Pierre, la chapelle Saint-André de
Baugé avec la paroisse et d'autres biens, pour y établir un monastère.

Gui de Baugé fut père de Sybille (Juénin, page 99), qui porta la Bresse
en dot dans la maison de Savoie vers 1279.

Fiefs : Baugé, Bourg, Saint-Trivier, Cuisery, Sagis (*id.*, p. 161).

BAUGIS, *al.* de BAUGES. — Armes : *De ...., à une bande chargée de
2 tourteaux et d'une étoile à 6 rais, accompagnée en chef d'une étoile et
d'un tourteau en pointe* (Beaune et d'Arbaumont).

Philibert de Baugis, en 1562, était sacristain et sous-prieur de l'abbaye
de Tournus.

Famille qui tire son nom du Château de Baugis, près Dracy-le-Fort
(Chalonnais) et paraît remonter à Pierre, écuyer, bailli de Dijon en 1370.

Fiefs : La Commelle, Saint-Léger-sous-Beuvray, Gissey-sur-Flavigny,
Thenissey, Bretenière, Reclaines.

Alliances : d'Humières, Le Garennier, Martin, Senevoy, Provenchères
(B. et d'Arb.).

BEAUCHAMP (de). — Armes :

Dom de Beauchamp est moine à l'abbaye de La Ferté en 1790.

En 1584, François de Beauchamp était homme d'armes, maître-d'hôtel du maréchal d'Aumont et seigneur de Dennevy en partie. Il avait épousé Louise de Digoine.

BEAUFORT (de), al. de BELFORT. — Armes : *De .... à une croix de .... ; al. : de gueules à 3 écus d'hermine* (Palliot).

En 1171, Hugues de Belfort, neveu de l'abbé de Tournus, Pierre II, était prieur de Grevilly, puis d'Uchizy en 1303. Concession accordée par frère Bertrand, religieux de Cluny, au nom de l'abbaye, par laquelle il déclare les biens tenus de la succession de *Guillaume de Beaufort*, contestés entre Jouraud et Guillaume de Beaufort, et Pierre de Beaune et Agnès, sa femme, en cas qu'elle hérite desdits Jouraud et Guillaume, elle en devra hommage au seigneur abbé de Tournus comme ses prédécesseurs. En 1304, Guillaume de Belfort fut moine de l'abbaye de Tournus.

Cette famille, connue dès le XIIe siècle, paraît avoir tiré son nom de la terre de Beaufort, paroisse de Cuisia (Franche-Comté) ; elle a possédé en outre les seigneuries de Flacey, Fontenaud, Chichevières, Savianges.

Alliances : Crux, Chauvirey, Saulx.

BEAUFORT (de). — Armes : *D'azur à la chappe d'or, écartelé d'argent au lion rampant de gueules* (L. de Montoison).

Joseph de Beaufort, ingénieur des mines à L'Huisserie près Laval, né à Uchizy le 30 novembre 1848, acquit une propriété à Tournus.

Famille qui se dit originaire du Hainaut, et établie en Franche-Comté en 1245. Mais sa filiation n'est sûrement reconnue que depuis le XVIIe siècle, où elle habitait Azé, puis Bissy-la-Mâconnaise, Cruzille et Uchizy.

Alliances : Dufour, Renaud, Delacour, Baraud, Certillange, Blanchard, Humbert.

BEAULMONT (de). — Voir MAUJEU.

BEAUMONT (de). — Armes :

Au XIIe siècle, Garots de Beaumont, dont le père était moine à La Ferté, échange avec cette abbaye des terres sises au long du chemin de la *Perrière*, contre des prés au territoire de Laives (L. Bazin).

Hugues de Beaumont, mentionné comme témoin dans un acte relatif à la donation du moulin de Roveneaul (XIIe siècle).

BEAUMONT (de). — Armes :

Antoine de Beaumont, avocat en Parlem nt, épou xdeMarie dee Nivière, habitait Tournus au début du XVIIIe siècle, il avait été inspecteur et premier commis des Ambulants des Audes du Mâconnais ; il eut un fils, Hugues, en 1711.

BEAUNE (de). — Armes : *De gueules au chevron d'argent, accompagné de 3 besants d'or* (Palliot).

Jean III de Beaune, fut cellérier à l'abbaye de La Ferté en 1406 et abbé en 1430. — Renaud de Beaune, archevêque de Bourges en 1527, portait les armes ci-dessus décrites.

De Beaune, en Auvergne, porte actuellement : *écartelé en sautoir d'argent et de gueules* (Rietstap).

BEAUPONT (DE). — ARMES : *De gueules à l'aigle d'argent* (Guichenon).

Claudine de Beaupont, veuve de Jean de Digoine, était prévôte de Brancion en 1503 (Bazin).

Georges de Beaupont vivait dans le Briançonnais en 1283 ; Jean et Etienne de Beaupont furent procureurs généraux au Parlement de Grenoble en 1463 et 1483.

Cette famille est éteinte depuis longtemps (Rivoire de La Bâtie).

BEAUSSIER (DE). — ARMES : *D'azur à 3 coquilles d'or sans oreilles* (Jouve).

Cette maison remonte à Jean de Beaussier, écuyer, qui vivait en 1375.

BEAUVOIR (DE). — ARMES : *Ecartelé d'or et de gueules* (Rietstap). Al. : *D'argent à la bande de gueules, chargée de 3 coquilles d'or* (Rietstap).

Vers 1624, André de Beauvoir, seigneur de Chaintré, était prévôt de Saint-Romain, il avait épousé Clémence Bernard de Chaintré vers 1610.

Les Beauvoir en Forez portaient les secondes armes ci-dessus décrites, les Beauvoir de Champagne, Dauphiné et Bresse, ainsi que les Beauvoir la Palu, portaient les premières.

Ces familles ne doivent pas être confondues avec celle des Beauvoir, seigneurs puis comtes de Châstellux.

Fiefs : Varassieux, Chaintré.

Alliances : de Chaintré, de Pignères, de Nauton.

BÉCEREL (DE). — ARMES : *D'argent à la bande de gueules chargée de 3 quintefeuilles d'argent* (D'Hozier).

Jean de Bécerel, cellérier de l'abbaye de Tournus, décéda en 1385, et Guichard, son frère, chambrier.

Famille de Bresse, connue dès le XIIIe siècle, le fief de Bécerel se trouvait au village de Journaus (Ain) où vivait, en 1270, Guy de Bécerel.

Fiefs : Bécerel, Malaval.

BÉDEL, *al.* BÉDET. — ARMES :

Noble Pierre Bédel fait, en 1560, dénombrement de sa seigneurie du Buysson (nom disparu, commune de Montbellet). (Lex).

BEDOUET DE SOUVILLE. — ARMES :

En 1723, mariage de Catherine-Elisabeth Bedouet de Souville, avec Pierre Lombard, professeur de belles-lettres à Tournus ; elle décéda en 1765. (Arch. Tournus).

BÉGON.

Famille auvergnate qui portait : *d'azur à 3 roues d'or au chef d'argent chargé d'un lion passant de gueules* (Bachelin Deflorenne). Existait encore en 1887.

Joseph Begon, curé de Préty et auparavant de Cruzille-en-Mâconnais, était né à Ambert (Puy-de-Dôme) vers 1684, d'Ant. Begon et de Gilberte Louvan.

BEL. — Armes :

En 1399, Guillaume Bel, religieux de Tournus, est témoin dans un traité entre l'abbé et les habitants de la ville (Juenin, t. II, p. 255).

BELFORT (de). — Armes :

En 1303, Guillaume de Belfort était moine de Tournus (Juénin, p. 171).

BELIGNY (de). — Armes : *Ecartelé 1 et 4 de .... à 3 poignards de ......, posés 2 et 1, la pointe en haut ; 2 et 3 de .... à 2 fasces de .... (P. tomb. Saint-Vincent de Chalon) ; al. : d'or à trois haches d'armes de gueules posées 2 et 1.*

Georges de Béligny habitait Tournus en 1455, époque où il figure dans la « taille » comme l'un des plus forts imposés de la ville.

En 1491, Jean de Béligny, chanoine de Saint-Vincent de Chalon et Claude, son frère, possédaient un fief à Pierre-en-Bresse, et portaient les premières armes ci-dessus décrites ; Les Béligny possessionnés en Beaunois, les secondes.

BELIN. — Armes :

N. Belin fut un bienfaiteur de l'église de Saint-Gengoux. — En 1779, Jeanne Belin était veuve de Jacques de Loisy, changeur pour le roi à Tournus, et à la même époque, Louis Belin, notaire à Bresse-sur-Grosne. — Hilaire Belin, prêtre, curé de Sully, portait, en 1698 : *De sinople, à un mouton passant d'argent, 2 étoiles de même posées en chef* (D'Hozier).

BELLE (de). — Armes : *D'azur au lion d'or, à la bande de gueules, chargée de 3 vases à fleurs d'argent, les fleurs au naturel, brochant sur le toüt* (Steyert).

Césaire-Alexandre de Belle, capitaine de dragons, puis général de division, né à Voreppe, épousa en l'an III Philiberte, fille de Guillaume Bureteau, de Tournus, et eut un fils, Gilbert, né en cette ville, en l'an IV.

Cette famille, qui paraît originaire du Briançonnais, a formé plusieurs branches et porté diverses armes (V. Rivoire de La Bâtie).

Fief : La Gachetière.

BELLEPERCHE (de). — Armes : *D'argent au lion de sable armé et lampassé de gueules* (Beaune et d'Arbaumont).

Raoulet de Belleperche, écuyer, figure dans une montre d'armes de 1372.

Au xvie siècle, Robert de Belleperche était seigneur de Chassignoles et d'Aynard, à Bonnay (Lex, *Fiefs du Mâconnais*).

Alliances : Chassignole, de la Menue, de Cussigny, de Colombet, de Chardonnet, de Martigny.

Fiefs : Chassignole (Bonnay), Aynard, Belleperche, Mardiaugue, La Tour-du-Bost, Batant, Charmoy et Uchon (en partie), Marchizeuil.

BELOUZE (de). — Armes : *D'or à trois cors de chasse de gueules, enguichés d'argent et liés d'azur, mis 2 et 1* (D'Hozier).

En 1287, Bernard de Belouze reconnaît tenir de l'abbaye de Tournus ses biens à Romanèche (Perraud).

Simon de Belouze, en 1341, était possessionné audit lieu, et fait hommage de ses biens à l'abbé de Tournus, avec Marguerite, sa femme ; et Claude de Belouze, en 1645, fut notaire et greffier en la châtellenie de Chânes et Crèches.

En 1700, Claude de Belouze, bourgeois de Mâcon, portait les armes ci-dessus décrites.

On trouve encore un Belouze, châtelain de Mont-Jouvan, en 1787 (Révérend du Mesnil).

BÉNÉDICTINS de SAINT-PIERRE de CHALON. — V. ABBAYE de SAINT-PIERRE.

BENOIST de GENTISSART (de). — Armes : *D'azur au chevron d'or, accompagné d'une main dextre bénissante de carnation, posée en fasce ; au chef de gueules, chargé d'un croissant entre deux étoiles d'or.* (Jouve).

Famille originaire du Forez, qui possède actuellement le château de Grevilly. Ernest-Marie-Victor de Benoist de Gentissart, membre titulaire de l'Académie de Mâcon, fut maire de Grevilly au XIXe siècle.

BENON des CHANES. — Armes :

Vincent Benon des Chânes, médecin, né à La Chapelle-de-Guinchay, en 1763, mort à Berzé-la-Ville, en 1841, maire de cette commune, fut conseiller général de 1822 à 1831.

Messire Benoît Benon était vicaire de Lugny en 1742.

BÉRARD.

Vingt-deuxième abbé de Tournus (1223-1245). Il était prieur de Noirmoutier, puis de Saint-Pourçain, quand il fut élu abbé. — C'est lui qui entreprit de placer au milieu de la Saône et vers le milieu de la ville les moulins qui étaient autrefois au-dessous de la chapelle Saint-Laurent (Juénin).

BÉRARDAN. — Armes : *De gueules à trois palmes d'or posées en pal* (D'Hozier).

Famille paraissant originaire de Tournus dès le XVIIe siècle, où Antoine Bérardan était secrétaire et greffier de la ville en 1696, et portait les armes ci-dessus décrites.

Jean Bérardan, notaire en 1691, avait pour armes : *de .... à une arbalète de .... accompagnée de 4 glands posés 2 en chef, 2 en pointe* (Arch. de S.-et-L.).

Un autre Bérardan de Tournus, en 1714, scellait : *de* .... *à 3 cœurs de* .... *2 'en chef, 1 en pointe.*

Cette famille s'est éteinte au XIXe siècle.

Alliances : Demanget, Chrestien, Croix, Roger, Desalnable, Aubery, Vauriot, Delaval, Amyot, Tupinier, Dubois, Narboud, Maudiot, Mathey, Noly, etc.

BERAUD. — ARMES :

(1226-49). Pierre Béraud, chevalier, partant pour la Terre-Sainte, en 1242, fut un bienfaiteur de l'abbaye de La Ferté.

En 1239, Josserand de Brancion avait donné à son *fidèle* Pierre Béraud, chevalier, une partie du village de Saint-Ambreuil (L. Bazin).

BERBISEY (DE), al. BERBIZEY. — ARMES : *D'azur à la brebis paissante d'argent sur une motte de sinople* (D'Hozier).

Mathieu de Berbisey, natif de Dijon, fut en 1716 commandeur de Chalon, Montbellet et Rougepont.

Famille originaire de Dijon, connue dès le XVe siècle, où Etienne de Berbizey était bourgeois en 1479.

En 1644, Jean de Barbizey était conseiller du roi au Parlement de Bourgogne. (Cf. Beaune et d'Arbaumont).

Alliances : La Michodière. Bouhier, Fyot, Le Belin, etc..,

BERGIER. — ARMES : *D'argent à 3 roses de gueules et un mufle de léopard du même en cœur* (Révérend du Mesnil).

Antoinette Bergier, fille de Charles, docteur en médecine, naquit à Tournus en 1742 ; religieuse avant la Révolution, elle mourut en 1808.

Famille originaire de Bourg-en-Bresse, où vivait, en 1420, noble Guillaume Bergier ; elle fut possessionnée au Roux en 1450, à Corrobert, Montfort et Montflory.

En 1727, Gabriel Bergier fut lieutenant en la châtellenie royale de Cuisery.

Fiefs : Pierreclos, Dompierre, La Rivière, Charency, Le Brouillat, Saint-Didier, Moncoquier.

Alliances : La Tessonnière, Cheval, Damas, Delaval, Desplains, Beroud, Lelièvre.

BERINGHEN (DE). — ARMES : *D'argent à 3 pals de gueules, au chef d'azur chargé de deux quintefeuilles d'argent.*

En 1730, après la mort de Nicolas du Blé, Henri-Camille de Beringhen devint marquis d'Uxelle.

Pierre de Beringhen, né au duché de Clèves (Prusse occidentale), seigneur d'Armanvillers et de Gretz, fut d'abord armurier d'Henri-Robert Aux-Epaules, seigneur de Sainte-Marie-du-Mont, en Normandie, puis devint premier valet de chambre d'Henri IV.

Fiefs: marquis de Beringhen et d'Uxelles, comte de Plessis-Bertrand, baron de Ténarre, d'Ormes, Villeneuve.

Alliances : du Blé, d'Aumont, de Beaumanoir-Lavardin, de Haute-fort.

BERNARD.

En 1036, Bernard, moine de Tournus, signe une donation en faveur de l'abbaye de Tournus (Juénin, p. 92).

BERNARD. — Armes : *De gueules à la bande d'or, chargée de 3 étoiles d'azur, accompagnée à senestre d'un cor de chasse d'or enguiché et virolé d'azur* (Chevillard).

Famille d'ancienne bourgeoisie mâconnaise qui remonte à Nicolas Bernard, mort en 1430 ; elle se divisa en plusieurs branches : 1º les Bernard de Marbé ; 2º de Châtenay; 3º de Chanteau; 4º de La Vernette, de Valenton, Blancey, Chaintré, éteints au xvIIIe siècle. En 1678, André Bernard, seigneur de Chaintré, fait hommage à l'abbé de Tournus de la prévôté de Saint-Romain (Arch. S.-et-L., p. 196).

BERNARD. — Armes : *D'or, à 3 trèfles d'azur tigés et feuillés de sinople, posées 2 et 1* (D'Hozier) ; al. : *de .... à 3 œillets de ......, 2 en chef 1 en pointe* (Arch. Bailliage).

Antoine Bernard, chanoine de l'abbaye de Tournus en 1667, mort en 1725, portait les armes ci-dessus décrites ; il était fils de Jean Bernard et d'Anne Pacquerd, inhumés à l'abbaye ; il succéda à son oncle, le chanoine Louis Bernard.

Cette famille, originaire de Ruffey, vint s'établir à Tournus au xvIIe siècle.

BERNARD de CHANTEAU.

André Bernard de Chanteau, seigneur de Droux et de Vaux, en 1616, fut maître ordinaire de la Chambre des Comptes de Bourgogne et épousa Madeleine Galois ; il fut possessionné à Droux, Sevrey, Mepiller, Lux, La Teyssonnière, Chaintré, Chanteau, Corcelles-en-Morvan.

Fiefs : La Vernette, Chanteau Marbé, Châtenay, Loché, Burgy, Les Ecuyers, Saint-Romain, Valenton, Blancey, Vaux, Varange, La Salle, Varennes, Chintré, Saint-Didier Droux, Corcelles, Maison-Blanche, etc.

Alliances : Joly de Norge, Meaux, Desbrosses, Bretagne, Maire, Four-neret, Joly de Blaisy, Julien, Cottin, de Joncy, de Salornay, Morel, Verjus, Bullion, Porchier, Arcelin, Dauphin, Chandon, Dormy, Prisque, La Porte, Bauderon, Lamartine, La Bletonnière, Chappuis de Rozières.

BERNARD de CHATENAY.

Jean Bernard, écuyer, seigneur des écuyers à Uchizy, conseiller du roi au bailliage de Mâcon, et Philiberte Morel, son épouse, firent, en 1701, le dénombrement de la seigneurie de Châtenay.

BERNARD de LA VERNETTE. — Armes : celles des Bernard, auxquelles furent ajoutées les variantes : (au xvie siècle) : *un croissant à dextre ;*

(au xviie siècle) *le cor est lié d'or* ; al. : *lié de pourpre* (Petitot), ce qui paraît être une brisure des Bernard de Chanteau (Arcelin).

Michel-Louis-Xavier Bernard de La Vernette fut chanoine de Tournus de 1786 à 1790.

BERNARD DE MARBÉ.

Nicolas Bernard, époux de Philiberte Verjux, est le premier qualifié de seigneur de Marbé, anobli en 1450. Antoine Bernard, échevin de Mâcon en 1503, était prévôt de Saint-Romain.

En 1556, noble Nicolas Bernard, seigneur de Marbé, possédait le fief de Burgy.

BERNAUT (DE). — ARMES : *De sable à la croix d'or* (Palliot).

En 1441-1482, Girard de Bernault est seigneur de Saint-Huruge et L'Essertot.

Famille connue dès 1295, époque où Pierre de Bernault, écuyer, vend à Geoffroy de Germoles tout ce qu'il possède à Châtenay-le-Larron, Courcelles, Champforgueil. En 1535, Guillaume de Bernaut était seigneur de Marnai, Vitry, Charmoilles.

Fiefs : Saint-Huruge, L'Essertot, Marnai, Vitry, Charmoilles, Maixilley, Châtenay, Montmort, Darcey, Marcilly, Montagu, La Tessonnière, Saint-Martin-sur-Guye, Givry (en partie), Chassy, Fougerotte, Montagny, Chichevière, Chambly.

Alliances : Saint-Seine, Damas, Thoisy, Loron, Moroges, Chaudyo, Bouton du Fay, Haranguier, Guierche, de Nanton, de Trézettes, de Traves.

BERNET. — ARMES :

En 1265, Odon et Guillaume Bernet cèdent leurs droits sur la forêt de Chapaize, au monastère de Lancharre.

En 1330, un Guillaume Berner de Cersi fait hommage à l'abbé de Tournus de 3 septiés de deniers sur fonds en Poitou.

BERNIZET. — ARMES : *De .... à 3 râteaux mis en pal de .... chargés d'un croissant de .... brochant sur le tout* (Eglise de Ratenelle).

Dom Bonaventure Bernizet, prêtre de Ratenelle, portait les armes ci-dessus décrites.

Famille originaire de Ratenelle encore existante à Préty, Uchizy et La Truchère.

BERTHELIER. — ARMES :

N. Berthelier, écuyer, demeurant à Marnay, commença une *Histoire de Chalon,* restée manuscrite. Il mourut vers 1758. — Joseph Berthelier, avocat en Parlement à Chalon, portait, en 1698 : *d'azur à un bélier d'or,* (D'Hozier).

BERTHEREAU.

Nicolas Berthereau, sociétaire de la Madeleine, puis demi-chanoine, mourut en 1748, et fut inhumé en la chapelle Saint-Antoine, à l'abbaye.

BERTHET. — Armes : *De gueules au chevron d'or, accompagné de 3 roses de même, 2 et 1 ; celles de chef, soutenues de 2 croissants d'argent ; al. : d'or, à un chevron de sable, accompagné de 3 mouchetures d'hermine* (D'Hozier).

Claude Berthet, aumônier de l'abbaye en 1598, devint sous-prieur en 1621, il décéda en 1625 ; Ely Berthet fut procureur à Farges en 1597, et Claude-Marie, docteur, était médecin de l'abbaye ; il mourut en 1761.

Famille bourgeoise, originaire de Cuisery, établie à Tournus au xvie siècle.

BERTOUD. — Armes :

En 1625, Gaspard Bertoud est nommé procureur du Roi à Saint-Gengoux-le-Royal.

BERTRAN.

Vers 1084, Bertran était aumônier de l'abbaye de Tournus (Juénin, p. 103).

BERTRAND. — Armes : *D'azur à un griffon d'or* (D'Hozier).

En 1775, Claude Bertrand, garde du roi, était marié à Philiberte Bureteau, dont il eut un fils à Tournus, Jean-Hilaire. — Bernard Bertrand, avocat en Parlement, portait les armes ci-dessus.

BERZÉ (de). — Armes : *De gueules à 3 étoiles d'or, posées 2 et 1* (Palliot).

Yolande de Berzé, femme de Guy de Chabeu, seigneur de Saint-Trivier, fut inhumé à l'abbaye en 1284, ainsi que Simonne de Berzé, mariée à Jean de Frolois, en 1327. Geoffroy de Berzé, seigneur de Saint-Germain-en-Bresse, fonda la chapelle Saint-Georges à l'abbaye de Tournus et y fut inhumé également en 1339.

Famille chevaleresque du Mâconnais, connue dès le xie siècle, éteinte en Geoffroy de Berzé en 1339.

BESANCENOT. — Armes :

En 1541, Claude Besancenot, notaire royal, était châtelain-receveur en les châtellenies de Brancion et Cortvaux.

Les Besancenot de Franche-Comté, anoblis en 1612, portaient : *d'azur au palmier arraché de sinople* (Rietstap).

BESSAC (de). — Armes : *D'or à un lion de sable, armé et lampassé de gueules ; al. : écartelé d'or à 2 bandes ondées d'azur,* qui est Longecombe.

Gilles de Bessac, écuyer, seigneur de Thémines, devint, en 1511, seigneur de Talant, par son mariage avec Claudine, fille d'Adrien Le Voyer, écuyer, seigneur de Talant.

Famille paraissant originaire du Quercy.

Fiefs : Thémines, Talant, Varennes-les-Mâcon, Beaulieu.

Alliances : de Félix, Longecombe, Le Voyer, de Rochechouart, Andrieu, de La Cour.

BESSARD. — ARMES : *D'azur à une montagne de ...... accompagnée de 2 arcs entrelacés* (Arch. baill. de T.).

Claude Bessard fut maître-chirurgien en 1632. Pierre, également chirurgien, fut échevin en 1673, et avait pour sceau les armes ci-dessus décrites. Cette famille paraît à Tournus au XVIIe siècle et s'est alliée aux : Berthet, Chassé, Paulmier, Foignot, Lepage, Besson, Charpy, Piot, Crépet, Passaut, Lalouet, Chabé, Chaudouet, Daviot, Gabon, Martorey, Guironde, Petit, Coste, Cavet, Giraudet, etc.

BESSEY (DU) DE CONTENSON. — ARMES : *D'argent à la croix de gueules, chargée de 5 losanges d'or* (Rietstap).

Jean-Guy du Bessey de Contenson (1783-1842), conseiller général de Saône-et-Loire, acquit la terre de Sercy en 1806, par son mariage avec Jacqueline Perroy de Sercy ; un de leurs fils, Just (1823-1901), épousa Elise-Théodorine Ducret de Langes (1854) dont le père était possesseur du domaine de Larvolot (Boyer). Un de ses enfants, le baron Ludovic de Contenson, y demeure actuellement avec sa fille Geneviève et son gendre le comte Pierre de la Forest Divonne.

Cette famille est originaire de Chérier, près Roanne en Forez, où elle posséda du XVe jusqu'au XVIIe siècle, le fief du Bessey. (Cf. *Répertoire*) [1].

BÉTHUNE (DE). — ARMES : *Aux 1 et 4 d'azur, à 7 besants d'or, 3, 3, 1, au chef d'or qui est de Melun ; aux 2 et 3, bandé d'argent et de gueules de 6 pièces, chargé d'une rose de gueules boutonnée d'or, soutenu de même, qui est des Ursins ; et sur le tout d'argent, à une fasce de gueules, qui est de Béthune* (Père Anselme). Actuellement ils ajoutent à ces armes : *au canton dextre*, les armes des de Saveuse : *de gueules à la bande d'or accompagnée de 6 billettes de même en orle* (Saint-Allais).

Oges de Béthune, troisième fils d'Alpen de Béthune, baron de Baye, et de Jeanne des Ursins, achète, en 1544, une partie de la terre de Vellanfant (Sennecey) ; il avait épousé Anne de Journet et portait les armes ci-dessus décrites. Famille chevaleresque, des plus anciennes et illustres de France, qui prit son nom de la ville de Béthune, en Artois, où naquit, vers 970, Robert Ier du nom, sire de Béthune, de Richebourg, de Carency, petit-fils d'Adalelme, le dernier des anciens comtes souverains et héréditaires d'Artois. Cette famille se divisa en plusieurs branches : celles de Béthune, Sully, Charost, Béthune-Hesdigneul, Saint-Venant, Carency, des Planques.

Fiefs : Béthune, Richebourg, Carency, Warneton, Chocques, Bergues, etc.

Alliances : Jouvenel des Ursins, de Journet, de Péronne, d'Oisy, de Saint-Pol, de Teuremonde, de Courtenay, de Saveuse, Hesdigneul, de Bours, du Bois, Saladin d'Anglure, de Nedonchatel, de Coste, de Roger de La Rochefoucauld (Niepce).

---

1. En Forez également, à St-Just-en-Chevalet cette famille posséda du XVIIe au XIXe siècle la seigneurie de Contenson.

BÉTI (de). — ARMES :

Hugues de Beti était sous-prieur de l'abbaye de Tournus en 1383 (Juénin, p. 255, t. II).

BEUGRE (de). — ARMES : *D'or au bœuf rampant de sable* (D'Hozier) ; al. : .... *lié et accorné de gueules* (D'Arbaumont).

En 1574, François de Beugre est abbé de La Ferté.

En 1592, Guillaume, comte palatin de Beugre, seigneur de Rongère, épousa Claudine, fille de Jean de Simon, et devint alors co-seigneur de La Chapelle-de-Bragny. En 1609, Philiberte de Beugre était pitancière, et Thomasse de Beugre secrétaire au couvent des Bénédictines du Villars.

Péronne de Beugre, en 1628, était pitancière des Bénédictines du Villars.

Cette maison est originaire de Poligny, où, en 1272, vivait Hugues Bogres.

Pierre de Beugre, seigneur de la Rongère, La Charmée et La Chapelle-de-Bragny, obtint de Charles-Quint, en 1530, le titre de comte.

Cette famille s'éteignit au xviiie siècle en celle des Raffin.

Fiefs : Hauterive, La Barre, La Charmée, Dracy-le-Fort, La Rongère, La Chapelle-de-Bragny.

Alliances : Sauvageot, de Simon, Guidon de Saint-Albin, Poinçard-des-Grands, de La Baume-Mont-Saint-Ligier, de Montservier, du Blé, Magnin, de Chaudeseigne, Marceau de Faubert, de Clugny, du Croisier, de Raffin, etc.

BEURET DE VIAUTAIX. — ARMES : *D'argent à 3 boutons de roses feuillés et soutenus de sinople* (Niepce).

N. Henri Beuret de Viautaix, ancien lieutenant de vaisseau, était propriétaire de La Tour de Vers (Sennecey-le-Grand) au xixe siècle.

BEZERANS (de). — ARMES :

En 1427, Philibert de Meyzieux, écuyer, seigneur de La Bruyère, et Elionore de Bezerans, *alias* Vezerans, sa femme, échangent avec Barthélemy Marin leur maison de Bezerans, paroisse de Dulphey, contre le château de la Douze, à Saint-Maurice-des-Prés (S.-et-L., E 379, no 7).

BIERRE (de). — ARMES :

En 1151, Bernard de *Birra*, échange avec les moines de La Ferté une terre sise au-dessous du clos de La Perrière, à Sermaizey (L. Bazin).

BIEZ (de). — ARMES :

En 1461, Jean de Biez, de Plottes, est témoin de la réception d'un lépreux à l'hôpital Saint-Clair (G. Jeanton, *Commanderie d'Aigrefeuille*).

N. du Biez, maréchal de camp, au xviiie siècle, portait : *d'or à 3 fasces de sable accompagnées en chef de 3 merlettes du même* (Chevillard).

BIOLAY (DE), *al.* DU BIOLAY. — ARMES : *D'argent au lion de gueules* (Arch. de Saint-Pierre de Mâcon).

Famille d'origine bressane, tirant son nom de Biolay, commune de Romenay.

Au début su XVIIe siècle, Philippe de Biolay, écuyer, seigneur dudit lieu, demeurant à Tournus, possédait à Lacrost, un domaine appelé « le Meix Fiacre Benoît ».

En 1541, Philippe de Biolay, écuyer, seigneur de La Train, était marié à Claudine de Charnost (Arch. S.-et-L.).

Au XVIIe siècle, Pierre Biolay, procureur à Mâcon, portait : *D'or à un chevron de gueules, accompagné en chef de 2 étoiles de même, et en pointe d'un croissant de même* (D'Hozier).

Fiefs : Moiziat, La Train, Le Biolay, Bévière, Courmangoux.

Alliances : de Chabeu, de Genevois, de Cornon, Volatier, de Charnot, du Frenay, du Ronchamp.

BIRON (DE GONTAUT). — ARMES : *Un écu en bannière écartelé d'or et de gueules* (La Chesnaye-Desbois).

Louis-Antoine de Gontaut, duc de Biron, maréchal de France, devint, par héritage de son oncle, le duc de Lauzun, mort sans postérité en 1723, seigneur de la baronnie de Ruffey (Niepce), qui comprenait alors les villages de : Ruffey, Montceaux, Ragny, Corlay, Vincelles, Chalot, Nanton, Sully, Tallant et autres.

Louis-Antoine de Gontaut-Biron avait épousé, en 1740, Pauline-Françoise de Larochefoucauld de Roye, et décéda sans postérité en 1788 (Niepce).

Cette famille chevaleresque, une des plus anciennes de France, est originaire de Biron, dans la sénéchaussée d'Agenois. Le premier fut Vital de Gontaut, cité dans une charte de l'abbaye de Cadouin en 1124. Cette maison a produit quatre maréchaux de France, un amiral, cinq ducs et pairs, un maître d'artillerie et six chevaliers des ordres.

BISSEY (DE). — ARMES :

Anséric et Hugues de Bissey étaient moines à La Ferté en 1181. Hugues devint cellérier de cette abbaye en 1184. Artaud et son frère Bernard sont aussi moines à La Ferté. — Vers 1130, vivaient Gaultier de Bissey et son fils Geoffroy, possessionnés à Sainte-Hélène et à La Chapelle-de-Villars. Hugues de Bissey, chevalier ; Rodolphe, chevalier, et son fils Robert vivaient en 1211.

Fiefs : Fréty, Jambles.

Alliances : De Montservier, de Beugre, de la Bondue.

BITTARD DES PORTES. — ARMES : *D'azur à trois dés d'or, accompagnés de 2 croissants d'argent, l'un en chef tourné, l'autre en pointe contournée* (Bachelin-Deflorenne).

Gilbert Bittard des Portes, écuyer, officier de cavalerie, épousa à Tournus, en 1779, Marie-Antoinette de Vincens ; il était fils de Jean-

Baptiste Bittard des Portes, des Arméniens, seigneurs des Portes, Le Cluseau, Lavaux, Graton, etc..., demeurant au château des Portes, en Auvergne.

En 1786, il acquiert la seigneurie de Saint-Romain, où habitait encore en 1841 J.-B. Bittard des Portes, officier de gendarmerie en disponibilité (Perraud). Famille encore représentée en 1887 par le général J.-B. Bittard des Portes (Bachelin-Deflorenne), qui portait les armes ci-dessus.

BIZOT. — ARMES :

Vers le commencement du xviie siècle, Dom Etienne Bizot, sousprieur de La Ferté-sur-Grosne, amodie la grande dîme de Buxy, ainsi que celles de Rabutin, Bissey-sous-Cruchaud, Cersot, Thil, Le Pâquier, Chazeuil, Villeneuve, Fley, Bussy.

Philippe Bizot, conseiller du roi et son procureur en la maîtrise des Eaux et Forêts de Besançon, portait : *d'azur à un arbre d'or, sommé d'un pigeon d'argent, becqué et membré de gueules* (D'Hozier).

BLAGNY (DE). — ARMES :

En 1380, Thévenin de Blagny, fut prévôt de Brancion et, en 1406-1414, Henri de Blagny le fut également.

En 1444-55, Henri de Blagny, écuyer, habitait Balleure (Arch. S.-et-L.).

Fiefs : Veneuze, Blany (Laizé).

Alliances : De Layé, de Vaugrineuse.

BLANCHARD DE SAINT-MARTIN. — ARMES : *D'or à une bande de gueules, chargée de 3 croissants d'argent, accostés de 2 flammes de gueules* (D'Hozier).

En 1623, noble Claude Blanchard, sieur de Saint-Martin, était coseigneur de Dulphey.

Philiberte Blanchard, fille de Claude Blanchard, seigneur de Saint-Martin-des-Vignes, en Mâconnais, seigneur de Villars-sur-Treffort, et de Marie Laurent, épousa Claude de La Roche, écuyer, et portait les armes ci-dessus décrites.

BLANCHET : ARMES :

N. Blanchet, bienfaiteur de l'église de Saint-Gengoux. — En 1528, François Blanchet est notaire royal à Cluny. En 1632, Frédéric Blanchet, écuyer, était seigneur des Quarrés, de Daron et d'Orval. — Nicolas Blanchet, prêtre, curé de La Chapelle-de-Brangy, portait, en 1697 : *d'azur à trois oies d'argent, posées 2 et 1* (D'Hozier).

Fiefs : Les Quarrés, Daron, Orval,

Mlle Nathalie Blanchet, poète et femme de lettres, habite à Saint-Gengoux.

BLANOT (DE). — ARMES : *De .... au chef chargé de 3 roses.*

Avant 1313, Pierre de Blanot, seigneur d'Uxelles, possédait la forêt du Petit-Bragny-le-Nantonnais (Niepce).

Famille originaire de Blanot, en Mâconnais. Jean de Blanot, fils de Durand, fut un célèbre jurisconsulte du XIIIe siècle, et avait épousé Isabeau de Montmoyen, qui était veuve en 1281.

Cette famille s'éteignit au XIVe siècle.

Fiefs : Blanot, Uxelles, Faulin, Montperroux, Malay, Colombier, Cortamblin, Augy, Bessuge, Bissy, Germangues.

Alliances : de Digoine, de Mornay, de Bourbon-Montperroux, de Rochefort, de Saint-Germain, de Montfalcon, de L'Espinasse, de Dyo, de Beaujeu.

BLÉ (DU). — ARMES : *De gueules à 3 chevrons d'or* ; al. : *de gueules à 3 chevrons brisés d'or* (Chevillard et P. de Saint-Julien).

Maison de très ancienne chevalerie bourguignonne. Selon une charte de Cluny, Guillaume du Blé est cité en 1022. Geoffroy du Blé, seigneur de Cormatin et de Massilly, vivait vers 1235. Antoine du Blé, chevalier de l'ordre du roi, seigneur et baron d'Uxelles, Cormatin et Genlis est cité en 1594. Claude du Blé, prieure de Puley, fut inhumée à Lancharre en 1574, et, à la même époque, Isabelle, Enarde, Eléonore, Angélique, furent successivement prieures de Lancharre, et Marie du Blé, la première abbesse, en 1611.

Vers 1490, à la mort de Claude du Blé, Hugues de Laye, son neveu et héritier, fils de Catherine du Blé et de Claude de Laye, lui fut substitué par testament à charge d'en porter le nom et les armes.

En 1618, les terres de Cormatin et d'Uxelles furent érigées en marquisat pour Jacques du Blé.

La famille s'éteignit en la personne de Nicolas du Blé, marquis d'Uxelles, maréchal de France, mort en 1730.

Fiefs : marquisat d'Uxelles, Cormatin, Amengny, Ougy, Chapaize, Cortamblin, Gemaugues, comté de Ténarre, Sagy, Vitry, Massilly, Cussy-la-Colonne, Sienne, La Roue, Mavilly, Mandelot, Monthelie, etc.

Alliances : Bauffremont, Beringhen, La Grange, Maigny, Mandelot, Montfaucon, Nagu, Phelyppeaux, Rabutin, Villars, Torcy, Uxelles, Decize, Bresse, Cirey, Saint-Aubin, La Madeleine, Beugre, Alamany, Bailleul, Essertenne, Sienne, Sercy...

BLESSON (DE), *al.* DE BLESSONE. — ARMES :

Archambaud de Blesson était, en 1366, infirmier et grand prieur de l'abbaye de Tournus. — En 1369, il fonda un hôpital à Uchizy.

BLETTERENS (DE). — ARMES : *De gueules à 3 molettes d'or* (Lurion) ; al. : *d'azur à 3 molettes d'or* (Steyert).

En 1247, on trouve une donation dans la région de Tournus à l'abbaye de La Ferté par Gauthier de Bletterens, sa femme, et Pierre de Nully (de Nuliaco), père de cette dernière.

Cette famille paraît originaire de la ville de Bletterans, en Franche-Comté ; jusqu'alors on faisait remonter son origine à *Humbert de Blette-*

rens, anobli en 1350. Ymbaud de Bletterens devint, en 1403, seigneur de Pierreclos et de Bussières. Cette maison a donné plusieurs chanoines comtes de Lyon et de Mâcon. (Perraud).

BLONDEL DE JOUVENCOURT. — ARMES :

En 1785, Charles-Blaise Blondel de Jouvencourt, de Marseille, donna à l'hôpital de Tournus 6.000 livres pour la fondation de deux lits et fit construire une chapelle à l'extrémité de la grande salle. Ces dons furent faits en reconnaissance des soins donnés à son fils, François-Hilarion-Charles, qui y décéda en 1782.

Alliance : Bruny d'Entrecasteaux.

BOBAND. — ARMES : *De gueules à une croix d'argent* (D'Hozier).

Charles-François Boband a été curé d'Ozenay, il décéda en 1759. Son frère, J.-B. Boband, était procureur du Parlement de Franche-Comté.

N... Boban, curé d'Arbecey, portait les armes ci-dessus décrites.

BOFFEAUD. — ARMES :

En 1484, Henri Boffcaud était bourgeois de Tournus (*Journal des Dupré*).

En 1450, Anne Bouffeau fut chanoine et trésorier de l'église cathédrale Saint-Vincent de Chalon (Arch. S.-et-L.).

BOINE (DE), *al.* DE BOIGNE. — ARMES :

Aimé de Boine, *al.* de Boienne, était sous-chantre de l'abbaye de Tournus en 1562.

En 1534 vivaient Jean de Boine, écuyer, seigneur dudit lieu et de Martailly, époux de Jeanne de Drompvent, qui paraissent dans un acte passé à Brancion. Vers 1552, ils vendent à Jeanne de Lantaiges, dame de Balleure, tout ce qui leur appartient dans le domaine de Barbières (Champlieu). (Arch. S.-et-L.).

Une famille de Boigne, en Franche-Comté, aujourd'hui éteinte, portait : *de sable au cerf rampant d'argent, ramé d'or, onglé de gueules* (Rietstap).

BOIS (DU). — ARMES : *D'azur à un chevron d'or accompagné de trois quinte-feuilles de même, 2 et 1* (Chevillard).

Les du Bois, seigneurs de La Servette, L'Epiney et Tiretiers, portaient les armes ci-dessus décrites.

De cette famille, Guillaume du Bois, secrétaire du duc de Savoie en 1444.

Avant 1324, on trouve un Etienne du Bois, seigneur de Loize (La Chapelle de Guinchay). Pierre du Bois était feudataire de l'Abbaye de Tournus à Romanèche au XIIIe siècle. En 1334, il donne, au seigneur abbé de Tournus, ses rentes et servis sur le fief de Saint-Romain. En 1598, noble Antoine du Bois est seigneur de Colombier (Romenay).

Fiefs : Ferrières, Fretières.

BOIS (du). — Armes :

Elie du Bois était commandeur de Chalon et du Temple Sainte-Catherine (Montbellet) en 1505.

BOISSELIER. — Armes :

En 1724, messire Louis Boisselier, était curé de Brancion.

Jean Boisselier, chanoine en l'église cathédrale de Chalon (1698), portait : *d'azur au chevron d'argent, accompagné de 3 lézards d'or, 2 en chef, 1 en pointe* (D'Hozier).

Le Prudent Boisselier, conseiller au Parlement de Dijon, avait pour armes : *D'argent au chevron d'azur accompagné de trois lézards de sinople, les deux du chef affrontés, au chef de gueules chargé d'un soleil d'or accosté de deux étoiles de même* (Palliot).

BOISSIEU (de). — Armes : *D'azur à un chevron d'or chargé d'un trèfle d'azur* (Steyert).

Siméon de Boissieu, mari de Jenny Charton, décéda à Saint-Cyr, près Sennecey, en 1857 ; sa tombe se trouve au cimetière de cette paroisse.

Cette famille a pour auteur Jean Boyssieu ou de Boissieu, originaire de Boën en Forez, qui fut en 1608 secrétaire de la reine Marguerite de Valois et son exécuteur testamentaire.

Antérieurement à cette époque, on trouve des Boissieu notaires à Trelins, près Boën. D'eux est issu, en 1736, le célèbre graveur Jean-Jacques de Boissieu.

Actuellement les de Boissieu sont représentés à Ambérieux-en-Bugey et au château de Varambon (Révérend du Mesnil).

BOISVERT (de). — Armes : *D'or à une bande d'azur* (Palliot).

Isabelle de Boisvert, prieure de Puley, en 1451, puis de Lancharre, fut inhumée à Lancharre. Gabrielle de Boisvert lui succéda de 1462 à 1491.

Une famille de Boisvair, originaire de Pouilly-les-Feurs (Loire), dont les membres s'élevèrent par la magistrature à la noblesse aux xive et xve siècles, portait : *coupé d'or et de gueules à un arbre de sinople brochant* (Steyert).

BON. — Armes........

(1453-88), noble Guillaume Bon, écuyer, était seigneur de Lux. En 1510, Claude Bon fut pitancier de l'abbaye Saint-Pierre-les-Chalon.

Fiefs : Lux, Abaze, La Tour-Bandin.

Alliances : de Combertault, Prost, du Pont, de Sandon, Guérin.

BON (du). — Armes :

En 1313, Jean du Bon était feudataire de l'abbaye de Tournus à Leynes (*Livre des Hommages*).

BONA (de). — Armes : *De gueules à une palme d'or posée en bande, accompagnée de 2 demi-fleur de lys d'or* (Ex-libris).

Famille noble originaire de Saint-Trivier de Courtes, établie à Tournus en 1747, avec Claude-François de Bona, docteur en médecine, qui portait les armes ci-dessus décrites. En 1596, on trouve François Bona, notaire à Saint-Trivier de Courtes.

Cette famille est actuellement représentée par MM. Coste à Tournus et à Chalon.

Alliances : Fillard, Vibert, Dunand, Delaval, Achier, Dupré, Mathey, Fricaud.

BONAMOUR. — Armes : *D'or à un cœur de gueules.*

Philibert Bonamour, ancien capitaine dans le régiment de Saintonges, décédé le 23 janvier 1729, fut enterré dans l'église de Beaumont-sur-Grosne. En 1568, Benoît Bonamour était procureur du roi au bailliage du Charollais. En 1614, Antoine Bonamour fut grenetier au grenier à sel de Mont-Saint-Vincent, dont cette famille paraît originaire. En 1702, Alphonse Bonamour, conseiller du roi, grenetier au grenier à sel de Mont-Saint-Vincent, portait les armes ci-dessus décrites. A la même époque Philibert Bonamour, prêtre desservant de la paroisse de Cruchaud, avait pour armes : *d'argent à un cœur enflammé de gueules, accosté à dextre de la lettre capitale I et à senestre de la lettre capitale M, toutes les deux du même* (D'Hozier).

Alliances : Quarré, Febvre, Mugnier, Massard, de Martignat.

BONAYRE (de). — Armes :

En 1290, Etienne de Bonayre était possessionné à Uchizy (*Livre des Hommages*).

BONIERS. — Armes :

En 1217, Bertrand Boniers, de Lons-le-Saulnier, se donne lui et ses biens à l'abbaye de La Ferté à condition d'être reçu comme « familier » (L. Bazin).

BONNAIL de LA BAUME (de). — Armes :

(1663-69). François de Bonnail de la Baume, clerc du diocèse de Montpellier, docteur en droit, présente au Chapitre de Tournus ses lettres de gradué (V. Arch. hôp., H 37).

BONNE. — Armes : *De .... à la bande de .... accompagnée de 2 tourteaux de gueules, 1 en chef, 1 en pointe.*

Famille originaire de Nanton, dont quelques membres habitèrent Tournus à la fin du xviiie et au début du xixe siècle. Claude-Pierre Bonne, avocat à Mâcon, puis à Tournus en 1789, épousa Marthe Lornot. Jean Bonne, lieutenant en la châtellenie de Brancion, scellait des armes ci-dessus décrites.

Une branche de cette famille existait encore au xixe siècle à Mâcon et à Senozan et est représentée par les héritiers de Marie-Antoine-Louis Bonne, officier supérieur d'infanterie, tué à l'ennemi en 1914.

Alliances : Grobon, Lornot, Gouget, etc.

BONNE (DE). — ARMES : *De gueules au lion d'or, au chef cousu d'azur chargé de 3 roses d'argent* (Menestrier, Rietstap).

En 1317, Guillaume de Bonne reçoit de l'abbé Nicolas, en retour de ses bons services, la Chacipolerie d'Uchizy.

Famille dauphinoise, qui prétend descendre de Bosonnet de Bonne, vivant en 1250. Cette famille fut alliée plus tard aux Créqui et aux Lesdiguières. — Maison éteinte.

BONNET. — ARMES : *De sable à un bonnet d'argent, la doublure de sable* (D'Hozier).

Claude Bonnet, marchand et bourgeois de Saint-Gengoux, vivait en 1590. — Joachim Bonnet, conseiller du roi, commissaire aux saisies réelles de Mâcon, portait les armes ci-dessus.

BONNOT, *al.* BONOT. — ARMES : *Parti de .... à une balance de .... accompagnée en chef de 3 étoiles de .... et en pointe d'un croissant de .... ; et de .... à 3 arbres arrachés de .... posés 2 et 1.* — Au-dessus de l'écu en lettres capitales EAN-BONOT, avec la date 1649.

Ces armes sont dans un immeuble sis entre les maisons Bouchu et de Montrevel. Jean Bonnot, marchand de Tournus, avait épousé en 1638, Nicole de La Forest ; il mourut en 1670.

(1486-1510). Antoine Bonot fut notaire royal à Chalon.

(1636-42). Léonard Bonnot, prêtre, curé de Beaumont-sur-Grosne. En 1644, Jean Bonnot, est qualifié greffier en la justice de Saint-Jean-de-Vaux. En 1649, Claude Bonnot, de Gizia, au comté de Bourgogne, fils de feu Philibert Bonnot, notaire et greffier de la terre de Chevreaux, épouse Jeanne Boillot. Jacques Bonnot, maître d'hôtel de la marquise de Saint-Martin, se maria, en 1690, à Claudine Loyasse, veuve Charlet, de Lugny.

BONTOUR (DE). — ARMES :

En 1688, Jean de Bontour, gentilhomme, demeurant chez la marquise de Saint-Martin, décéda à Lugny et fut enterré en la chapelle du Saint-Rosaire, dans l'église de cette ville (Lugny).

BORDE (DE). — Voir PELLETRAT DE BORDE.

BORDELLE. — ARMES :

En 1520, noble Claude Bordelle, écuyer, archer de la garde du roi, fut capitaine de La Colonne (Gigny).

BORDET DE MIRANDE. — ARMES : *D'or à une fasce de gueules* (D'Hozier).

Bénigne Bordet fut doté et marié le 21 mai 1640 par Claudine de Gorrevod, veuve de François de La Roche, écuyer. — En 1696, Jacques Bordet était élu à Mâcon et portait les armes ci-dessus décrites.

Vers 1720, Pierre Bordet, sieur de Mirande, était censitaire du Temple Sainte-Catherine à Montbellet.

Fiefs : Le Buisson Mirande (Montbellet).

Alliances : Guillet, Rolin, du Rousset-Malfontaine, Jugianne.

BORJON DE **SCELLERY.** — ARMES.: *D'or à 3 grappes de raisin en bour-
geons au naturel* (D'Assier).

En 1777, Marie-Marguerite Borjon de Scellery, femme de Claude
Rivaux, avocat, demeurait à Tournus. — Charles-Emmanuel Borjon de
Scellery, avocat aux Parlements de Dijon et de Paris, né à Pont-de-
Vaux, en 1633, est l'auteur de plusieurs ouvrages de droit.

En 1773, Charles-Emmanuel Borjon, chevalier, seigneur de Scellery,
était gouverneur pour le Roi de la ville de Pont-de-Vaux.

Alliance : Gripière de Montcroc.

BORNE DE **PIERREFITTE.** — ARMES :

En 1767, on trouve un procès-verbal de protestation par Messire
Germain-Lazare Borne de P., capitaine au régiment de Normandie,
infanterie en garnison à Tournus, contre le sieur Chappuis, faisant fonc-
tion de maire, qui faisait niveler les fossés de la ville.

BORRELIER, *al.* **BOURLIER.** — ARMES : *D'azur à la fasce d'or accompagnée de 3 trèfles d'argent* (P. tombales de Saint-Vincent de Chalon).

Jacques Borrelier, religieux de Tournus, au xve siècle, fit une fondation en la Chapelle Saint-Antoine en l'abbaye Saint-Philibert.

Cette famille, originaire de Poligny (Franche-Comté), vint s'établir
dans le Chalonnais au xve siècle, où vivait Guillaume Bourrellier, conseiller au grand Conseil du duc de Bourgogne, en 1429, procureur et
greffier en ses Parlements, seigneur de Givry. Il fonda, en 1449, la chapelle de Saint-Denis dans l'église Saint-Vincent de Chalon et y fut
enterré.

Cette famille occupa des charges importantes dans le Chalonnais
jusqu'au xviiie siècle.

Fiefs : comté de Mantry, de Mauffans, seigneuries de Malpas ? Maison-
Rouge.

Alliances : Joly, Maillard, Bichot, Fourncret, Fauche, Cécile, Grivel,
Patornay, Colombet, Saint-Mauris, etc. (B. et d'Arbaumont).

BOSSERIA (DE). — ARMES :

En 1240, Guichard *de Bosseria,* chevalier, donne à l'abbaye de La
Ferté, dix sols de cens sur le manse du prévôt de *Charescondu,* et sur un
pré *ès Martin* (L. Bazin).

BOUCAUD. — ARMES :

Marthe Boucaud, religieuse bénédictine de Tournus, y décéda en 1740
(A. Bernard, *Les Bénédictines,* p. 24).

Jean-Joseph Boucaud, docteur en théologie, prêtre, chanoine de
l'église de Poligny, portait : *d'argent à 1 chevron d'azur accompagné en
chef de 2 étoiles de même, et en pointe d'un bouquet de cerises au naturel*
(D'Hozier).

BOUCHARD D'**AUBETERRE.** — ARMES : *Ecartelé aux 1 et 4 de gueules
à trois léopards d'or armés et lampassé d'argent l'un sur l'autre* (Bouchard) ;

aux 2 et 3, lozangé d'or et d'azur au chef de gueules (Raimondi d'Aubeterre, Rietstap).

En 1553, Robert Bouchard, baron d'Aubeterre, était seigneur de la
Tour de Vuillanfant ou Vieil-Enfant (Sennecey) (Arch. S.-et-L., E 1421).

Antoinette Bouchard d'Aubeterre, fille unique de la maison d'Aubeterre, porta la seigneurie de La Tour de Sennecey qu'elle tenait de
Huguette de Vellanfant, dame de Saint-Seine, sa parente, à Jean Larchevêque de Parthenai, seigneur de Soubise.

Cette maison prétendait être issue de Bouchard, grand écuyer de Char-
lemagne. Elle se divisa en deux branches, celle d'Aubeterre et celle de
Saint-Martin de La Coudre (Poitou).

Fiefs : Aubeterre, Pauléon, Pierre, Vuillanfant, Sandon, La Tour-du-
Bois.

Alliances : de Raymond, de Bourdeille, Larchevêque de Soubise,
d'Esparbès de Lussan, Bastier (Niepce et Arch. de S. et-L.).

BOUCHAUD de BUSSY (de). — Armes : *Ecartelé au 1 et 4 d'argent à
trois merlettes mal ordonnées de sable ; au 2 et 3 d'azur au pal d'argent
chargé de trois mouchetures d'hermine de sable, l'une sur l'autre* (Jouve).

P.-L. de Bouchaud de Bussy est propriétaire à Crèches, époux de
N... d'Authume.

La maison de Bussy, originaire d'Autun, fait remonter sa filiation
à 1724 (Jouve).

BOUCHET. — Armes :

En 1684 Claude Bouchet était seigneur prieur du prieuré du Villars et
aumônier du roi (Arch. Nat.).

BOUCHIN. — Armes : *D'azur à un bouc et une levrette affrontés d'argent,
le bouc accorné d'or et la levrette accolée de même, accompagnés d'une étoile
d'or en chef, et d'un croissant d'argent en pointe* (D'Hozier).

En 1628, Jean Bouchin, devint seigneur et baron de La Villeneuve
et La Truchère. Marc Bouchin, conseiller du roi, receveur des traites
foraines, portait les armes ci-dessus décrites, vers 1700. En 1584, Jean
Bouchin est procureur du roi à Beaune.

Fiefs : La Villeneuve, La Truchère, Varennes-les-Beaune, Grandmont.

Alliances : Midan, Armet, Brunet, Richard, Chasot, Martin, de La
Mare, Legoux, Rousseau, de Souvert, Bourée, Bauyn, Taveau, Richard,
Cortelot, Lenet, etc.

BOUCHU. — Armes : *D'azur au chevron d'or accompagné en chef de deux
croissants d'argent et en pointe d'un lion passant d'or* (D'Hozier).

Jean-Etienne Bouchu, marquis de Sauxillanges, Sancergues, conseiller d'Etat, intendant du Dauphiné, se retira à Tournus où il fit
construire un hôtel ; il mourut en 1715 et fut inhumé à Loisy au tombeau
de ses ancêtres. — Claude Bouchu, abbé d'Ambronay, seigneur de
Loisy, marquis de Lessard, comte de Pont-de-Veyle, résida aussi à

Tournus. — Pierre V Bouchu, fils de Jean-Baptiste, premier président au Parlement de Bourgogne, et de Marie de Montholon, fut abbé de La Ferté en 1655.

Famille parlementaire de la Bourgogne, originaire de Montbard, qui posséda les fiefs de : Loisy, marquisats de Lessard et de Sancergues, comté de Pont-de-Veyle, seigneuries de Pluvier, Précy, Coudray Les Plantes.

Alliances : Grignard, Filzjean, Gueniot, Dubled, Odebert, Fyot, de Montholon, de La Rivière, d'Estrapes, Guérin, de Sancergues, Rouillé de Menay, de Froulay, Tessé.

Famille éteinte au xviiie siècle, dans les de Froulay (B. et d'Arb.).

BOUDIER. — Armes : *D'argent à 3 bandes d'azur* (D'Hozier).

Bonaventure Boudier, docteur en médecine, fut maire de Tournus en l'an IV, en 1815, 1821 et 1823. Son fils, Jean-Bonaventure, avocat, puis maire de Tournus en 1830, et procureur du roi à Mâcon, conseiller général de 1833 à 1840, mourut sans postérité.

Famille originaire de la Bresse louhannaise ; Claude Boudier était notaire royal à La Chapelle-Thècle, vers la fin du xviie siècle et portait les armes ci-dessus. Claude-Philibert Boudier, curé d'Azé, avait pour armes : *D'azur au chevron d'or. accompagné en chef de 2 étoiles et en pointe d'un croisant* (Ex-libris).

Alliances : Lornot, Bergier, Jobredeau, Bourgeon, de Blond, Chissey, Legrand, Moisson.

BOUILLON (de). — Voir LA TOUR d'AUVERGNE.

BOURBON (de). Armes : *D'or au lion de gueules, accompagné de 8 coquilles d'azur, mises en orle.*

Dans la première moitié du xiiie siècle, Guichard de Bourbon, seigneur de Montmort, donne pouvoir aux religieux de La Ferté de vendre et aliéner des rentes sur des fonds sis à Sainte-Hélène et à Chazeuil (Arch. S.-et-L.).

BOURBON (de). — Armes : *D'or au lion de gueules, accompagné de 8 coquilles d'azur mises en orle* (B. et d'Arbaumont).

Vers 1150, Dalmace de Bourbon et son frère Guichard, cèdent à l'abbaye de La Ferté leurs propriétés de *Vallicula*, près de Chateauneuf.

En 1355, Jean de Bourbon était seigneur de Montperroux, Chastellux, Marigny et Basoche, il avait épousé Laure de Bordeaux (B. et d'Arbaumont).

BOURGEOIS de MOLLERON. — Armes : *D'azur à 3 annelets enlacés en triangle d'or* (Palliot).

La généalogie de cette famille ne commence guère avant 1500 par Claude Bourgeois, procureur du roi en la châtellenie de Saint-Gengoux, mort avant 1513. Noble François Bourgeois fait, en 1527, reprise de fief de 20 livres de rente, sur les finages de Fley, du Petit-Bragny et de

Rimond. Claude Bourgeois, natif de Saint-Gengoux, seigneur de Molleron, est conseiller laïque au Parlement de Bourgogne, en 1561. Ils furent anoblis en la personne de Palamède Bourgeois, en 1617.

Alliances : de Conroy, Geoffroy, Gonthier, de Thésut, de Rymont, de Montchanin, de Villepenet, de Montholon, Bernard de Montessus, des Barres, de Saint-Colombe, Jacquot, de Marcilly, de Priézac.

BOURGOIGNE (de). — Armes :

En 1582, Nicolas de Bourgoigne était bourgeois de Tournus.

BOURGSUZEL (de). — Armes :

Avant 1559, Hugues de Bourgsuzel était religieux laïque en l'abbaye de Tournus.

Le 18 janvier 1529, Claude de Bortezelles (*sic*), seigneur de Vernay, marié à Jeanne de Charnoz, donne quittance à noble Antoine de Chárnoz (Extrait de l'inventaire Couchain, S.-et-L., H 191).

Alliance : Couchain.

BOURIAUT (de). — Armes :

En 1329, Aimonin de Bouriaut fait hommage à l'abbé de Tournus des dîmes du Chapeaux (Auvergne).

BOURRACHE (de). — Armes :

Au milieu du xve siècle, Antoine de Bourrache, chanoine et archidiacre de Bresse en l'église Saint-Vincent de Chalon, vend à Jean Descousu, pour un an, la part qui lui appartient dans les dîmes de Fontaines, Boyer, Damerey, Varennes-le-Grand, Marnay (Arch. S.-et-L.).

BOUSSI (de). — Armes : *D'azur à la croix d'argent* (Palliot).

En 1512, Philibert de Boussi, seigneur de Montjai, possède de moitié le port de Pont-Seille, avec le seigneur de La Grande-Maison de Cuisery.

BOUTHILLON de LA SERVE. — Armes : *D'azur à la bande d'argent chargée de 2 épis de sinople, accompagnée en chef d'un lion d'or et en pointe d'une tour d'argent* (Bachelin-Deflorenne).

Famille originaire du Dauphiné, établie en Bresse, en 1660, anoblie en 1782, en la personne de François-Nicolas Bouthillon de La Serve, avocat, en la Chambre des Comptes de Dijon, propriétaire à Romenay, au xviiie siècle. Son fils, Catherin-Etienne-Hippolyte, maire de Romenay, fut créé baron en 1820. Cette famille est actuellement représentée à Romenay.

Alliances : de La Servette, de La Chapelle, du Buisson de La Boulaye, de Lachaise, de Bantel.

BOUTHILLON. — Armes : *D'azur à 3 boutillons au naturel, posés 2 et 1* (Chapelle, église de Préty).

Famille originaire du Dauphiné, établie à Pont-de-Vaux. Etienne-Marie-Philibert-Bouthillon (1755-1840), avocat en Parlement en 1789, fut maire de Préty sous l'Empire et la Restauration.

Alliances : Batault, Canat de Chizy.

Benoit Bouthillon, curé de Joudes-en-Bresse, portait : *De gueules, à une bouteille d'or.*

BOUTON DE CHAMILLY. — ARMES : *De gueules à la fasce d'or* (Palliot).

En 1684, Charlotte Bouton de Chamilly est abbesse de l'abbaye de Lancharre.

Selon Palliot, cette maison serait originaire de Brabant et portait primitivement le nom de Jauche qu'elle échangea vers 1351 contre celui de Bouton. C'est à cette époque que vint s'établir en Bourgogne Jean, seigneur d'Aunoy, conseiller et maître-d'hôtel de la comtesse de Savoie.

Jacques-Nicolas, chef de la branche de Chamilly, mourut en 1560. La terre de Chamilly fut érigée en comté en 1644. — Famille éteinte.

Fiefs : Le Fay, Corberon, Bragny, Grandmont, Pierre, Frangy, Bosjean, Saint-Micaud, La Tournelle, Moroges, Montaigu, Nantoux, Bourgneuf, Mimande, Chamirey, Gamay, etc.

Alliances : Champagne, Salins, La Marche, Lannoy, Courcelles, Oyselet, Brancion, Rochefort, Moroges, Ténarre, Garadeur, Brûlart, Cirey, Le Conte de Nonant, Poncet de La Rivière.

BOUVILLE (DE). — ARMES : *D'argent à une fasce de gueules chargée de trois annelets d'or* (Paillot).

En 1693, Benoîte de Bouville est prieure de Lancharre.

Pierre Boville, ou Bouville, receveur du bailliage de la Montagne en 1369, nommé maître des comptes vers 1384, mourut le 21 septembre 1388 (D'Arbaumont).

BOYER (DE). — ARMES : *D'or au chevron d'azur, accompagné de 3 larmes de gueules* (D'Hozier) ; al. : *de sable au chevron d'argent accompagné de 3 larmes de même, 2 en chef, 1 en pointe* (Man. du St.-Bernard).

Jeanne de Boyer, fille de Jean, lieutenant au bailliage de Màcon, seigneur de Trémolle, Saillant, Champlecy (dont il prit le nom). Baron et Rabutin, épousa Claude Ducret, juge de Tournus et mourut en 1620. Christine, *al.* Chrétienne, fille de Christophe Boyer, seigneur de Trémolle et Venières, se maria en 1568 à Jean Galland, capitaine de Tournus, et lui apporta en dot la terre de Venières.— Nicolas Boyer, notaire à Tournus, en 1562, portait : *d'or au chevron d'azur, accompagné en chef de 2 larmes de gueules, et en pointe d'une feuille de chêne tigée et feuillée de sinople.*

Famille connue dès le XIIIe siècle, qui se divisa en deux branches : celle de Champlecy (Charollais) ; celle de Trade (Lyonnais). Claude Boyer, capitaine du château d'Artus en Charollais épousa Jeanne de Viry.

Selon Chevillard et Géliot, les armes nouvelles de cette famille seraient : *d'or à une colonne d'azur semée de larmes d'argent.*

Fiefs : Champlecy, Trades, Trémolles, Saillant, Baron, Rabutin, Venières, Ruffey, Mercey, Savigny, baronnie de Pluvault.

Alliances : de Viry, de Thézut, de La Madeleine, de Thiard, Barjot, de Baronat, de Semur, de Choiseul, de Pontailler, de Damas, Chandon, de Sagie, Chiquet.

BRAGNY (DE). — ARMES :

En 1290, noble Henri de Bragny, seigneur dudit lieu, fait don à l'abbaye de Lancharre de 10 sols annuels viennois portant lods. En 1530, vivait à Chalon, Guillaume de Bragny, écuyer.

Alliances : Bouvot, Magnien.

BRAICHES (DE), *al.* DE BRÊCHE. — ARMES :

En 1307, Jacquette Braiches donne vingt-quatre sols de cens au prieuré de Lancharre, dont elle fut prieure claustrale.

Cette famille tire son nom de la seigneurie de Brêche, près Saint-Symphorien-les-Charolles.

En 1395, Bernard de Brèches, écuyer, fit une reprise de fief (Arch. S.-et-L.).

Fiefs : Brêche, Génélard, Montot, Mounot, Corcelles.

Alliances : de Bressey, de La Clayette, de Chantemerle.

BRAISSOUD. — ARMES : *D'azur semé d'étoiles d'argent* (D'Hozier).

Famille bourgeoise originaire de Saint-Trivier-de-Courtes et Romenay. Albert Braissoud était notaire et vice-bailli de Saint-Trivier au XVIIe siècle. François et Benoit Braissoud furent également notaires en ladite ville, ce dernier devint procureur du roi au grenier à sel de Chalon et portait les armes ci-dessus décrites. Charles Braissoud fut prêtre, chapelain de l'Hôtel-Dieu de Tournus avant 1706.

BRALE (DE). — ARMES :

En 1313, Guillaume de Brâle fit une donation au monastère de Lancharre (H. Batault).

BRANCION (DE). — ARMES : *D'azur à 3 fasces ondées d'or.*

Illustre et puissante maison de Bourgogne, connue primitivement sous le nom de *Gros*, tire son nom du fief de Brancion et remonte à Varulphe, comte de Brancion en 960. Letbaud était évêque de Mâcon en 996. Jocerand de Brancion fut un des fondateurs de l'abbaye de La Ferté-sur-Grosne, en 1113, et en 1172 il donna aux moines, pour l'utilité de leur église, le moulin et batteur de *Colongettes*, près Lugny (L. Bazin).

Seguin de Brancion était moine de La Ferté vers 1177, il était fils de Seguin et neveu de Jocerand (L. Bazin).

Hugues de Brancion donne, en 1214, au luminaire de l'abbaye de Tournus, le demi-bichet de froment qu'il percevait à Royer. En 1219, Hugues de Brancion fait hommage à l'abbé Guichard de Tournus de la moitié des dîmes de Grevilly et des terres qu'il y possédait et du bois des Ayres et terres l'environnant. En 1226, Jocerand de Brâle fit hommage à l'abbé de Tournus de ce qu'il possédait à Royer. En 1235, Guillaume de Brancion prit en fief de l'abbé Bérard tout ce qu'il avait à Grevilly, tant en garde qu'en propriété. La branche aînée faillit en la personne de Henri de Brancion, qui décéda sans postérité vers 1260. En 1239, Jocerand Gros, seigneur de Brancion, au moment de partir pour la Terre-Sainte, fait donation aux religieux de La Ferté, tant pour le remède de son âme et de celles de ses ancêtres, que pour les dommages qu'il a pu causer au monastère, du droit de pâturage pour leurs animaux dans toute sa terre ; il leur donne également un moulin appelé le « Moulin Renard » sur la Grosne, avec les droits et usages nécessaires à son entretien. Marguerite de Vienne, sa femme, et Henry, son fils, approuvent ces donations. En 1257, il donna à l'abbaye de Tournus, pour les dommages causés par lui et ses prédécesseurs, tous les droits qu'il avait au village de Bounay. La branche cadette, établie en Bresse, posséda la seigneurie de Visargent et s'éteignit au xviie siècle dans la famille des Raguet, qui en prit le nom et les armes.

Fiefs : Brancion, Uxelles, Beaumont, Visargent, Cortevaix, etc. [1].

Alliances : Chalon, Lorraine, Vienne, Genève, Salins, Choiseul-Traves, Lugny, Montcony, Bouton, Montjeu, Poligny, Villers-la-Faye, Montrichard, Le Compasseur, de Clermont-Saint-Jean, Raguet.

BRANDY. — Armes-Sceau : *De .... à un dextrochère armé de .... tenant une épée de......... accompagné en chef de 2 étoiles et en pointe une champagne endenchée de gueules ; al. : parti de gueules à une épée de ...., la pointe en haut et de gueules à la tour de ......, maçonnée de sable ; au chef d'azur chargé d'une fleur de lys de .... accompagnée de 2 étoiles* (Archives Bailliage).

Famille bourgeoise de Tournus aux xviie et xviiie siècles, dont Ph. Brandy, maître chirurgien qui scellait des premières armes ci-dessus décrites, et son fils, Louis Brandy, également chirurgien, qui scellait des secondes.

Alliances : Delaforêt, Maistre, Laurent, Perroux, Brunet, etc.

BRANGES (de). — Armes : *D'azur à la fasce d'argent, accompagnée de 3 besants d'or, 2 en chef, 1 en pointe* (Guillemaut).

Famille originaire de la Bresse louhannaise, qui se divisa en plusieurs branches : Civria, Bourcia. Claude de Branges, avocat, conseiller du roi, maire de Louhans de 1714 à 1738 et de 1758 à 1765, eut pour fils Louis-Gabriel-Philibert, avocat en Parlement, puis maire de Louhans, qui épousa, à Tournus, Marie-Anne Droin. Au xviie siècle, Claude de Branges, retiré à Romenay, devint capitaine du château de Saint-Amour. Marie-Joséphine-Antoinette-Pauline Debranges, épouse de Pierre-André Guillemant, ancien sous-préfet, décéda en 1841, à Plottes, où ils possédaient des propriétés. — Claude de Branges, notaire à Louhans, portait, en 1697 : *d'azur à un arbre d'or et un chef de gueules, chargé de 2 têtes d'anges d'argent* (D'Hozier).

En 1338, une reprise de fief est faite à Odon (Eudes) de Branges, frère de la Maison de l'hôpital de Chalon.

---

1. Cf. : Arch. dép. Côte-d'Or, B 537 *bis*.

Fiefs : Branges, Varignolles, Le Villars-sous-Joudes, Civria, Bourcia, La Boissière.

Alliances : Leronde, Droin, Vialet, Benoît, Villeminot, Muyard, de Seyturier, Barberot.

BRAVARDS-d'EYSSIAT (des). — Armes : *Ecartelé aux 1 et 4 d'azur, au chevron d'or accompagné de 3 billettes de même ; aux 2 et 3, d'or à la fasce de sable, accompagnée de 3 trèfles de sinople, 2 en chef, 1 en pointe, qui est du Prat* (Rietstap).

Charlotte *Desbravards-d'Eyssiat* fut prieure des Bénédictines pu Villars en 1740. Elle était fille de noble Jean des Bravards-d'Eyssiat, chevalier, comte du Prat, seigneur de Naconne, en Auvergne, et d'Anne-Joséphine du Saix de Cruzille.

BRESCHARD (de). — Armes : *D'argent à 3 bandes d'azur* (B. et d'Arb.).

En 1569, Louis de Breschard fut élu abbé de La Ferté et mourut en 1574.

Ancienne famille, originaire du Bourbonnais, qui remonte à Radulfus Brécardi, cité en 1174 dans le Cartulaire de La Charité-sur-Loire.

Fiefs : Thury, Lally, Tintry, Saint-Martin-de-Commune, Lucenay-l'Evêque, Joursen-Vaux, La Grange-de-Buxy, Vellerot, Chavance.

Alliances : Bizé, Bournonville, Bourbon du Vernay, Myard, d'Orge, Vinglès, Vaux, etc.

BRESSE (de). — Armes : *D'azur à un cœur d'argent surmonté d'une étoile de même* (J. Martin).

Cette famille prit son nom du village de Bresse-sur-Grosne. En 1074, Robert de Bresse (de Brécis) est cité dans une charte de donation faite par Landricus Grossus de Brancion. Elisabeth de Bresse est bienfaitrice de La Ferté entre 1250 et 1269. En 1268, Robert de Bresse tenait fief du duc de Bourgogne en la châtellenie d'Uxelles (J. Martin et G. Jeanton).

En 1282, Liébaud de Bresse rend hommage à l'abbé de Tournus des biens que possédait, en la paroisse de Bresse, Huguette, veuve de Jean de Perrethau. Guillaume de Bresse et sa femme, Alix, fondèrent, en 1283, La Chapelle-de-Bragny. En 1346, Aloyse de Bresse était prieure de Lancharre. Noble Pierre de Bresse, maréchal des logis des soldats de M. de Nerzé, est parrain à Tournus...... en 1596.

Fiefs : Bresse, Gigny, La Chapelle-de-Bragny, Cormatin, Montcenis, Nobles, Lux, Saint-Loup-de-Varennes, Sevrey, Créteuil.

Alliances : de L'Epervière, de Pierrechamp, du Blé, de Bourbon-Montperroux, de Drée, de Nanton, de Châtenay, de Thiard, de Vergy, de La Tour, de Dyo.

Une famille de Bresse, en Chalonnais, portait, en 1650, les armes ci-dessus.

BRESSEY (de). — Armes :

Vers la fin du xve siècle, Jean de Bressey, écuyer, était seigneur de Vers et de Besanceuil (Arch. S.-et-L.).

Famille peu connue, originaire du village de ce nom, qui a donné Jacques, seigneur de *Bressey* (Côte-d'Or), en 1527, et Antoine, seigneur de Saint-Germain-du-Bois, en 1551. Antoine de Bressey et Philibert Ragot, seigneur d'Epoisses, son neveu, cèdent à Hugues de Gasse, en 1558-63, le tiers de la seigneurie de Saint-Germain-du-Bois et tout ce qu'ils possèdent à Messey-sur-Grosne, Mortière, Buxy, Saint-Boil et autres lieux (Beaune et d'Arbaumont, Arch. S.-et-L.).

Fiefs : Saint-Germain-du-Bois, Bressey, La Coudre, Ponneau, Besanceuil, Vers.

Alliances : Ragot, de Thyard, de Brêche, de La Tour.

De Bressey, en Lorraine et Franche-Comté, portait : *d'azur à 2 fasces d'or, acc. d'une étoile d'argent au canton senestre du chef ; au franc-quartier du second, chargé d'une clé de gueules* (Rietslap).

BRET. — Armes :

En 1677, Philippe Bret etait notaire et procureur à Tournus. — Pierre Bret, chanoine, fut nommé, en 1726, conseiller du bureau de l'Hôtel Dieu de cette ville, puis, en 1740, doyen du Chapitre.

Famille bourgeoise d'origine mâconnaise ; en 1362, on trouve une donation à l'hôpital Saint-Jacques, faite par Perronet Bret, marchand étoffier.

Jean-Baptiste Bret, procureur au Parlement de Dijon, avait pour armes : *d'azur à une fasce bastillée et accompagnée en chef de deux étoiles, et en pointe, d'un croissant, le tout d'or* (D'Hozier).

BRETAGNE (de), *al.* DE BRETAIGNE. — Armes : *D'azur à la fasce ondée d'or*; al. *d'hermine, accompagnée en chef de 3 grelots d'or et en pointe d'un croissant d'argent* (Palliot).

En 1643, Jacques de Bretagne devint baron de La Truchère et de La Villeneuve. — Famille noble de Bourgogne. Claude de Bretagne était conseiller au Parlement en 1557. Antoine, premier président des Parlements de Metz et Dijon, fut seigneur de Loisy en 1605. Claude était seigneur d'Huilly en 1638.

Cette famille est actuellement représentée en Suisse par M. A. Bretagne de Günsberg, membre du tribunal d'Aubonne.

Fiefs : baronnie de La Truchère et La Villeneuve, seigneuries de Loisy, Huilly, etc.

Alliances : Barjot, Milletot, Comeau, Filzjean, Gonthier, Cœurderoy, Pérard, Bernard-Maillard, des Barres, Baillet, Guijon, Massol, La Plume, Morin, Jacob, Estiennot, Deschamps, Lenet, Bossuet, Boyveau, Baudoin de Pléneuf, Champion, Gaffy, Conte, Narboud, Fevret.

BRETENAY (de).

Famille originaire de Bretenay, arrondissement de Beaune. Pierre et Symon de Bretenay paraissent au Procès des Templiers, comme chevaliers du Temple.

(1310-1314). Laurent de Bretenay est commandeur de Chalon et de ses membres, dont le Temple Sainte-Catherine de Montbellet (V. 1350).

BRETENIÈRE (DE). ARMES :

En 1396, Gérard de Bretenière était commandeur de Chalon, du Temple Sainte-Catherine et de Rougepont.

BREUIL (DU). — ARMES : *D'azur à un chevron d'or, au chef de même chargé de 3 bandes de gueules* (Palliot).

(1162-1199). Pierre du Breuil, abandonne à La Ferté tous ses droits sur les forêts d'Avoise et de Mont-Aubry (Arch. S.-et-L.).

BREUL (DU). — ARMES : *D'or au griffon d'azur* (Guichenon).

En 1421, un bâtard du Breul était arbalétrier au château de Brancion.

Famille originaire du Bugey, connue dès le xive siècle, qui possédait les seigneuries de l'Ile-en-Bugey, Chenavel, La Bastie-sur-Cerdon, Corlier, Espeyssoles. Le Châtelard, Le Barrio, Chavagnat, Langes, Montbarré (Rév. du Mesnil).

Guichenon donne la généalogie de cette famille.

BRÉZÉ (DE). — ARMES :

En 1715, Marc-Antoine de Brézé épouse Marie-Charlotte Lévesque (Arch. Tournus, II, 1).

BRICHANTEAU (DE). — ARMES : *D'azur à 6 besants d'argent posés 3, 2 et 1* (Chevillard).

Marie, fille de Nicolas de Brichanteau, née en 1549, épousa en 1571 Claude de Bauffremont, seigneur de Sennecey. Au xviiie siècle, Marie de Brichanteau fut une bienfaitrice de l'Hôpital de Tournus, où ses armes se voient sculptées sur la chaire à prêcher.

Fiefs : Brichanteau, Amilly, Lamotte, Nangis (château), Vienne, Bailly, etc.

Alliances : d'Aguerre, de L'Hospital, de Bauffremont.

BRIDART. — ARMES :

En 1412 Guy Bridart est moine de La Ferté-sur-Grosne (Arch. de La Ferté-sur-Grosne, série H).

BRIE DE **TAIZÉ** (DE). — ARMES : *D'azur au chevron d'or, accompagné de 2 étoiles d'argent en chef et d'un croissant du même en pointe.*

Les de Brie ont été à Tournus, au xviiie siècle, les derniers Préposés des Aides, dont les archives sont encore entre leurs mains.

En 1626, Charlotte de Brie, veuve de Philibert Cajot, écuyer, seigneur de Burnand (Saint-Gengoux), était dame de La Bouchardière, Lordres et Le Biolay.

Pourrait être de la famille ci-dessus.

BRION (DE). — ARMES : *D'azur semé de trèfles d'or au lion du même,* (Geliot).

Guy de Brion, chevalier, présent au monastère de La Ferté en 1189 (Bazin).

En 1504, Jeanne de Poupet était femme de Pierre de Brion, chevalier.

M. Brion, marquis de Mirebel, en 1579, portait les armes ci-dessus décrites.

BRIVE (de). — Armes :

En 1447, Antoine de Brive est appelé curé de Préty. Son frère, Girard, habitait ce village à la même époque (G. Jeanton et Ravenet, *Préty*).

BROARD. — Armes : *De .... à la fasce ondée, accompagnée de 3 fermaux ; accolés de : à 3 écus chargés d'un chiffre, posés 2 et 1, et une étoile en cœur* (Pierre tombale).

Famille bourgeoise originaire de Sennecey. — Jean Broard fonda, en 1489, une chapelle dans l'église de Saint-Julien-les-Sennecey. Avec sa femme Guillemette, ils y furent inhumés et sur leur pierre tombale sont gravées les armes ci-dessus décrites.

BROSSES (de). — Armes :

En 1788, François de Brosses, prêtre, était curé d'Ozenay.

Une ancienne famille bourgeoise de Mâcon, éteinte actuellement, dont était Marie de Brosse, femme de N. du Mont, président au présidial de Mâcon, conseiller du roi, portait : *D'argent à la fasce de sinople* (D'Hozier).

BRUNET. — Sceau : *De .... à la bande de .... accompagnée en chef d'une croix pattée accostée de 2 étoiles et en pointe d'une autre croix pattée accostée à dextre d'une étoile et à senestre d'un croissant.* (Bailliage de Tournus).

Famille originaire de Montbellet, établie à Tournus par le mariage de Jean-François Brunet avec Antoinette Brandy. Il était maître chirurgien et scellait des armes ci-dessus décrites.

Alliances : Martennes, Gautheron, Blanc, Brandy, Daurat, Souleyrac, Laigle, Busseret.

BRUSSON. — Armes : *D'azur à chevron d'or, accompagné en chef de 2 étoiles d'argent et en pointe d'un croissant de même* (D'Hozier).

Noble Brusson fut un des bienfaiteurs de l'église de Saint-Gengoux.— Pierre Brusson, avocat à la Cour, à Chalon-sur-Saône, portait les armes ci-dessus décrites.

BRUYS des GARDES. — Armes :

N. Bruys des Gardes, était possessionné à Blanot au xviiie siècle.

Famille issue de François Bruys, né à Servières en 1708, fils de François Bruys et de Marguerite Paissaud, qui épousa Anne Dentil. Ils furent anoblis en 1815 et se divisent en deux branches : Bruys des Gardes et Bruys d'Ouilly (Arcelin).

(V. Maritain. *Notice sur la famille Bruys*, Annales de l'Académie de Mâcon, 1904).

BRYE (DE), *al.* DE BRY. — ARMES :

Messire Nicolas de Bry ou Brye, fut près de trente ans curé à Mont-bellet, à la fin du XVIe siècle. Il était retiré à Mâcon en 1603 (Voir de Brie).

BUCHEPOT. — ARMES :

En 1361, Jean Buchepot était châtelain de Brancion. En 1470, Gaucher Buchepot, châtelain-receveur de Montaigu, Brancion, La Colonne, Mellecey, Cortevaix, etc. (Crépet).

BUCHET, *al.* BRUCHET. — ARMES : *D'azur au chevron brisé à la pointe d'or, accompagné de trois trèfles de même, deux en chef, un en pointe* (Lieutenant Bernard).

Arcelin, d'après d'Hozier, donne pour armes à cette famille : *d'azur à une fasce d'argent accompagnée de trois étoiles d'or 2 et 1.*

En 1608, Jean Buchet, avocat à Mâcon, devint seigneur de Royer par son mariage avec Jeanne Decret.

Cette famille paraît originaire du Mâconnais où vivaient au XVIe siècle Jean Buchet, seigneur d'Ars et La Collonge et Philiberte de Varey, sa femme.

A la même époque (1591-1596), Benoît Buchet était procureur du roi à Mâcon.

Cette famille se divise en deux branches : Buchet de Coublanc et Buchet de Royer (éteintes).

Fiefs : Royer, Ars, La Collonge, Coublanc.

Alliances : De Montmessin, Bayard, Desgranges, Decret, de Royer, Barthelot de Rambuteau, de Rymon, de Champgrenon, des Brosses-des-Crots.

BUFFART. — ARMES : *D'azur à la croix alaisée et dentelée par les bouts d'argent, au chef d'or* (D'Hozier).

En 1375, Antoine Buffart, chevalier, était capitaine chatelain de Brancion.

Anciens gentilshommes des Dombes, les de Buffart étaient seigneurs de Tavernots, en la paroisse de Cesseins, à la fin du XIVe siècle. (Révérend du Mesnil).

En 1408, Antoine Buffard, chevalier, est témoin dans un hommage de fief, fait par Jean de Lugny à Raymond, abbé de Cluny (Perraud).

Au XVIIe siècle, Buffart, à Lyon, portait les armes ci-dessus décrites.

BUGNES (DE). — ARMES :

En 1493, Pierre de Bugnes se trouve présent à l'ouverture de la chasse de Saint-Philibert (Juénin, p. 239).

BUGNON, *al.* BUGNYON (DE). — ARMES : *Gironné d'or et de gueules de dix pièces* (Palliot).

En 1537, Pierre de Bugnon est receveur pour le roi de La Colonne et de Beaumont.

Une famille du nom de Bugnyon, selon Arcelin, d'ancienne bourgeoisie mâconnaise, donna plusieurs échevins à cette ville, entre autres Claude Bugnyon, d'abord avocat en l'élection de Mâcon, puis en la sénéchaussée de Lyon, et conseiller au Parlement de Dombes, mort vers 1590 (Arcelin).

BUISSON DE BEAUVOIR. — ARMES : *Ecartelé aux 1. et 4. d'or au buisson de sinople terrassé de même, au chef d'argent chargé d'un lion issant de sable ; aux 2. et 3. de gueules à une croix de Toulouse d'or* (Rietstap).

Joseph-Mathurin Buisson de Beauvoir, sous-lieutenant de la maréchaussée à Tournus, né en 1750, de Jacques, docteur en médecine à Fontenay-le-Comte, et de Marie-Anne Mallet, épousa Marie-Joséphine Lornot, de Tournus. En 1786, il épousa en deuxièmes noces Elisabeth-Caroline Maudiöt, dont postérité.

BUISSON (DES). — ARMES : *D'or à trois arbres de sinople, rangés sur une terrasse du même* (Palliot).

En 1409, Jean des Buisson, écuyer, est préposé à la garde du château de Brancion par le duc Jean sans Peur.

Vers 1568, François des Buissons, écuyer, prévôt des maréchaux au bailliage de Chalon, épouse Marie Ferraud.

BUISSON DE LA BOULAYE (DU). — ARMES : *D'azur au chevron d'or accompagné d'une étoile d'argent, accostée de deux cloches du même, et en pointe d'une branche de laurier au naturel.*

Famille originaire de Valognes, en Normandie.

Jean-Baptiste-Antoine Georgette du Buisson de La Boulaye, né en 1781, commissaire de la marine, intendant de la maison du roi, député de l'Ain, épousa en 1809, Aloïse de La Chapelle, et vint se fixer en 1830 à Romenay, dans les propriétés de sa femme (V. *Répertoire*).

BULAY (DU). — ARMES :

Jean du Bulay était religieux de l'abbaye de Tournus en 1489.

BULLION. — ARMES : *Coupé, fascé, ondé d'argent et d'azur, au lion naissant d'or sur le premier coupé ; écartelé d'argent à la bande de gueules, accompagnée de six coquilles de même mises en orles* (D'Arbaumont).

Claude Bullion était chatelain de Vérizet en 1563 (De La Buissière).

Cette famille remonte à Claude Bullion, dit le Bon, bourgeois de Mâcon, qui reprit de fief en 1538, par suite du décès de son père, des seigneuries de La Tour de Voille et Châtenay (paroisse de Sancé).

Fiefs : Châtenay, Sennecé, Layé, Tramayes, Flacé, Serrières.

Alliances : Saint-Julien de Baleure, Vincent, de Lamoignon, Bernard, de Pize (D'Arbaumont).

(Pour généalogie, voir La Chesnaye-Desbois).

BURDIN. — ARMES : *D'argent à trois barres de gueules* (D'Hozier). — CACHET ARMORIÉ : *De gueules à un bœuf d'or (?) en chef, et à un daim de même en pointe* (Arch. du Bailliage de Tournus).

En 1699 Richard Burdin, conseiller du roi, docteur en médecine à
Tournus, scellait du cachet ci-dessus décrit. Il avait épousé Huguette,
fille de Gabriel Dubois, lieutenant ès-justices de Tournus.

Famille paraissant originaire de Louhans où on la trouve dès 1596,
époque où Philibert Burdin était notaire.

Jean et François Burdin, son fils, furent notaires à Branges, ce dernier
portait les premières armes ci-dessus décrites.

Alliances : Lornot, Gabuteau.

BURETEAU. — Armes : *D'azur à trois fasces d'argent accompagnées de
trois merlettes du même, deux en chef et une en pointe* (D'Hozier). —
Cachet armorié : *De .... à trois fasces ondées de .... accompagnées
de trois étoiles, deux en chef, une en pointe* (Archives notariales de Tournus).

Famille originaire de Tournus, où vivait en 1399 noble Bureteau,
blessé à mort dans une chasse de l'abbé de Corgenon.

En 1462, Jean Bureteau épousa la fille naturelle de Guillaume de
Sennecey, et devint par là même seigneur de Jugy.

Jean-Chrysostome Bureteau, notaire et procureur à Tournus en 1651,
scellait des secondes armes ci-dessus décrites, et François Bureteau,
seigneur de Jugy, receveur des deniers patrimoniaux de Tournus, échevin
en 1717, portait les premières.

Fiefs : Jugy, Scivolière, Vers, Le Chêne.

Alliances : de Sennecey, Descousu, Cadot, Saulnier, Picollier, Guérin,
Garnier, Chesnard, Cortelot, Venuat, Filloux, Pichot, Chapuys, Charnon.

BURGAT. — Armes : *D'azur au château ou bourg d'argent, crénelé et
maçonné de sable, au chef d'or chargé d'une couronne de laurier de sinople*
(Eglise Saint-Vincent de Chalon).

En 1680 Claude Burgat, maître en la chambre des comptes de Dijon
et Philiberte Papin, sa femme, possédaient un domaine à Laives (Arch.
S.-et-L., E 1390). En 1684 il est qualifié conseiller du roi, maître de
comptes en Bourgogne et Bresse (*Id.*, 1393).

Famille chalonnaise, connue au xvie siècle, qui donna plusieurs chanoines à l'église Saint-Vincent de Chalon, elle est actuellement représentée
par deux branches : celle de Bretagne et celle de Ruffey.

Fiefs : Droux, La Tessonnière, La Tour de Marcilly (partie), Lux,
Sens, Taizé, Ruffey.

Alliances : de Pontoux, Galois, Baillet, Perrault.

BURGES (de). — *De sable à la croix ancrée d'or* (Guichenon).

En 1584 vivaient Antoine de Burgey, marié à Marguerite de Neufville, qui furent des bienfaiteurs de l'hôpital de Tournus (Archives
hôpital, B 133).

Maison originaire de Flandres. Pierre de Burges fut, en 1430, trésorier
général d'Amé, premier duc de Savoie. Guy ou Guigues, écuyer, seigneur

d'Amareins en Dombes fait hommage en 1536, pour la terre du Solier ?, en Bresse, que lui avait apportée en dot sa femme, Claudine de Langes. En 1669, son fils, Pierre-Joseph de Burges, était seigneur de Montsimon, en Bresse, par acquisition des Maréchal (Révérend du Mesnil).

BURIGNOT. — ARMES : *D'azur au chevron abaissé d'or, surmonté d'une burelle du même, accompagnée en chef de trois besans aussi d'or et un besan de même en pointe* (Perry).

Françoise Burignot est prieure du monastère de Lancharre, en 1745. (Arch. S.-et-L., H 492).

Famille bourgeoise originaire de Chalon, dont les membres ont rempli des fonctions importantes dans la ville.

Au commencement du xvie siècle, Claude Burignot était apothicaire à Chalon, où il mourut avant 1519. — En 1571, André Burignot, maire de Chalon, portait les armes ci-dessus décrites (Pierres tombales, Saint-Vincent de Chalon).

Claude Burignot était grenetier au grenier à sel de Chalon en 1603 et son fils Jean en 1644. — En 1682, Jean Burignot est contrôleur général des finances en Bourgogne.

Cette famille est aujourd'hui connue sous le nom de Burignot de Varennes (D'Arbaumont).

Actuellement propriétaire du château de Crémelon à Saint-Martin en Bresse.

Alliances : Dormes, Lambert, Poulet, de Martinet, *al.* de Martigny, Jeannin, de La Folie.

BURNAND (DE). — Voir CAJOT DE BURNAND.

BURNON.

Frère Burnon, moine de La Ferté, est témoin d'une donation faite par Pierre de Lalheue à ladite abbaye en 1209 (L. Bazin).

BURNOT DE LA BOULAYE. — ARMES :

En 1697, on trouve une reprise du fief de Florette situé à Culles, par Claude Burnot de La Boulaye (Lex). Il était marié à Françoise Narboud, tout deux furent bienfaiteurs de l'église de Saint-Gengoux.

En 1755, vivait Antoine Burnot de La Boulaye, bourgeois de Culles (Arch. S.-et-L., B 1469).

Fiefs : La Boulaye, Florette, Culles, Blaizy, La Vallée.

Alliances : Narboud, Canat, Ducarruge, Mercier, Larose, Dusauze.

BURZEI (DE), *al.* DE BURZY. — ARMES :

En 1151, Bertrand de Burzei échange, avec les moines de La Ferté, une terre sise au-dessous du clos de La Perrière contre la terre de l'Epervière, à Sermaisey, et, en 1162, Hugues de Burzy donne à ce même monastère sa part du moulin de *Raveneaul*. Etienne et Bernard, ses frères, cèdent aussi ce qu'ils possèdent dans ce moulin (L. Bazin).

BUSSEUL (DE), *al.* DE BUSSEUIL. — ARMES : *Fascé d'or et de sable de six pièces.*

Marguerite de Busseul fut prieure de Lancharre, de 1523 à 1529. — En 1563, Guillaume Busseuil était curé de Lancharre.

Ancienne famille noble du Charollais, qui a tiré son nom du village de Busseuil, dont ses membres étaient seigneurs.

Arthaud de Busseul est témoin en 1110 d'une donation faite à l'abbaye de Cluny.

Fiefs : Busseuil, Moulin-sur-l'Arconce, Laugères, Lamotte-Reuillon, Lessertot, Le Parc, Saint-Martin-de-Senozau, Germolles, La Bastie, La Tour de Mailly, Saint-Sernin, Sarry, Escole, Layé, Montval, Fougères, Orval, Fay, Fuissé, Essaule, etc.

Alliances : Veré, Grolée, Tenarre, Fougières, Lespinasse, Sercey, Dyo, Bernaut, Digoine, Gorrevod, L'Aubespin, Serpens, Le Court, Amanyé, du Déault, Thiard.

BUXY (DE). — ARMES :

Au XIIe siècle, Barthélemy de Buxy, chevalier, puis Bernard, en 1179, font des donations à l'abbaye de La Ferté. — En 1188, Rodolphe de Buxy et son frère Hugues donnent à La Ferté toutes leurs possessions de Sainte-Hélène.

Cette famille paraît antérieure à celle des descendants de Guillaume, comte de Chalon.

Guillaume de Buxi était religieux de Tournus en 1508. — En 1543, Désiré de Buxi était aussi religieux.

CABROL (DE). — ARMES : DE CABROL EN LANGUEDOC : *D'azur à trois chevrons d'or accompagnés en chef de deux étoiles d'argent et en pointe d'un croissant du même* (Rietstap).

En 1765 (15 janvier), demoiselle Claudine de Cabrol, âgée de 80 ans, décéda à Lugny et y fut enterrée (Lugny).

Cette famille paraît être originaire du Languedoc.

CADOT. — ARMES : *D'azur à trois croissants d'or* (Ab. de Tournus).

Famille originaire de Tournus. — L'héritière de Guillaume, bâtard de Sennecey, ayant épousé Pierre Cadot, lui apporta les seigneuries de Scivolière, Champlecy, Baron et Rabutin. Celui-ci décéda en 1558 et fut enterré à l'abbaye de Tournus. Précédemment, Jean Cadot, réfecturier de cette abbaye, y avait été inhumé vers 1495.

Cette famille s'éteignit avec Pierre et Louis Cadot, petits-fils de Pierre Cadot.

Alliances : de Saussay, d'Ainay, de Saint-Maurice, de Joudes-Montjouvent, de Ville, de Monspey.

CAILLES (DE). — ARMES : *D'azur à une nuée d'argent, posée en fasce, accompagnée de trois cailles d'or* (D'Hozier).

Eustache Caille était notaire de Châtillon-les-Dombes en 1451 (Révérend du Mesnil).

Au xviie siècle, Joseph de Caille, écuyer, seigneur de Moiziat, épousa, à Romenay, Anne Colin (Arch. S.-et-L., E 186). Celle-ci étant veuve présenta en 1698 les armes ci-dessus décrites.

Fiefs : Moiziat, Mont-Simon, Le Bourg.

Alliances : de Romanet, Colin, Dubois de Fretières, Bernard de Montessus, Cornu.

CAJON. — Cachet armorié : *De .... à une touffe de jonc issant d'une rivière de ...... accompagnée en chef de deux étoiles de ....* (Arch. du bailliage de Tournus).

Famille originaire de Mâcon, dont une branche vint s'établir à Tournus au début du xviiie siècle, avec Jean-Baptiste Cajon, apothicaire, marié à Lucrèce Mitoud. — Antoine Cajon, chirurgien, juré à Mâcon, scellait des armes ci-dessus décrites (1694).

Alliances : Rubat, Merle, Mitoud, Piot, Duhamel de Montigny, Duclos, Blondel, Saulnier, Delanoüe, Dugrivel (Voir *Répertoire*).

CAJOT de BURNAND. — Armes : *D'azur à une fasce d'or surmontée d'un croissant du même* (Palliot).

Robert de Burnand, grand vicaire du cardinal de La Rochefoucauld, premier doyen de l'abbaye de Tournus, sacristain en 1621, fut nommé deuxième chanoine lors de la sécularisation, puis grand prieur en 1624. Il mourut en 1637.

Cette famille possessionnée à Burnand près Saint-Gengoux en Chalonnais, Lordres, Saint-Clément-sur-Guye, Corcelles, Rains et Burzy, fut alliée aux de Saint-Authot, Royer de Chanlecy, de Brie, de Malfontaine, de Joly.

CALLARD des BROSSES. — Armes : *D'azur à un chevron d'argent accompagné de 3 étoiles de même* (D'Hozier).

En 1724, N. Callard des Brosses, fille de feu Etienne Callard des Brosses, bourgeois d'Autun, fit baptiser à Tournus son fils naturel, Jacques.

Lazare Callard, avocat à Autun, portait les armes ci-dessus décrites. Vers 1583, Etienne Callard, avocat au bailliage de Montcenis, était seigneur du Breuil.

CAMBEFORT (de).

Paul-Joseph de Cambefort fut curé d'Uchizy en 1686.

CAMBIS (de). — Armes : *D'azur au chêne d'or mouvant d'une montagne de six copeaux d'argent, de deux traits chacun.* (La Chesnaye-Desbois).

Antoine de Cambizy, sous-prieur de l'abbaye de Tournus, y décéda en 1597 (Pierres tombales).

Cette famille, originaire de Florence, est connue depuis les premiers temps de cette république. Au commencement du xive siècle, Dominique de Cambi ou Cambis, fils de Luc de Cambis et de Marie de Pazzi, acheta la baronnie d'Alais, de la maison de Pelet de Narbonne. — Obligé de

quitter l'Italie, Luc de Cambis, le même qui avait été quatre fois gon-
falonnier, vint s'établir à Avignon en 1574.

En 1686, Charles de Cambis était marquis d'Orsan et seigneur de
Messimy-en-Dombes. Au xviiie siècle, Dominique-Joseph-Nicolas
Cambis devint seigneur de Bresse, par son mariage avec la fille de Claude-
Gustave-Eléonor de Dyo.

Fiefs : Alais, Orsan, Messimy-en-Dombes, Villeron, etc..

Alliances : de Pazzi, de Dyo, Pillehote, de Laqueuille.

CAMPANUS. — Armes :

Guillaume Campanus, moine de Tournus, enlumine un missel, en 1553,
pour le cardinal de Tournon, abbé de Tournus. Il est possédé actuellement par la famille de Tournon, à Montmelas (J. Balloffet).

CANABLIN (de). — Armes : *D'azur au chef d'argent, chargé de trois merlettes de sable* (B. et d'Arbaumont).

Claude-Gaspard de Canablin ne fit que passer sur le siège abbatial de
La Ferté ; il décéda en 1777 et fut l'avant-dernier titulaire de cette
abbaye.

Famille anoblie dans ses deux branches, de La Borde et de Lautil-
lières, par les charges dont furent pourvus Bénigne-Bernard, maître
des comptes en la chambre de Dijon (1660), et ses deux fils, Jean-
Baptiste et Jean-Jérome.

Fiefs : Ancey, Longepierre, Montot, Gerland.

Alliances : Mouhy, Thésut, Derequeleyne, Cothenot (B. et d'Arbaumont).

CANAT de CHIZY. — Armes : *Coupé au un, d'azur semé de croissants
d'argent ; au deux, de gueules à une chausse-trape d'or* (D'Hozier).

Famille paraissant originaire de Brancion, où elle possédait des propriétés au xve siècle, elle vint s'établir à Chalon au milieu du xvie siècle.

Nicolas Canat, avocat, jurisconsulte à Chalon en 1633, prit pour
armoiries : *D'azur, semé de croissants d'argent* ; armes portées par la
branche aînée de la famille.

En 1720, Jean Canat acheta une charge de secrétaire du roi. — Brunot
Canat se fixa à Tournus en 1724, par son mariage avec Anne, fille de
Gilbert Delaval. Etienne-Marcel et son frère Paul, possessionnés à
Préty, relevèrent en fait le nom de Chizy, porté par un rameau de la
branche cadette qui venait de s'éteindre (1811-1824).

Fiefs : Chavy, Messey, Corcelles.

Alliances : Delaval, Bouthillon, Ballay, Rater, Vincent de Saint-
Bonnet, Fouques-Duparc, de Lavalette, Puvis de Chavannes.

CARBONNET (de). — Armes : *De gueules à trois panaches d'or* (B et
d'Arbaumont).

En 1625, Claude de Carbonnet, écuyer, était seigneur de La Motte-
des-Bois (châtellenie de Saint-Gengoux), il avait épousé Claudine, fille
de Jean de Vesvre, seigneur de ladite Motte (Arch. S.-et-L., B 1882).

Cette famille était issue, suivant lettres-patentes de François Ier en 1541, de la maison de Carbonnet en Gascogne, et anciennement établie en Auvergne. Une de ses branches, fixée en Bourgogne au xviie siècle, y a possédé les seigneuries de La Motte-des-Bois et de Montpatey (B. et d'Arbaumont).

Fiefs : La Motte-des-Bois, Montpatey, La Motte-de-Saint-Eusèbe.

Alliances.: de Vesvre, Chicquot, de Peillens.

CARMOY (DE). — ARMES : *Ecartelé aux un et quatre d'azur à une tour sommée de trois tourelles d'argent, maçonnée de sable, posée sur une demi-roue de même ; aux deux et trois, d'or au lion d'azur.* Sur le tout les armes de BEUGRE qui sont : *d'or au bœuf de sable* (Rietstap).

Cette maison est originaire de Bretagne. En 1832, Antoine-Frédéric, comte de Carmoy, devint propriétaire du château de La Chapelle de Bragny, par son mariage avec la petite-fille de Gabriel de Raffin (Niepce).

CARNOT. — ARMES : *D'azur au chevron d'or, accompagné de 3 canettes* (al. *merlettes*) *d'argent posées 2 et 1.*

Gaspard Carnot, notaire royal à Nolay (1697), portait les armes ci-dessus décrites.

Siméon Carnot, né à Paris en 1839, avocat, maire de Saint-Cyr près Sennecey, cousin du président Carnot (Jouve).

Famille bourguignonne, du bailliage d'Arnay, illustre par Lazare Carnot (1753-1823), surnommé l'Organisateur de la victoire, et son petit-fils, Sadi Carnot, Président de la République (V. pour biographie *Les Trois Carnot*, par Ch. Rémon).

CARONDELET (DE), *al.* CARRONDELET. — ARMES : *D'azur à la bande d'or, accompagnée de six besants de même posés en orle* (La Chesnaye-Desbois).

En 1597, Jean de Carrondelet, baron de Torcy, était seigneur de Tallans.

Ancienne famille de Bresse établie en Franche-Comté. Sa filiation commence à Guillaume de Chandée, qu'Amé IV, comte de Savoie, ramena en Bresse en 1272, et auquel il donna des terres à Saint-Denis près Bourg. — Jean de Chandée, *alias* Chauldey, dit de Carondelet, continua ; il fut baron de Chandée au bailliage de Bourg (Révérend du Mesnil).

Fiefs : Chandée, Noyelles, Marlebec, Pontelles, Champvent.

Alliances : de Messey, Foureau, Basan, de Chassé, Vurri.

CAUMONT (DE). — Voir LAUZUN (DE).

CERCI (DE). — ARMES :

En 1352, l'abbé de Cros, voulant fonder la chapelle Saint-Philibert dans l'église de l'abbaye, fit acheter pour cet effet six livres parisis de cens sur Tournus, de noble dame Sybille, fille de feu Guillaume de Tournus, chevalier, prévôt de cette ville, alors veuve d'Arnou de Serci, chevalier (Juénin, p. 185).

CHABANNES (de). — Armes : *De gueules au lion d'hermine, armé, lampassé et couronné d'or* (Palliot).

Louis de Chabannes, prêtre du diocèse de Toul, devint chanoine de Tournus en 1692.

Illustre famille remontant à Eschivat de Chabannes, *alias* Chabanées, 1170. Elle a formé un grand nombre de branches ; aux aînées appartenait Jacques II de Chabannes, connu sous le nom de maréchal de La Palisse, nommé par François Ier gouverneur de Dombes. — Nicolas-Louis de Chabannes, prêtre, curé de Romanèche, y décéda en 1696 (Arch. S.-et-L., B 1529). Pour généalogie, voir La Chesnaye-Desbois et surtout *Généalog. des Chabannes*, par le comte Henri de Chabannes.

Fiefs : La Palisse, Montenguer-le-Blanc, Lenaux.

Alliances : de Melun, de Ventadour.

CHABEU (de). — Armes : *D'or à la bande de gueules* (Guichenon).

En 1284, Gui de Chabeu, seigneur de Saint-Trivier et de Beauregard, marié à Yolande de Berzé, testa et décéda à Tournus où il fut enterré. Guillaume de Chabeu et son fils Pierre, seigneurs de La Tour de Romanèche, contestent à l'abbé de Tournus ses droits de justice sur ce fief (1480 et 1484) (Perraud, *Env. de Mâcon*).

Famille chevaleresque de Dombes, qui se divise en quatre branches : 1º les aînés, seigneurs de Saint-Trivier-en-Dombes, dont était Gui Chabues, damoiseau, seigneur de Saint-Trivier en 1266 (Aubret) ; il prirent le nom de Saint-Trivier et faillirent dans une fille mariée au seigneur de Lugny et de Ruffey ; 2º les seigneurs de l'Abergement, paroisse de Clémencia, en Bresse ; 3º les seigneurs de Chazelles-en-Dombes ; 4º les seigneurs de la Collonges, éteints avec François de Chabeu, qui testa en 1591 (Révérend du Mesnil).

Fiefs : Saint-Trivier, L'Abergement, Chazelles, La Collonges, Villesolier, la Poype de Luseys, *alias* Loyse, Feillens, Saint-Nizier en Bresse, Becerel, Beauregard, La Tour de Romanèche, La Collonges.

Alliances : de Chause, de Mellin, Maréchal, Buchet, de Grolée, de Rébé, de Feillens, de Berzé (Révérend du Mesnil).

(Pour généalogie, voir La Chesnaye-Desbois).

CHABOT. — Armes : *D'or à 3 chabots de gueules*. La branche des marquis de Mirebeau écartelait : au 2e de Luxembourg, qui est : *d'argent au lion de gueules armé, lampassé et couronné d'or la queue fourchée et passée en sautoir* ; au 3e de Baux qui est : *de gueules à une étoile de 16 rais d'argent* (P. Anselme).

François Chabot, marquis de Mirebeau, comte de Charny, baron de Brion et de Fontaine-Française, seigneur de Beaumont-sur-Vingeanne et de Charroux, épousa en 1558 Françoise de Lugny, dame dudit lieu, de Branges et de Lessard, comtesse de Brancion et devint, par ce mariage, seigneur de Lugny. Leur fille, Catherine Chabot, mariée en 1579 à Jean de Saulx, porta dans cette famille la seigneurie de Lugny.

Illustre maison issue de Guillaume Chabot, qui vivait en 1040 en Poitou (Arcelin).

CHACIPOL (DE), *al.* CHASSIPOL. — ARMES : *D'azur à trois coqs d'argent* (P. de Saint-Julien).

François de Chacipol, dit Jubilé, était chanoine de l'abbaye de Tournus où il décéda après 1640.

Selon P. de Saint-Julien, cette famille serait originaire du Mâconnais. Jean de Chacipol, fils de Jean et de Guye d'Andelot, eut quatre enfants, dont : Pierre, religieux de Tournus et Edouard, prieur du Villars. Guillaume de Chacipol et Jacquet, son frère, paraissent à Uchizy en 1435. Ils furent possessionnés à Colombier-sous-Uxelles, Mirande, Scivolières et Uchizy, où ils exercèrent la charge de la chacipolerie de l'abbaye de Tournus.

Alliances : de Chantemerle, de Chanay, Joly, du Puguet, de Robelet, d'Andelot.

CHAIGNEY (DE). — ARMES :

En 1396, Philippe, *alias* Philibert de Chaigney « *Chaigneyo* », était moine de La Ferté-sur-Grosne (Arch. de La Ferté-sur-Grosne, série H). Nous retrouvons, en 1687, un Etienne de *Chaignet*, huissier à la Chambre des comptes de Dijon (D'Arbaumont).

CHAILLOT. — ARMES : *D'azur à un chevron d'argent, accompagné de trois trèfles d'or, posées deux en chef et une en pointe* (D'Hozier).

En 1572, Claude Chaillot était chirurgien à Buxy (Arch. S.-et-L., E 1079). Marcel Chaillot, conseiller du roi, notaire perpétuel de Saint-Gengoux-le-Royal, est nommé en 1684 juge prévôt de cette même ville. Il portait les armes ci-dessus décrites.

Philibert Chaillot, en 1738, vivait à Saint-Gengoux-le-Royal, où il était juge, prévôt civil, lieutenant criminel et maire perpétuel (Arch. S.-et-L., B 1542).

Alliances : Demolesmes, Cochardet, Baudot, Grasset, Denis.

CHAINTRÉ (DE). — ARMES : *De gueules à la bande engrêlée d'argent* (Guichenon et Chevillard).

En 1409, Humbert de Chaintré est prévôt de Saint-Romain.

Claude de Chaintré revend en 1474 le prieuré de Saint-Romain à l'abbé de Toulongeon (Perraud).

Famille chevaleresque du Mâconnais. — En 1113, Robert et Blandain de Chaintré accompagnèrent à la croisade Bérard, évêque de Mâcon. — Philibert de Chaintré vendit en 1516 la seigneurie de Chaintré à Antoine Bernard, bourgeois de Mâcon, qui en prit le titre.

Fiefs : Varennes, Chaintré, Chilia (Grièges), Chassignole (Saint-Laurent en-Brionnais), Saint-Romain, Varanges, Chânes.

Alliances : de Marchant, Siroti, de Sachins, de La Gelière, de Germolle, de La Bessée, du Moustier, Chandon, de Toiria, de La Douze, de Gorrevod, de Beost, de Vachon, de Chapponay, Garnier de Bellegarde, de Varey.

Famille éteinte au XVIe siècle, dans les Beauvoir et les Nanton.

CHALAM (DE). — ARMES :

En 1446, Humbert de Chalam (Chalant), aumônier de l'abbaye, accensa une terre de 12 ouvrées de vigne, sise à Goy (Juénin, p. 221).

Une famille de Chalant existait au Val d'Aoste en 1220, elle vint s'établir en Bresse. Seigneur de Varey, Jujurieu, La Bastie-sur-Cerdon, Le Saux, Etienne-Philibert de Chalant fut le dernier de ce nom (voir l'article suivant).

ARMES : *D'argent au chef de gueules, au bâton de sable brochant sur le tout* (Révérend du Mesnil).

CHALANT (DE), *al.* CHALAIN. — ARMES DE CHALANT EN BUGEY : *D'argent au chef de gueules, au bâton de sable*, al. *cotice brochant sur le tout* (Palliot). — ARMES DE CHALANT EN SAVOYE : *De gueules coupé d'argent, à la barre de sable brochant sur le tout* (Palliot). Les Chalant de Varey brisaient d'*une hermine*.

Humbert de Chalam (al. Chalant) était aumônier de l'abbaye de Tournus en 1446.

Cette maison est originaire du Val d'Aoste où vivait, en 1220, Godefroy, seigneur de Chalant, vicomte d'Aoste.

La branche établie en Bugey remonte à Amé de Chalant, chevalier, seigneur de Fenis en Piémont, Manille et du château de Saint-Denis-en-Bugey : Boniface, son fils, fut seigneur de Varey-Usson, Retour-tour, et de Montbreton en Dauphiné.

Elle s'éteignit dans Etienne-Philibert de Chalant, seigneur de Varey, Jujurieux, La Bastie-sur-Cerdon.

CHALLES (DE). — ARMES : *D'argent à la croix nillée de sable* (Guichenon).

Pierre de Challes reçoit en 1421 la seigneurie de Loize (La Chapelle de Guinchay) du roi Charles VI. Ce fief avait appartenu à l'abbaye de Tournus. Famille originaire de Bresse, divisée en trois branches : l'une fixée à Challes, près Bourg, l'autre établie en Savoie, et la troisième à Challes, près Thoissey (Perraud).

Fiefs : Challes, Loize, Beaumont, Corgenon, Chasselas.

Alliances : de Loras, de Naturel, du Roux.

CHALON (COMTES DE). — ARMES : *De gueules à la bande d'or* (B. et d'Arbaumont).

En 1112 Savaric et Guillaume, comtes de Chalon, contribuent à la fondation de l'abbaye de La Ferté. En 1171, Guillaume donne aux religieux de cette abbaye, du consentement de Hugues, neveu du duc de Bourgogne, le droit de pêche dans la Saône, de Chalon au port de *Stantis*, et le même droit dans la *Tresalle* (L. Bazin).

Cette maison illustre descend des comtes de Chalon-sur-Saône, dont le plus ancien est Adalard, qui vivait de 763 à 771. Sa filiation peut s'établir d'une manière presque certaine à partir de Guérin, comte d'Auvergne, Chalon et Mâcon, en 834 (B. et d'Arbaumont).

Fiefs : comtés de Bourgogne, Auxerre, Joigny, Tonnerre, Auxonne, les seigneuries de Rochefort, Vignory, Arbay, Arguel, Salins, Valence, Mirbel-en-Montagne, Laignes, l'Ile-sous-Montréal, le vicomté de Besançon, Châteauguyon, etc.

Alliances : Bourgogne, Bourdon, Courtenay, Savoie, Nevers, Montbéliard, Mello, Vienne, Armagnac, Bretagne, Genève, Luxembourg, La Tour du Pin, La Tremouille, Gamache, Sainte-Maure, Touteville.

CHAMBLES (DE).

En 1272, Jean de Chambles et sa femme Huguette font hommage à l'abbé de Tournus de tout ce qu'ils possédaient sur les territoires de Tournus, Lambres et Plottes, ainsi qu'une partie des Salais.

CHAMBLEY (DE), *al.* CHAMBREY. — ARMES : *De sable à la croix d'argent, cantonnée de quatre fleurs de lys d'or* (Palliot).

Guy de Chambrey était hostelier et cellérier de l'abbaye de Tournus en 1558.

Une ancienne baronnie dans le duché de Lorraine a donné son nom à cette famille éteinte, dont était : Fleury, seigneur de Chambley, qui avait épousé en 1398 Jeanne de Launoy. François, seigneur de Chambley, n'eut qu'une fille, dame de Chambley et de Mignières, qui porta cette baronnie dans la maison d'Haraucourt (La Chesnaye-Desbois).

Les de Chambley, en Bourgogne, chevaliers du Saint-Empire (9 janvier 1641), portent les armes suivantes : *écartelé un et quatre, d'or à un aigle de sable, couronne et langué de gueules ; au deux et trois d'azur à une fleur de lys d'argent ; à la croix d'argent brochant sur l'écartelé* (Rietstap).

CHAMBONE (DE). — ARMES :

Jean de Chambone reconnaît tenir en fief, de l'abbé de Tournus, les maisons de Nully, en 1329.

CHAMERA. — ARMES :

En 1474-1501, Jean Chamera, écuyer, est seigneur de La Chapelle (Arch. S.-et-L., E 877).

CHAMILLARD (DE). — ARMES : *D'azur à la levrette passante d'argent, colletée de gueules ; au chef d'or chargé de trois étoiles de sable* (Chevillard).

En 1741 dame Philiberte Guyet, veuve de Jérôme, comte de Chamillard, maréchal des camps et armées du roi, dota l'hôpital de Tournus. Mme de Chamillard, un des quatre décimateurs laïcs de la communauté de Ténarre, était marquise de Bantange, comtesse de Louhans, baronne de Saint-Germain-du-Plain, dame de la châtellenie royale de Sagy (Arch. hôpital, B 43). Voir Guyet.

En 1675, Guy de Chamillard était intendant de Caen.

Alliances : Le Rebours, de Dreux, de La Feuillade, de Durfort, de Rochechouart, de Talleyrand, Chauvelin, de Villeneuve (La Chesnaye-Desbois).

CHAMPAGNEUX (DE).

N. de Champagneux était seigneur de Chasselas en 1741 ; il paraît à cette époque dans une procuration pour le bornage de la seigneurie de Leynes (Bailliage de Tournus).

CHAMPAVERT (DE). — Voir ROZÉ DE CHAMPAVERT.

CHAMPION (DE). — ARMES :

En 1330, Claude de Champion était prêtre chapelain en la chapelle de l'hôpital Saint-Jean de Montbellet (Manuscrit Rameau).

Une famille de ce nom, possessionnée à Poncin et la Cueille depuis le xve siècle, portait : *d'azur au champion de pied armé d'argent* (Révérend du Mesnil).

CHAMPLUAULT (DE). — ARMES :

En 1582, noble Philippe de Champluault, écuyer, et Jacqueline Eloy, sa femme, demeuraient à Prayes (Arch. S.-et-L., E 849).

CHAMPMARS (DE), *al.* CHAMMARS ou CHAMARD. — ARMES : *De .... à jumelles de ....* (Pierre tombale à Messey-sur-Grosne).

Guy de Champmars était hostelier de l'abbaye de Tournus en 1335.

En 1521, Guyot Chamars, écuyer, était marié à Jeanne de Messey.

CHAMPROND (DE). — ARMES :

En 1408, noble Etienne de Champrond, seigneur de Venières, était feudataire de l'abbaye de Tournus à Azé (*Livre des Hommages*).

Les Champeron de Cucurieux, en Beaujolais, portaient : *de sable au lion d'or et 8 étoiles du même en orle* (Steyert).

CHAMPRONGEROUX (DE). — Voir MONTCONY.

CHAMPVENT (DE). — ARMES :

Au début du xvie siècle, Simonne de Champvent, veuve de noble Louis d'Essertenne, fait une transaction avec Jean Bouton, habitant Gemaugues (Uxelles) (Arch. S.-et-L.).

CHANAY (DE), *al.* CHANEY, *al.* DESCHANAY. — ARMES : *D'azur à un 4 majuscule d'argent.*

Cette famille, dès le xive siècle, possédait le titre de maréchal héréditaire de l'abbaye de Tournus ; en 1349, Pierre de Cros confirma ces droits à Jacques de Chanay et les augmenta ; en 1485, cette charge passa à la maison de Sagy ou Sagie. — Jean Deschanay, capitaine de Tournus, devint seigneur d'Ozenay par son mariage avec Françoise Chacipol, qui était veuve en 1551.

Antoine Deschanay était en 1490 seigneur de Beaumont-sur-Grosne, où sa famille fut possessionnée jusqu'à la fin du xviie siècle (V.*Archiprêtré de Tournus*). En 1628, Péronne de Chanay était religieuse bénédictine du Villars (A. Bernard). En 1609, Françoise de Chanay a été nommée prieure.

Fiefs : Beaumont-sur-Grosne, La Colonne, Ozenay.

Alliances : de Rolin, Monin, Lévesque.

CHANDÉE (DE). — ARMES : *D'azur à la bande d'or, accompagnée de six besants de même, mis en orle* (Palliot).

Jean de Chandée était seigneur de Montbellet et construisit le nouveau château de ce nom au xvᵉ siècle.

Selon Guichenon, cette illustre famille remonte à Guillaume de Chandée, chevalier, seigneur d'Eclose en Viennois, vivant en 1250. Elle s'éteignit à la fin du xvıᵉ siècle.

Fiefs : baronnie de Chandée, Le Chastelet, Vassalieu, Le Plantay, Lyonnières, comté de Barhonie en Angleterre, Montfalcon et Corent.

Alliances : Audrevet, de La Gelière, de Laporte (Révérend du Mesnil).

CHANDIEU (DE), *al.* CHAMPDIEU. — ARMES : *De gueules au lion d'or, armé et lampassé d'azur*, alias *de sable* (Palliot).

En 1467, vivait Jean de Champdieu, seigneur de Fougères, marié à Françoise d'Amanzé.

Bertrand de Chandieu, fils de Miles, seigneur de Poule et Chabotte (Igé), vivait en 1560. Charles de Chandieu, chevalier, seigneur de Villars et Chabotte, capitaine aux gardes suisses, fut co-seigneur de Grevilly, Gratay, Ozenay, dépendants de la seigneurie de Chabotte, qu'il vendit par procuration à François Conte en 1707.

Fiefs : Poub, Chabotte (Igé), Grevilly, Gratay, Ozenay, Propières, Apagnié, Le Moulin de Morestin.

Alliances : du Molard, de Félins, de Dortans, de Loriol, de Saint-Point, de Machecoul, d'Amanzé.

CHANDON (DE). — ARMES : *D'argent à une fasce engrêlée de gueules, accompagnée de trois trèfles de même* (Palliot). La branche cadette établie en Mâconnais portait : *d'or à la fasce engrêlée de gueules accompagnée de trois trèfles d'azur* (Steyert).

En 1596 Jean de Chandon, premier président en la Cour des aides de Paris, était possesseur de la seigneurie de Crèches, qui contenait entre autres le fief de Saint-Symphorien d'Ancelles. Il possédait aussi la châtellenie de Vérizet. Nicolas de Chandon, doyen de Saint-Vincent de Mâcon, fit bâtir en 1705 une chapelle à Chardonnay, à côté du clocher (Lex, *Fiefs du Mâconnais*).

Famille originaire du fief de Chandon, près Charlieu, en Lyonnais.

Le premier connu est Jean Chandon, seigneur de Briaille, vivant au commencement du xvıᵉ siècle. Son fils cadet Thomas vint s'établir en Mâconnais où il fut pourvu d'une charge d'avocat du roi au bailliage (Arcelin).

Fiefs : Davayé, Champseau, Chânes, Crèches, Vérizet (partie), Briailles, Dinechain.

Alliances : Fustailler, de Chaintré, Bernard de Marbé, Boyer de Chanlecy, de Vouzance, Naturel, de La Salle, de Sèves, Bullion, Filleul, de Cyberand, d'Escrivieux, Chesnard.

CHANORIER. — Armes : *D'azur à 3 losanges d'or, posés 2 et 1* (Ancien cachet de famille).

Eustache Chanorier était procureur pour l'abbé à l'Hôtel-Dieu de Tournus, en 1704.

Famille de Mâcon où l'on trouve au début du xvie siècle Barthélemy Chanorier, seigneur du Fief, qui fut envoyé par la ville à Paris, pour remontrances au roi.

Philibert Chanorier vivait bourgeois de Mâcon, à la fin du xvie siècle. Son petit-fils, Salomon, élu en l'élection, en 1653, acheta le fief des Nuguets (La Chapelle de Guinchay). Eustache Chanorier, conseiller du roi, lieutenant en l'élection du Mâconnais, acquit la seigneurie de Satonnay en 1714.

Fiefs : Les Nuguets, Satonay.

Alliances : Dumont, Pelletrat, Voin, Béchet, Tasnière, Deschamps, Chesnard, Colin, Perrier.

CHANTEMERLE (de). — Armes : *D'or à deux fasces de gueules et neuf merlettes de même, posées 4, 2 et 3. — Ecartelé d'azur au sautoir d'argent* (Arcelin).

En 1432, Pierre, bâtard de Chantemerle, était capitaine-châtelain de Brancion.

Dès le commencement du xvie siècle on voit les Chantemerle seigneurs de La Chapelle-sous-Brancion (Arch. S.-et-L., E 765).

Les Chantemerle de La Clayette, sont issus d'un puîné de la maison de Mello, dont les armes étaient : *d'or à deux fasces de gueules, accompagnées de six merlettes du même mises en orle 2, 2 et 2* (Guichenon).

Louis de Chantemerle était bailli de Mâcon en 1441. En 1610 Claude Chantemerle, baron de La Clayette, est seigneur de Vougy et de Nay (Tramayes).

Cette famille s'éteignit avec Claude de Chantemerle, baron de La Clayette, dit de Moles, marié à Léonor de Dio, dont il n'eut pas d'enfants.

Fiefs : La Clayette, Vougy, Vers, Nay.

Alliances : de Saint-Prix, de Bellenave, de Boucart, d'Amanzé, de Saix, de Lespinasse, de Moles, de Rivoire.

CHANTRÉ (de). — Armes : *De gueules à la bande engrêlée d'argent* (Perraud).

En 1744, l'abbé de Toulonjon racheta à Claude de Chantré la terre et prévôté de Saint-Romain, que lui et ses auteurs possédaient depuis longtemps. (Voir : CHAINTRÉ).

CHANUET. — Armes : *D'azur à trois croissants d'argent au chef du même,* alias *d'or* (D'Hozier).

Famille bourgeoise originaire de Cluny, où Archambaud Chanuet était marchand en 1584 ; elle vint au début du xviie siècle s'établir à Tournus, avec Archambaud Chanuet, notaire impérial, apostolique et royal, en 1616, procureur fiscal de l'abbaye en 1654. Il fut l'auteur d'un mémoire manuscrit sur *Les droits et propriétés de l'Abbé* (Répertoire).

Benoît Chanuet fut seigneur de Brisolles (Cluny) et de Jolimont (Taizé). Cette famille posséda à Clessé, jusqu'à la Révolution, le château Chanuet ou de Besseuil, provenant des de Sagie, et où se voient leurs armes.

Fiefs : Marigny, Brisolles, Jolimont.

Alliances : Champenois, Plissonnier, Dombay, Paulmier, Chavot, Dumont, Fournier, Perrier de Marigny, Palain, Chesnard, Bury, Saulnier, Crozat.

CHANUT. — ARMES : *D'azur à une bande d'argent chargée d'un chat de gueules, couronné de même, et d'une étoile de pourpre en haut de la bande, et une étoile d'or posée à l'angle senestre du chef de l'écu* (D'Hozier. Rietstap).

En 1739 Charles Chanu, avocat en Parlement, habitait Romenay (Arch. S.-et-L., B 1531) ; il épousa, à Tournus, en 1740, Philiberte de Laval). Leur fille, Elisabeth, se maria dans cette même ville avec Joseph-Marie Dupré, avocat (1753) (*Id.*, B. 1583).

Louise Chanut, femme de Charles Petitjean, conseiller, secrétaire du roi en la Chambre des Comptes de Bourgogne, présenta les armes ci-dessus décrites (1690).

Alliances : de Laval, Vialet, Bard.

CHANVIGNY (DE). — ARMES :

En 1648 Madeleine de Chanvigny est religieuse professe à Lancharre (Arch. S.-et-L., H 405).

CHAPITRE DE L'ÉGLISE CATHÉDRALE DE SAINT-VINCENT DE CHALON. — ARMES : *D'azur, semé de fleurs de lys d'or, et un sceptre de gueules posé en pal, brochant sur le tout* (D'Hozier).

Ce chapitre, depuis un temps immémorial, possédait la terre de Boyer, qu'il garda jusqu'à la Révolution.

CHAPPON (DE), *al.* CHAPON. — ARMES : *D'azur à la bande d'or chargée de 3 têtes de lion de gueules* (Steyert).

En 1588 Antoine de Chappon, écuyer, seigneur de Culey (Arch. S.-et-L., E 851).

Fiefs : La Plaine, Curtil, La Boutière, Rosières, Culey, Charbonnières, Saint-Julien, La Roche.

Alliances : Pautrière, de Chardonnay, de Rafin, du Joux, Mathieu, de Mussy, de Natur-l.

CHAPUIS. — ARMES : *D'azur à un chevron d'argent accompagné en chef de deux étoiles d'argent et en pointe d'un croissant du même* (D'Hozier).

Famille bourgeoise de Tournus, où Philibert Chapuis paraît en 1659 ;

c'est seulement depuis Jean Chapuis l'ancien, notaire et procureur à Tournus, en 1665, que l'on peut suivre la filiation de cette famille ; son fils Jean, le jeune, notaire à Tournus, député aux Etats du Mâconnais en 1718, avait pour sceau : *De ...... au chevron de ...... accompagné en chef d'un besant, accosté de deux étoiles, et en pointe d'une étoile d'or* (Arch. notariales).

Alliances : Bureteau, Renard, Girard, Colon, Genot de Laforest, Dunand, Lornot, Piot.

(V. *Répertoire*).

CHAPUIS D'OZENAY. — ARMES : *De gueules à un chevron d'argent, accompagné en chef de deux roses, et en pointe d'un lion, le tout d'argent* (D'Hozier).

Marguerite Chapuys, mariée à Henri Barthelot d'Ozenay, en 1648, portait les armes ci-dessus décrites.

Famille originaire du Lyonnais, possessionnée à Chassagne, au Villars, Corgenon, etc.

CHAPUISET. — ARMES : *Parti de gueules à l'épée de ...... et de gueules à la tour d'argent, au chef d'azur chargé d'une fleur de lys d'or, accompagnée de deux étoiles* (S.-et-L., série C, Subdélégation).

Famille originaire de Mâcon qui vint s'établir dans la région de Tournus à la fin du XVIIe siècle, avec Guillaume, curé de Boyer, depuis 1696. On trouve ensuite Jean-Baptiste, tailleur d'habits. Elle donna des notaires à Uchizy et à Tournus (V. *Répertoire*).

Alliances : Delouvre, Labrosse, Cornille, Dunand, Chaperon, Michel, Lornot, Dusson, Hervé.

CHAPUYS DE MONTLAVILLE. — ARMES : *D'azur à un chevron d'or, accompagné en pointe d'un pélican d'argent, au chef d'argent chargé d'une épée de sable à la garde d'or, posée en fasce* (Jouve).

Antoine Chapuys était commissaire à terriers à Tournus, en 1690. Il décéda en 1747, laissant de sa femme, Antoinette Bureteau, plusieurs enfants, dont entre autres : Philibert (1694-1777), bachelier en Sorbonne, curé de Saint-André (1731-1770), archiprêtre de Tournus.

Benoît-Marie-Alceste, né à Tournus en 1800, décédé en 1868, fut préfet de l'Isère, député, puis sénateur en 1853, grand officier de la Légion d'honneur en 1867.

Famille bourgeoise de Viré, en Mâconnais, où d'après Arcelin elle aurait été établie dès le XIVe siècle. Claude Chapuis était notaire à Viré en 1660.

Alliances : Paradis de Barolles, Bureteau, Ducret, de Pontenay, Fay, de Valin, Arnoux de Joux, de Lippens, de Rivérieulx, de Chambost, Bastide. (V. *Répertoire*).

CHARBONNIER (DE). — ARMES : *De sable au sautoir d'or, accompagné d'une étoile de même en chef, et un croissant aussi d'or en pointe* (Guichenon).

En 1628, Georgette Charbonnier, dite de La Bluze, était religieuse bénédictine du Villars ; elle était fille de noble Noël Charbonnyer, seigneur de La Bluze, et de Philiberte Bisson (S.-et-L., Bailliage, 1342, insinuations).

Cette famille est originaire de Pérouges, elle remonte à Jean-Claude Charbonnier, avocat célèbre, conseiller du roi, lieutenant-général au présidial et bailliage de Bourg en 1629, et devint sieur de Crangeat en 1649. En 1789, vivait Marie-Philippe-Henry de Charbonnier, marquis de Crangeac, seigneur de Marillat, Viriat, chevalier de Saint-Louis, mestre de camp de cavalerie (V. Révérend du Mesnil).

CHARDONNAY (DE). — ARMES :

Cette famille tire son nom du village de Chardonnay. Henri de Chardonnay, damoiseau, et Guichard, rendent foi et hommage à l'abbé de Tournus, en 1302, pour leur fief de Bonnay-Girarde et Catherine de Chardonnay, leurs sœurs, sont religieuses au Villars à la même époque. (*Livre des Hommages*).

En 1300, Guichard de Chardonnay fait hommage de tout ce qu'il possède en la paroisse et finage de Chardonnay, à l'abbé Jean de Tournus.

Fiefs : Chardonnay, au XVIIe siècle, Saint-Lager (Beaujolais), Salornay-sur-Guye, Dormy et Brouilly.

Alliances : de Chapon, de Laye, de Mincé, de Laurecin, de Tenay, de La Barre, de Raffin.

Les de Chardonnay, de Laye en Lyonnais, portent : *écartelé aux 1 et 4, d'argent à trois fasces vivrées d'azur ; aux 2 et 3, de gueules au chef de sable, chargé d'un lion issant d'or* (Steyert).

CHARLIEU (DE). — ARMES : *Ecartelé d'argent et de sable* (Guichenon).

Geoffroy de Charlieu, infirmier de l'abbaye de Tournus, décédé en 1350.

Cette famille était possessionnée, aux XIVe et XVe siècles, dans la châtellenie de Semur-en-Brionnais (Pierres tombales de l'abbaye).

CHARMOIS (DE). — ARMES :

Au milieu du XVe siècle (vers 1440), Jean de Charmois était seigneur de Talant (Courtépée, tome V).

CHARNO (DE), *al.* **CHARNOY** (DE). — ARMES : *De sable à un lion d'argent armé, lampassé et couronné de gueules* (Palliot, Guichenon).

Cette famille a founi plusieurs dignitaires à l'abbaye de Tournus : Gabriel, moine en 1458, aumônier en 1489 ; Bernard, moine en 1489 ; Louis, hostelier en 1489.

En 1498, l'office de cellérier de l'abbaye fut réuni à celui d'hostelier, que possédait Louis de Charno. A la même époque Bernard de Charno était aussi religieux de cette même abbaye ; Georges de Charnoz, seigneur de Champcuillon, décédé en 1582, et Simon, son fils, infirmier, décédé en 1591, y furent enterrés.

Louis de Charnoz, seigneur de Faverges, fut condamné pour meurtre, à la fin du XVIe siècle.

Les de Charno sont originaires de Franche-Comté. Guy de Charno vivait au xiiie siècle. Ils s'établirent en Mâconnais par une alliance avec l'héritière des anciens seigneurs de Faverges à Uchizy. Cette famille s'est éteinte en celle de Cossé (*Pierres tombales de l'abbaye*).

Fiefs : Bussy, l'Epervière, Sercy, La Chapelle, Mervans, La Colonne, Faverges (Jura) Villargeault, Molaise, Champecuillon.

Alliances : de Saint-Julien, de Gaillon, de Cossé, de Simon, de Pierre-fontaine, de Ferrières, de Clugny, de Couchains, Volatier.

CHARNON. — Sceau : *De ...... au chevron de ...... accompagné en chef d'un croissant de ...... accosté de deux étoiles de ...... et en pointe d'un oiseau* (Arch. notariales).

Famille bourgeoise connue à Tournus aux xviie et xviiie siècles, où Jean Charnon et son fils, Claude, paraissent en 1610. Violet Charnon, marchand à Tournus, avait pour sceau les armes ci-dessus décrites ; son fils, Antoine, épousa, en 1665, Antoinette Bureteau (Arch. du Bailliage).

CHARNOY. — Armes :

Au commencement du xviiie siècle, Claude Charnoy, fils de Claude, conseiller du roi, contrôleur au grenier à sel de Chalon, possédait les domaines de Sermaisey, Ciel et Laives (Arch. S.-et-L., E 82-83).

Alliance : Ducrot.

CHAROLLES (de). — Armes : *D'azur au bourdon de pèlerin d'or, accosté de deux coquilles de même* (Chevillard).

En 1112 *Senebrunus* de Charolles donne à l'abbaye de La Ferté ce qu'il possédait dans le moulin de Grosne, *Graunne*, et dans les terres appelées *Raareuchi* ou *de Raareus* (L. Bazin). Vers 1250, Jocerand de Charolles, neveu de l'abbé Barthélemy, donne à cette même abbaye ses biens à Villeneuve (L. Bazin).

Famille originaire de Charolles.

En 1342 Jean de *Kadrellis* est qualifié *miles, consiliarius domini regis*. En 1384, Philibert, clerc, tenait le scel commun du comté de Charollais ; il fut procureur du duc dans le même comté. François de Charolles entra aux Etats de 1677 (B. et d'Arbaumont).

Fiefs : Saint-Aubin, Leurtière, Vilaine, La Tour-de-Fontenay.

Alliances : La Clayette, Bouton, Salornay, Trémolle, Montchanin.

CHARPY. — Armes : *D'azur à un chevron d'or, accompagné de trois étoiles de même, 2 en chef, 1 en pointe* (D'Hozier).

Ancienne famille de Tournus, peut-être une branche de celle de Sennecey, qui a fourni depuis le xve siècle des prêtres, des notaires, des magistrats, à Laives, Sennecey et Chalon, ainsi que des seigneurs à l'Epervière et à Saint-Loup de-La-Salle.

Vers 1690, Claude-François Charpy, chanoine, archidiacre de l'église de Mâcon, portait les armes ci-dessus décrites.

Fiefs : Vaux, L'Epervière, Saint-Loup-de-la-Salle.

Alliances : Maffray, Beau, Soussellier, Jacquelin, Larme, Mugnier, Perreault, Villot.

CHARRETTES (DE). — Armes :

En 1381, Jehan de Charrettes, écuyer, est institué capitaine-châtelain de Brancion par Philippe le Hardi.

Les de Charette, en Bretagne, portent : *d'argent au lion de sable, armé et lampassé de gueules, accompagné de trois canettes du second, becquées et membrées de gueules* (Rietstap).

CHARTRAIRE DE BOURBONNE. — Armes : *De gueules à la tour carrée, maçonnée d'or, fermée de même* (Chevillard).

Jean-François-Gabriel-Bénigne Chartraire, marquis de Bourbonne, premier président au Parlement de Dijon, devint baron de Loisy par son mariage, au XVIIIe siècle, avec Bénigne de La Michaudière. Son fils, Marc-Antoine-Bernard-Claude Chartraire de Bourbonne, président à mortier au Parlement.

Ils furent, en 1759, bienfaiteurs de l'hôpital de Tournus.

Fiefs : marquis de Bourbonne, barons de Loisy, Huilly, seigneurs du Tiellay, Noiry, La Frette, La Mâconnière, Coillat (Chapelle-Thècle), comte de Bierre et de Montigny, Saint-Aignan.

Alliances : Lopin, Thésut.

CHARTREUX DE DIJON. — Armes :

Les Chartreux de Dijon étaient co-seigneurs de Saint-Cyr et de Marnay (Niepce, t. III).

CHARVOT (DE). — Armes : *D'azur au chevron d'or, accompagné de trois roses du même* (Niepce) ; al. : *d'azur à deux chevrons d'or accompagnés de trois roses d'argent* (Rietstap).

En 1379, Benoît et Guillaume de Charvot, écuyers, firent le dénombrement de leur fief de Talant, divers biens audit lieu et à Etrigny (Niepce). Jacques Charvot était seigneur de Savigny-les-Blanzy en 1574.

Alliances : Larbaleste, de Colombier, de Simon.

CHASAULT (DE). — Armes : *De gueules au sautoir d'argent* (P. Ménestrier, Rietstap).

En 1498 Jean de Chasault était prieur de La Ferté. A la même époque vivait Antoine de Chasault, « conseiller et chambellan du roy, bailly et maître des foires de Chalon, seigneur de Chasault ».

Cette famille tire son nom du fief de Chazeaulx, paroisse de Saint-Cyr (Niepce).

CHASSAGNES (DE), *al.* **CHASSAIGNES.** — Armes :

Noël de Chassaignes était, en 1620, curé d'Ameugny et procureur spécial de la prieure de Lancharre (Arch. S.-et-L.), H 435).

Les La Chassaigne, en Franche-Comté, avaient pour armes : *écartelé aux 1 et 4, d'argent à trois bandes de sable* (qui est de La Chassaigne) *aux 2 et 3, d'argent à trois quinte-feuilles de sable* (qui est Maisières) (Palliot).

CHASSEPOT (DE), *al.* CHASSEPOL, CHASSIPOL. — ARMES : *D'azur à la fasce ondée d'or, accompagnée de trois roses du même* (Chevillard).

Cette famille du Mâconnais est connue depuis le xve siècle. Jean et Antoine Chassipol, écuyers, vivaient en 1477 (Arch. S.-et-L., E 878). En 1551, noble Pierre de Chassepot est seigneur de Jubilé et de Buisson (Mirande, paroisse de Montbellet) (*Id.*, E 1101-1120), et en 1566 François de Chassepol, seigneur de Colombier et Uchizy ; il avait épousé Barbe de Robellet (*Id.*, E 845).

Louis de Chassepot, procureur du roi au bailliage de Chalon, était seigneur engagiste de Beaumont-sur-Grosne, en 1623, et portait les armes ci-dessus décrites.

Fiefs : Boivin (Charmoy), Colombier, Mirande, Buisson, Beaumont-sur-Grosne, Jubilé.

Alliances : Thésut, de Chantret, Joly, de Vesvre, du Puget, de Mirebeau, de Robellet.

CHASSET. — ARMES : *De gueules à la fasce échiquetée d'or et de sable de trois traits au franc canton des comtes sénateurs (Armorial du Lyonnais,* Steyert).

Charles-Antoine Chasset, fils de Marius, négociant à Villefranche, et de Madeleine Ballofet ; né à Villefranche en 1744, fut avocat, député du Tiers-Etat du Beaujolais, aux Etats-Généraux de 1789. Il fut président de l'Assemblée Constituante en 1790, président de la Convention en 1796, membre du conseil des Anciens en 1799, puis du Sénat conservateur, comte de l'Empire, commandeur de la Légion d'honneur. Se retira à Tournus en 1814 et y mourut le 10 septembre 1824.

(*Répertoire* et *Armorial du premier Empire*, Vte Révérend).

CHASSON (DE). — ARMES :

Au xviiie siècle, noble de Chasson, seigneur de La Chapelle-de-Bragny et autres lieux, propriétaire à Préty, vend ses biens sis aux dits lieux, à l'hôpital de Tournus (Arch. hôpital, D 3).

CHASTANET (DE). — ARMES :

Guillaume de Chastanet fut clerc du diocèse de Lectoure (1663-1669) (Arch. hôpital, H 37).

De Chastanet de Puységur, en Languedoc, comte en 1823, portait : *d'azur au chevron d'or, accompagné en pointe d'un lion léopardé du même ; au chef du second* (Rietstap). Chastanet de La Rocque (Toulouse), **porte :** *d'azur au lion d'or, armé et lampassé de gueules* (Rietstap).

CHASTELLUX (DE). — ARMES : *D'azur, à la bande d'or, accompagnée de sept billettes de même, posées en pal, six dans le sens de la bande et une à l'angle senestre* (Geliot).

En 1380, Hugues de Chastellux, seigneur de Châtelmoron, près Chagy, époux de Guillemette de Sennecey, donne en dénombrement ce qu'il possède à Noirie, Rimbot, Saint-Cyr, Marnay, qu'il tenait de sa femme (Niepce, t. III).

Cette famille est originaire de Bourgogne, elle avait aussi le nom de Beauvoir. Artaud II suivit Louis VII à la seconde croisade. Claude de Chastellux était maréchal de France en 1418 (*Id.*, t. II).

CHASTELMORON (DE). — ARMES :

Avant 1530, messire Jean de Chastelmoron était curé de Brancion.

Anne de Châtelmoron, dame en partie de Saint-Germain-du-Plain, était femme de Brémont de La Voûte, chevalier, seigneur dudit lieu et de Châtelmoron (Arch. S.-et-L., E 1397).

CHASTENAY (DE). — ARMES : *D'argent au lion de sable, couronné armé, et lampassé de gueules* (P. de Saint-Julien).

Le fief de Chastenay dépendait de la paroisse d'Etrigny, en Chalonnais, où vivait en 1272 Guy de Chastenay. En 1303, Jocerand de Chastenay était sous-prieur de l'abbaye de Tournus (P. T. abbaye de Tournus).

Cette branche s'éteignit au début du XVe siècle, en celle de Saint-Julien, par le mariage de Claude de Chastenay, fille de Philibert, avec Claude de Saint-Julien, auquel elle apporta la terre de Baleure. (P. T. Abbaye de Tournus).

Fiefs : Chastenay, Nauton, Martailly, Brancion, Balleure, Etrigny.

Alliances : de Digoine, de Frangey, de La Baume, de Brancion, de Nance, de Lugny, de Saint-Julien.

CHASTENAY (DE), *al.* CHATENAY. — ARMES : *D'argent au coq de sinople, crété, barbé, couronné de gueules, accompagné de trois roses du même boutonnées d'or, 2 en chef et 1 en pointe* (Guichenon, Géliot).

Vers la fin du XVIIe siècle, Charles-Anne de Châtenay, baron de Saint-Vincent et Marguerite-Charlotte, sa sœur, étaient propriétaires à Tournus, rue de la Pêcherie (Archives de l'hôpital, B 39). Louise-Françoise de Châtenay était, en 1692, abbesse de l'abbaye de Lancharre (Courtépée, t. V).

Les Chastenay, seigneurs de Saint-Vincent, en Bresse, remontent, d'après Guichenon, à Eymard de Chastenay, vivant en 1226.

Vers 1690, Nicolas de Chastenay, écuyer, seigneur en partie d'Eschalot, bailliage de Chastillon, portait : *De sinople à un coq d'or, couronné de même* (D'Hozier).

Fiefs : Saint-Vincent, Baudrières, Saint-Etienne (partie), La Frette, et aussi en partie Le Tartre, Meix-Martin, La Tire, Eschalot.

Alliance : De Ténarre.

CHATAIGNER DU ROUVRE (DE). — ARMES : *D'or au lion passant de sinople* (Palliot) ; al. : *d'or au lion léopardé arrêté de sinople, lampassé et armé de gueules* (Saint-Allais).

Gabriel de Chataigner du Rouvre, capitaine au régiment du roi-cavalerie, chevalier de Saint-Louis, épouse Jeanne-Claudine Clerguet, de Tournus, où il se retira antérieurement à 1768 et y mourut en 1781.

Famille originaire du Poitou, où Thibaud de Chategner du Rouvre vivait en 1140. Elle s'est divisée en 17 branches, dont quelques-unes portaient le *lion de gueules* (La Chesnaye-Desbois).

Fiefs : Rouvre, La Grollière, La Rochepozay.

A consulter, une notice d'André Duchesne (1634).

CHATEAUNEUF (DE). — ARMES : *Parti, au 1 d'azur semé de fleurs de lys d'or ; au 2, de gueules au lion d'or ; à la barre de ...... brochant sur le tout* (Pierres tombales, abbaye de Tournus).

Antoine de Châteauneuf était infirmier de l'abbaye de Tournus, où il mourut en 1606. Selon Wiliam Poidebard, cet Antoine serait un bâtard de la famille de Tournon, peut-être bien un neveu illégitime du cardinal de Tournon, abbé de Tournus de 1535 à 1562. Ce religieux signa en 1562 le procès-verbal des dégâts faits par les huguenots à cette abbaye.

CHATEAUNEUF (DE). — ARMES : *De gueules à trois tours donjonnées d'argent, à la porte de sable ; al. : écartelé aux 1 et 4, de gueules à trois tours donjonnée d'argent, à la porte de sable ; au 2 d'azur, au chef losangé de gueules et d'argent ; au 3, d'hermines à la bande de gueules* (Martinet, Saint-Pierre de Mâcon).

En 1282, Pierre de Châteauneuf était bailli de Montcenis et Brancion. En 1314, Girard de Châteauneuf, chevalier, fut appelé à la cour du duc de Bourgogne comme arbitre, et Charles de Châteauneuf est reçu chanoine de l'église Saint-Pierre-de-Mâcon, en 1629.

Fiefs : Châteauneuf, Rochebonne (baronnie), comtes d'Oingt, seigneurs de Chambost.

Alliances : des Serpens, Le Long, de Chenilliat, de Chalmazel, de Gilbertet, La Tour Saint-Vidal.

CHATEAUNEUF (GRAND DE). — ARMES : *D'azur à une montagne d'argent de 6 coupeaux, surmontée d'un soleil d'or* (Vicomte de Nagny).

Hector Grand de Châteauneuf, né à Saint-Jean-en-Royans (Drôme), en 1844, fut receveur de l'enregistrement à Sennecey, puis à Tournus (1884), où il mourut en 1887.

Famille originaire du Dauphiné où vivait, au XVIIIe siècle, Etienne-François Grand, comte de Châteauneuf, conseiller du roi au Parlement de Grenoble. Cette famille était rattachée à la maison des ducs d'Holstein.

CHATEAU-NEUF RANDON (DE). — ARMES : *D'or à trois pals d'azur, au chef de gueules.*

En 1793, saisie à Laives (hameau de Sermaisey) des biens de l'émigré Jean-Joseph Randon de Châteauneuf, et d'Apcher, chevalier, marquis d'Apcher (Arch. S.-et-L., E 75).

Maison originaire d'Auvergne (XIe siècle) et encore existante. Elle a été l'origine des maison d'Apchier, de Joyeuse et de Guérin-Tournel (Bachelin-Deflorenne).

Cette famille est connue dès 1050 où nous trouvons Guillaume de Château-Neuf Randon ; son petit-fils, Guérin de Châteauneuf, chevalier, épousa au xiie siècle Alix d'Apchier. (V. Randon de Châteauneuf).

CHATELET (du). — ARMES : *D'or à la bande de gueules, chargée de trois fleurs de lys d'argent* (Vertot, *Hist. de Malte*).

Jean du Châtelet fut commandeur de Chalon, le Temple Sainte-Catherine, Montbellet, Rougepont, etc. (1500) (Jeanton, *Le Temple Sainte-Catherine*).

En 1582, Jean du Châtelet, baron dudit, était seigneur d'Etoux, Bourgueil, Ceuves, Lis ; il avait épousé Claire de Choiseul, dame des dits lieux (Arch. S.-et-L., E 1155).

Cette maison remonte à Thierri, fils de Frédéric Ier, duc de Lorraine,, qui reçut en apanage, au xiie siècle, la terre du Châtelet, dont il prit le nom.

Fiefs : Châtelet, Rouvres, Dombasle, Antigni, Vosges, Betoncourt, Deuilli, Bulligneville, Cirey, Saint-Amant, Pierrefitte, Boussancourt, Briecourt, Landeville, Marigni, Frainville, Gerbevillers, de Thons, etc.

Alliances : de Montmorency, de Joinville, de Passavant, de Nureau, de Germigni, de Beauffremont, Bulligneville, de Chauviré, de Chauffour, de Saint-Eulien, de Grancey, d'Autel, de Toulongeon, de Wisse, de Cicon, Richecourt, Baudoche, de Sepaux, de Beauvillers, Agnan, d'Amoncour, de Maugiron, d'Esmauvais, d'Haussonville, de Choiseul-Clémont, Bayer de Bauppar (Dunod, t. II).

CHATILLON (de). — ARMES : *De gueules à trois pals de vair, au chef d'or* (Guichenon).

En 1243, le seigneur Bertrand de Châtillon, chevalier, et sa femme, Guillemette, ont donné à l'abbaye de La Ferté un manse à Givry et une vigne dite « en Raschigni ». Guy de la Comale et Vincent du Moulin, leurs gendres, approuvèrent cette donation.

En 1291, Guichard de Châtillon tient fief de l'abbaye de Tournus à Uchizy, notamment le mas des Garnis (*Livre des Hommages*).

En 1315, Guy de Chastillon, religieux, était procureur de l'abbaye de Tournus.

A l'époque des croisades, les féodaux de Romenay accompagnèrent leur évêque, Bérard de Châtillon.

En 1560, le cardinal de Châtillon était prévôt du chapitre de Saint-Pierre (Mâcon) (Arch. S.-et-L., B 836).

CHAUGY (de). — ARMES : *Ecartelé d'or et de gueules* (Palliot, Courtépée); al. : *écartelé, aux 1 et 4 contre écartelé d'or et de gueules*, qui est de Chaugy ; *aux 2 et 3, d'azur à la croix d'or cantonnée de vingt croissants du même, cinq posés en sautoir par chaque canton*, qui sont les armes de Gérard de Roussillon (La Chesnaye-Desbois).

Michel de Chaugy de Roussillon était religieux (camerarius) de l'abbaye de Tournus, où il fut enterré en 1552 (P. T. Abbaye de Tournus).

Péronne de Chaügy était mariée (1646) à Charles de Naturel, écuyer, seigneur de « Balorre et de Corselle ». (Arch. Tournus, GG 109), et en 1784 on trouve Louise-Charles (?) de Chaugy, abbesse du monastère de Lancharre (Arch. S.-et-L., H 433).

En 1790, messire Nicolas de Chaugy, comte de Roussillon, marquis de La Boulaye, était seigneur de Sercy (Arch. S.-et-L.).

Cette noble et ancienne maison tire son origine des anciens ducs de Bourgogne, et possède depuis la fin du ixe siècle la terre et la châtellenie de Roussillon, par le mariage de la fille unique de Gérard de Roussillon, mort en 867, avec Michel de Chaugy (La Chesnaye-Desbois).

Fiefs : Anost, Varrin, Velée, Beaudésir, Cuzy-en-Autunois, Fontenailles, Limand, Petit-Bois, Ciry, L'Abergement, Montigny, Gien-sur-Cure.

Alliances : de Chastellux, de Jacquinet, de Saint-Belin, de Nioly, de Rochefort, de Pellieux, de Vallerot.

CHAUMONT (DE). — ARMES : *D'or au chef de gueules* (Rietstap).

En 1235, vivait Guichard de Chaumont, qui donna au monastère de Lancharre la villa Desaix (Ecuisses) (H. Batault). A la même époque le fief de Sully (Nauton) appartenait en partie à cette famille (Niepce, *Hist. de Sennecey*).

Noble et ancienne maison, originaire de la châtellenie de Chaumont, près Saint-Bonnet-de-Joux. Pierre de Chaumont était bailli du Charollais en 1170 (H. Batault).

Alliance : Bourgeois.

CHAURY. — ARMES : *D'azur à un chevron d'or, accompagné de 3 roses d'argent, 2 en chef, 1 en pointe.* (D'Hozier).

Eustache Chaury était seigneur de Cornon en 1654.

Charles Chaury, président au présidial de Bourg, portait, en 1696, les armes ci-dessus décrites.

CHAUVIREY (DE). — ARMES : *D'azur à la bande d'or, accompagnée de sept billettes d'argent quatre en chef, trois en pointe* (Palliot, Juénin).

Guillaume de Chauvirey, *prior de Sirodo*, cellérier et hostelier de l'abbaye de Tournus, y décéda en 1525. Sur la pierre tombale de ce religieux sont gravées les armes ci-dessus décrites, ainsi que deux autres écus ; l'un porte une croix ancrée et l'autre est écartelé.

Cette maison est originaire des villages de Chauvirey, Ouge, Vitrey, au ressort de Vesoul. Etienne de Chauviré et Guillaume, son frère, sont connus dès 1157. La famille de Chauviré s'est éteinte au xviie siècle.

Fiefs : Chauviré-le-Vieux, Chauvirey-le-Château, Chateauvilain, Doucier, Colombier, et Longepierre (partie), Dicame, Ouroux, Cosne, Villey, Bragny (partie).

Alliances : de Raus, de Salins, de Nans, de Damas, de Colombier, d'Achey, du Châtelet, de Montfalcon, de Beaumont, de Chissey, de Chauvirey (Dunod).

CHAVANEL (de). — Armes: *D'azur à deux harengs d'argent posés en sautoir* (Armorial général).

En 1632, André Chavanel est notaire et procureur à Romenay (Arch. S.-et-L., B 1352), et en 1665 Etienne est nommé lieutenant épiscopal de cette ville, sur l'histoire de laquelle il écrivit un manuscrit. Il portait les armes ci-dessus décrites. Cette famille de robe se continua à Romenay jusqu'au xviiie siècle, à cette époque on les trouve à Mâcon, avocats et procureurs du roi aux gabelles du Mâconnais.

Entre 1757 et 1776, Philibert Chavanel, licencié en loi, habitait Tournus (Arch. S.-et-L., E 1181).

CHAVANNES (de). — Armes : *De gueules à trois croissants d'or* (Guichenon).

En 1219, dans une enquête, il est reconnu que les seigneurs de Chavannes (Bresse) avaient leurs sépultures en l'abbaye de Tournus. Sont cités : Vicard, Guillaume, Humbert et Arnoud, surnommé le Sauvage.

Cette famille tire son nom du village de Chavannes, en Bresse. En 1151 vivait Hugues de Chavannes, chevalier, et en 1243 Guillaume, qui était évêque de Châlon puis, en 1245, archevêque de Besançon (Bazin).

Jean de Chavannes était, en 1491, seigneur de Talant (Courtépée, t. V). Noble Antoine de Chavannes, écuyer, demeurait à Gratay (1532-1538), il était seigneur de Chavy et avait épousé Françoise de Salornay (Arch. S.-et-L., E 1282-83).

Claude de Chavannes, seigneur de Saint-Nizier, en Bresse, devint seigneur de Dulphey, par son mariage avec Denise de Vergyé.

Fiefs : Chavannes, Saint-Nizier-le-Bouchoux, Maleval, Lissiat, Chavy, Dulphey, Talant.

Alliances : de Montjouvent, Damas, du Saix, de Corcy, de Salornay, de Vergyé, de Jussy, Faton.

CHAVIRÉ (de), *al.* **CHAVIREY**, *al.* **CHIVIREY**. — Armes : *D'azur à la fasce d'or, accompagnée de trois feuilles de chêne d'argent, la fasce chargée d'un lion de sable passant* (B. et d'Arbaumont, Dunod).

Hugues II de Chaviré, 41e abbé de Tournus (1364-1367), paraît être le fils de Philippe, chevalier, seigneur de Chavirey, bailli de Mâcon, qui fut fait gardier, c'est-à-dire sénéchal de Lyon, en 1333. Le châtelain de Préty, en 1365, qui était vraisemblablement un parent de l'abbé, s'appelait Etienne de Chivré (Juénin).

Huguenin de Chaviré, capitaine du château d'Agnay-le-Duc, en 1363, d'une ancienne famille noble de Salins, à laquelle appartenaient, croyons-nous, Guillaume de Chaviré, prévôt de Dôle en 1357, et Jean, conseiller au Parlement de Beaune, et Saint-Laurent, en 1474, portait les armes suivantes : *De ...... à une quintefeuille ; au chef chargé d'un lion naissant, avec un bâton brochant sur le tout* (B. et d'Arbaumont).

Cette famille s'éteignit en 1734.

Fiefs : Bissey-la-Pierre, Mauvilly, Rouelle, Montmoyen, Recologne.

Alliances : Saulx, Thirion, Le Mairet.

CHAVOT. — ARMES : *D'argent au chevron d'azur, accompagné de trois grenades de gueules tigées et feuilles de sinople, posées 2 et 1* (D'Hozier).

Germain-Sébastien Chavot, docteur en médecine, marié successivement à Louise Viard, Vincelette Chanuet et Marguerite Paisible, s'établit à Tournus et devint recteur de l'Hôtel Dieu en 1673. Il portait les armes ci-dessus décrites.

Famille originaire de Champvent (La Guiche), où Philibert était notaire en 1618.

Henri Chavot, avocat en Parlement, et Archambaud, notaire à Champvent, portaient : *d'or à une feuille de chêne de sinople* (D'Hozier).

Alliances : Bouvier, Viard, Chanuet, Paisible, Burdin, Alin, Groffier (V. *Répertoire*).

CHEMILLY (DE). — ARMES :

Jean de Chemilly était seigneur de Pommier (Cortevaix) en 1478. Michel de Chemilly l'était encore en 1647.

Guillaume de Chemilly était, en 1651, veuve de noble Louis Ducret, seigneur de Montigny (Arch. de Tournus, GG 110).

Les de Chemilly, en Anjou et Bourgogne, portaient : *d'or au cornet enguiché de gueules, à l'orle de huit merlettes de même* (Palliot).

Famille du duché qui remonte à 1298. Le plus connu est Guillaume, receveur au bailliage de Dijon en 1391, gouverneur de la mairie de cette ville en 1396, receveur général du duché en 1405, et maître des comptes en 1410.

Il n'est pas certain que les seigneurs de Pommiers appartiennent à cette famille (B. et d'Arbaumont).

CHEMIN (DU). — ARMES : *D'azur au lion d'argent* (Palliot).

Au commencement du xvie siècle, noble Philippe du Chemin, écuyer, était châtelain et juge ordinaire de la baronnie de Romenay (Arch. S.-et-L., E 912).

CHÉRISEY (DE). — ARMES : *Coupé d'or et d'azur, le premier chargé d'un lion naissant de gueules* (Salle des Croisades).

En 1655, René de Cherisey était commandeur de Chalon et seigneur du Temple de Sainte-Catherine-les-Montbellet et de Rougepont (Arch. hôpital, H. 112).

Famille chevaleresque de Lorraine, connue dès 1190.

CHESNARD. — ARMES : *D'argent à un chêne de sinople, englanté d'or et ardent de gueules* (Lieutenant Bernard).

En 1700, Pierre Chesnard habitait Plottes ; il avait épousé successivement : N. Vallon, puis Claudine Vennat. Un de ses enfants, Pierre, fut échevin de Tournus (1746).

Le lieutenant Bernard dit cette famille issue de Benoît Chesnard, prévôt de Saint-André le Désert (1536). Elle s'est divisée en plusieurs branches : celles de Layé, de Montrouge, de Saint-Léger, de Salornay, qui portaient les armes décrites ci-dessus, et celle de Plottes, dont Pierre Chesnard, qui scella successivement : *de ...... au chêne de ...... surmonté d'une colombe s'essorant* ; al. : *d'argent, au chêne de sinople englanté d'or ...... au pied ardent de gueules, au chef d'azur chargé de trois coquilles d'argent* (Steyert) ; al. *d'argent au chêne englanté d'...... au pied ardent de gueules, accompagné de deux trèfles ; au chef chargé de trois coquilles* (Arch. notariales).

Abel-Michel Chesnard de Layé, baron de Vesvres, achète, en 1717, la Tour de Romanèche.

Vers 1727, Pierre Chesnard de Layé est prieur et seigneur de Ratenelle (Arch. S.-et-L., H 253).

Fiefs : Layé (1688), Vesvre, La Tour-de-Romanèche, Vinzelles, Loché, Fuissé, Saint-Léger, Pruzilly, Vérizet.

Alliances : Bottu de La Barmondière, Normand, de Moyriat, Grousseau, Albert, Bernard, La Folie de Lorcy, de Ressins, Chandon, Barthelot, Desvignes, Fournier, Dauphin, Colin, Vallon, Venuuat, Tisserand, Noly, Ravier.

CHESNET (DU) DE LA CHASSERET. — ARMES :

Messire Alexis du Chesnet de la Chasseret, écuyer, ancien capitaine des gardes du maréchal de Montrevel, décéda le 22 janvier 1740, au château de Lugny.

Selon Palliot, DE CHESNAY portait : *De gueules à trois coquilles d'or pendantes du chef, à trois chaisnettes de même.*

CHEVANES (DE). — ARMES : *D'azur au lion d'or, lampassé de gueules, à la fasce d'argent brochant sur le tout* (H. de Fontenay).

Guillaume de Chavanes, doyen de Chalon, en 1218, fut enterré à l'abbaye de La Ferté (Courtépée, t. V).

CHEVILLARD-MORIN. — ARMES : Selon Rietstap, Chevillard en Bourgogne porte : *d'azur à une gerbe d'or.*

En 1604, Jean-Baptiste Chevillard-Morin, acquit de Zacharie Pelez la châtellenie de Verizet (Lex, *Fiefs du Mâconnais*).

CHEVREL (DE). — ARMES : *D'azur à la fasce d'or accompagnée en chef d'une fleur de lys d'or et en pointe de deux lions affrontés d'argent* (La chesnaye-Desbois).

Jean-Antoine et Jacques de Chevrel, neveux de Renaud Perruquet, devinrent seigneurs de Loize (commune de La Chapelle-de-Guichay) en 1464.

Cette famille est originaire du Mâconnais.

Jean de Chevrel, seigneur de Jourdes (Cuiseaux), vivait en 1328, et avait épousé Jeanne de Dortans (Perraud, p. 390).

La maison de Chevrel s'éteignit en une fille, Philiberte, mariée à Aimé de Lugny, et qui testa le 29 mars 1529. C'est par elle que les de Lugny devinrent seigneurs de Loise (Arcelin, *Ind. Hérald.*).

CHEVRIERS (DE), *al.* CHEVRIÈRES. — ARMES : *D'argent à trois chevrons de gueules, à la bordure engreslée d'azur* (P. Menestrier).

Gabriel de Chevrières, dit de la Saugerée, est chanoine de l'abbaye de Tournus en 1627.

En 1658 Françoise de Chevriers de Saint-Mauris fut nommée prieure du Villars (A. Bernard, *Les Bénédictines*, p. 17).

Selon Arcelin, cette maison serait issue des anciens comtes de Mâcon dont elle porterait les armes, la bordure étant une brisure des cadets. Le premier connu est Jean de Chevriers, vivant en 1170 et marié à Marie de Baugé.

Il y eut deux branches principales : celle des Chevriers, libres seigneurs de Saint-Mauris-des-Prés, et celle du Tanay et la Plachère (Lyonnais), par alliances en 1584 (Arcelin, *Indic. hérald.*).

Les de Chevrières, seigneurs de La Saugerée (Etrigny), étaient une autre branche des Chevriers de Saint-Mauris.

Fiefs : Le Péage de Mâcon sur la Saône, Saint-Mauris-des-Prés, Sologny, Chezeaux, Le Soleil, Emeringes, Le Thil et la Flachères (Lyonnais), La Saugerée, Tallant (partie), Vaurenard.

Alliances : de Baugé, de Vienne, de Feurs, de Talaru, d'Albon, de Bletteraus, de Mincé, de Lugny, de Grolée, de Seyturier, de Nagu, d'Achei, de Damas, de Groslier, de l'Hopital, du Quesnoy, de Tarlet, Dangeville, de Lyobart, de la Touvière, de Romilly, de La Chénetay, de Maisons.

CHILLIE (DE). — ARMES : *De gueules semé de fleurs de lys d'or et de mouchetures de même* (Palliot).

En 1380, Jean de Chillie fut moine de Tournus et prieur de Louhans. En 1364, Simon de Chillie, damoiseau, est témoin dans un accord entre le duc Philippe et les maires et échevins de Dijon.

CHIQUET. — ARMES : *D'azur au chevron d'or, accompagné de trois roses d'argent ; au chef échiqueté d'or et de gueules de trois traits* (Niepce, *Hist. de Sennecey*).

Ancienne famille bourgeoise chalonnaise. En 1769, messire Reine-Philibert Chiquet, président en la Chambre des comptes de Dijon, acheta, de Nicolas de Cambis et d'Henriette-Marie de Dyo, la terre de Bresse-sur-Grosne, qu'il légua par testament à son neveu Jean-Chrysostome Chiquet, seigneur de La Racineuse, marié à Marguerite Morel-de-Corberon (*Id.*).

Fiefs : Bresse-sur-Grosne, La Racineuse, Thil, Les Filletières, Fley.

Alliances : Morel de Corberon, Canat, de Burgat, de Beaurepaire, de Murard, Jomard.

CHISSEY (DE). — ARMES : *D'azur à trois tours d'or, maçonnées de sable* (Palliot).

En 1426, vivait Guillaume de Chissey, châtelain de La Colonne (Gigny), et en 1533, Louis de Chissey, témoin à Lancharre.

Cette famille est originaire du duché de Bourgogne, et remonte à Barthélemy de Chissey, écuyer, héritier de Guillaume de Varanges, son beau-frère, mort vers 1370.

Fiefs : Varanges, Vonges.

Alliances : Varanges, Magny, Ruffey, Brazey, Boudier, Saint-Andoche, Arcelin, Ferrière, Vichy, des Barres, Sercey, Régnier, Damas, Chauvirey.

CHIVRÉ (DE). — ARMES :

Etienne de Chivré était châtelain de Préty en 1365. Dans la seconde moitié du XVe siècle, on trouve Claude de Chivres, écuyer, seigneur de Sercy en partie (Arch. S.-et-L., E 1258).

CHOISEUL (DE). — ARMES : *D'azur à la croix d'or cantonnée de dix-huit billettes de même, 5 et 5, 4 et 4* (B. et d'Arbaumont).

Falquette, dite de Traves, fut religieuse de Lancharre au début du XIVe siècle, et en 1529 décéda Bernard de Traves, infirmier à l'abbaye de Tournus (V. de Traves).

Charles de Choiseul, chevalier, seigneur de Praslin, achète, en 1596 la seigneurie de Beaumont.

Cette illustre maison est originaire de Champagne ; elle a pour auteur Renier, sire de Choiseul, au XIe siècle. Son fils, Roger, prit la croix en 1095 et fut le trisaïeul de Raynard, qui épousa, en 1221, Alix de Dreux, petite-fille de Louis le Gros, roi de France.

La maison de Choiseul s'est divisée en un grand nombre de branches, dont cinq s'établirent en Bourgogne : Choiseul, Traves, Aigremont, Clefmont et Lanques, ainsi que deux rameaux issus des Traves : Vaux de Choiseul et Chevigny (B. et d'Arbaumont).

CHOLLET. — ARMES :

Noble Jean Chollet était capitaine de Romenay, vers 1552 (Arch. S.-et-L., E 1234). En 1620, vivait Jacques Chollet, avocat en Parlement (*Id.*, E 44).

Les *Cholet* ou *Chaulet* en Forez, portaient : *D'argent au créquier de sable à cinq branches et une bordure du même*, ou : *d'or au créquier de sinople à la bordure du même* (Rietstap).

CHOPÉRIA (DE). — ARMES :

En 1150, Jocerand de Chopéria, seigneur du pays charollais, fit don à l'abbaye de La Ferté des biens qu'il possédait entre Sainte-Hélène et La Chapelle-de-Villars (L. Bazin).

CHOPIN, *al.* CHOPPIN. — Armes :

Au commencement du xviiie siècle, Philibert Choppin, chirurgien de Lyon, est censitaire du Temple Sainte-Catherine à Monbellet.

CHUFFAING, *alias* CHUFFIN. — Armes : *De gueules à un pot de fleurs, le vase d'or et les fleurs d'argent* (D'Hozier).

En 1729 (18 juin), reprise du fief de Florette, situé à Culles, par Pierre Chuffin, bourgeois audit Culles (Lex, *Fiefs du Mâconnais)*.

Cette famille est d'ancienne bourgeoisie mâconnaise, Antoine Chuffaing fut capitaine de la ville en 1387-89, puis lieutenant du bailli en 1387-92. Un autre Antoine Chuffaing fut aussi capitaine de Mâcon en 1519 (Arcelin, *Indicateur héraldique*).

Pierre Chuffaing, prêtre-curé de Berzé en Mâconnais, portait les armes ci-dessus décrites (Arcelin).

CIVRIA (de). — Armes : *De gueules à une fleur de lys d'or* (Rietstap).

En 1515, vivait Louise de Civria, dame de La Chapelle-de-Bragny, épouse de Philippe de Simon, écuyer, seigneur de Bouhy (Arch. S.-et-L., E 1041). Jean de Civria, écuyer, seigneur de Bourciat, avait épousé Louise de Cornon, dans la première moitié du xvie siècle (*Id.*, E 876).

Les *Civria*, en Bresse, alias *Sivria*, portaient les armes ci-dessus décrites. — Mêmes armes pour les *Civriat* en Franche-Comté (maison éteinte) (Rietstap).

CLARET de REVERMY. — Armes : *De gueules au chef d'argent* (D'Hozier) ; al. : *de ...... à trois étoiles de ...... posées* 2 et 1 (Pierre tombale de Armand-Félix Narboud, 1786, église Saint-Philibert).

En 1389, Jean Claret était châtelain-capitaine de Brancion (L. Bazin).

Au milieu du xviie siècle, un Elie Claret était curé de Plottes. Nous trouvons aussi un autre Elie Claret, dit de Revermy, qui fut juge et bailli de Tournus, subdélégué de l'intendant de Bourgogne, né en 1659, décédé en 174 . Il avait épousé, en 1690, Jeanne de Pernaton. (Pour généalogie, voir *Répertoire*).

Alliances : Pernaton, Gerbaud, Narboud, Clerc, Balay, Lescot.

CLAVIÈRE (de). — Armes : *Ecartelé, au 1 et 4, d'azur au lion d'or, tenant entre ses pattes une clef d'argent, à la fasce de gueules brochant sur le tout ; aux 2 et 3 de gueules à la main d'argent, supportant deux faucons d'or, longés de sable* (Jouve).

Au xviie siècle, noble de Clavière était domicilié à Chapaise.

Famille originaire du Vivarais et du Lyonnais, actuellement représentée au château de Saint-Sorlin-La-Roche-Vineuse. Elle porte les armes ci-dessus décrites.

Alliances : du Sordet, de Brinon, de Boisset (Jouve).

CLERC. — Armes : *D'azur à une main de carnation posée en fasce et tenant un lys d'argent tigé et feuillé de sinople* (D'Hozier).

Plusieurs familles ont porté ce nom ; dès 1296, on trouve à Tournus un Guillaume Clerc, curé de La Madeleine. En 1598, François Clerc, originaire de Saint-Trivier de Courtes était écrivain public dans cette même ville ; Pierre Clerc, curé de Préty, de 1685 à 1709, portait les armes ci-dessus décrites (V. *Répertoire*).

Armes de Jeanne Clerc, hospitalière à Tournus en 1786 : *De* ...... *à 3 aigles de* ...... *posés 2 et 1.*

Jean-Joseph Clerc fut aumônier de l'Hôtel-Dieu en 1706, puis chanoine de l'abbaye en 1716.

CLERC. — Cachet armorié : *De* ...... *au chevron de* ...... *accompagné de deux étoiles de* ...... *en chef et d'un soleil en pointe* (Bailliage de Tournus).

Famille de chirurgiens, établie à Tournus au xviie siècle. Claude Clerc, chirurgien-juré (1690), scellait des armes ci-dessus.

Alliances : Delaporte, Chatel.

CLERC. — Armes :

En 1319, Jean Clerc fait hommage à l'abbé de Tournus de certaines maisons et prés, sis en la ville de Chapeaux.

CLERGÉ (du). — Armes :

En 1604, noble Philibert du Clergé, écuyer, seigneur d'Amour, demeurant à Saint-Ambreuil (Arch. S.-et-L., E 640).

Fiefs : Amour, Bussière, Belmont.

CLERGUET. — Armes : *D'argent à trois fusées de sable en pal, posées en fasce* (D'Hozier).

Jacques Clerguet, chanoine de Saint-Philibert de Tournus (1700-1720), était fils de Jean-Baptiste, bourgeois de cette ville.

Cette famille bourgeoise, anoblie, est originaire du Chalonnais ; elle vint s'établir à Tournus au xviie siècle. En 1588, vivait Salomon Clerguet, écrivain, érudit et poète, député aux Etats généraux de Blois (V. *Répertoire*).

Fiefs : La Tour-Saint-Giraud (Champlieu), Loisy et Rosey (en partie), Ratecamp (Etrigny).

Alliances : Collot, de Reins, Guyot-Dezaraine, Gorras, Chataigner de Rouvre, Prud'homme.

CLERMONT (de). — Armes : *De gueules à deux clefs d'argent passées en sautoir, les anneaux en bas* (Guichenon, *Salle des Croisades*).

Louis-Claude de Clermont-Montoison, par son mariage avec Charlotte de Levis, devint seigneur de Talant, qui appartenait encore à la famille avant la Révolution.

Cette maison est la plus grande et la plus illustre du Dauphiné, où elle possédait la terre de Clermont jusqu'en 1203 ; à cette époque, elle en fit hommage à l'archevêque de Vienne.

Les Clermont subsistent en quatre branches : 1º les Clermont-Tonnerre ; 2º les comtes de Thoury ; 3º les marquis de Clermont-Montoison ; 4º les Clermont-Mont-Saint-Jean, en Savoie (La Chesnaye-Desbois).

Fiefs : des Clermont-Montoison, Chagny, Bouzeron, Remigny, Chassagne, Corpeau, Puligny (partie), Talant.

CLUGNY (DE). — ARMES : *D'azur à deux clefs d'or posées en pal et adossées, les anneaux en losange pommetés et enlacés* (Géliot, Chevillard, Guichenon, Palliot).

En 1450, Guillaume de Clugny est seigneur de Messey-sur-Grosne, par sa femme Françoise de Messey.

En 1583, Claude et Charles de Clugny reprennent de fiefs les seigneuries de Laives et Cortelin, comme héritiers de Barthélemy, leur père, chevalier seigneur des dits (Lex, *Fiefs du Mâconnais*).

Noble et ancienne maison de Bourgogne, originaire d'Autun. Mugnier lui donne pour auteur Symphorien qui fit, en 1083, hommage de sa maison de Cluny à l'autel Saint-Symphorien d'Autun. Il cite aussi un Huguenin de Clugny, qui se croisa en 1230 (B. et d'Arbaumont).

Au XVe siècle, Ferry de Clugny fut cardinal (1480), et Guillaume, son frère, évêque de Poitiers.

Cette maison se divisa en plusieurs branches : Alonne, Champéculon, Menesserre, Conforgien, Saint-André, Colombier, Thenissey.

Fiefs : Chailly, Vergoncey, Monthelon, Ragny, Saint-Romain, Saint-Gouvron, Sagy, Montachon, Aisy, Darcey, Châtenoy, Colombier, Thenissey, Grignon, Travoisy, Conforgien, Varennes-le-Grand, Laives, Aizy-Cortelin, Le Brouillat, Rancy, Gigny, La Calonne, Lampagny, Putigny, Saint-Etienne-en-Bresse, Dompierre, Velogny, Pont-d'Aisy.

Alliances : Montgommery, Changy, Chastellux, Salins, Damas, Oyselet, Pracontal, Saint-Phal, Saint-Belin, Jaucourt, Tardieu, Bourgogne, Semur, Busseul, de Drée, de Bèze, de La Boutière, Papillon des Ryon, de Laval, de Rougemont, de Tenarre, de Brancion, de La Touvière, de Monspey, Bernard de Montessus, de Rouvray, de Choiseul-Bussières, de Piolens, de Colombier, de Ferrières, de Foucher (B. et d'Arbaumont).

COCHARDET. — ARMES : *D'azur à un coq d'argent ; al. d'or, crêté et membré de gueules* (D'Hozier).

Famille tournusienne qui fut l'une des premières à embrasser la religion réformée. Claude Cochardet, maître drapier, vivait à Tournus en 1561. Cette famille alla s'établir à Saint-Gengoux-le-Royal, où nous trouvons Léonard Cochardet, greffier en chef de cette ville et conseiller du roi en 1698, il portait les armes ci-dessus décrites, ainsi que Claude Cochardet, prêtre-concuré du même lieu. En 1733, J.-Claude Cochardet était chevalier et seigneur de Châteaubois (Chassy).

Alliances : Machoud, Delaval, Mautrey, Bailly, Chaillot, du Crest de Montigny.

COETLOSQUET (du). — Armes : *De sable semé de billettes d'argent, au lion morné du même, brochant sur le tout* (Musée de Tournus).

Famille noble, originaire de Léon en Bretagne. Jean-Gilles, fils d'Alain-François du Coëtlosquet, seigneur des Isles, et de Gillettes de Bergus, naquit en 1700, entra dans les ordres, fut archidiacre de Châteauroux, 1730, député du clergé de Limoges, 1739, puis abbé de Tournus, de 1743 à 1781, et précepteur des enfants de France, 1758-1771. Il fut membre de l'Académie française, 1761-1770, et le dernier abbé de Tournus.

COIGNEAUX (de). — Armes :

En 1505, Jean de Coigneaux était écuyer de la châtellenie de La Colonne (Gigny) (Crépet).

COINTOT.

François Cointot, diacre du diocèse de Mâcon, fut nommé demi-chanoine de Saint-Philibert de Tournus en 1701.

Guillaume Cointot, conseiller du roi, trésorier de France à Dijon, portait : *d'azur à un aigle d'or et un soleil de même au côté dextre du chef* (D'Hozier).

COLAS. — Armes : *D'azur à quatre fasces d'argent* (M. Canat).

Plusieurs familles de Tournus portèrent ce nom. En 1445, Jean-Pierre Colas, horloger, bourgeois de Saint-Claude, habitait Tournus ; en 1573, Claude Colas, dit Champagne, était fermier général de l'abbaye.

Une autre famille Colas fut possessionnée à Farges-les-Mâcon, et donna des notaires à Mâcon et à Uchizy. Gabriel Colas, capitaine d'infanterie, résidait à Tournus au xviiie siècle.

François Colas, conseiller du roi, receveur des amendes au bailliage de Chalon, vivait vers la fin du xviie siècle (Arch. S. et-L., E 1063).

Alliances : Picolier, Loyseau.

COLBERT. — Armes : *D'or à la couleuvre ondoyante en pal d'azur* (Beaune et d'Arbaumont).

Vers 1668, Michel Colbert, évêque de Mâcon, conseiller du roi, était baron de Romenay et seigneur de Prissé, Vérizet et Farges (Arch. S.-et-L.).

Jean-Baptiste Colbert, le célèbre contrôleur général des finances, acheta, en 1657, la baronnie de Seignelay-en-Auxerrois qui fut érigée en marquisat en 1668 (Beaune et d'Arbaumont).

Fiefs : Marquisat de Seignelay, Saint-Cyr-en-Auxerrois, La Motte-Merrey.

COLERAT.

En 1335, Cola Colcrat reconnaît à l'abbé de Tournus 9 quartes d'avoine dues en la paroisse de Féline (Auvergne).

COLIN. — Armes : *D'azur à une bande d'or, accompagnée de trois croisettes du même, deux en chef, une en pointe* (D'Hozier).

Famille de robe, originaire de Romenay, connue aux xviie et xviiie siècles. En 1638, on trouve Jean Colin, praticien, puis lieutenant en la justice de Romenay, et en 1640 Benoît Colin, notaire à Saint-Trivier-des-Courtes.

Joseph-Colin, conseiller du roi au bailliage de Chalon, en 1690, portait les armes ci-dessus.

Alliances : Humet, de Thoisy, Châtenay, Cornu, Machoud.

COLIN de SERRE. — Armes : *D'argent au sautoir engreslé de gueules* (D'Hozier).

Famille tournusienne dont les origines seraient les mêmes que celles des Colin, dit Galland. Nicolas Colin était échevin de Tournus en 1523 ; Jean Colin, bourgeois, receveur des hospices de cette ville, échevin en 1653, exploitait les carrières de Serre (Tournus) ; son fils, Jean-Baptiste, fut conseiller du roi, avocat et échevin de Mâcon en 1687, il eut une nombreuse postérité (V. *Répertoire*).

En 1712, Bruno Colin de Serre était ci-devant capitaine au régiment de cavalerie de Condé. Jeanne-Louise Colin de Serre, comtesse douairière de Saint-Micaud, dame de Saint-Germain-du-Bois, La Charmée, Flacé et autres, demeurait à Chalon-sur-Saône (1778).

Fiefs : La Tour-Mailly, Les Nuguets.

Alliances : Paisseaud, Chanorier.

COLLANO (de). — Armes :

En 1318, Guillaume de Collano était prieur de Chapaize.

COLLIN, *al.* COLIN dit GALLAND. — Voir GALLAND.

COLLOT. — Armes :

. Cette famille, originaire de Bourgogne, s'établit à Tournus au xvie siècle. Alliée aux George, Guillaume, Joret, Vyard, Demye, Venuat, Despiney, Clerguet, Badel. Barthélemy Collot, prêtre, était curé de Massingy en 1703.

COLMONT (de). — Armes : *Parti au 1er coupé d'azur, à la tour d'argent et d'azur, au lion d'argent ; au 2e d'azur, au chevron d'or surmonté d'une étoile accostée de deux roses tigées et feuillées, et en pointe, d'une rose du même mouvante d'un croissant, le tout d'argent* (Révérend du Mesnil).

(1767-92). Claude-Clément de Colmont, écuyer, maître en la Chambre des comptes de Bourgogne, était seigneur de Ragny et Montceaux. En 1701, Antoine Colmont succède à son père dans l'office de conseiller au grenier à sel de Chalon-sur-Saône. — Joseph-Romain Colmont, écuyer, ancien conseiller secrétaire du roi, acquit de François Baillet, marquis de Vaugrenant, les seigneuries de l'Isle-en-Bresse et de Vaugrenand (1714). Leur descendant, Claude Colmont de Vaugrenand, chambellan de l'empereur Napoléon Ier, officier de la Légion d'honneur, fut créé comte de l'Empire le 19 septembre 1810, et prit pour armes : *parti, au 1ᵉʳ coupé, 1º de comte de la maison impériale ; au 2º, d'azur au lion rampant d'argent ; au 2ᵉ d'azur au chevron d'or accompagné en chef d'une étoile entre deux quintefeuilles tigées et feuillées d'argent, et en pointe d'une quintefeuille soutenue d'un croissant de même* (Révérend du Mesnil).

En 1814, cette famille reprit les anciennes armes.

COLOGNAC (DE). — ARMES :

Antoine de Colognac, lieutenant au régiment de Thianges-dragons, décéda, en 1755, à l'hôpital de Tournus (Arch. Tournus).

COLOMBIER (DE), *al.* DE COLOMBEY. — ARMES : *De gueules au chef d'argent ou d'or, chargé de 3 coquilles du champ.* (Palliot) (Steyert).

En 1663, testament de Philibert de Colombier, prêtre, maréchal et sénéchal de l'abbaye de Tournus, résidant à Mâcon, qui nomme comme héritier universel Pierre Lhuillier, bourgeois de Mâcon, et lui lègue ses biens et sa charge (Arch. Baill.). C'est ce testament qui fit passer le maréchalat de Tournus des Colombier, héritiers des Sagie, aux Lhuillier, problème considéré comme insoluble par l'abbé Rameau (Académie de Mâcon, 1900).

Au commencement du xvᵉ siècle, Guillaume de Colombey était seigneur de Saint-Loup-de-Varennes, Lux, Droux, Saint-Remy, Sevrey, Mepilley, Savigny, Serville, Cortevaix. En 1412, Guillaume de Colombey, écuyer, capitaine-châtelain de La Colonne et de Beaumont. Etiennette de Colombier fut religieuse à Lancharre, en 1529.

Famille originaire de Colombier-en-Auxois, d'après Saint-Julien-de-Balleure, et qui remonterait à Jean de Colombier, vivant en 1259. Antoine de Colombier, chanoine de Saint-Pierre de Mâcon en 1559, a présenté les quartiers suivants : de Colombier, de Mandelot, de Neuville, d'Igny, de Janly, de Bernaud, de Toreau, de Tinteville (Martinet Sᵗ-P. de M.).

Alliances : de Chartres, de Villers, du Blé, de Charvot, de Sagie, de Clugny, de Bonnay, Andrevet.

COLON. — ARMES : *D'azur à un sautoir d'or accompagné de 4 colombes d'argent* (D'Hozier).

Famille originaire de Robles, bailliage d'Orgelet, en Franche-Comté, établie à Tournus au xviiᵉ siècle, dont étaient : Guillaume Colon, demi-chanoine de Saint-Philibert, curé de Saint-André (1697), qui portait les armes ci-dessus décrites. Cette famille donna plusieurs chanoines à l'abbaye de Saint-Philibert au xviiiᵉ siècle. — Ignace Colon, notaire et procureur à Tournus, décéda en 1806.

Alliances : Reydes, Brunet, Chapuis, Darnay, Jeandot, Marchand, Guyon, etc.

COLSON. — ARMES :

(1682-88). Réception de Michel Colson, greffier en chef de Saint-Gengoux-le-Royal, et notaire royal (Arch. S.-et-L.).

COMBRIAT. — Armes : *D'argent à un rencontre d'azur* (D'Hozier).

Noble Combriat fut un des bienfaiteurs de l'église de Saint-Gengoux (1754-60), Jean-Baptiste de Combriat, seigneur de La Chassagne, était juge de Marcigny. Jacqueline Combriat, femme de Jean-François Gregaine, écuyer, seigneur de Launay, portait les armes ci-dessus.

Alliance : Gregaine de Châteauvert.

COMEAU (de). — Armes : *D'azur à une fasce d'or, accompagnée de 3 comètes du même, 2 en chef, 1 en pointe* (D'Hozier).

En 1765, Louis Melchior de Comeau, officier au régiment de Dijon, résidait à Tournus depuis dix-huit mois.

Cette famille remonte à Guiot Comeau, qualifié de châtelain-receveur de Pouilly-en-Auxois, en 1520 ; anoblie en 1603, elle se divisa en plusieurs branches : La Serrée, de Thoisy, de La Choselle ? de Pontdevaux et de Créancey. En 1696, Pierre de Comeau, chevalier, seigneur de Créancé, lieutenant du roi en Bourgogne, gouverneur de la ville de Nuits, portait les armes ci-dessus décrites.

Fiefs : Montmançon, La Borde, Bacaud, Marcilly, etc.

Alliances : Morin, Jant, Bretagne, Jacob, Vienne, Cochet, Gravier de Vergennes, Royer de Saint-Micoult, de la Ferrière, Valon, etc.

COMPAGNION de FLOVILLE.

En 1723, Jacques Compagnion, écuyer de Floville, officier des Invalides, décéda à Tournus.

COMPAGNOT. — Armes : *D'azur à une croix ancrée d'argent* (D'Hozier).

Famille bourgeoise de Tournus qui donna plusieurs maires perpétuels à cette ville. Pierre, chanoine de l'abbaye en 1700, fils de Guy Compagnot, marchand et échevin (1688), devint doyen du chapitre en 1715. — Claude Compagnot, avocat en Parlement, deuxième maire perpétuel de la ville, conseiller du roi en 1710.

Alliances : Gondot, Amyot, Guérin, Grenelle de Pymont, Auger, Niepce, etc.

CONSTANT (de). — Armes : *D'azur au sautoir ondé d'or, chargé en cœur d'un franc quartier de sable* (La Chesnaye-Desbois).

En 1544, Jean de Constant, écuyer, demeurait à Chapaize.

Famille originaire du Barrois, puis établie en Lyonnais, xvie siècle.

Fiefs : Moutier-en-Chapaize, Navilly, La Chapelle-de-Bragny (partie).

Alliances : Monin, du Léal, de Moroges, de Lamartine-d'Hurigny.

CONSTANTIN. — Armes : *D'azur à un chevron d'or accompagné en chef de 2 étoiles d'argent, en pointe d'un croissant du même* (D'Hozier).

Vers 1695, Marie-Claudine Constantin, épouse de François Gaspard de La Glace, porait les armes ci-dessus décrites.

En 1653, Claude Constantin, curial de Saint-Julien-sur-Reyssouze, épousa Charlotte, fille de Mathieu Jacquinot, écuyer, seigneur de Malmont.

CONTE. — ARMES : *D'argent à un chevron de gueules accompagné de 3 mou-chetures d'hermine de sable, 2 en chef, 1 en pointe* (D'Hozier).

Famille bourgeoise de Tournus, connue dès le XVe siècle, anoblie au XVIIIe en la personne de Jean-François Conte, conseiller du roi, qui portait les armes ci-dessus décrites.

N. Conte, notaire à Tournus (1668), scellait : *De ...... à 3 burelles ondées de ...... accompagnées de 3 étoiles, 2 en chef, 1 en pointe* (Baill. de Tournus).

Jean-Baptiste Conte, prêtre à Tournus (1703), portait : *tranché d'argent sur sable, à 3 mouchetures d'hermine posées en bande de l'un en l'autre* (D'Hozier).

Fiefs : Messey, Grevilly, Gratay, Ozenay, Chavy.

Alliances : Dupuys, Blondeau, Décousu, Bretagne, Languet, Arthaud, Guillier, Venuat, Foignot, de La Bletonnière, Cordier, Guignot, de Bryc, Morel, Mathoud, de Franc, Gauthier, Pont, Bernard de Châtenay, Jacob de La Cottière, Petitjean, Colas, de Laval, Corlin, Fourrat, Léger, Paulmier, Charraut, Bourrier, Ravel, Pichot, Lorin, Feuillet, Dumolin, etc.

CONTENSON (DE). — Voir DU BESSEY.

CORBEL.

En 1381, Marguerite, veuve de Jean Corbel, rend hommage à l'abbé de Tournus des biens qu'elle possède à Saint-Romain.

CORDIER. — ARMES : *D'azur à un chien de chasse rampant d'or* (D'Hozier). Alias : *D'or à un limier rampant de sable* (*Id.*).

En 1415, Philibert Cordier était procureur du monastère de La Ferté-sur-Grosne. Claude Cordier, marchand à Romenay, en 1638, devint ensuite lieutenant du capitaine de cette ville. Claude Cordier, conseiller du roi, procureur en la châtellenie de Cuisery, portait les premières armes ci-dessus décrites. Antoine, prêtre, chanoine de l'église collégiale de Notre-Dame de Cuisery, portait les deuxièmes armes décrites. Ces armes se voient au-dessus de la porte d'une maison sise rue du Centre, à Tournus.

Nicolas Cordier, conseiller du roi, maire perpétuel de la ville de Cuisery, avait pour armes : *d'argent à un cœur rayonnant de gueules* (D'Hozier).

Alliances : De Frangy, Jorret, Pion, Ribondeau, Berthault.

CORENT (DE). — ARMES : *D'hermine, au chef de gueules chargé de 3 roses d'or* (Steyert).

Antoine de Corent, sous-prieur et infirmier de l'abbaye de Tournus, mourut en 1557.

Ancienne famille de Bresse ; Guillaume de Corent était chevalier en 1280. Antoine, était fils de François de Corent, écuyer, seigneur de La Motte et de N. de Sivria.

Fiefs : La Motte, Lyonnières, Corent.

CORGENON (DE). — ARMES : *D'or au chef de gueules* (Juénin).

Amé de Corgenon fut abbé de Tournus de 1379 à 1413.

Famille chevaleresque originaire de Savoie, où ils portaient primitivement le nom de Chaumont. Geoffroy de Chaumont, vivant en 1250, vint le premier s'établir en Bresse. Son fils, Guichard, devint seigneur de Corgenon et en prit le nom (Juénin). — Les château, terre et seigneurie de Chaumont (Saint-Bonnet-de-Joux), appartenaient à Guillaume de Corgenon, chevalier, et Agnès de Talaru, sa femme. Leurs héritiers les vendirent à Mgr de La Guiche, qui les possédait en 1444 (Arch. S.-et-L.).

CORLARU (DE). — ARMES :

Hugues de Corlaru était religieux de Tournus en 1501.

CORNET (DE). — ARMES : *D'azur au chevron d'or, surmonté d'un croissant d'argent, accompagné de 3 guidons du même, emmanchés d'or, en pal ; un lion aussi d'or en pointe* (Chevillard).

En 1537, Pierre de Cornet, écuyer, était seigneur de La Chapelle-sur-Brancion, marié à Madeleine Brune. Aymar Cornet, damoiseau, rendit hommage en 1309 des biens qu'il possédait à Milieu et à Meyrieux (Riv. de La B.). — Nous trouvons également, en 1478, un Laurent Cornet, notaire royal à Demigny, coadjuteur du tabellion de Chagny, châtelain de La Salle et de Demigny, qui décéda avant 1532 (Arch. S.-et-L.).

CORNON (DE). — ARMES : *D'azur à 6 étoiles d'or, 3 en chef, 3 en pointe, un croissant du même en cœur* (Guichenon).

En 1336, Jean de Cornon, reconnut tenir en fief du sire de Beaujeu sa maison-forte de Cornon, au mandement de Lent. En 1424, testament de Philippe de Cornon, écuyer, seigneur de Cornon, qui institue pour son héritier universel Jean de Gorrevod, son neveu, à condition qu'il prendra le nom et les armes du testateur (Arch. S.-et-L.).

Cette famille fonda la chapelle de Saint-Denis et Sainte-Anne, dite des Cornon, en l'église de Romenay.

Fiefs : baron de Montdidier, seigneur de Cornon et de La Charme, en partie.

Alliances : de La Roche, de Civria, du Biolay.

CORSAIRE (DE). — ARMES :

En 1599, Didier de Corsère, époux de Edmonde Robelet, eut un fils, Règne de Corsère, à Uchizy. — (1674-87). Philibert de Corsaire, écuyer, était co-seigneur de Chavy et de Lampagny, marié à Catherine Doyen.

Fiefs : Chaux (Bresse), Chavy et Lampagny (partie).

Alliances : de Robelet, Doyen, Picard, de Chessy.

CORTAMBERT. — CACHET ARMORIÉ : *De ...... à la bande de ......, accompagnée de 2 étoiles ,une en chef, une en pointe* (Baill. de Tournus).

En 1728, N. Cortambert, substitut du procureur fiscal de Tournus, scellait des armes ci-dessus décrites.

Famille mâconnaise dont sont issus : Pierre-François Cortambert, conseiller du roi, échevin de Mâcon ; Pierre-François-Eugène Cortambert, le célèbre géographe (1805-1881) ; Louis Cortambert (1808-1881), écrivain ; Richard Cortambert (1836-1884), géographe et qui est actuellement représentée par Lucien-Alexandre-Richard Cortambert, homme de lettres à Paris et madame Jules Caplain.

Alliances : Aucaigne, Jacquier, Testenoire, Guillemardet, François, Sancy, George, de Verdière, Caplain [1].

CORTELOT. — Armes : *De gueules, à un chevron d'or, accompagné de 3 cœurs de même, 2 en chef, 1 en pointe* (D'Hozier).

Jean Cortelot était notaire à Tournus en 1519. Jacques Cortelot, chapelain de Saint-André en 1626, demi-chanoine en 1627, devint ensuite chanoine de l'abbaye.

Alliances : Girard, Venot.

CORTEVAIX (DE). — Armes :

Simon de Cortevaix, chevalier, vivait en 1206. Fanque de L'Epervière, dame de Cortevaix, veuve d'Henri de Brancion, reprend fief de la terre de Saint-Forgueil en 1293.

CORTIAMBLES (DE), al. DE COURTIAMBLES. — Armes : *Six étoiles.* Al. : 3 *étoiles à six rais* (D'Arbaumont).

En 1270 et 1277, Jean de Courtiambles, chevalier, et sa femme, Guillaume de Savianges, firent don à l'abbaye de Tournus des biens qu'ils possédaient à Boz, Royer, Plottes, Lambres et Tournus (Juénin). Un autre Jean de Courtiambles fut au nombre de ceux qui s'engagèrent en 1359 à payer la rançon du roi Jean. Au xiiie siècle, Jocerand de Cortiambles, chevalier, donne un serf, habitant de Culles à l'abbaye de La Ferté. En 1372, Jacques de Cortiambles, sire de Comarin, chevalier-chambellan du duc, accompagne le comte de Nevers en Hongrie où il périt. La maison de Cortiambles s'éteignit au xve siècle en celle des Jaucourt d'Inteville (Courtépée).

Fiefs : Plottes, Lambres, Comarin, Nesles.

Alliances : Savianges, Nesles, Pot, Blaisy et Dinteville, Lugny.

COSSÉ-BRISSAC (DE). — Armes. — *De sable à 3 fasces d'or denchées par le bas (Salle des Croisades).*

Au xve siècle, Thibaut de Cossé-Brissac, premier panetier de François Ier, par son mariage avec Félice de Charno, devint seigneur de Gigny et de L'Epervière. Il fut l'aïeul de Charles et Artus de Cossé-Brissac, maréchaux de France, et de Philippe, évêque de Coutances, grand aumônier de France (Courtépée). Famille originaire de Brissac, à 15 kilomètres d'Angers (Maine-et-Loire), qui fut érigé successivement en comté (1550), puis en duché (1612).

---

1. M. Jules Caplain est sur le point de faire paraître une étude documentée sur les Cortambert dans le *Bulletin de la Société historique d'Auteuil et de Passy.*

Fiefs : duc et pair de Brissac, duc de Cossé, marquis d'Acigné, baron de La Motte-Saint-Jean, seigneur de Martigny-le-Comte, Commune, Souterrain, Saint-Vallier, Champlecy, Mercy, Marizy, Le Brouillat, Les Fossés.

Alliances : Durey de Sauroy, du Four, Lavière de La Rata, etc.

COSTABLES (DE). — ARMES :

En 1254, Oger de Costable tient fief de l'abbaye de Tournus à Uchizy et à Farges (*Livre des Hommages*).

COUCHAIN (DE). — ARMES :

Famille noble ayant possédé le château de La Grange (Tournus), dont Michel de Couchain était seigneur. Le 5 décembre 1527, Regnauld Couchain fait donation à Michel Couchain de tout ce qu'il pouvait prétendre à La Grange. Jeanne de Banyère (?) donne également, le 24 avril 1529, à son neveu Michel Couchain, tout ce qu'elle avait à La Grange. Vers 1553, celui-ci fit une fondation d'une messe par semaine en l'église Saint-Valérien. Le 21 octobre 1555, une transaction eut lieu entre noble Marc Couchain, seigneur de La Grange, et Me Etienne Parys, notaire à Cluny, pour raison des droits que le dit Parys et Me Humbert Munier, fils et héritier de feue dame Claudine Couchain, avaient à La Grange. Marc de Couchain avait épousé demoiselle Louise de Borsuzel, *alias* de Bourgsuzel (Arch. S.-et-L.), H 191. La dernière des Couchain fit assassiner par son valet le sieur de Champillon (Champguyon), son mari, et fut pendue près de La Grange. Ses biens furent confisqués (Juénin).

COUCHES (DE). — ARMES : *Bandé d'or et d'azur de 6 pièces, à la bordure de gueules*, qui est Bourgogne ancien, *brisé d'un quartier d'argent au premier canton* (D'Arbaumont).

Durant de Couches, évêque de Chalon (1216-1231), fut enterré à l'abbaye de La Ferté (Courtépée). Selon Bazin c'était Gaultier de Couches et non Durand qui occupait le siège épiscopal de Chalon au moment de la fondation de l'abbaye de La Ferté.

En 1264, Hugues de Couches, seigneur dudit lieu en Autunois, possédait un fief à Nanton. Les sires de Couches, connus dès 1355, appartenaient à la branche des Bourgogne-Montaigu qui portait les armes ci-dessus décrites.

COUDERY. — ARMES :

Pierre-Nicolas Coudery, né à Romenay en 1727, où son père était procureur fiscal, entra dans les ordres, et devint successivement curé de Saint-Laurent-les-Mâcon, de Curciat-Dongalon et de Ménetreuil. Il se retira à Romenay où il fit reconstruire l'hôpital détruit par les huguenots et mourut en 1823.

COUDRAS (DE). — ARMES :

Vers 1670, Gabriel de Coudras, seigneur de la Beluze, fait un transport de rente au profit de Jean Guichenon, chanoine de Saint-Philibert (Arch. Hôp.).

COUISELET (de). — Armes :

En 1409, Regnault de Couiselet, écuyer, était préposé à la défense du château de Brancion par le duc Jean sans Peur.

COULON.

Jean-Luc Coulon, prêtre du diocèse de Lyon, devint chanoine de l'abbaye de Tournus en 1712.

COURCELLES (de). — Armes : *De gueules à 2 épées d'argent en sautoir croisées, pommetées d'or, les pointes en bas* (Saint-Julien de Balleure). Alias : *D'azur à une fasce d'or, accompagnée en chef de 3 étoiles de même,* qui est de Courcelles ; *écartelé de gueules à 2 épées d'argent, les pointes en bas en sautoir,* qui est Saint-Hilaire ; *sur le tout de gueules à un aigle d'or,* qui est de Vienne, *brisé d'une devise en bande componnée d'argent et d'azur* (Beaune).

Cette maison succéda à celle de Salignons dans la possession du fief de La Saugerée (Etrigny) et le posséda jusqu'en 1370 ; il passa alors à la maison de Thyard par le mariage de Jean de Thyard, avec Huguette de Courcelles (Courtépée).

Famille de bonne noblesse de Bourgogne, qui remonte à Guillaume de Courcelles, conseiller du duc et vicomte-mayeur de Dijon en 1418, époux de Henriette de Saint-Hilaire.

Fiefs : La Saugerée, Saint-Julien, Lantenay, Lochères, Bousselange, Aiserey, Chorey, Grosbois-les-Tichey, Montagny, etc.

Alliances : de Saint-Hilaire, de Vienne, d'Auvilliers, des Loges, de Thyard, etc.

COURTE-ÉPÉE. — Armes :

En 1096, Durand Courte-Epée signe dans un acte de restitution à l'abbaye de Tournus, entre ladite (Juénin, p. 105) abbaye et Hugues Boscheneus, chevalier, partant pour la croisade.

COURTON. — Armes :

En 1627, Jean Courton était demi-chanoine de Tournus (Juénin, p. 318).

COZANT (de), al. de COSAN. — Armes : *D'or à la croix ancrée de gueules* (Palliot).

En 1327, Marguerite de Cozant et son fils Etienne furent bienfaiteurs de l'abbaye de Lancharre.

CRASO (de). — Armes :

En 1451, Pierre de Craso était curé du Monestier-de-Chapaize (H. Batault).

CRESTIEN (de). — Armes : *D'or à un cœur de gueules et deux étoiles d'azur posées en chef* (D'Hozier).

En 1604, Antoine de Crestien, seigneur de Combelles et Chabannes, achète la terre de Cruzille, en Mâconnais. Son fils, Christophe-Melchior, ne peut la conserver. Elle est vendue par expropriation à André de Grimaldi, acquéreur pour sa femme Anne de Saulx. Joseph Crestien, boulanger en la ville de Montluel en Bresse, portait les armes ci-dessus décrites. On trouve (1654-1675) un Philippe Crestien, bourgeois de Romenay.

CRÉTEUIL (de). — ARMES :

Etienne de Créteuil est mentionné comme témoin dans un acte de 1194, passé entre Henry Gros, seigneur de Brancion et les religieux de La Ferté.

(1200-25). Hugues de Créteuil, écuyer, fut un bienfaiteur de La Ferté. Famille originaire dé Créteuil, fief dépendant de la seigneurie de Bresse-sur-Grosne, connue depuis Robert de Créteuil, cité vers 1090. Hugues est chanoine de Chalon en 1171. Guillaume, vivant en 1274, prend tantôt le nom de Créteuil, tantôt le nom de Bresse, même les deux à la fois. Il fut le dernier connu du nom (L. Bazin).

Alliance : de Pierrechamp.

CRÈVECŒUR (de). — ARMES : *De gueules à 3 chevrons d'or* (Palliot); al. : *écartelé 1 et 4 de gueules semé de trèfles d'or à 2 bars adossés du même ; 2 et 3, de gueules à 3 chevrons d'or* (H. Batault).

(1447-64). Guy de Crèvecœur, chevalier, époux de Jeanne de Neuville, était seigneur de Crèvecœur et de Saint-Loup-de-Varennes. Cette famille tire son nom du châtel de Crèvecœur en Chalonnais. En 1310, Guillaume, damoiseau, était seigneur du Fay.

Fiefs : Crèvecœur, Saint-Loup-de-Varennes, Le Fay, Sagy.

CROCHET. — ARMES : *De ...... à un chevron de ...... accompagné en chef de 2 étoiles de ...... et en pointe d'un croissant* (Pierre tombale à Brancion).

Famille paraissant originaire des environs de Tournus. Simon Crochet était notaire à Mâcon au xvie siècle. Antoine, élu du Mâconnais à la même époque. Jean Crochet, d'après Saint-Julien de Balleure, fit bâtir, au xvie siècle, une chapelle en l'église Saint-André. Claude Crochet, lieutenant de la justice de Brancion, décédé en 1652, fut inhumé en l'église de ce lieu, où sa pierre tombale porte les armes ci-dessus décrites.

Alliances : Delaunay, Porchier, Descrivieux.

CROISSY (de). — ARMES :

En 1466, la prieure de Lancharre, Huguette de Nanton, passe le bail emphytéotique d'un meix pour Marguerite, veuve de Pierre de Croissy, et pour Guillaume, Antoine, Pierre et Louis, leurs fils. (Arch. S.-et-L., H 528).

CRONAT (de). — ARMES :

A la fin du xvie siècle, Pierre de Cronat, seigneur dudit, demeurait à La Chapelle-sous-Brancion (Arch. S.-et-L., E 1123).

CROS (DE, *al.* DU). — ARMES :

Pierre IV du Cros, abbé de Tournus de 1349 à 1361, était originaire du Limousin, étant né à La Chaul, paroisse de Saint-Supery. Il fut successivement bénédictin à Saint-Martial de Limoges, prévôt à Boussac, cellérier de Tulle, prieur de La Voûte, puis abbé de Tournus. On le trouve ensuite évêque de Saint-Papoul, archevêque de Bourges en 1371. d'Arles en 1383 et enfin cardinal à la mort de son frère Jean ; il décéda en 1388. Son neveu, Pierre V de Cros fut également abbé de Tournus, de 1375 à 1376, et évêque de Saint-Papoul où il mourut en 1412 (Juénin, *H. de Tournus*).

Les de Cros en Auvergne avaient pour armes : *d'argent à trois chevrons de sable, au lambel d'azur en chef* (Rietstap), et ceux de Forez : *d'azur à trois chevrons d'or, accompagnés de trois coquilles du même* (Rietstap).

CRUSSOL D'UZÈS (DE). — ARMES : *Ecartelé aux 1 et 4 fascé d'or de sinople de six pièces*, qui est Crussol ; *partie d'or à trois chevrons de sable*, qui est Levis ; *aux 2 et 3, contre-écartelé d'azur à trois étoiles d'or en pal*, qui est Gourdon ; *et d'or à trois bandes de gueules*, qui est Genouillac ; *sur le tout, de gueules à trois bandes d'or*, qui est Uzès (Palliot).

Au XVIIIe siècle, Charles-Emmanuel de Crussol-Saint-Sulpice, baron de Bringou Coanac par son mariage avec Emilie de La Rochefoucauld, devint seigneur de Beaumont-sur-Grosne, Saint-Loup, Varennes-le-Grand, Lux, Sevrey, Mépilley, Droux (en partie), Saint-Remy, Mortière, La Tour-de-Lux, etc. (Arch. S.-et-L., E 498).

Famille originaire du Vivarais (Crussol), où vivait Giraud Bastet, en 1215. On compte parmi ses descendants, sept ducs et pairs, trois grands pannetiers, cinq chevaliers des ordres (Niepce).

Alliances : La Rochefoucault, Rohan-Chabot, etc.

CRUZILLE (DE). — ARMES :

En 1262, Hugues de Cruzille, seigneur dudit lieu, était bailli de Mâcon (Courtépée, t. V).

CUISSE (DE), *al.* D'ECUISSE. — ARMES :

Robert de Cuisse, prieur de La Ferté, est mentionné en 1194 dans un acte passé entre Henry Gros, seigneur de Brancion, et les religieux de La Ferté.

CURNIER DE PILVERT. — ARMES : *Partie au 1, d'or à un arbre de sinople accosté de deux tours de sable, au 2, d'azur au sphinx couché d'argent, accompagné en chef de deux étoiles d'or, surmontées d'un croissant d'argent* (Rietstap).

Au XIXe siècle, François-Théodore Curnier de Pilvert, colonel et chevalier de l'Empire, fut maire de Saint-Cyr (Niepce, *Hist. de Sennecey*, t. III).

CUSEAU (DE), *al.* CUISEAUX. — ARMES : *D'argent à 3 chevrons de gueules* (Révérend du Mesnil).

En 1200, Ponce de Cuseau fait hommage de ses châteaux à l'abbé

Bernard, de Tournus ; déjà, en 1120 (Juénin, p. 139), son aïeul Ponce avait fait hommage des mêmes biens.

Cette maison tire son nom d'un gros bourg de la Bresse chalonnaise et a tenu un rang considérable dans le comté de Bourgogne, où elle possédait la seigneurie de Clervaux.

Renaud de Cuseau, chevalier, fut témoin en 1131 de la fondation de l'abbaye du Miroir, par Humbert, sire de Coligny (Révérend du Mesnil).

CUSINÈRE.

En 1329, Béatrix Cusinère, veuve d'Etienne Bardilot, rend hommage à l'abbé de Tournus de sa maison de Chapeaux, dîmes, prés, terres et autres biens.

CUSSEY (DE), al. CUSSY. — ARMES : *D'or au cor de sable enguiché de gueules ; écartelé d'or, à l'aigle de sable* (Palliot).

En 1164, Hugues de Cussey donne aux moines de La Ferté le droit de conduire les eaux des fontaines de Laives à leur monastère.

En 1211, Robert de Cussy est moine de La Ferté (L. Bazin).

Huguenin de Cussy, écuyer, fils de feu Hugues de Cussy, chevalier, prend en fief de Guillaume, abbé de Saint-Pierre de Chalon, une manse à Laives (1222).

Les de Cussy, en Bourbonnais, portaient les armes ci-dessus décrites.

DAGONEAU. — ARMES : *D'azur à un chevron d'or, accompagné de trois roses de même, 2 et 1* (D'Hozier) ; al. : *au chevron d'argent.*

Avant 1571, Gabriel Dagoneau, bourgeois de Mâcon, présente foi et hommage à Nicolas de Bauffremont pour le fief de Scivolière (Jugy). (Arch. S.-et-L., E 1444).

En 1562 les Dagonneau habitaient Tournus, leur mère y fut une des premières protestantes (*Journal de Jean Magnin*). (Juénin, t. II, p. 288).

Famille bourgeoise originaire de Charolles, établie à Mâcon dès le XVIᵉ siècle.

Fiefs : Marcilly, Maupré (paroisse de Charolles), Juchaux, Villaine, Les Barres, Leynes (1562), Gueu, Vaivre, comté de Bussy, Le Rousset, Magny-sur-Tille.

Alliances : de Belriant, de Salins, Dumeix, Letellier, Girard.

DAHON. — ARMES :

En 1710, Louis Dahon, sieur du Sausset, officier commensal de la maison du roi, résidait à Mâcon et était possessionné à Grevilly. Alexandre, fils de Louis, était écuyer, bourgeois de Paris, héraut d'armes du roi, officier commensal de sa maison.

Alliances : Narbaud, Cusset, Mainsonnat.

DALMAS, al. DALMACE LE HONGRE. — ARMES :

En 1235, Damas le Hongre, chevalier, donne aux religieuses de Lancharre, pour le salut de son âme et celles de ses ancêtres, sa part de la forêt du Chapaize avec tous les droits d'usage.

7

En 1252, Dalmas, écuyer, dit Li Ongres, était feudataire de l'abbaye de Tournus à Uchizy ; il paraît être la tige de la maison de Damas (*Livre des Hommages*).

En 1268, Dalmace le Hongre tenait fief du duc de Bourgogne pour la châtellenie d'Uxelles (J. Martin et G. Jeanton).

DALLEMAGNE. — Armes : *Coupé en chef au 1er d'azur à la tour crénelée de 3 pièces d'or, ouverte, ajourée et maçonnée de sable et surmontée de 3 étoiles d'argent ; au 2e de gueules à l'épée d'argent ; en pointe, d'or au pont de sable terrassé de sinople* (Révérend du Mesnil).

Le baron André Dallemagne habite actuellement le château de Saint-Huruge, par Joncy.

Famille du Bugey, illustrée par le baron Claude Dallemagne, officier et chevalier de Saint-Louis sous Louis XVI, général en chef de l'armée de Rome en 1798, vice-président du Corps Législatif sous le Consulat et l'Empire.

Suivant Mazas (t. III, p. 423), la véritable orthographe du nom serait d'Allemagne ; mais le général ayant toujours écrit et signé Dallemagne, nous avons adopté cette désignation devenue historique. — Un cachet de famille portait les armes ci-dessus décrites.

DAMARINS, *al.* de **DAMALIN.** — Armes :

En 1610, Marie-Hélène et Claude Damarins sont religieuses au monastère de Lancharre ; en 1635, Hélène en est la doyenne.

Georget d'Amareins, damoiseau, seigneur de Chaleins, figure parmi les nobles qui, en 1325, jurèrent les coutumes de Dombes (Révérend).

DAMAS (de). — Armes : *D'or à la croix ancrée de gueules* (Palliot).

Guy Dalmace était hôtelier, puis grand prieur, en 1334, de l'abbaye de Tournus et mourut en 1347. Geoffroy Damas donne, en 1181, à l'abbaye de La Ferté, les droits de pâturage de leurs troupeaux dans toute la potée de Marcilly (L. Bazin). Guy et Robert Damas de Marcilly furent inhumés à l'abbaye de La Ferté en 1319 (L. Bazin). En 1686, Françoise Damas de La Clayette est abbesse de Lancharre.

Cette ancienne et illustre maison est issue de Dalmas, 3e fils de Guichard II, sire de Beaujeu, de la maison des comtes de Forez, qui vivait en 1050. Dès le XIe siècle, elle fut possessionnée en Mâconnais et se divisa en 5 branches : 1º les Damas de Couzan, Sauvain et Urbize, fondus dans les Lévis en 1423 ; 2º les Damas de Marcilly, d'où les Damas-Crux qui subsistent ; 3º les Damas de Vanoise et de Verpré, éteints au XVIIe siècle, après avoir formé cinq rameaux ; 4º les Damas de La Bazolle, éteints au commencement du XVe siècle ; 5º les Damas de Digoine et de La Clayette, fondus au XVIIe siècle dans les Dio et les La Guiche (Arcelin). Pour généalogie, voir La Chesnaye-Desbois.

DAMBRONAY. — Armes : *D'azur à 3 pommes d'or, tigées et feuillées de sinople, renversées et posées 2 et 1* (D'Hozier).

Jean Dambronay, chanoine de l'abbaye de Tournus, mort en 1722, portait les armes ci-dessus décrites.

Famille ancienne de Tournus. En 1548, on trouve la fondation de l'anniversaire de Jeanne Chauvet, veuve de Jean d'Ambronay, bourgeois.

En 1641, contrat de mariage de Philibert d'Ambronay, notaire et procureur, avec Marie Guérin, dont sont issus : Jean, déjà cité, et Philibert, qui fut demi-chanoine de Saint-Philibert.

Alliances : Chauvet, Piot, Guérin, Demortière, Guichenon, Normand, Lorin, Vassaud, Pernet.

DAMEREY (DE). — ARMES :

Eudes de Damerey vivait en 1091. Guy donne à La Ferté tout ce qu'il possède à Lalheue, et est encore cité en 1197 (L. Bazin).

DAMOISEAU (DE). — ARMES : *D'azur à l'aigle d'or becquée et onglée de gueules* (D'Hozier).

En 1790, donation entre vifs de la seigneurie de La Prée, paroisse de Chissey, faite par Jean-Baptiste-Victor de Lanneau, au profit de François-Louis de Damoiseau, fils de Louis-Armand-Désiré, chevalier, ingénieur ordinaire du roi, petit-fils de François de Damoiseau, seigneur de Villars, Dampierre, etc.

Famille originaire de Champagne, qui remonte à Guillaume Damoiseau, vivant en 1488.

Fiefs : La Motte, Colombier, Viserny, Bois-Bureau, La Tour de Prée, Nantoux, Chaudenay, Villars, Dampierre, etc.

Alliances : Daubenton, Nogent, Hubines, Chargères, Davot, La Perrière, Laneau, Duval, Cullon, Druat, Quarré de Châteaurenard, Buffot de Millery.

DAVID DE SERTOVILLE. — ARMES :

Après 1662, Marie-Anne Poulain, veuve de Jean Magnon, épousa Pierre David, marquis de Sertoville, dont elle eut un fils, Bernardin, abbé d'Amfreville, en Normandie.

DECIZE (DE), *al.* DE DEZIZE — ARMES :

En 1253, Guillaume de Decize, chevalier, neveu de Pierre Béraut, possédait le fief de Saint-Ambreuil, qu'il vend à Guigon de Germolles (L. Bazin).

Robert II de Dezize fut évêque de Chalon de 1302 à 1315 (Juénin). Il était fils de Guillaume de Dezize, demeurant à Autun (L. Bazin).

DÉCOUSU, *al.* DESCOUSU. — ARMES :

En 1538, Germaine Décousu était dame de La Saugerée, qui lui avait été cédé en 1519 par Jean de Thyard, son cousin ; elle laissa ce fief à son neveu, Philippe de Chevriers. En 1589, Marie Descousu, veuve de François Conte, loue une maison sise grande-rue Saint-André, à Tournus. Marguerite Descousu était, en 1609, veuve de Philibert Bureteau, seigneur de Jugy (Arch. S.-et-L.). — Famille bourgeoise paraissant originaire de Chalon, où elle est connue dès le xve siècle.

Alliances : Bourrelier, de Thyard, etc.

DÉCRET. — ARMES : *D'azur à un chevron d'or accompagné en chef de deux moucheteures d'hermine d'argent, et en pointe d'une ancre du même* (D'Hozier).

Famille bourgeoise de Tournus, dont on connaît : Jean Decret, châtelain et capitaine de Brancion, décédé en 1580 ; noble Claude Decret, seigneur de Royer, qui fut juge et bailli de Tournus de 1594 à 1616. Son fils, Philibert, lui succéda comme juge de cette ville et des justices qui dépendaient de l'abbaye. Un autre de ses fils, Claude, devint jésuite en 1614, à l'âge de 17 ans, et mourut à Paris en 1668. En 1644, Jean-Baptiste Decret est capitaine de Tournus.

Fiefs : Royer, Valette, Saint-Léger, Villars, Massilly.

Alliances : Besancenot, Damas, de Noblet, de Boyer, de Brun, de Mussy, Bailly.

DEJOUX. — ARMES :

Famille bourgeoise originaire de Tournus, où vivaient en 1586 Philibert de Joux, procureur de l'abbaye, et André, vicaire à La Chapelle-Saint-Brancion. En 1621, Jean Dejoux, hôtelier, pitancier au monastère, fut élu chantre lors de la sécularisation. Denis Dejoux était notaire et procureur en 1664.

Alliances : Viard, Delaval.

DEJUSSIEU, *al.* DE JUSSIEU. — ARMES : *Vairé de gueules et d'argent, au chef d'azur chargé d'un soleil d'or* (Rietstap).

La famille Dejussieu, encore représentée à Creusenoire, canton de La Chapelle de Guinchay, a possédé le château de L'Echelette, commune de La Chapelle-sur-Brancion, jusqu'à nos jours.

Famille lyonnaise divisée en deux branches, la branche lyonnaise et la branche des maîtres imprimeurs de Mâcon, Chalon Autun et Langres.

Les grands naturalistes du nom de Jussieu paraissent issus de cette famille et portaient : *d'azur à une tour d'argent* (Rietstap).

Alliances : Petiot, Siraudin.

DELAPORTE. — ARMES : *Echiqueté d'or et d'azur de douze points, au chef d'argent chargé d'un lion passant de gueules* (Arcelin).

Cette famille de notaires et procureurs, dont nous trouvons la filiation dans nos archives dès le commencement du XVIIe siècle, paraît être une branche de celle de Mâcon, où vivait, en 1426, Barthélemy Delaporte, notaire et échevin. Elle fut anoblie en la personne de Jacques Delaporte, avocat du roi à Mâcon (1603), puis ensuite conseiller au Parlement de Dombes, qui portait les armes ci-dessus décrites.

Jean-Baptiste Delaporte était chanoine de l'abbaye en 1735.

Alliances : Prud'hon, Ballay, Picard, Amyot, Rodolphe, Dejoux, Désir, Esparon, Poisot.

DELAVAIVRE, *alias* DE LAVÈVRE, *alias* DE LA VESVRE. — ARMES SUR UN CACHET DE FAMILLE : *D'azur au chevron d'argent accompagné de*

3 roses de......, *posées 2 et 1 ; au chef abaissé d'argent, chargé de 3 étoiles de* ....

Louis de Lavesvre était chapelain de la Chapelle de Lugny, en l'église Saint-Julien de Sennecey, au début du XVIe siècle.

Famille originaire de Cluny. Jacques de La Vesvre, procureur fiscal en la justice-mage de cette ville, avocat au Parlement, devint procureur du bailliage de Tournus en 1779. Cette famille est encore actuellement représentée.

Alliances : Bollot, Pennet, Granjean, Bruyer, Desforges, Batilliat, Gay, Jacob, Bonacorsi, Collet, Boussin, Muthelet, Languet.

DELAVAL. — ARMES : *D'azur à un rocher d'or surmonté d'un croissant d'argent* (D'Hozier).

Famille paraissant originaire de Franche-Comté, établie à Tournus du XVe au XIXe siècle. Pierre Delaval était bailli de Tournus et juge d'appel de l'abbaye en 1410. Gilbert Delaval, bourgeois de Tournus, syndic de l'abbaye, fut emmené comme otage par M. de Varennes, pendant les guerres de la Ligue, en 1590, et inhumé aux Récollets, dont il avait été un des principaux fondateurs. Gilbert Delaval, chanoine de l'abbaye, mourut en 1669. (Pour généalogie, voir *Répertoire*).

Alliances : Collin, Bureteau, Conte, Martin, Chippard, Enjorrand, Gerbaud, Garnier, Dupuis, Boivin, Clerc, Le Vieux, Pichot, de Pernaton, Bernard, Amyot, de Poncelet, Delaforge, Dubois, Désir, Canat, Chanu, Mathey, de Bona, Aulas, du Verdier, Quarré de Verneuil, etc.

DELAVIGNE. — ARMES : *D'argent à un cep de vigne au naturel, feuillé de sinople et fruité de sable* (D'Hozier).

En 1617, Laurent Delavigne était principal du collège de Tournus.

En 1642, Jean Delavigne, procureur à Saint-Gengoux, devint fermier des greffes du siège bailliager de Mâcon (Arch. S.-et-L.).

François Delavigne, lieutenant particulier au bailliage, chancellerie et présidial de Châlon-sur-Saône, portait les armes ci-dessus décrites.

Alliance : de Pontoux.

DELOISY. — Voir DE LOISY.

DENACONNE. — ARMES :

En 1790, Marie-Eulalie Denaconne était religieuse bénédictine de Tournus.

En 1779, Pierre Denaconne était huissier royal à Lugny, marié à Marguerite Beaufort.

DENIS. — ARMES : *D'argent à une tour donjonnée de sinople* (D'Hozier).

Antoine Denis, lieutenant en la châtellenie de Saint-Gengoux, portait les armes ci-dessus.

Famille paraissant originaire de Saint-Gengoux, où elle occupait plusieurs charges judiciaires.

Alliances : Leclerc, Chaillot.

DENIZOT. — ARMES : *D'azur au chevron d'or, al. d'argent, accompagné en chef de 2 roses à 5 feuilles aussi d'or et d'argent, et en pointe d'un croissant d'argent* (D'Hozier, d'Arbaumont).

En 1259, N. Denizot reçut de Hugues IV la prévôté de Brancion à titre de fief héréditaire. En 1400, Girard Denizot de Montsangeon, écuyer, était gruyer du comté de Bourgogne et châtelain d'Ornans. Au xviie siècle, N. Denisot, conseiller du roi en Bourgogne.

Alliances : David, de Ganay, Joly, Perret, Lemulier.

DESBOIS, *al.* DES BOIS. — ARMES : *D'argent à un chêne de sinople englanté d'or, sur une terrasse de sinople* (D'Hozier) ; al. : *d'argent à un chêne de sinople englanté d'or, sur une terrasse de sinople, parti de gueules au lion d'or* ; al. : *de gueules au chêne d'or sur une terrasse du même, parti d'azur, au lion d'or armé et lampassé de gueules* (Arcelin).

Famille originaire de Bray, qui joua un rôle important en Mâconnais et dont une branche vint s'établir à Tournus dès le xvie siècle. Nicolas, fils de Benoît Desbois, fut l'auteur de cette branche ; greffier en ladite ville, il fut député du Mâconnais en 1570. François Desbois devint chanoine de l'abbaye en 1621.

Fiefs : La Cailloterie (La Vineuse), Choiseau (Saint-Albain), Chabotte (Azé), La Tour-Mailly, Genost.

Alliances : Pascaud, Michelet, Levrat, Damas, Decret, Taret, de Meaux, Fournier, Morel, Poncet, Delaporte, Depise, Saulnier, Tuppinier, Desplains, d'Azincourt, Le Jay, de Lamartine, Vallier, de La Balmondière, Fabry, de Sarron, Rousselot, Desvignes de Surigny, Pâtissier de La Forestille.

DESBORDES. — ARMES : *Parti d'argent au griffon de gueules, et de sinople au chevron de ...... accompagné de 2 étoiles d'or en chef, et en pointe d'un croissant de ......* (Pierres tombales de l'abbaye de Tournus).

Anne Desbordes, veuve de Louis Mercier, conseiller du roi et contrôleur au grenier à sel de Tournus, portait les armes ci-dessus décrites. Elle décéda en 1684 (*Id.*).

DESCHAMPS. — ARMES : *D'or à une epesse, qui est une espèce d'arbre fruitier, de sinople, sur une terrasse de même, et fruité de sable* (D'Hozier).

Clément Deschamps, prêtre, curé de Villars en 1695, portait les armes ci-dessus décrites.

DESCHAMPS DE LA VILLENEUVE. — ARMES : *D'azur à 3 chardons fleuris d'or, feuillés de même, posés 2 et 1* (D'Hozier).

Noble et ancienne famille du Chalonnais, dont les membres devinrent seigneurs de La Villeneuve et de La Truchère, puis barons et comtes de La Villeneuve. C'est par le mariage, en 1671, de Nicolas Deschamps, fils de Jean, seigneur de Rieldessus, avec Marie-Bernarde de Bretagne, baronne de La Villeneuve et de La Truchère, que cette famille s'établit dans la région de Tournus, notamment à La Grand'-Maison de Cuisery, où elle est encore actuellement représentée par Joseph-Eugène-Robert Deschamps, comte de La Villeneuve.

Fiefs : baronnie de La Villeneuve, Riel-Dessus, Masoncle, Montot, Granveau, Brêche, Martray, Oudry, La Chassagne, les Champs, etc.

Alliances : de Bretagne, Petitjean, Dubois de La Rochette, de Saint-Belin, Bernard de La Vernette, de Lacroix-Laval, Mac Guc-Kin de Slane.

DESCHAUX (de), *al.* du DECHAUX. — ARMES :

En 1662, Claudine-Barbe de Deschaux était pitancière des Bénédictines du Villars.

DESCRIVIEUX, *al.* d'ESCRIVIEUX. — ARMES : *D'argent au chevron de gueules*; al. : *d'argent au chevron de sable* (Steyert).

Jean-Charles Descrivieux était abbé de La Ferté en 1726.

Famille originaire de Bresse, où Lancelot d'Escrivieux vivait en 1385. Etablie en Mâconnais dès 1466, elle se divisa en trois branches : de Charbonnières, de Malques, de Genot.

Fiefs : Charbonnières, Chemillat, Montrachy, Montalibord, Genot, Les Couardes, Monthieux, La Vavre, Montmoux, Genoud.

Alliances : Guérin, de Sachins, etc.

DÉSIR de FORTUNET. — ARMES : *D'azur à 3 roues d'or posées 2 et 1* (D'Hozier).

Famille de la région de Saint-Gengoux, qui posséda le fief de Fortunet, aux environs de cette ville ; elle eut plusieurs alliances avec des familles de Tournus. En 1653, Philibert Désir est nommé juge prévôt de Saint-Gengoux. Louis Désir, conseiller et procureur du roi en 1697, portait les armes ci-dessus décrites. Cette famille est actuellement représentée par M. le docteur Désir de Fortunet, de Chalon-sur-Saône.

Alliances : Delaporte, Delaval, de Poncelet, Montton, Febvre, Régnaud, Violot, etc.

DESMAURICE. — ARMES :

En 1593, le capitaine Desmaurice commandait à Brancion pour le vicomte de Tavannes.

DESMIÈRES des ESSARTS. — ARMES :

En 1765, sépulture à Tournus de Madeleine Desmières des Essarts, veuve en deuxièmes noces de feu noble Jean-Thomas Gerneste, en son vivant capitaine en pied dans le régiment de la Marc-Infanterie allemande. (Arch. Tournus).

DESSARD.

Jean Dessard, écuyer, époux de Françoise Lévêque, était conseigneur de Beaumont en 1653.

DESVIGNES. — ARMES : *D'argent au cep de vigne de sinople, tigé et feuillé de même, fruité de pourpre sur un tertre de sable* (Beaune et d'Arbaumont); al. : *d'argent au cep de sinople fruité de 3 raisins de sable* (D'Hozier).

Antoine-Louis Desvignes, fils de N. de La Cerve, seigneur de Davayé, et de N. Bernard, fut élu abbé de La Ferté en 1761. Il écartelait ses armes de celle de cette abbaye (Arch. S.-et-L., H 53).

Famille originaire de Mâcon où, en 1363, Johannet Desvignes ou de Les Vignes, y était échevin. Elle se divisa en 2 branches : 1º Desvignes de Davayé ; 2º Desvignes de Surigny ; cette dernière branche existe encore.

Fiefs : Rossan (Davayé), Davayé, Solutré, Pouilly, La Grange-du-Bois, La Serve (Prissé).

Alliances : Berger, Grattier, Bugnon, Chambre, Forest, Guibert, Guillequin, Colin, Paisseaud, Bauderon de Senecé, Bernard de Joux, de La Bletonnière, de Lamartine, Dauphin, Moreau de Bonrepos, Desbois de Choiseau, Cellard du Sordet, Desvignes de Davayé, de Colombe, Chaumont, de Foras, de Terroigne.

DEZOTEUX. — Armes : *Coupé argent et or à 3 hommes de gueules portant une hotte et contournés, posés 2 et 1.*

Pierre Dezoteux, né à Paris en 1753, fils de Claude-Armand Dezoteux et de Jeanne-Charlotte de La Félonnière, devint, par son mariage, en 1784, avec Geneviève-Henriette-Sophie Verne, seigneur d'Uxelles.

Fiefs : La Plotte, Colombier, Grousseau, Chapaize, Cortamblin, Ameugny, Villars, Sercy, Uxelles.

DIDIER de L'ADVENTURE. — Armes :

En 1639, François Didier de l'Adventure était cavalier à la compagnie des chevau-légers de M. de Coppet, au régiment d'Enghien, époque où il épousa Françoise de Rolland, d'Uchizy.

DIGOINE (de). — Armes : *Echiqueté d'argent et de sable de sept tires de 6 points* (Palliot).

En 1399 Guillaume de Digoine était religieux à l'abbaye de Tournus. Jean de Digoine, écuyer, fut prévôt de Brancion en 1480 ; sa fille Pierrette lui succéda dans cette charge en 1552-55. Louise de Digoine était, en 1524, aumônière de Lancharre, et Jeanne de Digoine, en 1529, prieure claustrale de la même abbaye.

Maison illustre en Charollais, où elle est connue depuis le xe siècle. — Chrétien et Everard de Digoine se croisèrent avec les seigneurs de la cour de Philippe-le-Bon (1306-66). Perreau-Jean de Digoine laisse à sa mort le dénombrement de sa maison-forte de L'Epervière (Gigny). Au milieu du xiie siècle, Jocerand de Digoine et ses frères Guichard, Liébaut et Antelme, donnent à l'abbaye de La Ferté les biens qu'ils possèdent à Villeneuve (L. Bazin).

La branche aînée s'éteignit en 1460 avec Anne, fille de Chrétien de Digoine, qui épousa Jean Damas de Marcilly.

Fiefs : baronnie du Bourg-Saint-Christophe, prévôté de Brancion et de Balleure, Arcy-sur-Cure, Estroge, Mercurey, Perrey, Sassenay, Saint-

Seine, Le Bourgneuf (partie), Eguilly, Mailly, Martenet, Charmoy, Oudry, Le Palais, Le Colombier, Champin, La Pallu.

Alliances : de Beaujeu, de Pouilly, de La Guiche, de Semur, de Mello, de Ventadour, de Damas, de Chastenay, des Buissons, de Saint-Amour, Foucault, de Thenay, des Barres, de Chissey, de Clugny, de Busseuil, de Saint-Priest, de Villers-La-Faye, de Jaucourt, de Saulx-Tavannes, de Fontenay, de Montrichard, de La Chambre, d'Albon, de Blanchefort, de Drée, de Villers, etc.

DINET. — Armes : *De gueules à une croix ancrée d'or, cantonnée de 4 roses d'argent, et une rose de même posée en abîme et brochant sur le tout* (D'Hozier) ; al. : *de gueules à 5 quintefeuilles ou roses d'or posées en sautoir, accompagnées de 4 branches de croix ancrées du même* (Guichenon).

En 1599, Gaspard Dinet devint évêque de Mâcon. Louis Dinet, chanoine en 1617, évêque de Mâcon en 1621-1653, conseiller du roi, était baron de Romenay, seigneur de Vérizet, Farges, Prissé. En 1675, François-Joseph Dinet, écuyer, seigneur de Saint-Romain, était possessionné à Romenay.

Fiefs : seigneur de Chassimpierre, Saint-Romain-du-Breuil, Le Châtelard, Prissé, Vérizet, Farges, Longes, Crangeac.

Alliances : de Champier, de Chabeu, de Poleins, de Genetoux, de Seyvert, *al.* Sivert (Sévert d'Hurigny), des Poulains.

DOMBAY. — Armes : *D'azur à une fasce d'or accompagnée en chef de 3 étoiles d'argent et en pointe d'un bélier du même, passant sur une terrasse de sinople* (D'Hozier).

Jean-Baptiste Dombay, chanoine de l'abbaye de Tournus, mort en 1709, portait les armes ci-dessus décrites. Il avait également pour sceau : *de ...... à 2 D entrelacés, accompagnés en chef d'une étoile et d'un croissant en pointe.* Pierre Dombay, curé de la Madeleine de Tournus, en 1683, scellait : *de ...... à un chevron de ...... accompagné en chef de 2 étoiles, et en pointe d'un croissant.*

Cette famille paraît originaire de Cuisery, dont est issu, au xve siècle, Albéric Dombay, peintre du roi René, à Avignon. Roux Dombay était praticien à Tournus, vers la fin de xvie siècle.

DOMPMARTIN. — Armes : *De ...... à un cœur mis en chef, accosté de 2 tourteaux surchargés chacun d'une étoile et en pointe d'une rose.* (Pierre tombale, abbaye du Miroir).

Au xviiie siècle, Pierre Dompmartin était avocat à Tournus. Le testament de sa veuve, en 1792, portait le cachet armorié suivant : *de ...... à un cœur ailé accompagné en chef de 2 étoiles et d'un croissant en pointe* (Arch. notariales).

Charles-Théophile Dompmartin, médecin à Romenay, natif de Frontenaud, décédé à Romenay en 1883, âgé de 92 ans.

Famille originaire du Piémont, établie au Miroir avec Aimé Dompmartin, né en 1605 à Rauches, greffier de l'abbaye du Miroir, qui portait les armes ci-dessus décrites.

Cette famille est encore actuellement représentée à Frontenaud.

DOMPSEURE (Bernard de). — Armes : *D'azur à un chevron d'or accompagné en chef de deux étoiles d'argent et en pointe d'un croissant, du même.*

En 1810, Etienne-Paul-Marie Bernard de Dompseure, fils de Claude-Joseph-François-Régis Bernard de Dompseure, avocat à Saint-Amour, et de Jeanne-Marie Rivet, épouse à Préty, Marie-Olympe, fille de Etienne Marie-Philibert Bouthillon, avocat.

DONGUY. — Armes : *De gueules à une fasce d'or accompagnée de 3 alérions d'argent.*

(Armes sculptées sur une poutre dans une maison sise n° 9, rue du Centre, à Tournus).

Jean Donguy, vicomte de Mably, seigneur d'Anglure, Mussy, Esserteaux, Vergisson et Serrières, eut un fils, Jean Donguy d'Origny, qui épousa, en 1678, Isabeau de Noblet.

Fiefs : Milly, Bussières.

Alliances : de Trélon, Martin de Punetis, de Noblet.

DONKON (de).

En 1329, Renaud de Donkon rend hommage à l'abbé de Tournus de ses maisons de Bonne Reval avec les bois, garennes, prés, pasquiers, pêches, etc.

DORET. — Armes :

Au xviie siècle, Claude Doret était possessionné à Saint-Gengoux-le-Royal.

Vers le début du xvie siècle, noble Jean Doret, écuyer, demeurait à Granges, et en 1545, Antoine, écuyer, était seigneur de Granges et de Millery (S.-et-L.). Jean Dorey, procureur au Parlement de Dijon, portait : *d'or à un pal bretessé de gueules* (D'Hozier).

Alliances : de Gravelle, de Cabrayrolles, de Labletonnière, Gérard, Brenot.

DORTAN (de). — Armes : *De gueules à une fasce d'argent accompagnée de 3 annelets du même, 2 en chef, 1 en pointe* (Guichenon).

François-Antoine de Dortan, fut prieur de Saint-Oyen de Montbellet de 1717 à 1736 ; il devint ensuite abbé de Saint-Claude (Jura) (Mgr Rameau, *Les Paroisses*).

Maison l'une des plus anciennes du Bugey. Lambert et Geoffray de Dortan, chevaliers, frères, vivaient en 1200.

Fiefs : Dortan, Martignat-sur-Jerros, La Balme, L'Isle-sous-Martigna, Bona, Uffelle, Chastonas, Messia (Révérend du Mesnil).

DRAMELS (de). — Armes :

En 1263, Guillaume de Dramels, *alias* de *Dramella*, et Elisabeth de

Bresse, échangent avec l'abbaye de La Ferté des biens qu'ils possédaient au bois de *Bochaut* et sur le territoire de Cersot (L. Bazin).

En 1268, le même Guillaume tenait fief du duc de Bourgogne en la châtellenie d'Uxelles (J. Martin et G. Jeanton).

DRÉE (DE). — ARMES : *De gueules à 5 merlettes d'argent posées 2, 2 et 1* (Arcelin).

1466-1506. Guyard de Drée, écuyer, seigneur d'Aizey, était co-seigneur de Varennes-le-Grand et de Saint-Loup-de-Varennes. Salomon de Drée fait, en 1646, reprise de fief et dénombrement de la seigneurie de La Serrée, paroisse de Curtil-sous-Burnand. Cette famille possédait à Laives, au xvᵉ siècle, un vaste clos, entre le château de La Motte et la chapelle de Lenoux. Antoine-Georges, comte de Drée, naquit à Sennecy-le-Grand, le 23 janvier 1835.

Famille originaire de Drée, au bailliage de Semur-en-Auxois, connue depuis Albert de Drée, vivant en 1131, établie en Mâconnais par le mariage de Philibert de Drée avec Philiberte Dubois, dame de La Serrée, en 1522.

Fiefs : Gissey, La Serrée (Curtil-sous-Burnaud), Dracy, Colombier, Drée, Lux, Remilly, Saint-Loup-de-Varennes, Saint-Marcelin, Varennes, comté de Bazole, en Brionnais, érigé en marquisat en 1767, sous le nom de Drée.

Alliances : de Recey, de Varennes, de Salins, de Salornay, de Gaurez, de Clugny, du Blé d'Uxelles, de Saint-Julien, de Mandelot, de Saulx, de Vauldrey, de Rochechouart, de Gellan, du Bois, de Saint-Amour-Foucrainne, de Fuissé, de Digoine, de Damas, de Foudras, d'Albon, de Thyard, de Malain, de Busseuil, de Montagny, de Galles, Montgommery, de Choiseul, de Dio, de Saulx, de Vergy, de Maillet, de Semur, de Laguiche, de Monteynard, de Rochebaron, du Fresne, de Siry, de Latre de Neuville.

DROMPVENT (DE). — ARMES :

1471-82. Jean de Drompvent, écuyer, seigneur de Sailly, paraît dans une transaction avec le Chapitre de Saint-Vincent de Chalon, au sujet des dîmes de Martailly. Syagre de Drompvent, écuyer, habitait Martailly en 1531-51.

Alliances : Doucet, de Messey, d'Arthus, de Brouillard, de Ponceton, de Boigne, Perroy.

DUBOIS. — ARMES : *D'argent à un rencontre de bœuf de gueules* (D'Hozier).

Guillaume Dubois fut échevin de Tournus en 1523. Gabriel-Jean-Baptiste Dubois, élu en l'élection du Mâconnais, écuyer, lieutenant des maréchaux de France, échevin de Tournus en 1729, portait les armes ci-dessus décrites.

Alliances : Jacquetin, Thomassin, Boullay, Viard, Le Jay, Delaval, etc.

DUBON.

En 1353, Jean Dubon fait hommage à l'abbé de Tournus de tout ce qu'il possède en la paroisse de Leynes.

DUCARRUGE. — ARMES :

En 1572, Claude Duccaruge était curé de Lys, et Jean Ducarruge, prêtre, l'était aussi en 1582. Jean Duccaruge est curé de Culles en 1640. On trouve un autre Jean Ducarruge avocat, député aux Etats Généraux d'Orléans en 1649 (Arch. S.-et-L.).

DUCHESNEAU. — ARMES : *D'azur à un pélican dans son aire, avec sa piété d'or* (D'Hozier).

La famille Duchesneau, de Louhans, fait remonter son origine aux Chesneau ou du Chesneau, de Bâgé. Simon-Gustave Duchesneau, sous-ingénieur des Ponts et Chaussées à Tournus (1858), fit un projet d'adduction pour amener à Tournus les eaux de la fontaine de Julienne.

Jean Chesneau, conseiller du roi, avocat en Parlement, maire de Montrevel en 1698, portait les armes ci-dessus décrites.

Jacques-Benoît Duchesneau, fils de Louis Duchesneau, notaire royal à Pont-de-Vaux, épousa à Romenay, le 18 janvier 1790, Jeanne-Marie, fille de Claude Bourgeon et de Jeanne-Marie Dodin.

DUCLOS. — ARMES : *D'azur à une fasce d'argent, accompagnée en chef de deux coquilles de même, et en pointe d'un aigle d'or ; parti de Sommieure* (D'Hozier).

En 1662, Charlotte Duclos fut prieure des Bénédictines, restées au Villars. Claude-Paul Duclos, maître apothicaire à Tournus, achète une maison, de Gilbert Delaval.

Camille Du Clos, seigneur de L'Etoile, Fromental et Chabannes (Auvergne), marié à Gabrielle de Sommieure, portait les armes ci-dessus décrites. Cette famille a pris séance en la Chambre de la Noblesse de Mâconnais le 17 juin 1706.

DUCLOUX.

Noble Charlotte Ducloux, fille de Philibert Ducloux, écuyer, seigneur de Chanay, bailli de Bâgé et de Judic Bestigat, était religieuse du Villars en 1618.

DUCOING. — ARMES :

Thodde Ducoing était religieux de Tournus en 1602.

DUCRET DE LANGES. — ARMES : *D'azur à la fasce d'or accompagnée en chef de 3 trèfles d'argent, et en pointe d'un croissant montant du même* (Révérend du Mesnil).

Antoine Ducret (1720-1786), écuyer, seigneur de Langes, Saint-Sulpice et La Poype, épousa en 1746 Marie-Antoinette Chapuys, qui lui aporta le domaine de Larvolot (Boyer). Claude-Antoine Ducret, seigneur des Crozes, ancien capitaine d'état-major, mourut à Tournus en l'an X.

François Ducret vivait en Faucigny (Savoie) au XVIIe siècle. Cette famille se divisa en plusieurs branches : celles de Langes, des Crozes, de La Braçonnière, de La Forest, de Larvolot.

Alliances : Cart, Falcon, Pollo, Chapuys, Michet, Vitte, Fleury de L'Horme, Vincent de Lormet.

DUCRET DE MONTIGNY, *al.* DU CREST. — ARMES : *D'azur à 3 bandes d'or, au chef d'argent, chargé d'un lion issant de sable, armé et lampassé de gueules* ; al. : *coupé au 1ᵉʳ d'argent au lion naissant de sable, armé, lampassé et couronné de gueules ; au 2ᵉ d'azur, à 3 branches d'or* (Arcelin).

Ducret de Montigny fut un des bienfaiteurs de l'église de Saint-Gengoux. En 1733, Antoine-Marie du Crest, écuyer, seigneur de Montigny, demeurant à Saint-Gengoux, fait reprise du fief de Fortunet.

Famille de Savoie, qui vint s'établir en Bourgogne avec Jacques Ducrest, à la suite de Charlotte de Savoie, femme de Louis XI. Amé du Crest, vivait en Bourgogne en 1400. Cette famille se divisa en plusieurs branches : Vandenesse, Chigy, Ponay, du Breuil, encore existantes.

Fiefs : Montigny, Montceau, Fortunet, La Chapelle, Valette, Vandenesse, La Tour-du-Bois, Villaine, la Malvelle, Chevriaux, La Chapelle-de-Villars, Cersot, Sigy ou Chigy, L'Aubépin, marquisat de Saint-Aubin, Bourbon-Lancy, Champcery, Perrigny, Bonnay.

Alliances : Valette, Murat, Las, Brisson, Genlis, Vichy, Berthelon, Scorailles, Chaussin, Chargères, Lanvant, Ponard, Paroy, Mugnier, Virgile, Rabiot, Barnault, Berger, Grandval, Le Prestre de Vauban, Ramilly, Dormy, de Poncelet.

DUFRESNE DE PONCOURT.

Main-levée de sieur François Cirus Dufresne de Poncourt à Tournus en 1728.

DU HAMEL. — ARMES : *D'argent au chevron de gueules* (Rietstap).

Myrtil-Hippolyte Duhamel, né à Saint-Lô, capitaine d'état-major, épousa à Tournus en 1835, Elisabeth-Olympe Noly, de Plottes.

DUHAMEL DE MONTIGNY. — ARMES :

Claude Duhamel, notaire et procureur à Tournus, décéda avant 1766. — Il scellait d'un cachet : *De ...... à la fasce de ...... accompagnée en chef de 2 étoiles de ...... et en pointe de deux cœurs enflammés* ; al. : *de ...... à une licorne de ...... accompagnée en chef d'un soleil mouvant de l'angle dextre et d'un croissant de ...... à senestre* (Arch. not.).

DUHOUSSET. — ARMES :

François-Chéri Duhousset, lieutenant du corps royal des ingénieurs géographes militaires, épousa à Tournus, en 1817, Pauline-Rose Evrard.

DUHOUX. — ARMES :

A la fin du xviiᵉ siècle, Jacques, Jean-François, Pierre et Claude Duhoux, gentilshommes verriers demeurant à Vernissy, paroisse du Breuil, et en la verrerie d'Avoize, passent une transaction avec l'abbaye de La Ferté (Arch. S.-et-L.).

DULAC. — ARMES : *D'azur à un lac d'argent, surmonté d'un duc (hibou) du même* (Steyert).

Famille bourgeoise de Tournus au XVIIIe siècle, encore existante, représentée en dernier lieu par le sénateur François-Etienne Dulac, de Savianges. Jacques Dulac, fermier des aides à Tournus, scellait d'un cachet : *de ...... à un pont de 3 arches de ...... maçonné de ...... sur une rivière ou lac de ...... accompagné en chef d'un oiseau s'essorrant de ......* (Arch. notariales).

Alliances : Mounier, Bouin, Alacoque, Léoni, Galin, Delangle, Bouiller, Lataud, de Lavaur, Roquemaur, etc.

DULIRON DE MONTIVERS. — ARMES :

En 1823, Henri-Charles Duliron de Montivers, propriétaire à Lacrost, époux d'Elisabeth de Lacroix-Laval, est parrain d'une cloche à Préty.

En 1863, Joséphine-Amicie Duliron de Montivers, femme de Antoine-Louis de La Croix-Laval, est marraine d'une cloche à Lacrost.

DULONG DE ROSNAY. — ARMES : *Ecartelé au 1 d'or, à un dextrochère d'azur, tenant un guidon du même ; au 2 de sinople, à un pont rompu d'or ; au 3, de pourpre à la croix ancrée d'or ; au 4, d'argent à un canon de gueules à senestre, braqué sur un château du même, à dextre.*

Albéric Dulong de Rosnay, époux de Marie Ducret de Langres, habitait Ormes, par Simandre. Ils demeurèrent aussi au château de Larvolot les premières années de leur mariage (XIXe s.).

DULPHEY (DE). — ARMES :

En 1304, Henri de Dulphey était bailli de Chalon.

DUMOULIN, al. DUMOLIN. — ARMES : *D'azur à une fasce d'or, accompagnée de 3 croisettes du même, posées 2 en chef, 1 en pointe* (D'Hozier).

Jean Dumoulin était apothicaire à Tournus en 1505. — Joseph Dumolin, garde du corps du comte d'Artois (1777) et Benoît Dumoulin, docteur en médecine, seigneur de La Bruyère (1787), habitaient Igé. Clodion du Moulin, conseiller secrétaire du roi au bailliage de Charolles, portait les armes ci-dessus décrites.

Alliances : Contamina, Bergier, Guérin, Vauriot, de Saint-Romain, Cornu, Humet, etc.

DUNOYER. — ARMES : *D'azur à un noyer arraché d'argent.*

Famille originaire du comté de Bourgogne où vivait à Desne, en 1693, Paul Dunoyer, al. du Nouhyer. Son fils, Charles Dunoyer, notaire et procureur à Desne, avait les armes ci-dessus décrites. Une branche de cette famille vint s'établir à Colonges-les-Brancion, puis à Tournus, où elle existe encore actuellement.

Alliances : Thieboz, Rameau, Ryard, Patrin, Ravier, Piquet, Duhesme, Luc, Richy, Montcharmont.

DUPRÉ. — ARMES : *De ...... au pré ondulé et fleuri de ...... au chef de...... chargé de la devise gothique de Prato.*

Hugues Dupré, chevalier, tenait fief à Tournus en 1287. Une famille bourgeoise mâconnaise de ce nom vint s'établir à Tournus vers 1480, avec Christophe Dupré, « chaussetier ». Il était le petit-fils de Pierre Dupré, notaire royal à Mâcon, conseiller du duc de Bourgogne, élu du roi, échevin et receveur, qui vivait au commencement du xve siècle. François Dupré, né en 1491, bachelier ès-arts et licencié en droit, alla s'établir comme avocat à Clermont-Ferrand (Lex et Bougenot, *Journal des Dupré*).

Alliances : Reyssié, Ailloud, Cathelot, Depreux, Samoël, Ayme.

DUPRÉ DE L'ASSURANCE.

Cl.-Marie Dupré de l'Assurance a une fille à Lugny, Elisabeth, née le 27 février 1747.

DUPUIS. — ARMES : *D'or à une bande de sable chargée de 3 roses d'argent, et un chef d'azur chargé de 3 étoiles d'or* (D'Hozier).

Vers 1664, Jeanne Dupuis, veuve de N. Foillard, lieutenant général de Mâcon, fait don à l'église Saint-André de Tournus d'une chasuble où sont brodées ses armes.

Famille de Tournus aux xvie et xviie siècles, dont l'un des membres, Claude Dupuis, conseiller du roi à Mâcon, fut avocat à Tournus en 1680. François Dupuis, avocat à Mâcon en 1698, portait les armes ci-dessus décrites.

Alliances : Contat, Bel, Corneloup, Foillard, Clerc, Laumonière, Cybert, Bonnier, ets.

DURETAL (DE). — ARMES : *Coupé d'or et d'azur au lion de gueules* (Juénin) ; al. : *coupé or et azur au lion coupé de gueules sur l'or, et d'argent sur l'azur*.

En 1489, Catherin de Durestal était sacristain de l'abbaye, ainsi que Hugues, qui mourut en 1528. Jean de Duretal se trouvait, en 1493, à l'ouverture de la châsse de Saint-Philibert. Claudine de Durtault, *al.* Duretal, était religieuse au Monastère de Lancharre en 1529.

Famille originaire du château de Duretal, baronnie de Montpont. Jean d'Autriset, chevalier, vivant en 1313, serait le premier connu de cette famille (Martinet, *Hist. de Montpont*). En 1586, la seigneurie de Duretal passa par mariage à Jean de Poncet.

Fiefs : Duretal, Montrevost, Balosle, Lessot, Noisy, Vérissey, Bessandrey, Simard (partie).

Alliances : d'Estzous de Lessot, de Montorge, de Ténarre, de Simon, de La Cosne, Prisque, de Monthelon.

DURUSSEAU. — ARMES :

En 1712, Anne Durusseau était novice au monastère de Lancharre. Elle était fille de Jean-Baptiste Durusseau, maître ordinaire en la Chambre des comptes de Dôle. En 1787, François-Marie Duruisseau, écuyer, était capitaine de dragons au régiment de Condé, inspecteur des Haras de Bourgogne, épouse Sophie Ratton (Arch. S.-et-L.).

DUVAL DE LA BUCARDIÈRE. — ARMES :

Louis-Robert Duval de La Bucardière, écuyer, capitaine de cavalerie, lieutenant en la maréchaussée de Lyonnais, Forez et Beaujolais, en résidence à Roanne, fils de feu Louis-François Duval de La Bucardière, docteur en médecine, épousa à Tournus, en 1789, Aimée-Eléonore-Thérèse Bernard de Saint-Micaud (Arch. Tournus).

DYO (DE). — ARMES : *Fascé d'or et d'azur de 6 pièces à la bordure de gueules* (Palliot).

A la fin du xviie siècle, Henri, comte palatin de Dyo, était seigneur de Bresse-sur-Grosne. Pierre-François de Dyo, seigneur de Montperroux, originaire du diocèse d'Autun, était commandeur de Chalon, du Temple Sainte-Catherine de Montbellet et de Rougepont (1758-88).

D'après Saint-Julien de Balleure, cette illustre maison descend des anciens comtes de Bourgogne, dont elle portait les armes. Elle tire son nom d'un village du Brionnais, dont elle fonda le prieuré vers 1095. Geoffroy de Dyo épousa, en 1280, Marie de Châteauvillain. Guy de Dyo, époux d'Alix Palaine ou Palatin, en 1336, eut un fils, Antoine, qui prit les nom et armes de sa mère, d'où le titre de comtes-palatins que portèrent ses descendants.

Fiefs : Marquis de Montperroux, baronnies de La Clayette et de Fléchères, seigneuries de Sennecey-en-Bresse, Bresse-sur-Grosne, Nobles, Boyer, La Motte, Riolys, Corcelles, Vesvres, Yrouerre, La Roche-en-Breuil, Saint-Beury, Nay, Nagu, Thorey, Clamerey, Beurizot, Saint-Thibaud, Montmort, Marly, le Douhat, Essanlay, La Coudraye, Valette, Rochefort, Vandenesse.

Alliances : de Châteauvillain, Palatin, de Bourbon, de Bresse, de Maubec, de Choiseul, de Coligny, de Bigny, de Cambis, Achard de Joumard, de Traves, de L'Aubespin, de Busseul, de La Guiche, de Chantemerle, de Mâlain, de Rochebaron, de Montaigny, de Damas, de Salles, de La Clayette.

ECHELETTES (DES). — ARMES :

En 1584, Jean des Echelettes était échevin de Tournus (Arch. hôpital). Cette famille est encore représentée par Albéric des E. général de division.

ENTRAGUES (D'), *al.* D'ENTRAIGUES. — ARMES : *De gueules à une tour d'argent maçonnée de sable* (Niepce) ; al. : *d'or au lion de gueules* (Steyert).

Au xixe siècle, le marquis d'Entragues acheta le domaine de Scivolières (Jugy).

Famille connue dès le xve siècle et originaire du Rouergue où vivait Jehan d'Entraigues, seigneur de Montare.

ESCLAINE (D'). — ARMES :

En 1560, Antoine d'Esclaine était seigneur de Cruzille (canton de Lugny).

ESCRIVIEUX (D'). — Voir DESCRIVIEUX. — ARMES :

ESPÉRY (d'). — Armes :

Jean d'Espéry était moine de l'abbaye de Tournus en 1501.

Les Espéry, en Franche-Comté, portaient : *Ecartelé aux 1 et 4 d'azur à la croix d'or ; aux 2 et 3, cinq points d'or équipollés à 4 de gueules* (Rietstap).

ESPIARD. — Armes : *D'azur à 3 épis de blé d'or, au chef emmanché du même* (Palliot) ; al. : *d'azur à 3 épis de blé d'or, ardents de gueules* (B. et d'Arbaumont).

En 1777, Louis Espiard était secrétaire de l'abbé de La Ferté (Niepce).

Famille bourguignonne. En 1343, Jean Espiard était maître des arbalétriers d'Eudes IV, duc de Bourgogne.

Cette famille se divisa en plusieurs branches : de Versot, de Saux, de Sounottes, de la Cour, de Mâcon, de Mont-Saint-Jean, d'Arcenai, d'Allerey, de Clamercy et de Colonge, la seule existante actuellement.

ESPINEY (d'), *al.* **DESPINEY.** — Armes : *D'or à un cyprès de sinople sur une terrasse du même* ; al. : *d'or à un cyprès de sinople, écartelé d'azur à une croix ancrée d'or et un chef du même* (Révérend du Mesnil).

Laurent Despiney, bourgeois à Boyer, fils de François Despiney, bourgeois de Villefranche, épousa à Tournus, en 1676, Claudine, fille de Philibert Collot, notaire en cette ville.

Famille originaire de Villefranche, en Beaujolais. Jean d'Espinay, lieutenant en la prévôté de Belle-Ville, portait les premières armes précitées. Sur un cachet en bois au nom de Marie-François d'Espinay on voit gravé : *d'azur à un cyprès de sinople soutenu d'un croissant d'argent et accompagné de 2 étoiles de même en fasce.*

Fiefs : Champibobert, Boisbaron, La Boulatière.

Alliances : Martini, Collot, Rasse, Brosse.

ESSARTS (des), *al.* **ESSART.** — Armes : *De gueules au chevron d'or, accompagné en pointe d'un lionceau la queue fourchue du même* (Palliot).

En 1682 Pierre des Essarts était receveur du 8e denier du prix des aliénations des biens ecclésiastiques (Arch. hôpital-Tournus). Marie Essart, obtint en 1696, une place de religieuse de chœur à l'abbaye de Lancharre (Arch. S.-et-L.).

ESSERTINES (d'), *al.* **DE SARTINES.** — Armes : *D'argent à la bande d'azur* (Steyert).

Pierre d'Essertine était religieux de Tournus en 1529. A la même époque Perronnette d'Essertine fut religieuse à Lancharre.

Famille originaire de Semur-en-Brionnais. En 1445, Etienne d'Essertine était capitaine du château de Brancion. En 1529 vivait noble Louis d'Essertine, écuyer, seigneur d'Ouxy (Cruzilles), qui devint (1531-35) prévôt, châtelain de Brancion.

Alliances : de Champvent, de Thyard, de Vergy, Nonin.

ESTAMPES (D'). — ARMES : *Gironné d'argent et de gueules à un écusson de France en cœur* (Palliot) ; al. : *d'azur à 2 girons d'or mis en chevron ; au chef d'argent chargé de 3 couronnes ducales de gueules mises en fasce.* (La Chesnaye-Desbois).

En 1521, Claude d'Estampes, chevalier, était capitaine châtelain de Brancion.

Famille encore existante, originaire du Berry, connue dès le xive siècle.

Fiefs : marquis de La Ferté-Imbault, de Valençay, seigneuries de Fiennes, Applaincourt, Estampes.

ESTAN (D'), *al.* D'ESTAIN. — ARMES : *D'azur à 3 fleurs de lys d'or, au chef du même* (Palliot).

Hugues d'Estan, prieur de La Ferté, témoin dans un acte relatif à la donation du Moulin de Raveneaul (xiie siècle) (Bazin).

Un chevalier de cette ancienne maison mérita ces belles armes pour avoir remonté, à la bataille de Bouvines, le roi Philippe-Auguste, qui était en danger de sa vie (Palliot).

ETIGNY (D'). — ARMES :

En 1782, Claude d'Etigny était directeur des chemins au département de Tournus. Epoux d'Antoinette Janois, il eut trois enfants à Tournus (Arch. de la ville).

ETRIGNY (D'). — ARMES : Un cachet de Béatrix d'Etrigny, xve siècle (Collection Lafay, de Mâcon), porte : *fascé de ...... et de ......, de 6 pièces, à la barre de ...... brochant sur le tout.*

En 1150, Jean d'Etrigny fait don à l'église dudit de ses droits sur le meix de la Franchise, d'un terrier sur le finage de Talant et d'un canton de dîme (Courtépée). — Laurent d'Etrigny vivait en 1327, et fit don d'une terre dite « La Verchère Michelet » à Jean Dorme, prêtre d'Etrigny. (Niepce).

EXPAULX (D'). — ARMES : *D'argent à 3 fasces ondées d'azur.*

En 1380, Guillaume d'Expaulx, damoiseau, était seigneur de La Saugerée (Etrigny). A la fin du xve siècle, on trouve un Guillaume des Espaux, écuyer, prévôt de Salornay-sur-Guye (Arch. S.-et-L.).

Les Espaux, en Mâconnais (1400), portaient les armes ci-dessus décrites.

FABRY, *al.* FABRI. — ARMES :

Jean III, dit Fabri, fut abbé de Tournus de 1367 à 1373.

Pierre Fabry fut anobli en 1328 par Guichard, seigneur de Clérieu et de Tullins. Jean Fabry vivait noblement à Châteauvilain en 1339 (Rivoire de La Bâtie).

Armes selon Palliot : *D'azur à la fasce d'argent, accompagnée de 3 roses d'or.* Les Fabry de Moncault d'Autrey portaient : *d'or au lion de sable lampassé de gueules* (Chevillard).

FALCON. — Armes.

En 1518, Pierre Falcon, médecin à Tournus, fit présent à l'église d'une figure d'argent doré représentant saint Pierre. Il mourut en 1520, après avoir donné son bien à ladite église.

FALLERANS (de). — Armes : *D'argent à la bande coticée de sable* (Riet-stap) ; al. : *d'argent à la bande de gueules, accompagnée de 2 cotices de sable.*

Jean de Fallerans, docteur en droit, doyen de l'église Saint-Vincent de Chalon, était curé de Messey-sur-Grosne (1516-18).

La terre de Falletans, au bailliage de Dôle, a donné son nom à cette famille, dont le premier auteur connu est Renaud, chevalier, qui vivait en 1269.

FAUBERT (de). — Armes : *De gueules à 2 lions passants affrontés d'or, une couronne de même en chef* (Armorial de Bourgogne) ; al. : *de gueules à 2 lions d'argent affrontés et surmontés d'une couronne d'or* (Beaune et d'Arbaumont).

Dans la première moitié du xviie siècle, Melchior de Flaubert, écuyer, seigneur de La Perrière, mari de Jeanne de Beugre, reprend fief de la seigneurie de l'Héronnière, mouvant de l'abbaye de La Ferté (Arch. S.-et-L.).

Famille originaire de l'Autunois, reconnue noble en 1668. Jean-François de Faubert, bailli d'épée de Bourbon-Lancy, appartenait à cette famille.

Fiefs : La Perrière, L'Héronnière, Pont-Petit, Cressy, Noireterre, Biry, Douai.

Alliances : Voisin, Beugre, Ponard.

FAUTRIÈRES (de). — Armes : *D'argent au sautoir de sable, chargé de 5 coquilles d'or* (Palliot).

Vers le milieu du xiie siècle, Bertrand de Fautrière et Jocerand, son frère, donnent à l'abbaye de La Ferté les biens qu'ils possèdent à Ville-neuve-en-Charollais (L. Bazin).

En 1307, Jean de Fautrières donna à l'abbaye de Lancharre vingt sols tournois de cens annuel (Batault).

Famille originaire du Charollais qui reconnaît pour auteur Anselme de Fautrières, témoin de la fondation du doyenné de Blanzy en 1060.

Fiefs : Corcheval, Baubery, Audour, La Boutière, Gondard, Salornay, Pressy-sous-Dondin, Quierre, La Roche, Sailly, Cherizet, La Motte, Artus, Saint-Julien, Saint-Mamert.

Alliances : de Salornay, de Saint-Amour, de Chapon, de Laurencin, de Saint-Privé, de Marchizeuil, de La Tour, de Courtenay, de Châtillon, de Bauffremont, d'Urfé, de Damas, de Foudras, Artus, d'Amanzé, du Mont-d'Or, de Drée, de Vergy, de Choiseul, de Flandres, de Som-mièvre, de Rilly.

FAVERGES (de). — Armes :

Famille noble établie à Uchizy, dont les membres furent prévôts héréditaires. Antoine de Fauconnier, dit de Faverges, épousa, au début du xviie siècle, Jeanne de Changy. Rose de Faverges était mariée à Régner de Rolland, d'Uchizy. Un lieu dit de cette commune porte encore le nom de Faverges.

Alliances : de Changy, de Rolland, de Charnot.

FAVERNEY (de). — Armes : *D'or au lion de gueules, armé, lampassé et couronné d'azur* (Rietstap).

Hervé de Faverney, fils d'Humbert de Faverney et d'Elisabeth de Vergy, fut abbé de La Ferté en 1175.

Famille noble du comté de Bourgogne.

FAY de SATHONAY. — Armes : *D'azur au lévrier passant d'argent, la tête contournée regardant un soleil d'or en chef* (Révérend du Mesnil).

En 1783, Anne-Barbe-Catherine-Julienne-Olympe Fay de Sathonay, était femme de messire de Chapuis, de Tournus, chevalier, capitaine commandant des dragons au régiment des Deux-Ponts, demeurant à Lyon.

Maison consulaire de Lyon ; Barthélemy Fay fut conseiller de ville en 1542.

FEBVRE. — Armes :

En 1676, Jacques Febvre, prêtre, était chapelain de la chapelle de Ruffey, en l'église Saint-Julien. En 1700, Jacques Febvre, seigneur de Saint-Julien (Laives), lieutenant au régiment de dragons de Listenet, était époux de Marie Charpy (Arch. S.-et-L.).

FÉEL de MARBREL (de). — Armes :

En 1666, Jacques de Féel de Marbrel, habitant de Laives, est témoin de la prise de possession de Philippe Demaizières, curé de Laives (L. Bazin).

FELINS (de), *al.* FEILLENS. — Armes : *Ecartelé argent et gueules* (Guichenon).

En 1303, Hugue de Felins était moine de Tournus et doyen de Chevroux, et Bertrand, au xive siècle, fut également religieux de Tournus fils de Jean de Feillens et de Jeanne du Saix (Juénin, p. 171).

Selon Palliot, les Feillens de Bresse portent : *d'argent au lion de sable vilené, lampassé et couronné de gueules.*

Ulrich de Feillens, chevalier, fut présent au traité fait en 1149, entre Raynald, sire de Beaugé et Ponce, évêque de Mâcon.

Cette famille s'éteignit en 1773, par Marie-Louise-Geneviève, fille de Claude Marie, marquis de Feillens.

Fiefs : Feillens, Lugny, Chatenay, La Rue, La Fougère-en-Bresse, Chassey en Comté, Montiernos et Saint-Jean-sur-Reyssouze.

Alliances : Châtenay, Vologna (Révérend du Mesnil).

FERRIÈRES (DE). — ARMES : *D'argent au sautoir engrêlé de gueules*
(Chapelle Saint-Julien-les-Sennecey).

En 1549, Jean de Ferrières, chevalier, est seigneur de Chassagne,
Villargeant, La Colonne, L'Epervière, Gigny, Lampagny, époux de
Constance de Charnoz. Vers la même époque, Pierrette de Ferrières était
femme de Jean de Lasgny et portait les armes ci-dessus décrites.

Famille qui paraît originaire de Franche-Comté, où l'on trouve Perrin
de Ferrière, qualifié écuyer vers 1400. Elle s'établit en Bourgogne à la
fin du xve siècle, où elle posséda de nombreux fiefs.

Alliances : de Charnoz, de Chanay, de Clugny, de Lugny, de Saint-
Trivier, de Vendôme, de Thyard, de Moroges, de Drée, de Damas, de
Vichy, Règnart, de Brancion, de Cussigny, de Chissey, etc.

FEURS (DE). — ARMES : *Losangé d'or et de sable* (Palliot).

En 1539 Claude de Feurs fut seigneur des Tours et de Là Batie (La
Chapelle-de-Guinchay), Germolles et partie de Serrières.

Famille originaire de Lyon, où elle eut des conseillers de ville en 1270,
1294 et 1395. Elle s'éteignit à la fin du xvie siècle en celle des Nanton.

Fiefs : Crèches, Drace-les-Ollières, Chânes, Saint-Véran, Fuissé,
Fleurie, Romanèche, Chaintré, Vinzelles, Loché, La Chapelle-de-
Guinchay, Les Tours, La Bâtie-de-Vers, Asnières, Le Sausey, La Tour
de Replonges, Germolle et Serrières (partie).

Alliances : de Ténarre, de Salornay, de Bletterens, de Grôléc, de Saint-
Symphorien, de Sachins, de Layé, de Nancuyse, de Montmorat, de
Bellecombe, de La Baume-Saint-Amour, de Nanton, Nancuisse de
Boha, d'Oncieux, de Chales.

FIEUX (DE). — ARMES :

Jacques de Fieux, évêque-comte de Toul, fut prieur de Ratenelle
(Arch. S.-et-L. D 3).

Fieux de Montannet, en Limousin, porte : *d'azur au chevron d'or,
accompagné de trois trèfles du même* (Rietstap).

FILLOUX. — ARMES : *De ...... au chevron de ...... chargé de trois étoiles
de ......* (P. tombales de l'abbaye de Tournus).

Famille originaire de Bray, en Mâconnais ; Benoît Filloux, praticien
à Tournus, eut un fils, Claude, également praticien, puis notaire en 1587,
marié en 1573 à Denise Baron. Jacques, notaire, procureur et greffier
en 1621, conseiller du roi, contrôleur et juge royal au grenier à sel de
Tournus en 1624, inhumé en 1628 à l'abbaye de cette ville, où sa pierre
tombale porte les armes ci-dessus décrites.

FILZJEAN DE **CHEMILLY**. — ARMES : *D'azur au chevron d'or
accompagné de trois étoiles du même ; au chef d'or, chargé de trois
croix pattées de gueules* (D'Hozier).

François de Filzjean de Chemilly, abbé de La Ferté de 1733 à 1761,
était d'une famille distinguée dans le Parlement de Bourgogne.

Famille originaire d'Avallon, remontant à Jean, seigneur de Brécy et Lucy-le-Bois, qui testa en 1420.

Fiefs : Brécy, Lucy-le-Bois, Sainte-Colombe, Talmay, Marliens, Mimande, Vaublanc, Prédefond, la Charme, Grandmaison, Chassigny, Annost, la Coudre, Ponneau, Cussy-les-Forges, Presle.

Alliances : Gallois, Henriot, Morin, Juliot, Gautier, Parisot, Montholon, Sallier, Seurot, Savye, Julien, Badoux, Massol, Longueville, Clugny, Lantin, Presne, Champion, Morot, du Blé, Mucie, Las, Petitot, Bretagne.

FINET, *al.* **FINETI**. — Armes :

Christophe, Claude Fineti, fils de Péronnet Fineti, habitaient Tournus en 1418. La même année, Christophe et Jehan Finet, maîtres de la Monnaie de Mâcon, enfants de sire Jean Finet, de Tournus, fondent une messe quotidienne en l'église Saint-Pierre de Mâcon .et font peindre, embellir l'autel de la Sainte-Vierge. (*Journal des Dupré*).

Antoine Finet, conseiller du roi (1697), auditeur en la Chambre des comptes de Dijon, portait : *de gueules à un renard passant d'or, accompagné de 3 roses d'argent, 2 en chef, 1 en pointe* (D'Hozier).

FITIGNY (de). — Armes : *De gueules à trois chevrons* (Palliot) ; al. : *de gueules à trois chevrons d'argent.*

Hugues III de Fitigny fut abbé de Tournus de 1431 à 1470. C'est lui qui fit construire un logis abbatial actuellement détruit.

Cette maison est originaire de Franche-Comté ; Guillaume de Fitigny, seigneur dudit, vivait en 1390, il était marié à Marguerite Alleman.

Pierre, leur fils, chambrier de l'abbaye de Tournus, était frère de Hugues, abbé. Jean de Fitigny, neveu illégitime de l'abbé Hugues, y était chambrier en 1470 ; il fut nommé en 1498 grand vicaire de l'abbé de Lenoncourt. Cette famille posséda jusque vers 1500 le fief de Grenot à Uchizy.

Fiefs : Pressiat, Corsanne.

Alliances : de L'Aubespin, Alleman.

FLEURY (de). — Armes : *Ecartelé au 1 et 4 d'azur à trois roses d'or posées 2 et 1 ; au 2 et 3, d'azur au chef cousu de gueules, chargé d'un lion naissant d'argent* (*La Treille*) (Juénin).

André-Hercule, cardinal de Fleury, fut abbé de Tournus de 1706 à 1743 ; il devint successivement évêque de Fréjus, archevêque de Paris, cardinal, précepteur du roi Louis XV, puis ministre. Il fut l'un des plus grands bienfaiteurs de Tournus qui lui doit l'hospice de la Charité, les casernes, une salle de l'hôpital, une promenade dite du Pas-Fleury, et les boiseries de la Bibliothèque.

FLORETTE. — Armes : *D'argent à trois glands de sinople, au chef d'azur, chargé de trois étoiles d'or* (Palliot).

En 1576, Claude Florette, connu sous le nom de Claude de Montceaux, était religieux de l'abbaye de Tournus.

Maison originaire du Mâconnais, où vivait, au xve siècle, Guillaume Florette, seigneur de Bussy.

A cette famille appartenait Jean Florette, seigneur de Bussy, conseiller du roi au Parlement de Paris, en 1545, qui avait hérité avec son frère et sa sœur de Louis de Charnoz, seigneur de Faverges, de la prévôté d'Uchizy.

Fiefs : Bussy, Chardonnay.

Alliances : Charnoy, Dauphin.

FLORIS DE FLEURY. — ARMES : *D'azur au chevron d'or accompagné en chef de deux roses d'argent et en pointe d'un lys du même* (D'Arbaumont) ; al. : *de sinople à un chevron d'argent, accompagné en pointe d'un lys de jardin sortant d'une rivière du même* (D'Hozier).

En 1545, Claude Florys, marchand de Chalon, reprit de fief une partie des seigneuries de l'Epervière, Maison-Rouge, Saint-Germain et le péage de La Colonne.

Famille paraissant originaire de Chalon. En 1422-41, on trouve un Renaud Floris, notaire en cette ville. Pierre Florys, seigneur de Baleure devint, en 1630, conseiller au Parlement de Bourgogne. Claude-Bénigne Floris de Fleury, également conseiller au même Parlement portait les secondes armes ci-dessus décrites. En 1786, François-Louis de Fleury, seigneur de Fleury, Grigny, Plessis-le-Comte, conseiller du roi, vend au duc de Rohan-Chabot la seigneurie de Droux.

Alliances : Chisseret, Desbarres, Ferrand.

FOCARD. — ARMES :

Vers 1790, Joseph-François Focard, avocat en Parlement, était juge en la prévôté de Saint-Romain, Romanèche, Lancié et dépendances.

Famille bourgeoise comptant plusieurs de ses membres avocats au bailliage de Mâcon.

FOIX (DE). — ARMES : *Ecartelé aux 1 et 4 d'or, à 3 pals de gueules qui est de Foix ; aux 2 et 3 d'or, à 2 vaches de gueules qui est de Béarn.*

Jean-Baptiste-Gaston de Foix, fils aîné de Frédéric de Foix, comte de Curson et de Fleix, vicomte de Meille, baron d'Aymet, Levignac, Montcuq, Montpont, conseiller du roi, grand sénéchal de Guyenne et de Charlotte de Caumont, épousa, en 1637, Marie-Claire de Bauffremont, héritière du marquisat de Sennecey et du comté de Crusille en Mâconnais, qu'elle porta à son mari.

Maison une des plus illustres du royaume. Le premier connu est Roger Ier, fils puîné de Raymond Ier, comte de Carcassonne et de Gascendé, de Béziers, vivant en 1074. Un de ses descendants, Roger-Bernard III, s'allia en 1252 à Marguerite de Moncade, vicomtesse de Béarn ; il écartelait ses armes de Béarn.

FOLIN (DE). — ARMES : *De gueules à un hêtre d'or en chef et à un croissant d'argent en pointe* (Rietstap).

Bénigne-Alexandre-Didier, marquis de Folin, ancien capitaine au régiment d'Auxerrois, retiré à Tournus, fut nommé percepteur de la ville en 1815, et devint colonel de la garde nationale. Il épousa Louise, comtesse de Montmorillon. A la même époque, vivait à Tournus Louis-Victor de Folin, né à Bourbon-Lancy en 1761, de Jean-Baptiste-Théodore de Folin. Il était ancien chevalier de l'ordre de Malte.

Famille originaire de Saulx-le-Duc, où l'on trouve en 1503 et 1549 Jean Folin et noble Nicolas Folin, receveurs de la châtellenie. Elle est actuellement représentée par Henri, marquis de Folin, né en 1882.

Fiefs : marquisat de Folin, érigé en 1717, Villecomte, Bussière, Vernot, Ogny, Le Vignaud, Pleure, Sanlay, Chevagneret, partie de Tart-le-Bas, Tart-l'Abbaye, Varange.

Alliances : Thomas, La Harre, Lebault, Matherot, Gagne, Belrien, Sordoillet, Challemoux du Vigneau (Beaune et d'Arbeaumont).

FOMMERAND (de). — Armes :

En 1560, messire Jean de Fommerand, prêtre, était curé de Brancion. On trouve, en 1511-1529, un Pierre Fomerand, notaire en Charollais (Arch. S.-et-L.).

FONDI de NIORT. — Armes : *De gueules à la champagne d'or, au chevron d'argent chargé de sept mouchetures d'hermine de sable, accompagné en chef de 2 molettes d'argent, et en pointe d'une ancre aussi d'argent ; au chef cousu d'azur, chargé d'un croissant d'argent accosté de 2 sautoirs du même.*

Gustave Fondi de Niort, par son mariage avec Blanche de Viantaix, en 1886, devint propriétaire de l'ancien fief de La Tour de Vers.

Cette famille, originaire du Languedoc, remonte à 1096, époque où Guillem et Martino du Fonte prêtèrent serment de fidélité à Raymond de Barcelone. Elle se divise en deux branches : la branche aînée constituée par les Fondi de Niort, la branche cadette par les Fondi-Lamothe, et les Fondi-Montman.

La généalogie de cette famille se trouve dans une notice extraite du 25e volume du *Nobiliaire universel de France*, par L. de Magny et J. Moreau de Pravieux.

FONTANES (de). — *Ecartelé d'argent et d'azur à une bande de gueules brochant sur le tout* (D'Hozier).

Marguerite de Fontanes avait épousé Philippe Galland, chevalier de Saint-Louis, brigadier des armées du roi, seigneur de Venières, mort en 1708. Catherine de Fontanes, veuve de Jean-Baptiste de Chanbes écuyer, capitaine au régiment d'Estrades, portait les armes ci-dessus décrites.

FONTENAY (de). — Armes :

Jean de Fontenay fut présent à la fondation d'un anniversaire à l'abbaye de La Ferté en 1551. Actuellement les Cheval de Fontenay, propriétaires du château de Sommant (Lucenay-L'Evêque), blasonnent : *d'azur au cheval gai passant d'argent, au chef cousu de gueules chargé de 3 étoiles d'or* (Jouve).

FOUCAULT. — Armes : *De sable à 2 pinsons d'or surmontés d'une étoile de même* (P. Perry).

En 1524, noble Jean Foucault, seigneur de Saint-Germain-du-Plain, achète le tiers des terres et seigneuries de L'Epervière et La Colonne.

Famille bourgeoise originaire de Chalon, connue dès le xve siècle. Jean Foucault, marié à Adrienne de La Perrière, mourut en 1530.

Fiefs : baronnie de Saint-Germain-du-Plain, La Mothe-Vaugrenand, L'Epervière, Villeneuve-les-Seurre, Ruffey-les-Beaune, Granchamp-les-Beaune.

Alliances : de Digoine, de La Perrière, Baillet, Bouchard.

FOUCHEREULLES (de). — Armes :

En 1373, Girard de Fouchereulles était commandeur de Chalon et de ses membres, dont Montbellet et Rougepont (Jeanton, *Commanderie du Temple Sainte-Catherine*).

FOUDRAS (de). — Armes : *D'azur à 3 fasces d'argent* (Guichenon, La Chesnaye-Desbois).

Philippe de Foudras, dit de Courcenay, pitancier de l'abbaye de Tournus en 1577, puis chantre, décéda en 1627. François de Foudras, dit de Saint-Huruge, fut sacristain de la même abbaye et devint chanoine après la sécularisation (1656). Rolland de Foudras était seigneur de Grenot (Uchizy) en 1618.

Famille chevaleresque du Forez et du Beaujolais, dont la filiation est établie depuis Hugues, qui vivait en 1080 et assista à la troisième croisade. Elle se divisa en 2 branches : la branche aînée éteinte au xive siècle, et la branche de Courcenay, subdivisée en six autres : 1º Morlan ; 2º Beaulieu ; 3º Bouillon ; 4º Saint-Huruge, puis Demigny ; 5º Souternon et Coutençon ; 6º Rontalon.

Fiefs : comté de Matour, La Bussière, Saint-Pierre-le-Vieux, Saint-Huruge, Courcenay, Château-Thiers, Bragny, Bissy, Saint-Léger, Trambly, Nay, La Garde, La Farge, Ogerolles, Contenson, Marigny, Saint-Etienne, Bagneaux, Le Colombier, La Chapelle, La Tour-De-migny, La Grange, Le Maupas, Crusille, Pierrelay, Saint-Germain, Tigny, Grenod, La Tour de Doully ou Dailly, marquis de Foudras.

Alliances : d'Amplepuis, de Senneterre, de Montgommery, d'Andelot, de Larochefoucauld, de Choiseul, de Laurencin, du Châtelet, de Capisuchi-Bologne, de Thianges, de Sarron, de La Basole, d'Ogerolles, de Thélis, d'Ars, de Sallemart, des Serpents, de Mathieu, de Bonnan, de Nagu, d'Agrain, de Langeac, de Vichy, de Lestouf, de Fautrières, de Montchanin, de Montaynard, de Sirvinge, de Tiercelin, de Revol, de Busseul, de Severac, de Thyard, de Damas, de Franc, d'Andelot, de Berbis, de Drée, d'Albon, de Mincey, d'Austrude, de Schlegenberg, de Faulong, etc.

FOUQUET. — Armes : *D'argent à l'écureuil rampant de gueules* (**Palliot**).

Au xviie siècle, Madeleine Fouquet, fille de messire Christophe Fouquet, seigneur de Chalain, président en la cour du Parlement de Bretagne, femme de François de Rochefort, chevalier, marquis de La Boulaye, possédait une partie de la ville de Saint-Gengoux. Nicolas Fouquet, surintendant des finances sous Louis XIV, portait les armes ci-dessus décrites, auxquelles on ajoutait parfois une *bordure de gueules semée de fleurs de lys d'or* (Rietstap).

FOURNIER, al. de FOURNIER. — Armes :

En 1598, Antoine Fournier, sieur de Faverges, était capitaine du château d'Uchizy.

Fiefs : Prissé, La Rièpe, Champeau, Vaubresson, Montagnac, Faverges.

Alliances : Gaillard, Grandjean, de Charpin des Halles.

FOURNIER. — Armes : *D'azur au sautoir engreslé accompagné en chef de 2 étoiles d'or et en pointe d'un croissant du même* (J. Martin).

Barthélemy Fournier, de l'ordre de Saint-Jean-de-Jérusalem, maître de la commanderie de Rougepont, décéda le 12 mai 1470 et fut inhumé dans la chapelle de cette commanderie. Il portait à peu près les mêmes armoiries, à la différence seulement qu'il n'y avait qu'une seule étoile en chef (Pierre tombale de ce personnage, dont l'estampage est conservé dans les Archives de la Société d'Archéologie de Chalon). (Jeanton, *Commanderie du Temple Sainte-Catherine*).

FOURRAT.

Famille originaire de Briançon, établie à Tournus en 1694, par le mariage de Claude Fourrat, maître-drapier, échevin, avec Marguerite Bompar. Son petit-fils, Claude, prêtre, curé de Fragnes en 1767, devint chanoine de l'abbaye (1784-1790). Joseph-Marie Fourrat, négociant et échevin, épousa en 1741 Aimée-Marie Thevenot. Sur le testament de cette dernière on voit un sceau armorié : *de ...... au lion rampant de ......: accompagné d'un F majuscule de ......* (Arch. notariales). En 1745, Jean-Marie Fourrat, marchand de Tournus, époux de Jeanne-Louise Maître, fit reconstruire la façade d'une maison située Grande-rue Saint-André (actuellement maison Charmont-Roy). J.-B. Fourrat, fils de Charles et de Anne Prat, marié en 1771, à Jeanne-Marie Conte, possédait ladite maison où l'on voit sur une rampe en fer forgé deux écussons.

De ...... à un arbre soutenu d'un croissant de ...... accompagné en chef de 2 étoiles de ...... ; et de ...... au chevron de ...... accompagné de 3 marguerites tigées et feuillées de ... posées 2 et 1. (Sans doute les armes de ces derniers ?).

Alliances : Bompar, Maître, Commerson, Thevenot, Serlet, Clan, Prat, Mouton, Conte, Lenoble, Bouillon, Bey, Boisson, Cormod, Lebeau, Millon, etc.

FRANC (de). — Armes : *D'azur au franc quartier dextre chargé de 3 barres d'argent, à une bande du même, brochant sur le tout.* (Chevillard, Guichenon). D'Hozier blasonne à tort : *d'argent à 3 fasces d'azur et une cotice de gueules brochant sur le tout.*

Al. En 1645, un procès-verbal constate que les armes des de Franc, seigneurs d'Esserteaux, Loize et La Salle, de Manziat sont : *à 3 chevrons d'argent, brisés en champ d'azur et timbré* (Arch. S.-et-L.).

Cyrus de Franc, chanoine de Tournus, mourut de la peste en 1627.

Famille noble originaire du Mâconnais. En 1423, Etienne de Franc, *donzel* et capitaine de Mâcon, achète Esserteaux avec la dot de sa femme, Jeanne de Lugny. La filiation régulière de cette famille commence avec Charles de Franc, marié à Claudine de Chacipol en 1514. Elle se divisa en 2 branches : 1º les seigneurs d'Esserteaux ; 2º les seigneurs de La Salle-Manziat, en Bresse. Cette famille s'éteignit dans la personne de Marie-Anne de Franc, qui épousa, en 1728, Marc-Antoine de Lavaur.

Fiefs : Esserteaux (Bussières), Grenot (Uchizy), Anglure, La-Salle-Manziat, Loize, La Garde-sur-Viré, Les Aumonts, Vergisson, Serrières, Montchanin, Mussy-sous-Dun, La Tour de Chevillon.

Alliances : de Lugny, de Chacipol, de Chevrel, de Candie, de Foudras, de Rougemont, de Pierreclos, de Mincé, de Champagny, de La Franchise, Gerbaut, de Cheminant, du Puget, Conte, etc.

FRANC (DE), *al.* **DEFRANC.** — ARMES : *D'or à 3 tourterelles d'azur, membrées, becquées et allumées de gueules, les deux du chef affrontées ; au chef de gueules chargé de 3 roses d'argent.*

Claude-Jules-Emile Defranc, notaire à Chalon, acheta le domaine et le château de Venières (Boyer), au XIXe siècle.

Famille bourgeoise connue à Mâcon dès le XVIe siècle, époque où vivait Antoine Defranc, bourgeois de cette ville. Etienne Defranc, ancien chef de bataillon à la 38e demi-brigade, était retiré à Tournus en l'an IX. Par jugement du tribunal de Mâcon, du 12 juin 1894, Jean-André-Emile Defranc obtint le droit de porter le nom de Defranc en deux mots.

Alliances : Soldat, Carteron, Roberjot, Repey, Guillot, Bertrand, Meulien, Boccard, de La Chapelle, etc.

FRANCHELINS (DE). — ARMES : *D'argent au lion de sable, bâton de gueules brochant* (Guichenon) ; *al.* : *d'argent au griffon de sable et une cotice de gueules brochante* (Steyert).

Barthélemi de Franchelins, cellérier de l'abbaye de Tournus, décéda en 1322 ; Hugues, doyen d'Azé, en 1325. Jean de Franchelins était capitaine-châtelain de Brancion en 1389. Jean de Franchelins, marié à Jeanne de Ville, fut seigneur de Scivolière, en partie, 1444-1455.

Cette ancienne et illustre maison, originaire de Franchelins en Dombes, connue depuis Etienne Ier, vivant en 1120, s'éteignit au XIVe siècle en celle de Gletteins qui en prit le nom et les armes.

Fiefs : Francheleins, Garnerans, La Bastie.

FRANÇOIS.

En 1329, Hugonin François fait hommage à l'abbé de Tournus de tout ce qu'il possédait en la paroisse de Nully (Auvergne).

FRANÇOIS. — ARMES : *D'or à un olivier de sinople, mouvant en pointe d'un croissant d'argent, et un chef du même chargé de 3 étoiles de gueules* (D'Hozier).

En 1698, Pierre François, curé d'Ozenay et Gratay, portait les armes ci-dessus décrites.

FRANGY (DE). — ARMES : *D'azur à un lion d'or tenant de sa patte senestre une épée (ou sabre) d'argent ; la garde et la poignée d'or* (D'Hozier).

Famille de la Bresse louhannaise, paraissant originaire de Frangy. Elle a donné plusieurs notaires et capitaines-châtelains de Cuisery au XVIIe siècle, entre autres Etienne, notaire en 1677, qui épousa Marguerite Corlin, de Tournus. Cette famille s'établit ensuite à Chalon où un quartier porte leur nom. Elle eut d'autres alliances à Tournus : Etiennette de Frangy était épouse, en 1602, d'Etienne Parizot, maître-tonnelier ; et, en 1675, Jeanne de Frangy était femme de Jean Labletonnière, maître-gantier.

Fief : Outre-Cosne.

Alliances : Corlin, Parizot, Labletonnière, Ollivier, de Jumont.

FRENAY (DE). — ARMES : *De vair au croissant de gueules* (Palliot).

Dans la seconde moitié du XVIe siècle, Guy de Frenay était fermier de la terre et baronnie de Romenay, capitaine de Cuisery, époux de Claudine Fluet. A la même époque, noble Jacques de Frenay, fils de Guy de Frenay, seigneur de Saint-Romain-du-Breuil, épousa Jeanne, fille de Pierre Poncet, notaire à Romenay. En 1770, Jean de Fresnay était prieur de Saint-Oyen-de-Montbellet (Mgr Rameau).

Fiefs : Saint-Romain-du-Breuil (Romenay), Le Frenay.

Alliances : de Saint-Julien, du Biolay, de La Fontaine, Fluet, Poncet, de Besanceuil, de Chabeu, etc.

FRÉPIER. — ARMES :

En 1398, Jocerand Frépier était receveur général des duché et comté de Bourgogne. Il devint, en 1404, châtelain de La Colonne (Gigny).

FROISSARD DE BROISSIA (DE). — ARMES : *D'azur au cerf passant d'or.*

Flavien-Hilaire, comte de Broissia, par son mariage en 1895 avec Marguerite de Franc, devint propriétaire du château de Venières.

Cette famille, originaire du duché de Bourgogne, remonte à Huguenin Froissard, vivant en 1388. Elle se divisa en 2 branches : 1º celle de Bersaillin ; 2º celle de Broissia.

Le célèbre chroniqueur Froissart était, dit-on, de cette famille.

Alliances : Dairoz, de Chabrol, de Gail, d'Oussières, O'Brien, de Franc, de La Vernette, de Bandreville, Rolle, du Metz de Rosnay, Bernard, Arnoux de Pirey, de Bovet, Chibourg, d'Avout, etc.

FROLOIS (DE). — ARMES : *Bandé d'or et d'azur de 6 pièces à la bordure engrêlée de gueules* (Abbaye de Tournus).

Miles de Frolois, chevalier, époux de Simonne de Berzé, fut inhumé à l'abbaye de Tournus en 1327. Les armes de Frolois sont gravées sur sa pierre tombale.

Famille chevaleresque issue d'une branche des ducs de Bourgogne, dont ils portaient les armes avec une bordure dentelée, comme brisure. Miles de Frolois vivait en 1038 ; son fils fut témoin de la fondation de l'abbaye de Cîteaux en 1098. Selon Beaune et d'Arbaumont, cette maison existait encore au XVIIIe siècle, divisée en deux branches : celle de Portier, en Franche-Comté ; celle de Ludre, en Lorraine, pour qui le marquisat de Frolois fut érigé en 1757.

Fiefs : marquisat de Frolois, baronnie de Santenay, Molinot, Cussy-la-Colonne, Sarigny, Magny, Gergy, Chorey, Posange, Pernant, Demigny, Montigny-Montfort, Rougemont, Poncey, Charrey, etc.

Alliances : de Berzé, de Mailly, de Juilly, d'Amance, d'Asnel, de Saligny, de La Rochette, d'Oyselet, de Neuville, etc.

FROMAGEOT. — CACHET ARMORIÉ : *D'azur à un dextrochère issant d'une tour de ...... maçonnée de sable et tenant une épée la pointe en bas* (Baill. de Tournus).

Jean Fromageot était chanoine de Tournus et mourut en 1739. — N. Fromageot, profès, frère du précédent, scellait des armes ci-dessus décrites.

FUGIER. — ARMES :

En 1539, André Fugier est curé de Préty et d'Uchizy, moine de Tournus.

FUSSEY (DE). — ARMES : *D'argent à la fasce de gueules accompagnée de 6 merlettes de sable, 3 en chef, 3 en pointe, posées 2 et 1* (Géliot, Chevillard).

En 1300, Sibille de Fussey, dame de L'Abergement-Moleron, fut enterrée à l'abbaye de La Ferté. En 1642, Jeanne de Fussey, professe de Lancharre, devient prieure des bénédictines du Villars. A la même époque on trouve Henri de Fussey, de la branche de Menessaire, commandeur de Chalon, Montbellet et Rougepont.

Famille ancienne et illustre, qui tire son nom du village de Fussey (Côte-d'Or), et dont Jean, dit « Seichaux », était seigneur en 1257. Elle de divisa en trois branches : Menesserre, Serrigny et Melay.

Fiefs : marquis de Serrigny, seigneurs de Chissey, Ebangy, Le Tremblay, Isenay, Saint-Gratien, Savigny-sur-Cannes, L'Abergement-de-Verdun, Charnay, Le Bouchet, La Cothière, Ebaty, La Villeneuve, Champfrenay, Frangy, La Coutière-du-Bouchet, Neuvelle, Courcelles, Meuilley, Marey, Varennes-les-Beaune, Chorey, La Canche, Chazelles, Montagny, Baudrières, La Marche, etc.

Alliances : d'Epernay, de Mypont, de Courcelles, de Vaux, de Trestondan, de Cussigny, Bernard de Montessus, de Mâlain, de Saudon, de Sercey, de Ligneville, de Reugny, de Choiseul, de Saint-André, de

Beauvau, de Bouton, Régnier de Montmoyen, Le Compasseur de Courtivron, de Bourbon, de Montmorency.

GACON. — Armes : *D'argent à une fasce de sable, chargée de 2 cygnes affrontés d'argent, leurs cols entrelacés et leurs têtes contournées et accompagnée de 3 croisettes de gueules posées 2 en chef, 1 en pointe* (D'Hozier).

Famille louhannaise alliée aux Bompar, de Tournus, aux Godefroy de Granod, Lorin de Reure, Derains, Fricaud, etc... — N. Gacon, curé du Fay, près Louhans, en 1695, portait les armes ci-dessus décrites.

N. Gacon fut vicaire de l'église de Préty en 1743.

GAGNEPAIN. — Armes : *3 pains posés 2 et 1 sur champ d'azur* (J. Martin).

Jean Gagnepain, dit le capitaine La Violette, était religieux laïque de l'abbaye de Tournus en 1602. Il avait épousé Jeanne Marteret.

Famille paraissant originaire de l'Auxois. En 1505, Hugues Gagnepain était notaire à Chalon, puis échevin, 1524, 1547. Il fonda une chapelle en l'église Saint-Vincent de Chalon.

Fiefs : Planche, Damerey, Prondevaux.

Alliances : Marteret, Morandet, Chisseret, Petit, Julien, Parize, etc. (P. T. église Saint-Vincent de Chalon, J. Martin).

GAILLON (de), *al.* de GALLON .— Armes :

En 1607, Julien de Gaillon, seigneur de La Gaillardière, était marié à une sœur de Louis de Charno, seigneur de Faverges. Il y eut de cette maison deux grand prieurs de Tournus. En 1577, Philibert de Gaillon était cellérier de l'abbaye de Tournus et devint hostelier en 1582.

Alliances : de Charno, de Robelet.

GALLAND de VENIÈRES, COLLIN (dit). — Armes : *D'argent au sautoir engrêlé de gueules, accompagné en flanc de deux lions de sable* (Chevillard) ; al. : *de ...... au sautoir engrêlé de ...... accompagné en flanc de 2 lions, et en chef et en pointe de 2 tours* (Ancien château de Venières).

Famille noble qui paraît être d'origine locale et qui porta sucessivement les noms de Collin, de Galland et de Venières. En 1450, Jeanne Collin, dit Galland, était mariée à Jean Delaval. Antoine Galland, seigneur de Venières, devint capitaine de Tournus en 1560. Son fils, Jean-Baptiste, lui succéda en cette charge. Cette famille s'éteignit au commencement du xviiie siècle.

Fiefs : Venières, Chavannes, Langes.

Alliances : Delaval, Vivienne, de Boyer de Champlecy, du Verdier, Mareschal, Decret, de Mareste, de Fontanes, etc.

GALLET. — Armes : *D'azur à un pal d'argent, chargé de 3 trèfles de sable et un chef échiqueté d'argent et de gueules* (D'Hozier).

A la fin du xvie siècle, Jean Gallet est châtelain de Crèches. Laurent Gallet, bourgeois de Bourg-en-Bresse, portait les armes ci-dessus décrites. Plusieurs familles de ce nom étaient possessionnées en Bresse (V. Révérend du Mesnil).

GALLOIS D'ARLAY. — Armes : *De gueules au chevron d'argent* (Niepce).

Guillaume Le Gallois d'Arlay était seigneur d'Etrigny en 1315. Jean Le Gallois fut bourgeois de Tournus en 1399.

Famille noble originaire d'Arlay, sur la Seille, au comté de Bourgogne, dont le plus ancien membre connu est Jean Le Gallois d'Arlay, vivant en 1287, époux de Sibylle de Salières.

Fiefs : Arlay, Etrigny, La Tour-de-Senneccy, La Chapelle.

Alliances : de Vaudrey, de Vellaufant.

GALOCHE, *al.* **GALLOCHE.** — Armes : *D'azur à 3 fasces d'or* (D'Hozier).

En 1779, Marie-Anne Galoche était prieure du monastère de Lancharre.

Famille originaire de Chalon, où vivait, en 1504, Guillaume Galoche, marchand à Saint-Laurent-les-Chalon. En 1538, Jeannet Galoche, également marchand, est qualifié seigneur des Barres-les-Saint-Marcel ; il avait épousé Antoinette de Pontoux. Guillaume Galloche, avocat au Parlement de Dijon, portait les armes ci-dessus décrites.

GALOIS. — Armes : *D'or au chevron de gueules accompagné en pointe d'un aigle de sable s'essorant, la tête contournée, au chef d'azur chargé d'une larme d'argent accompagnée de deux roses d'or* (P. Perry).

En 1616, Jean Galois, seigneur de La Tour de Marcilly, acquiert les fiefs de Droux et de La Tessonnière. En 1600, N. Gallois, seigneur de Le Perroux et de Toutenant, maire de Chalon, portait les armes ci-dessus décrites.

Fiefs : Perrecy, Le Grand-Taperey, La Tour-de-Marcilly, Droux, La Tessonnière, Le Perroux, Toutenant.

Alliances : Gentil, Burgat, etc.

GALOPIN. — Armes : *D'argent à un pin de sinople supportant un coq de gueules, accompagné de 2 croissants d'azur* (sculptées au château de Fleurville).

On commence la filiation de cette famille à Pierre Galopin, capitaine du château de Vérizet, vivant en 1587. Jean Galopin, bourgois de Cluny, acquit en 1623 la châtellenie de Vérizet et s'en dessaisit l'année suivante en faveur de l'évêque de Mâcon (Lex). Cette famille est actuellement représentée par Claude-Eudoxe-Auguste-Gérard Galopin de Labrely, né à Chalon en 1862, juge d'instruction au Tribunal de Beaume-les-Dames, puis président au Tribunal de Beaune.

Alliances : Hugaud, de Rymond, Dufour, Bailly, Pelletrat, Charnay, Bourdon, Chanuet, de Montaraud, Olivier, Morel.

GAMEY DE SAINT-GERMAIN. — Voir DE SAINT-GERMAIN.

GANAY (DE). — Armes : *D'argent à la fasce de gueules chargée de 3 roses d'or, 1 et 2 ; accostée de 2 coquilles de même* (P. Anselme) ; *al.* : *d'argent à l'aigle mornée de sable* (Guichenon, Chevillard). — Armes nouvelles : *D'argent à une fasce de gueules, chargée d'une aigle mornée de sable et de*

2 *roses d'or, l'une à senestre, l'autre en pointe, le tout accosté de 2 coquilles aussi d'or* (B. et d'Arbaumont).

En 1619, François de Ganay, lieutenant en la châtellenie royale de Cuisery, fut parrain à Tournus, ainsi que sa fille Renée. En 1749, Marie-Françoise de Ganay, épouse de François-Emmanuel de Naturel, seigneur de Balleure, etc., paraît aussi comme marraine (Arch. Tournus).

Selon Beaune et d'Arbaumont, cette maison est originaire du Nivernais et remonte à Girard, qualifié chevalier en 1300. Divisée en plusieurs branches, cette famille est actuellement représentée en Saône-et-Loire aux châteaux de Fougerette et de Visigneux.

GARCHERY. — ARMES :

En 1750, Dom Claude-Marie Garchery, est cellérier de l'abbaye de La Ferté.

GARGAN DE ROLLEPOT (DE). — Voir DE ROLLEPOT.

GARIN .— ARMES :

En 1095, N. Garin était prieur de l'abbaye de Tournus (Juénin, p. 105).

Plusieurs famille de ce nom furent possessionnées en Bresse au XVIe et XVIIe siècles.

GARNENS (DE). — ARMES :

Johannes de Garnens était religieux de l'abbaye de Tournus en 1385.

GARNIER. — ARMES : *D'azur à un chevron d'or accompagné en chef d'un croissant d'argent accosté de 2 étoiles d'or et en pointe d'une quintefeuille tigée et feuillée d'or* (J. Martin).

En 1602, Claude Garnier était bourgois et fermier de l'abbaye et contrôleur du grenier à sel de Tournus. Jeanne Garnier, épouse de Gilbert Delaval, fut inhumée aux Récollets en 1635, et portait les armes ci-dessus décrites.

GARNIER D'AUGEUX. — ARMES :

En 1373, N. Garnier d'Augeux était commandeur de Chalon et de ses membres, dont le Temple de Montbellet et Rougepont.

GARRAUD. — ARMES :

Jean Paschal Garraud, prêtre, chanoine et trésorier du chapitre de Tournus, mourut en 1749. Jean-Baptiste Garraud était, en 1743, commissaire des droits féodaux.

GARREL.

En 1329, reconnaissance passée par Pierre Garrel et son fils Guillaume, au seigneur abbé, d'une olche sise aux Chapelles.

GASSE (DE), *al.* GAZE DE ROUVRAY. — ARMES : *De gueules au croissant d'argent accompagné de 7 billettes du même ; 3 en chef, 2 en flanc, 2 en pointe* (J. Martin).

Au milieu du XVIe siècle, Hugues de Gasse, seigneur de Rouvray,

Sienne et Chaudenay, achète le tiers de la seigneurie de Saint-Germain-des-Bois, dont il possédait déjà les deux autres tiers, et Messey-sur-Grosne, Mortière, Buxy, Saint-Boil et autres lieux (Arch. S.-et-L.).

L'ancienne maison de Rouvray, au bailliage de Beaune, s'est fondue dans celle de Gasse, originaire de Flandre, qui vint s'établir en Bourgogne au xve siècle. Les Gasse portaient le titre de comtes de Rouvray. Le dernier du nom a été tué en Italie en 1733.

Fiefs : Santenay, Flacey, Saint-Germain-du-Bois, Chaudenay-sur-Dheune, Blanot, Tigny, Vaublanc, Villars, Joursanvaux, Sienne, Messey-sur-Grosne, Mortière, Buxy, Saint-Boil, etc.

Alliances : Chaudenay, Pitois, Chissey, Damas, Pernes, Bataille, Saint-Léger, Chenu, Bouhier (Beaune et d'Arbaumont).

GAUDARD. — Cachet armorié : *De ...... à une comète de ...... en chef, et aux initiales P. G., en pointe* (Baill. de Tournus).

En 1695, Philibert Gaudard, hôte à la Maison-Blanche (Romanèche), scellait du cachet ci-dessus.

GAUDIN.

Claude-Marie Gaudin, prêtre du diocèse de Lyon, devint chanoine de l'abbaye de Tournus, en 1739.

GAULTHIER. — Armes : *De ...... au chevron de ...... accompagné de 3 quintefeuilles posées 2 et 1, bordure engrêlée de ......* (Pierres tombales de l'abbaye).

Pierre Gaulthier, moine de Tournus, décédé en 1535, portait les armes précitées. A la même époque, Claude de Saint-Julien résigne en faveur de Philippe Gauthier, prêtre, son office de châtelain et receveur pour le roi à Brancion et Cortevaix (Arch. S.-et-L.).

Armes : *D'argent au chevron d'azur accompagné de 3 abeilles de sable* (Révérend du Mesnil).

Une autre famille Gauthier, originaire de Bourg-en-Bresse, où en 1624 Prosper Gauthier était pourvu d'un office d'avocat au bailliage, vint s'établir à Lacrost et à Tournus aux xviie et xviiie siècles. Pierre Gauthier fut maire de Tournus en 1810, capitaine de la garde nationale en 1814.

GAY.

Antoine Gay, demi-chanoine à Tournus en 1784, avait été auparavant vicaire à Ratenelle, puis curé de La Genète.

GAYANT (de). — Armes :

En 1662, Renaud de Gayand était curé de Chapaize.

Une famille originaire du Beaujolais à laquelle on donne pour auteur Perrin Gayant, secrétaire du duc de Bourgogne, officier de la Chambre des comptes du Beaujolais, vivant en 1373, portait : *d'azur à quatre losanges d'argent, al. d'or, posés 1, 2, 1* (Palliot, Rivoire de La Bâtie).

GELIN. — ARMES :

En 1245, N. Gelin prit le titre de prieur de Lis en Mâconnais (Juénin, p. 155 et s.).

GELIOT. — ARMES : *Un calice accompagné à dextre et à senestre des lettres I et G.* (Pierres tombales de Saint-Martin-de-Laives).

En 1438, Jean Geliot était échevin de Laives. En 1477 un autre Geliot, né à Laives, était chorial et prébendier de l'église Saint-Vincent de Chalon, chapelain de la chapelle Saint-Fiacre, par lui-même fondée en l'église du Mont-Saint-Martin-de-Laives, où il fut enterré (J. Martin).

GENESTOUX (DE). — ARMES :

En 1643, Louis de Genestoux était prieur de Saint-Oyen-de-Montbellet (Mᵉ Rameau). On trouve en 1675 un Louis de Genetoux, seigneur de Vallière (Romenay).

GENLIS (DE). — Voir DE JANLY.

GENOT DE LAFOREST, *al.* DE LA FOREST, voir LAFOREST.

GENOUILLY (DE). — ARMES :

De 1356 à 1371, Philippe de Genouilly fit de nombreux dons au monastère de Lancharre, où il fut enterré (H. Batault).
Le fief de Genouilly est situé en Charollais.

GENTON (DE), *al.* JANTON et JEANTON. — **ARMES :** *D'or à une bande d'azur chargée de 3 demi-vols d'argent.* Certaines branches brisaient : *d'or à la bande de gueules ...., al. à 3 vols d'argent.*

A la fin du xviᵉ siècle, noble François de Genton, dit Jordanne, « sieur de la maison-forte de Bethonnet, en Savoie », prévôt de Brancion, et Françoise de Jordanne, sa femme, aliénèrent divers immeubles à Brancion, Etrigny, etc. (Arch. S.-et-L.).
Famille noble originaire d'Allevard, connue depuis le xiiiᵉ siècle. Elle se divisa en plusieurs branches : celles de Barzac-Sousville, de Theys, de Morestel, de La Terrasse, de Meylan.

GEOFFROY. — ARMES :

En 1507, Claude Geoffroy, prêtre, chorial et cellérier de Saint-Vincent de Chalon, est curé de Saint-Julien-de-Sennecey. En 1546, noble Michel Geoffroy, seigneur du Petit-Pont de Montrevost, demeurant à Tournus, époux de Denise de Pontoux, furent bienfaiteurs de l'hôpital de cette ville.
Geoffroy, moine de La Ferté au xiiᵉ siècle, mentionné dans un acte relatif à la donation du moulin de Raveneaul (Bazin).

GÉRAMB (DE). — ARMES : *Coupé au 1 d'azur au lion naissant d'or ; au 2 d'argent à une rose de 6 feuilles de gueules, boutonnée d'or, barbée de sinople.* (Rietstap).

François-Julien de Géramb, chevalier du Saint-Empire, marié à Marie Elisabeth Van Risambourg, acheta en 1785 la seigneurie de L'Epervière et Gigny. Il était fils du célèbre baron de Géramb, magnat de Hongrie, ministre de l'empereur Joseph II (Crépet).

GERBAUD. — ARMES : *Parti de ......, à une gerbe de ...... soutenue d'un croissant, accostée de 2 étoiles ; et de ...... à une palme de ...... posée en bande.* (Clef de voûte, maison, rue du Midi à Tournus).

Famille bourgeoise de Tournus, où vivait en 1592 Nicolas Gerbaud, notaire, procureur et échevin. En 1675, on trouve un Annet de Gerbaud, écuyer, seigneur de La Serrée, Champagny, Saint-Etienne, Ferrières et autres lieux (Arch. S.-et-L.).

Alliances : Rigaud, Mabire, Bureteau, Delaval, Ray, de Franc d'Essertaux, Barthelot de Bellefond.

GERMAIN. — ARMES :

N. Germain fut bienfaiteur de l'église de Saint-Gengoux.

Fiacre Germain, conseiller au bailliage d'Autun, portait : *d'azur à un chevron d'or, accompagné de 3 étoiles du même, 2 en chef, 1 en pointe* (D'Hozier).

GERMOLLES (DE). — ARMES : *De gueules à 3 besants d'argent* (La Chesnaye-Desbois).

En 1147, Guillaume de Germolles donne aux moines de La Ferté la dîme de ses vignes à Mellecey. Son fils, Guy, chevalier, cède à la même abbaye, en 1266, son fief de Saint-Ambreuil (L. Bazin). Geoffroy de Germolles fut inhumé à Lancharre en 1297. Marguerite de Germolle? était prieure de ce monastère en 1302.

Guillaume de Germolles, moine de Tournus en 1340, était feudataire de l'abbaye pour sa maison-forte de Malatrait, à Pruzilly (*Livre des Hommages*).

Germolles a donné son nom à une très ancienne famille mâconnaise, où l'on trouve avant 1049 un Wigo, chevalier de Germolles, qui donne à l'abbaye de Cluny le mas de Cerniaco (Perraud).

Cette famille s'éteignit avec Jeanne de Germolles, épouse en secondes noces de Guillaume de La Baume, comte de Saint-Amour.

Fiefs : Germolles, Vinzelles, Banand, Beaulieu, Davayé, Varennes-les-Mâcon.

Alliances : de Nanton, de Saint-Amour, de Feillens, Le Jays, de Fontaines, Vauvry.

GESNE (DE). — ARMES :

En 1745, Jeanne de Gesne était veuve de Jean-Lazare Martenne, bourgeois d'Uchizy (Arch. Tournus).

GEVRAY. — ARMES : *D'azur à 3 croissants d'argent, 2 en chef, 1 en pointe et à une quintefeuille du même posée en abîme* (Niepce).

Jehan Gevray, châtelain de La Colonne, en 1412, de Brancion en 1422, possédait le fief de La Motte (Bresse-sur-Grosne).

Alliance : Saint-Julien.

GIGAULT DE **BELLEFOND.** — ARMES : *D'azur au chevron d'or accompagné de 3 losanges d'argent* (Palliot).

En 1710, Louis-Charles-Bernardin Gigault, chevalier, marquis de Bellefond et de La Boulaye, légataire universel de Madeleine Fouquet, veuve de François de Rochefort, possédait la seigneurie de Sercy et une partie de la ville de Saint-Gengoux.

GILBERT, *al.* **GIBERT.** — ARMES :

Pierre Gilbert, pitancier de l'Abbaye de Tournus, fut témoin en 1385.

Famille noble, originaire d'Auvergne, où les Gilbert étaient seigneurs de Brousse et de Longueville. En 1388, vivait Guillaume Gilbert, écuyer. Balthasar Gibert laissa ses biens à sa nièce, Jeanne de Chassaing, qui épousa plus tard Leonet de La Fayette (1450-1512) (Bouillet).

GINARREY, *al.* **GIMAREY.** — ARMES :

En 1357, Jean Ginarrey, écuyer, était châtelain de Brancion (Crépet).

En 1689, un sieur Jacques Gimarey, bourgeois de Mâcon, achète la charge de capitaine de la milice de la ville. En 1740, François Gimaray est conseiller du roi, élu en l'élection du Mâconnais, et possède la prévôté de Saint-Romain (Perraud).

GIRARD. — ARMES : *D'azur à 3 bandes d'or* (D'Hozier).

Ancienne famille bourgeoise, établie à Tournus au xvie siècle, dont était Jacques Girard, jurisconsulte en 1549, demeurant, selon *La Croix du Maine*, dans sa maison de Boyer, d'où il écrivit plusieurs ouvrages fort rares aujourd'hui. En 1604, Louis Girard était notaire royal et juge à Tournus. Marie Girard était prieure de Lancharre en 1726.

Alliances : Vauldrey, Champagne, Saunier, etc.

GIRARD. — ARMES :

François Girard, chanoine de Saint-Philibert de Tournus, était administrateur des hospices, président du bureau de la Charité et en 1769, grand vicaire de l'abbé de Coëtlosquet.

GIRAUD. — ARMES : *De gueules au mors d'argent, à la bordure denchée d'or* (Menestrier) ; al. : *de gueules, à un mors de cheval renversé, et une bordure dentelée d'or* (Steyert).

En 1573, Philibert Giraud était notaire royal à Brancion. Antoine Giraud fut en 1587 capitaine du château de Cruzille. En 1685, Jean-Baptiste Giraud, écuyer, seigneur de Saint-Try (Rhône), achète la baronnie de Montbellet. André Giraud, baron de Montbellet, conseiller général de 1831 à 1833, maire de Montbellet en 1826, fut le dernier du nom. Famille originaire de Lyon où vivait, en 1624, Etienne Giraud, plieur de soie. Georges Giraud fut secrétaire du roi en 1657.

Fiefs : baron de Montbellet, Saint-Trys, Saint-Oyen, Mions (Dombes), Saint-Aubin, La Chanay, La Fougère, Chambost et Lys.

Alliances : De Saillant, Alabernarde, Bernard de Lavernette-Saint-Maurice, de Colbert-Sourdis.

GIVRAY (DE), *al.* DE GEVRAY. — ARMES :

En 1401, Jean de Givray, écuyer, était capitaine-châtelain de Brancion.

Noble Hugues ou Hugonin de Givret ou Juret, seigneur de la maison-forte de ce nom, au mandement de Surieu, vivait en 1414 avec Lucie, sa femme. Noble Claude de Givret, seigneur dudit lieu au mandement d'Anjou, fournit un dénombrement en 1540. Un petit armorial mss. appartenant à M. de Terrebasse, mentionne un M. de Givret qui portait : *de gueules à 6 molettes d'or, posées* 2, 2, 2 (Rivoire de La Bâtie).

GLETAIGNE (DE). — ARMES : *Losangé d'or et de gueules* (Révérend du Mesnil).

Jehan, fils d'Etienne de Gletaigne, reconnaît, en 1331, tenir en fief de l'abbé de Tournus le fief de Biziat (Juénin, t. II, p. 244).

GLETTEINS.

Famille chevaleresque de Dombes, où vivait en 1096 Nicard de Gletteins, et dont les aînés prirent le nom et les armes des Francheleins.

Fiefs : Gletteins, Cordieu, Francheleins, Jarniost, Biard, Combes (Révérend du Mesnil).

GODEFROY DE GRANOD. — ARMES :

Famille louhannaise bourgeoise et noble qui posséda le fief de Granod, *al.* Grannod (Sornay). En l'an IX, Jean-Antoine-Arsène Godefroy, notaire à Louhans, fils de François-Arsène Godefroy, procureur du roi à Louhans, épousa à Tournus Nicole Fouquerand. Quelques années après, Elisabeth Godefroy, sœur du précédent, épousait aussi à Tournus François-Joseph Jeanton, chirurgien.

GODET DE SOUDÉ. — ARMES : *D'azur au chevron d'argent, accompagné de 3 pommes de pin renversées d'or* (Vertot).

En 1713, Antoine-Théodoric Godet de Soudé était commandeur de Chalon, Le Temple Sainte-Catherine de Montbellet et Rougepont, Metz, Sevrey et Buxy. Famille originaire du diocèse de Châlons-sur-Marne.

GOMERET (DE). — ARMES : *D'azur à 3 grillets d'or, posés* 2 *et* 1 (D'Hozier).

En 1708, J.-B. de Gomeret était procureur fiscal de la justice de Lugny. En 1768, Antoine de Gomeret était greffier en la justice de Lugny. En 1677, Bernard de Gomeret, écuyer, seigneur de Préjelan, garde corps du roi, résidait à Vaux-en-Pré. Pierre de Gomenet, bourgeois au même lieu, portait les armes ci-dessus décrites.

Alliances : Agniel, Ferrière, Giraud, Jeannin, etc.

GON. — Armes : *De gueules à 3 abeilles d'or, parti d'azur à 2 clefs d'argent, sur le tout d'argent à 3 gonds de sable.*

En 1610, Anne Gon était religieuse à Lancharre.

Famille de robe chalonnaise, connue dès le xvi⁰ siècle, et où plusieurs de ses membres furent chanoines de Saint-Vincent. En 1579, Guillaume Gon, possessionné à Givry et à Chamirey, était notaire à Chalon. Hugues Gon, avocat, épousa en 1598, à Tournus, Odette, fille de Pierre Blondeau, notaire.

Fief : Lans.

Alliances : Perreault, Blondeau, Chastaing, etc.

GONDIN (de). — Armes :

François-Scipion de Gondin, dit Malleville, religieux de l'abbaye de Tournus en 1621, fut nommé chanoine après la sécularisation.

GONDY (de). — Armes : *D'or à 2 masses d'armes de sable, passées en sautoir, les manches en bas, les poignées réunies par un lien de gueules* (Steyert).

Dans la seconde moitié du xvi⁰ siècle, Albert de Gondy, comte de Retz, et Claude-Catherine de Clermont, sa femme, vendent à Philibert Bureteau les terres et seigneuries de Vers et du Chêne (Jugy) (Arch. S.-et-L.).

Fiefs : Gergy-en-Chalonnais, Layer, Vers, Le Chêne, etc.

GONNET. — Armes : *D'azur à un cœur d'or soutenu d'un croissant d'argent* (D'Hozier).

Charles Gonnet, avocat en Parlement, époux de Marie-Josèphe Evrard, eut un fils, Claude-Marie Gonnet, époux d'Elisabeth Coudery, en 1756.

Antoine Gonnet, prêtre, chanoine de Saint-Philibert de Tournus, administrateur de l'hôpital, mourut en 1751. Claude-Marie Gonet était notaire à Romenay en 1784. François Gonet, bourgeois de Saint-Julien-sur-Reyssouze, en 1698, portait les armes ci-dessus décrites.

GORGEDEY (de). — Armes :

Guillaume de Gorgedey était, en 1448, châtelain de La Colonne et, en 1473, receveur de la châtellenie de Brancion (Crépet).

GORMET.

Antoine Gormet, prêtre, demi-chanoine de l'abbaye de Tournus, est nommé chapelain de la chapelle Saint-Jean, en l'église de Sainte-Madeleine, en 1721.

GORREMOD. — Armes :

En 1483, Jean Gorremod fait hommage à l'abbé de Tournus de deux parties de pré, sis à Uchizy.

GORREMONT, *al.* **GORMOND.** — Armes :

Jean Gorremont était receveur du Mâconnais, capitaine de Tournus en 1451, marié à Jacquette de Trézettes.

En 1479 (10 novembre), Jehan de Gormond acquit la seigneurie de La Grange (Extrait de l'*Inventaire-Couchain*, S.-et-L., H 191).

GORREVOD (DE). — ARMES : *D'azur au chevron d'or* (Guichenon) ; al. : *écartelé aux 2 et 3 de gueules, à la fasce d'argent, à la bande d'azur chargée de 3 fleurs de lys d'or, brochant sur le tout, qui est de Rivoire* (La Chesnaye-Desbois).

En 1512, un seigneur de Gorrevod était possessionné à Cortevaix et à Chazault. Claude-Philiberte de Gorrevod, dame de Cornon et de Lissiat, était, en 1645, veuve de François de La Roche, baron dudit, seigneur de Cornon, Lissiat, Villard-Chapelle.

Famille titrée : ducs de Pont-de-Vaux, marquis de Marnay, princes du Saint-Empire, remontant à Guy de Gorrevod, chevalier, seigneur dudit, vivant en 1180. La branche aînée s'éteignit au début du XVIe siècle ; celle des puînés forma les comtes de Pont-de-Vaux, les vicomtes de Salins, les barons de Marnay et de Montanay.

GOSSIÉ.

En 1458, Gossié, moine de Tournus, est cité dans un acte de rachat au profit de Hugues Patard, *alias* Bert de Vers (P. Brunet l'Ancien).

GOURDON (DE). — ARMES : *D'azur au chevron d'argent, accompagné de 3 gourdes*, al. *calebasses d'or* (Cf. Comte de Soultrait, *Armorial Nivernais* et Chevillard).

Antoine-Jean de Gourdon, chevalier, conseiller du roi, ancien capitaine au régiment du Boulonnais, marié en 1767 à Marie-Huguette Canat de Chavy, mourut à Tournus en 1785. Il était fils de Jean-Baptiste de Gourdon, chevalier et conseiller au Grand Conseil, et de Marie-Constance-Adélaïde Chevalier (Arch. Tournus).

GOYET.

Claude Goyet, prêtre du diocèse de Mâcon, est nommé demi-chanoine de l'abbaye de Tournus en 1749.

On trouve de ce nom une famille très ancienne du notariat de Nantua. Jean Goyet, Goyeti, était clerc-notaire en 1445. Pierre Goyet fut le 46e prieur de l'abbaye de Nantua de 1584 à 1602 (Révérend du Mesnil).

GRAND. — ARMES :

Nicolas Grand, procureur au bailliage de Chalon (1613), acquiert de René d'Amoncourt le droit de dîme de Varennes-le-Grand (1619) (Arch. S.-et-L.).

GRAND DE CHATEAUNEUF. — Voir DE CHATEAUNEUF.

GRANDJEAN. — ARMES :

Famille bienfaitrice de l'église de Saint-Gengoux. En 1633, Anne Grandjean était veuve de Jean de La Franchise. Vers 1700, N. Grandjean, procureur fiscal à Saint-Loup, portait : *de sable à un lion d'or* (D'Hozier).

GRASSOT.

Philibert Grassot fut vicaire de la Madeleine après avoir été curé
du Villars en 1804, il mourut en 1845.

GRANT. — Armes :

Jean Grant, seigneur de Branges et de Saint-Amour, fut capitaine de
Tournus en 1451.

GRATAY (de). — Armes :

En 1269, Poncet, héritier d'Acharie de Gratay, était feudataire de
l'abbaye de Tournus à Gratay (*Livre des Hommages*).

Au mois de mars 1271, Ponce de Gratay, *de Grateil*, prend en fief de
Jean de Montbellet, abbé de Tournus, ce qu'il possède à Gratay, provenant de la succession de son oncle, Achard de Gratay, excepté le
manse de *La Bussière*, le manse *Torti Peliperii*, et ce qui est du fief de
l'évêque de Mâcon et du fief du seigneur de Brancion ; Ponce de Gratay
reçoit vingt-cinq livres tournois des religieux de Tournus ; sa femme,
Rosa, fille de feu Landric de Brancion, chevalier, approuve cette prise
de fief.

Rosa, fille de feu Landric de Brancion, chevalier, et veuve de Ponce
de Gratay, écuyer, donne, au mois d'août 1284, à Guy de Brancion,
chanoine de Saint-Pierre de Mâcon et obédiencier d'Ozenay, pour ladite
église de Saint-Pierre, tout ce quelle a ou peut avoir dans le partage du
moulin de Rosey, sis à Ozenay, sur la rivière de Natouze, *super fluvium
Nathose*, six sols parisis de rente annuelle que dame Acalide, sa sœur, lui
a assignés sur le même moulin de Rosey, et la quatrième partie du clos
de Gratey, appelé le *clos ès Viereaus* ; pour cette donation, le chanoine
Guy de Brancion, ou celui qui tiendra l'obédience d'Ozenay au moment
de la mort de dame Rosa, sera tenu d'inhumer cette dame soit à Mâcon,
soit à Ozenay, avec le cérémonial usité pour les obsèques des femmes de
condition noble ; et chaque année on célébrera deux anniversaires dans
l'église de Saint-Pierre de Mâcon : l'un pour le salut des âmes de Rosa,
de Guy de Brancion et de leurs prédécesseurs ; l'autre pour le repos de
l'âme de Ponce de Gratay ; les religieux de Saint-Pierre recevront
dix sols parisis pour la célébration de ces deux anniversaires (Archives
du château de Champgrenon, près Mâcon. — L. Bazin, *Brancion*).

GRÉGOIRE. — Armes :

En 1108, Bernard Grégoire était chambrier, et Guillaume Grégoire
prieur de l'abbaye de Tournus.

GREMELIN. — Ecusson : *I. G. accompagné en chef d'un raisin avec ses feuilles et en pointe d'une doloire* (Pierre sculptée sur une maison à Beau-regard, Tournus).

Jacques Gremelin, marchand de Tournus en 1619, fit construire ladite
maison. En 1616, Pierrette Gremelin épousa Jean Chaulmont notaire
et procureur à Tournus.

GRENELLE. — ARMES : *D'argent à un chevron d'azur, accompagné en pointe d'une grenade tigée et feuillée au naturel, au chef de gueules chargé d'un lion léopardé d'or* (D'Hozier).

Famille bourgeoise et noble de Tournus, où vivait en 1580, Humbert Grenelle. Gratien Grenelle, conseiller du roi, notaire à Tournus, grénetier au grenier à sel, acquit après 1580 la seigneurie de Pimont. Jean Grenelle, son fils, élu en l'élection du Mâconnais (1628), grénetier pour le roi à Tournus (1636), mourut en 1660.

Fiefs : Pimont, La Grange.

Alliances : Drelon, Quarré, Perceval, Angély, Mabire, Roch, Verjus, Tondut de La Balmondière, Larme, Uchard des Gadrossons, Compagnot, de Borstel, de La Barmondière, Aubel.

GRENOT (DE). — Voir DE FRANC et DE LAVAUR.

GRIBALDI (DE). — ARMES : *D'azur au sautoir, ou croix de Saint-André, ancré d'or* (Rivoire de La Bâtie).

Messire André de Gribaldi, comte souverain de Buet, baron de Massoult, époux de Anne de Saulx-Tavannes, achète, en 1604, la seigneurie de Cruzille, en Mâconnais.

Guichenon donne la filiation de cette très ancienne famille des seigneurs de Farges, au pays de Gex, depuis Theobaldo Gribaldi, vivant en 814 à Chieri (Italie).

GRIBOUT. — ARMES :

Jean Gribout était moine de La Ferté en 1399.

GRILLET. — ARMES :

En 1593, Joachim Grillet est châtelain de Vérizet.

GRILLET (DE). — ARMES : *De gueules à la fasce ondée d'or, au lion léopardé passant en chef d'argent et à trois besants aussi d'argent en pointe* (Palliot).

Albert de Grillet, avant 1640, fut prieur du Villars, sans être lié aux ordres sacrés, chanoine de N.-D. de Paris, prieur, seigneur de Maliscorne-en-Anjou, d'Innimont en Bugey, abbé de la Chassagne en Dombes. Devenu comte de Saint-Trivier à la mort de son frère, il épousa Péronnelle-Claude d'Albon.

Selon Guichenon, Guichard et André Grillet furent anoblis en 1500, par le duc de Savoie. La Chesnaye les dit originaires de Quiers en Piémont.

Fiefs : Saint-Trivier, Brissac, Bessy.

GRIMOUD, *al.* **GRIMAUD.** — ARMES : *D'azur à la fasce d'argent, accompagnée de 3 étoiles d'or* (Chevillard).

. Thomas Grimoud était procureur des habitants de Tournus en 1474. Pierre, capitaine de la ville en 1508; c'est cette famille qui aurait donné son nom au fief de La Grange.

GRIPIÈRE DE MONTCROC. — ARMES : *De gueules à la croix d'argent, cantonnée de quatre molettes d'éperon d'or* (Chevillard).

Famille qui possédait le fief de Colmont, en Normandie, au xvie siècle, où elle prit le nom du fief de Montcroc, *al.* Mont-Croq ; elle revint au xviiie siècle en Bourgogne.

Chevillard donne la généalogie de cette famille depuis Tassin de Gripière, seigneur de Colmont, jusqu'au fils de Louis-Gaston Gripière, seigneur de Montsimon, qui habitait Tournus, et prit part au combat du 23 janvier 1814, où il se signala (V. *Répertoire*).

GROLÉE (de). — ARMES : *Gironné d'or et de sable de huit pièces* (Palliot).

Ceux du Dauphiné portaient : *gironné d'argent et de sable* (Palliot).

Et la branche d'Oncieux brisait : *les deux girons de sable du chef et de la pointe chargés chacun d'une étoile d'argent* (D'Hozier).

Vers 1430, Humbert de Grolée était bailli de Saint-Gengoux. Il portait le titre nominal de bailli de Mâcon (La Bussière).

La maison de Grolée est originaire du Bugey, au château de ce nom, c'est l'une des plus illustres et des plus anciennes de cette province.

Jacques, seigneur de Grolée, était sénéchal de Lyon en 1180.

Fiefs : Oncieux, Groslée, Lhuis, Mépieu-Veracieu (peut-être Versailleux), Montellier (en partie), Neyrieu, Champagne, Lhuirieu.

Alliances : de Viviers, de Palagnin, de Chiel.

GROBOIS (de). — ARMES : *D'azur au lion d'or tenant une épée d'argent* (Steyert).

Hugonin de Grosbois et Clémence Blanchon, sa femme, en 1317, habitants de Beaune, se donnent eux et leurs biens à l'abbaye de La Ferté (Arch. S.-et-L.).

GROS. — ARMES : V. Brancion.

En 1200, Guillaume Gros fut bienfaiteur de l'abbaye de La Ferté-sur-Grosne (Arch. de S.-et-L., H 26).

GRUMEL DE LA FAYETTE. — ARMES : *De gueules à la bande d'or, bordure de vair et contre-vair* (Guichenon).

Au xviiie siècle Antoinette de Vincens épousa à Tournus Philippe Grumel de La Fayette.

Les La Fayette, barons de Hautefeuille, portaient les armes ci-dessus décrites.

GUERBAUD. — ARMES :

En 1450, noble Colas Guerbaud était feudataire de l'abbaye de Tournus à Leynes (*Livre des Hommages*).

GUÉRIGNON (de). — ARMES : *De ...... au chevron de ...... accompagné en chef de deux quintefeuilles, et en pointe d'une hure de sanglier arrachée* (P. tomb. Abbaye Tournus).

André de Guérignon, ancien maître des comptes de Chambéry, mourut en 1720 et fut enterré en l'église de Saint-Philibert.

GUÉRIN. — Armes : *D'azur à un chevron d'or, accompagné en chef de deux glands tigés et feuillés du même, et en pointe d'une couleuvre tortillée en rond et mordant sa queue du même* (D'Hozier).

Famille originaire de Tournus, connue dès le xvie siècle, où Albert Guérin vivait en 1574. Son frère, Claude, épousa N. Tamisier, sœur du poète. Jean et Abel Guérin furent capitaines à Tournus au xviie siècle.

Cette famille paraît s'être anoblie en la personne de Gabriel Guérin, secrétaire du roi près le Parlement de Besançon en 1718. Il prit les armes ci-dessus décrites.

Alliances : Tamisier, Bureteau, de Vouldry, *al.* du Vouldry-Jacquet, de Poncelet, d'Ambronay, Corlin, Vatron (V. *Répertoire*).

GUEURCE (de). — Armes : *Parti de gueules à la bande d'argent, accompagnée de 3 étoiles d'or, qui est de Poncelet, et d'azur au lion rampant d'or armé et lampassé du même*, qui est de Gulces ou Geurce (Juénin).

Jeanne de Gueurce, femme d'Antoine de Poncelet, fut enterrée à l'abbaye en 1633.

Famille originaire de Marcilly-la-Gueurce, en Charollais.

GUIBERT (de). — Armes :

Dom François de Guibert fut procureur et cellérier à l'abbaye de La Ferté en 1781.

GUICHENON. — Armes : *De gueules au sautoir d'or, engoulé de quatre têtes de léopard mouvantes des angles, chargé au cœur d'une autre tête de léopard du champ* (Papillon).

Jean Guichenon était chanoine de l'abbaye de Tournus en 1627.

En 1598, Philiberte Guichenon était mariée à Tournus avec Jean Dambronay, maître cordonnier de la ville.

Grégoire Guichenon, médecin à Châtillon-sur-Chalaronne, vivait en 1595 ; un de ses fils, Samuel Guichenon, né en 1607, fut le célèbre auteur de l'*Histoire de Bresse et de Bugey*, mort en 1664.

Alliances : Crochet, Gallet.

GUIFREY.

Vers 1304, Jean Guifrey était possessionné à Plottes, d'une maison provenant de Jean de Cortiambles.

GUILLAUME.

En 1329, Guillaume rend hommage à l'abbé de Tournus d'un vernay et la sixième partie des terres appelées des Essartiers.

Au xiie siècle, Guillaume, moine de La Ferté, signe comme témoin d'un acte relatif à la donation du moulin de Raveneaul.

GUILLIN D'AVENAS (de). — Armes anciennes : *De gueules à 4 flèches mises en giron d'argent* (Steyert). — Armes modernes : *Aux 1 et 4 coupé d'argent et de sable, au lion de l'un en l'autre ; aux 2 et 3 de Guillin d'Avenas ancien.*

Robert Guillin d'Avenas (1804-1888) fut juge de paix à Tournus de 1853 à 1861 ; il eut un fils, Camille, marié à Claire Humbert, dont René, tué en 1915. Ce dernier avait épousé N. de Bonfils, veuve de N. de Caumont.

Famille originaire d'Avenas en Beaujolais, dont la filiation s'établit depuis le xvie siècle.

Alliances : Humbert, de Bonfils.

GUILLON. — Armes :

En 1380, Barthélemy Guillon, de Mâcon, était châtelain de Brancion.

GUILLOS (de). — Armes : *D'argent à la bande de sable, accostée de 2 cotices du même* (Juénin).

Philibert de Guillos, sacristain de l'abbaye de Tournus, mourut en 1602.

GUINCHAY (de). — Armes :

En 1277, Giles de Guinchay était feudataire de l'abbaye de Tournus pour sa maison de Bourgchanin à La Chapelle de Guinchay (*Livre des Hommages*).

GUITTARD. — Armes :

Etienne Guittard, sous-prieur et chambrier de l'abbaye de Tournus en 1447, vivait encore en 1462.

On trouve, en 1400, un Roger Guittard, possessionné en la paroisse de Saint-Martin-des-Plains, diocèse de Clermont.

Guistard, en Forez, au xve siècle, portait : *d'or au lion de gueules* (Steyert).

GUYET. — Armes : *D'azur à 2 chevrons d'or soutenus d'un croissant d'argent en pointe* (D'Hozier, Chevillard).

En 1683, François Guyet, seigneur de La Faye, achète la seigneurie de La Villeneuve et La Truchère, dont la vente fut annulée par suite d'un retrait lignager (G. Jeanton). — A la fin du xviie siècle ce même François Guyet passe le bail du domaine de Laives.

Au commencement du xviiie siècle, François Guyet, chevalier, conseiller d'Etat, maître des requêtes ordinaires de l'Hôtel du roi et intendant des finances à Lyon, devint seigneur, baron, puis comte de Louhans, baron de Saint-Germain-du-Plain, marquis de Bantanges, seigneur et châtelain de Sagy, seigneur de Simandre et autres lieux. Il n'eut qu'une fille, Philiberte-Thérèse Guyet, qui épousa Jérôme, comte de Chamillard, maréchal des camps et armées du roi. Elle était veuve en 1741 et fut bienfaitrice de l'hôpital de Tournus. Elle décéda en 1774 (Arch. hôpital de Tournus).

Selon d'Arbaumont, cette famille paraît remonter à François Guyet, qualifié marchand, qui habitait Chalon-sur-Saône, au milieu du xvie siècle.

Fiefs : La Faye, Louhans, Saint-Germain-du-Plain, Sagy, Simandre, etc., marquisat de Bantanges, La Truchère.

Alliances : Laurent, Brigandet, Tapin, de Frasans, Gagne de Perrigny, Quarré, de Chamillard.

GUYOT, *al.* GUIOT. — Armes : *De gueules à la bande d'argent, accom·pagnée de 6 besants de même, 3 en chef, 3 en pointe* (Guichenon).

Steyert blasonne 6 *billettes*.

Geoffroy Guiot était, en 1385, sacristain de l'abbaye de Tournus.

Une famille du nom de Guyot est originaire de Bourg où Estjenne Guyot est qualifié de damoiseau dès 1300. Geoffroy, Jean et Etienne Guyot, frères, firent hommage au comte de Savoie, en 1323, pour le fief de La Garde, dont ils prirent le nom (Révérend Du Mesnil).

GUYOT-DEZARAINE. — Armes : *De sinople à un lion rampant d'or, appuyant sa patte gauche sur un tambour sur son cul d'argent, le lion percé d'outre en outre d'une lance en barre d'or, au bout de laquelle il y a un étendard attaché du même* (D'Hozier).

Ancienne et notable famille de Tournus. Jean-Louis Guyot-Dezaraine, premier maire perpétuel de la ville, avocat en Parlement, conseiller du roi, mourut à Tournus en 1709.

Alliances : Paulmier, Bret, Paccard, Clerguet, etc.

GUYTAUD.

Etienne Guitaud était sous-prieur de l'abbaye de Tournus, vers 1450. Il paraît dans un acte de rachat au profit de Hugues Patard, de Vers.

HARAUCOURT (de). — Armes : *D'argent au lion de sable* (Guichenon); al. : *d'or à la croix de gueules, au franc-quartier d'argent, chargé d'un lion de sable armé et lampassé d'or* (La Chesnaye-Desbois).

Girard de Haraucourt, moine de Tournus en 1495, chantre en 1525, puis cellérier, devint, en 1531, abbé du Miroir, mais conserva l'office de cellérier.

Cette maison, une des quatre de l'ancienne chevalerie de Lorraine, tire son nom du château de Haraucourt, à huit kilomètres de Nancy. Jean de Haraucourt vivait en 1128 et épousa Jeanne de Lorraine. Notre religieux était fils de Pierre de Haraucourt, 4e fils de Gérard IIIe du nom et de Catherine de Chaufour. Pierre, seigneur de Chauvirey-Saulx et Vauconcourt, en Franche-Comté, épousa Claude, fille d'Antoine, seigneur de Rey, chambellan du duc de Bourgogne (La Chesnaye-Desbois).

HARENC (de). — Armes : *D'azur à 5 croissants d'argent, posés en bande.* (Le Laboureur) ; al. : *d'azur à 3 croissants mis en bande d'or* (Steyert).

Joseph-Marie de Harenc de La Condamine, chanoine de Saint-Philibert de Tournus, mourut en 1773. — Jeanne, fille de noble Aymon d'Arenc, seigneur de La Condamine, épousa, en 1563, Antoine de Salemat.

HAULVAS (de), *al.* d'HAVAS. — Armes :

Antoine de Haulvas était marié, après 1541, à Françoise de Jordanne, *prévôte* de Brancion. On trouve, en 1555, un Jean d'Havas, possessionné à Lessard-le-Royal.

HAUTEVILLE (d').

Nicolas d'Hauteville, prêtre du diocèse de Mâcon, produit ses lettres de gradué sur l'abbaye de Tournus en 1737.

HÉNIN-LIÉTARD (d'). — Armes : *De gueules à la bande d'or.*

Au xviiie siècle, la famille d'Hénin-Liétard possédait le fief de La Rochette, près Saint-Gengoux-le-Royal, qui fut érigé en comté.

Illustre maison originaire de Flandre, dont une branche vint s'établir en Bourgogne au commencement du xviie siècle.

Fiefs : La Rochette, Saint-Maurice, Saint-Martin-du-Tartre, Saules, Collongette, Vincelles.

HÉRAN. — Armes :

Au début du xviie siècle, Urbain Héran est capitaine et bourgeois de Romenay. A la même époque on trouve Claude-François Héran, prêtre, chapelain de la chapelle Saint-Michel et Saint-Sébastien en l'église de Romenay, curé de La Genète (Arch. S.-et-L.).

HERVÉ de LAVAUR. — Armes :

Jean-François Hervé, entreposeur des Tabacs de la Ferme générale à Nantua, puis à Vierzon, vint habiter Tournus à l'époque révolutionnaire. Son fils Jean, né en 1773, fut percepteur de la ville, où il épousa, en l'an IV, Etiennette-Marie-Henriette de Lavaur, d'où Jacques-François, qui fut autorisé par jugement du tribunal de Mâcon, en 1862, à s'appeler Hervé de Lavaur.

Alliances : Soulier, de Lavaur, Ternisien, Coulon, Marquet, Boulard de Plainval, Bernard de Jandin.

HUGAND. — Armes : *Coupé en chef, de ...... au lion de ...... ; en pointe de ...... à trois coquilles* (Pierres tombales de Saint-Philibert).

François Hugand était aumônier de l'abbaye de Tournus en 1627 ; il en devint le trésorier après la sécularisation et fut premier doyen en 1637 ; il décéda en 1657. Il était fils de Claude Hugand, bourgeois de Mâcon, fermier de la terre épiscopale de Farges (1637).

En 1508, Guillaume Hugand était échevin et receveur de Mâcon ; Hector y était commissaire contrôleur de l'Election en 1570.

HUGO. — Armes : *D'azur à deux chevrons entrelacés d'or, l'un des deux renversés, et un coq du même posé en chef* (D'Hozier).

Famille de marchands bourgeois de Tournus au xviie siècle. Pierre Hugo, curé de Lux (archiprêtré de Tournus), portait les armes ci-dessus décrites.

HUGONNET, *al.* HUGONEAUL, HUGUENEAU. — Armes : *Vairé d'or et d'azur, à une bande de gueules brochant sur le tout* (Guichenon, Palliot).

En 1494, Claude Hugoneaul était châtelain de Brancion (Courtépée, t. V), et en 1530 Jean lui avait succédé dans cette charge.

Au xve siècle, Guillaume Hugonnet, chevalier, seigneur d'Epoisse, vicomte d'Ipres, chancelier de Bourgogne, époux de Louise Layé, marie sa fille Louise à François de Rochebaron, seigneur de Berzé, auquel elle apporta le fief de Lys (Arcelin). Il laissa deux enfants qui quittèrent le nom d'Hugonnet et retinrent celui de SAILLANT, fief du Charollais, dans la paroisse de Viry (B. et d'Arbaumont).

Famille bourgeoise originaire du Mâconnais. Pierre Hugonnet était échevin de Mâcon en 1439, où Etienne, son frère, fut évêque depuis 1450. (V. Saint-Julien de Baleure).

En 1473, Philibert Hugonnet est cardinal, évêque de Mâcon, abbé commendataire de l'abbaye Saint-Pierre-les-Châlon (Arch. S.-et-L., E 856).

Hugonnet, chancelier de Bourgogne, et *Hugonnet-Saillans* (1439), échevin de Mâcon, portaient les armes ci-dessus décrites.

Fiefs : Saillant-Lys, Cruzilles, Epoisses, Mildebourg, Ardembourg, Ypres (vicomté), Torcy, Pouligny, Vic-de-Chassenay, Montpont, Loys-sur-le-Doubs.

Alliances : de Layé ou de Lays, de Lemps, de Hames, de Messye, de Rochebaron, de Traves, de Bulleux, de Nauton, de Montpont, de Baissey, de Moisy, de La Borderie (V. Arcelin pour généalogie).

HUGUES.

En 1151, Hugues fut sacristain de Tournus ; en 1207, Hugues était chambrier de Tournus et, en 1215, un autre Hugues prieur de Grevilly.

En 1258, l'abbé Renaud reçut hommage de Hugue, mari d'Isabelle, pour l'office de maréchal de l'abbaye. Cette Isabelle prétendait que cet office était héréditaire et avait été possédé pendant plus de trente ans par son père, Joceran et Ponce, son aïeul (Juénin, p. 163).

HUMBERT (D'). — ARMES :

Mathieu d'Humbert, capitaine au régiment de « Coupos », puis à celui du Maine, chevalier de Saint-Louis, fils de Joseph d'Humbert, avocat en Parlement, lieutenant-gouverneur du château de Queyras, épousa en 1714 à Tournus, Didière-Augustine Le Thenet (V. *Répertoire*).

Famille noble paraissant originaire d'Embrum.

Alliances : Depierre de Lafarge, Sainte-Avoye.

HUMBERT. — ARMES : *D'azur à deux lions affrontés d'or, n'ayant qu'une seule tête à eux deux* ; al. : *d'azur à deux léopards lionnés, affrontés, d'or, n'ayant qu'une tête pour les deux*. La branche parlementaire a porté le *champ de gueules, chargé d'une étoile d'argent en pointe comme brisure* (Arch. de la famille).

Jean-Marie-Albert Quarré de Verneuil épousa, en 1874, Marie, fille de Charles Humbert, conseiller général de la Côte-d'Or, laquelle habite actuellement en son château à Venières.

Famille d'ancienne noblesse de Bourgogne, dont la filiation est connue depuis le xvie siècle, et qui a fourni de nombreux magistrats au parlement de Dijon.

Alliances : Gaveau, Le Clerc, Benoist, Gabillot, Boussard de la Chapelle, Vérollat de Lignères, Rigoley, Joudy, Ducrest, Droulsin, du Parc, Reygondo du Châtenet (Arch. de la famille).

HUMBLOT-CONTÉ. — Armes : *D'argent à trois bandes de gueules ; au chef d'azur, chargé de trois roses d'or* (Steyert).

Arnould Humblot-Conté, député de Saône-et-Loire de 1820 à 1824, puis de 1827 à 1828, conseiller général de 1829 à 1833, manufacturier, propriétaire et maire de Saint-Ambreuil, pair de France, décéda à Chalon en 1845. C'est lui qui avait acheté pendant la Révolution l'abbaye de La Ferté-sur-Grosne.

HUNIÈRES D'ENFRY (d'). — Armes : *D'argent fretté de sable* (Tardieu, *Dictionnaire des familles d'Auvergne*).

Marie-Marguerite d'Hunières d'Enfry testa en 1721 dans sa maison de Tournus, sise rue Saint-André.

HUVÉ. — Armes :

En 1825, Jean-Jacques-Marie Huvé, architecte du roi, membre de l'Académie des Beaux-Arts et de l'Institut, époux de Cécile Caillat, achète la seigneurie de L'Epervière (Crépet).

IMBERT. — Armes :

Etienne Imbert fut curé de Beaumont en 1672 (Archives S.-et-L. E 1385), puis de Chapaize en 1690.

Luc Imbert, praticien en la ville de Bourg (1692), portait les armes suivantes : *de sable à une fasce d'argent, accompagnée en chef d'un casque d'or, et en pointe d'un dauphin du même* (D'Hozier).

INTEVILLE (d'). — Armes : *De sable à deux léopards d'or, passant l'un sur l'autre* (Guichenon).

En 1470, Claude d'Inteville était abbé de La Ferté.

Jean d'Inteville fut bailli de Dijon en 1327.

JACOB. — Armes : *Ecu chargé de trois coquilles* (Pierres tombales de l'abbaye de Tournus).

Guillaume Jacob, prieur de Loudun, moine de Tournus, y décéda en 1350.

Au milieu du xiie siècle, Guillaume Jacob, du Mont-Saint-Vincent, sa femme Ermengarde et leurs fils, Guillaume et Pierre, donnent à l'abbaye de La Ferté ce qu'ils possèdent à Villeneuve (L. Bazin).

JALIGNY (de). — Armes :

Guillaume de Jaligny, xive abbé de Tournus (1056-1061), était de la famille de Mercœur, neveu de Saint-Odilon et frère de Falcon de Jaligny, seigneur sans doute de Jaligny en Bourbonnais, ce dernier donna, en 1056, au monastère de Tournus, tout ce qu'il possédait en la « terre et l'église de Trésel » (près Jaligny, Allier).

En 1059, l'abbé de Jaligny était chevalier d'honneur de la confrérie de Saint-Georges, établie à Mancey (église), que le roi Henri Ier venait de donner au monastère de Tournus (Juénin).

JANLEY. — Armes :

En 1407, Huguette de Janley, dame de Saint-Loup de Varennes et Varennes en partie, traite avec Jean de Lavernoys, *alias* de Beaune, moine et procureur de La Ferté (Arch. de La Ferté, série H).

JANLY, *al.* GENLIS (de). — Armes : *D'azur à la fasce d'argent, accompagnée de trois quintefeuilles du même* (Palliot, B. et d'Arbaumont).

Hugues de Janly, chevalier, s'engagea pour la rançon du roi Jean en 1359.

En 1487, Antoine de Janly, seigneur de Verchizy, hérita de sa mère, Jeanne de Mâlin, des fiefs d'Irley, à Lux.

Fiefs : Genlis, anciennement Janly, Saulon-la-Chapelle, Uchey, Montille, Dracy-les-Viteaux (en franc-alleu), Verchizy, Marcilly-les-Nonnains, Magny-la-Ville près Semur, Lays, Irlley, Varennes, Saint-Loup.

Alliances : Vaux, Mâlain, Balay, Sercey, Senevoy, Le Fèvre, d'Amoncourt (B. et d'Arbaumont).

JANOT. — Armes :

Antoine Janot, ingénieur des Ponts et Chaussées, fut l'auteur du plan du quai de Tournus, en 1806. Sa fille, Jeanne, avait épousé, en 1780, Claude Burard, procureur aux cours royales de Dijon (Arch. S.-et-L., B. 1586).

JAY, *al.* LE JAY. — Armes : *D'azur à un pal d'argent, chargé d'un croissant de sinople* (D'Hozier).

Famille originaire de Tournus, où vivait, en 1640, Claude Jay, bourgeois. Son fils, Jean, vint s'établir à Mâcon, où il fut élu en l'Élection et portait les armes ci-dessus décrites.

Un autre règlement d'armoiries, pour Philiberte Le Jay, porte : *de gueules à trois bandes d'or* (D'Hozier et Arcelin).

En 1668, Claude Jay était notaire public à Romenay, et procureur au même lieu en 1681 (Arch. S.-et-L., E 187 et 1239). Salomon Le Jay, conseiller du roi en 1714, avait épousé Marie Desbois.

Alliances : Fichet, Deville, Lore, Chesnard, Bureteau, Chrestien, Desbois de Coizeau, Duvernay, Dubois, Maillard, Marpaud, Philibert, Loie, Corlin, Larcher, Fichet, Regnard, Guigue.

JEANDET.

Jean-François Jeandet, chanoine de Saint-Philibert de Tournus en 1670, mourut en 1689 et légua une partie de ses biens à la Charité.

JEANTON, *al.* JANTON. — Armes : *D'or à une bande d'azur chargée de trois demi-vols d'argent* (D'Hozier).

Famille de marchands de Lyon, originaire du Dauphiné, dont : Pierre et Jean (1697) qui portaient les armes ci-dessus décrites.

Une branche s'établit en Forez au xviiie siècle, et portait de même.

La famille Jeanton, de Tournus, établie en Mâconnais au xviie siècle et en cette ville au xviiie siècle, est également originaire de Lyon.(V. *Répertoire*).

JOANIN.

En 1329, Roger Joanin, *seigneur de Bellenaud, fait hommage au seigneur abbé de Tournus de ses biens de Saint-Pourcin et Brevilly, ainsi que de sa maison de Bessot.*

JOLEAU, *al.* JOLLEAU. — Armes :

Claude Joleau, du diocèse d'Autun, fut chanoine de Tournus en 1693.

En 1663, Jean-Baptiste Joleau était seigneur des Forges et de La Tour.

Une famille de ce nom, de noblesse de robe, existait en Charollais, Archambaud-Thomas Joleaud était châtelain et prévôt de ce comté, vers 1748 (Arch. S.-et-L., B 648).

Jolleau de Saint-Maurice, en Lyonnais, portait : *d'azur au chevron d'or, accompagné en pointe d'un croissant d'argent ; au chef cousu de gueules chargé de trois étoiles d'argent* (Steyert).

JOLIVET.

En 1349, Guiot Jolivet fait hommage à l'abbaye de Tournus de tout le droit qu'il avait au dîme de Chapeaux et, en 1486, Blaise Jolivet et Benoît, son fils, avec quelques habitants de Chapeaux, donnent à l'abbé de Tournus certaine quantité d'argent et de blé.

JOLY. — Armes : *D'azur au chevron d'or, accompagné en chef de deux étoiles de même et en pointe d'un croissant d'argent sommé d'une tête d'enfant du même* (Pierres tombales de l'église Saint-Vincent de Chalon).

En 1470, Claude Joly est clerc, puis prêtre et curé de Champlieu, notaire public et coadjuteur du tabellion de Chalon.

Adam Joly, avocat à Chalon-sur-Saône, en 1638, était à la même époque capitaine châtelain de La Colonne, à Gigny (Crépet).

De cette famille chalonnaise, on trouve aux xvie et xviie siècles, des notaires, des procureurs au bailliage, des chanoines, un maire de Chalon, etc. (Voir *Pierres tombales de Saint-Vincent de Chalon*).

Fiefs : Bévy, Chaintré, Saint-Amour, Bovillon.

Alliances : de Thésut, Guyet, Mallond, Margand, Catherine, Demucie.

JOLY de FLEURY. — Armes : *D'azur à un lys naturel d'argent ; au chef d'or chargé d'une croix passée de sable.* Quelques branches ont ajouté à cet écu un *écartelé d'azur à un léopard d'or, armé de gueules* (B. et d'Arbaumont).

En 1780, Guillaume-François-Louis Joly de Fleury reçoit, par lettres-patentes de Louis XVI, la terre de Droux.

Cette famille, considérable par ses alliances et les charges de robe qu'elle a occupées, remonte à Demongeot Joly, qui habitait Nuits vers la fin du xive siècle et devint en 1410 lieutenant du bailli de Dijon.

Fiefs : Morges, Montmançon, Drambon, La Grange-du-Pré, Velogny (en partie), la mairie d'Heuilly, Ecutigny.

Alliances : Demongeot, Champagne, Verne, Rozerot, Crestin, Le Belin, Arlay, Clopin, Perraud, Joly de Bévy, Malpois, Fourneret, Compasseur, Bossuet, Pouffier, Cormeau, Bernard, Legouz, Fyot, Thézut (B. et d'Arbaumont).

JORDANNE (DE). — ARMES :

Au xvie siècle Aymé de Jordanne devint prévôt de Brancion par son mariage avec Pierrette de Digoine (Voir *Répertoire*).

JOTEMPS (DE). — Voir PERRAULT.

JUÉNIN. — ARMES : *D'azur à trois jonquilles d'argent, tigées et feuillées de sinople et posées 2 et 1 ; en pointe un croissant d'argent* (D'Hozier).

Pierre Juénin, chanoine et chantre de l'abbaye de Tournus, historien de cette ville, décédé en 1747, portait les armes ci-dessus décrites.

Famille originaire de Bresse. En 1697, Grégoire Juénin, notaire à Bourg, avait pour armes : *d'azur à un dextrochère d'or, tenant trois fleurs de narcisse d'argent*. A la même époque, Jean-Baptiste et Paul Juénin, procureurs au bailliage de Bresse, portaient : *d'azur à trois fleurs de narcisse d'argent, posées 2 et 1* (D'Hozier).

JUGET. — ARMES :

En 1374, Guienat Juget était capitaine châtelain de Brancion.

JULIEN. — ARMES : *D'or à un lion de gueules.*

Jean Julien, chanoine, trésorier, puis doyen de l'abbaye de Tournus en 1679, y décéda en 1722. Il portait les armes ci-dessus décrites.

Famille originaire de Pouilly-en-Auxois, qui remonte à Girard-Julien, écuyer, seigneur en partie de Vaubusin et de Frolois en 1370. Une branche s'établit en Chalonnais au commencement du xvie siècle (B. et d'Arbaumont).

En 1537, Edme Julien, écuyer, seigneur de Reclaine et La Chapelle sous-Brancion, conseiller du roi, épousa Guillemette de Cornet.

Julien en Chalonnais avait pour armes : *d'azur au lion d'or armé et lampassé de gueules* (P. Perry).

Fiefs : Reclaines, Verrey-sous-Salmaise, Villotte, Turcey, Clamerey, La Cosme, Arcenay, Chavannay, Collonges, Marcilly, La Chapelle-sous-Brancion, Verchizy.

Alliances : Carrière de Pons, Montmégin, Valon, Chamilly, Berbisey, Brocard, Martenne, Thésut, Baumont, Beuverand, Anchemant, David, Giraud, Girard, Perrin, du Cornet, Perrault, Mucie, Marlout, Tapin, Vittier, Bernard, de Blancey.

JULLY, *al.* JUILLY. — ARMES : *D'argent à la croix fleurdelysée de gueules* (Palliot).

En 1346, Guillaume de Jully, chevalier, était gruyer de la châtellenie de Brancion (H. Batault).

En 1304, Guyot de Jully était écuyer de Louis, fils du duc Robert II de Bourgogne (B. et d'Arbaumont).

KOLB DE SERVANCE. — ARMES :

Joseph-Marie Kolb de Servance était demi-chanoine de l'abbaye de Tournus en 1746 (Arch. du Bailliage).

LA BALME (DE). — ARMES : *De gueules à trois bandes d'argent, accompagnées de six besants du même, trois en chef et trois en pointe, posées en orle.* (Pierres tombales de l'abbaye de Tournus).

En 1489 Pierre de La Balme fut chambrier de la même abbaye.

En 1399, Henri de La Balme fut moine de Tournus.

En 1429, Philibert de La Balme était religieux de l'abbaye de Tournus (Juénin). Aymé de La Balme fut aumônier de cette même abbaye où il décéda en 1508 ; il était aussi prieur de Beauvoir et portait les armes ci-dessus décrites (Pierres tombales, abbaye de Tournus).

Maison du Bugey, qui remonte à Pierre de La Balme, seigneur du Tiret, vivant de 1300 à 1320, qui eut pour femme Béatrix d'Oncieux. La branche aînée s'éteignit vers la fin du xvᵉ siècle. La branche cadette possessionnée à Versox, l'Octave et Nercia, s'éteignit à la même époque dans les Fétans et les Roncherol (Révérend du Mesnil).

La Chesnaye-Desbois leur donne pour armes : *de gueules à la bande d'argent bordée d'or, accompagnée de six besants d'argent posés en orle.*

Fiefs : Versoy, L'Octave, Nercia, Blaudaus (partie).

Alliances : d'Oncieux, de Blandaus.

LA BALMONDIÈRE (TONDUT DE). — ARMES : *Ecartelé aux 1 et 4, contre-écartelé de gueules et d'argent à une rose de l'un en l'autre ; aux 2 et 3, d'argent à une bande d'azur, chargé de trois molettes d'éperon d'or, qui est de Tonduti ; et sur le tout, de gueules à la croix d'or* (Arcelin).

Famille mâconnaise originaire du comté de Nice, qui aurait pour tige Marc Tonduti, troisième fils issu du mariage contracté en 1476 par Antoine Tonduti, seigneur de Paliron, qui serait venu s'établir en Bresse. Philibert Tonduti obtint, en 1693, de convertir son nom en celui de la Balmondière.

Les Tondut de La Balmondière furent seigneurs de La Balmondière, Saint-André d'Huiriat et Saint-Vérand ; alliés aux Chesnard de Plottes, aux Grenelle de Pymont (xviiᵉ siècle).

LA BARRE (DE), *al.* **DELABARRE.** — ARMES :

Marguerite Delabarre épousa au xviiᵉ siècle François Sauvageot, conseiller du roi, grènetier au grenier à sel de Tournus, puis procureur fiscal. Elle fut une des bienfaitrices de l'hôpital de cette ville.

Les de La Barre, en Beaunois, avaient pour armes : *d'azur à une bande d'or.*

LA BARRE (DE). — ARMES : *D'argent à trois lions de sable, armés et lampassés d'or* (Vertot).

Noble Calais de La Barre, chevalier de l'ordre de Saint-Jean de Jérusalem, était commandeur de Chalon, Montbellet, Rougepont 1535-1555). (Jeanton, *La Commanderie du Temple Sainte-Catherine*).

LABASTIDE. — ARMES :

Au xviiie siècle, Dom Labastide est religieux en l'abbaye de La Ferté (Arch. S.-et-L., H. 53).

LA BAUME-MONTREVEL (DE). — ARMES : *D'or à la bande vivrée d'azur* (Guichenon).

En 1330, Guichard de La Baume, doyen de Tournus, vend à Galois de La Baume, son frère, une vigne située à Curciat (Arch. de l'Ain, E 149-150).

Jean de La Baume passe à Tournus, en 1420, un bail de tout ce qu'il possède en cette ville (Arch. de l'Ain, E 158).

Au xviie siècle, une branche de cette famille habitait Tournus. En 1697, Marguerite-Melchior de La Baume est nommée supérieure de la Charité, elle mourut en 1714 ; elle avait acquis différentes maisons qui furent démolies pour en faire la place connue aujourd'hui sous le nom de place Lacretelle.

Cette illustre famille, originaire de Bresse, est connue depuis le xiie siècle, où paraît Sigebald de La Baume, qui vivait en 1140. Le dernier connu fut Florent-Alexandre-Melchior de La Baume, comte de Montrevel, Brancion et Cruzille, baron de Lugny, Lessard, seigneur de Mercey, Chevigné, etc. (Arch. de Tournus, GG 57). Il fut condamné à mort en 1794.

Fiefs : Marboz, Challes, Lessard, Brancion, Montrevel, Lugny, Chevigné, L'Abergement, Chay, Asnières, Foissiat, Saint-Etienne-sur-Reyssouze, Cruzille, Nobles, Mercey, Genay, Lieffraus, Gevigney.

Alliances : Beauvoisin, de Trestondan, de Feurs, La Palu, Toulongeon, Gorrevod, Saint-Amour, Saulx-Tavannes, La Chambre, Beauregard, Allemant, Montmartin, Ligne, Agoult, du Châtelet, etc.

(Voir pour généalogie, Dunod de Charnage et Guichenon).

LA BLETONNIÈRE (DE), *al.* **LABLETONNIÈRE** (DE). — ARMES : *D'or à une ancre de sable* (D'Hozier).

Famille mâconnaise, qui posséda les fiefs d'Igé, de Satonnay, des Pierres et de Salornay. Elle fut alliée à Tournus à la famille Comte au xviie siècle.

En 1617, Antoine de Labletonnière était procureur du roi en la châtellenie de Saint-Gengoux (Arch. S. et L., E 370).

Fiefs : Igé, Azé, Verzé, Chevagny-les-Chevrières, Salornay, Sailly, Somméré, Blanot, Chissey, Varanges (Cortambert), Jalogny, Hurigny, Dommange, Satonnay.

Alliances : De Lamartine, Gaydon, Lefèvre, Culat, Chambre, Doret, Pollet, Petitjean, Conte, Albert, Laborier, Chesnard, Moisson, Foillard, Desvignes, Bourgeois, Bernard de La Vernette, Grenelle de Pymont.

LA BOCAUDE. — Armes :

Alix de La Bocaude, en 1295, fut religieuse à Lancharre (Arch. S.-et-L., H).

LA BOISSIÈRE (de). — Armes :

En 1620, fut baptisée, à Tournus, Antoinette, fille de Pierre de La Boissière, épinglier de Périgueux, et de Claude Arment, de Champagne (Arch. de Tournus, GG 105).

LA BOULAYE (BUISSON de). — Armes : *D'azur au chevron d'or accompagné en chef d'une étoile d'argent accostée de deux cloches du même ; et en pointe d'une branche de laurier au naturel* (Arch. de la famille).

Famille originaire de Valognes, en Normandie.

Jean-Baptiste-Antoine du Buisson de La Boulaye, né en 1781, commissaire de la marine, intendant de la maison du roi, député de l'Ain, épousa en 1809 Aloïse de La Chapelle, et vint se fixer en 1830 à Romenay, dans les propriétés de sa femme.

LA BOUTIÈRE (de). — Armes : *D'azur à une fasce d'or, accompagnée de trois croissants du même* (Palliot).

En 1615, Jean de La Boutière épouse Marguerite Baillet, qui lui apporte en dot une part de la terre de l'Epervière (Crépet), et en 1619 il acquiert l'autre part de l'Epervière et Gigny, de René d'Amoncourt et de Pernette de La Chambre, sa femme (Courtépée, t. V).

Cette famille est originaire du fief de la Boutière, commune de Chenôves, où vivait Hugon, puis Mathieu, son fils, 1328 (Crépet).

Fiefs : La Boutière, Chenôves, Chassagnes, L'Epervière, Gigny, La Colonne, Champagny, Le Chatel des Prés, Saint-Désert, La Verne, La Charme, Le Breuil, La Tour-de-Montaigu, La Chaume Chevigny, Magnieu, Fontaines, Morgeot.

Alliances : Le Maistre, de Senecey, du Blé, Franay, Chissey, Ferrières, Brenot, Saint-Clément, Buffereau, de Brienne.

LA BRETENIÈRE (de), *al.* BRETENIÈRES (de). — Armes :

De 1385 à 1406, Girard de Bretenière fut commandeur de Chalon et de ses membres, dont Montbellet et Rougepont.

Cette famille tire son nom du fief de Bretenières, diocèse de Chalon-sur-Saône, bailliage de Dijon.

LA BROCE (de). — Armes :

En 1349, Guillaume de la Broce reconnaît à l'abbé de Tournus de 7 quartes de seigle, 1 quarte d'orge, 12 sols 6 deniers de revenu sur les dîmes de Chapeaux (Auvergne).

LA BRUÈRE (de), *al.* LA BRUYÈRE (de). — Armes :

En l'an 1366, Jean de La Bruère, écuyer, tenait certains biens dans la châtellenie de Brancion.

Au XVe siècle, Pierre de La Bruyère, maître forestier du bois de Brancion (Crépet).

Le fief de La Bruyère (Igé) a donné son nom à une famille chevaleresque citée, dès le xie siècle, dans le cartulaire de Cluny et celui de Saint-Vincent de Mâcon (Perraud).

LA BUSSIÈRE (PERRUCHOT DE). — ARMES : *D'azur à la ruche d'or, accompagnée de trois abeilles du même, marquetées de sable, deux en chef, renversées, et une en pointe* (Jouve).

Cette famille qui remonte à Jean Estienne, dit Perruchot, époux de Claudine Suremain, vivant tous deux à Dijon en 1449, est actuellement représentée à Lyon (branche aînée) et à Bissy-sous-Uxelles (branche cadette).

LA CHAMBRE (DE). — ARMES : *D'azur semé de fleurs de lys d'or à la bande de gueules brochant* ; al. : *au bâton de gueules péri en bande* (Guichenon et Palliot).

En 1360, Hugues de La Chambre fut curé de Saint-André de Tournus.

Claude de La Chambre était, en 1422, seigneur d'Aix et de Meillonnas, baron de La Villeneuve et de La Truchère ; son père, Urbain, était seigneur de La Chambre, vicomte de Maurienne (G. Jeanton, *Hist. de Préty*, p. 109). En 1524, Philibert de La Chambre épousa Anne de Lugny, qui lui apporta la baronnie de Ruffey. Cette famille, originaire de Savoie, est connue depuis Richard, seigneur de La Chambre, vicomte de Maurienne, vivant en 1200 et marié : 1º à Hélène Dauphine, fille d'André de Bourgogne, dauphin de Viennois, comte d'Ablon ; 2º à Marie de Flandres. La maison de La Chambre s'éteignit en 1456 en celle de Seyssel, qui reprit son nom et ses armes (Révérend du Mesnil).

Fiefs : Verdun, Ruffey, Balosle, Dennevy, Bussy, La Villeneuve, La Truchère, Saint-Martin-en-Gatinois, Saint-Trivier en Dombes, Arinthod, Montfort, Cersot, La Chapelle-Villars, Branges, Beaumont, Nauton, Beaurepaire, Granges, La Cueille, Meximieux, Aix, Meillonnas, Savigny-en-Revermont, Saint-Boil, les Saugets, La Tour-de-Replonge, L'Epervier.

Alliances : De Seyssel, de Nanton, Damas, de Saint-Mauris, de Saxe, de Savoie, de Villars, de Roussillon, de Chalon, de Saluces, de La Rivière, de Boronat, d'Amoncourt, de Lugny, Maréchal, de Blye, de Corgenon, de Flandres.

LACHANAL. — ARMES :

A la fin du xvie siècle, Pierre Lachanal était capitaine et bourgeois de Romenay (Arch. S.-et-L., E 686).

LA CHAPELLE (DE). — ARMES : *Ecartelé, au 1, d'argent à une bande de gueules chargée d'une étoile d'or, accostée de deux fermeaux du même ; au 2, d'argent au lion de gueules couronné du même ; au 3, d'or à deux lions de sable posés en bande ; au 4, d'azur à trois fasces d'or, à la bande du même ; et, sur le tout, d'azur à une chapelle d'or soutenue du même et ouverte du champ* (Arch. de famille).

En 1812, Charles-Hippolyte de La Chapelle acquit la terre et le château d'Uxelles.

Famille noble, originaire du Périgord, habitant les environs de Tournus depuis le début du XIXe siècle, partagée en plusieurs branches : La Chapelle d'Uxelles et La Chapelle de Loisy (V. *Répertoire*).

Alliances : Leschevin de Prévoisin, Taffu de Saint-Firmin, de Clavière, Neyrand.

LA CHAPELLE DE VILERS (DE). — ARMES : *De gueules à la fasce d'hermine* (Palliot).

En 1224, Barthélemy et Hugues de La Chapelle font une donation à l'abbaye de La Ferté.

Alise de La Chapelle de Vilers fut archi-prieure de l'abbaye de Lancharre en 1332.

De 1315 à 1333 Berthaud de La Chapelle de Villars, *alias* Villers, fut évêque de Chalon.

Cette famille posséda les fiefs de Serville et Rully en partie (Arch. S.-et-L., E 1087).

LA CHARMÉE (DE). — ARMES :

En 1240, *Bénignus* de La Charmée, citoyen de Chalon, allant à Jérusalem, cède aux religieux de La Ferté la maison qu'il possède au *Vieux Maisel* (L. Bazin).

En 1218, Théobald de La Charmée avait donné un pré à l'abbaye de La Ferté.

LA CHARRIÈRE (DE). — ARMES : *D'argent à une charrue de sable* (D'Hozier).

Antoine de La Charrière, notaire royal à La Chapelle de Guinchay, portait les dites armes.

Noble de La Charrière, substitut du procureur fiscal, à Saint-Symphorien d'Ancelles, scellait : *de ...... à la roue de char de ...... au chef de ...... chargé de trois quintefeuilles de ......* (Arch. du bailliage de Tournus).

LA CHAUX (DE), *al.* DELACHAUX. — ARMES : *D'argent à trois fasces de sable* (D'Hozier).

Famille de la Bresse louhannaise, paraissant tirer son nom de La Chaux, près Cuisery. Etablis à Simandre comme laboureurs, ses membres s'élevèrent aux charges judiciaires et portèrent armoiries. Claude Delachaux fut capitaine châtelain de Cuisery, marié en 1696, à Marie, fille de Claude Mainssonnat, notaire et procureur à Tournus ; il portait les armes ci-dessus décrites.

LACHESNAIS (HOUITTE DE). — ARMES : *D'hermines au chef endenché d'azur, chargé de trois étoiles d'or* (Jouve).

Famille originaire de Bretagne, représentée actuellement au château de La Salle par Edmond-Marie Houitte de Lachesnais, né à Paris en 1846 (Jouve, Potier de Courcy).

LA CHÈZE (DE). — ARMES :

Etienne de La Chèze était abbé de La Ferté en 1387. Selon Courtépée, ce fut lui qui renouvela le terrier de Lalheue (1426). Il décéda en 1463 et fut enterré dans cette même abbaye (L. Bazin).

LA COLLONGE (DE). — ARMES : *D'argent à trois merlettes d'azur* (Palliot).

Vers 1518, Antoine de La Collonge, écuyer, était seigneur de Lux et Chevrey (Arch. S.-et-L., E 1042).

En 1537, Jean-Philibert de La Collonge, seigneur de Vieil-Moulin, est possessionné à La Colonne, à Gigny (Crépet).

Le premier connu de cette famille est Guillaume de La Collonge, vivant en 1404.

Fiefs : Cersot, Saint-Maurice-en-Rivière, Boz, Aubigny-La-Ronce, Marcy-sur-Tille, Chailly, Chevrey, Collonge, Avoisotte, La Collonge, Vieil-Moulin, La Motte-sur-Dheune, Pasques, Viennot, La Cosne, Corabeuf, Moux, Lantenay.

Alliances : La Cosne, Colombier, Salins, Cléron, Rimont, Moroges, Châtelregnault, de Rochechouart, de Château-Renaud.

LA COSTE (DE). — ARMES :

Vers 1573, Pierre de La Coste, écuyer, demeurait à Gratay (Arch. S.-et-L., E 844).

Claude de La Coste, conseiller au Parlement de Dijon, baron de Brandon et de Chandée, Thoiriat, Varenotte, Villesentin, marié à Huguette de Chaumelis, avait comme armes : *d'azur à cinq bandes d'or* (D'Hozier).

LA COULDRE (DE). — ARMES :

Claude de La Couldre était, en 1534, prêtre chapelain de l'église Saint-André de Tournus.

Famille remontant à Pierre de La Couldre, receveur et procureur des grueries de Chalon, en 1404.

De La Couldre de Maurepas, en Bourgogne, porte : *d'azur à deux chevrons d'or, bordés de sable* (Rietstap).

Fiefs : La Couldre, Maurepas, La Genette, Beauran, Vincelles-en-Auxois, Gondreville.

LA COUR (DE). — ARMES : *D'argent à trois bandes de sable, celle du milieu chargée de trois étoiles d'argent* (Beaune et d'Arbaumont, Guichenon).

En 1304, Guy de La Cour tient fief de l'abbaye de Tournus à Lambres, Tournus et Plottes (*Livre des Hommages*), pour les biens qu'il possédait de Jean de Cortiambles par hypothèques, excepté la maison de Plottes, vendue à Me Jean Guifrey, sa vie durant, fut repris par le seigneur Jocerand de Lugny et Seguin, son frère, à raison de la donation faite par la demoiselle Guillemette, femme dudit sieur de Cortiambles à ces frères, et depuis tous les biens sont arrivés à l'abbaye.

En 1470, Pierre de La Cour était curé de Moustier en Chapaize.

Jean de La Cour, qualifié écuyer, sommelier de l'échansonnerie du duc de Bourgogne et seigneur de Molin ou Moulin en la paroisse de Vaux, bailliage de Charolles, mort en 1469, portait les armes ci-dessus décrites.

Fiefs : Moulin-la-Cour, Marcilly, Sommery, Pommey, les Ponts, Glux, Saint-Martin-d'Ozolles, les Pontets.

Alliances : de L'Étouf, de Rougemont, de Gaspard de Marcilly (Beaune et d'Arbaumont).

LA COUR (DE). — ARMES :

En 1270, Gui de La Cour tenait en fief de Jean de Courtiamble et de sa femme, Guillaume de Saviangcs, des terres sur Tournus (partie), Lambres et Plottes (partie), qu'il donna six mois plus tard à l'abbaye de Tournus (Juénin, p. 166).

LACRETELLE (DE). — ARMES : *Parti, au 1 d'azur à une palme d'or ; au 2, d'argent à un burin de sable, posé en barre, la pointe en bas* (Jouve).

Henri de Lacretelle, né en 1815, député de la deuxième circonscription de Mâcon (1871), était propriétaire du château historique de Cormatin ; son fils Amaury, né en 1852, fut consul de France à Alexandrie.

Cette famille est originaire de Lorraine (Jouve).

LA CROIX-D'AZOLETTE (DE). — ARMES : *Parti d'azur et d'argent à la croix ancrée de l'un en l'autre, au chef d'or, chargé d'une épée de sable posée en fasce, avec son baudrier de sinople tortillé autour* (Arch. de la famille).

Famille originaire d'Azolette, en Beaujolais.

Jean-Marie de La Croix s'établit à Tournus, par suite de son mariage avec Dauphine-Eugénie-Geneviève-Cécile Vestu, qui lui apporta la terre de Saint-Autin (V. *Répertoire*).

Alliance : Babillon.

LA CROIX-LAVAL (DE). — ARMES : *D'azur à la croix tréflée d'or, cantonnée de quatre têtes de lion, arrachées et affrontées du même* (Steyert).

Famille d'origine lyonnaise, propriétaire d'un domaine à Lacrost, par suite du mariage de Jean-Antoine de La Croix-Laval, avec Marie-Elisabeth Piget, au XVIIIe siècle.

Alliances : Meynar, Bathéon, Terrasson, de Chasseing, Dervieu de Villiers, Robin d'Orliénas, Piget, Bellet de Tavernost de Saint-Trivier, de Saint-Didier, Mogniat de l'Ecluse, Clary, de La Chapelle, de Rivérieulx de Varax, Deschamps de La Villeneuve, du Liron de Montivers, de Noailles (V. *Répertoire*).

LA DERANDIÈRE (DE).

En 1328, Jean de La Derandière fit hommage à l'abbé de Tournus d'une maison et autres fonds provenant d'Alize, fille de Guyot des Chapelles.

LADUYE (LAFON DE). — ARMES : *D'or à trois bandes de sable, accompagnée de deux couleuvres du même.*

Jean-Alfred, baron Lafon de Laduye, d'une vieille famille de capitouls de Toulouse, conseiller référendaire à la Cour des Comptes, épousa, en 1868, Marie Boutelier, de Tournus, fille du député de Saône-et-Loire (V. *Répertoire*).

LA FAGE (DE). — ARMES : *D'azur à un lion contourné d'or, lampassé et armé de gueules* (D'Hozier).

Famille établie à Seugne, près Uxelles, possessionnée à Péronne et Saint-Huruge, alliée aux Pagès de Vitrac, et aux de La Glace, seigneurs de Chavy.

Le dernier membre de cette famille, le conventionnel bien connu, Victor-Amédée de La Fage, était marquis de Saint-Huruge.

Fiefs : baron de Vaux-sous-Targe, seigneurs de Saint-Huruge, Saint-Martin, Burgy, Valecot, Burzy, Malfontaine, Bragny, Cray, Péronne, Clermain, Besanceuil, Angoin, Sologny.

Alliances : Lemercier, de Franc, Mercier, de Marcilly, de La Glace, de Genetoux, de Pagès de Vitrac, de Vaurion.

LA FERTÉ (DE), *al.* **LA FERTÉ-DU-MONT** (DE), *al.* **MONT-LA-FERTÉ** (DE). — ARMES : *Écartelé aux 1 et 4, d'or au lion de sable, brisé en fasce d'un lambel de gueules ; au chef bandé d'argent et d'azur ; aux 2 et 3, de gueules à une tour donjonnée d'argent, accompagnée de trois étoiles d'or* (B. et d'Arbaumont).

Humbert de Mont-La-Ferté, citoyen de Mâcon, et les enfants de Philibert, son frère, acquièrent de Jean de Lugny les rentes cens et servis, ainsi que la justice haute, moyenne et basse, qu'il avait conservé tant à Lugny qu'à Fissy (Arch. S.-et-L., E).

Philibert de La Ferté-du-Mont était seigneur de Blany en 1484 ; originaire de Mâcon, il fut avocat du roi au bailliage de cette ville en 1491, conseiller puis premier président au Parlement de Bourgogne en 1504 (B. et d'Arbaumont. — Perraud, *Env. de Mâcon*).

Plusieurs familles ont porté ce nom en Bourgogne, mais il est difficile d'établir entre elles un lien généalogique. La Ferté-du-Mont portait les armes ci-dessus décrites.

Fiefs : Blany, Hurigny, Fissy, Lugny.

Alliances : Du Champ, de Salornay, Dauphin.

LA FONTAINE (DE). — ARMES : *D'azur à la croix denchée d'argent.* (Steyert).

Constantin de La Fontaine était bourgeois de Tournus en 1291. Jean et Martin, hommes de loi, étaient en la même ville en 1318.

Une autre famille de ce nom était, au XVIIe siècle, possessionnée à Lacrost.

LAFOREST (DE), *al.* **LA FOREST** (GENOT DE). — CACHET ARMORIÉ : *De ...... au chevron de ...... accompagné en chef de deux croissants et en pointe de trois arbres plantés sur une terrasse.*

En 1455, Simon de Laforest était un des plus riches habitants de Tournus. Gilbert de Laforest, notaire en cette ville en 1628, échevin, scellait des armes ci-dessus décrites (V. *Répertoire*).

En 1638, Nicole Delaforest, mariée à Jean Bonnot, avait pour armes : *de ...... à trois arbres de... arrachés...... posés 2 et 1* (Maison rue du Centre à Tournus).

LA FORESTILLE (PATISSIER DE). — ARMES : *D'or à un chevron d'azur, accompagné au canton dextre du chef d'une étoile du même et, en pointe, d'un cerf élancé de gueules* (Arcelin).

Ancienne famille mâconnaise qui possédait le château de Vaux-sur-Aisne (Azé) ; elle fut anoblie par des charges au xviiie siècle. Représentée par les de Murard et les de Thy de Milly.

Alliances : de Lamartine, Quarré de Champvigny, Desbois, Pommiers, de Murard-Saint-Romain (Arcelin).

LA FORGE (DE), *al.* DELAFORGE. — ARMES : *D'azur à un chevron d'argent, accompagné de trois croissants du même, posés deux en chef, un en pointe* (D'Hozier).

Famille chalonnaise alliée aux Delaval de Tournus. Jeanne Delaval, épouse et veuve de Pierre de La Forge, portait les armes ci-dessus décrites.

LA GAILLARDE (DE). — ARMES :

Dans la deuxième moitié du xvie siècle, Marie de La Gaillarde, veuve de Louis de Charno, plaide avec N. Florette, de Mâcon, contre l'abbé de Tournus, au sujet de la succession dudit Charno, prévôt d'Uchizy, condamné à mort pour meurtre (Juénin).

LA GARDE (DE). — ARMES : *D'argent à trois chevrons de gueules* (Steyert).

Une famille originaire du Forez, établie en Mâconnais et en Bourbonnais, portait les armes ci-dessus décrites.

Cette famille est possessionnée à Cortevaix.

LA GASTILLE (DE), *al.* LA GASTINE (DE). — ARMES :

En 1595, Claude de La Gastille était veuve de noble Nicolas de Naturel, seigneur de Dulphey (Arch. de Tournus, GG 1).

En 1603, vivait demoiselle Claude de La Gastine, dame de Dulphey (Arch. notariales).

LA GENARDIÈRE (LABBÉ DE). — ARMES : *Coupé, au 1, d'azur au chevron renversé d'argent, accompagné en chef d'une étoile du même ; au 2, d'argent à un croissant de gueules* (Rietstap).

Henri Labbé de La Genardière était possessionné au xixe siècle au Chêne, commune de Sennecey-le-Grand.

Famille originaire des Dombes, où elle possédait les terres de Thoissey, Saint-Didier, Dompierre, Chalamont, et où vivait Claude-François de Lagenardière, chevalier de Saint-Louis, capitaine au régiment de Dauphiné.

Alliances : Morel de la Massonnière, Ducret de Lange, Petitjean de Lagarde, Piffon de Précy, de Boulot.

LA GENESTOYE (DE). — ARMES :

En 1180, Barthélemy de la Genestoye donnait aux moines de La Ferté ce qu'il possédait dans la *pooté* de Sainte-Hélène, dans la Vesvre? et dans la terre du Breuil.

Gauthier de La Genestoye était, en 1211, frère convers de l'abbaye de La Ferté (L. Bazin).

LA GLACE (DE), *al.* DELAGLACE. — ARMES : *D'or à trois hures de sangliers arrachées de sable, posées 2 et 1* (D'Hozier).

En 1663, Pierre Delaglace, écuyer, était seigneur de Chavy ; en 1677, Philiberte de La Glace était prieure des bénédictines de Tournus, décédée en 1695. Vers la même époque, vivait François-Gaspard, écuyer, seigneur de Chavy, qui portait les armes ci-dessus et était marié à Marie-Claudine Constantin, dont les armes étaient : *d'azur, à un chevron d'or, accompagné en chef de deux étoiles d'argent, en pointe d'un croissant de même* (D'Hozier).

Fiefs : Chaux, Lampagny.

Alliances : Décote, Langlois.

LAGNIACO (DE), *al.* LAGNY, LAGNAC, LAGNIEUX (DE). — ARMES :

En 1340, N. de Lagnico était prieur du prieuré de Saint-Oyen (Mⁱˢ Rameau).

LA GOUTTE (DE). — ARMES : *D'azur à un chevron ondé d'or, accompagné de 3 glands de chêne du même, 2 en chef, 1 en pointe* (D'Hozier).

Sébastien de La Goutte, écuyer, était seigneur de Sainte-Hélène en 1783 (Patrin, notaire à Brancion).

Antoine de La Goutte, avocat en Parlement, châtelain de Glennes (Antunois) vers 1700, portait les armes ci-dessus décrites. Sébastien de La Goutte, bourgeois d'Autun, et Antoine de La Goutte, secrétaire ordinaire des finances de son A. R., blasonnaient de même.

LA GRANGE (DE). — ARMES :

Robert de Grange ou de La Grange, fut affranchi de la mainmorte en 1357, ainsi que son beau-père, Perret Boiron de Sermaizey.

Jean de La Grange, né en 1430, fut échevin, juge de la communauté de Laives. Il fonda la Chapelle de Notre-Dame-de-Pitié, en l'église de Saint-Martin de Laives (1505), et y fut enterré.

Alliances : Dureau, Guigenard.

LA GRAVIÈRE (DE). — ARMES :

En 1203, Guichard de La Gravière donne aux moines de La Ferté un plâtre sis à Chalon entre le Temple et Maizel (Bazin).

LA GUICHE (DE). — ARMES : *De sinople au sautoir d'or* (Steyert).

Jean de La Guiche était religieux de l'abbaye de Tournus en 1508. Vers 1555, messire Georges de La Guiche, seigneur de Sivignon, Garnerans, Nanton, de Champlieu, La Perrière et La Garde, bailli de

Chalon, possédait des immeubles à La Chapelle-sous-Brancion, il était marié à Marguerite de Beauvau (Arch. S.-et-L,.E 769). A la même époque, Jeanne de La Guiche était dame de Bresse-sur-Grosne et veuve de Jacques, comte palatin de Dyo.

La maison-forte de La Guiche était située sur la paroisse de Champvent dans le Charollais. La filiation est établie depuis Renaud, seigneur de La Guiche, qui vivait en 1200. Il y eut deux branches : les comtes de Saint-Géran et les comtes de Sivignon. Cette famille est actuellement représentée par Pierre-Adolphe-Henri-Victurnien, général de brigade, attaché militaire de France en Russie, marié à Alix-Jeanne-Marie, princesse d'Arenberg, et par la comtesse d'Harcourt.

Fiefs : Sivignon, Sigy-le-Châtel (partie), Chaumont, Martigny-le-Comte, Villars (Ciry-le-Noble), La Perrière, Saint-Aubin (partie), Les Murgers, La Roche, Nanton, Chaffauds, Champlieu.

Alliances : de Nanton, de Damas, de Lespinasse, de Pocquières, de La Baume-Montrevel, de Digoine, de Chandieu, de Francheleins, de Vienne, de Chazeron, de Jaucort, de Choiseul, de Soreau, de Pompadour, de Beauvau, d'Amanzé, de Dyo, de Montmorin, de Châteauvieux, de Rye, de Daillon-du-Lude, de Valois, de Rochechouart.

LAIVES (de). — Armes :

Au commencement du XIIe siècle, Hugues de Laives, *archaloi* de Laives, dame *Carolenchi* et Guy de *Furno*, son mari, font donation à l'abbaye de La Ferté de leurs terres à Lattilier (L. Bazin).

En 1206, Guillaume de Laives (Levia), moine de La Ferté, est témoin dans un accord entre les religieux de La Ferté et Jocerand de Saules (Arch. S.-et-L., H 26).

LALHEUE (de). — Armes :

En 1209, Pierre de Lalcüe se fait moine de La Ferté (Courtépée, t. V). L'année précédente, il avait cédé à cette abbaye tout ce qu'il possédait dans la colonge de Sermaizey (L. Bazin).

LA MARCHE (de). — Armes : *De sable à trois bandes d'or*, al. : *de sable bandé d'or de trois pièces* (B. et d'Arbaumont).

En 1396, Guillaume, sire de La Marche, était capitaine et châtelain de La Colonne (Gigny) et Beaumont-sur-Grosne (Crépet). Antoine de La Marche, par suite de son mariage avec Marie de Saudon, était seigneur en partie de Saint-Loup-de-Varennes (A. Dubois).

Maison originaire de Bresse, connue depuis Renaud de La Marche, vivant en 1174 (B. et d'Arbaumont).

D'après Petitot, les armes de cette famille passèrent par héritage aux Fyot de La Marche, qui en écartelaient leur écusson.

Fiefs : La Marche, Louhans, Saint-Loup, Villargeau, Mervans, Villegaudin, Diombe, Nantoux, Chassey.

Alliances : d'Ayne, de Pelayer, de Saudon, Bouton, Dommartin, Le Mairet, Saulx, Moroges, Lenoncourt, Machefoin.

LAMARTINE (DE). — ARMES : *De gueules, à deux fasces d'or, accompagnées en cœur d'un trèfle du même* (D'Hozier). — La branche cadette des seigneurs de Montceau, brise *d'un lambel à trois pendants d'argent.*

En 1724, Marie-Anne de Lamartine, veuve de noble Chambre, habitait Tournus (Arch. hôpital, H 12).

Louis-François de Lamartine et J.-B. de Lamartine, prêtre, étaient seigneurs du château et fief de La Tour Penet à Péronne, autrement dit le château de Lamartine (Cassini). Ce château, propriété du poète Alphonse de Lamartine, fut vendu par lui en 1848, il existe encore.

Famille originaire de Cluny, qui portait primitivement le nom de Alamartine.

Pierre Alamartine vivait en 1577. Son fils, noble Etienne Alamartine, juge-mage et capitaine de Cluny, fut pourvu d'un office de conseiller au bailliage de Mâcon, en 1609, et de secrétaire du roi.

Cette famille se divisa en deux branches : 1º les seigneurs d'Hurigny, éteints dans les Montherot de Montferrand, les Desvignes de Davayé et les Patissier de La Forestille ; 2º les seigneurs de Montceau, dont le dernier représentant fut l'illustre Alphonse de Lamartine.

LA MAZILLE (DE). — ARMES :

Avant 1576, Philibert de La Mazille était vicaire de Brancion.

LAMET (DE). — ARMES : *De gueules à la bande d'argent accompagnée de trois croix recroisettées, au pied fiché du même, mises en orle* (Palliot).

En 1717, noble de Lamet fut un des bienfaiteurs de l'hôpital de Tournus (Arch. hôpital, B 109).

LA MULATIÈRE (DE). — ARMES :

En 1543, noble Pierre de La Mulatière, escuyer, seigneur de Lordre?, maître-d'hôtel de la reine, jouissait des revenus de la châtellenie de Brancion.

LAMY. — ARMES : *D'or à un chevron d'azur accompagné en chef de deux roses de gueules, tigées et feuillées de sinople, et en pointe d'un lézard aussi de sinople* (D'Hozier).

En 1659, Jean Lamy était aumônier de l'abbé de Chandenier ; il devint, la même année, chanoine de l'abbaye de Tournus, fut nommé trésorier en 1673, puis chantre en 1674, et décéda en 1705.

LANCHARRE (ARCHIPRIEURÉ DE). — ARMES : *D'azur à une Notre-Dame d'argent, ayant sous ses pieds un croissant du même, accostée de six têtes d'anges affrontées, aussi d'argent, posés trois en pal de chaque flanc* (D'Hozier).

Ce prieuré fut fondé au xiᵉ siècle, en majeure partie, par les sires de Brancion (V. H. Batault).

LANEAU (DE). — ARMES : *D'azur à un barbeau nageant d'argent ; au chef du premier, chargé de trois besants d'or* (Rietstap).

Dans la seconde partie du xviiiᵉ siècle, Jean-Baptiste-Victor de

Laneau fait une donation entre vifs à François-Louis de Damoiseau, de la seigneurie de La Prée, paroisse de Chissey (Arch. S.-et-L., E 195).

En 1531, François-Lombard de Laneau, seigneur de Marey et Montfort, le premier connu de cette famille, était maître d'hôtel de la princesse d'Orange.

Fiefs : Marey, Montfort, Marchiseul, Corrombles, Bard, Nogent.

Alliances : Saint-Martin, Changy, Guillet, Vaussin, Damoiseau, Mouhard, Dampierre, Gayot, de Lamotte, Prénieux.

LANGEAC (MOREL DE). — ARMES : *D'or à trois pals de vair* (Guichenon) ; al. : *d'or, à trois pals d'hermine* (Palliot).

Claude Morel de Langeac, curé d'Arintod et moine de l'abbaye de Tournus, y décéda en 1480.

Maison originaire de Langeac, petite ville d'Auvergne, sur l'Allier, arrondissement de Brioude (Haute-Loire). Guillaume de Langeac vivait en 1105. Cette famille vint s'établir en Bugey en 1410, par dotation faite à Antoinette de Maubec, mariée à Pons de Langeac, seigneur dudit lieu et de Bressac, sénéchal d'Auvergne, qui de ce fait devint seigneur de La Pie. Cette famille s'éteignit pendant la Révolution (Révérend du Mesnil).

Les de Langeac se divisèrent en deux branches : l'aînée, éteinte en 1586 dans les Larochefoucauld ; la cadette, dont les membres furent seigneurs de Dalet, et s'allièrent aux Coligny, Rabutin, Dyo, Estaing, Rochette, Melun, La Queuille, La Guiche, Cugnac, Lenoncourt.

LANGLE (DE). — ARMES :

En 1165, Hugues de Langle, neveu de Bertrand de Saudon, donne à l'abbaye de La Ferté le pré de Bertrey, à Saint-Loup-de-Varennes (A. Dubois).

LANGUET DE ROCHEFORT. — ARMES : *D'azur à un triangle vide et renversé d'or, chargé sur les trois angles de trois molettes de gueules* ; al. : *de sable* (D'Hozier).

Marie Languet épousa, avant 1623, Claude Martin, procureur au grenier à sel de Tournus, propriétaire du château des Tuileries à Préty et de la maison Roy à Tournus. Illustre famille chalonnaise, originaire de Sombernon (Côte-d'Or), dont est issu entre autres : Denis Languet, comte de Rochefort, procureur général du Parlement de Bourgogne en 1680. Les membres de cette maison remplirent en Bourgogne de hautes fonctions militaires, judiciaires et religieuses.

Fiefs : Rochefort, Gergy, Sivrey.

Alliances : de Lévis, de Bretagne.

LANGUIDONNE (DE). — ARMES : *D'argent à deux fasces de gueules accompagnées de huit coquilles, trois en chef, deux en fasce, trois en pointe* (Palliot).

Claude, fils de noble Claude de Languidone, seigneur du Pussey, fut reçu religieux de Tournus en 1582.

Famille originaire de Beauce. Jean de Languidone, chevalier en 1284, fut la branche des barons d'Onarville, Ollonville, Enseuville, Dimmerville, La Villeneuve et Saint-Léger-en-Artois (La Chesnaye-Desbois).

LANGUYER. — Armes :

En 1485, Guichard Languyer, religieux de l'abbaye de Tournus, curé de Préty (1507), fut nommé chapelain de la chapelle Saint-Michel, puis de celle de Saint-Eutrope. Il occupait la charge de procureur de l'abbaye et décéda en 1511 (Pierres tombales de l'abbaye de Tournus).

LANTAGES (de), *al.* **LANTAIGES** (de). — Armes : *Ecartelé aux 1 et 4 d'azur à la croix d'or*, qui est Lantages ; *2 et 3 d'azur à une anille ou fer de moulin d'argent*, qui est Féligny (Archives de Saint-Pierre de Mâcon).

En 1553, Jehanne de Lantaiges, dame de Balleure, veuve de Claude de Saint-Julien et mère de l'historien Pierre de Saint-Julien, portait les armes ci-dessus décrites (Archives S.-et-L., E 766).

Famille originaire de Bar-sur-Seine, dont le premier membre connu, Antoine, épousa Alix de Charrecey.

Fiefs : Belan, Polizot, Villecomte, Récourt, Latrecey, Dommarien, Vitry, Molinot, Roussillon, Thoires.

Alliances : Charrecey, Féligny, de Mello, Montbéliard, Turgey, Drée, Thoisy, Saint-Julien, Chaumont, Brancion, Changy (B. et d'Arbaumont).

LANTIN. — Armes : *D'azur à la guivre (couleuvre) d'argent ; au chef d'or* (Palliot, B. et d'Arbaumont).

En 1581, Zacharie Lantin, fermier général de tout le domaine du bailliage de Chalon, afferme La Colonne (Crépet).

En 1731, Marie-Constance Lantin de Montagny était abbesse de l'abbaye de Lancharre (Courtépée, t. V).

Cette famille est originaire de Chalon-sur-Saône, elle s'est anoblie au xviie siècle par des charges de robe et s'est divisée en deux branches entrées aux Etats en 1685 et 1751.

Fiefs : Montagny, Montcoy, La Planche, Damerey, partie de Menesserre et de La Motte-Chissey.

Alliances : Dubois, Gloton du Pré, Filzjan, Perret, Bernardon, Vestu de Saint-Denis, Ocquidem (B. et d'Arbaumont).

LA PALU (de). — Armes : *De gueules à la croix d'hermine* (Juénin).

Louis de La Palu fut moine, chambrier, puis abbé de Tournus de 1413 à 1441. C'est lui qui fonda et fit bâtir la chapelle de Notre-Dame de Consolation, dans l'église de cette abbaye. Il fut nommé évêque de Lausanne, et devint cardinal en 1440, sous le nom de Louis de Varambon. François de La Palu commandait pour son cousin le château de Préty en 1431.

Cette illustre et ancienne famille est originaire de Bresse, où elle est connue depuis le xiiie siècle.

Fiefs : La Poype, Varambon, La Plantay, Lailly, Rouvres, Maconge, Blangey, Fontenelle, Esbordes, Ecommes.

Alliances : Chamdieu, Montbel, Vassalieu, de Varax, La Chambre, Orsans, Grolée, du Plantay, Polignac, Dyo, Clugny (Juénin, *Histoire de Tournus*).

LA PERRIÈRE (de), primitivement PEURERIA (de) ou PIPÉRIA (de).

— ARMES : *D'argent à une fasce de gueules, surmontée de trois têtes de léopards du même couronnées d'or* (Palliot).

En 1212, Humbertus (Humbert) de Peureria est témoin d'une donation faite à l'abbaye de La Ferté-sur-Grosne ; précédemment, il avait lui-même fait don à cette abbaye de terres à Neuilly (L. Bazin). Guillemette, épouse de Auserre (Auserus) de Pipéria, choisit (1269), sa sépulture dans l'abbaye de Tournus (Juénin).

Cette famille s'éteignit, à la fin du xiiie siècle, en la personne de Fauquette qui épousa Henri de Brancion.

Fiefs : La Colonne (Gigny), L'Epervière, Beaumont, Nully.

Alliances : de Choiseul, de Loyse, de Sennecey, de Brancion (Niepce, *Histoire de Sennecey*).

LA PICARDIÈRE DU BOUCHET (de). — ARMES :

Louis de La Picardière du Bouchet était bourgeois de Tournus vers 1650.

LA PIE (de). — ARMES :

En 1679, Marie-Anne de La Pie, formule une requête contre Louis Bonticourt, son mari, qui, après l'avoir enlevée et séquestrée, avait voulu faire faire par un serrurier de Tournus une chaîne pour l'enchaîner (B. de T.).

LA PLATIÈRE (de). — ARMES : *D'argent au chevron de gueules, accompagné de trois anilles de sable* (Dunod, Steyert).

En 1528, damoiselle Anne de Toulon, femme de François de La Platière, écuyer, seigneur de Bordes ? en Nivernais, vendit à Philibert de Rochebaron et à Catherine de Roussillon, sa femme, la moitié de la terre et seigneurie de l'Epervière, et le quart du péage de La Colonne, appelé le Péage rouge (Niepce, *Histoire de Sennecey*).

Famille originaire d'Arbois. Humbert de La Platière est qualifié chevalier dans son testament de 1396 (Dunod).

Fiefs : Bordes, Montvoisin, Régnier.

Alliances : de Toulon, de Bordes, de Clugny, Bonvalot de Besançon.

LA PORTE (de). — ARMES : *D'azur au château d'argent donjonné de 2 guérites de même, la porte ouverte de sable* (Lacarelle).

Hugues de La Porte était, en 1771, seigneur de Bonnay, par héritage de sa tante Jeanne de Martigny, veuve de Nicolas de Belleperche.

Fiefs : La Porte, Saint-Nizier-sur-Azergues, Saint-Bernard, Magny,

Le Buisson, La Forest, Chavannes. (Pour généalogie, voir *La Famille de La Porte*, par J. Balloffet, Villefranche, 1911).

LAPPE.

Joseph Lappe, prêtre, chanoine de Pont-de-Vaux, devint chanoine de l'abbaye de Tournus en 1751.

LAPYAT, *al.* LAPIAT, *al.* LAPYET. — Armes : *Parti au 1 d'azur, au 2 d'argent, à la fasce d'azur chargée de* ...... (Église de la Madeleine).

Pierre et Humbert Lapyat figurent, en 1455, parmi les plus riches habitants de Tournus. Humbert Lapyat, seigneur de Pimont (1515), fut juge et notaire à Tournus de 1520 à 1541 (V. *Répertoire*).

En 1564, Gengoux Lapiat était prévôt de Saint-Gengoux-le-Royal (Arch. Côte-d'Or, B 5170-5171).

En 1605, un Gengoux Lapiat était seigeur du Verne, près Cluny, et capitaine du château de Saint-Gengoux ; il avait épousé Jeanne Froment.

LARCHEVÊQUE de PARTHENAY. — Armes : *Fascé d'argent et d'azur de huit pièces ; à la bande de gueules brochant sur le tout* (Rietstap).

Au xvie siècle, Jean L'Archevêque, sire de Parthenay, seigneur de Soubise, avait épousé Antoinette Bouchard d'Aubeterre, dame de La Tour de Vellanfant (Sennecey-le-Grand). Cette branche de Parthenay prit le surnom de L'Archevêque, parce qu'elle était issue de Josselin de Parthenay, plus tard évêque de Bordeaux, mort en 1086 (Niepce).

LARME. — Armes : *D'azur à trois larmes d'argent posées 2 et 1.*

Jean-Baptiste Larme, greffier de la prévôté de Mâcon, épousa en 1666 Claudine Grenelle, qui lui apporta le fief de La Grange-Gormoux (Tournus).

Un autre Jean-Baptiste Larme (1720-1805) fut directeur des Droits réunis à Tournus, et conseiller municipal en l'an VIII.

Cette famille très ancienne est originaire de Pont-de-Vaux où elle était établie dès 1463. On la trouve plus tard à Mâcon, où elle occupa de nombreuses charges municipales (Voir *Répertoire*).

Fiefs : La Douze (Lugny), La Grange-Gormoux.

Alliances : Chambre, Paisseaud, Damas, Grenelle, Polonceau, *alias* Pelonceau, Parent, Bezan, Becqueret, Fouquerand, Verchère.

LA ROCHE (de). — Armes :

Pierre et Jacques de La Roche étaient moines de Tournus en 1489. Jacques, jadis chantre de cette église, avait fondé une messe tous les dimanches ; il trépassa en 1503.

Au xiie siècle, Guy de La Roche fut un des donateurs de l'abbaye de La Ferté (Arch. S.-et-L., H 24). Thibaut de La Roche et sa femme, Marguerite de Navilly, donnent, en 1158, à l'abbaye de La Ferté, leurs terres de Chilley, d'*Annestei* et de Clux (L. Bazin).

En 1619, François de La Roche, écuyer, était seigneur de Jullié, Juliénas, La Tour-du-Bief, Cornon, Lissiat, Villechappe.

Une famille de La Roche, dont les membres étaient seigneurs de Villars-en-Dombes (Bresse), portait : *d'argent à trois fasces d'azur.*

LA ROCHEFOUCAULD (DE). — ARMES : *Burelé d'argent et d'azur à trois chevrons de gueules brochant sur le tout, le premier écimé* (D'Hozier).

François II, cardinal de La Rochefoucaud, fut le dernier abbé commendataire de Tournus, de 1573 à 1645.

En 1607, Marie-Catherine de La Rochefoucauld, fille du dernier comte de Randan, frère du cardinal de La Rochefoucauld, épousa Henri de Bauffremont, marquis de Sennecey.

Maison originaire de l'Angoumois.

Fiefs : Saint-Loup, Varennes-le-Grand, Lux, Sevrey, Mepilley, Droux (partie), Saint-Remy, Mortière, La Tour de Lux.

Alliances : de Crussol-Saint-Sulpice, de La Rochefoucauld, de Roncy et de Roye, de Bauffremont, Le Tellier de Louvois, etc.

LA ROCHE-NULLY (DE). — ARMES : *Ecartelé aux 1 et 4, d'argent à trois faces de gueules ; aux 2 et 3, d'or au chevron d'azur, accompagné de trois croisettes du même* (Steyert).

Isidore-Paul-Thimothée, baron de La Roche-Nully, né à Saint-Lager (Rhône), en 1802, mort à Paris en 1847 ; conseiller général de Chalon-sud, Saint-Germain-du-Plain et Sennecey de 1836 à 1845, officier d'état-major, fils du baron Henri-Jean de La Roche-Nully, né à Saint-Domingue, mousquetaire de la garde du roi en 1770, et de Geneviève de Corcelles, époux en 1833 de Viva Brunet-Denon, fille du général.

Les comtes de La Roche-Poncié Nully, de la Carelle (Beaujolais, Mâconnais, Lyonnais), portent les armes ci-dessus décrites.

LA ROCHETTE (DE). — ARMES : *D'azur à une fasce d'argent chargée de trois aiglettes de gueules, et accompagnée de trois étoiles d'or* (Palliot). ARMES ACTUELLES : *D'azur à la fasce d'or, accompagnée de trois étoiles du même, deux en chef, une en pointe* (Jouve).

Vers 1550, Jacques de La Rochette, écuyer, seigneur d'Ouy et Jeanne de Thyard, sa femme, sont possessionnés à Laives (Arch. S.-et-L., E 1196).

Après 1590, on trouve Raymond de La Rochette, qui possédait une partie de la ville de Saint-Gengoux. Cette famille est actuellement propriétaire à Champlieu et à Laives.

Elle est originaire d'Auvergne, sa filiation est antérieure à 1227 ; on compte parmi ses membres des comtes de Brioude et de Lyon (Jouve).

LA RODDE (DE). — ARMES : *D'azur à une roue d'or, au chef de sable, chargé de trois chevrons d'argent, rangés en fasce ; al. : de sable à une roue d'argent* (Juénin) ; *al. : d'azur à une roue d'or, surmontée d'une fasce* *vivrée de trois pointes du même* ; *ou au chef d'argent, chargé de trois chevrons de gueules posés en fasce* (B. et d'Arbaumont).

Marie-Etienne-Charles-Louis de La Rodde, ancien capitaine au régiment de Chartres-cavalerie, fils de Charles-Louis de La Rodde, baron de Montcony, et de Nicole-Etiennette de Ganay, fut en 1789, à Tournus, président de la commission de répression du brigandage (Voir *Répertoire*).

Ancienne famille noble qui remonte, d'après Courtépée, à Bertrand, seigneur du château de La Rodde, en Gévaudan, au xiiie siècle.

Fiefs : Montcony (baronnie), Fressinet, Beauvoir, le Grand-Balosle, Saint-Romain, Villargeau, Châteauneuf, Condé, Charnay, Bellefond, Cornon, Leyssiat, Ratenelle.

Alliances : Sinzelles, Chastel, André, Seydirac, Dinet de Chasseim-pière, Reynel, Scorailles, Ganay, Menthon, La Garde, Chambonas, Naturel de Balleure, Longeville (B. et d'Arbaumont).

LA ROQUE DE CHAMPFRAY (DE). — ARMES : *D'azur à la molette d'or, accompagnée de trois fers de pique d'argent* (Bachelin-Deflorenne).

En 1844, le commandant de La Roque de Chamfray était propriétaire du château de Brancion et le vendit en 1860 au comte Victor de Murard.

Jules-Armand-Romain Laroque de Chamfray fut maire de Sennecey-le-Grand en 1829.

Cette famille est originaire de l'Ile-de-France.

LA SALLE (DE), *al.* DE LA SAULE, *al.* DE SAULA. — ARMES :

En 1096, Guichard de La Salle est témoin dans un acte.

Guy de La Salle (Saula), en se faisant moine de La Ferté, et Hugues Balbo, son frère, donnent à ce monastère une noue et le moulin de Lalheue ? (Niepce). Ils furent inhumés dans l'église de La Ferté. Guy et Hugues de Saula appartenaient à l'ancienne famille de La Salle, en Mâconnais, leur seigneurie était un démembrement de celle de Mont-bellet (Niepce).

Avant 1225, Jocerand de La Saule, chevalier, avait eu des différends avec l'abbaye de La Ferté (Arch. S.-et-L., H 26).

En 1252, Guillaume de La Salle donne à l'abbaye de Lancharre 15 sols de rente ou de cens à prendre sur Mancey et Dulphey (Niepce). En 1268 Guy de La Salle tenait fief du duc de Bourgogne pour la châtellenie d'Uxelles (J. Martin et G. Jeanton).

LA SARRÉE (DE), *al.* LA SERRÉE (DE). — SCEAU ARMORIÉ : *De...... à trois pals de... celui du milieu chargé d'un lambel, au chef de... chargé de trois quintefeuilles ou molettes de...* (B. et d'Arbaumont).

En 1423, Anceau de La Sarrée, écuyer, scellait des armes ci-dessus.

Au xiiie siècle, Renaud, seigneur de La Serrée (Ormes), aurait été condamné à mort et exécuté, d'après la légende, pour avoir tué son fils, qui avait permis à des malheureux de ramasser du bois, malgré la défense de son père (G. Jeanton, *Préty*, pp. 33-77-212).

LA SERVE (BOUTHILLON de**).** — Armes : *D'azur à la bande d'argent chargée de deux épis de sinople, accompagnée en chef d'un lion d'or et en pointe d'une tour d'argent* (Bachelin-Deflorenne).

Famille originaire du Dauphiné, établie en Bresse en 1660, anoblie, en 1782, en la personne de François-Nicolas Bouthillon de La Serve, avocat en la Chambre des Comptes de Dijon, propriétaire à Romenay (château de Saint-Romain), au xviiie siècle. Son fils fut créé baron en 1820.

Cette famille est encore actuellement représentée à Romenay.

Alliances : de La Servette, de La Chapelle, du Buisson, de La Boulaye, de Lachaise, de Bantel.

LA SERVETTE (de**).** — Armes :

LA TEYSSONNIÈRE (de**).** — Armes : *Parti emmanché d'or et de gueules* (Guichenon).

Noble de La Teyssonnière était officier au régiment de Dijon en garnison à Tournus en 1765.

Noble et antique famille de Bresse, connue depuis Guillaume de La Teyssonnière, damoiseau, qui vivait en 1290.

Etienne de La Teyssonnière, époux d'Isabelle de Chaveyria, fit bâtir, vers 1310, la maison-forte de La Teyssonnière, en la paroisse de Buellas. De nos jours, le nom a été illustré par Charles-Agricole-Nestor de La Teyssonnière, auteur des *Recherches historiques sur le département de l'Ain*, 1838-1844.

Fiefs : La Teyssonnière, Dompierre-en-Bresse, Pérouges, Chanains, Beaumont-sur-Dombes, etc.

Alliances : de Chaveyria, de Falaise, de Laye, du Saix, de Chabeu, de La Cour, de Paschal.

Une branche de cette famille se substitua par héritage à celle de La Fontaine dont elle prit le nom et les armes (Révérend du Mesnil).

LA THÉOLIÈRE (de**).** — Armes :

En 1652, on trouve le mariage de Germain de La Théolière, notaire et procureur à Romenay, avec Philiberte Maillard (S.-et-L., Bailliage 1360).

En 1754, Etienne de La Théolière était commissaire aux droits seigneuriaux à Cormatin.

Alliances : Julien, Maillard, Le Guigue, Bourset.

LA TOUR (de**).** — Armes :

En 1594, N. de La Tour commandait la garnison de Tournus.

Vers 1147, Hugues, Geoffroy et Guy de La Tour (de Turre) se firent moines à l'abbaye de La Ferté. Leur père Hugues donna à ce monastère la terre de Rimont et une certaine partie du territoire de Moreres. (L. Bazin, *Les Comtes de Chalon*).

LA TOUR D'AUVERGNE (DE). — ARMES : *Écartelé, aux 1 et 4, d'azur semé de fleurs de lys d'or, à la tour d'argent*, qui est La Tour ; *aux 2, d'or à trois tourteaux de gueules de dix pièces*, qui est Turenne. Sur le tout, *parti d'or, au gonfanon de gueules frangé de sinople*, qui est d'Auvergne, *et de gueules, à la fasce d'argent*, qui est Bouillon (Musée de Tournus).

Bernard II de La Tour était abbé de Tournus en 1373 (Juénin). Il était fils de Bertrand IV, sire de la Tour, et avait été prieur de Percy, et de Souvigny lors de sa nomination à Tournus.

Emmanuel-Théodose de La Tour d'Auvergne, cardinal de Bouillon, fut abbé de Tournus de 1660 à 1715. Il portait les armes ci-dessus décrites.

Cette famille posséda le comté d'Auvergne, puis celui de Bouillon. Bertrand V, sire de La Tour, devint comte d'Auvergne en 1437.

LA TOUR DE MONTBELLET (DE). — ARMES : *De gueules à trois tours crénelées d'or, 2 et 1* (Saint-Julien de Baleurre).

Cette famille chevaleresque tire son nom du fief de La Tour (plus tard Les Tours ou Estours), en la châtellenie de Crêches. Elle a pris aussi le nom de Montbellet (Arcelin).

En 1254, Humbert de La Tour fit hommage à l'abbé de Tournus de tout ce qu'il possédait à Montbellet et à Uchizy.

Jean de Montbellet était abbé de Tournus en 1268. Il mourut ou quitta cette abbaye en 1285. Hugues fut prieur de Saint-Pourçain en 1272. En 1274 vivait Henri de Montbellet, damoiseau, qui fit à cette époque une reprise de fief au profit de l'abbé de Tournus, pour ce qu'il avait dans la paroisse de Marnay. La même année les trois frères Aymon, Renaud et Henri de Montbellet eurent des différends avec ledit abbé, au sujet du port d'Uchizy (Juénin).

Alard de La Tour, seigneur dudit lieu, baron de Montbellet de La Salle, ayant été condamné pour ses méfaits, en Parlement de Paris, l'ancien château de Montbellet fut rasé et on y planta le pal. La pierre tombale d'Alard se voit en l'église de Tournus où il fut enterré en 1305 (Arcelin).

Dans la seconde moitié du xve siècle, Pierre de La Tour, écuyer, était seigneur de Vers (Arch. S.-et-L., E 924). Cette famille s'éteignit vers cette époque.

LA TOURNELLE (DE). — ARMES : *De gueules à 3 tours crénelées de 3 pièces chacune d'or, maçonnées de sable, posées 2 et 1 ; accolé d'argent, à une croix de sable chargée de 5 besants d'argent, écartelé d'argent à 3 chabots de gueules, 2 et 1* (D'Hozier).

En 1422, Lancelot de La Tournelle était capitaine de Préty. François-Nicolas de la Tournelle, seigneur de Lugny, et Louise-Marianne Le Vayer portaient les armes ci-dessus décrites. En 1398, Catherine de La Tournelle épousa dame Jeanne de Champagne.

LA TOUR SERVILE (DE). — ARMES :

Ces La Tour Serville étaient en réalité des PRISQUE, seigneurs de La Tour Serville.

Voici comment la *Visite* de Mgr de Valras appelle le seigneur de Besanceuil (1746) :

Louis-Marie Le Prisque, chevalier, seigneur de la Tour-Serville, Besanceuil, Angone.

L'AUBESPIN (de). — Armes : *D'azur au sautoir alaisé d'or, cantonné de quatre billettes du même* (Guichenon).

Fromont de L'Aubespin fut prévôt de Tournus en 1483 et fit hommage de sa prévôté et dépendances à l'abbé de Tournus (*Livre des Hommages*).

Cette famille est originaire de Laubépin, près de Saint-Amour (Jura), comté de Bourgogne. Geoffroy de Laubépin est nommé dans une donation faite avant 1131, à l'abbaye du Miroir (Dunod). Jean fut secrétaire de Hugues III, en 1199.

Les de L'Aubespin s'éteignirent au commencement du xvie siècle, avec Barbe de Laubépin, qui épousa Léonel de Battefort, dit Mouchet ; celui-ci releva le nom et écartela les armes (voir Dunod). Ils sont actuellement représentés par le marquis de L'Aubespin, propriétaire du château de Dracy-les-Couches, époux de Claire-Octavie-Marie-Caroline de Saint-Mauris-Châtenois (Jouve) (Rex, 1910, p. 734).

Fiefs : L'Aubespin, Saint-Huruge, Chigy, Lessertot, Bornay, Chissey, Cressieu, Laigle, Varey, Jujurieux.

Alliances : du Vaulx de Choiseul, de Giresme, Bernauld, Dyo, Buffot, Groslée, Oyselet, La Rochette, de Vaudrey, de Chalans, de Fétigni.

LAURAN.

Charles Lauran, prêtre de Paris, présenta ses lettres de bachelier en théologie à l'abbé de Tournus en 1660.

LAURENCIN (de). — Armes : *De sable à un chevron d'or, accompagné de trois étoiles d'argent posées deux en chef, une en pointe* (D'Hozier).

Gaspard de Laurencin fut gardien et prieur des récollets de Tournus en 1729 (V. A. Bernard).

Ancienne famille du Beaujolais qui a fourni un grand nombre d'échevins de Lyon aux xve et xvie siècles.

Fiefs : Riverie, La Bussière, La Garde, Beaufort et Crévecœur (comté), La Douze, La Roche, Cruis, Changy, Le Péage.

Alliances : Amboise, Beaurepaire, Buatier, Charbonnier de Crangeac, Papluy, Cropet, Berton, Foudras, Chaudieu, Maygnier, de La Salle, Saint-Point, Fautrières, Champagne, Saint-Germain, Remigny, Lespinasse, Virieu, de Rochefort, d'Ailly (B. et d'Arbaumont).

LAURENT. — Armes :

Au commencement du xvie siècle, Jehan Laurent était bourgeois de Tournus.

LAUZUN (de). — Armes : *D'azur à trois léopards d'or, armés, lampassés et couronnés de gueules, l'un sur l'autre* (Niepce, Rietstap).

Antoine de Lauzun eut, par héritage de Henri de Foix, mort en 1714, la terre de Ruffey.

Antoine, comte, puis duc de Lauzun, était de la famille des Nompar de Caumont, originaires de la Guyenne. Louis XIV l'avait nommé maréchal de camp, gouverneur du Berry, etc. ; il mourut en 1723, laissant sa terre et baronnie de Ruffey à son parent, Louis-Antoine de Gontaut, duc de Biron.

LAVAIVRE (DE). — Voir DELAVAIVRE.

LAVAURE (DE), *al.* DELAVAURE. — ARMES : *D'argent au chevron de gueules, accompagné de trois croissants du même ; au chef d'azur, chargé de trois étoiles d'or* (Rietstap).

Jean-François de Lavaur, dit de Chacipol, né en 1762, garde du corps du roi, fut commissaire de police de Tournus en 1811 et maire de cette ville de 1826 à 1830.

Cette famille paraît originaire du Quercy. Pierre de Lavaur était avocat à Cahors en 1680. Son fils, Marc-Antoine, écuyer, capitaine au régiment de Picardie, épousa Marie-Anne de Franc, qui lui apporta le fief de Grenot (Uchizy).

Alliances : de Peyrières, de Moules, de Gouyon, de Franc, Monnier, Bergier, Dulac, Vauge, Gripière de Montcroc, Meziat, Dumoulin, Hervé (V. *Répertoire*).

Lavaur de Gaignac, en Quercy, porte les armes ci-dessus décrites.

LAVERNETTE-SAINT-MAURICE (DE). — Voir BERNARD DE LA VERNETTE.

Plusieurs membres de cette famille sont nés au château de La Rochette.

LAVERNOYS, *alias* LAUVERNOY. — ARMES :

En 1407, Jean Lavernoys, *alias* de Beaune, était moine et procureur de La Ferté-sur-Grosne (Arch. de La Ferté, série II). Il en devint abbé sous le nom de Jean de Beaune.

LA VERRIÈRE (DE). — ARMES :

Antoine de La Verrière, prêtre du diocèse de Chalon, fait notifier ses lettres de gradué en 1750.

Famille de robe de Romenay où, en 1699, décéda Etienne de La Verrière, notaire et procureur fiscal de cette ville.

Alliance : Corbonnois.

LA VIÈRE. — ARMES :

En 1295, Huguette La Vière était réfectorière du monastère de Lancharre, et sa nièce, Alix de la Bocaude, religieuse (Arch. S.-et-L., H 422).

LA VIGNE (DE). — ARMES : *D'argent à un cep de vigne de sable, feuillé de sinople* (D'Hozier).

Marie de La Vigne, femme d'Antoine Lhuillier, visiteur des gabelles de Bourgogne, portait les armes ci-dessus décrites.

Plusieurs membres de cette famille sont enterrés dans l'église Saint-Gengoux.

LA VIOSE (DE). — ARMES :

En 1636, on trouve Rose de La Viose, femme de Philibert Réty, notaire royal (Archives hôpital, H 89).

LAYE (DE). — ARMES : *D'argent à la croix de sable* (Palliot, Guichenon).

Au milieu du xIII^e siècle, Guy de Laye, écuyer, était co-seigneur de Lalheue ; il fit une transaction avec les religieux de La Ferté.

En 1272, Guichard de Laye fait hommage à l'abbé de Tournus de tout ce qu'il possède sur les territoires de Tournus, Lambres et Plottes.

Jocerand de Laye était hostelier de l'abbaye de Tournus en 1423, et grand vicaire de l'abbé de La Palu en 1428.

De 1529 à 1535 Philippe de Laye fut prieure de Lancharre.

Ancienne maison du Beaujolais, connue dès le xIII^e siècle. En 1260, vivait Barthélemy de Laye, seigneur de Collong et de Coindor. Girard de Laye vivait en 1362, sa femme, Marguerite de Sagy, possédait la maison de Genouilly.

La branche directe s'éteignit par Claude de Laye, dit de La Porte, seigneur de Meximieux et d'Arbain, qui n'eut que deux filles.

La branche des seigneurs de Rotellia, en Bresse, descendait de Claude de Laye, écuyer, vivant en 1480.

Hugues ou Hugonin de Laye fit la branche des marquis d'Uxelles, seigneurs de Cormatin et de Tenarre ; ayant été adopté par Hugonin du Blé, seigneur de Cormatin, son oncle, qui n'avait pas d'enfants, il en prit le nom et les armes (Révérend du Mesnil).

Fiefs : Le Havet à Condessia, Meximieux, Albin, Rotellia, Cormatin, Uxelles, Cussy-la-Colonne, Curgy, Sienne, Messimy-en-Dombes, Saint-Lagier, Collonges, Coindor.

Alliances : Lenoble, de Messey, Seyturier, de La Poupe, de Chardonnay, Crémeaux, du Blé, Saint-Trivier, Saint-Germain, de Sagy.

LAYRE (DE). — ARMES : *D'argent au lion de gueules* (Palliot).

En 1790, Dom Jacques de Layre était moine de La Ferté (Niepce).

Claude de Layre, écuyer, seigneur de La Chaise, garde du corps, épousa en 1760 Françoise, fille de feu Claude Tupinier des Murgers, conseiller en l'Election de Mâcon, juge mage de Cluny (Arch. S.-et-L. B 1507).

Les Laire (Layre), de Cornillon en Vivarais, portent les armes ci-dessus décrites, et ceux du Forez : *de gueules au chevron d'or, accompagné de trois roses d'argent* (Rietstap).

LE BERBELET, *al.* **LE BERBERET**. — ARMES :

En 1159, Pierre Le Berbelet était châtelain de Plottes.

LE BLANC. — ARMES :

En 1115, Hugues Le Blanc, chevalier, et Hugues de Crose, son frère, donnent à l'abbaye de La Ferté tout ce qu'ils possèdent dans la dîme de Saint-Ambreuil (Dubois).

LE BRET. — ARMES : *D'azur à une fasce d'or, accompagnée en chef d'une rose du même, accostée de deux étoiles d'argent, et en pointe d'un aigle s'essorant d'or.*

Jean-Baptiste Le Bret, prêtre de Chalon, donne acte d'insinuation de ses lettres de bachelier à l'abbé de Tournus en 1661.

Louis Le Bret notaire et procureur au bailliage de Beaune, vers 1700, portait les armes ci-dessus décrites (D'Hozier).

LE FORCE. — ARMES :

Robert Le Force, en 1324, était bailli de Montcenis et de Brancion (Bazin).

LE GALLOIS D'ARLAY. — Voir DE GALLOIS D'ARLAY.

LEGOUST, *al.* **LEGOUZ-LEGOUX,** *al.* **LE GOUZ.** — ARMES : *De gueules à la croix endenchée d'or, cantonnée de quatre fers de lance d'argent* (B. et d'Arbaumont).

En 1697, Louise Legoust était prieure du monastère de Lancharre (Arch. S.-et-L., H 563).

Famille originaire de Franche-Comté. Le premier connu est Perceval Le Gouz, qui servit le duc Philippe le Bon en qualité de gendarme de la compagnie du maréchal de Bourgogne.

Cette maison se divise en deux branches : 1º Legouz de Gerland ; 2º Legouz de Saint-Seine. Cette dernière est actuellement représentée par le vicomte de Legouz de Saint-Seine, propriétaire du château de Dampierre par Mervans, dont les armes sont écartelées de celle de Gagne de Perrigny, qui sont : *d'azur à trois molettes d'éperons d'or* (Jouve).

Fiefs : Vellepesle, Vercel, Coublanc, Rivière, Gerland, Brianny, Simard, Gurgy-la-Ville, Magny-sur-Tille, Godan, Lucey, Saint-Huruge, Saint-Bonnet, Sagy, Charangeroux, Rozières, Villeferry, Arnay-sous-Viteaux, Dampierre, Saint-Seine, Jarcigny, La Tour-d'Is-sur-Tille, Le Verger, La Vesvre, les seigneuries du marquisat de Bantanges et du comté de Louhans.

Alliances : Saulx, Chabut, Mallion, Berthier, Maillard, Bouhier, Richard, Giey, Turgot, Cirey, Brosses, Févret, Pérard, des Barres, Rouillé, Bouthillier de Chavigny, Montholon, Joly, Gagne de Perrigny.

LE GRAND DE MERCEY. — ARMES : *D'azur à la tour crénelée d'or, accompagnée à dextre et à senestre de deux étoiles du même, surmontée en chef, à dextre, d'un casque d'or* (Révérend du Mesnil).

Famille originaire du Mâconnais, établie au xvie siècle à Pont-de-Vaux.

Etienne Le Grand naquit à Pont-de-Vaux en 1755, engagé volontaire en 1773, il fut capitaine en 1792, général de division, an II, baron de l'Empire en 1808, et quitta l'armée en 1815.

C'est lui qui dirigea l'expédition de 1814 à Mâcon contre les Autrichiens. Il mourut en 1828. Il avait acquis la terre de La Tour de Vers en 1812, puis celle de Mercey (Montbellet) dont il prit le nom (Niepce, *Histoire de Sennecey*). Son petit-fils, archéologue distingué, fut président de la Société des Amis des Arts de Tournus et donna au musée de cette ville une partie de ses collections.

LE JAY. — Voir JAY.

LÉLIDE, *alias* **LESLIDE.** — Armes : *D'azur à un foudre d'or, accosté de deux étoiles du même, et surmonté de trois autres étoiles du même, rangées en chef* (D'Hozier).

Après 1522, Jean Lélide, bourgeois de Chalon, avait acheté les seigneuries de Droux et La Tessonnière.

Famille bourgeoise, établie à Chalon-sur-Saône dès le xvᵉ siècle. Philibert Leslide, conseiller du roi en cette ville (1698), portait les armes ci-dessus décrites.

Fiefs : Droux, La Tessonnière, Cortelin (Saint-Remy), Virey, Lux, Sevrey, Saint-Loup-de-Varennes.

Alliances : de Russigny, Chaudet, Robert, Perreault, de Pontoux.

LEMAIRE de **LA BONDUE.** — Armes : *D'or à deux jouets mis en pal et adossés d'azur, au chef du même chargé de deux étoiles à six pointes d'or.* (H. de Fontenay, Palliot). Les mêmes armes sont gravées au Temple Sainte-Catherine de Montbellet, les étoiles sont à 5 pointes au lieu de 6.

De 1586 à 1614, César Lemaire de La Bondue fut commandeur de Chalon, Montbellet, Rougepont.

Cette famille tire son origine de Jean Lemaire, procureur fiscal du bailliage d'Autun, puis procureur général du duché de Bourgogne. Le duc Charles lui avait accordé des lettres de noblesse en 1469 (D'Arbaumont).

Fiefs : La Bondue, Dennevy (partie), Champlain, Sercy.

LE NOBLE, *al.* **LENOBLE.** — Armes : *D'azur à trois couronnes de gramins d'or, 2 et 1* (Perry) ; al. : *de gueules à trois chevrons d'or* (Guichenon).

En 1457, Jean Lenoble, écuyer, seigneur de Cruzille, fut châtelain et capitaine de la ville de Chalon-sur-Saône.

Alliances : de Laye, de Tenay, de Cabrayrolles, de Gorrevod, de Galobriet, de Pourlans.

LENONCOURT (de). — Armes : *D'argent à la croix engrêlée de gueules* (Guichenon).

Robert Iᵉʳ de Lenoncourt fut abbé de Tournus en 1498.

Cette famille, l'une des quatre premières de Lorraine, a porté à l'origine le nom de Nancey où plutôt Nancy et a pris celui de Lenoncourt après l'acquisition d'une partie de la seigneurie de ce nom, au commencement du xⁱᵛᵉ siècle. Elle remonte à Odebric de Nancy, qui vivait en 1065.

Famille éteinte vers 1700 ; le nom et les armes passèrent dans les Sublet d'Heudicourt (B. et d'Arbaumont).

Fiefs : Lenoncour, Haroué, Vignory, Vitri, La Marche (Villegaudin), Aulnay, Servigny, Ventoux, Is-sur-Tille, Athée, Loches et Chauffour, dont dépendait Marolles en Champagne.

Alliances : du Châtelet, Haraucourt, Luxembourg-la-Tour, Laval, Harcourt, Beauvau, La Marck, Choiseul, Joyeuse, Netancourt, Ligneville, Raignecourt, de Baudricourt, Vienne, Ludre, Cusance, Meligny, Mâlain, Chauvirey, Saulx-Tavannes, Marmier, La Marche, Fyot, Canisy, Brancion, Villers-la-Faye, Laumont, Maumont, Le Bascle d'Argenteuil, Angennes, Brancas-Villars.

LEPAGE D'ARBIGNY. — Cachet armorié : *De ...... à un cygne de ...... au chef chargé d'une étoile de ...... accompagnée de deux croissants.*

Bertrand Lepage, notaire à Brancion, 1555. Jean Lepage, curé de Brancion, 1624. Georges Lepage, notaire audit lieu, 1671. Marcel-François Lepage d'Arbigny, 1715. Guillaume Lepage d'Arbigny, conseiller du roi à Brancion, 1750. Aimée Lepage d'Arbigny, bénédictine de Lancharre, 1789.

François Lepage, sergent royal à Lyon puis à Tournus, en 1653, avait épousé Marie d'Azincourt. Ses descendants furent notaires et procureurs à Tournus et à Brancion.

Marie Pelletier, veuve d'Antoine Lepage, procureur à Tournus en 1773, scellait des armes ci-dessus décrites.

L'EPERVIÈRE. — Voir DE LA PERRIÈRE.

LE ROUX DU TERREAU. — Armes : *Fascé d'argent et de gueules de six pièces* (P. de Saint-Julien).

Pierre du Terreau fut grand-prieur et aumônier de l'abbaye de Tournus, il décéda en 1564.

Le château des Terreaux, près Vérosvres, était anciennement de la maison de l'Espinasse, qui portait les armes ci-dessus décrites. Une fille de cette maison les porta ainsi que Sivignon, en la maison de Pressia, et n'eut qu'une fille qui se maria avec un gentilhomme poitevin nommé Le Roux. D'eux sont issus cinq fils, dont Claude, grand-vicaire à Paray-le-Monial, Pierre et Jacques, religieux de Tournus.

Fiefs : Rosey, Le Terreau, La Roche.

Alliance : d'Apchon.

LESCUYER. — Armes :

Famille connue à Tournus dès le xviie siècle, où vivait Claude Lescuyer, nommé chanoine de l'abbaye de Tournus en 1677 (Voir *Répertoire*).

LESPINE (DE). — Armes :

Au xve siècle, Jean de Lespine, écuyer, était capitaine de La Motte-de-Laives (Arch. S.-et-L., E 1065).

L'ESPINOIS (DE), *alias* DE L'ÉPINOIS.

En 1766, Marie-Perrine de l'Epinois était supérieure de la Charité de Tournus (Arch. hôpital, II, E 1-2).

LESSIAT (DE), *al.* LISSIACO (DE). — ARMES :

Nicolas de Lessiat était cellérier de l'abbaye de Tournus en 1407.

LESTANG (DE).

En 1491, Guillaume de Lestang habitait Tournus *(Journal des Dupré)*. Jean de Lestang était bourgeois de cette ville en 1537 (Arch. hôpital B 2).

LESTOUF-PRADINES (DE). — ARMES : *Ecartelé aux 1 et 4 d'or à deux chevrons de sable, surmontés d'un lambel de trois pendants de gueules,* qui est Lestouf ; *aux 2 et 3 contre-écartelé d'argent et de sable, à la bordure engreslée de gueules,* qui est Pradines (Mgr Rameau).

Jean de Lestouf était hostelier et pitancier de l'abbaye de Tournus, en 1624 ; il était seigneur de Vers, en partie.

Jean de Lestouf, dit de Pradines, fut commandeur de Chalon, Montbellet, Rougepont, en 1515, 1529 et 1530. D'après Vertot ce commandeur ne portait que les armes des Pradines.

Selon Arcelin, cette maison tire son origine des del Tufo, famille illustre du royaume de Naples. Le premier qui fit souche en France est Guillaume de Lestouf, chevalier qui vivait au commencement du XIVe siècle. Ils furent seigneurs de Pradines, de Sirot (Flagy), d'Audour, de Poinson, de Poincenot.

La ligne directe s'est éteinte au XVIe siècle avec Louis de Lestouf, seigneur du Rousset et d'Ailly.

Fiefs : Champeau, Toux, Varennes-Reuillon, Echalot, La Motte-Marcilly (baronnie), Maulvoisin, Hurigny, La Clayette, Poinson-les-Grancey, Poinsenot, Barjon, Semoutier, Recey (partie), Ville-sur-Arce (partie), etc.

Alliances : Angoulevant, Saint-Romain, Gallois, Fautrières, Martigny, Foudras, Martin de Choisey, Bouesseau, Garnier du Vouchot (B. et d'Arbaumont).

LE SUEUR. — ARMES :

En 1603, Nicolas Le Sueur est témoin de la charte d'affranchissement de La Truchère. Il était capitaine et bailli de La Villeneuve et La Truchère, résidant à Brienne. Il avait épousé Jeanne Bièvre.

Alliances : Leguigue, Bièvre.

LE TELLIER. — ARMES : *D'azur à trois lézards d'argent posés en pal, rangés en fasce, au chef cousu de gueules, chargé de trois étoiles d'or* (Palliot).

François-Michel Le Tellier, chevalier, marquis de Louvois et Courtanvaux, conseiller du roi, marié à Anne de Souvré, devint seigneur de Saint-Loup, Varennes-le-Grand, Lux, Sevrey, Mépilley, Droux (en partie), Saint-Remy, Mortière, La Tour de Lux, Saudon, Moroges, Cortevaix, Mont, Savigny-sur-Grosne, Beaumont.

Famille de robe originaire de Louvois près Epernay (Eure), où elle possédait une terre érigée en marquisat au profit du chancelier Le Tellier, père du célèbre ministre. Elle remonte à Michel le Tellier, correcteur des comptes en 1584.

Alliances : De Souvré, de La Rochefoucauld, de Neufville, etc.

LETHENET, *al.* **LE THENET**. — ARMES :

Jacques Lethenet, écuyer, gentilhomme de la maison du roi, avocat en Parlement, lieutenant et juge bailli de Tournus (1688), épousa Elisabeth Révérend et décéda en 1690 (Voir *Répertoire*).

LE VALOIS. — ARMES : *D'azur au chevron d'or, accompagné de trois croissants ·d'argent au chef d'argent chargé de trois roses de gueules* (Chevillard).

En 1584, Nicolas le Valoys, sieur de Montville, marié à Magdeleine d'Avaugour, était seigneur et baron de La Villeneuve et de La Truchère. Leur fille, Reyne Le Valois, veuve de François le Hérisy, baron de Creullay en Normandie, accorda l'affranchissement aux habitants de La Truchère (1603). (G. Jeanton et Ravenet, *Préty*, p. 110).

LE VÉRINE. — ARMES :

En 1381, Jean le Vérine rend hommage à l'abbé de Tournus des biens qu'il possède à Saint-Romain.

LÉVESQUE. — ARMES : *D'or à un vase de gueules mis en fasce* ; al. : *d'or à une croix haussée et alaisée d'azur, chargée de cinq étoiles d'argent, le pied fiché dans un cœur enflammé de gueules, les flancs de l'écu bordés d'argent* (D'Hozier).

En 1590, Jacques Lévesque, écuyer, fut capitaine de Tournus, seigneur de Beaumont et de l'Epine.

En 1484, Claude Lévesque l'Ancien était notaire à Beaumont-sur-Grosne dont cette famille est originaire (Voir *Répertoire*).

Alliance : Michellet, Tatoux, de Martinet, Galland, Chantemidy, de Brézé, Pion, d'Essat, Deschanay.

LE VILLARS (PRIEURÉ). — CACHET ARMORIÉ : *De ...... à une crosse de ...... accompagnée en pointe de deux étoiles de ......* (Arch. hôpital, H 70).

Cachet sur une lettre de Réty à Vatron en 1593.

Le prieuré du Villars remonte au haut Moyen Age. L'abbaye de Saint-Philibert possédait Le Villars, dont la propriété lui fut confirmée par une bulle du pape Calixte II datée de 1119.

En 1636, les religieuses bénédictines du Villars se retirèrent à Tournus, par suite de l'entrée du général Galas en Bourgogne (Juénin, *Histoire de Tournus*).

LÉVIS (DE). — ARMES : *D'or à trois chevrons de sable* (Guichenon). Les Lévis de Lautrec brisaient *d'un lambel componné*.

En 1639, une fondation de 50 écus fut faite, pour les pauvres, par L. Lévis-Montbrun, sœur du maréchal de France, à l'église de Messey, où elle fut inhumée.

Roger de Lévis, chevalier, marquis de Poligny, épousa Jeanne de Montjouvent, dernière héritière des biens de cette maison, qui apporta aussi à la famille de Lévis la seigneurie de Talaut.

Après 1646, Charles-Franc de Lévy-Château-Morand, aïeul maternel de la dame de Mandelot, était seigneur de Talaut, maréchal de Mirepoix, comte de Quélus ou Chailus, Châteaumorand, etc.

Famille chevaleresque, mentionnée depuis 1179, son nom lui vient de la terre de Levis ou Levies en Hurepoix, près Chevreuse (Révérend du Mesnil). Une branche de cette famille, les Lévis-Lugny, s'établit en Bourgogne.

(Voir pour généalogie La Chesnaye-Desbois).

Fiefs : Levis, Châtelmoron, Lugny-en-Charollais, Hautefond, Changy, Nochize, Ventadour, La Perrière, Le Plessis, Bragny, Ecuelles, Châtelet, La Barre, Saint-Germain-du-Plain, Duroux, Limont, Thorey, Talaut, Caylus, Voulgy, Aubin, Chevenizet, Saint-Boil, Le Thil, Nay, Nagut, Les Filletières, Florensac et Bernon, Savoisy, Lignière (baronnies).

Alliances : de Quélus, de Cousan, de Montjouvent, Languet, de Rochefort, Gelas de Leberon (B. et d'Arbaumont).

LHAUTÉ. — Armes :

Ancienne famille bourgeoise que l'on trouve vivant à Tournus de 1688 à 1765. Antoine Lhaute y était crieur juré, et en 1738, Jean-Louis, notaire et procureur, greffier du bailliage de cette ville et échevin en 1731.

Alliances : Fouchier, Platret.

LHIONET (de).

En 1341, Catherine de Lhionet, veuve d'Hugues de Fures, fait hommage à l'abbé de Tournus de l'argent en rente que lui devait Guillaume Fine.

L'HORME (de). — Armes : *D'azur à la fasce d'or, chargée de trois feuilles d'orme de sinople* (Jouve, Steyert).

Louis-Epiphane, fils de Barthélemy-Fleury de L'Horme, officier de la Légion d'honneur, premier président de la Cour de Caen, épousa Emilienne-Charlotte Noly en 1841 ; il habitait Farges-les-Mâcon. Mademoiselle de L'Horme fut propriétaire du château de La Volière, par Sennecey-le-Grand.

Titre de baron (V. Guillemaut).

LHUILLIER. — Armes : *D'azur à trois coquilles d'or, 2 et 1 ; al. : d'azur à une bande d'argent, accompagnée de trois coquilles d'or, 2 et 1* (D'Hozier).

En 1663, Pierre Lhuillier, bourgeois de Mâcon, hérita par testament, de Philibert de Colombier, la charge de maréchal et sénéchal de l'abbaye de Tournus, en reconnaissance « des grands services qu'il lui a rendu en diverses rencontres, et des grandes avances en deniers qu'il lui a faites.

Joseph Lhuilier, secrétaire des Etats des pays et comté du Mâconnais, remit en 1737, au chapitre Saint-Philibert de Tournus, le fief, office et état de sénéchal et maréchal héréditaire de l'abbaye de Tournus (Arch. S.-et-L. Bailliage, 1362).

Joachim L'Huillier, greffier au grenier à sel de Mâcon, et Antoine L'Huillier, visiteur des gabelles en 1696, portaient les armes ci-dessus décrites. Ils étaient possessionnés à Fuissé en Mâconnais. Cette maison s'est éteinte dans les Bodin de Veydel (Arcelin).

LIMONT (DE). — ARMES :

Hugues de Limunt, mentionné dans un acte de 1191, relatif à une donation faite par Robert, surnommé *Viviani*, chevalier, aux religieux de La Ferté.

Dans la première moitié du XIIe siècle, vivait Hugues de Limont qui fut un des donateurs de l'abbaye de La Ferté (Arch. S.-et-L., H 24).

LIPPENS (DE). — ARMES :

Jeanne-Marie de Lippens avait épousé Antoine-Valérien-César Chapuys-Montlaville, officier de la garde nationale de Tournus en 1814-1815.

L'ISLE (DE). — ARMES :

Vers 1147, Bernard de Lisle donne à l'abbaye de La Ferté-sur-Grosne tout ce qu'il possède à Saint-Martin (L. Bazin).

Lambert de l'Isle, chevalier, fut aussi au XIIIe siècle l'un des bienfaiteurs de cette abbaye (Arch. S.-et-L., H. 27).

Vers 1480, Odet de L'Isle, écuyer, était châtelain et capitaine de Brancion (Arch. S.-et-L., E 1122).

Claude de L'Isle, écuyer, secrétaire de la chambre du roi, résidait à Tournus en 1625.

Un Pierre de Lisle, « capitaine de la brigade de Tournus pour le sel », y décéda en 1706 (Arch. de Tournus, GG 148).

LIVRON (DE). — ARMES : *D'argent à trois fasces de gueules, au franc canton d'argent, chargé d'un roc d'échiquier de gueules* (Chevillard).

En 1523, Jean de Livron avait acquis la terre de La Tour de Vers (Niepce, *Histoire de Sennecey*).

Cette maison est originaire du Dauphiné ; elle descend de Jaubert de Livron, vivant en 1306. Ses membres s'établirent en Bourgogne et en Champagne au XVe siècle.

Fiefs : La Tour de Vers, Savigny, Chalais, Santenay, Roncin, Marnay, Navilly, Sathonay, La Colonne, Coiffy, marquis d'Allemagne, et de Bourbonne.

Alliances : Noailles, Ray, du Châtelet, Orges, Bassompierre, Savigny, d'Anglure, de Sallenove, de Belloy, de Mettaucourt, de Choiseul, de Montpezat, de Charnot, La Bouthière, de Menthon, de Grolée, de Bauffremont.

LO (DE). — ARMES :

En 1442, Guillaume de Lô était capitaine-châtelain de La Colonne (Crépet).

LOGES (DE), *al.* DE LOGNE. — ARMES : *D'or au sautoir d'azur.*

En 1385, Jean de Logne, *al.* de Loges, était vicaire général de l'abbé de Tournus. Au XIIIe siècle, Guillaume et Hugues de Loges, chevaliers, font une transaction avec l'abbaye de La Ferté, dans laquelle le premier fut enterré.

Fiefs : Loges, Champrongeroux, Cersot, La Boulaye.

Alliances : de Bourbon, de Rabutin d'Epiry, de Nichal, de Nagu, de Montconis, Rouhaut de Gamaches, Jacquot, de Courcelles, de Trestondan, de Lyathod (Beaune et d'Arbaumont).

LOIZE (DE), *al.* LOYSE (DE), LOYSIA (DE), LOYSIE (DE). — ARMES : *D'argent à un lion de sable, armé et couronné de gueules ;* al. : *d'or au lion de sable, armé, couronné et lampassé d'or* (Guichenon).

Guy de Loize, chevalier, seigneur du Faya, vivait en 1240. C'est lui qui eut la maison et seigneurie de Faya, en fief, de Guy, sieur de Baugé, chevalier, et de Renaud de Baugé, damoiseau, son frère, par lettres datées à Tournus le mardi après l'octave de la fête de Saint-Pierre et Saint-Paul en 1297.

En 1261, Guy de Loisy et Renaud de Loisy tiennent fief à l'abbaye de Tournus à Farges et à Uchizy (*Livre des Hommages*).

Les Loyse paraissent être originaires de Franche-Comté et les mêmes que les Loysia qui possédaient le château du Bois à Pressiat. La dernière du nom le porta à Guillaume d'Andelot (Révérend du Mesnil).

Selon Bazin, le premier cité de la famille de Loise serait Geoffroy qui vivait en 1150.

Les Loysia, en Franche-Comté, portent les armes ci-dessus décrites.

LOISY (DE), *al.* DELOISY. — ARMES : *D'azur à un lacs d'amour d'or, posé en fasce* (D'Hozier).

Famille originaire de Loisia en Comté, établie à Cuiseaux, puis à Louhans et à Cuisery et enfin à Tournus, au XVIIIe siècle, où vivait Jacques de Loisy, contrôleur, puis changeur pour le roi. Cette famille est encore représentée à Cuisery.

Alliances : de La Cuisine, Mazoyer, Belin, Arnoux de Promby, Guillemant, Paillard, Seriziat, Renaud, Picard, etc.

LOMBARD.

Antoine Lombard, chanoine de Tournus, prit possession du doyenné en 1785.

LOMCO (DE). — ARMES :

En 1385, Humbert de Lomco était moine de Tournus.

LONGCHAMP (DE). — ARMES : *Une bande de ...... chargée en chef d'un tourteau ou d'une étoile.*

En 1366, Girard de Longchamp, chevalier, bailli de Chalon, était capitaine de Brancion.

Fiefs : Brainville, Marey-sur-Tille, Oisilly (partie).

Alliances : Montclerc, Comblanc (Beaune et d'Arbaumont).

LONGEVILLE (de). — Armes : *De gueules à la bande d'or chargée au premier quartier d'un point d'échiquier d'azur* (Dunod).

En 1585, Jean de Longeville, écuyer, époux de Aimée Du Ploys, est seigneur de Sans (Sennecey-le-Grand).

LONGVIC (de), al. LONVY, LONWY. — Armes : *D'azur à la bande d'or* (Guichenon) ; al. : *de gueules à la bande d'or* (Dunod).

En 1348, Etienne de Longvic était recteur de l'église du Mont-Saint-Martin de Laives (L. Bazin).

Au commencement du xvie siècle, Etienne de Longvic, évêque d'Hélénopolis, était curé de l'église paroissiale de Romenay (Arch. S.-et-L., E 912).

Famille noble qui, selon Brantôme, serait une branche de celle de Chalon ; elle prit son nom de la terre de Lonvy, ancienne baronnie du comté de Bourgogne, au ressort de Dôle, où vivait en 1314 Jean, sire de Longvy, dit de Chaussin.

Fiefs : Rahon, Givry, Faucogney, Longwy, Longepierre, Pagny, Gevrey, Bruant, Soyers, Antilly, Simard, Clairvaux-en-Montagne, Navilly, Romenay.

Alliances : de Vienne, de Chaussin, de Rahon, de Faucogney, de Vergy, de La Trémouille, de Neufchâtel, de Villersexel, de Bauffremont, d'Orléans.

LORENCHET. — Armes : *D'azur à une fasce d'or, accompagnée en chef de trois molettes d'argent, et en pointe d'un chat léopardé d'argent, armé de gueules* (Foyère, au Musée de Tournus).

Famille chalonnaise.

Philibert Lorenchet, écuyer, conseiller secrétaire du roi, audiencier en la chancellerie du Parlement de Bourgogne, portait les armes ci-dessus décrites.

LORIN de REURE. — Armes : *D'argent à la branche de laurier de sinople mise en pal, à la bande de sable brochant sur le tout.*

Famille bourgeoise originaire de Lyon, semble-t-il, divisée en deux branches, dont l'une s'établit à Thoissey et l'autre à Hauteville (Savoie), puis à Tournus vers 1600. Ses membres occupèrent des charges importantes. Jean Lorin, né en 1658, le premier qualifié de noble, fut référendaire en la chancellerie près la Cour des Comptes de Dôle, conseiller du roi en 1693, puis assesseur de la ville de Tournus et lieutenant du maire ; il mourut en 1707. Jean-Louis Lorin, diacre, devint demi-chanoine de Tournus en 1703. Antoinette Lorin était religieuse bénédictine de Tournus en 1694. (Pour généalogie, voir *Répertoire des Familles notables de Tournus*).

LORME (DE) — Voir DE L'HORME.

On trouve, en 1626, le mariage de Louis de Lorme, écuyer, demeurant à Uchizy, avec Marguerite de Sarrazin (Arch. du Bailliage).

LORNOT. — ARMES : *D'argent à 3 faces de gueules* (Baill. de Tournus) ; al. : *d'azur à une lunette à main, nommée lornière, d'or* (D'Hozier).

Famille bourgeoise originaire de la région de Cuisery, établie à Tournus en 1690. Bonaventure Lornot (1692-1762), procureur fiscal, puis bailli de Tournus, portait les premières armes ci-dessus décrites. En 1698, un autre Bonaventure Lornot, notaire à Ratenelle, portait les secondes armes.

Alliances : Dejoux, Thevenot, Feuillet, Bernardet, Burdin, Clerc, Chappuis, Bernard, etc.

LORRAINE (DE). — ARMES : *Coupé de 4 pièces en chef soutenues de 4 en pointe. Au 1er jascé d'argent et de gueules de 8 pièces, qui est de Hongrie ; au 2e d'azur semé de fleurs de lys d'or, au lambel de gueules, qui est de Naples ; au 3e d'argent à la croix potencée d'or, cantonnée de 4 croisettes aussi d'or, qui est de Jérusalem ; au 4e d'or à 4 pals de gueules, qui est d'Aragon ; au 5e et 1er de la pointe, d'azur semé de fleurs de lys d'or, à la bordure de gueules, qui est d'Anjou ; au 6e d'azur au lion contourné d'or couronné, armé et lampassé de gueules, qui est de Gueldres ; au 7e d'or au lion de sable couronné, armé et lampassé de gueules, qui est de Juliers ; au 8e et dernier, d'azur à deux barres adossées d'or, dentelées et allumées d'argent, l'écu semé de croix recroisettées au pied fiché du même, qui est de Bar. Et sur le tout, d'or à la bande de gueules chargée de 3 alérions d'argent, qui est de Lorraine* (Juénin).

Louis II de Lorraine, cardinal de Guise, fut abbé de Tournus de 1562 à 1573. Il était fils de Claude, duc de Guise, et d'Antoinette de Bourbon-Vendôme, et frère de François, duc de Guise, assassiné à Orléans.

LOSPITALIER. — ARMES :

Jean et Pierre Lospitalier étaient bourgeois de Tournus en 1455.

LOUVEL (DE). — ARMES :

En 1285, Jean de Louvel et Marguerite, sa femme, étaient feudataires de l'abbaye de Tournus à Azé et Champagne (*Livre des Hommages*).

LOYSE (DE). — ARMES : *D'azur à 5 fasces d'or* (Niepce).

Geoffroy de Loëse était religieux de l'abbaye de Tournus en 1108. Jofrius de Loyse paraît en 1152 dans un traité donnant ses terres, sises près de La Grosne, à Sainte-Marie de Beaumont et à l'abbaye de La Ferté, où plusieurs membres de cette famille furent inhumés : Guy de Loyse était seigneur de L'Epervière en 1219. En 1279, Gui de Loëse reçoit en fief la maison de Jaya, en Bresse, de Gui et Renaud, sires de Beaugé. Cette famille paraît originaire du hameau de Loyse, qui dépendait de Nanton. (Voir de Loise).

LUCENAY (DE). — ARMES : *De gueules à 3 têtes de léopard d'or, posées 2 et 1 (Arcelin).*

Noble de Lucenay fut un des bienfaiteurs de l'église de Saint-Gengoux.

Ancienne famille chevaleresque possessionnée en Nivernais et en Lyonnais. Claude de Lucenay, écuyer, sieur de Montceau, fut nommé capitaine de la ville de Cluny en 1659 (Arcelin).

LUGNY (DE). — ARMES : *D'azur à trois quintefeuilles d'or posées 2 et 1, accompagnées de 7 billettes du même posées 3, 1, 3 (Palliot).*

Renaud de Lugny était hostelier de l'abbaye de Tournus en 1284, et Jean de Lugny, grand prieur en 1286.

En 1315, Jean et Guichard, fils de Pierre de Lugny, firent hommage à l'abbé de Tournus des rentes et servis qu'ils eurent de damoiselle Guillemette de Saint-Maurice.

La seigneurie de Lugny, en Mâconnais, fut le berceau d'une famille chevaleresque et illustre de ce nom. La branche aînée s'éteignit avec Jean de Lugny, marié à Françoise de Polignac, dont la fille unique épousa François Chabot, marquis de Mirebeau (Pour généalogie, voir L. Lex : *Histoire de Lugny et de ses seigneurs*).

Fiefs : Lugny, Montbellet, Igé, Flacé, Ruffey, Loise, Lessard Les Aumonts, Jugy, Branges, Laizé, Chavannes-en-Bresse (partie), Tiffailles (*id.*), Huilly (*id.*), Allériot, Ecuelles, Prayes, Chissey, Culey, Serrières, Combes, Allerey, Grandchamp, Saint-Trivier, Varennes-sur-le-Doubs, Thurey, La Chapelle-de-Guinchay, comte de Brancion, baron de Branges, etc.

Alliances : de Chevriers, de Chevrel, de Cheminant, de Franc d'Essertaux, de Mincé, d'Aumont, de Lugny, de Marchizeuil, Marin, de Montregnard, de La Roche, de Lourdin de Saligny, de Dyo, de Mailly, de Nanton, de Grolée, de La Tour, de Neuville, de Chastel, de Châteauvieux, de Lévis, de Saint-Trivier, de Luyrieux, de Rossillon, de Polignac, de La Poype, de Chabot, de Saulx-Tavannes, de Bauffremont, de Montconis, de La Chambre, de Cusance, d'Igny, etc.

LUNGRE, *al.* LIHONGRE. — ARMES :

Dalmatius Ongres donne, en 1230, au monastère de Lancharre une portion de la forêt de Chapaize. En 1243, le même Dalmatius reconnaît tenir de l'abbé de Cluny tout ce qu'il possède à Saint-Hippolyte. Marguerite Lungre fut prieure du monastère de Lancharre en 1318.

Cette famille paraît être la tige de l'illustre famille des Damas. Elle possédait de vastes forêts au pied des châteaux de Brancion et d'Uxelles et la seigneurie de Chassignoles-en-Mâconnais.

LUYRIEU (DE). — ARMES : *D'or au chevron de sable (Palliot).*

Louis de Luyrieu était bailli de Saint-Gengoux en 1430.

En 1486, Hugues de Lureul, seigneur de Beaufort et de Saint-Germain possédait le fief de Gemauges, près Uxelles.

Famille originaire de Bresse où vivait en 1100 Alard de Luyrieu. Une charte des archives de l'Ain datée de l'année 1302 porte le sceau de Humbert de Luyrieu : dans le champ, *un écu bandé de* ...... *avec* la légende : *S ...... imberti de Luyrac* (Révérend du Mesnil).

Fiefs : Luyrieu, La Cueille, Montvéran, Prangin, Champagne, Villars, Morestel, Corcelles, Bourg, Saint-Christophe, Colonge, Val de Mercy en Auxerrois, Saint-Alban, Savigny-en-Revermont, Arinthod, Montcroissant-en-Comté, Verdun-sur-Saône, Crèvecœur, Beaufort, Oloferne.

LUZIACO (DE). ARMES :

En 1303, Guillaume de Luziaco était moine de Tournus et prieur de Louhans (Juénin, p. 171).

LUZY (DE). — ARMES :

En 1203, noble Damas ou Dalmace de Luzy, donne à l'abbaye de La Ferté tout ce qu'il possédait de coutumes bourbonnaises sur Sainte-Hélène. Ces coutumes se levaient sur quatorze manses (L. Bazin).

Luzy en Nivernais portait : *de gueules au chevron d'argent accompagné de 3 étoiles d'or* (Rietstap). Luzy de Pélissac, barons de Cousans, blasonnaient : *d'or à la fasce échiquetée d'argent et de gueules, parti de gueules au chevron d'argent, accompagné de 3 étoiles d'or* (Rivoire de La Bâtie).

LYOBARD (DE). — ARMES : *D'or à un lion léopardé de gueules* (Guichenon).

Aymé de Lyobard était chambrier de l'abbaye de Tournus en 1428 et fut, cette même année, institué grand vicaire de l'abbé de La Palu.

Famille chevaleresque du Bugey. Manassès de Lyobard, chevalier, vivait en 1116. Hugues, fit deux voyages en Terre Sainte vers 1270. Thomas vivait en 1390 ; il eut deux fils : Guillaume, chevalier, et Aymé, religieux de Tournus.

Fiefs : Romans, Brion.

LYON (DE), *al.* DELYON. — ARMES : *D'or à un lion naissant de gueules, coupé de sable à un arbre d'or* (D'Hozier).

En 1700, Gabriel de Lyon était gardien des récollets de Tournus. A la même époque, vivait Louis de Lyon, écuyer, seigneur de Sans, paroisse de Saint-Julien de Sennecey, qui portait les armes ci-dessus décrites.

Les Du Lyon, seigneurs de Juliénas, XVIe siècle, portaient : *d'or au lion d'azur* (Steyert).

Ancienne famille bourgeoise de Mâcon qui a donné des échevins à la ville dès 1364 et a tenu les fiefs d'Ozenay et de Gratay.

Fiefs : Pruzilly, Dromvent, Juliénas, etc.

Alliances : Chanvrier, de Vidal, Méchin.

LYS (DE). — ARMES : *D'azur à 3 chiens courant l'un au-dessus l'autre surmontés d'une fleur de lys d'or* (Palliot).

Du Lys, en Nivernais, portait les armes ci-dessus décrites.

En 1209, Bertrand de Lys, chevalier, donne à l'abbaye de La Ferté pour le repos de l'âme de dame *Heliete*, femme de défunt Guichard de Saules, la moitié du pré Sainte-Marie. Il renonce ensuite aux prétentions qu'il soutenait contre La Ferté au sujet des donations faites à ladite abbaye par Girard de *Anneins* et Jean *Rabil*. Il reçut en retour une vache avec son veau et 20 sols (Bazin).

MABIRE. — ARMES :

Famille paraissant originaire de Lyon, alliée à Tournus aux Grenelle, Vauriot, Gerbaud.

MACHECOU (DE). — ARMES : *De gueules à 3 chevrons d'argent.*

Au xie siècle, Gestinus de Machecou donne à l'abbaye de Tournus une place dans sa ville (Loire) pour y bâtir un monastère et y joignit des revenus suffisants pour son entretien (Juénin, p. 100-101).

MACHOUD. — ARMES : *De ...... au chevron de gueules, accompagné en chef de 3 étoiles de ...... et en pointe d'une flamme de ......* (J. Martin).

Famille bourgeoise originaire de Tournus, d'où était Claude, pêcheur et marchand, vivant au xvie siècle. Pierre et Jacques Machoud furent demi-chanoines de l'abbaye en 1645 ; ils étaient fils de Jean Machoud, notaire, échevin lors de la peste de 1630, pendant laquelle il se distingua par son dévouement. Le dernier est l'auteur d'un ouvrage sur la pratique judiciaire ayant pour titre : *Origine de la ville et abbaye de Tournus* (1657). C'est lui qui fit bâtir les chapelles de l'Assomption à Lacrost et de Saint-Jean-des-Eaux à Arpent.

Alliances : Pichot, Pousset, Cochardet, Moissonnier, d'Azincourt, Lapersonne, Febvre, Schot, Robert, Ravel, Siraudin, Ducret, Taret, Moisson, Dumolin, Bureteau, Delaval, Bordat, Quiny, Grillet, Colin.

MACHUREAU, *al.* MACHUREAU (DE). — ARMES : *D'azur à un mât d'or chargé de 2 étoiles de sinople* (Niepce).

En 1579, Mathieu Machureau était notaire royal à Nanton. Noël de Machureau, seigneur de Planches (Auxy), devint, en 1618, coseigneur de La Chapelle-de-Bragny par son mariage avec Catherine de Simon.

Famille originaire de Chailly-en-Auxois qui se divisa en deux branches. En 1380, on trouve un Jehan Machureau établi dans la Bresse chalonnaise (Niepce).

MADIÈRES (DE). — ARMES : *De gueules à trois besants d'or, au chef d'azur soutenu d'or et chargé de trois piles du même* (Steyert).

Une famille de Madière, seigneurs de Milly (Arbuissonas), de Corcelles (Saint-Etienne-La Varenne), de La Carrière (Saint-Martin-en-Haut), Lyonnais et Beaujolais, xviie et xviiie siècles, portait les armes ci-dessus.

En 1633, Laurent de Madières était receveur pour le roi au grenier à sel de Tournus.

MAGNIEN. — ARMES :

Philibert Magnien, conseiller du roi, maître des comptes de Dijon, receveur au bailliage de Mâcon, acheta, en 1493, la seigneurie d'Uxelles. Il avait épousé Jeanne de Villers.

MAGNIN. — ARMES : *D'azur à deux palmes d'or mises en pal* (D'Arbaumont).

En 1399, Jean Magnin est témoin dans un traité entre l'abbé de Tournus et les habitants de la ville (Juénin, t. II, p. 255).

Le château et les titres de cette famille ayant été brûlés au xive siècle, leur filiation ne se trouve réellement établie qu'à partir du xve siècle.

Fiefs : Bouhy, Drosson, La Charbonnière, Chailly-les-Pauldoye.

Alliances : Bataille, des Buissons, Lachère, Bazelle, Dubois, Bragny, Sauldon, Truchy (B. et d'Arbaumont).

MAGNON. — ARMES :

Famille bourgeoise de Tournus connue depuis le xvie siècle ; Jean Magnon, né en 1620, fut avocat à Lyon, puis à Paris. Ami de Molière, il fit partie de son théâtre. Historiographe du roi en 1661, il fut anobli et mourut assassiné sur le Pont-Neuf en 1662.

Alliances: Gabon, Gigaud, Coindre, Poulain, Venuat, etc. (Cf. G. Jeanton, *Notes sur la vie et l'assassinat de Jean Magnon, de Tournus, poète et historiographe du Roi*, 1917).

MAILLENAY (DE). — ARMES :

Jean de Maillenay était bourgeois de Tournus à la fin du xive siècle. — Un autre Jean de Maillenay fut moine de Tournus en 1399.

MAILLY (DE). — ARMES : *De gueules à trois maillets d'or* (Palliot).

Plusieurs membres de cette famille furent enterrés à Lancharre (Courtépée).

Cette maison, que l'on croit une branche détachée des Mailly de Picardie, était établie en Bourgogne dès le xie siècle (Beaune et d'Arbaumont).

Fiefs : Mailly, Arceau, Longeault, Beire, Collonges, Pluvet et Pluvault, Poncey-sur-Saône, Puligny, Arcelot, Arc-sur-Tille, Villers-les-Pots, Ecot, Saint-Seine, Clomot, Savigny-les-Beaune, Clinchamp, Fouchanges, Courtivron, Bousselanges, Lantenay, Orgeux, Mirebel.

Alliances : Baudot, Anglure, Villers, Perrigny, Conflandé, Maisey, Ecutigny, Vuchey, Maizières.

MAINSONNAT. — ARMES : *D'azur à un chevron d'argent accompagné de 3 étoiles d'or, posées 2 en chef, 1 en pointe, et un chef d'argent* (D'Hozier).

Importante famille bourgeoise de Tournus dont les membres devinrent seigneurs de Martailly et capitaines-châtelains de Brancion.

Alliances : Evrard, Favier, Raisson, Dahon, etc.

MAITRE. — ARMES : *D'argent à un palmier de sinople et un chef d'azur chargé d'une étoile d'or* (D'Hozier).

Famille de robe mâconnaise et clunysoise, alliée aux Conte, de Tournus, et dont plusieurs membres résidèrent en cette ville au xviiie siècle.

Louis-Christophe Maître, avocat en Parlement, portait les armes ci-dessus décrites. Jean-Maître, bourgeois de Cluny, avait pour armes : *d'argent à une culotte d'azur.*

Alliances : Conte, Le Chameroy, Pailliet, Renaud, Fluet.

MALAIN (DE). — ARMES : *Parti au 1ᵉʳ d'azur, à un sauvage d'or tenant une massue du même ; au 2ᵉ d'argent, au lion de gueules* (Guichenon) ; al. : *au 2ᵉ de gueules au lion d'argent* (Chevillard) ; al. : *de gueules au lion d'or.*

Au milieu du xvᵉ siècle, Oudot de Malain était seigneur de Lux. A la même époque Gurry de Malain, d'abord receveur, devient châtelain de La Colonne, Cuisery, Sagy, Verdun, Brancion, Buxy, Cortevaix, Germoles et Montaigu (Crépet).

• D'après Révérend Du Mesnil, cette maison, originaire de Bourgogne, est issue de Jean Maire, dit Malain, chaudronnier à Dijon, dont le fils Oudet, garde de la Monnaie à Châlon, fut anobli en 1433 par Philippe Le Bon. Cette maison s'est éteinte à la fin du xviiᵉ siècle.

Fiefs : Baneins, Bessey, Saint-Floret, Champrenault, Digoine, Demigny (partie), Meursault (*id.*), Missery, Montigny, Charny, Brianny, Mimande, Corcelles, Richemont, Chatillon, La Palud en Bresse.

Alliances : de Janly, du Breuil, de Malain, de Genost, de Saligny, Pitois, Bonnot, de Drée.

MALARD. — ARMES : *D'argent à deux fasces d'azur et à 3 alérions de sable rangés en chef.*

Famille originaire de Normandie dont un membre, Claude Malard, vint s'établir à La Clayette durant les troubles de la Ligue. Eteinte à la fin du xixᵉ siècle.

Fiefs : Sermaize, La Roche, etc.

Alliances : Gilibert, Baudinot, Corial, de Candrat, Andrieux, Gimaray, Maublanc, de Vaux de Bellefay, Perret du Chatelard, Bouillet de Boissire, Bouguet, etc. (R. Quarré de Verneuil).

Jacques Malard, par son mariage, en 1740, avec Anne-Marie Gimaray, devient prévôt de Saint-Romain et s'intitule seigneur de La Roche, des Thorins et de La Chapelle de Guinchay. Leur fille, Françoise-Antoinette, porta Saint-Romain à Jean-Baptiste Chevalier des Raviers, ancien capitaine de cavalerie et garde du corps de Sa Majesté dans la compagnie écossaise (Perraud, *Environs de Mâcon*).

MALAVAL (DE). — ARMES : *De sable au lion d'or* (Guichenon).

Au début du xivᵉ siècle vivait Jean de Malaval, curé de Romenay.

Famille chevaleresque. Pierre de Malaval, seigneur dudit lieu, vivait en 1330. Cette famille fut continuée par celle des Chavannes en 1530.

Fiefs : Malaval, Charéziat, Saint-Nizier, Lissiat.

MALLET. — ARMES :

Vers 1130, Pierre Mallet donne à l'abbaye de La Ferté-sur-Grosne ses biens de Nully (L. Bazin).

MALLON (DE). — ARMES :

Dom Louis de Mallon, d'abord moine à Morimond, le devint à La Ferté en 1780.

MALVILAN. — ARMES :

Arnou Malvilan, en 1096, signe dans un acte de restitution faite à l'abbaye de Tournus par Hugues Boschencus, chevalier, partant pour la croisade. (Juénin, p. 105).

MALVOISIN (DE). — ARMES : *D'or à une fasce ondée de gueules* (Le Laboureur) ; *d'azur semé d'étoiles d'argent, au lion d'or, lampassé de sable, brochant sur le tout* (Guichenon).

Jacques de Malvoisin était chambrier de l'abbaye de Tournus en 1399.
Famille originaire du Beaujolais. En 1260 vivait Pierre de Mauvoisin, seigneur de Rébé, près Amplepuis. Vers 1430, Ancelis Mauvoisin, fille de Pierre Mauvoisin, chevalier, seigneur de Rébé et de Jeanne de Saint-Romain, épousa Antoine Merle, damoiseau, à qui elle apporta la seigneurie de Rébé.

MANCEY (DE). — ARMES :

En 1223, Pierre de Mancie est cité comme témoin. Jean de Mancey donne, en 1308, à Girod de Lisse, un pré sur lequel il doit payer aux dames de Lancharre 4 deniers parisis de cens annuel (Niepce).

MANDELOT (DE). — ARMES : *D'argent à la fasce d'azur* (Palliot).

Georges de Mandelot était moine de l'abbaye de Tournus en 1562. Il paraît être le fils de Georges de Mandelot, seigneur de Passy, et de Charlotte d'Igny, et frère de François de Mandelot, chevalier, seigneur de Passy, Lesnes, Vitteaux, Saint-Loup, Lux, Varennes, Saint-Remy, Savigny-en-Mâconnais, Taizé, Sevrey, Mépilley (partie), Valesco ?, La Tour-du-Bois, gouverneur du Lyonnais, bailli de Mâcon en 1588, marié à Eléonore de Robertet.

Alliances : d'Igny, de Mandelot, de Colombier, de Robertet.

MARBEUF (DE). — ARMES : *D'or semé de billettes de gueules*, al. *d'azur* ; *à la bande d'azur brochant sur le tout* (Palliot).

Vers 1540, Jean de Marbeuf, écuyer, seigneur de Varennes-sur-Beaune et de Beaumont, vend des fonds à Ruffey

Alliances : de Chanay, de Saudon.

MARCHAND. — ARMES : *De gueules à un chevron d'argent chargé de 3 croissants d'azur, accompagné en chef de deux grues d'or tenant chacune une pierre au pied, et en pointe d'un lion rampant contourné d'or* (D'Hozier).

Famille de robe de Tournus originaire de Louhans. Jean-Baptiste Marchand, avocat à la cour, portait les armes ci-dessus décrites.

Alliances : Burdin, Bérardan, Naudin, Ravot, Laymé, Ravier, Gaudez, Dameron, Jacquetin.

MARCHIZEUIL (DE). ARMES :

En 1266, Guillaume, fils de Pierre de Marchiseuil, chevalier, reconnaît tenir en fief du duc de Bourgogne tout ce qu'il possède dans les paroisses de Nanton et d'Etrigny. En 1297, Geoffroi de Marchiseuil, damoiseau, possède un fief dans la châtellenie de Berzé-le-Châtel.

Après 1424, Simonne de Marchizeuil, fille de Guyot, écuyer, et femme de Jean de Lugny, seigneur d'Igé, cède à Marguerite d'Azé, femme de Jean de Vergy, seigneur de Dulphey, toutes les terres qu'elle possédait en la châtellenie de Brancion, à Royer, à Martailly, à Nogent, à La Chapelle-sous-Brancion, etc. (Arch. S.-et-L.).

Marchizeuil était une terre seigneuriale sise dans la paroisse de Change, près Nolay.

MARCILLY (DE). — ARMES : *Fascé d'or et de sable de six pièces à la bordure de gueules* (Palliot, Geliot).

Arlay de Marcilly, sa femme, ses enfants, donnent en 1112 un moulin à La Ferté. En 1197, Lambert de Marcilly donne à cette même abbaye onze manses sur les territoires de Sainte-Hélène et de Chazeuil (L. Bazin). En 1321, Jean II de Marcilly était abbé de La Ferté ; il décéda en 1341. Durand, frère de Jean, fut également abbé de la même abbaye en 1346. Etienne II de Marcilly, en l'année 1416, gouverna l'abbaye de La Ferté et fut inhumé, en 1419, au chapitre dans le tombeau de l'abbé de ce nom.

Famille qui tire son nom du village de Marcilly, près Charolles, dont elle prit le nom après avoir quitté celui de Gulces ou Gueurche. Le premier connu est Artaud, chevalier en 1254. Une branche dite du Breuil donna naissance aux Marcilly-Cypierre, par le mariage de Pierre du Breuil avec une Saint-Amour, héritière de la maison de Cypierre.

Fiefs : Marcilly, Cypierre (Volesvre), Cressy, Le Côté, Gibles, Le Colombier, L'Etang, Gergy, Raconnay, Baudrières, Le Champ-Saint-Pierre, Nochize, Crissey, La Nocle, Marly, Motte-Ternant (comté), baronnie de Thoisy, Varennes, Le Vernois, Goix, Censerey, Roussay, Mardiangue, Sailly, Champerny, Saint-Vincent-en-Bresse, Demigny, Vacheret, Leynes, La Vernette, etc.

Alliances : de Pierrechamp, de Cussigny, La Cour de Moulin, de Brion, de Gondi, de Thibaud, de Fougère, de La Forest, de Luppier, de La Croix, de Rabutin, de Laye, de Nanton, de Trézettes, de Cuise, de Bourgeois Molleron, d'Escarst, etc.

MARESCHAL DE MONTSIMON. — ARMES : *D'azur à la fasce d'argent accompagnée en chef de deux étoiles et en pointe d'un croissant aussi d'argent* (Révérend Du Mesnil).

En 1662, Claudine Mareschal de Montsimon était infirmière des bénédictines de Villars ; elle était fille de feu noble Philibert Mareschal, écuyer, seigneur de Montsimon, et de Françoise de Seyturier, et décéda en 1677.

Cette famille remonte à Jean Mareschal, conseiller de Son Altesse de

Savoie. Des lettres de noblesse furent accordées à Jean-Claude Mareschal et enregistrées en 1635.

Fiefs : Montsimon, Vescours, Meximieux, Savigny-en-Revermont, La Cueille, Arinthod, Verdun, Tremblay, Montalibord, Le Parc.

Alliances : de Seyturier, de Lurieul, de Can, de Busseul.

MARFONTAINE (de). — Voir du ROUSSET.

MARIDONNEAU de LA RIVIÈRE. — Armes :

En 1685, Charles Maridonneau, sieur de La Rivière, receveur des aides du département de Tournus, épousa Marguerite, fille de Pierre Parizot, marchand audit Tournus.

Cette famille est originaire du Beaujolais et posséda le fief de La Rivière.

Alliances : Bourrières, Batonnard, Charpillon, Parizot.

MARIGNY (de). — Armes : *D'argent à 4 fasces ondées de sable* (Guichenon).

Pierre de Marigny était sous-prieur de l'abbaye de Tournus (1471-1482).

Famille illustre en Bourgogne. Dodon de Marigny était présent à la fondation de l'abbaye d'Aserault. Guillaume de Marigny, connétable du' duc Eudes II, vivait en 1152.

MARIN. — Armes :

Au commencement du xve siècle, Barthélemy Marin, chanoine de l'église de Mâcon, obtient en échange du fief de la Douze celui de Bézerans, sis à Dulphey (Arch. S.-et-L.).

Famille paraissant originaire du Mâconnais et qui aurait possédé le fief de Flacé.

MARION. — Armes : *Une équerre posée en chevron, accompagnée en chef de tenailles et d'un marteau, en pointe d'un cœur enflammé.*

Famille de marchands bourgeois de Tournus. Sur la pierre tombale de Denis Marion (1689) était gravé l'écusson ci-dessus.

Philibert Marion, prêtre du diocèse de Mâcon, fait notifier ses lettres de gradué sur l'abbaye de Tournus en 1731.

MARIOTTE. — Armes : *De ...... à 3 fers de lance de ... posés 2 et 1* (Arch. de Dijon).

Après 1600, Ph. Mariotte avait affermé la châtellenie et prévôté de Saint-Gengoux (Arch. de la Côte-d'Or).

Famille connue à Dijon depuis 1446. A cette époque vivait Jean Marriot, bourgeois, qui fut anobli par Philippe le Bon cette même année (D'Arbaumont).

MARLAT (de). — Armes :

En 1638, noble Jean de Marlat, époux de Anne Pussin, habitait Tournus (Arch. Tournus).

En 1211, Jocerand de Marnay est moine de l'abbaye de La Ferté.

En 1227, Clémence de Marnai, fille de Raoul, donne le tiers de la dîme de Mellecey à la même abbaye. Rodolphe de Marnay se croisa en 1096.

Fiefs : Marnay, Mellecey, Saint-Jean-de-Vaux.

MARSILLY DU VERDIER. — ARMES :

Victor-Henri-Joseph Marsilly du Verdier, né à Tournus en 1871, était fils de Raoul-Amable-Auguste, lieutenant au 55e régiment d'infanterie, et de Marie Fouilloux.

MARTAILLY (DE). — ARMES :

Dans la première moitié du XIIe siècle, Arloy de Martailly cède à l'abbaye de La Ferté une terre sise à Laives (Arch. S.-et-L.).

MARTEL (DE). — ARMES : *D'or à la bande de sable chargée de trois quinte-feuilles d'argent* (Guichenon).

En 1643, Philippe de Martel fut prieur de Saint-Oyen de Montbellet.

MARTENNE. — ARMES : *De gueules à un sautoir d'argent* (D'Hozier).

Famille originaire de l'Autunois, établie à Uchizy en 1612, où elle donna des notaires et des chirurgiens. Jean Martenne, notaire, portait les armes ci-dessus décrites. Au XVIIe siècle, Lazare Martenne, chirurgien, scellait :

De ... à un trèfle de ... accompagné en chef de 2 étoiles de ... et en pointe d'un croissant de ...

Alliances : Brunet, Abadie, Réty, de Gesne, Gordonnat, Olivier, Gauthier, Lenoir, etc.

MARTERAT. — ARMES : *D'azur à 3 bandes d'or.*

Antoinette Marterat épousa Claude Perrault, écuyer. Sur la tombe de Jean Perrault, leuf fils, décédé chanoine de Saint-Philibert de Tournus, en 1693, on voit gravées les armes ci-dessus décrites.

MARTIGNICOURT (DE).— ARMES :

Famille bourgeoise de Tournus où vivait, en 1592, Jean de Martignicourt, bienfaiteur de l'hôpital.

MARTIGNY (DE). — ARMES :

Jeanne de Martigny était dame de Chassignoles à Bonnay.

MARTIN DE MIONS. — ARMES :

Claude Martin, de Montbellet, demeurant à Corcelles, près Trévoux, fut anobli en 1630 par Gaston de France, prince des Dombes, à cause des services rendus à Henri IV et au roi régnant. Il devint seigneur de Mions (Dombes).

MARTIN. — ARMES : *De gueules à un cœur d'argent, accompagné de 3 be-sants de même, posés 2 en chef, 1 en pointe* (D'Hozier).

Famille bourgeoise de Tournus où vivait Claude Martin, notaire royal, 1590-1612. Cette famille s'est éteinte à la fin du XVIIIe siècle.

Pierre Martin, receveur des fermes du roi, à Mâcon, en 1697, portait les armes ci-dessus décrites.

Vers 1664, Mlle N. Martin fait don à l'église Saint-André de Tournus d'une chasuble où sont brodées ses armes (Bailliage de Tournus).

MARTINET (DE). — ARMES :

Pierre de Martinet, sieur des Moulins ?, gendarme de la compagnie de la Reine-Mère, époux de Anne Lévesque, résidait à Tournus en 1626.

Antoine Martinet, de Saint-Julien, portait : *d'argent à 3 martinets de sable 2 et 1* (D'Hozier).

MARTINSA.

François Martinsa, prêtre du diocèse de Verdun, fut curé de Chapaize, chanoine en 1749 et trésorier de Saint-Philibert, chapelain de la chapelle Saint-Jean de l'hôpital (1751), bienfaiteur dudit hôpital.

MASSENAY (DE). — ARMES : *De sinople au sautoir d'argent flanqué d'une épée de même, la garde d'or, la pointe en haut* (Révérend Du Mesnil).

Au milieu du xve siècle, Marguerite de Massenay était femme de Guillaume Marmelet, procureur du roi à Brancion. Nazaire de Massenay, écuyer, seigneur du Lac, gentilhomme du Charollais, fut seigneur de La Breille en Dombes.

MASSEY (DE). — ARMES :

Dans la seconde moitié du xviie siècle, Claude et Jacques de Massey, maîtres-verriers, demeurant en la verrerie d'Avoize, font une transaction avec l'abbaye de La Ferté. Guillemette de Massey était femme de Jean de Drée mort en 1643.

N. Massey de La Verrière, portait : *d'azur à 3 maillets d'or 2 et 1* (D'Hozier).

MASSOL (DE). — ARMES : *D'or à un aigle éployé à 2 têtes de sable, langué et onglé de gueules ; coupé de gueules, à un dextrochère armé d'or, mouvant d'une nuée d'argent et tenant un marteau d'armes d'or* (D'Hozier).

Famille parlementaire de Dijon, possessionnée à Préty, alliée aux Martin, de Tournus (xviie siècle).

Antoine-Bernard de Massol portait les armes ci-dessus décrites.

MASSON D'AUTUME (DE). — ARMES : *D'azur au chevron d'or accompagné de 3 glands du même, deux en chef, un en pointe* (Jouve).

Cette famille est possessionnée au château de La Serrée à Curtil-sous-Burnand.

Maison originaire de Franche-Comté dont la filiation remonte à Claude Masson, écuyer et gentilhomme de Philippe le Bon, duc de Bourgogne en 1450, obtint le titre de marquis d'Autume par lettres patentes de 1750.

Anne-Alfred de Masson d'Autume, né en 1828, bibliophile, membre de l'Académie de Mâcon, habitait le château de Broissia, près Saint-Loup-de-la-Salle.

MASSOT. — Cachet armorié : *De ... à un pied à 3 tiges fleuries et fruitées de ... ; al. : à une massette, qui est une plante aquatique de ...*

Famille de la partie sud du bailliage de Tournus. Pierre Massot, chirurgien juré de Saint-Symphorien d'Ancelles, en 1697, scellait des armes ci-dessus décrites.

MATHIS. — Armes :

Dom Alexis-Etienne Mathis, était moine de l'abbaye de La Ferté vers 1700 (Niepce).

MATREUIL (de). — Armes :

Vers 1396, Olivier de Matreuil fait reconnaître son droit de visite et de correction sur l'abbaye de Lancharre par le bailli de Mâcon (Courtépée).

MAUGIRON (de). — Armes : *Mal gironné d'argent et de sable de 6 pièces* (La Chesnaye-Desbois).

En 1632, messire François de Maugiron était baron de Montbellet, comte de Montléans (Isère).

Maison chevaleresque originaire du Dauphiné qui s'établit en Mâconnais, en 1550, par le mariage de Guillaume de Maugiron avec Philippe de Lugny. Elle s'éteignit à la fin du xviiie siècle.

Fiefs : Montléans, Ampuis, Courquetaine, Châteaubourg, Beauvoir-de-Marc, Loire, La Roche, Neyrieu, Igé, Flacé, Charbonnières, Montbellet, La Tivelière, Saint-Saphorin, Molard, Varacieu, Auberives, La Garde, La Magdeleine, Le Rousset, La Tour Mailly, Azé, Aisnes, Champagne.

Alliances : L'Hermite, de Lugny, d'Amoncourt, de Bassompierre, de Maugiron, de Gournay, de Tournon, de Saussenage, de Mortier de Choisy, de Choiseul-Praslin.

MAUGUIN. — Armes : *D'azur à un chevron d'or, accompagné de 3 étoiles d'argent, posées 2 en chef, 1 en pointe* (D'Hozier).

Pierre Mauguin, acolyte du diocèse de Chalon, obtint acte de lettre de maître ès-arts en 1705.

N. Mauguin fut bienfaiteur de l'église de Saint-Gengoux. Jacques Mauguin, prêtre, curé de Chenove, portait les armes ci-dessus décrites.

MAUJEU (de). — Armes :

Les membres de cette famille, co-seigneurs de Beaumont ?, prirent le nom de cette seigneurie. Hector de Maujeu, dit de Beaulmont, paraît en 1552.

Alliances : de La Tour, Bataille.

MAUTOUCHET (de).

Suzanne de Mautouchet était femme de Brice Gratier, avocat, juge de Montbellet en 1658 (Bernard).

MAYNEAUD BISFRANC DE LAVEAUX. — Armes : *Écartelé aux 1 et 4 d'argent à 3 molettes de sable ; aux 2 et 3 d'azur à une tour d'or* (Rietstap).

Étienne Mayneaud Bisfranc de Laveaux, chef d'escadron, député de Saône-et-Loire, acquiert en 1809 la seigneurie d'Uxelles.

MAYRAUD.

En 1382, Pernet Mayraud fait hommage à l'abbé de Tournus de la moitié des droits et émoluments de la prévôté et de la pesche de Tournus, plus la moitié des lods et amendes de la dite prévôté et autres droits de pêche et sur le port de Saône.

MAZILLE DE VAUBRESSON (DE). — Armes : *De gueules à l'annille d'argent et à la bordure engreslée du même* (Palliot).

En 1710, Mme Françoise-Bénigne de Mazille de Vaubresson fut élue prieure des bénédictines de Tournus ; elle mourut en 1740.

Fiefs : Vaubresson, Cloudeau, Villers.

Alliances : de La Vesvre, de Janly, Ducret, de Pernaton, de La Menue, de Brancion, de Civry, de Cippault.

MEAUX (DE). — Armes : *D'azur à un chevron d'or accompagné en chef de deux étoiles de même, et en pointe d'un trèfle du même* (Ménestrier) ; al. : *d'azur au chevron d'or accompagné en chef de deux étoiles d'argent, et en pointe d'un trèfle de même* (D'Hozier).

En 1539, N. de Meaux, avait été nommé par l'abbé de Tournus sénéchal et maréchal de l'abbaye (Lex, *Fiefs du Mâconnais*).

Famille originaire du Beaujolais, connue à Villefranche (Rhône) depuis Guillaume de Meaux, avocat, vivant en 1470, dont les petits-fils vinrent s'établir en Mâconnais au xvie siècle. Il y eut deux branches : 1º les seigneurs de Châtillon et de Marbé, dont un rameau détaché en Forez ; 2º les seigneurs des Chanaux, éteints au commencement du xviiie siècle (Voir Arcelin, *Indicateur héraldique*).

Fiefs : La Douze (Lugny), Châtillon (Viré), Les Chanaux, Flacé, Lévigny, Saint-Léger (Charnay), Fuissé, Marbé.

Alliances : Girarde, Bureteau, Grattier, Conte, Bernard de Marbé, Gillet, Bernard de Valenton, de La Balme, du Puys de Saint-Vincent, Copin, Foillard, Bernard de Châtenay, de Pise, Mathoud, Paisseaud, Chesnard de Salornay, Bernard de Joux, Léchère, Puy du Perrier, Aymard de Montval, Chossat de Montburon, Baillard de Saint-Mérat, de Rivérieux, de Chambost, de Flachot d'Apinac, de Waters, de Montalembert.

MÉCHIN. — Armes :

Avant 1610, Nicolas Méchin était réfecturier et prieur du Villars. Un Sébastien de Méchin est seigneur de La Villeneuve en 1688.

MEIX (DU). — ARMES : *De gueules au chef d'or, chargé de 3 molettes de 8 rais de sable* (Palliot).

Pierre du Meix fut seigneur de La Grange vers 1599 ; un autre Pierre était bourgeois de Tournus en 1667. Au commencement du XVIᵉ siècle. Emiland du Meix, seigneur de Magny, Claudine de Montaigu, sa femme, Jean du Meix, seigneur d'Aubigny-les-Sombernon, vendent le tiers des terres et seigneuries de L'Epervière et La Colonne (Crépet).

Fiefs : La Grange, Epoisses, Aubigny, Partey, Magny, Saubertier, Echevroune, Lée, Préforgueil.

Alliances : de Saint-Amour, de Moroges, de Villers, de Rye, Régnier, de Montaigu.

MELIN (DE), *al.* DE MELLIN. — ARMES : *D'or à deux lions couronnés et affrontés de sable ; au chef cousu d'or, chargé de 3 merlettes de sable* (Révérend du Mesnil).

En 1498, noble Philippe de Melin, seigneur de Thoiriat, était feudataire de l'abbaye de Tournus.

MELLO (DE). — ARMES : *D'or à 2 fasces de gueules à un orle de 9 merlettes du même* (Beaune et d'Arbaumont) ; *al.* : *d'argent à 2 fasces de gueules à l'orle de 9 merlettes du même posées 4, 2, 2, 1* (J. Martin).

Vers la fin du XIVᵉ siècle, Guillaume de Mello, seigneur de Givry, fait abandon de ses droits sur les possessions de l'abbaye de La Ferté audit Givry (Arch. S.-et-L.).

Originaire de Picardie, cette illustre famille vint s'établir en Bourgogne à la suite du mariage de Dreux de Mello, seigneur de Saint-Bris et de Château-Chinon, avec Eustachia de Montbard, dernière héritière de la maison d'Epoisses, qui lui apporta la terre de ce nom. Dreux se croisa en 1191, puis fut connétable de France en 1218 ; Jean de Mello, évêque de Chalon en 1354, le devint ensuite de Clermont. Cette famille s'éteignit en 1419 dans celle des Montaigu, de Couches (Beaune et d'Arbaumont).

Fiefs : Epoisses, Givry, La Roche-Milay, Vendeuvre.

Alliances : de Montbard, de La Tour-d'Auvergne, de Beaujeu, d'Eu, de Saint-Vérain, de Châteauvillain, Luzy, de La Trémoille, de Rosny, d'Aumont, de Bourbon, des Noyers, de Montaigu, de Thil.

MENESSON (DE). — ARMES :

Antoine de Menesson, dit de Cléry, était religieux de l'abbaye de Tournus ; il mourut en 1627. Noble Cléry de Menesson, seigneur de Tavanes ?, gouverneur-lieutenant de Bourgogne, épousa, en 1565, Jeanne Drouet.

MÉNESTRIER. — CACHET ARMORIÉ : *De ... à une lyre de ... inscrite dans un enroulement de ...*

Louis Ménestrier, *al.* Ménétrier, receveur au grenier à sel de Tournus (1674), échevin, fermier général de l'abbaye, propriétaire à Martailly, scellait des armes ci-dessus décrites (Arch. S.-et-L.).

MÉNISSIER. — Cachet armorié : *De ... à un cœur enflammé de ... percé de deux flèches, placées en sautoir de ...* (Arch. notariales).

Famille originaire de Sens, établie à Tournus au xviie siècle, dont Mathieu Ménissier, chirurgien, qui scellait des armes ci-dessus décrites ; alliée aux Chardan, Cornu, Verjus, etc.

MERCIER. — Armes : *De sable à une bande d'or* (D'Hozier).

Guillaume-Augustin Mercier, chanoine et trésorier de l'abbaye de Tournus, mourut en 1740. Claude Mercier fut juge et prévôt civil et criminel de Saint-Gengoux, conseiller du roi, contrôleur au grenier à sel de Tournus. En 1655, Louis Mercier, seigneur de Champlieu (Etrigny), contrôleur au grenier à sel de Tournus, était père du chanoine. — Sur un cachet apposé sur le testament de Guillaume-Augustin Mercier, doyen de la Collégiale de Tournus, on voit les armes suivantes : *d'azur à un lion ailé d'argent.*

Fiefs : Laives, Sermaisey, La Faye, Le Thil, Les Filletières, Périgas, La Tour.

Alliances : de Vaubresson, Desbordes, Rigolet, Trebillet, Bourré, Leblanc, Languet.

MERMELAT, *al.* **MERMELET,** *al.* **MARMELAT.** — Armes : *Ecartelé au 1, à une épée posée en pal, la pointe en bas ; au 2 de ... à un sautoir de ... ; au 3, à un P... et au 4, à un M...* (Pierre tombale, Brancion).

Famille de robe, originaire de Brancion, où vivait, en 1469, Jean Mermelat, sergent. Philibert Mermelat, procureur du roi, à Brancion, en 1574, portait les armes-ci-dessus décrites. Une branche de cette famille, établie à Dijon au xviiie siècle, avait pour armes : *taillé d'or sur sinople à un annelet de sable brochant sur le tout* (D'Hozier).

Alliances : de Saudon, de Massenay, Verjus, Lepage, Besancenot, Laurant.

MERLE.

Gilbert Merle, prêtre de la ville de Beaune, présenta, à l'abbé de Tournus, en 1667, ses lettres de docteur en théologie. Antoine-Bernard Merle, conseiller du roi, receveur des consignations du Parlement de Dijon, portait : *d'argent à un chevron de gueules, accompagné de 3 merlettes de sable* (D'Hozier). Philibert Merle, prêtre, curé de Mimeure, blasonnait : *d'argent à une merlette de sable* (D'Hozier).

MERZÉ (de). — Armes :

Antoine de Merzé et Claudine Roussot, sa femme, habitaient Tournus en 1594.

Fiefs : Belleroche, La Bruyère en Lyonnais, Aigueperse, La Chassaigne en Lyonnais.

MESLÉART.

Jean Mesléart, prêtre du diocèse de Saint-Brieuc, de la communauté de Saint-Andoche à Paris, devint chanoine de l'église Saint-Philibert de Tournus, en 1784.

MESPIN. — Armes :

En 1359, Pierre Mespin est bailli de Saint-Gengoux et sénéchal de Lyon (La Bussière).

MESSEY (de). — Armes : *D'azur à la bande d'or* (Juénin) ; al. : *d'azur au sautoir d'or* (Chevillard).

Achard de Messey, témoin dans un acte de 1194, passé entre Henri Gros, seigneur de Brancion, et les religieux de La Ferté.

Jean de Messey, chapelain de la chapelle de Saint-Pourçain qu'il avait fondée en l'abbaye de Tournus, sous-prieur en 1489, décéda en 1500.

Famille chevaleresque, originaire du fief de Messey-sur-Grosne, qui dépendait de la châtellenie de Saint-Gengoux. Guillaume de Messey vivait en 1280. Robert de Messey était, en 1409, moine à l'abbaye de La Ferté dont il devint trésorier en 1414.

Fiefs : Messey, Droux, Varennes-le-Grand, Rains, Etroyes, Sassangy, Laives, Le Vernay, Damerey (partie), Vaux-de-Chizeuil.

Alliances : de Buxi, de Montjouvent, de Rochebaron, de Tenarre, de Loye, de Tenay, de Chimais, de Chamisard ou Chaimard, de Clugny, de Château-Vieux, de Crissey.

MÉTROT. — Armes :

Mayeul Métrot était notaire à Tournus en 1569.

MEYRIAT (de). — Armes : *Ecartelé aux 1 et 4 de gueules au chef d'argent ; aux 2 et 3 de gueules à deux fasces d'argent ; au chef palé d'argent et de gueules de 6 pièces* (Borel d'Hauterive).

En 1536, Jean de Meyria, qualifié de seigneur de Buxy, était seigneur engagiste de la châtellenie de Beaumont.

Ancienne noblesse de Franche-Comté qui remonte à Pierre de Meyriat, seigneur de Longmont, en 1490.

Fiefs : baronnie du Bourg Saint-Christophe, Beaurepaire, Grammont, Toulongeon, Montfort, Pressiat.

MEYZIEUX (de). — Armes :

En 1427, Philibert de Meyzieux, écuyer, seigneur de La Bruyère et Eléonore de Bezerans, *alias* Vézerans, sa femme, échangent avec Barthélemy Marin leur maison de Bézerans, paroisse de Dulphey, contre le château de la Douze, à Saint-Maurice-des-Prés (S.-et-L., 379, n° 7).

MICHEL. — Armes :

En 1671, Claude Michel était chanoine et conseiller de l'hôpital de Tournus. Au xviie siècle, Claude, châtelain de Domsure-en-Bresse, maria sa fille Etiennette à Claude Fol, marchand à Tournus. En 1690, Charles Michel, écuyer, seigneur du Villars, portait : *de sable à une coquille d'argent*. Il fit enregistrer, en 1723, en l'élection de Bresse, ses lettres de secrétaire du roi (Révérend Du Mesnil).

Michel du Villars, seigneur de La Tour-des-Champs (Belle-Allemande?) portait : *de gueules au chevron palé d'argent, au chef cousu d'azur, chargé de trois étoiles d'or* (Steyert).

MICONNET. — ARMES : *D'azur à un oiseau s'essorant d'or et 3 étoiles de même posées en chef* (D'Hozier).

Jeanne Miconnet, religieuse en 1704, supérieure de l'Hôtel-Dieu de Tournus en 1728, était de la famille Miconnet de Chalon, dont Claude-François, avocat à la cour en cette ville.

MIEULET DE **RICAUMONT.** — Voir RICAUMONT.

MIGNOT DE **BUSSY.**

Messire Aymé-Ange Mignot de Bussy, était chanoine, grand archi-diacre de Mâcon et seigneur de Chardonnay en 1759 (Chappuis).

MILHIÈS. — CACHET ARMORIÉ : *De ... semé d'étoiles de ... à une bande de....* (Arch. Bailliage de Tournus).

Famille d'apothicaires et de bourgeois de Tournus aux XVIIe et XVIIIe siècles, alliée aux Avril, *al.* Aurel. François Milhiès, apothicaire à Tournus (1681-88), scellait des armes ci-dessus décrites.

MILOTET, *al.* **MILLOTET.** — ARMES : *D'azur au sautoir d'or cantonné en chef d'une croix alaisée d'or ou d'argent.* La branche des seigneurs de Préau et de La Dezadière brisait : *d'une bordure de gueules et d'un cœur aussi de gueules placé sur le sautoir* (Beaune et d'Arbaumont).

En 1610, Marie Milotet était religieuse à Lancharre et prieure en 1683 (Battault, Courtépée).

Cette famille remonte à Guy Millotet, avocat du roi à Semur-en-Brionnais, anobli en 1574.

Fiefs : Vignoles, Brazey-Saint-Georges, baronnies de Magnien, Chan-gey, La Villeneuve, Aisey.

Alliances : Anboys, Dupuis, Peley, Colombet, Valon, Jurain, Dere-queleyne.

MINCEY (DE). — ARMES : *D'argent au lion de sable armé et lampassé de gueules* (Juénin).

Philibert de Mincey, pitancier de l'abbaye de Tournus, mourut en 1634.

Famille qui tire son nom du fief de Mincey, à Sermoyer (Ain). En 1448, Philippe de Mincey était seigneur de Talant et de Saint-Maurice-des-Prés. En 1478, Jehan de Mincey était seigneur de Péronne.

Fiefs : Grenot (Uchizy), Péronne, Vaux-sous-Targe, Besanceuil, La Tour de Brianne, La Bruyère (Igé), etc..

Alliances : du Rousset, de Franc, de Foudras, du Molard, de Marcilly, de Malfontaine, de **Burnant.**

MIRABEL (de), *al.* de MIRIBEL. — Armes : *Ecartelé d'or et de gueules,
à la cotice d'hermines brochant sur le tout* (Palliot, Guichenon).

Jean Mirabel était moine de l'abbaye de Tournus en 1399. Vers la
fin du xve siècle, Odet Mirebel, prêtre, était notaire et receveur au château de Montbellet pour Etienne de Longvic, évêque de Mâcon (Arch.
S.-et-L.).

Très ancienne famille chevaleresque qui posséda le château de Miribel
(Ain). Guy de Miribel vivait en 1097. Les comtes de Chalon et de Mâcon
succédèrent aux Miribel dès le milieu du xiie siècle. Guillaume de Chalon
donna la seigneurie, en 1185, à sa fille Béatrix, qui épousa Ulric de Bâgé,
comte de Bresse. En 1218, Marguerite, petite-fille d'Ulric, la porta en
dot à Humbert V, sire de Beaujeu.

Il est fort probable que cette maison descendait de celle non moins
ancienne des Miribel en Dauphiné, qui portait les armes ci-dessus
décrites. Ils formèrent trois branches. Les Miribel-l'Enchâtre, éteints vers
1350, portaient : *d'or au lion de gueules.* Il existait encore du nom une
autre famille chevaleresque de Givors et de Charly, qui s'éteignit en 1360
dans les de Laire. Ses armoiries, d'après Steyert, étaient : *de ... à 2 fasces
de ....* Sur un sceau de 1276 on trouve 2 *merlettes en chef,* comme brisure
d'un cadet (Révérend du Mesnil).

MIREMONT-BERRIEUX (de). — Armes : *D'azur au pal d'argent, fretté
de sable et accosté de deux fers de lance d'argent, la pointe en haut et la
bouterole d'or* (La Chesnaye-Desbois).

Pierre de Miremont-Berrieux fut commandeur de Montbellet, Rougepont et Chalon de 1673 à 1678.

Famille d'Auvergne qui s'établit en Champagne et en Picardie. Elle
se partagea en plusieurs branches, dont celle des seigneurs de Berrieux.

MITOUD. — Armes : *D'azur à 3 glands renversés d'or, tigés et feuillés de
même, posés 2 et 1 ; au chef d'argent chargé d'une tête de Maure de sable*
(D'Hozier).

Famille connue à Tournus depuis le xvie siècle. Claude Mitoud était
banquier en cour de Rome en 1671. Antoine, maître apothicaire, fut
échevin en 1679. Emmanuel-Théodose Mitoud, chanoine de Saint-Philibert en 1700, décéda en 1712.

Alliances : Montagnon, Blanchard, Jay, Raffin, de Rupt, Chatel,
Robin, de Saint-Julien, Renard, Viard, Bolo, Cajon, Bureteau, Tamiset,
Amyot, Baudard, Gille, Chappuis, Fourrat, Rousselot, Venuat, Thouray,
Desalnable, etc.

MOISSON. — Armes : *D'azur à 3 fasces d'or* (D'Hozier).

Au commencement du xviiie siècle, Antoine Moisson possédait une
partie de la seigneurie de La Douze (Lugny). (Lex).

Famille d'ancienne bourgeoisie mâconnaise connue depuis Philippe
Moisson, enquêteur au bailliage de Mâcon en 1540. Ils furent anoblis
par une charge de secrétaire du roi dont fut pourvu Claude Moisson,
le 20 août 1694. Eteints au xviiie siècle.

Fief : Montceau (Prissé).

Alliances : Dubois, Dauphin, Pelletrat, Chaumont, de Meaux, Paisseaud, Ducrot, Fournier, Albert, Boton de Salornay, Magnin, Chambre, Machoud, Tupinier de Montillet, de La Bletonnière d'Igé, Perrier de Marigny, Pelletrat de Borde (Arcelin).

MOISY (DE). — ARMES :

En 1427, Jean de Moisey, écuyer, était châtelain et capitaine de La Colonne (Crépet). En 1538, Philippe de Moisy était seigneur de Monts, Château-Renaud, du Foulcy, De Moisy, en Bourgogne porte : *de gueules à 3 croissants d'or* (Palliot).

Alliances : de Malain, de Saillant.

MOIZIAT (DE). — ARMES :

En 1634, Joseph de Moiziat, écuyer, fait hommage à l'évêque de Mâcon de sa seigneurie de Moiziat.

MOLAN (DE), *al.* DE MOLLANS. — ARMES : *Coupé d'or et d'argent à un lion de gueules et d'azur brochant sur le tout.*

Au début du xviiie siècle, Jean-Claude de Mollans, clerc tonsuré du diocèse de Lyon, prend possession de la chapelle de N.-D. de Pitié, en l'église de Romenay. Charles-Bernard de Molan était possessionné à Baleure et à Tallant en 1789.

Les Molan, de Bresse, remontent à Jean de La Guilie ou La Quille, dit de Molan, seigneur de La Tour de Neuville.

MOLESMES (DE). — ARMES :

Vincent de Molesmes, prêtre, est curé de Gigny entre 1469 et 1485. (Arch. S.-et-L.).

MOLINEAU. — ARMES :

En 1768, René Molineau, seigneur engagiste de Brancion, prend possession de sa terre.

MOLINS (DE), *al.* MOLAIN, *al.* MOLIN. — ARMES :

Au milieu du xve siècle, Odot Molain, coseigneur de Demigny et Rion, fait une transaction avec les religieux de l'abbaye de La Ferté (Arch. S.-et-L.). Au xvie siècle, Jérome Molin était prieur du Villars. Au xviie siècle, Claudion de Molins, écuyer, secrétaire du roi, est seigneur de La Vallée-sous-Semur ? et La Garde ?

Plusieurs familles du duché ont porté le nom de Molin avec des armes différentes. Thibaut de Molin, ou des Molins, prévôt de Dijon en 1311, avait *une croix ancrée* sur son sceau. D'autres portaient un écu *fascé de 6 pièces.* Hervé ou Herne de Molin, écuyer, figure dans une montre d'armes de 1367 (Beaune et d'Arbaumont).

MONETOY (DE), *al.* MONESTOY (DE). — ARMES :

En 1266, Renaud et Guy de Monetoy, écuyer, font une transaction avec l'abbaye de La Ferté (Arch. S.-et-L. et L. Bazin).

MONIN. — Armes :

Cette famille, dont les membres furent seigneurs de La Chapelle-sous-Brancion, est connue dès le xve siècle. En 1471, vivaient Jean Monin, marié à Perrenette Bon, et sa sœur Louise, femme de Robert d'Essertines.

En 1524, Pierre Monin, fils du précédent, seigneur de La Chapelle-sous-Brancion, Azenay, et Chissey en partie, fit une transaction avec sa sœur Antoinette, femme de Claude du Mouton. Il était marié avec Jeanne de Saudon, que nous trouvons veuve en 1532, et qu'il avait instituée usufruitière de tous ses biens. De ce mariage sont issus Philibert, seigneur de La Chapelle-sous-Brancion et d'Ozenay en partie, qui épousa Anne de Chanay, et Antoine, seigneur de La Chapelle et de Gratay en partie.

Vers 1535, Pierre Monin, écuyer, était seigneur de La Chapelle-sous-Brancion et d'Ozenay. En 1663, vivait Jean Monin, conseiller du roi, correcteur en la Chambre des comptes de Bourgogne et Bresse, qui portait : *d'argent à un singe de sinople, assis sur une terrasse de sable, et tenant une pomme de gueules* (D'Hozier). A la même époque, Raimon Monin, écuyer, avait pour armes : *d'azur, à un singe d'or acculé, tenant dans sa main une pomme de même* (D'Hozier).

Alliances : de Saudon, Bon, de Mouton, de Constant, de Mazilles, de Chanay.

MONNIER. — Armes :

Dom Joseph Monnier est prieur de l'abbaye de La Ferté vers 1700 (Niepce).

Guillaume Monnier, conseiller et procureur du roi en la prévôté royale de Buxy, portait : *d'azur à un croissant d'or, accompagné en chef de 2 étoiles du même, et en pointe d'une montagne aussi d'or, partie d'azur, et une fasce d'argent, chargée de 2 croissants de gueules, et de 2 étoiles d'argent posées en chef* (D'Hozier).

MONS (de). — Armes : *D'or au lion de sable lampassé de gueules, accompagné de 2 étoiles du même en chef* (Chevillard).

En 1415, vivait Guyot, écuyer, fils de feu Pierre de Mons, chevalier, en son vivant seigneur du Mont-Saint-Martin de Laives (Niepce).

Alliances : de Vaugrenant, Malin.

MONTAIGU (de), al. de MONTAGU. — Armes : *Bandé d'or et d'azur, à la bordure de gueules, au franc canton d'hermine* (Steyert).

En 1203, Mathieu de Montaigu et Humbert furent moines à l'abbaye de La Ferté ; ce dernier devint cellérier en 1209. En 1266, Marguerite, femme de Philippe de Montaigu, seigneur d'Antigny, de Chagny et de Gergy, approuve la donation faite par son mari, aux moines de La Ferté, d'une rente de 23 livres viennoises. Henri de Montagu donne, en 1330, à Robert Damas, seigneur de Marcilly, son beau-frère, le château de Bresse, avec moulin et cours d'eau (Arch. S.-et-L., Courtépée).

Alexandre de Montagu, deuxième fils de Hugues III, duc de Bourgogne, fut la tige des seigneurs de Sombernon, Couches et Chagny. Son petit-fils, Alexandre, brisa ses armes d'un *canton d'hermines.* (Palliot).

Fiefs : Marquis de Boutavent, Couches, Epoisses, Chagny, Gergy, Antigny, Chevigny, Marigny-sur-Ouche, Moiron, Sanvignes, Pauvray, La Tour-Guérin (Couches).

Alliances : Sallonicr, de Musy, Bernard de Montessus.

MONTAULDRY (de). — Armes :

En 1586, Marie de Montauldry était femme de Jacques Girard, avocat à Tournus (Arch. Tournus). On trouve en 1524 un Antoine Montaudry, notaire royal à Mâcon.

MONTBÉLIARD (de). — Armes : *De gueules à 3 besants d'or* (Palliot).

En 1255, Ricard de Montbéliard, seigneur de Montfort, était feudataire de l'abbaye de Tournus, dans les seigneuries de Ratte, de Châteaurenaud, du Fay et de Champrongeroux (*Livre des Hommages*).

MONTBELLET (de la TOUR de). — Armes : *De gueules à trois tours crénelées d'or* (Pierres tombales de l'abbaye de Tournus).

Jean de Montbelet fut abbé de Tournus de 1268 à 1285.

Vers 1450, Pierre de Montbellet était écuyer et lieutenant du capitaine-châtelain de Brancion (Arch. S.-et-L., E 1058).

La famille primitive, du nom de La Tour, s'éteignit à la fin du xiiie siècle.

Fiefs : Montbellet en Mâconnais, La Salle, Saint-Cyr, Asnières, Saint-Martin-de-Senozan, Saint-Jean-le-Priche.

Alliance : de Saint-Point.

MONTCAULIER (de). — Armes :

En 1297, Pierre III de Montcaulier était abbé de La Ferté.

MONTCENIS (de). — Armes :

En 1408, Michel de Montcenis était cellérier de l'abbaye de La Ferté-sur-Grosne (Arch. de La Ferté, série H).

MONTCENIS (de). — Armes :

Nicole de Montcenis et Barthélemy de Monteil, son mari, docteur en médecine à Tournus, firent bâtir la deuxième chapelle du collatéral septentrional (chapelle Saint-Blaise) de l'église Saint-Philibert, où ils furent enterrés en 1420 (Juénin).

MONTCHANIN (de). — Armes : *D'argent à une montagne de sinople, chargée d'une étoile d'argent* (D'Hozier).

A la fin du xvie siècle, Raymond de Montchanin est juge royal et lieutenant particulier de Saint-Gengoux-le-Royal (Arch. départementales, B 1870).

Lazare de Montchanin, notaire royal à Issy-Lévêque, portait les armes ci-dessus décrites.

Famille paraissant originaire du village de Montchanin en Charollais, où l'on trouve au xve siècle plusieurs personnes de ce nom, entre autres Pierre *de Montecanino*, qui fit une donation à l'église d'Issy-l'Evêque, en 1439.

De Montchanin, seigneur de La Garde-Marsac (1650), **Parlement de Bourgogne**, portait : *de gueules au chevron d'or* (Palliot, Geliot, B. et d'Arbaumont, Arcelin).

Fiefs : La Garde-Marzac, Varanges (Cortambert), Tronchy, La Feuillée, Coulanges, Chassigny-sous-Dun-le-Roi.

Alliances : Canan, Lemoyne, Amanzé, Sainte-Colombe, Civriac, La Salle, Foudras, Charolles, Fay-Maubourg, Saint-Georges.

MONTCONIS (de), *al.* MONTCONY (de). — Armes : *D'azur (anciennement de gueules) à deux fasces, celle en chef ondée d'or, celle en point pleine d'argent ; al. : d'azur ; al. : de gueules à la fasce ondée d'or, soutenue d'une fasce d'argent* (P. Ménestrier, Steyert).

Pierre de Montconis, dit de Champrongeroux, fut moine et infirmier de Tournus, où il décéda en 1553. Ses armes, gravées sur sa pierre tombale sont : *parti au 1 de ...... à la croix de ...... au 2 à la fleur de lys* (Pierres tombales, abbaye de Tournus). Il était fils de Jean de Montconis, seigneur dudit et de Montcoy, et de Colette de Lugny, qui eurent encore : Philibert, gouverneur de la ville de Chalon en 1567 ; Jean ; Guillaume, seigneur de Champrongeroux et Cersot.

Ancienne famille noble de Bresse, remontant à Renaud, seigneur de Montcony en 1290. Elle s'éteignit avec Charles, baron de Montconis, assassiné le 17 août 1657.

On trouve, en 1760, un Guillaume de Montconis, prieur de Saint-Oyen de Montbellet (Mgr Rameau, *Les Paroisses* (manuscrit).

Fiefs : Bey, Baudrières, Montconis, Bellefond, Cersot, Champrongeroux, Vers, Saint-Didier, et Cessiat, Saint-Bonnet-en-Bresse, Saint-Etienne-en-Bresse, Le Grand-Limont, Taperey.

Alliances : Toulongeon, Lugny, Malain, Régnard, de Montjouvent.

MONTEIL (de), — Armes : *D'or à trois fasces d'azur* (Juénin).

En 1420, Barthélemy de Monteil, docteur en médecine à Tournus, et Nicole de Montcenis, sa femme, firent bâtir la deuxième chapelle du collatéral septentrional (chapelle Saint-Blaise) de l'église Saint-Philibert, où ils furent enterrés (Juénin).

MONTEL (de). — Armes : *D'or au chevron de sable, accompagné de trois chevrons d'azur ; au chef du même, chargé de trois étoiles du champ* (Rietstap).

Dom de Montel était moine de La Ferté en 1790 (Niepce).

A la fin du xviiie siècle, Claude-Marie de Montel, écuyer, maître en la Chambre des comptes de Bourgogne, vend à Claude-Clément de Colmont, la terre de Montceau (Montceaux), canton de Sennecey-le-Grand, et partie de Corlay, paroisse de Nanton (Arch. S. et-L., E 189).

Fiefs : Corlay (Nauton), La Tour-de-Marchizeul (Pressy).

Alliances : Gacon, de Chardonnay.

MONTÉPIN (DE). — ARMES : *D'azur à un besant d'or, posé en abîme* (D'Hozier).

Jean-François-Aymond de Montépin, époux d'Antoinette de Lorme, résidait à Uchizy en 1658.

Marie de Montépin, veuve de noble Jean-François de Saint-Aubin, décéda en 1680 et fut inhumée en l'église de Saint-Didier de Montbellet.

Antoine-Aymon de Montepin, écuyer, sieur du Bois-d'Ortaut, portait les armes ci-dessus décrites en 1697.

MONTFALCON (DE). — ARMES :

En 1385, N. veuve de noble Jean de Montfalcon fait hommage de sa prévôté d'Azé à l'abbé de Corgenon.

En 1473, Etienne de Montfaucon, *al.* Montfalcon, seigneur de Mancey, tient en fief du duc de Bourgogne la seigneurie de Mancey.

MONTFERRAND (DE). — ARMES : *Pallé d'argent et de sable de 6 pièces, au chef de gueules* (Guichenon).

En 1628, Jacqueline de Montferrand était prieure des bénédictines du Villars et mourut en 1646 (Bernard). Elle était fille de Jean, seigneur de Montferrand, de Château-Gaillard et de Cormoz, et de Jeanne de Meyriat. Péronne, sa sœur ; Françoise, Louise et Jeanne, ses nièces, furent aussi religieuses au même monastère.

Famille originaire du Bugey, où vivait, en 1216, Berlioz de Montferrand. Eteinte en Bugey, le nom et les armes en sont portés par un cadet de la maison de Murard. Charles-François-Marc de Montferrand, seigneur dudit lieu, portait : *d'or à 3 pals de sable et un chef de gueules.*

Fiefs : Montferrand, Châteaugaillard, Cormoz, Martignat, Thoiriat, Attignat, L'Espiney, Espeyrolles, Villars-sous-Tréfort (Révérend Du Mesnil).

MONTFORT (DE). — ARMES :

En 1290, Renaud de Montfort tient fief de l'abbaye de Tournus à Uchizy (*Livre des Hommages*).

MONTGAILLARD (DE). — ARMES :

En 1691, N. chevalier de Montgaillard, capitaine, décéda à l'hôpital de Tournus (Arch. hôpital).

MONTGIROD, *al.* DE MONGIROD. — ARMES : *Coupé, en chef, de sable au lion d'or ; en pointe, d'azur au soleil d'or* (Arch. hôpital).

Julien Mongirod était chanoine de Saint-Philibert de Tournus de 1714 à 1720. Gabriel fut doyen du chapitre et mourut en 1776. Sur son testament, en 1759, on voit un sceau de ... *à un arbre de ... sur une terrasse, accompagné de 2 étoiles à dextre et à senestre.* Jean-Marie-Gabriel de Mongirod lui succéda en cette dignité et décéda en 1784.

MONTHEROT (DE). — ARMES : *D'argent à un chef de gueules.* — ARMES ACTUELLES : *De gueules à l'aigle d'argent s'essorant d'un mont à 3 coupeaux du même, le vol étendu, regardant un soleil d'or, mouvant de l'angle dextre du chef, et une étoile d'argent à senestre.*

Joseph de Montherot, prêtre, fut curé de Brancion de 1669 à 1687.

Le premier auteur de cette famille est Pierre de Montherot, procureur au présidial de Chalon-sur-Saône, époux de Marie Villot, laquelle était déjà veuve en 1685. Cette famille est actuellement représentée par M. de Montherot, allié à la famille de Lamartine, et qui possède le château de Saint-Point.

Fiefs : Béligneux, Montferrand, Craz et Vizerny.

MONTHIEU (DE). — ARMES :

En 1353, Guillaume de Monthieu, écuyer, fait hommage de La Tour de Romanèche, provenant de sa femme, fille de feu Oger de Saint-Romain (Perraud).

MONTILLON (DE). — ARMES :

En 1622, Charles de Montillon est bourgeois de Romenay. Il reçoit une donation de Denise de Tholongeon, sa belle-mère (Arch. S.-et-L.).

MONTIVERT (DE). — ARMES :

N. de Montivert était propriétaire au Villars en 1826 (Arch. du Villars).

MONTJOURNAL. — Voir VERNOY.

MONTJOUVENT (DE). — ARMES : *De gueules à une croix engrêlée d'argent* (Guichenon) ; al. : *de gueules à un sautoir engrêlée d'argent* (D'Hozier, d'Arbaumont).

En 1626, Gaspard de Montjouvent était habitant de Romenay (Arch. Bailliage).

Famille originaire du Val d'Aoste. Etienne de Montjouet, ou Montjouvet, ou Montjouvent, vivant en 1280, fit bâtir le château de Montjouvent, en Bresse. Elle se divisa en deux branches, dont l'une faillit au XVIe siècle dans les Messey-Vaugoulay. Charles de Messey prit alors le nom et les armes de Montjouvent.

Fiefs : Joudes, Villars-sous-Joudes, Vault, Bohas, Le Chaney, Balanod, Montagnat, Echallon, Rochefort, Montjouvent, La Perrouse, Broyères, Rotellia, Saint-Nizier-le-Bouchoux, Le Tiret, L'Abergement des Chânes, Cornon, Leyssiat, Messey, La Motte de Bruailles, Talant, etc.

Alliances : de Gorrevod, de Bruges, de Vienne, de Damas, de La Tournelle, de Varennes, de Chevrel, de Nancuyse, de Laye, de Seyturier, d'Arcy, de Sainte-Colombe, d'Oncieux, d'Andelot, de Grillet, de Montconis, de Saint-Julien, de Messey, de Lévis, etc.

MONTLAFERTÉ (de). — ARMES :

Au milieu du xve siècle, Humbert de Montlaferté, citoyen de Mâcon, avait acheté de Jean de Lugny les dîmes de Fissy et de Lugny (Arch. S.-et-L.).

MONTMORET (de). — ARMES : *Losangé d'argent et de gueules* (Dunod) ; al. : *d'argent fretté de gueules* (Guichenon).

Guillaume de Montmoret était sacristain de l'abbaye de Tournus en 1077.

Ancienne maison de Bourgogne, éteinte au commencement du xviie siècle, connue depuis Humbert de Montmoret qui vivait en 1103.

Fiefs : Liconna, Pelagey ?, L'Isle ?

MONTMORILLON (de). — ARMES : *D'or à l'aigle de gueules* (Chevillard) ; al. : *écartelé aux 1 et 4 d'azur à la croix endentée d'argent ; aux 2 et 3 d'or, à l'aigle de gueules becqué et membré de sable* (Guichenon).

Louise, comtesse de Montmorillon, mariée à Bénigne-Alexandre-Didier, marquis de Folin, habitait Tournus en 1815.

Cette famille chevaleresque paraît avoir pris son nom de la petite ville de Montmorillon en Poitou et remonte, d'après La Chesnaye-Desbois, à Bernard, surnommé *Quatre-Barbes*, qui vivait à la fin du xe siècle.

Une famille de ce nom existe actuellement à La Grande-Verrière (Autunois).

MONTPELLIER (de). — ARMES :

Jean de Montpellier était bourgeois de Tournus en 1418.

MONTPONT (de).

Louise de Montpont, fille de feu Pierre de Montpont, sergent royal de Saint-Gengoux, résidant à Tournus, au début du xviie siècle, fit élection de sépulture en l'église Saint-Valérien. Elle institua comme héritière universelle Pierrette de Montpont, femme de Pierre Dumain, serrurier à Tournus (Machoud N^{re}).

MONTREVEL (de). — Voir LA BAUME.

MONTREGNARD (de). — ARMES : *De gueules au renard montant d'or* (Guichenon).

Vers 1500, Gaspard de Montregnard était baron de Montbellet. Sa fille Eugénie épousa, en 1513, Antoine II de Lugny, qui devint de ce chef baron de Montbellet.

Fiefs : Montregnard, Montenay, baronnie de Montbellet.

Alliances : de Chavannes, de Lugny, Arod de Monthrelas.

MONTRICHARD (de). — ARMES : *De vair à la croix de gueules* (Palliot).

En 1558, Philibert de Montrichard était chantre de l'abbaye de Tournus ; Claude, sacristain, en 1578.

Famille chevaleresque originaire de Montrichard, près Migette, divisée en plusieurs branches. Dunod de Charnage croit que cette maison descend de Richard, fils de Richard de Ceis. Richard de Montrichard vendit la terre de ce nom en 1355. La branche aînée portait *de vair plein* (Dunod).

Montrichard, seigneur de Flamerand en Charollais au xvııe siècle, portait : *d'azur à la croix d'argent, cantonnée de cinq points d'or en sautoir dans chaque canton* (Steyert).

Fiefs : Montrichard, Malfontaine, Grenot (Uchizy), La Brosse, Flammerans, Mercurey, Etroyes, Collange.

Alliances : de Visemal, de Robelet, de Duretal, de Turin, de Digoine, de Bar, des Echellet, Paulat, de Mathieu.

MONTROL (de). — Armes :

Philibert de Montrol était lieutenant du bailliage de Montbellet en 1512.

MONT-SAINT-JEAN (de). — Armes : *De gueules à trois écussons d'or* (B. et d'Arbaumont).

En 1120, Guy de Mont-Saint-Jean donne à l'abbaye de La Ferté-sur-Grosne les terres qu'il possède sur le territoire de Molaise, *Molesiaco* et *Normus* (L. Bazin).

Les seigneurs de Mont-Saint-Jean en Auxois sortent de la maison de Vergy, et sont connus dès le xe siècle. En 1098, Hugues signe la charte de fondation de l'abbaye de Cîteaux. Etienne Ier est sénéchal de Bourgogne en 1188. Guillaume II cède en 1239 le châtel de Vergy à Hugues, duc de Bourgogne, à la condition que celui-ci donnera sa fille Marguerite en mariage à son fils, avec 500 livres de dot. La branche aînée s'éteignit au milieu du xıve siècle, et celle de Charny, branche puînée, en 1460, dans la personne de Marguerite de Charny, femme de Jean de Bauffremont (B. et d'Arbaumont).

Fiefs : Mont-Saint-Jean, Charny, Salmaise, Thoisy, Châtellenot, Charencey, Arconcey, Auvillars, Fangy, Morey, Orsans, Ourcy-le-Franc, Joncy, Arcy, Lugny, Pierrefite, etc.

Alliances : Saulx, Blaizy, Chaudenay, Vergy, Pontailler, Sabran, Marigny, Til-Châtel, des Barres, Limoges, Trainel, Vellexon, Montfaucon, la Tour, Thil, Beauvoir de Chastellux, Noyers, Joinville, Poitiers, Bauffremont, Roche (B. et d'Arbaumont).

MONTSCLAINE (de). — Armes :

En 1366, Gauthier de Montsclaine était capitaine de Brancion (Crépet).

MONTSERIN (de), *al.* MONTSARIN. — Armes :

En 1399, Girard de Montserin, chevalier, fit don à Lancharre d'une portion des dîmes de Saint-Micaud (H. Battault). En 1523, Pierre de Montsarin, seigneur dudit, paraît dans un accord au sujet des dîmes de Saint-Micaud, avec Marguerite de Busseul, prieure de Lancharre (Arch. S.-et-L.).

MONTSIMON (de). — Voir MARESCHAL.

MORANDAT. — ARMES : *D'argent à un mors de bride de sable* (D'Hozier).

Famille originaire de Gratay, dont Lazare Morandat, prêtre, curé de Mancey en 1703, portait les armes ci-dessus décrites.

MORAS (DE). — ARMES :

Antoine de Moras était prieur de Saint-Oyen de Montbellet en 1625 (Mgr Rameau).

MOREL. — ARMES : *D'argent à un mûrier de sinople, au chef d'or chargé d'une tête de Maure de sable, tortillée de gueules* (D'Hozier) ; al. : *une tête de Maure bandée d'argent.*

Famille bourgeoise de Tournus, XVIIe et XVIIIe siècles, qui posséda le fief des Ecuyers à Uchizy. Alliée aux Tard, Buffet, Machoud, Conte, Venuat, Bernard de Châtenay.

Philiberte Morel, mariée à Jean Bernard, seigneur en partie de Loché, portait : *d'or à un chevron d'azur accompagné de 3 têtes de Maure de sable tortillées d'argent, posées 2 et 1* (D'Hozier).

MOREL DE LANGEAC. — Voir LANGEAC.

MORIER.

Joseph-Alexis Morier, originaire du diocèse de Carpentras, était demi-chanoine de Saint-Philibert de Tournus en 1783.

MORIN. — ARMES :

En 1397, Pierre Morin était feudataire de l'abbaye de Tournus à Azé (*Livre des Hommages*).

MORIS. — ARMES :

En 1594, le sieur Moris commandait la garnison de Tournus, avec les sieurs de Venières et de La Tour (Juénin, p. 228).

MOROGES (DE). — ARMES : *D'azur à 3 bandes d'or, à la bordure de gueules* (Palliot, Géliot) ; al. : *bandé d'or et d'azur de 6 pièces, à la bordure de gueules* (Guichenon).

Gonin de Moroges épousa, au milieu du XVIe siècle, Françoise de Jordanne, prévôte de Brancion. Avant 1600, Françoise de Moroges était veuve de Jean de Rollet, seigneur de Chavy (Arch. S.-et-L.).

La terre de Moroges, au bailliage de Chalon, a donné son nom à cette famille qui la posséda depuis le XIIIe siècle jusqu'au milieu du XVIIe. Jean de Moroges vivait en 1215 (Beaune et d'Arbaumont).

Fiefs : baronnie d'Uchon, La Tour-du-Bost, Villebœuf, Montaubry, La Bruyère, Montescot, Cussy-la-Colonne, Montperroux, Fixey, Beaudésir, Marley-les-Verdun, L'Etang-Verneau, Chamilly.

Alliances : de Jordanne, de Rollet, de Rabutin, de La Boutière, de Barnault, Jacquelin, de Montigny, de Charencey, du Crest, de Villers, de Ferrières, de Neuville, de Roffignac, de Bouton, de Chastellux (Beaune et d'Arbaumont).

MOTAUDON (DE). — ARMES :

Marie de Motaudon était femme de Louis Girard, licencié en droit, avocat à Tournus, avant 1593.

MOTHION. — ARMES :

En 1596, Michel Mothion, de Mâcon, était châtelain de Saint-Gengoux.

MOTIN. — ARMES : *Parti or et azur à 3 molettes d'éperon de l'une en l'autre, 2 et 1.*

Jean Motin était prieur du Villars en 1667.

MOULINS (DES).

En 1203, Bernard des Moulins (de Molendinis) donne aux religieux de La Ferté des terres lui appartenant (Bazin). Une famille Desmoulin, connue à Tournus en 1590, à laquelle appartenait Jean Desmoulins, notable fait prisonnier par le capitaine de Varennes, et N. Desmoulins. greffier du grand conseil à Mâcon en 1511.

En 1591, un N. du Moulins, du Parlement de Bourgogne, portait : *d'azur à 3 roues d'or* (Arch. de Bourgogne).

MOYRIA (DE). ARMES : *D'or à la bande d'azur accompagnée en orle de 6 billettes du même* (Guichenon).

Marianne de Moyria posséda la terre de La Saugerée (Etrigny), par suite de son mariage avec François-Anselme d'Angeville, au XVIIIe siècle.

Ancienne et noble maison de Bugey, où vivait en 1110 Girard de Moyria, chevalier.

Fiefs : Cerdon, Moyria, Mornay, Maillat, Châtillon-de-Cornelle, Volognat, Mépillat, Beauregard, La Tour de Nuyriel, Mérignat, Montgriffon, etc.

Alliances : de Matafelon, de Dorchis, de Vaugrineuse, de La Balme, de Bussy, de Dortans. de Saint-Trivier, de L'Aubespin, de Rogemont, de Chandée, de La Forest, d'Ancieux, de Grolée, de Seyssel, de Grenaud, de Châteiard, de Clermont, de Villette, de Gandelin, de Migieu, de La Croix, de La Bretonnière, du Peloux, Chesnard de Laye.

MOYSONS. — ARMES : *De sinople à 3 bandes ondées d'argent, au chef d'azur chargé de 3 étoiles d'or* (Guichenon).

François Moysons était, en 1343, religieux de l'abbaye de Tournus, et pourvu de l' « ouvrerie » (maîtrise des œuvres) ; puis l'abbé Girard lui accorda la faculté d'acquérir toutes sortes de biens pour l'avantage de cet office ; il fut le dernier à posséder cette charge, qui fut réunie ensuite à celle de pitancier.

Agathe de Moisson, en 1318, est prieure du couvent de Blye (Révérend du Mesnil).

MUCIE (DE). — ARMES : *D'azur à la croix fleuronnée, au pied fiché d'or dans un cœur du même* (Palliot).

En 1708, Marie-Charlotte de Mucie, dame de La Charmée et autres lieux, veuve d'Etienne Tribillet, docteur ès-droits, demeurant à Saint-

Amour, était co-héritière du « Molin d'Aveyne », à Vers. En 1720, Jacques de Mucie, conseiller au Parlement de Bourgogne, seigneur d'Ecuelles, Montigny ?, Ballorre, Charnailles, La Serrée, Pondevaux et autres lieux, fut un bienfaiteur de l'hôpital de Tournus (Arch. hôpital).

Famille noble originaire de Buxy, connue depuis Jean de Mucie, damoiseau qui vivait en 1408.

Fiefs : Péronne, Satonnay (Saint-Maurice), Pondevaux, Moroges, etc.

Alliances : De Loisy, de Chavery, Guillier, Quarré de Châteaurenaud, Berbis, de Busserolles, Fyot de La Marche, Rigoley, de Damas d'Aulezy.

MUGNIER. — ARMES :

En 1430, Jean Mugnier était châtelain de La Colonne (Crépet).

MURARD DE SAINT-ROMAIN (DE). — ARMES : *D'or à la fasce crénelée de sable, ardente de gueules, accompagnée en chef de 3 têtes d'aigles arrachées de sable et en pointe d'une flamme de gueules* (Steyert).

Famille noble originaire de Crest en Dauphiné, établie à Lyon (fin xve siècle) en Chalonnais et en Mâconnais au xive siècle, par le mariage de Benoît-Rose de Murard, seigneur de Saint-Romain-au-Mont-d'Or, avec Constance Chiquet de La Racineuse, dame de Bresse et de Nobles, en partie. Pierre-Alexandre-Victor, comte de Murard, acquit ensuite le château et la terre de Brancion.

Fiefs : Espagnier, Béligneux, Montferrand, Saint-Romain.

Alliances : Ollier, Tissot, Guiston, Baudon, Bojetat, de Brétignières, de Serre, Croppet, de Sucy, de Montolivet, Ploton, Bona, Aymard de Francheleins, Chiquet, de Lestrange, de Monteynard, de Chabannes, de Laforestille-Saint-Léger, de Pérusse des Cars, d'Andigné, de Bourbon-Châlus.

NACONNE (DE). — ARMES :

En 1749, Claude de Naconne, veuf, demeurant à Mâcon (paroisse Saint-Pierre), épousa à Tournus Marie, fille de Paul Duclos, apothicaire (Arch. Tournus).

NADET. — ARMES :

En 1507, Philibert Nadet, religieux de l'abbaye de Tournus, fut nommé chapelain de la chapelle Saint-Eutrope (Juénin).

NAGU (DE). — ARMES : *D'azur à 3 fusées d'argent mises en fasce* (Beaune et d'Arbaumont).

En 1610, Charlotte de Nagu-Varennes était religieuse au monastère de Lancharre et en devint abbesse (Batault, Courtépée).

La maison de Nagu est originaire du Beaujolais, où elle est connue depuis Jean de Nagu, seigneur de Magni, chevalier, qui vivait en 1395. Elle s'éteignit au xixe siècle dans les Rochechouart-Mortemart.

Fiefs : marquis de Varennes et d'Ursy, barons de Marzé, seigneuries de Belleroche, Longecourt, Tart-le-Haut, Gemeaux, Marliens, Thorey, Layé, Huché, Portangé, Janly, etc.

Alliances : des Loges, Chevrier, Egletine, du Blé, Monteynard, Gadagne, d'Hostun, Damy, du Lieu, Montholon, du Hamel, Poncelon, Ruffins.

NAMPS (DE), *al.* DENANPS. — ARMES : *D'azur à une fasce d'or accompagnée en chef d'une étoile de même et en pointe d'un lion de même aussi* (D'Hozier).

Au XVIIIe siècle, Jean-Baptiste Denamps, fils de Joachim, était censitaire du Temple Sainte-Catherine de Montbellet.

Famille originaire de Namps (Guignemicourt, Picardie), qui fut attirée en Mâconnais par N. de Namps, aumônier de l'évêque Luc Alamani, en 1584. On commence la filiation à Nicolas, seigneur de Namps, citoyen de Mâcon, qui testa en 1669 (Arcelin).

Alliances : Buffet, Bonnet, Poncet, Guérin, Dumontet, de La Fond de la Rolle.

NANCE (DE). — ARMES : *De gueules à une fasce d'argent et une bande de sable brochant sur le tout* (La Chesnaye-Desbois).

Au commencement du XVIe siècle, Claude de Nance, écuyer, était seigneur dudit lieu et de Balleure en partie (Arch. S.-et-L.).

Cette famille serait, d'après La Chesnaye-Desbois, originaire du Mâconnais. Elle s'éteignit avec Philiberte de Nance, fille de Ferri de Nance, seigneur de Lessot, mariée à Anne d'Andelot, seigneur de Pressia, en 1518 (Arcelin).

Fiefs : Lessot (Montpont), Champfrecaud, La Couldre, Saint-Germain-des-Bois, Thurey (partie).

NANTON (DE). — ARMES : *De sinople à la croix d'or* (Le Laboureur).

Famille chevaleresque qui tire son nom du village de Nanton en Chalonnais. Au XIe siècle, Séguin de Nanton fait don à l'abbaye de Saint-Marcel d'une certaine quantité de terres. En 1232 P. de Nanton était hostelier de l'abbaye de Tournus. Barthélemy cède à la même abbaye, en 1260, tout ce qu'il possède à Chardonnay et à Champvent.

En 1299, frère Etienne de Nanton était cellérier et procureur de La Ferté (L. Bazin). Au début du XIVe siècle, Jean, dit le Bâtard de Nanton, chevalier, seigneur de Ruffey, accorde aux religieux de La Ferté le droit de pâturage sur ses terres. En 1408, Huguette de Nanton était prieure de Lancharre. En 1412, Rolette de Nanton est religieuse et aumônière au même monastère. Une porte fortifiée de Mâcon portait le nom de Porche Guyot de Nanton.

Cette famille se fondit dans les Hugonnet de Saillant, les Sainte-Colombe, les de La Chambre.

Fiefs : Nanton, Ruffey, Pizey, Nobles, Cruzille, Arcis, Les Tours (Crêches), La Bâtie (La Chapelle de Guinchay), Serrières, Marzé,

Bully, Chaintré (partie), Sermaisey (*id.*), prévôté de Saint-Romain, Les Devants, Gratay, Dulphey (partie).

Alliances : de Lugny, de La Guiche, de Lespinasse, Pocquières, de Sennecey, de Damas-Marcilly, de La Baume, Jaucourt, de Feurs, de La Chambre, de Choiseul, de Vienne, de Chazeron, de Dyo, de Montmorin, de Chabannes, de Goyon, de Chomberg, de La Rochefoucaud, d'Albon, de Coligny, des Serpens, de Tournon, de Bouillon, de Lévis, de Beauvau, de Châteauvieux, de Baye, de Brun, de Langeac, de Bourbon, de Verneuil, de Beauvoir.

NARBOUD. — ARMES : *De gueules à 3 bandes d'or, au chef d'hermine*; al. : *écartelé aux 2 et 3 de gueules à la fasce d'argent accompagnée de 3 étoiles d'or, 2 en chef, 1 en pointe*, qui est de Poncelet (Pierre tombale, église Saint-Philibert de Tournus).

Famille originaire de Saint-Gengoux où vivait, en 1412, Jean Narboud, capitaine aux gardes de Jean-sans-Peur. Elle s'établit à Tournus au XVIIe siècle, par le mariage de Salomon Narboud avec Jeanne de Poncelet, qui lui apporta le fief de Boiry ; leur fils, Claude, fut avocat en Parlement à Tournus. Ils écartelèrent leurs armes de celles des Poncelet.

Alliances : Juredieu, de Poncelet, de Bretagne, Claret de Revermy, Bérardan, Prost, Petetin, Journel, Vêtu, Grachet, Longin, etc.

NARJOUX. — ARMES :

En 1531, on rencontre à Saint-Cyr-les-Sennecey noble Arnould Narjoux, écuyer (Niepce). En 1566, Jean Narjoux était notaire royal à Mercurey.

NATUREL (DE). — ARMES : *D'or à une fasce d'azur accompagnée de 3 corbeaux de sable armés et becqués de gueules*. Les cadets portent: *3 merlettes* (La Chesnaye-Desbois).

Jean de Naturel était, en 1562, réfecturier de l'abbaye de Tournus. En 1573, Mathieu de Naturel, chanoine, fut nommé chambrier, prieur en 1580, vicaire général de l'abbé en 1586; il planta, en 1613, la croix du cimetière des récollets ; proposa, en 1620, la sécularisation qui fut obtenue ; il devint alors doyen en 1621 et mourut en 1624.

Famille chevaleresque, issue des Naturelli d'Italie, très anciennement établie en Mâconnais, qui se divisa en 2 branches : celle des seigneurs de Balleure, celle des seigneurs de Valetine. En 1538, Philibert de Naturel, seigneur de La Plaisne et de Vers, acheta le château et la terre de Dulphey.

Fiefs : Valetine, Balleure, Vers, Dulphey, Chavannes, La Plaine, Le Verdier, la prévôté de Brancion, Corcelles-en-Auxois, Nanton, Champlieu, Barbières, Châtenay, La Tour-Saint-Didier.

Alliances : de La Rodde, de Ganay, de Bellefond, d'Oigny, de La Plaine, de Germanet, d'Aubusson, de Gravin, de La Gillière, d'Ugni d'Esgatine, de Billau, de Saint-Julien-de-Balleure, de Chavet, de L'Aube. de Changy, de Chargère, de Saint-Amour, de Ganay, de Joly de Bévy.

NAVILLY (DE). — ARMES :

Vers le milieu du XIIᵉ siècle, Gaultier de Navilly, faisant son testament, donne à l'abbaye de La Ferté des terres entre la Sablonneuse et le Doubs, au-dessous du chemin allant à Longepierre. Après sa mort, sa femme, *Brunesseuz*, fit don aux religieux d'un moulin. Ses filles, Andrée, femme de Hugues de Palleau, et Marguerite, femme de Thibaud de La Roche, donnent, en 1158, leurs terres de Chilley, *Amestei* et Clux (L. Bazin).

NÉÉBE.

Avant 1426, Guillaume Néébe était châtelain de La Colonne (Crépet).

NEUBLANS (DE). — ARMES :

En 1147, Guillaume de Neublans, partant pour la croisade, donna à l'abbé de Tournus des moulins avec des étangs sur la rivière de Bourbonne, au-dessous de Sagy, du côté de Montbellet. Etienne, neveu et héritier de Guillaume, ratifia cette donation en 1174 (Juénin). Vers 1172, il avait donné à l'abbaye de La Ferté tous ses droits sur le moulin et batteur de *Colongette* près Lugny (L. Bazin). En 1230, Jean de Neublans fut un des bienfaiteurs du monastère de Lancharre (H. Battault). En 1224, Guillaume de Neublans était seigneur de Pagny (L. Bazin).

En 1321, Jean de Neublans était seigneur de La Tour de Bissy-la-Mâconnaise (Mgr Rameau).

Famille originaire du village de ce nom, au bailliage de Dôle, distinguée dès son origine parmi la noblesse du comté de Bourgogne. Gauthier de Neublans signa à l'élection de Gauthier, évêque de Chalon en 1080. Cette maison s'éteignit par le mariage, en 1265, de Péronne de Neublans avec Guillaume de Rye qui, selon Dunod, était d'une branche cadette de Neublans et avait pour armes : *d'azur à l'aigle d'or*.

NEUFVILLE (DE), *al*. DE NEUVILLE. — ARMES : *De gueules à 3 faucons d'argent becqués et membrés d'or*.

En 1449, Aymard de Neuville, par suite de son mariage avec Marguerite de Trézettes, devint seigneur d'Uxelles. En 1584, Marguerite de Neuville, femme d'Antoine de Burgey, fut une bienfaitrice de l'hôpital de Tournus.

La maison de Neufville, d'après Marcel Canat, serait originaire du Beaujolais. En 1353, Bernard de Neufville était châtelain de Montcenis et bailli d'Autun.

Fiefs : marquis de Villeroi et d'Alincourt, seigneuries de La Serrée, Savigny-sur-Grosne, Uxelles, Saint-Germain-du-Plain, Grand-Limont, Petit-Limont, Saint-Loup-de-Varennes, Saint-Etienne-en-Bresse.

Alliances : de Trézettes, de Sercy, de Bernault, de Colombier, de Mandelot, de Moroges.

NICOLAS. — ARMES :

Antoine Nicolas, prêtre du diocèse de Clermont, aumônier du cardinal de La Rochefoucauld, fut nommé chanoine en 1626 ; puis il devint chantre et doyen en 1637.

NIEL (DE).

Antoine de Niel, écuyer, était administrateur de l'abbaye de Tournus en 1711 (Chappuis Nre).

NIEPCE. — ARMES :

En 1733, Marguerite Niepce était religieuse bénédictine de Tournus.

Jean-Baptiste Niepce, marchand à Varennes, fermier général de l'abbaye de Tournus, devint inspecteur général des Haras du roi et mourut en 1752. Abel Niepce de Saint-Victor, fils d'Augustin Niepce et d'Elisabeth Pavin de Saint-Victor, neveu du célèbre Nicéphore, naquit à Saint-Cyr (près Sennecey) en 1805.

Cette famille est, d'après M. Demaizière, originaire de Saint-Désert. Elle fut illustrée par Nicéphore Niepce, l'inventeur de la photographie, et par Léopold Niepce, l'historien de Sennecey.

Alliances : Perreault, Lesne, Espoir, Canat, Pélissot, Compagnot, Noly, etc.

NIVIÈRE (DE). — ARMES :

De 1729 à 1737, Gabriel de Nivière était religieux aux récollets de Tournus (Bernard).

NOAILLES (DE). — ARMES : *De gueules à la bande d'or.*

Antoine-Claude-Dominique-Just, comte de Noailles, duc de Poix, grand d'Espagne, chevalier, chef de la branche cadette de Noailles, né à Paris en 1777, devint, par son mariage avec Françoise-Xavier-Mélanie-Honorine de Talleyrand-Périgord, marquis de Sennecey. Il mourut en 1846 et fut le dernier seigneur de Sennecey.

Maison qui tire son nom du château de Noailles, qu'elle possède de temps immémorial, entre Brives et Turenne, en la province du Limousin.

Illustre famille qui remonte à Renaud de Noailles, que l'on trouve témoin dans une charte de 1023 (Niepce).

NOBLET (DE). — ARMES : *D'azur au sautoir d'or* (D'Hozier). Les Noblet d'Anglure : *d'azur au sautoir alaisé d'or* (Rietstap). Les Thibaut de Noblet : *écartelé aux 1 et 4 d'argent au chevron d'azur ; au chef du même,* qui est Thibaut ; *aux 2 et 3 d'azur au sautoir alaisé d'or* (Rietstap). Les Noblet de La Clayette, selon Jouve, actuellement blasonnent : *d'or à la bande de gueules, accompagnée de 2 croix fleuronnées, au pied fiché de sable.*

En 1725, Dom Georges de Noblet de Chénelette, était religieux à l'abbaye de La Ferté et prieur des chapelles de Bresse-sur-Grosne.

Famille originaire du Mâconnais dont le premier auteur connu est Jean Noblet, damoiseau, seigneur du Fournet et du Mont-de-France, qui vivait en 1439 (Pour généalogie, voir Arcelin).

NOJANT (DE). — ARMES :

En 1174, Falcon de Nojant est témoin dans un acte passé à Brancion, entre Etienne de Neblens et le Prieur de Grevilly (Juénin, p. 123).

NOLY. — ARMES : *D'azur à 3 lys d'argent, mouvant d'une seule tige de sinople, accostés de 2 trèfles d'or ; al. : d'azur à 3 lys d'or mis en fasce ; al. : d'azur à 3 branches de lys de jardin d'argent, soutenues d'un mont du même et accostés de 2 trèfles d'or* (D'Hozier).

Famille d'ancienne bourgeoisie mâconnaise connue dès le xvie siècle, dont une branche s'établit à Tournus par le mariage, en 1731, de Emmanuel Noly, avocat, avec Marie-Thérèse Chesnard, de Plottes.

Fiefs : Plottes, Mercey.

Alliances : Chesnard, Goson, du Chausset, Viard, Dumont, Guillermin de l'Assurance, Rubat, Bonardet, Bérardan, de Boyer, de Sevré, Trambly, Benon, Duhamel, Guigue de Champvans, de L'Horme.

NORA (DE). — ARMES :

Vers le milieu du xiie siècle, Guy de Nora donne à l'abbaye de La Ferté les biens qu'il possède à *Moncels*, Chilley, Mont et *Amestei* (L. Bazin).

NUGIACO (DE). — ARMES :

En 1120, Seguin de Nugiaco et son frère donnent à l'abbaye de La Ferté-sur-Grosne des terres qu'ils possèdent sur les territoires de Molaise, *Molesiaco* et *Normus* (L. Bazin).

NYUVIAC. — ARMES :

En 1489 Pierre de Nyuviac était religieux de Tournus et fut témoin dans un échange (Juénin, t. II, p. 281).

OCCORS DE LA TOUR (D'). — ARMES :

Après 1630, Philiberte d'Occors de La Tour, dame de Lieufranc, veuve de Charles de Saux, chevalier, comte de Brancion, baron de Tavanes, Montpont, Lessard, seigneur de Lugny et autres lieux, fonda en l'église de Lugny la chapelle Saint-Nicolas et Sainte-Catherine (Arch. S.-et-L.).

OGIER. — ARMES :

En 1215, N. Ogier, prieur d'Uchizy (Juénin).

Il est cité dans un traité entre le cellérier et le chapelain de Saint-André de Tournus.

OLIVIER DE SENOZAN DE VIRIVILLE. — ARMES : *D'or à un olivier de sinople* (Pernetti). Ils ont écartelé de Grolée-Viriville, qui est : *gironné d'argent et de sable de 8 pièces, à une couronne d'or en cœur* (Arcelin).

En 1779, Henriette-Madeleine-Sabine Olivier de Senozan de Viriville, dernière du nom, épousa Archambaud-Joseph de Talleyrand-Périgord et devint dame du marquisat de Sennecey, Jugy, Scivolières et autres places (Arch. S.-et-L.).

Famille originaire de Jausiers (vallée de Barcelonnette), qui s'établit à Poussan (Languedoc), puis à Lyon, où ils furent banquiers, bourgeois et échevins. David Olivier, né en 1642, acheta les seigneuries de Senozan, La Salle, Saint-Martin et du Parc en 1710.

Fiefs : comté de Senozan, marquisats de Rosny et Falavier, comtés de Viriville et Taulignan, seigneuries de Vaux, Crépigny, Montchanin, Montagny, Millery, Sourzy, Givry, Perceval, La Verpillière, Salainier, Moutier, Saint-Laurent-de-Mure, Fleurville, Magny, La Salle, Sancé, etc.

Alliances : Gervaise, Arcson, de Combles, Brossier de La Roulière, Perrichon, Bollioud de Granges, d'Albon de Saint-Forgeux, de Grolée-Viriville, de Lamoignon, de Montmorency-Luxembourg, de Vienne, de Talleyrand-Périgord.

OLIVIER. — ARMES : *D'or à une branche d'olivier de sinople* (D'Hozier).

Famille originaire d'Uchizy, où Joseph Olivier exerça la charge de notaire de 1739 à 1751 ; il avait épousé Elisabeth Martenne. François Olivier était contrôleur des actes de notaires à Lugny en 1742. Jean Olivier, bourgeois de Saint-Oyen, portait les armes ci-dessus décrites (xviie siècle).

ONCIEUX (D'). — ARMES : *D'or à 3 chevrons de gueules* (Juénin).

Antoine d'Oncieux de Montierno, aumônier de l'abbaye de Tournus, décéda en 1571.

Famille noble de Bresse, qui remonte à Boson d'Oncieux, vivant en 1160 ; actuellement représentée par le marquis d'Oncieu de Chaffardon et par le marquis d'Oncieu de La Bâtie.

La Chesnaye donne la généalogie (Révérend du Mesnil).

Fiefs : Douvres, Dyenne, Montiernoz, Saint-Aubin, Le Doyau.

Alliances : de Douvres, de Montiernoz, de Palamin, de Menze, etc.

ORGEMONT (D'). — ARMES : *D'azur à 3 épis d'orge d'or* (*Grande Encyclopédie*).

Guillemette d'Orgemont était mariée à François des Ursins qui était avant 1628 seigneur et baron de La Villeneuve et La Truchère (G. Jeanton et Ravenet, Préty).

ORNAISON (D'). — ARMES : *D'or à la bande d'azur chargée d'une onde d'argent* (Steyert).

Cette famille posséda la baronnie de Saint-Huruge (Courtépée).

Ancienne famille de Champagne, dont était Clair-Gilbert d'Ornaison de Chamarande ou Chamarante qui prêta hommage, en 1675, pour Nogneneins, Chaneins et rentes de Montagneux, en Dombes, qui lui venaient de sa femme, Marie Trellon (Révérend du Mesnil).

OYSELET (D'). — ARMES : *De gueules à la bande vivrée d'or* (Guichenon).

En 1420, Guillaume d'Oiselet, marié à Richarde du Quard, était seigneur de Laives (L. Bazin). — A la fin du xve siècle, Anne d'Oyselet, veuve d'Emart Bouton du Fay, fit son testament, en la salle haute du château de Brancion. Elle était dame du Fay, de Tageat et des Chavannes. Sa fille Marguerite était femme de Claude de Brancion (Courtépée).

Antique maison dont le premier connu est Etienne, fils d'Etienne de Bourgogne, comte d'Auxonne, sire de Traves, parti à la croisade de 1171. Cette famille se divisa en plusieurs branches, parmi lesquelles celles de Clervans, de Villeneuve, de Villerschemin, de Cordiron (Dunod).

PACCARD. — ARMES : *D'azur au chevron d'or, accompagné de 3 coquilles d'argent posées 2 et 1* (D'Hozier).

Famille alliée au xviie siècle avec les Guyot-Derazaine par le mariage de Denise Paccard, qui portait les armes ci-dessus décrites, avec Jean-Louis Guyot-Dezaraine, premier maire perpétuel de la ville de Tournus.

PAGEAUT. — ARMES : *De pourpre à 2 faces ondées d'or chargées chacune de 2 merlettes de sable* (Arcelin).

Claude Pageaut, correcteur en la Chambre des comptes de Dôle, mourut à Tournus en 1778.

Alliances : Laurent, Marion, Delorme, Cornille, Lorin, Siraudin, Bineau, etc.

PAGÈS DE VITRAC. — ARMES : *Ecartelé aux 1 et 4 de gueules à un lion d'argent ; aux 2 et 3 d'argent à un chef de gueules* (D'Hozier) ; al. : *écartelé aux 1 et 4 de gueules au chef d'argent ; aux 2 et 3 de gueules au lion d'argent* (Rietstap).

Melchior Pagès, seigneur de Vitrac, fut inhumé en 1687 à l'Hôtel-Dieu de Tournus.

Famille originaire du Languedoc qui était possessionnée à Vitrac, Mauren, Rodailles, Igé et Seugne, près Uxelles.

PAILLEY DE). ARMES :

En 1374, Guillaume de Pailley était capitaine de Brancion.

PAILLOT (DE). — ARMES :

En 1864, on trouve la naissance à Plottes de Jeanne-Marie-Françoise de Paillot, fille de Charles-Anatole de Paillot, capitaine adjudant-major au 2e bataillon de chasseurs à pied, chevalier de la Légion d'honneur, et de Berthe-Hélène de L'Horme.

PAISSEAUD. — ARMES : *D'azur à une palme d'or accostée de deux arbres arrachés et écottés de même* (D'Hozier). Variante pour une branche cadette : *d'argent à un mouton paissant de sinople* (D'Hozier).

Antoine Paisseaud, seigneur de La Douze (Lugny), receveur des Etats du Mâconnais, conseiller au bailliage, fut anobli en 1699 et portait les premières armes ci-dessus décrites. Selon Arcelin, leur nom primitif était Burdeau. Le premier auteur connu est Pierre Burdeau, dit Paisseaud, notaire à Cenves, vers le milieu du xvie siècle.

Fiefs : La Douze, Les Mayolettes, Chasselas, Mercurey, Le Maupas, Simard, La Villeneuve.

Alliances : Viveret, Mathoud, Moisson, Morel, Bruyer, Chesnard de Salornay, Desvignes, Larme, Bernard de Châtenay, Bauderon de Sennecé, Vallier de Baleine, Bertaud, Dessaignes, de Meaux, Colin de Serre, Laborier.

PAISSEAUX. — Armes :

En 1391, Guillaume Paisseaux était capitaine et gouverneur de La Colonne (Crépet).

PALAIN. — Armes : *D'azur à 3 chevrons d'argent* (D'Hozier).

Antoine Palain, procureur et bourgeois à Saint-Gengoux en 1642, portait les armes ci-dessus décrites.

Gabriel Palain, conseiller du roi, receveur au grenier à sel de Saint-Gengoux, blasonnait : *de gueules à 2 pals d'or* (D'Hozier). A la même époque on trouve Benoît Palain, notaire royal et greffier à Bresse-sur-Grosne (Arch. S.-et-L.).

PALLEAU (de). — Armes :

En 1158, Hugues de Palleau et sa femme, Andrée de Navilly, donnent aux religieux de La Ferté leurs terres de Chilley, d'*Amestei* et de Clux (L. Bazin).

PALIGOT. — Armes :

En 1409, Jean Paligot était moine de l'abbaye de La Ferté.

PANISSET.

En 1306, Jean Panisset fait hommage à l'abbé de Tournus d'une garenne à Nully.

PANIER de LUSIGNY. — Armes :

N. baron Panier de Lusigny fit bâtir une maison à Tournus, rue de l'Hôpital, dans la première moitié du xixe siècle.

Les Pannier d'Orgeville, originaires du Lyonnais, portaient : *d'azur au chevron d'or accompagné de deux étoiles d'argent et d'une rose d'or* (Steyert).

PAQUOT de LA THYRE. — Armes :

En 1764, Brice Paquot de La Thyre, chevalier de Saint-Louis, major du régiment de Dijon, était en garnison à Tournus (Arch. Tournus).

PARADIS de BAROLLES. — Armes : *D'azur au monde d'argent cintré de gueules et croisé d'argent ; au chef d'argent chargé de trois oiseaux de paradis volants en fasce d'or* (Menestrier, Jouvencel).

Jean-Marie Paradis, écuyer, secrétaire du roi, habitait Tournus en 1772.

Famille lyonnaise portant les armes de Louis Paradis, échevin de Lyon, seigneur de Chiel, au xviie siècle.

Alliances : Gonon, Chapuys, Piget, de Lippens, Beley, Robin d'Orliénas.

PARIZOT. — CACHET ARMORIÉ : *De ... à un chiffre des marchands, issant d'un W de même, accompagné de 2 étoiles à dextre et à senestre; al. : de ... à un arc armé de sa flèche et un carquois posés en sautoir de ..., chargés en leur centre d'un cœur, accompagnés en chef de 2 étoiles et en pointe des lettres I. C.* (Arch. notariales).

Ancienne famille bourgeoise de Tournus. Jean Parizot était « nochier » en 1546 ; Nicolas, chirurgien en 1684, scellait des armes ci-dessus décrites.

Alliances : de Frangy, Brunet, Morot, Martin, Arnolot, Froment, de La Rodde, Badel, Thomas, Gournot, Jeanton, Fol, Jacob, Delon, Tardy.

PARTHENAY. — ARMES :

Mathurin Parthenay, natif de Saint-Brieuc, prêtre en 1765, devint chanoine de Tournus en 1772 et mourut en 1801.

PASCAL. — ARMES :

En 1485, Philibert Pascal, religieux de l'abbaye de Tournus donne sa démission de chapelain de la chapelle Saint-Michel.

Selon Palliot, Paschal porte : *d'azur à un agneau pascal d'argent.* Laurent Pascal, bourgeois de la ville de Pontdevaux, portait en 1698 : *d'azur à un agneau pascal d'argent, accompagné en chef de deux étoiles et en pointe d'un croissant de même* (D'Hozier).

PATARIN. — ARMES : *D'azur à la bande d'or et une roue de même en chef* (Steyert).

Denise Patarin, d'une famille lyonnaise, femme de Nicolas de Bauffremont, marquis de Sennecey, acheta, en 1585, la prévôté de Brancion.

PATRIER. — ARMES :

Jean Patrier était avocat à Saint-Gengoux en 1628 (Arch. S.-et-L.).

PATRIN : CACHET ARMORIÉ : *D'azur au soleil issant d'une rivière d'argent, au chef d'argent chargé de 3 pattes de ...* (Arch. famille Dunoyer).

Importante famille de Brancion, connue depuis 1682, dont Eugène-Louis-Melchior Patrin, célèbre minéralogiste, né en 1742, mort en 1815.

Alliances : Riotet, Berthier, Lepage, Vincent, Deriaud, Dunoyer, Curillon.

PAVIA (DE). — ARMES :

Fanny Marc, de Tournus, épousa le comte de Pavia et mourut en cette ville vers 1880 ; bienfaitrice du musée et de l'hôpital.

PELEZ. — ARMES :

En 1462, Jean Pelez était notaire royal à Vérizet. Jean Pelez, seigneur de Marigny et de Pymont, avocat à Mâcon, devint juge de Tournus en 1562. Cette famille posséda, au xvie siècle, le château de Marigny, près Fleurville.

Fiefs : Marigny, Vérizet, Viré (partie).

PÉLICE. — ARMES :

En 1493, Eustache Pélice, chevalier, assiste à la remise des reliques de Saint-Philibert pour l'abbaye de Jumièges (Juénin).

PELLAPUSSIN (DE), *al.* DE PÉLAPUSSINS. — ARMES : *De gueules à une fleur de lys d'or* (D'Hozier).

Dans la première moitié du xviiie siècle, Ferdinand-Bernard de Pellapussin était seigneur de La Servette (Romenay).

Famille originaire de Pélapussins ? en Bourgogne, qui remonte à Loys de Pélapussins, damoiseau, vivant en 1350.

Fiefs : La Servette, Montrachy, Grandval.

Alliances : de Garron, du Bois, du Molard, de Dortans, de Grandchamp, de La Teyssonnière.

PELLETIER. — ARMES : *D'azur à un chevron d'or et un trèfle du même posé en pointe* (D'Hozier).

Famille bourgeoise de Tournus dont était Joseph Pelletier, curé de Plottes, mort en 1751, qui portait les armes ci-dessus décrites. Jean-Pierre Pelletier, curé de Boyer, donna sa démission de demi-chanoine de l'abbaye de Tournus en 1784.

PELLETRAT DE BORDE. — ARMES : *D'azur à un chevron d'or, accompagné de 3 croissants de même, 2 en chef, 1 en pointe* (D'Hozier). Les cadets portent : *de gueules à un pin arraché d'or, accosté de deux croissants tournés et affrontés d'argent* (D'Hozier). Variante : *d'azur à deux membres d'aigle d'or mis l'un sur l'autre* (Guichenon).

En 1747, François Pelletrat, sieur de Bordes, possédait la seigneurie de La Douze (Lugny) (Lex).

Famille dont on possède la filiation depuis Benoît Pelletrat, originaire de Ligny en Brionnais. Encore existante, notamment à Mâcon et à Messimy (Ain).

Fiefs : Borde, Saint-Léger, La Douze.

Alliances : Bolomier, Favre, Bergier, Guillot, de Félix, Mazuyer, Gaillard, Patissier, de Nanton, Moisson, Mothion, Bruyn, Chanorier, de Suremain, Galopin, Gonod du Sollier, de La Balmondière, Marinon de Rémondange, Arnoud de Prombi, Courtot de Milleri, Bachet, Rei du Mouchet, Rocaut, Foillet, Rivaut, des Rioux de Messimy, de Boutiny (Arcelin).

PENNET.

Etienne-Nicolas Pennet, prêtre du diocèse de Mâcon, devint chanoine de l'abbaye en 1763, chantre et président du bureau de l'Hôtel-Dieu en 1770 ; il fut le dernier doyen du chapitre de Saint-Philibert.

PÉRET, *al.* PERRET. — ARMES: *De gueules à 3 roues d'argent* (D'Arbaumont).

En 1636, René Péret, conseiller au Parlement, achète la seigneurie de La Villeneuve et de La Truchère (G. Jeanton).

Famille paraissant originaire de Chalon ?

PERIEUX (DE). — ARMES : *D'azur au paon d'or sur une branche d'olivier de sinople, accompagné de 3 merlettes du second* (Guillemaut).

En 1696, Claudine de Perieux, *al.* Deperieux, était religieuse bénédictine à Tournus.

Famille issue de Bernard de Périeux, natif de Savoie, cadet des comtes de Périeux, qui vivait en 1460. Un de ses descendants, Vincent de Périeux, épousa, en 1626, Isabeau, fille et héritière de François de Durctal, qui lui apporta la terre de ce nom (Beaune et d'Arbaumont).

Alliances : Genoussin, La Garde, Sainte-Colombe, Chevrier de Saint-Mauris, La Porte, L'Hôpital-Bolery (*id.*).

PÉRIGORD (DE). — Voir TALLEYRAND.

PERNATON. — ARMES :

Jean Pernaton était notaire et échevin à Tournus en 1598. Claude de Pernaton, capitaine aux régiments d'Entragues et d'Uxelles, député aux Etats du Mâconnais, anobli en 1658, épousa Jeanne de Mazille de Vaubresson.

Alliances : Piffaut, Ducrot, de Mazille de Vaubresson, Sauvageot, Perrier, Claret, Guyot-Dezaraine.

PERRAULT. — ARMES : *D'azur à la croix patriarcale au pied fiché d'or, accompagnée en pointe de 3 annelets du même, posés 2 et 1.*

Jean-Baptiste Perrault, chanoine de Tournus, mourut en 1693.

Famille originaire de Bretagne où Colin Perrault vivait en 1390. Elle vint s'établir en Bourgogne au xvie siècle et se divisa en plusieurs branches : Jotemps, Montrevost, Sailly, etc.

Louis-Victor-Ernest, comte Perrault de Jotemps, conseiller général de Saint-Gengoux de 1867 à 1871, chevalier de la Légion d'honneur, possédait le château de La Sevrée à Curtil-sous-Burnand. Les Perrault de Montrevost, celui de La Motte-Montrevost à Cuisery.

Fiefs : Les Fontaines, Les Tourelles, La Morlaye, Magiranne, Piguin, Jotemps, Chanay, Villemois, Le Verger, Bruel, Rutey, Feuillasse, Cointrin, Montrevost, Sailly, La Chapelle, La Villeneuve, Marcy, Vergennes, Fortunet, Chérizet, Petit-Pont, Milly, Angerville, Chagny.

Alliances : Goyon, Bouchard, Despotot, Marterat, Gribaldi, de Saint-Julien, de Macheco, de Thésut, Bernardon, Julien, Tyvernon, de Molleron, du Bourg, Armet, Gravier, de Fautrières, Le Sage, de La Baille, Rosselet, d'Allerey, Lopin de Masse, de Marcenay, Lefèvre, de La Poterie, de Montessus, de La Vernette, Farcy, de Poncet, de Fabri, de Gento, Bourgeois, Ernst, de Sol, d'Autumes.

PERRECY (DE). — ARMES :

En 1206 Guillaume de Perrecy était moine à l'abbaye de La Ferté.

Percy de Montchamp porte : *de sable au chef dentelé d'or* (Chevillard).

PERRENEY (DE). — ARMES : *D'azur semé d'étoiles d'or* (Perry, Petitot).

Nicolas Perreney, lieutenant criminel et maire de Chalon (1624), acheta la terre de La Tour de Vers en 1641 ; il avait épousé Françoise Prisque de Serville.

Famille bourgeoise originaire de Chalon où vivait, en 1562, Thibaut Perrenet, praticien (Niepce).

Claude-Irénée-Marie-Nicolas de Perreney, marquis de Grosbois, écuyer, né à Dijon en 1756, premier président au Parlement de Besançon (1786), député aux Etats-Généraux (1789), député du Doubs (1815), pair de France (1827), mourut en 1840 sans postérité.

PERRENOT DE LA GRANGE. — ARMES : *D'azur à 3 épis d'or* (Eglise Saint-Martin de Laives).

Ancienne famille vivant à Laives en 1481. Elle fut anoblie et prit le nom de La Grange, qui est celui d'un fief qu'elle possédait à Sermaizey. Au XVe siècle Jean de La Grange était conseiller du duc et fut inhumé dans l'église de Laives (Niepce).

PERRET DE BONNOUVRIER. — ARMES :

René Perret était seigneur de La Villeneuve en 1637.

Vers 1660, Hugues Perret de Bonouvrier, seigneur de La Gilbertière, prêtre, était curé de Saint-Julien-les-Sennecey (Arch. S.-et-L.).

PERRETHAN (DE). — ARMES :

En 1282, Huguette, veuve de Jean de Perrethan, était feudataire de l'abbaye de Tournus à Bresse-sur-Grosne et à Gratay (*Livre des Hommages*).

PERRIER DE MARIGNY. — ARMES : *D'azur à un chevron d'or* (D'Hozier). Variantes pour des cadets : *d'azur à une aigle éployée d'argent* (id.) ; *de sinople à la fasce d'argent* (id.).

En 1462, N. Perrier était notaire à Vérizet. Vincent Perrier, avocat, seigneur de Marigny, habitait Tournus, où il fit son testament en 1684.

Famille d'ancienne bourgeoisie mâconnaise dont on commence la filiation à Antoine Perrier, garde-scel au bailliage en 1547. Son arrière-petit-fils, Gérard, seigneur de Marigny, parvint à la noblesse par l'acquisition de la charge de secrétaire au Parlement de Besançon.

Fiefs : Marigny (Vérizet), Prissé et Viré, en partie.

Alliances : Bellon, Rousset, Bonnet, Decourt, Perceval, Garin, de Saint-Martin, Chanorier, Chanuet, de Pernaton, Villot, Dessaignes, Moisson, Chesnard.

PERRIGNY (DE). — ARMES :

Gautier de Perrigny donne aux abbés de Tournus, en 1077, l'église de Perrigny, sur la Loire (Juénin, p. 100).

PERRIN. — Armes :

N. Perrin, seigneur de Pomerie ?, fut bienfaiteur du monastère de Lancharre, en 1331, où sa fille était religieuse (H. Batault).

PERRIN de CYPIERRE. — Armes : *D'or au lion de sable rampant contre une colonne de gueules* (Rietstap) ; al. : *d'or à la colonne de gueules, chargée de trois fleurs de lys d'argent, senestrée d'un lion de gueules rampant* (Steyert).

Jean-François-Claude Perrin de Cypierre, chevalier, seigneur du Thil, Les Filletières, Saint-Boil, achète, en 1755, la seigneurie de Saint-Gengoux.

Famille originaire du Dauphiné, connue en Bourgogne depuis Jean Perrin (1634-1694), inhumé à l'hôpital de Charolles, dont il était bienfaiteur. Elle se divisa en quatre branches : celles de Daron, de Précy, de Cypierre et du Lac (Quarré de Verneuil).

Fiefs : baronnie de Chevilly, seigneuries de L'Heurtière, Le Grand et le Petit Chevagny (Saint-Vincent-les-Bragny), Mazoncle, Gregaine, Daron, Joux, Le Vignaux, L'Espinasse, Les Collins, Saint-Léger-les-Paray.

PERROIT (du), *al.* **du PERROY. — Armes :**

Philibert du Perroit était commandeur de Rougepont en 1531.

PERROY de LA FORESTILLE. — Armes :

Sur une plaque de marbre dans l'église d'Azé (ce sont les Patissier de La Forestille) : *d'[or] à un chevron d'[azur] accompagné en chef d'une étoile d'[azur] et en pointe d'un cerf de [gueules] dont les bois sont brochés par le chevron.*

Accolé aux précédentes armes : *de ... à un arbre de ....*

Sur un vitrail de la même église on voit les armes suivantes :

De [or ou argent] à la fasce bretessée d'azur accompagnée en chef de 3 têtes d'aigles arrachées de sable et en pointe d'une flamme de gueules.

Accolées à cet écu, les armes plus haut décrites : *d'or à un chevron d'azur accompagné en chef d'une étoile d'azur et en pointe d'un cerf de gueule.*

En 1787, Claude Perroy de La Forestille, conseiller du roi, maître ordinaire en la Chambre des Comptes de Dijon, fait reprise de la terre de Sercy, des terre, seigneurie et doyenné de Saint-Gengoux.

Famille originaire de Marcigny qui possédait le fief de La Forestille (Lex, d'Arbaumont).

PERRUCHOT de LA BUSSIÈRE. — Voir LA BUSSIÈRE.

PERRUQUET. — Armes :

En 1444, messire Renaud Perruquet, curé de Jayat, en Bresse, était seigneur de Loize et receveur des terres de Leynes et de Saint-Romain, dépendant de l'abbaye de Tournus. (Perraud, *Environs de Mâcon*).

PETIT. — Armes :

Claude Petit, d'une famille dijonnaise, fut, en 1677, maître des novices à La Ferté, puis abbé ; il mourut en 1710.

PETIT. — Armes : *D'argent à la tour vairée de gueules et d'argent posée à dextre et accostée à senestre d'un lévrier moucheté et de sable passant, le tout soutenu par une terrasse de sinople et surmonté d'un comble d'azur, à la croix à 8 pointes d'argent, accostée de 2 étoiles de même.*

Le général baron Petit était originaire de Paray-le-Monial ; sa famille se fixa à Sennecey avant la Révolution. Au commencement du xixe siècle il acheta la terre de La Tour de Vers. Il était fils de Guillaume Petit et de Marie Maizaie et mourut en 1809. La Tour de Vers fut revendue, en 1812, au général Legrand (Niepce, *Histoire de Sennecey*).

PETIT.

Noble Jehan Petit, seigneur de Marigny, docteur en droit, était juge ordinaire de Tournus avant 1587 ; il avait épousé Jeanne Lapyet.

PETIT de CHASSIGNOLES. — Armes :

Famille ancienne en Mâconnais, dont le nom primitif était Oyselet. Jean Petit fut élu à Mâcon en 1515. Ils étaient possessionnés à Chassignoles (Bonnay), Les Murgiers, Bertenanche, Saint-Privé, Pressy-sous-Dondin (Arcelin).

PETITJEAN. — Armes : *De gueules à une tour d'or ouverte et ajourée de sable, surmontée un vol d'argent* (D'Arbaumont).

Famille bourgeoise, originaire de Savigny-en-Revermont. Jean-Louis Petitjean, avocat en Parlement, habitait Tournus en 1731. Charles Petitjean, lieutenant au bailliage de Louhans et notaire en 1691, portait les armes ci-dessus décrites.

PETITJEAN de LA GARDE. — Armes : *De ... à un agneau pascal de ....*

En 1766, Philippe-François Petitjean, écuyer, seigneur de la prévôté de Cortevaix, épousa Marie-Robert Conte de Grevilly (Arch. S.-et-L.).

On commence la filiation de cette famille à Louis Petitjean, né en 1648, marié à Madeleine Thomasset. Son petit-fils, Louis, fut anobli par une charge de secrétaire du roi au Parlement de Besançon et mourut en 1770. Etienne, fils du précédent, prit le nom du fief de La Garde, qu'il acheta en 1764 (Arcelin).

PIANELLO (de), *al.* de PIANELLY. — Armes : *Coupé de gueules et de sable à un tronc écoté d'or mis en fasce* (D'Hozier) ; al. : *écartelé au 1 et 4 coupé de gueules et de sable à la fasce écotée de 5 pièces d'or sur le coupé, qui est de Pianello ; au 2 et 3 d'azur, à 3 fleurs de lys d'or ; au chef de même chargé d'un lion naissant de gueules, qui est de La Valette* (Rivoire de La Bâtie).

Dans la seconde moitié du xviie siècle, Mathieu Barthelot, seigneur d'Ozenay, épousa Marie Pianello, d'une famille originaire d'Italie, fixée à Lyon en 1560.

Fiefs : marquisat et baronnie de Maubec, seigneuries de La Valette, Bourgoin, Arcueil.

Alliances : Besset, de La Valette, Mascrany, de Langon, du May, Barthelot d'Ozenay.

PICHOT. — Armes :

Louis Pichot était chanoine de l'abbaye de Tournus en 1653 ; Jacob, notaire en 1616.

Famille de Tournus, connue depuis 1586, qui s'éteignit au xixe siècle.

PICOLLIER. — Armes : *D'azur à un chevron d'or accompagné en chef de 2 étoiles de même, et en pointe d'un croissant d'argent surmonté d'une rose du même* (D'Hozier).

Nicolas Picollier était, en 1590, bourgeois de Saint-Gengoux. En 1698, Nicolas Picollier, avocat à Mâcon, portait les armes ci-dessus décrites.

PICOT de DAMPIERRE. — Armes : *D'or au chevron d'azur, accompagné de 3 falots de même, allumés de gueules ; au chef du même* (La Chesnaye-Desbois).

En 1788, Charles Picot de Dampierre était commandeur de Chalon, Sainte-Catherine de Montbellet et Rougepont.

Famille originaire de Champagne, divisée en deux branches : celle de Picot de Dampierre, avec le titre de marquis ; celle de Picot de Moras, encore existante.

PIERRECHAMP (de). — Armes :

Au milieu du xiiie siècle, Guillaume de Pierrechamp, chevalier, fut bienfaiteur de l'abbaye de La Ferté. En 1272 il était seigneur de Lalheue et d'une grande partie de la forêt de Chapaize. La seigneurie de Lalheue fut vendue vers la même époque aux religieux de La Ferté, par Alix de Pierrechamp, femme de Guillaume de Bresse (Arch. S.-et-L.).

PIERRE de LA FAYE (de). — Armes :

En 1714, Isabeau de Pierre de La Faye était veuve de Joseph d'Humbert, avocat en Parlement (Arch. Tournus).

Guillaume de Pierre, sieur de La Faye, prêtre, sacristain et chanoine de la métropole d'Embrun, fut témoin à Tournus au mariage du fils de la précédente.

PIERREFITE (de). — Armes :

En 1765, Germain, *al.* Guillaume-Lazare de Pierfite, capitaine au régiment de Dijon, était en garnison à Tournus (Arch. Tournus).

PIERREFONTAINE (de), *al.* de PRÉFONTAINE. — Armes : *D'or au pal vivré d'azur* (Pierre tombale, église de Beaumont) ; al. : *de sable à la bande engrêlée d'argent à la bordure de gueules chargée de neuf besants d'or* (Rietstap).

En 1527 décéda, à Beaumont-sur-Grosne. Renée de Préfontaine, fille de Jean de Préfontaine ou Pierrefontaine, écuyer, seigneur de Verchamp,

La Colonne et Beaumont. Elle fut inhumée dans l'église de Beaumont. Sa pierre tombale porte les armes premièrement décrites ci-dessus.

Cette famille est originaire de Pierrefontaine (Doubs) et connue dès 1425.

Fiefs : Pierrefontaine, Vercel, Chevannes, Verchamp, La Colonne et Beaumont en partie.

Alliances : de Tavanes, Charvot, de Charnot, de Digoine, de Traves.

PIN (du). — Armes :

En 1268, Guy du Pin et Agnès de Cortevaix, sa femme, reprirent en fief tout ce qu'ils possédaient dans les villages de Nanton et d'Etrigny (Niepce).

Les du Pin, seigneurs de Fied et de La Chanée, portaient, d'après Chevillard : *de sable à la fasce d'or accompagnée de 6 roses du même.*

PION. — Armes : *D'argent à un pion d'échec de sinople* (D'Hozier).

Famille bourgeoise, originaire de Pont-de-Vaux, qui vint s'établir à Tournus à la fin du xvie siècle. Charles Pion, prêtre, demi-chanoine de l'abbaye, mourut en 1676. Philibert Pion, notaire et procureur (1695), portait les armes ci-dessus décrites.

En 1640 on trouve Louis Pion, notaire et procureur à Romenay.

Alliances : Dayelle, Bon, Martin, Ravel, Lévesque, Clerc, Vibert.

PIPERIA (de). — Voir L'EPERVIÈRE.

PISE (de). — Armes : *D'argent à un chevron de gueules accompagné de 3 roses de même, 2 en chef, 1 en pointe* (D'Hozier).

Avant 1665, François de Pise était adjudicataire des octrois de Tournus.

Famille ancienne, originaire de Mâcon où Antoine de Pise fut échevin en 1450. Elle posséda le fief de Flacé et s'éteignit dans les Desbois en 1659. Nicolas de Pise possédait, en 1558, le château de Nobles.

Alliances : de Noblet, de Pise, Dumont, de Rymont, de Meaux, Desbois.

PISEY (de), *al.* de PISAY. — Armes : *D'argent au chef bandé d'hermines et de gueules* (Guichenon).

Renaud de Pisay était moine de l'abbaye de Tournus en 1369.

Famille chevaleresque dont Emmin de Piseis, vivant vers 1064, ainsi que le mentionne une charte du Cartulaire de Cluny (Révérend du Mesnil).

Pierre de Pisey était, en 1308, chevalier-châtelain de Chalamont (*id.*). Le château de Pisay est situé près de Belleville (Rhône).

PITOIS. — Armes :

Dans la première moitié du xiiie siècle, Pétronille, dite de Limand, fille de Gérard Pitois, chevalier, fut une bienfaitrice de La Ferté (Arch. S.-et-L.).

Dans la seconde moitié du xve siècle, on trouve Jean Pitois, écuyer, seigneur de Chaudenay, Chassagnes et Chassey en partie.

Fiefs : Mimande, Gommerans, Sens, Sagy, Créteuil, La Forêt.

Alliances : de Marcilly, de Saint-Bonnet, de Malain, de Pradines, de Rouvray.

PLAINE (DE), *al.* DE LA PLAINE. — ARMES : *De gueules à la fasce d'or surmontée de 3 grillets du même* (Palliot) ; al. : *de gueules à la fasce d'argent, à 3 sonnettes du même en chef* (Guichenon).

Dans la première moitié du xviie siècle, Nicolas de La Plaine était seigneur de Dulphey.

Les armes précitées sont celles d'une famille anoblie en 1436, en la personne de Jean de Plaines, trésorier de Dôle, puis maître-général des monnaies du duché de Bourgogne. Elle se divisa en plusieurs branches, entre autres celle de La Roche, éteinte au xvie siècle, et celle de Foucherans (Beaune et d'Arbaumont).

PLANCHE (DE), *al.* DEPLANCHE. — ARMES :

En 1741, Antoine Deplanche, sieur de Genoud, avocat en Parlement, fils de André Deplanche, notaire royal à Pont-de-Veyle, et de Philippe Poncet, épousa, à Montbellet, Françoise, fille de François Chopin, procureur fiscal, et de feue Françoise Giraud (Révérend Du Mesnil).

PLETRUS. — ARMES :

En 1686, Joseph-Philibert Pletrus était chanoine de l'abbaye de Tournus. Mort en 1697 (Juénin, p. 354).

PLOMBS (DE), *al.* DE PLOMBO. — ARMES :

Jean de Plombo était moine de Tournus en 1383 (Juénin).

Un Hugues de Plombes est cité parmi les bienfaiteurs de la Chartreuse de Portes, dans une charte de 1129 (Révérend du Mesnil).

PLOUYS (DU). — ARMES :

Dans la seconde partie du xvie siècle, Simon du Plouys, seigneur de Brissy, était domicilié à Sens (Sennecey-le-Grand). Il avait épousé Anne d'Iverny (Arch. S.-et-L.).

POINCIGNON (DE).

N. de Poincignon était curé d'Uchizy en 1690.

POITIERS (DE). — ARMES : *D'azur à 6 besants d'argent posés 3, 2, 1 ; au chef d'or* (Guichenon).

Marguerite de Poitiers était dame de Cortevaix en 1357.

Illustre maison, dont certains auteurs font remonter l'origine à Gontard de Poitiers, vivant vers 950. Elle se divisa en plusieurs branches : 1° celle des comtes de Valentinois, éteinte au xve siècle ; 2° celle des barons de Vadans, établie en Bourgogne, tombée en quenouille en 1728 ; 3° celle de Saint-Vallier (Rivoire de La Bâtie).

POLIGNAC (DE). — ARMES : *Fascé d'argent et de gueules de 6 pièces* (Palliot, Guichenon) ; al. : *écartelé au 1 et 4 d'argent à 3 fasces de gueules ; au 2 et 3 de sable au lion d'or lampassé de gueules, couronné et armé d'argent* (La Chesnaye-Desbois).

Armand de Polignac était moine de l'abbaye de Tournus en 1031.

En 1200, Ponce dit de Podigniac fait hommage à l'abbé de Tournus de son château de Volte près d'Anessy-Le Puy.

Françoise de Polignac, dame de Lugny, Branges, Lessard, Mazerotte, Noiry, était comtesse de Brancion vers la fin du XVIᵉ siècle.

Les anciens vicomtes héréditaires du Velay, plus connus sous le nom de vicomtes de Polignac, lieu de leur résidence, descendent d'une des plus anciennes maisons d'Aquitaine. Le vicomte Hermon ou Armand vivait vers 870. Hercule II partit en 1096 à la croisade.

POMIERS (DE), *al.* DE **POMMIERS**. — ARMES : *D'argent à un lion de sable couronné d'or* (Guichenon).

Pierre de Pommerus fut prieur de Tournus en 1303.

Au XIVᵉ siècle, on trouve les de Pommiers, seigneurs dudit lieu, à Cortevaix.

En 1731, N. de Pomiers, seigneur de Pomiers, était marié à Marie de Franc de Grenot.

PONCELET (DE). — ARMES : *De gueules à la bande d'argent, accompagnée de trois étoiles d'or, deux en chef une en pointe* (Pierres tombales de l'abbaye de Tournus).

Antoine de Poncelet fut chanoine puis doyen de l'abbaye de Tournus où il décéda en 1679.

Famille bourgeoise de Saint-Gengoux, connue au XVᵉ siècle. En 1482, vivait Guyonne, fille de noble Nicolas de Poncelet, écuyer.

Fief : Montceau.

PONCET. — ARMES : *D'argent à un pont de sable sur un roc d'or, et deux étoiles du même en chef* (D'Hozier, Arcelin).

Famille de maître-ouvriers maçons-architectes de Tournus ; Jean Poncet fit d'importantes réparations à l'abbaye en 1686.

Jean Poncet, marchand à Mâcon en 1698, portait les armes ci-dessus décrites.

PONCEY (DE). — ARMES :

Philibert de Poncet était seigneur de Laives et Sermaisey ; Yolande, sa sœur, avait épousé Jacques Le Doyen, de Givry (Arch. S.-et-L., E 75).

En 1608, Pierre-André de Poncet, seigneur de Pitegny, marie sa fille Hélène à Lazare de Perrault, chevalier, seigneur de Pignin et Jotemps.

PONSARD. — ARMES : *D'azur au cerf d'or passant sur un pont de trois arches d'argent* (D'Hozier).

Famille paraissant originaire de la Bresse louhannaise, où elle fit construire le clocher de Cuisery, et dont une branche vint s'établir à Tournus au XVIIe siècle ; Jean Ponsard y était chirurgien en 1612.

Jacques Ponsard, conseiller du roi, lieutenant au bailliage de Chalon, portait les armes ci-dessus décrites.

PONTAILLER (de). — Armes : *De gueules au lion d'or couronné du même, armé et lampassé d'azur* (Dunod).

Jacques de Pontailler était possessionné à La Colonne (Gigny), en 1397 (Crépet).

En 1626, Michel de Pontailler-Talmay était commandeur de Chalon, le Temple Sainte-Catherine, de Montbellet et Rougepont.

Illustre famille chevaleresque de Bourgogne originaire de Pontailler. Guy de Pontailler vivait en 1171 (La Chesnaye-Desbois).

D'après Dunod cette maison serait issue de Guillaume de Champlitte, des comtes de Champagne, seigneur de Pontailler, vicomte de Dijon, conquérant de la Morée et mort prince d'Achaïe en 1210. Elle se divise en trois branches : celle des seigneurs de Talmay, celle des seigneurs de Vaugrenant en Comté, et celle des seigneurs de Flagey.

Fiefs : Talmay, Vaugrenant, Flagey, Foucherans.

Alliances : Châtillon-en-Montagne, Chalon, d'Anglure, de Granson, Bourbon, Cusance, Vergy, Chandyo, Ray, Marmier, Clermont-d'Amboise, Ternant, Poitiers, Villers-la-Faye, de Thomassin (D'Arbaumont).

PONTENAY (de). — Armes :

Louise de Pontenay épousa, vers la fin du XVIIe siècle, Antoine Chapuys de Montlaville.

PONTOUX (de). — Armes : *D'azur au pont d'argent maçonné de sable, sommé d'un arbre (houx) d'or, chargé d'une étoile de gueules* (Perry).

Vers 1540, Denis de Pontoux, seigneur de Virey et Sassenay, achète les terres et seigneuries de Laives et de Varennes-le-Grand (Arch. S.-et-L., E 1352).

Le premier connu de cette famille est Jean de Pontoux, marchand à Seurre d'où il était originaire ; il se fixa à Chalon vers 1450 ; ses descendants y prirent des alliances honorables. Il avait épousé Françoise de Montconis, dont il eut un fils, Girard, marchand à Chalon en 1499 (voir pour généalogie, d'Arbaumont, *Armorial de la Chambre des Comptes de Dijon*).

Fiefs : Droux, La Tour-de-Lux, Virey, Moisenans, Longepierre, Maupas, Granges-les-Chalon, Barain.

Alliances : Burgat, Malloux, Languet, de Foudras, Lélide, Morin, de Montconis, de Béthune, Legoux, Guyet, Décousu, Bachès, Gallois, Huot, Moreau, d'Hoges, de La Roche, Valon, Clerc, Crestin, Tapin, Morel, Guillier.

PORCET.

Claude Porcet fut moine de l'abbaye de Tournus en 1458 (Juénin).

POT, dit DE RHODES. — ARMES : *D'or à la fasce d'azur, au lambel de gueules de trois pièces* (La Chesnaye-Desbois). La branche de Bourgogne écartela depuis 1415 : *aux 2 et 3, échiqueté d'argent et de sable, chargé de deux épées de gueules, mises en bande la pointe en bas* (Armorial de Bourgogne).

En 1458, René Pot était commandeur des Temples de Chalon, Montbellet et Rougepont.

Cette famille, établie dans le Berry dès 1250, se divisa en plusieurs branches, dont la principale s'éteignit en 1715 dans la fille de Charles, marquis de Rhodes, grand-maître des cérémonies de France. Un rameau se détacha en Bourgogne, son chef fut Jean, premier maître d'hôtel du comte de Nevers ; son fils, Régnier, seigneur de La Roche de Nolay, (aujourd'hui La Roche Pot), était conseiller et chambellan de Philippe le Hardi et de Jean-sans-Peur, gruyer de Bourgogne, gouverneur du Dauphiné.

POUPET (DE). — ARMES : *D'or au chevron de sable,* alias *d'azur, accompagné de trois perroquets de sinople, becqués et membrés de gueules* (Dunod, d'Arbaumont).

Antoine de Poupet fut moine et sacristain de l'abbaye de Tournus en 1458.

Cette famille est originaire, semble-t-il, de Poligny (nom primitif).

Pierre de Poligny mourut à Salins en 1345 ; il était fils de Gauthier de Poligny, auteur commun des familles de Poupet et de Fruin. Jean de Poligny, clerc, porta le nom de Poupet, village au-dessus de Salins, où probablement il possédait un fief ; il vivait en 1384 (Eglise Saint-Vincent de Chalon).

Au XVe et XVIe siècle, la maison de Poupet donna trois évêques à Chalon-sur-Saône.

Fiefs : La Chaux, Crèvecœur, Roche-sur-la-Loire, Baine, Mallerey, Fruin, Plaine, Ray, La Beaume-Saint-Amour.

Alliances : de Brion, de Montjeu, de Saux, de la Baume, de Falletans, Montmartin.

POURTIER DE LARNAUD. — ARMES : *D'or à la bande de sable, chargée de trois fusils d'or et accompagnée de deux clefs de sable* (Rietstap).

En 1780, Jean-Jacques Pourtier, seigneur de Larnaud (Jura), avocat en Parlement, demeurant à Lons-le-Saulnier, épouse à Préty Françoise, fille de Jean-Baptiste Duvernay, écuyer, demeurant à Mâcon (Arch. S.-et-L., B 1525).

Les Pourtier de Chaucenne, en Franche-Comté, portent les armes ci-dessus décrites.

PRADINES (DE). — Voir DE LESTOUF.

Jean de Pradines, commandeur de Montbellet (Le Temple Sainte-Catherine), y fut inhumé en 1534.

PRATA (DE). — ARMES :

Dans la première moitié du XVIIe siècle, Jeanne Catherine de Prata, dame de les Rippe, décéda au château de Cornon (Arch. S.-et-L., E 922).

PRÉFONTAINE (DE). — Voir DE PIERREFONTAINE.

PRÉS (DES). — ARMES :

Vers 1521, Guillaume des Prés, écuyer, était seigneur de Fortunet, paroisse de Santilly (Arch. S.-et-L., E 1044).

PRIEUR. — ARMES : *De sable à un bâton pastoral d'argent et une fasce d'azur brochant sur le tout, chargée de deux roses d'or* (D'Hozier).

En 1754, Anne Prieur était économe du monastère de Lancharre (Arch. S.-et-L., H 434).

Aimé Prieur, prêtre à Boyer, reçoit notification de ses lettres graduées et maître ès-arts, en 1771.

Jacques Prieur, conseiller du roi, receveur au grenier à sel de Chalon-sur-Saône, en 1703, portait les armes ci-dessus décrites.

PRISQUE : ARMES : *D'or au chevron d'azur, accompagné de trois roses de même* ; al. : *d'azur, au chevron d'or, accompagné en chef de deux roses du même et en pointe d'un croissant* (Perry, d'Arbaumont).

Vers 1636, noble Jean-Baptiste Prisque était seigneur de La Tour de Vers et marié à Philiberte de Mincey.

En 1770, Antoine-Louis de Prisque de Besanceuil était seigneur, avec le roi, de Cortevaix (Lex, *Les Fiefs du Mâconnais*).

Cette maison est originaire de Chalon-sur-Saône ; elle avait déjà, en 1547, une certaine notoriété et a donné des officiers au bailliage et à l'élection de cette ville (Niepce, *Histoire de Sennecey*).

Fiefs : Serville, La Tour de Vers, Besanceuil (Bonnay), Saint-Loup-de-Varennes (partie), Vauvry, Angoin, Saint-Christophe.

Alliances : Fyot, Perreney, Bernardon, Montholon, Burgat, Mincey, de Parthenay, Milly d'Ethy, Perreney, de Thy, de Thyard, Perrin, de Vesvre.

PROSELLE (DE). — ARMES :

En 1478, Frère Pierre de Proselle était grand prieur de l'abbaye de Tournus (S.-et-L., H 183).

PROST DE ROYER. — ARMES : *De gueules à une rencontre de bœuf d'or, accompagnée de huit flammes du même* (Steyert).

Antoine Prost, conseiller du roi, contrôleur aux saisies réelles à Tournus, épousa, en 1696, Jeanne Grenelle.

Vers 1755, un autre Antoine était écuyer, seigneur de Royer, Brancion, Etrigny, Mancey, Martailly et La Chapelle.

François Prost de Royer, troisième bâtonnier de l'ordre des avocats de Lyon, fut un personnage éminent au XVIIIe siècle.

PROTEJAC DE REYNES, *al.* **PRODEJAC DE REYNES.**

Jean-Pierre de Protéjac de Reynes fut prêtre, chanoine et chantre en dignité de l'abbaye de Tournus ; il décéda en 1781.

PROTET (DU). — ARMES :

Frère Jacques du Protet, grand prieur du monastère de Tournus, paraît dans un acte de franchises fiscales de Préty et de Lacrost (G. Jeanton, *Préty*, p. 257).

PROTHELET. — ARMES : *De ...... au chevron alaisé de ... accompagné en chef d'une étoile accostée de deux glands de .... et en pointe d'un lion ....*

En 1620, Philibert Prothelet était notaire royal à Tournus ; il avait épousé Antoinette de Poncelet (V. *Répertoire*).

PROTHET (DU). — Cf. du Protet.

PROVOST. — ARMES :

En 1265, Robert, dit Provost, cède ses droits sur la forêt de Chapaise au monastère de Lancharre (H. Batault).

PRYE (DE). — ARMES :

En 1495, Aymard de Prye, chevalier, était capitaine-châtelain de Brancion.

PUETE. — ARMES :

En 1232, Guillaume Puete, de Givry, et son fils Huguenin, se donnent, eux et quelques biens, à l'abbaye de La Ferté, pour les « familiers » (L. Bazin).

PUGET, *al.* **DU PUGET. — ARMES :** *D'or à trois pals de gueules, au chef d'argent, chargé d'une aigle éployée de sable* (Guichenon, Chevillard).

Famille noble, originaire de Bresse, établie à Uchizy dès le XVIᵉ siècle, seigneurs du Buisson et de Murande, fut alliée aux Chacipol.

Les du Puget, seigneurs du Pin, portaient : *bandé d'or et de sable de six pièces* (D'Hozier).

PULEY (DU). — ARMES :

Dans la première moitié du XIIIᵉ siècle, Guillaume du Puley, chevalier, fut un des bienfaiteurs de La Ferté (Arch. S.-et-L., H 27).

PUTIGNY. — ARMES : *Ecartelé, au 1, d'azur à la branche d'olivier d'or, en barre, chargée d'une branche de chêne en bande, du même ; au 2, de gueules à l'épée d'argent posée en pal, la pointe en haut ; au 3, de gueules à la tour d'argent crénelée de quatre pièces, ouverte, ajourée et maçonnée de sable ; au 4, d'azur au lion rampant en bande, d'or, lampassé de gueules* (Armes données par la famille).

Jean-Marie Putigny est né à Saillenard, en 1774. Il fut créé baron de l'Empire en 1809, se retira plus tard à Tournus où il épousa, en 1821, Adélaïde Bidat. (Cf. : *Armorial du Premier Empire*, Vᵗᵉ Révérend, t. IV, p. 89).

Cette famille est actuellement représentée à Mâcon et à Tournus par MM. Perrin de Puycousin.

PUYCOUSIN (Perrin Bonnefond de) — Armes : *D'argent au chevron d'azur accompagné en chef de deux étoiles de gueules et en pointe d'un arbre de sinople.* (Arch. de la famille).

Cette famille est aujourd'hui représentée à Tournus par M. Perrin de Puycousin, président de la Société des Amis des Arts et des Sciences de Tournus.

PUYS (DU), *al.* DU PUY, *al.* DUPUIS. — ARMES : *D'azur à une tour d'argent soutenue par deux lions d'or* (Guichenon).

Dans la seconde moitié du XVIe siècle, Edouard du Puys, écuyer, demeurait à Saint-Ambreuil ; il était archer de la garde du roi (Arch. S.-et-L., E 1446).

Vers 1610, Paul du Puys, écuyer, était seigneur de Losne et de Colombier (Romenay) (Arch. S.-et-L., E 1212-1257).

Famille originaire de Montluel en Bresse, remontant, d'après Rivoire de La Bâtie, à Jean du Puy, vivant en 1488, Antoine du Puy de la Garde, commissaire des guerres, n'eut qu'une fille mariée en 1759 à Claude-Mathieu Radix de Chevillon.

Au milieu du XVIIe siècle ils étaient représentés par Pierre Dupuis, seigneur de la Garde et Auterive, et par Simon Dupuis, allié à la maison du Collombier (Guichenon).

Fiefs : La Garde en Viennois, Saint-Gervais, Croisy, Colombier, Losne.

Alliance : de Clermont.

QUARRÉ. — ARMES : *Echiqueté d'argent et d'azur, au chef d'or, chargé d'un lion léopardé de sable, armé et lampassé de gueules* (B. et d'Arbaumont).

Famille dont l'origine remonterait au XIIIe siècle, elle fut anoblie en 1412. Élle se divisa en deux branches : la branche aînée, dont les seigneurs de Pimont, éteinte aujourd'hui ; la branche cadette, encore actuellement représentée à Tournus et Boyer (Voir pour généalogie, La Chesnaye-Desbois, B. et d'Arbaumont et la *Notice historique* de cette famille, publiée chez Jevain, à Lyon).

Fiefs : Alligny, Châteaurenaud, Dracy, Etroyes, Givry, Verneuil, Monay, le Gratoux, Le Plessis, Réglois, Russilly, Gergy, Juilly, Livron, Quintin.

Alliances : Châteaurenaud, Mâlain, Berbis, Langlois, Perrault, Beauvernois, Varenne, Perreney, Lorenchet, Beuverand, Austrude, Champion, Thomas, Laison, Moroges, Cerveault, Simony, Morin, Nicolas, Bernard de Montessus, Joly de Bévy, Languet, de Sivry, La Perrière, Mucie, Butard des Moutots, Rigolley de Chevigny, Baillet, Charvot, La Boutière, Maleteste, Maublanc, La Goutte du Vivier, des Places de Charmasse, Moreau de Morcoux, Comeau.

QUIROS. — Armes :

En 1400, Jean Quiros était capitaine-châtelain de Brancion.

RABUTIN (de). — Armes : *Ecartelé aux 1 et 4 d'azur à la croix engreslée d'or, qui est de Ballore ; aux 2 et 3, à cinq points d'or équipolés de quatre de gueules, qui est de Rabutin* (Palliot).

Jean de Rabutin était moine de Tournus en 1489.

Antoine de Rabutin, sieur de Mauziat, en Bresse, par son père et de Balleure par sa mère, fut capitaine de Brancion en 1407 (Arch. de Dijon).

Cette maison tire son nom du bois de Rabutin en Charollais et remonte à Mayeul, abbé de Cluny en 1147. En 1268 Gilles de Rabutin et Hugues, son frère, tenaient fief du duc de Bourgogne pour la châtellenie d'Uxelles (J. Martin et G. Jeanton). Christophe de Rabutin, seigneur de Ballore, en Charollais (1477), fut la tige de la branche des Rabutin de Champigny. En 1592, un Christophe de Rabutin, baron de Chantal, épousa Jeanne-Françoise Fremyot, canonisée sous le nom de Chantal.

La branche aînée s'éteignit en 1637 ; la branche cadette, celle des barons de Bussy, issue au xvie siècle de François de Rabutin, est également ment éteinte (V. Arcelin).

Fiefs : Epiry, Chazeuil, Saint-Loup-de-Varennes, Lavant, Forléans, Changy, Foux, Plumeron, Baleure, Bourbilly, Sully, Bussy, Champvigny, Chigy, Plomb, Oudry, Fissey-les-Moroges, Chassagne.

Alliances : Loysia, Epinoux, Busseul du Blé, du Saix, Choiseul-Traves, Baleure, Chasans, Saint-Julien, Loges, Dyo, Stainville, Messey, Montaigu, Poutailler, Neufchatel, Damas, Rochebaron, Cossay, Frémyot, Sales, Saint-Belin, Toulougeon, Coulanges, Sévigné, Cugnac, Langheac, Madaillon, Lugny, de Chastenay, des Marins, de Moroges.

RACHARD.

En 1221, Etienne Rachard fait hommage à l'abbé de Tournus d'une partie des dîmes de Gergeau.

RAFFIN (de). — Armes : *D'azur à un chevron d'or, accompagné de trois fusils d'argent, 2 et 1* (Armorial général).

En 1647, Philippe de Raffin était seigneur de Pommiers, près Cortevaix (Lex).

Gabriel de Raffin, fils de François et de Claudine de Beugre, hérita de la seigneurie de La Chapelle-de-Bragny en 1782.

Cette famille est originaire de Bourgogne où on trouve, en 1238, Jacques de Raffin qui épousa Philippine de Brancion. Elle se divisa en trois branches : Raffin de Sermaize, Raffin de Pommiers, Raffin de Lavaix ou La Vaux.

Fiefs : Sermaise, de Pommier, Lavaux, Les Puits, La Prasle, La Roche, Moutet.

Alliances : Docte, de Cussy, d'Escoraille, de Chappon, de Beugre,

Cottin de Soncy, de Chevilly, de Ponnard, de Belmont, de Carnóy, de Germolles, de Mazille, de Rochefort, de Franc, de Vigousset.

RAGOT. — Armès : *D'azur à trois étoiles mal ordonnées d'or, et en pointe un croissant d'argent, senestrés d'un épi en sa racine du second* (Palliot).

Vers 1560, Antoine de Bressey et Philibert Ragot, seigneur d'Epoisses, son neveu, cèdent à Hugues de Gasse le tiers de la seigneurie de Saint-Germain-des-Bois et tout ce qu'ils possèdent à Messey-sur-Grosne, Mortière, Buxy, Saint-Boil et autres lieux (Arch. S.-et-L., E 737).

Lazare Ragot, anobli en 1598, portait les armes ci-dessus.

Fiefs : Ocle, Les Vignolles, Charmoy, Moutret, Vesvre.

Alliances : de Montagu, de Vesvre, de Barmond, de Simon, Blanchard, de Bressey.

RAINS (de), *al.* DERAINS, *al.* REINS (de). — Armes :

Claude de Rains était moine de Tournus en 1562.

Pierre et Hilaire Derains acquirent, en 1693, le fief de Fortunet à Sautilly.

Henri de Reins, receveur au grenier à sel de Saint-Gengoux, fils de Guillaume de Reins, marchand, habitant Sercy, épousa à Tournus, en 1705, Jeanne-Claudine Clerguet, fille de Jean Clerguet (Arch. Tournus, GG 147).

Fiefs : Molleron, Fortunet.

RAMBERT : Armes :

Noble Charles Rambert, écuyer, demeurait à Martailly, vers 1570 (Arch. S.-et-L., E 845).

RANCÉ (de). — Armes : *D'azur au croissant d'argent* (Palliot).

Bernard de Rancé, moine de La Ferté au xiie siècle, signe comme témoin dans un acte relatif à la donation du moulin de Raveneaul (Bazin).

Barthélemy de Rancé, de Gletteins, en 1757, était marié à Pétronille de Mazille de Vaubresson.

RANDAN (de).

Fulvia Pica, fille de Galéaz, prince de La Mirande et de Concorde, connue sous le nom de madame de Randan, mère du cardinal de La Rochefoucault, fut, vers 1575, une des principales bienfaitrices du couvent des récollets de Tournus (A. Bernard, *Les Récollets*, p. 4).

RANDON de CHATEUNEUF. — Armes : V. CHATEUNEUF RANDON (de).

En 1767, Joseph Randon de Châteauneuf, chevalier, était comte d'Apcher, baron de Thorac, Lagarde, Prades, seigneur de La Clause, de La Pause, Chapol, Saint-Exupéry, Bosque, Chavin.

C'est au xviiie siècle que les Randon de Châteauneuf achetèrent la terre de Sermaizey.

Alliances : La Rochefoucault, Saint-Ilpse, Rochefort d'Ailly, d'Apchier.

RASTELS (DE). — ARMES : *D'azur à un pal d'argent râtelé de sable (ou à dents de râteau), soutenu par deux lions d'or affrontés, lampassés et onglés de gueules* (D'Hozier).

Eliziaire de Rastel eut l'abbaye de La Ferté en commande et la gouverna dix-sept mois, il devint plus tard évêque de Riez.

Cette famille, établie en Dauphiné, se disait issue des anciens vicerois de Naples. En 1267, Raymond de Rastel, chevalier, était seigneur de Rocheblave, co-seigneur de Montaulieu et de La Bâtie-Coste-Chaude.

Fiefs : Rocheblave, Lavournon, Le Barzac, Mourmoirières.

Alliances : Sillol, de Dillon, Rivole.

RATAZ (DE). — ARMES :

En 1292, Humbert de Rataz était feudataire de l'abbaye de Tournus pour la terre de Charnay.

RATENELLE (DE). — ARMES :

En 1458, Claude de Ratenelle, femme de Guillaume de Duretal, possédait le pré de l'Ormoy à La Truchère (G. Jeanton, *Préty*, p. 132).

RATTAZZI (DE). — ARMES :

Au XIXe siècle, N. de Rattazi, fille du colonel comte de Rattazi, épouse à Tournus N. Levron, dont deux filles,: Edmée, épouse du commandant Rocco, et N. de Rattazzi, mariée au docteur Mossel, de Mâcon.

RATTE (DE). — ARMES :

En 1292, Humbert de Ratte était feudataire de l'abbaye de Tournus, à Charnay (*Livre des Hommages*).

Jacob de Ratte, décédé en 1328, fut enterré à l'abbaye du Miroir où l'on voit sa pierre tombale.

Une famille du Languedoc porta ce nom.

RAVIER. — ARMES : *D'argent à trois étoiles d'azur, 2 et 1* (D'Hozier).

En 1519, Jean Ravier, chorial de l'église Saint-Vincent de Chalon, était curé de la Chapelle-sous-Brancion (Arch. S.-et-L., E 1316).

Louis Ravier, de Bissy-sous-Uxelles, fut, en 1554, un des donateurs de l'église de Chapaize.

Cette famille bourgeoise habitait Bissy-sous-Uxelles aux XVIe et XVIIe siècles. En 1692 Jacques Ravier, conseiller du roi au bailliage d'Autun, portait les armes ci-dessus décrites.

En 1766, Alphonse Ravier était juge-prévôt de Saint-Gengoux-le-Royal (Arch. dép., B 1908).

RAVINEL (DE). — ARMES : *D'azur au chevron d'or accompagné en pointe d'une gerbe du même ; au chef d'argent chargé d'un lion de sable* (J. M.).

Henri de Ravinel, prêtre, habitait Tournus au XIXe siècle.

Famille originaire de Lorraine.

RAY. — ARMES :

En 1642, Jacques Ray, prêtre, fut pourvu d'un demi-canonicat (Juénin, p. 331).

Jean Ray, seigneur de la Rochette, avocat en Parlement de Bourgogne, avait épousé, en 1697, Antoinette Arcelin, et portait : *palé d'or et de sinople de 6 pièces, chacune chargée d'une grenade surmontée d'une étoile de l'un en l'autre* (Arcelin).

RÉBÉ (DE). — ARMES : *Ecartelé aux 1 et 4, d'azur à trois merlettes de sable*, qui est Merle ; *aux 2 et 3, d'or à la fasce ondée de gueules*, qui est Mauvoisin (Le Laboureur).

En 1636, N. de Rébé était chanoine de l'abbaye de Tournus.

Au XVI⁰ siècle, François de Faverges reçut de son oncle maternel, Jean Merle, les biens de Rébé et Chenevoux, à condition de prendre les armes des Merle et le nom de Rébé. En 1538, il épousa Archangelle de Roncherolle. Son fils Claude, seigneur de Rébé, Chenevoux, Oudras, Rochefort, Chevagny, eut treize enfants, dont notre religieux (Le Laboureur).

Vers 1670, Jean de Rébé était curé de Mancey (Arch. hôpital).

Famille paraissant originaire du Beaujolais. Allon de Rébé est témoin dans un acte du XII⁰ siècle.

Etienne de Rébé, seigneur de La Gardette, Chavagny-le-Lombard, La Tour-de-Romanèche, époux de Françoise de Chabeu, céda à Claude de Noblet et à Claudine de Rébé, sa femme, sa seigneurie de La Tour (XVI⁰ siècle). (Perraud, *Environs de Mâcon*, p. 670).

Fiefs : Amplepuis, Rébé, Montrenard, La Gardette, Chevagny.

Alliances : d'Apchon, de Chabeu.

REGNAULT. — ARMES :

Girard Regnault, chanoine archidiacre de Chalon, certifie que sa sœur et lui tiennent en fief la tierce partie, par indivis, de la seigneurie de La Truchère (G. Jeanton, *Préty*, p. 110).

En 1450 et 1582, nous trouvons des membres de cette famille notaires à Chalon.

Jean Regnault fut pourvu d'un office de conseiller laïque près le nouveau Parlement, en 1791 ; il était alors doyen des conseillers à la table de marbre du Palais et portait : *d'azur au cerf d'argent passant sur une terrasse du même* (Des Marches).

RÉGNIER (DE). — ARMES : *D'azur à trois branches de palme d'or, les deux du chef affrontées* (D'Hozier).

Au XVI⁰ siècle, Antoine de Régnier fut dignitaire de l'abbaye de Tournus.

N. de Régnier, seigneur de La Bussière, Chassey et Mouilleron, portait les armes ci-dessus décrites.

Cette famille, originaire du comté de Bourgogne, se divisa en deux branches : celle de Montmoyen et celle de La Bussière, éteintes toutes deux au XVII⁰ siècle.

Fiefs : Montmoyen, La Bussière, Chissey, Movillon, Hiercé, Origny, Bellenot, Quincey, Buvery (partie), Monceau, Mandelot, Sassenay, Villecomte.

Alliances : Godrau, Gaud, Sercey, Cirey, Brigandet, du Blé, Catin, Fradel, Vion (B. et d'Arbaumont).

RÉONS (de). — Armes :

Guichard de Réons fut abbé de Tournus de 1217 à 1223. Il avait été prieur de Saint-Pourçain de 1200 à 1216.

Falcon de Réons fut, en 1215, un des premiers bienfaiteurs de l'abbaye de La Ferté (Courtépée, tome V).

Cette maison fut illustre en Bourgogne. Le duc Hugues III fit, en 1187, deux fondations dans l'église de Chalon et dans l'abbaye de Cluny pour Girard de Réons qui était peut-être le frère de notre abbé.

REPÈRE (de), *al.* DEREPÈRE. — Armes :

En 1767, Christophe-Hippolyte de Repère était bourgeois de Lugny.

RÉVÉREND. — Armes : *Écartelé aux 1 et 4, de sinople à trois mouches d'or, aux 2 et 3, de gueules à l'aigle éployée d'argent* (Révérend du Mesnil).

Elisabeth Révérend avait épousé Jacques Lethenet, bailli de Tournus.

Famille originaire de Caen, en Normandie, remontant à Olivier le Révérend anobli en 1594.

RIBONDEAU, *al.* RIBOUDEAU. — Armes :

Vers la fin du xvie siècle, Philippe Ribondeau, bourgeois de Chalon, achète le moulin à papier appartenant à La Ferté (Arch. S.-et-L., H 47).

Cette famille paraît originaire de Chalon où, en 1453, Pierre Riboudeau était échevin ; il fonda avec Guillemette, sa femme, une chapelle en l'église Saint-Vincent-de-Chalon (J. Martin, *Pierres tombales*).

RICAUMONT (MIEULET de). — Armes : *D'azur à trois ruches d'or, et trois abeilles du même, deux entre les deux ruches du chef, une en cœur* (Armorial général).

Claude-Louis-Alpinien-Auguste Mieulet de Ricaumont, général de brigade, commandeur de la Légion d'honneur, né à Chalon-sur-Saône en 1819, se retira à Nanton où il mourut en 1896 (Jouve).

Cette famille est originaire de Bourret, près Castelsarrazin, en Gascogne ; elle descend d'un ancien capitoul de Toulouse, anobli vers 1580 (Jouve).

RICHEPANSE. — Armes : *D'azur à un cochon d'argent* (D'Hozier).

Famille de la région de Saint-Gengoux qui a donné naissance à Antoine Richepanse, général de brigade (1796), lequel n'étant encore que sous-officier en garnison à Tournus, avant la Révolution, y épousa Pierrette, fille de Jean-Marie Gaudez, entrepreneur. Il mourut à La Basse-Terre en 1803.

En 1563, Philippe Richepance, notaire à Saint-Gengoux-le-Royal, possède des fonds à Curtil-sous-Burnaud et Saint-Martin-de-Croix (Arch. S.-et-L., E 869).

RIEULE (DE). — ARMES :

Louis-Joseph de Rieule fut maire de Romenay en 1829.

RION (DE).

Théodore de Rion était récollet de Tournus en 1655.

RIVÉRIEULX (DE). — ARMES : *D'azur à une rivière agitée d'argent, en pointe, surmontée d'un croissant du même* (Steyert).

Maison originaire du Bourbonnais, fixée dans le Lyonnais au XVIIe siècle. Une branche de cette famille donna les comtes de Varax en 1719 ; l'autre, les barons de Chambost en 1741 ; les premiers vinrent s'établir à Boyer, au château de Pimont, par suite du mariage, en 1863, de Benoît-Marie-Jules de Rivérieulx de Varax avec Marie-Suzanne Aubel de La Genète.

Louise-Ludivine de Rivérieulx de Chambost épousa, vers 1823, Benoît-Marie-Alceste Chapuys, baron de Montlaville.

Fiefs : Poissieu en Dauphiné, Jarlay, Marcilly, Civrieux, Lozanne, La Duchère, Pimont, Saint-Paul de Varax, Chambost.

Alliances : Berthon, Ponnelle, Trollier de Fétau, Roux Marque, du Verger, Guillo du Bodau, Le Guen, Desmarests, de Cayeu, Rolland, Albanel, de Constant, Vidaud de La Tour, de Murard de Saint-Romain, Lautin de Montcoy, de Jouenne d'Esgrigny, de Lacroix Laval, de Jerphanion, Aubel de Pymont, Morel, Bertholon, Perrin, Gesse de Poissieu, Perrin de Lepin, Favier du Noyer, de Cluse, L'Habitant, Ranvier de Bellegarde (R. de La Bâtie).

RIVOIRE DE LA BATIE (DE). — ARMES : *Fascé d'argent et de gueules de six pièces, à la bande d'azur chargée de trois fleurs de lys d'or.* Les armes anciennes ont été : *d'or à trois rouvres arrachés de sinople et posés en rang* (Guichenon, Steyert).

Vers 1530, Louis de Rivoire était curé de La Chapelle-de-Bragny (Arch. S.-et-L., E 865).

Famille noble du Dauphiné, connue dès 1060. Elle donna plusieurs chevaliers qui participèrent aux croisades ; des ambassadeurs de France en Savoie, des chevaliers de Saint-Louis. Emmanuel de Rivoire, marquis de La Bâtie, épousa, en 1889, Berthe Chanliaux, qui lui apporta en dot le domaine de Couverte-Fontaine, près Cuisery (Voir pour généalogie Rivoire de La Bâtie, *Armorial du Dauphiné*).

ROBAT, *al.* ROBOT. — ARMES :

En 1402, Jean Robat était moine de La Ferté-sur-Grosne (Arch. de La Ferté, série H).

Vers 1514, Dom Jean Robot était vicaire et sous-prieur du couvent de Saint-Marcel (Arch. S.-et-L., E 1097).

ROBELET (de). — Armes :

Famille noble possessionnée à Uchizy (fief des Ecuyers), où elle est connue dès 1376 avec Jacques Robelet, qui vivait audit lieu, et qui fit hommage à l'abbé Pierre de Cros, la même année. En 1478, Jean de Robelet était seigneur des Ecuyers. En 1379, Jacques de Robelet et Agnète, sa femme, firent hommage à l'abbé de Tournus de tout ce qu'ils possédaient à Uchizy.

Alliances : De Rollet, du Terreau, de Collonges, du Gaillon, du Verdier, de Chacipol, de Montrichard, de Corcelles, Vadot, du Terreau.

ROBERT. — Armes :

En 1377, Bertrand Robert était moine de Tournus. Il paraît être le frère de Aimart Robert, archevêque de Sens, et neveu d'Aimart Robert, cardinal, tous deux d'une ancienne noblesse du Limousin.

Cet abbé reçut l'hommage de Philippe le Hardi, duc de Bourgogne, en 1378 (Juénin, p. 194).

Robert, seigneur de Saint-Martin et de Saint-Vincent, portait : *d'or à la vache de gueules, clarinée d'azur et étoilée du même en chef.*

ROBERT. — Armes : *De sable à un roc d'échiquier d'or* (D'Hozier).

Avant 1477, Girard Robert, prêtre, était curé de Saint-Germain-des-Buis (Jugy).

Vers 1550, noble Louis Robert, citoyen de Chalon, était coseigneur de Droux.

Ancienne famille bourgeoise de Chalon, Pierre-Jacques Robert, procureur au présidial de cette ville en 1698, portait les armes ci-dessus décrites.

De cette famille est Claude Robert, chanoine de Saint-Vincent de Chalon, auteur du *Gallia Christiana* (*Pierres tombales, église Saint-Vincent*).

Fiefs : Droux, Vieil-au-Fant (Vellaufant).

Alliances : Lélide, Quarré, Mangeot, de Vesvre.

ROBIN. — Armes :

En 1572, Etienne Robin était curé des églises d'Ougy et de Malay. En 1601, Antoine fut procureur d'office à Tournus, et, en 1627, Claude, chanoine de l'abbaye.

En 1651, noble Claude Robin, avocat en Parlement, était châtelain de Vérizet ; il avait épousé Gasparde de Duretal (S.-et-L., Bailliage, 1355). Ce dernier pourrait bien être de la famille de Jean-Louis Robin, vivant en 1690, conseiller du roi, élu en l'élection de Bellay, et qui porta les armes suivantes : *d'azur à une fasce d'or, accompagnée de trois étoiles d'argent, posées deux en chef, une en pointe* (D'Hozier).

ROBIN d'ORLIENS, *al.* d'ORLIÉNAS. — Armes : *D'azur au chevron d'or, accompagné de trois étoiles du même, au chef cousu de gueules* (Steyert).

En 1787, messire Benoît-Marie Robin d'Orliens, écuyer, était marié à Antoinette Paradis, sa cousine germaine (Arch. de Tournus, GG 94).

ROCHEBARON (DE). — ARMES : *Parti, de sinople à la fasce de...... surmontée de trois billettes de même, 1 et 2 ; au-dessus, une tête de lion issant, au 2, de ...... à la demi-croix ancrée de ......* (Juénin, *Pierres tombales de l'Abbaye de Tournus*).

Arthaud de Rochebaron, dit de Montarchi, était sacristain de l'abbaye de Tournus où il décéda en 1603.

Les Rochebaron dits de Montarchet ou Montarchi, sont une branche cadette des Rochebaron de Berzé.

ROCHEBARON (DE). — ARMES : *De gueules au chef échiqueté d'argent et d'azur* (Steyert, P. de Saint-Julien de Balleure).

Ponce Ier de Rochebaron, évêque de Mâcon au début du XIIe siècle, fut enterré à l'abbaye de La Ferté-sur-Grosne (Courtépée, t. V).

Cette famille tire son origine de Rochebaron en Forez, diocèse du Puy. Une de ses branches vint s'établir en Mâconnais, où ses membres furent possessionnés au XVIe siècle à Berzé, Cenves, Joncy, Rochetaillée, etc. Une autre branche forma les seigneurs de Lignon.

Fiefs : L'Epervière (partie), Berzé, Cenves, Joncy, Lys, Saint-Sorlin, La Motte.

Alliance : de Roussillon.

ROCHEBARON D'AUMONT (DE). — ARMES : *Parti, au 1, de gueules au chef échiqueté d'argent et d'azur, qui est Rochebaron de Berzé ; au 2, d'argent au chevron de gueules, accompagné de sept merlettes de même, quatre en chef, trois en pointe, 1 et 2, qui est Aumont* (La Chesnaye-Desbois).

René de Rochebaron, comte de Berzé, épousa, en 1592, Françoise d'Aumont, fille de Jean, sixième du nom, sire d'Aumont, comte de Châteauroux, etc., maréchal de France (La Chesnaye-Desbois).

En 1627, Antoine de Rochebaron d'Aumont reprend de fief la baronnie de Joncy, comprenant un château et toute justice sur les églises et cimetières de Joncy, Saint-Clément, Burzy, Collonge et le fief de Rains (Lex, *Fiefs du Mâconnais*).

En 1725, Louis-Marie d'Aumont-Rochebaron, duc et pair de France, était seigneur de Lys et autres lieux (Arch. S.-et-L., H 122).

Une foyère, aux armes de cette famille, trouvée à Tournus, rue du Midi, nous fait présumer que quelques-uns de ses membres y habitèrent (Musée de Tournus).

ROCHECHOUART DE CHANDENIER (DE). — ARMES : *De gueules à trois fasces entées et nébulées d'argent* (Juénin).

Charles de Rochechouart de Chandenier, fut abbé de Tournus de 1635 à 1646, mais il n'en devint vraiment titulaire qu'à la mort de son oncle, le cardinal de La Rochefoucaud, en 1645. Louis de Rochechouart de Chandenier, son frère, lui succéda ; c'est celui-ci qui, en 1656, fit ouvrir une porte du côté de la ville, et combler le fossé pour établir un passage entre l'abbaye et la rue Saint-Valérien (Juénin).

Maison illustre, sortie des vicomtes de Limoges, elle reconnaît pour auteur Aimery, vicomte de Rochechouart, en 1018, et s'est divisée en un grand nombre de branches dont l'une vint s'établir en Bourgogne par le mariage de Christophe, seigneur de Chandenier, Javarzay, La Motte-de-Maucay, etc., avec Suzanne de Blaizy, fille du baron de Couches, en 1508.

Fiefs : (en Bourgogne) Cressey, Arc-sur-Tille, Arconcey, Marey-sur-Tille. (Autre fiefs) Couches, Chaudenier, Brognon, La Tour-en-Auvergne, Limoges (comtes de), Javarzay, La Motte-de-Mancay, Montpipaud (B. et d'Arbaumont).

ROCHEFORT (de). — Armes : *Coupé d'argent et d'azur, l'argent chargé d'un lion passant, et l'azur de neuf billettes d'or* (Dunod) ; al. : *d'azur semé de billettes d'or, au chef d'argent chargé d'un lion léopardé de gueules* (B. et d'Arbaumont).

Dans la première moitié du xvie siècle, Jean de Rochefort, chevalier, était seigneur de Cuiseaux et de Varennes-le-Grand (Arch. S.-et-L., E 486).

Famille ancienne du comté de Bourgogne, connue depuis 1363. Parmi ses membres, selon Sainte-Foix, on trouve plusieurs maréchaux de Bourgogne et un capitaine à La Ferté-sur-Grosne, en 1422 (B. et d'Arbaumont).

En 1630, Anne de Rochefort, veuve de Léonard de Semur, reprend de fief (en partie) la seigneurie de Saint-Gengoux-le-Royal, et, en 1650, une reprise de ce même fief est faite par François de Rochefort, marquis de La Boulaye, seigneur de Chailly, abbé commendataire de l'abbaye de Vézelay (Lex, *Les Fiefs du Mâconnais*).

Fiefs : Sercy, Thoissy-le-Désert, Châtillon-en-Bazois, Lux, Thurey, Bazisey, Pluvault (baronnie), La Boulaye (marquisat), Lucey (comté), Rochefort (marquisat), seigneuries de Sigy, Seignelay, Réveillon, Flagey, Cuiseaux, Labergement, Foucheraus, Varennes-le-Grand.

Alliances : Vautravers, Cléron, Jussey, Chambellan, La Magdeleine, Pontailler, Foucquet de Chaslain, Changy, de Semur, de Frésale.

ROCHEFORT D'AILLY (de). — Armes : *De gueules à la bande ondée d'argent, accompagnée de six merlettes du même rangées en orle* (Guichenon).

A la fin du xviiie siècle, cette famille, plus connue dans nos régions sous les noms d'Ailly ou d'Apcher, possédait la terre de Sermaizey, à Laives.

Famille chevaleresque d'Auvergne, connue depuis le xie siècle, descendant d'Antoine de Rochefort, mari de Marguerite d'Ailly, avec laquelle il fonda, en 1001, le prieuré de Rochefort, dit de Bonnat (Auvergne). Elle s'établit en Mâconnais par le mariage de Claude de Rochefort d'Ailly, gentilhomme de la chambre du duc d'Alençon, avec Claire de La Tour-Saint-Vidal, héritière du comté de Saint-Point, en 1582. Ils eurent trois fils, auteurs de trois branches : 1º les seigneurs de Saint-Vidal ; 2º les seigneurs de Prades ; 3º les seigneurs de Saint-Point.

Fiefs : Saint-Vidal, d'Ailly en Auvergne, Vergezac, La Bonche, Saint-Point, Cénaret, Montferrand, Gosserand, La Rochette, Saint-Chély, Pougnadoire, Laval, Portanier, Les Pradels, Thiolan, Prades.

Alliances : de La Tour Saint-Vidal, de Châteauneuf-Randon, Brûlant de Sillery, La Queille, de Lucinge, Charrier, d'André, Allemand de Montmartin (B. et d'Arbaumont). (Pour généalogie, voir La Chesnaye-Desbois).

RODIER. — Armes :

Dans la seconde moitié du xviiie siècle, Jean-Pierre Rodier, écuyer, secrétaire honoraire du roi, acquiert des biens à Ciel et Sermaisey (Arch. S.-et-L., E 83).

ROHAN-CHABOT (de). — Armes : *De gueules à neuf macles d'or accolées et aboutées*, 3, 3, 3 (B. et d'Arbaumont).

Au xviiie siècle, Louis-Marie-Bretagne-Dominique de Rohan-Chabot, duc de Rohan, pair de France, prince de Léon, etc., président né de la noblesse de Bretagne, brigadier des armées du roi, gouverneur de Lectoure, marié à Emilie Crussol d'Uzès, était seigneur de Saint-Loup-de Varennes, Droux, Cortevaix (Arch. S.-et-L., E 489).

Ancienne famille issue des souverains de Bretagne, une des plus illustres de France, où ils ont toujours joui du titre et du rang de princes. Sa filiation remonte à Guethenoc, qui est cité dans une charte de l'abbaye de Redon en 1008 (Révérend du Mesnil).

ROIE (de). — Armes :

En 1198, Guillaume de Roie, fils d'Alix de Brancion, d'abord femme de Jocerand Gros, puis d'Ulric, sire de Bagé, donne son consentement à une donation que fit sa mère à Guillaume, abbé de La Ferté (Juénin, p. 139).

Ce Guillaume de Roie est peut-être celui qui donna son nom à une maison sise rue de la Pêcherie, et au hameau de Tournus appelé encore aujourd'hui le Roi-Guillaume.

ROLIN. — Armes : *D'azur à trois clefs d'or rangées en pal* (Palliot, Steyert) ; alias : *de gueules à trois clefs d'or posées en pal 2 et 1* (Guichenon).

En 1512, Colette Rolin, épouse de Pierre de Bauffremont, chevalier, baron de Sennecey, était dame de Soye, Bragny, Cersot, Marnay (partie). Nicolas Rolin, chevalier, fut conseiller au Parlement de Dôle, maître des requêtes et chancelier en 1422, il mourut en 1461 (D'Arbaumont).

En 1438, Jean Rolin, cardinal et évêque d'Autun, était prieur et administrateur du prieuré de Saint-Marcel.

Fiefs : Beauchamps, Sassenay, Bois, Monnestoy, Chaseux, Aymeries, Authumes, Baismes, Pressilly, Bragny.

ROLIN de CHAMPTECLAU. — Armes :

Pierre Rolin, seigneur de Champteclau, fut témoin du baptême des

16

cloches de Saint-Oyen ; en 1680 l'une des marraines était demoiselle Jeanne Rolin, femme de Jacques Bordet, seigneur de Mirande, avocat (Montbellet).

De cette famille était peut-être N. Rollin de Chamblas, receveur des domaines à Lyon, au xviii⁰ siècle, qui portait : *d'azur à deux chevrons d'or, accompagnés de trois roses du même* (Steyert).

ROLLAND (DE). — ARMES : *D'azur à une montagne d'argent ombrée de sinople, et un rayonnant en barre d'or, mouvant de l'angle senestre du chef à travers une nuée de sable* (D'Hozier).

Famille noble d'Uchizy où Henri-René de Rolland était prévôt au début du xvii⁰ siècle.

Elisabeth Rolland, épouse d'Emiliand Vallier de Baleyne, portait, les armes ci-dessus décrites.

ROLLEPOT DE GARGAN (DE). — ARMES : *D'argent à deux bandes de gueules.*

Eugène - Stanislas - Paul - Edmond de Rollepot (1817 - 1883), colonel d'artillerie, commandeur de la Légion d'honneur, épousa en 1865, à Tournus, Marie-Joséphine Picquet. Cette famille est encore représentée actuellement dans cette ville (Voir *Répertoire*).

Famille originaire de l'Artois dont la filiation remonte à Simon de Gargan qui vivait en 1420. Alliée aux d'Ailly, de Beaufort, de Belloy, de Bouflers, de Coupigny, de Noyelles-Wion, de Rouchefay, etc.

ROLLET (DE). — ARMES :

Vers la fin du xv⁰ siècle, Liébaut de Rollet, écuyer, était **seigneur de** Chavy ; il avait épousé Jeanne de Dyo (Arch. S.-et-L., E 765).

Fiefs : Chavy, Panissière, Moroges, Thielley, La Tremaillère.

Alliances : Chambion, Guillot, Pourneret, Dyo, Salornay, Robelet, Moroges.

ROMANANS (DE), — ARMES : *D'azur à la bande d'argent chargée de trois cœurs de gueules* (Steyert).

Famille originaire de Dombes paraissant au xiii⁰ siècle. Gustave-Guillaume de Romanans fut greffier de la justice de paix de Tournus en 1851, il avait épousé Irma Guichard et décéda en 1908.

ROMANET (DE). — ARMES : *D'azur au pal d'argent chargé de trois chevrons de sable et accosté de deux lions affrontés d'or, armés et lampassés de gueules* (Steyert).

Vers 1570, Pierre-Philibert de Romanet était seigneur de La Moutonnière et de Moiziat-(Romeney) (Arch. de S.-et-L., E 1309).

Fiefs : Rosey, L'Abergement, Le Train, Moiziat, La Moutonnière.

Alliances : de Caille, de Toulonjon.

ROSÉ DE CHAMPAVERT. — Voir ROZÉ DE CHAMPVERT.

ROSSILLON, *al.* ROUSSILLON (GUYOT DE).

En 1444, Guyot de Rossillon était seigneur en partie des tours de l'Epervière (Crépet).

La terre de Roussillon, près Autun, a donné son nom à d'anciens seigneurs qui la possédaient au XIIIe siècle, et qui avaient pour armes : *d'azur à un aigle d'argent* (Géliot, B. et d'Arbaumont).

ROUGÉCOURT (DE).

En 1599, Nicolas de Rougécourt épouse Jeanne de Loisy (Enjorrand).

ROUGEMONT (DE). — ARMES : *De gueules à un lion d'or, armé, lampassé et vilené d'azur* (Guichenon).

En 1332, Jean de Rougemont était moine de Tournus ; il fut élu, en 1364, abbé de Saint-Rambert-en-Bugey, et refusa cette abbaye.

La terre de Rougemont, en Bugey, a donné son nom à une famille qui remonte à Guillaume de Rougemont, vivant en 1150. Bernard, chevalier, seigneur de Rougemont, qui vivait en 1250, eut de sa femme, Bruna, huit enfants, dont : Jean et Aymé, religieux et aumônier, puis chambrier de l'abbaye de Saint-Rambert-en-Bugey.

Cette famille s'est divisée en trois branches : celle des seigneurs de Lentenay ; 2° celle des seigneurs de Pierreclos, barons de Chandée ; 3° celle des seigneurs de Vernoux et de La Tour-Priay.

A la seconde branche appartenait Humbert de Rougemont, qui vint se fixer en Mâconnais, où il épousa Catherine, fille unique de Pernet de Bletterans, dame de Pierreclos, qui laissa cette dernière terre à son fils ; il était aussi seigneur de Bussie et Bussière, en Mâconnais.

En 1590, Philibert de Rougemont achète à l'abbaye de Cluny une partie de la ville de Saint-Gengoux.

Fiefs : Rougemont, Lentenay, Pierreclos, Chandée, Verneaux, La Tour-Priay, Bussy, Bussière, Pierreclos.

Alliances : Gigny, Viry, La Palu, Busseul, Vilette, Rougemont, Defranc, La Forêt, Arlos, Clugny, Montferrand, Grolée, Montbel, Moyria, Chandée-en-Bresse (B. et d'Arbaumont).

ROUSSEAU DE SIBILLE .— ARMES :

En 1781, baptême à Tournus de Marie-Charlotte, fille de Jean Rousseau de Sibille, brigadier de maréchaussée, et de Marie-Charlotte Blanc (Arch. Tournus, GG 88).

ROUSSET (DU). — ARMES : *De gueules au chevron d'argent, accompagné de trois étoiles du même* (Géliot, Palliot) ; al. : *une burelle d'or en chef* (maison Roy-Montagnon, rue du Centre, n° 9, à Tournus) ; al. : *d'azur à trois chevrons d'argent, accompagnés de trois étoiles du même* (Guichenon); alias : *d'azur à deux chevrons d'or, accompagnés de trois molettes d'argent posées 2 et 1* (D'Hozier).

Famille noble du Mâconnais, possessionnée à Marefontaine (Montbellet), aux xvie et xviie siècles, et remontant à Thibaud du Rousset, qui vivait en 1531. Elle a donné deux dignitaires à l'abbaye de Tournus : Antoine, moine et sacristain, de 1587 à 1612, et Robert, demi-chanoine, de 1642 à 1687.

En 1658, Jacques du Rousset était seigneur de Dulphey.

Fiefs : Marefontaine, Burzy, Cheriset, Amareins, Saint-Privé, Sainte-Hélène, Châtel-Moron.

Alliances : de Chandon, Tardy de Montravel, Bordet, Gentil de Sainte-Hélène, Ray, de Burnaud, du Breul.

ROUZAY (du). — Armes :

Francon du Rouzay, en 1106, fut abbé de Tournus ; il était d'une famille noble du voisinage de Saint-Pourçain, monastère dont il fut prieur auparavant.

Sous cet abbé se tint à Tournus le second Concile en l'an 1115. C'est lui qui reçut le pape Calixte II quand il vint, en 1120, consacrer, à sa prière, l'église de Tournus et bénir le cimetière (Juénin, p. 111-112).

ROYER de SAINT-MICAUD. — Armes : *D'azur au lion d'or, accompagné de 3 étoiles du même, posées 2 et 1, écartelé de La Rochette.* (Géliot et Chevillard).

Antoine-Louis-François de Royer Saint-Micaud, religieux, infirmier de l'abbaye royale de Saint-Martin à Savigny, demeurait à Tournus en 1786.

Selon Steyert, cette famille était originaire du Beaujolais et portait : *de gueules à trois roues de huit rais d'argent.*

Fiefs : Saint-Germain du Bois, Rains, Genouilly, Balay et Montvoisin, Cerbot.

ROYS (du).

Au xve siècle, les membres de cette famille étaient seigneurs de La Serrée à Curtil-sous-Burnaud (Mgr Rameau).

ROZ (de). — Armes :

Guillaume de Roz, savoyard, était curé de Champlieu au xviiie siècle ; son neveu et héritier, Joseph-Vincent, laissa tous ses biens aux pauvres en 1771 (Courtépée, t. V).

N. Roz, seigneur de Pierre, premier échevin de Lons-le-Saulnier, portait : *d'or à une quintefeuille d'azur* (D'Hozier).

ROZÉ, *al.* ROSÉ de CHAMPAVERT. — Armes : *D'or à une tige de rosier fleurie d'une pièce et mouvante d'une terrasse, le tout au naturel* (Ex-libris).

Louis-Rigobert Rozé fut porte-manteau de Madame Sophie de France ; son frère, Nicolas-Sébastien, écuyer, capitaine de cavalerie, chevalier de Saint-Louis et garde du corps du roi, épousa, en 1759, à Tournus, Etiennette-Claudine Dumolin, veuve de Philibert Machoud. C'est lui qui, le premier, prit le nom de « Champavert », qui était celui de sa mère. Il possédait à Lacrost l'ancien domaine des Machoud où l'on voit encore ses initiales, N. R.

RUEL.

Joseph-Antoine Ruel fut chanoine de Tournus en 1756 ; il était originaire de Carpentras.

RUFFEY (de). — ARMES : *D'argent au lion de sable armé et lampassé de gueules* (Guichenon).

En 1556, Antoine de Ruffey, écuyer, seigneur de Collonges, épousa Anne, fille de noble Jean de Chol, seigneur de La Biesse (Arch. Dép., E 1051).

RUILLY (de). — ARMES :

En 1206, Hugo de Ruiliaco était moine de La Ferté-sur-Grosne (S.-et-L., H 26).

RUIS (de). — ARMES :

En 1479, Jean de Ruis, prêtre, est greffier des terres de Saint-Romain et Leynes (Perraud, p. 367).

RUSSILLY (de). — ARMES :

En 1407, Jean de Russilleyo était moine et prieur de l'abbaye de La Ferté-sur-Grosne (Arch. de La Ferté, série H).

RYE (de). — ARMES : *D'azur à l'aigle éployée d'or*, les cadets brisaient de *quatre aigles* (Guichenon).

En 1596, François de Rye, abbé d'Arcey, était prieur de Dampierre et de Saint-Oyen-les-Montbellet (Arch. S.-et-L., B 918).

Au milieu du xviie siècle, Dèle de Rye, veuve de Philibert de La Guiche, comte de Sivignon, concède l'affouage des bois de La Folie aux habitants de Nanton (Arch. S.-et-L., H 50).

Maison réputée originaire d'Angleterre où elle existait dans le xe siècle. Un de ses membres s'établit en Bourgogne, au village de Neublans, par suite de mariage. Guillaume de Rye vivait en 1265. Cette famille s'éteignit au xviie siècle (Révérend du Mesnil). (Pour généalogie, voir La Chesnaye-Desbois).

Fiefs : marquisat de Varambon, de Treffort, comté de Varax, seigneuries de Richemont, Ceyzériat, Jasseron, Pont-d'Ain, Ramasse-en-Bresse, Balancon, Côte-Brune, Saint-Didier, Treschâtel, Corcondray, Dracy, Givry.

Alliances : de Neublans, de La Palud, de Chabot, de Cusance, de Saint-Léger, de Traves, du Meix, de Luyreuil, de Neufchâtel, de Lugny.

RYER (du). — ARMES : *D'azur au chevron d'or, accompagné de trois coquilles du même* (Rietstap).

En 1655, Charles du Ryer, maître des requêtes de la reine, était seigneur du Breuil-Grizon (Beaumont-sur-Grosne) (Courtépée, t. V).

Vers 1660, Claude du Ryer, prêtre, était théologal en l'église de Beaujeu, et Christophe du Ryer, son frère, écuyer, était seigneur de Lurcy et Bonnay (Arch. S.-et-L., E 1456).

RYMON (de), *al.* **RYMOND.** — ARMES : *D'azur à une fasce d'argent, chargée de trois alérions de sable, accompagnée de trois étoiles d'or, deux en chef, une en pointe.* La branche de La Rochette chargeait la fasce d'argent de *trois canettes de gueules* (Arcelin).

En 1590, Aymé de Rymon achète aux enchères, pour 1.292 écus, 50 sous tournois, la part de l'abbaye de Cluny au doyenné de Saint-Gengoux-le-Royal. Il était, en 1573, procureur du roi au bailliage de Mâcon, avocat, 1581, et fut anobli en 1594 (Raffinet Contenson, Ac. de Mâcon, 1910, p. 75). Moïse de Rymon, seigneur de Thil et de Curtil-sous-Burnand, achète à l'abbé de La Ferté des cens et rentes sur les villages de Messey, Saules, Saint-Boil et Chenoves (Arch. S.-et-L., E 452).

Cette maison paraît originaire de Saint-Gengoux d'où était Hugues de Rymon, capitaine de la ville et du château de Saint-Gengoux, qui testa en 1579. Elle se divisa en deux branches : 1º les seigneurs de La Rochette ; 2º les seigneurs de Champgrenon.

Fiefs : Champgrenon, La Moussière, La Serve, La Rochette.

Alliances : Bourgeois, Juredieu, Bernardon, de La Colonge, de Royer de Saint-Micaud, Viveret de La Serve, de Pise, Galopin, de Damas-Marcilly, de Champlecy, Blanchard, Ducrost, Quiny, Buchet de Royer, Barthelot de Rambuteau.

SACHINS (de). — ARMES : *D'azur à la bande d'or* (Guichenon).

Geoffroy de Sachins vivait en 1200-1250. Guy de Sachins, qui suit, épousa Alix du Saix et eut pour enfants : Dalmace, chevalier ; Guillaume de Sachins, religieux de l'abbaye de Tournus (1272), est le 3e fils de Dalmace et de Sibille de Beaugé. Guigonet de Sachins, religieux de Tournus en 1335, était fils de Guyot de Sachins.

En 1365, Jean de Sachins confesse tenir du duc de Bourgogne sa maison d'Etrigny.

Cette famille chevaleresque est une des plus grandes et des plus remarquables de Bresse ; elle est originaire de Vonnas, on la connaissait primitivement sous le nom de Sept-Chiens. Le plus ancien membre connu est Bernard de Sachins vivant vers 1096.

La branche aînée s'éteignit en Anthoine, écuyer, seigneur d'Asnières, la Mylatière, le Saugey, dont la fille Anthoinette, épousa Jean de Feurs, seigneur d'Estour, en Mâconnais.

Une branche cadette s'éteignit définitivement par Guy de Sachins, seigneur d'Asnières, et du Sauzey, bailli de Pont-de-Vaux, qui mourut en 1570 (Révérend du Mesnil).

Alliances : de Genost, de Chaintré, de Feurs, de Cheminant, de Montburon, de Bolomier.

SACLIER. — ARMES : *D'azur à un sac d'or lié de gueules* (D'Hozier).

En 1612, Pierre Saclier est greffier de la châtellenie de Saint-Gengoux (Arch. S.-et-L., B 1877).

Jacques Saclier, conseiller et procureur du roi, de la châtellenie royale de Gleune, portait les armes ci-dessus décrites.

Alliance : de Poncelet.

SAFFRE (DE). — ARMES : *De gueules à cinq saffres (orfraies, aigles de mer), s'essorant d'argent, posées en sautoir* (Palliot).

En 1529, François de Saffre est chantre de l'abbaye de Lancharre (Arch. S.-et-L., H).

François de Saffre était, en 1489, seigneur de La Tour-Baudin (Arch. S.-et-L., E 1033-1449). Famille originaire de Saffres, près Vitteaux.

La terre de Saffres passa dans la maison de Cléron.

Fiefs : La Tour-Bandin, Saffres.

Alliances : Colombier-du-Blé, de Choiseul, de Saux.

SAGIE (DE), *al.* DE SAGY. — ARMES : *D'azur à deux chevrons d'or, l'un renversé* (Vitrail, chapelle de Saint-Jean-Baptiste, en l'église Saint-Valérien et armoiries au château de Saint-Léger, près Mâcon).

En 1482, Olivier de Sagie possédait une maison à Tournus, devant Saint-André. Il fut maréchal de l'abbaye et y fut inhumé en 1502.

En 1541, André de Sagy était maréchal, sénéchal héréditaire de cette même abbaye ; il transigea avec le cardinal de Tournon pour les revenus de sa charge.

Cette famille paraît originaire du Mâconnais. Elle est connue depuis Antoine de Sagie, échevin de Mâcon en 1368. Vers 1470, Oudard de Sagie, chevalier, est seigneur de Sagy et de Droux. Il y eut plusieurs branches, dont l'une tomba dans les Chanuet, qui relevèrent le nom, notamment Claude Chanuet de Sagie, capitaine au régiment de Picardie (xviiie siècle). La branche des seigneurs de Saint-Léger s'éteignit avec Lucrèce, fille de noble Philibert de Sagie, seigneur de Saint-Léger. Le nom paraît s'être éteint en Mâconnais avec Pierre de Sagie, échevin en 1629, puis relevé par les Chanuet, descendants d'une des deux branches de cette famille.

Fiefs : Romani, Charnailles (partie), Pierrefontaine, Droux, Saint-Léger, La Tour.

Alliances : Droux de Rozières, Viard.

SAILLANT (DE). — ARMES : *Vairé d'or et d'azur à la bande de gueules* (B. et d'Arbaumont).

Ces armes sont celles de Guillaume Hugonet, seigneur de Saillant, de Lys, d'Espoisse, né à Mâcon, où son oncle Etienne était évêque en 1451. Il fut successivement page de Philippe-le-Bon, conseiller du duc, chancelier sous Charles le Téméraire ; il avait épousé Louise de Lays et laissa deux enfants qui quittèrent le nom d'Hugonet et retinrent celui de Saillant, fief du Charollais, dans la paroisse de Viry (B. et d'Arbaumont).

En 1543, Antoine de Saillant, seigneur dudit, vend la terre de Cruzille à Françoise de Rubis, veuve de Mre Claude Patarin.

Fiefs : Saillant, Lis, Epoisses, Cruzille, Montpont, Lays-sur-le-Doubs, Noble, Dulphey, Gratay (partie).

Alliances : de Lays, Rochebaron, Choiseul-Traves, de Saligny, de Nanton, de Montpont ou Mypont, de Baissey.

SAILLE (de). — Armes :

En 1217, Humbert de Saille, chevalier, a donné à l'abbaye de La Ferté ce qu'il possédait dans le territoire de *Sercel*. Ses fils, Humbert et Hugues, approuvent cet acte (Bazin).

SAINT-AMOUR (de). — Armes anciennes : *D'argent au lion de sable* (Dunod). — Armes nouvelles : *Ecartelé aux 1 et 4, d'or à trois roses d'azur*, qui est de Saint-Amour ; *aux 2 et 3, de gueules au chevron d'argent*, qui est de Genot ; sur le tout : *de sinople au chevron d'or accompagné de trois étoiles du même, au chef d'or à trois bandes de sinople* (Steyert).

En 1399, Antoine de Saint-Amour était moine de Tournus ; c'est lui qui, avec Jacques de Malvoisin, tua Jean Dandrie, prévôt de Mâcon, près du Villars.

La famille de Saint-Amour est originaire du bourg de ce nom, au bailliage d'Orgelet. Guillaume de Saint-Amour, chevalier, vivait en 1247.

Suivant Dunod, la terre de Saint-Amour passa par alliance de la maison de Damas à celle des La Beaume-sur-Cerdon, et fut en leur faveur érigée en comté.

Les secondes armes précitées pourraient bien être celles d'une autre famille originaire de Villefranche, possédant les fiefs de Saint-Amour, Foucrainne (Beligny), Vinzelles, Fuissé, la dîme de Condal (Fuissé). Une branche s'est fondue en 1412, dans les Genot, de Bresse, à condition que ces derniers porteraient les armes des deux noms, jusqu'à la 10e génération. Une autre branche s'est éteinte dans les Naturel, au xvie siècle (Arcelin).

SAINT-ANDRÉ (de). — Armes : *D'argent à l'aigle d'azur, membrée et becquée de gueules* (Révérend du Mesnil, Palliot, Guichenon).

Claude de Saint-André était moine de l'abbaye de Tournus en 1478 (S.-et-L., H 183).

Vers 1460, Jacques de Saint-André, écuyer, achète différents biens, entre autres la seigneurie de Mercey, pour lesquels il devait présenter foi et hommage au seigneur de Montbellet (Arch. S.-et-L., E 1332).

Au xvie siècle, Louis et Philippe de Saint-André furent successivement seigneurs de Mercey (Arch. S.-et-L., E 1226-1326).

Cette famille paraît originaire du Dauphiné où les seigneurs de Cervières portaient les armes ci-dessus décrites.

SAINT-ANDRY (de). — Armes :

En 1434, Philibert de Saint-Andry était capitaine-châtelain de Brancion.

SAINT-AUTHOT (de), *al.* SAINT-AUTHOST (de). — Armes : *D'argent à une fasce d'azur, accompagnée en chef d'un lion léopardé de sable et en pointe d'une merlette du même* (Palliot).

En 1493, Huguenin de Saint-Authot, écuyer, acheta la seigneurie de Sainte-Hélène.

Vers 1560, Claudine de Saint-Authot était femme de Philibert Cajot, seigneur de Burnant et de Saint-Clément-sur-Guye. Ils acquirent des biens à Talant (Arch. S.-et-L., E 853).

Fiefs : Saint-Authot, Mazoncle, Sainte-Hélène, Corcelles-sous-Grignon, Blaisy.

Alliances : de Moreau, Guillot, de Digoine.

SAINT-AUBIN (de). — ARMES : *D'azur à une bande d'or, accompagnée de trois besants du même, posés deux en chef et un en pointe* (D'Hozier).

Claude-Joseph de Saint-Aubin, du diocèse de Lyon, fut curé de Montbellet de 1678 à 1692 (Mgr Rameau, *Les Paroisses*).

Marie de Montépin, veuve de noble Jean-François de Saint-Aubin, fut enterrée à Montbellet en 1680.

SAINT-BELIN (de). — ARMES : *D'azur à trois rencontres de béliers d'argent accornés d'or* (Guichenon).

En 1553, Gabriel de Saint-Belin était prieur de Saint-Oyen (Mgr Rameau, *Les Paroisses*).

Pierre de Saint-Belin-Vaudremont, chevalier de Saint-Jean-de-Jérusalem, fut commandeur de Chalon, le Temple Sainte-Catherine de Montbellet et Rougepont (1682-1695).

Maison originaire de Champagne et Bourgogne. Le premier de ce nom est Robert de Saint-Belin, seigneur de Blaisy, en 1148. On trouve après lui Artus, qui accompagna saint Louis à la croisade de 1246. Cette famille s'est divisée en plusieurs branches, dont celles de Blézy-Vaudrémont, de Thivet-Biesles, de Biesles, de Villeberny, qui prit après 1633 le nom de Mâlain, et de Fontaine-en-Duesnois.

Fiefs : comté de Biesles, érigé en 1631, et de Vaudremont, Villeberny, Merville, baronnie de Bussière, érigée en 1635 pour Simon de Saint-Belin, Braux, Pont-Minard, Claireyfontaine, Cussigny, Voudenay (B. et d'Arbaumont).

SAINT-CLAIR (de). — ARMES :

En 1694, Marie de Saint-Clair était économe du monastère de Lancharre.

SAINT-CLÉMENT (de). — ARMES : *D'azur à trois aiglons d'argent* (Saint-Pierre de Mâcon).

En 1298, Parelle de Saint-Clément fut inhumé dans l'église du prieuré de Lancharre.

Noble Jean-Baptiste de Saint-Clément, écuyer, seigneur du Devant, fut inhumé, en 1665, au cimetière des récollets de Tournus (Arch. de Tournus, GG 114).

Le fief de Saint-Clément-sur-Guye était situé dans la baronnie de Joncy, diocèse de Mâcon, non loin du Puley (Pierres tombales, prieuré de Lancharre).

Fiefs : Taizé, Saint-Remy, Bantanges, Molaise, Le Devant.

Alliances : du Biolay, du Blé, de Nanton, de Saint-Julien, de Naturel.

SAINT-DESERT (DE). — ARMES :

En 1412, Michel de Saint-Désert était moine et procureur du monastère de La Ferté-sur-Grosne (Arch. de La Ferté, série H).

SAINT-GEORGES (DE). — ARMES : *D'or à la croix de gueules* (Palliot) ; alias : *d'argent à la croix de gueules* (Steyert, B. et d'Arbaumont).

En 1345, Hugues de Saint-Georges était coseigneur de Talant ; il fut tué cette même année par Jean de Tramelay, qui lui disputait la succession de J. de Verdun, dit de Talant, leur oncle, et de Mahieule de Talant, leur aïeule (Courtépée, t. V).

Cette famille est originaire de La Marche. Sa filiation sur preuves remonte à 1403. Un de ses membres prit part à la croisade de 1189. Une branche établie en Mâconnais est maintenue, en 1669, sur preuves, remontant à Jean de Saint-Georges, qualifié écuyer, en 1530 (B. et d'Arbaumont).

Fiefs : Saint-Liger, Montceau, Le Verdet, Versaugue, Chauffailles, Chassigny-sous-Dun-le-Roi.

Alliances : Fougières, Cremeaux, Vichy, Amanzé, Montchanin.

SAINT-GERMAIN (DE). — ARMES : *De gueules à une fasce d'argent, accompagnée de six colombes,* alias *merlettes, du même, trois en chef, trois en pointe* (Steyert).

En 1317, Arthaud de Saint-Germain, par son mariage avec Isabelle de Blanot, devint seigneur d'Uxelles.

Famille originaire d'Auvergne, dont une branche vint s'établir en Forez. En 1248, un Arthaud de Saint-Germain affranchit la ville de Saint-Germain Laval en Forez. A la fin du XIVe siècle cette famille s'éteignit en celle des Laye et des Semur.

Fiefs : Saint-Germain-Laval, Uxelles, Apchon, Montrond.

Alliances : Blanot, Montjeu.

SAINT-GERMAIN (GAMEY DE). — ARMES : *De sinople à deux faux emmanchées d'argent, posées en sautoir, au chef cousu d'azur, chargé de trois croissants d'argent* (Sceau de la famille).

Maurice Gamey de Saint-Germain, prêtre, puis curé de Plottes, vicaire à l'abbaye Saint-Philibert de Tournus (XXe siècle).

SAINT-HAON (DE). — ARMES : *D'argent au lion de gueules* (Steyert).

En 1533, Guillemette de Saint-Haon est dame de Vincelles (Nanton) (Niepce).

Amphour de Saint-Haon était capitaine du château du Parc à Sancé, en 1384 (Perraud, p. 452).

Cette famille paraît être une branche de la maison de Roanne.

SAINT-HILAIRE (de). — ARMES : *De gueules à deux épées d'argent posées en sautoir la pointe en bas, garde et poignée d'or* (Palliot et Saint-Julien).

Hilaire de Saint-Hilaire était, en 1752, religieux des récollets de Tournus (A. Bernard, *Les Récollets*).

Jean de Saint-Hilaire, dit le Borgne, capitaine de Chaussin, en 1373, eut pour fils Jean, chevalier, conseiller et chambellan du duc de Bourgogne, bailli de Chalon en 1411 (B. et d'Arbaumont).

En 1769, Louis de Saint-Hilaire était seigneur de Bouhans.

Fiefs : Auvillars, Bouhans.

Alliances : de Courcelles, de Vienne, Lugny.

SAINT-JULIEN (de). — ARMES : *De gueules à trois jumelles d'argent* (P. de Saint-Julien).

Claude de Saint-Julien, chevalier, seigneur dudit, de Balleure, de Chastenay, Royer, décéda en 1544.

Famille originaire de la ville de Saint-Julien, en Franche-Comté. Amenée dans le Chalonnais par le mariage de Claude de Saint-Julien avec Claude de Chastenay, qui lui apporta la terre de Balleure. En 1463, Gabriel de Saint-Julien s'établit en Mâconnais par son mariage avec Françoise de Vergyé, dame de Dulphey. Claude de Saint-Julien, fils des précédents, épousa Jeanne de Lantaiges, dont il eut entre autres : Pierre de Saint-Julien, historien, chanoine de Saint-Pierre de Mâcon, de Saint-Vincent de Chalon et archidiacre de Tournus.

Marguerite, tante de Pierre de Saint-Julien et ses deux sœurs, Anne et Louise, étaient religieuses au couvent des bénédictines du Villars.

Fiefs : L'Epervière, Balleure, Chastenay, Royer.

Alliances : de Chastenay, de Rabutin, de Durestal, du Blé, de Vergyé, Lantaiges.

SAINT-LÉGER (de). — ARMES : *D'argent à la fasce de gueules frettée d'or, accompagnée de trois molettes, al. étoiles, de sable* (Palliot).

En 1424, Philibert de Saint-Léger était seigneur de Rully, bailli royal de Saint-Gengoux, résidant en cette ville, et sénéchal de Lyon (La Bussière, p. 54).

L'auteur de cette famille est Robert de Saint-Léger, époux d'Isabelle de Rully, qui lui apporta la terre de ce nom, au xive siècle. Un de ses fils, marié à Jeanne de Grancey, mourut en 1398.

Fiefs : Rully, Saint-Léger, Mercey, Glux, Villers, Montregard.

Alliances : de Grancey, Belle-Croix, Saint-Mesme, Choisy, Goux, Clugny, Mâlain, Changy, Amoncourt, Sigy, Tuitry, Glux, Le Mairet, Rye, Corabœuf (B. et d'Arbaumont).

Au commencement du xviiie siècle, une famille de Saint-Léger, [seigneurs de Ronzières par alliance avec les Faverges], portait : *de gueules à la fasce ondée d'or, surmontée d'une étoile de ...* (Steyert).

SAINT-LOUP (DE). — ARMES : *De gueules à une fasce d'or, accompagnée en chef d'un chevron du même, et en pointe de trois besants d'argent, posés 2 et 1* (D'Hozier).

En 1642, vivait à Saint-Gengoux Michel de Saint-Loup, marié à Péronnette Mille, de Tournus.

André de Saint-Loup, originaire de Chalon, fut curé de la Madeleine, directeur du Petit Séminaire (1689-1704), puis principal du collège de Tournus.

Claude de Saint-Loup, son neveu, prêtre, demi-chanoine, en 1733, fut aussi supérieur du Petit Séminaire, auquel il fit don des domaines de Lorette et de Saint-Clair.

François de Saint-Loup, avocat en Parlement à Bourg, eut une descendance établie à Pont-de-Veyle, puis à Mâcon et Romenay et enfin à Dijon. Joseph de Saint-Loup, capitaine d'artillerie à cheval, né à Mâcon en 1768, frère de Charles-François de Saint-Loup, officier, demeurant à Romenay, eut un fils, Marie-Nicolas-Ernest de Saint-Loup, né à Romenay en l'an X, chef de bataillon du génie, résidant à Dijon en 1852.

Jean-François de Saint-Loup, né à Pont-de-Veyle en 1715, petit-fils de l'avocat en Parlement à Bourg, était le frère de l'abbé André de Saint-Loup, de Tournus.

On trouve des familles de ce nom à Chalon, à Saint-Gengoux, à Pont-de-Veyle et à Bourg, où Marie-Anne de Saint-Loup, veuve de Clément Brossand, docteur en médecine dans cette ville (vers 1690), portait les armes ci-dessus décrites.

Cette famille était représentée par M. de Saint-Loup, ancien magistrat, avocat à la Cour d'Appel de Dijon (Voir *Répertoire*).

SAINT-MARTIN (DE). — ARMES : *De gueules au sautoir d'or* (B. d'Arbaumont, d'Hozier, Géliot).

Simon de Saint-Martin était moine de La Ferté en 1208 (S.-et-L., H 26).

Vers 1640, François de Saint-Martin, bourgeois de Mâcon, était procureur fiscal de la baronnie de Cenves (Arch. S.-et-L., E 1269), et, vers 1670, Antoine de Saint-Martin était avocat (Bailliage de Mâcon, B 1365).

Cette famille est connue dès le xve siècle, la plupart de ses membres ont suivi la carrière des armes. Elle s'est alliée aux Hubine, Sarsure, Vicly, du Moutet, Edouard, Spada, Chevrier, Dumont, Ferrier.

Fiefs (en Bourgogne) : d'Agencourt, Montjalin, Prémeaux (partie), Magnien, Corabœuf, Ivry, Corcellet-sous-Rouvray, Santenay, La Canche (B. et d'Arbaumont).

Saint-Martin, écuyer, 1696, en Bourgogne, et Saint-Martin d'Argencourt, seigneur de Corabœuf, 1560, portaient les armes ci-dessus décrites.

SAINT-MAUR (DE). — ARMES :

En 1705, Marie-Antoinette de Saint-Maur avait épousé J.-B. Jobert, praticien à Tournus (Arch. de Tournus, GG 25).

Du Pré de Saint-Maur portait : *d'argent à la fasce de sinople, accompagnée de trois trèfles du même* (Chevillard).

SAINT-NIZIER (DE), *al.* SAINT-NISEY. — ARMES : *De Chavannes avec une brisure.*

Philibert de Saint-Nisey, dit de Toussi, était moine de Tournus en 1562.

Les puînés de la maison de Chavannes ont donné naissance aux seigneurs de Saint-Nizier-le-Bouchoux, de Malaval, et de Lissiat.

Vers 1444, Jean de Saint-Nizier, chevalier, est seigneur de Talant, Claude de Chavannes, seigneur de Saint-Nizier, épousa Denise, fille de Pierre de Vergyé, seigneur de Dulphey, Royer, etc. Cette branche s'éteignit en 1577 par Jean de Saint-Nizier qui ne laissa aucun enfant.

SAINT-OYEN (DE). — ARMES : *D'azur à une bande de fusées d'or, cottoyée de six croissants du même* (Palliot).

Jean de Saint-Oyen était bourgeois de Tournus en 1291. Pierre de Saint-Oyen, damoiseau, acheta, en 1295, la seigneurie du Châtelard, près Bourg et en prit le nom ; il portait les armes ci-dessus décrites.

SAINT-PIERRE (DE). — ARMES : *D'or à trois coqs dragonnés de sable* (Palliot).

Jean IV de Saint-Pierre était abbé de l'abbaye de La Ferté en 1439. Il se trouvait à Tournus lors de la consécration de l'église de la Madeleine et de cinq autels par l'évêque de Chalon.

Il fit élever de son vivant le tombeau dans lequel il reposa plus tard avec son prédécesseur, Jean III de Beaune. Il obtint du pape la confirmation du droit accordé à Jean de Beaune de porter la mitre et les insignes pontificaux (Niepce, t. II, p. 319). Il mourut en 1470.

SAINT-POINT (DE). — ARMES : *D'hermine au lion de sable* ; al. : *d'hermine au lion de gueules* (Guichenon).

Vers la fin du XVᵉ siècle, Jean de Saint-Point, écuyer, était co-seigneur de Lugny (Arch. S.-et-L., E 349).

Maison d'ancienne chevalerie mâconnaise, dont le premier membre connu fut Hugues de Saint-Point, chevalier, seigneur dudit, vivant en 1049. Etienne, en 1104, accompagna en Palestine l'évêque de Mâcon. Cette famille s'éteignit dans les Saint-Vidal, d'Auvergne, avec Guillaume de Saint-Point, gouverneur de Mâcon en 1562 (Lex, *H. de Saint-Point*, p. 37 à 145).

SAINT-PONCIN (DE).

Concession de fief faite par l'abbé de Tournus, à noble Guillaume de Sennecey, des biens que Jacques de Saint-Poncin et Renaud, son fils, tenaient dudit abbé, biens provenant de Janette et Jaquète de Montbellet, leurs femmes, et situés sur les paroisses de Sennecey et Saint-Cyr.

SAINT-PONCY (de). — ARMES :

N. de Saint-Poncy habitait Tournus au milieu du XIXe siècle.

Moleu, marquis de Saint-Poncy (Bretagne), portait : *d'azur, à trois flanchis (petits sautoirs) d'or* (Rietstap).

SAINT-POURCIN (de), *al.* **SAINT-PORCIN** (de).

En 1265, Bozon de Saint-Porcin fait hommage à l'abbé de Tournus de sa maison du Bois, à raison du prieuré de Loudun.

SAINT-PREUX (DOQUIN de). — ARMES : *D'or à la bande de gueules, chargée d'un lévrier passant d'argent, accolé d'or.*

Arthur-Jules-Amédée Doquin de Saint-Preux s'établit au château de Chavy, commune d'Ozenay, par suite de son mariage avec Louise-Angèle Dumont, au XIXe siècle.

Cette famille est originaire de la Champagne.

SAINT-PRIVÉ (de). — ARMES : *D'argent à un sautoir de gueules, bordé d'une dentelure de sable* (La Chesnaye-Desbois).

Au XIVe siècle, Jacquette de Saint-Privé était prieure du monastère de Lancharre, où elle fut enterrée. Sur sa tombe était gravée *une croix fleurdelysée*, qui paraît être ses armes (*Pierres tombales, prieuré de Lancharre*).

Selon La Chesnaye-Desbois, cette famille serait originaire de Champagne. En 1260 Hugues de Saint-Privé reconnaît avoir pris en fief du duc de Bourgogne tout ce qu'il possède en la paroisse de Champlecy, pour 25 livres que le duc lui donne (Arch. Côte-d'Or, *Recueil de Peincedé*, t. II, p. 74).

Vers 1402, Guillaume de Saint-Privé était possessionné à Availly, en Charollais (Arch. S.-et-L., E 327).

Fiefs : Champlecy, Mailly, Availly, Attigny de Claye, Gondecourt.

Alliances : de Mailly, de Fautrières, de Criston, de Lacour.

SAINT-ROMAIN (de). — ARMES : *Pallé d'hermines et de gueules de six pièces au chef d'or* (Le Laboureur, Guichenon, Steyert) ; al. : *pallé d'hermine et de gueules de six pièces à une fasce brochant sur le tout.* (Palliot).

Guy de Saint-Romain fut abbé du monastère de La Ferté-sur-Grosne, il décéda en 1387.

Bernard de Saint-Romain, chantre, sous l'abbé Girard, fut prieur de Loudun et abbé de Tournus de 1198 à 1202.

Guillaume de Saint-Romain, chevalier, fit hommage en 1225 à Bérard, abbé de Tournus, de deux domaines qu'il possédait en la paroisse de Romanèche. En 1256, Guichard remit à cette même abbaye tout ce qu'il possédait dans cette paroisse.

En 1329, Hugonin de Saint-Romain fait hommage à l'abbé de Tournus de ce qu'il possède sur Romanèche.

SAINT-SEINE (de). — ARMES : *De gueules à trois jumelles d'or* (Palliot).

En 1443, Charles de Saint-Seine, fils de Guillaume, devint seigneur de la Tour de Sennecey par son mariage avec Huguette de Vellanfant (Niepce).

Noble famille originaire du bourg de Saint-Seine. En 1246 vivait un Vilanus de Saint-Ceigne.

Fiefs : Saint-Seine, la Tour de Sennecey, Sermaizey, Saint-Julien.

Alliances : de Vellanfant, de Clermont, Gallois d'Arlay.

SAINT-TRIVIER (de). — Armes : *D'or à la bande de gueules* (Guichenon) ; al. : *de gueules à la bande d'or* (Ch. Saint-Pierre de Mâcon).

En 1351, Guillaume de Saint-Trivier était moine de Tournus et prieur de Villars.

En 1368, Jean de Saint-Trivier, en Dombes, était baron de La Ville-neuve et La Truchère, administrateur des biens de son fils Hugonin (G. Jeanton et Ravenet, *Préty*, p. 109).

Alliances : de Corgenon, La Sarrée.

SAINT-VALLIER (de). — Armes : *D'argent au coq d'azur, la patte droite levée* (Arcelin).

En 1692, Louis de Saint-Vallier était gardien des récollets de Tournus (Arch. hôpital, E 65). Melchior Cochet de Saint-Vallier prit séance aux Etats du Mâconnais en 1736.

Fiefs : La Tour-Mailly, Les Seguins.

SAINT-VINCENT (de). — Armes :

En 1667, la baronne de Saint-Vincent jouissait des revenus de la chapelle Saint-Georges de l'abbaye de Tournus, cette chapelle avait été fondée par Geoffroy de Berzé (Juénin, p. 181).

SAINTE-AVOYE (de), *alias* **SAINT-AVOYE** (de). — Armes :

Famille noble établie à Tournus et à Préty, par le mariage d'Alexan-dre-René de Sainte-Avoye, capitaine aide-major, avec Marie-Elisabeth d'Humbert. Ils eurent huit enfants.

Alliances : Dumesnil, Gontallier.

SAINTE-CLAIRE (de). — Armes :

Au commencement du xviiie siècle, Marie de Sainte-Claire était éco-nome du monastère de Lancharre (Arch. S.-et-L., H 423).

SAINTE-HÉLÈNE (de). — Armes :

Au xiie siècle, Artaud et Landric de Sainte-Hélène furent bienfaiteurs de l'abbaye de La Ferté.

En 1234, Guy de Sainte-Hélène et son fils, Rodolphe, donnent à La Ferté la moitié du bois et de la terre de « La Gandrée ».

Au commencement du xiiie siècle, Hervé de Sainte-Hélène, chevalier, fut un des bienfaiteurs de l'abbaye de La Ferté-sur-Grosne (Arch. S.-et-L, H 26), ainsi que Guy, Robert et Girard, écuyers (*id.*, H 27).

En 1444, Claude de Sainte-Hélène était seigneur de Saint-Bonnet-en-Bresse.

En 1539, Philibert de Sainte-Hélène était seigneur dudit lieu.

En 1567, noble Claude Gentil, seigneur de Sainte-Hélène, rentre en possession de la terre et seigneurie de Saint-Privé, qu'il avait remise à sa fille Claudine, épouse de Philibert du Rousset, écuyer, seigneur d'Amarenis, et cède à ladite fille sa « grangerie » et chevance de *Gaulsonne* (Sainte-Hélène).

Famille citée aux xiie et xiiie siècles.

SALÉ, *al.* **SALEY.** — Armes :

En 1372, Pernot Salé était châtelain de Brancion (Courtépée, t. V) et et de La Colonne, vers 1377 (Crépet).

Salé, à Paris, portait : *d'azur à une fasce vivrée d'or, à la bordure engrelée de même* (Palliot).

SAIX (du), *al.* **DUCES** (de SAXO). — Armes : *Écartelé d'or et de gueules* (Guichenon, Steyert).

Oudot du Saix était chantre de l'abbaye de Tournus en 1474. Jacques et Louis de Saix étaient religieux en 1489.

Famille de vieille chevalerie de Bresse dont le plus ancien connu est Hugues du Saix, vivant en 1080. Lancelot fut prévôt de Tournus en 1438 et fit hommage à Mgr de Fitigny de sa prévôté, droits, valeurs et émoluments ; Anne et Antoine lui succédèrent dans cette charge qu'ils vendirent à l'abbé de Tournus en 1518.

Cette famille forme un grand nombre de branches : 1º les seigneurs du Saix, Montagnat, Revonnas, Corrobert, Viremont, éteints en 1454, avec Bernard, seigneur des dits ; 2º les seigneurs de Rivoire et Rignat, qui tirent leur origine de Jocerand du Saix vivant en 1361 ; 3º les du Saix de Rignat, en Bresse, qui sont issus de Boniface vivant en 1452 ; 4º les de Barbarel de Beaumont et de Challes, en Dombes, descendant de Guyot du Saix, seigneur de Corcelles de d'Ameysin, qui testa en 1385 ; 5º les de Beaumont remontant à Guillaume du Saix mort en 1510 ; 6º les du Saix-Volognat, en Bugey, avec Louis du Saix vivant au commencement du xive siècle ; 7º ceux d'Arneus, à Assailly du Saix, chevalier, décédé en 1310 ; 8º ceux de Villars-Chappelle, en la Bresse chalonnaise, à Louis du Saix, écuyer, marié en 1528, à Jeanne de Chavannes (Révérend du Mesnil). (Voir Guichenon pour généalogie).

SALIGNAC (de). — Armes : *D'or à trois bandes de sinople* (Bouillet) ; al. : *d'or à trois bandes de sable* (La Chesnaye-Desbois).

Ponce de Salignac était chambrier et vicaire général de l'abbaye de Tournus en 1562. Il fut aussi doyen de Brienne.

Famille originaire de Salignac en Périgord, connue avant l'an 1000.

En 1096, Hugues de Salignac fit une donation à Uzerche avant de partir pour la première croisade. Jean de Salignac, seigneur de Fénelon, fut père d'Hélie, seigneur de Fénelon, de La Mothe et de Coutenac ; il fut fait chevalier du Saint-Esprit en 1599.

Fiefs : Salignac, La Mothe-Fénelon, Saint-Jalin, La Ponsy, Magnac.

Alliances : de Gontaud, d'Estaing, de Talleyrand, de Chalais, Saisie, de Ségur de Léobon, Pélagrice, de Bonneval, de Montbron, de Laval-

Lezai, de Fénelon, d'Esparbès de Lussan, de La Cropte de Saint-Abre, de Beaumont, du Lac, de Laparède, de Beaupoil de Saint-Aulaire, Le Prévôt de La Touche, de Royère-Payreaux, de Saint-Viance, de Boneguise, Le Pelletier, de Malon, de Bercy, de Simiane, de Campigny, de Boisfermé, de Tilli Blaru, de Valée, de Granoux, de Verdonnet, de Beauvais, de Soissons, Le Normand, de Delay, de Lagarde, de Ladouze d'Abzac, de La Boissière, de Rainac, de La Trémouille, de Roche-Aimon, de Cardaillac, de Crussol, de Thémines, d'Aubusson (Voir pour généalogie Saint-Allais, t. VII, éd. 1875).

SALIGNONS (DE). — ARMES : *D'azur au chevron parti d'or et d'argent* (Rivoire de La Bâtie).

Cette famille était possessionnée, dès 1288, à La Saugerée, paroisse d'Etrigny (Niepce, Courtépée, t. V).

Selon Rivoire de La Bâtie, cette maison paraît à la Côte-Saint-André (Dauphiné) en 1440.

Fiefs : Cruzille, La Buissonnière, Balbin.

Alliances : de Chatelard, de Bocsozel, d'Arces, de Soliers, du Rosset.

SALINS (DE). — ARMES : *D'azur à trois fusées d'or posées en fasce ; al. : d'azur à trois fusées d'or posées en fasce l'une sur l'autre* (Guichenon, Juénin).

Guy de Salins était chambrier de l'abbaye de Tournus en 1508. Il décéda en 1533 et fut enterré à l'abbaye dans le même tombeau que son oncle, Jean de Fitigny, auquel il avait succédé dans les fonctions de chambrier.

Gilbert de Salins était moine de Tournus en 1508 ; il décéda en 1511 et fut également enterré à l'abbaye. Sur sa pierre tombale se trouvent gravées les armes de Fitigny ou du Blé-Uxelles : *de gueules à trois chevrons d'or* (Pierres tombales de l'abbaye de Tournus).

L'abbé Guillaume, dans son *Histoire de la ville de Salins*, fait descendre cette famille de Girard, chevalier, fils naturel de Gaucher, quatrième du nom, sire de Salins, qui vivait en 1252. De lui descendait, au 6e degré, Guy de Salins, dit Chambier, chevalier, seigneur du Pasquier, Nevy, Vincelles, Villers-Roberts, Andelot, Frontenay, Champagnole, etc., conseiller, chambellan du duc de Bourgogne ; en 1411 il avait épousé Etiennette du Pasquier dont il portait les armes : *d'azur à trois fusées d'or mises en fasce*. Les armes primitives des de Salins étaient : *de gueules à la bande d'or*. Les sires de Salins portaient : *d'or à la bande de gueules* (V. Dunod).

Fiefs : Corabœuf, Moux, Marigny, Vaugrineuse, Rang, La Nocle, Champcéry.

Alliances : du Pasquier, de Laitre, Chambier, Estavayer, Deschamps, Montrichard, Chissey, Poligny, Tenarre, La Verchière, Chaumergy, Longeville, Bouton, Fétigny, Salins, Rochebaron, Vaugrineuse, Seyturier, Balay, Stainville, Bernard de Montessus, du Tartre (B. et d'Arbaumont).

SALNABLE (de). — ARMES :

Famille de Brancion, originaire de Cluny, semble-t-il. Gabriel Salnable était notaire à Brancion, 1732-1738 (Arch. de Tournus, GG 38, 61, 163, 168).

Alliances : Marsault, de Thomassin, Bérardan, Janin, Lepage d'Arbigny.

SALORNAY (de). — ARMES : *Cinq points d'or équipolés à quatre de gueules* (Palliot). (Armes à l'église de Chavigny-les-Chevrières et sur une maison seigneuriale à Salornay-les-Mâcon).

Jean de Salornay fut hostelier de l'abbaye de Tournus, où il décéda en 1419.

Vers 1540, Françoise de Salornay était femme d'Antoine de Chavannes, écuyer, seigneur de Chavy (Arch. S.-et-L., E 1283).

En 1373, Jean de Salornay était évêque de Chalon ; son frère, Jean, chantre et chanoine de Mâcon, a longtemps possédé la terre de Salornay-lès-Mâcon.

Ancienne famille noble du Mâconnais. Selon Arcelin, ils brisent *d'une étoile* ou *d'un croissant en chef ou en cœur.* Elle s'est divisée en deux branches : 1º les seigneurs de Salornay, éteints ; 2º les seigneurs de Salornay-Champerny, éteints également.

Fiefs : Salornay, Villerest, Manteney, Pruzilly, Champerny, Chevagny, Serrières.

Alliances : Saint-Amour, Crémeaux, Dée, Albon, La Porte, Varigny, Ponceau, Oncieux, de Ligier-Testenoire, de Tardes, La Plottes, d'Autrey (B. et d'Arbaumont).

SAMPIGNY (de), *al.* DE SEMPIGNY. — ARMES :

Vers 1491, Thibault de Sampigny était seigneur de la Chapelle de Bragny (Arch. S.-et-L., E 1001).

Cette famille s'éteignit au xvᵉ siècle en celle de Simon.

Fief : La Chapelle de Bragny.

Alliances : Simon, de Journal.

SANDRIACO (de). — ARMES :

Etienne de *Sandriaco* était moine de Tournus avant 1077.

SANIER.

En 1378, Aymes Sanier fait hommage de ses biens, sis en Poitou, à l'abbé de Tournus.

SANTAUS (de). — ARMES : *D'argent à la croix ancrée de sable* (P. de Bourgogne).

Guillaume de Santaus, écuyer, marié à Etiennette de Carillon, habitait Nanton en 1471.

De Santaus, conseiller au Parlement de Bourgogne, portait les armes ci-dessus décrites.

SARRON (DE). — ARMES : *D'argent au griffon de gueules, armé et becqué d'azur, surmonté d'un lambel à trois pendants du même* (La Chesnaye) ; al. : *d'argent à un griffon d'azur, lampassé et armé d'or* (D'Hozier) ; al. : *d'or au griffon de gueules* (Steyert).

Famille noble du Lyonnais alliée aux Desbois et propriétaire à Plottes en 1744.

François de Sarron, chanoine de l'église collégiale de Saint-Pierre de Mâcon, portait les secondes armes ci-dessus décrites.

Fiefs : Saint-Christophe-la-Montagne, Bacot, Epinay (près Irigny), Civrieu, Vaux, Marcoux, Rochefort, Les Forges, Vareilles, Fourneaux, Le Jonchay (Anse), Saint-Just d'Avray.

Alliance : de Ligier-Bacot.

SARTON DU JONCHAY. — ARMES : *D'or au lion de gueules, au chef d'azur chargé d'une étoile d'argent* (Steyert).

Elzéar Sarton du Jonchay, marié (1867) à Jeanne Labbé de La Genardière, habite actuellement Le Chesne (commune de Jugy). Joseph du Jonchay (1914), marié à Blanche de Boyveau, dont trois fils et une fille. Famille originaire d'Anvers, qui acquit, au xviiie siècle, le fief de Jonchay (Anse). N. Sarton du Jonchay, trésorier de France au xviiie siècle, portait les armes ci-dessus décrites.

SASSANGY (DE).

En 1209, Robert de Sassangy a donné à l'abbaye de La Ferté ce qu'il possédait entre les deux rivières de la Guye et de la Malonne, sous un cens annuel de cinq sols à percevoir au mois de mars ; il reçut 40 sols d'entrage (Bazin).

SAUBERTIER (DE). — ARMES : *D'azur à trois bandes d'or* (Chevillard).

Jean de Saubertier était religieux de l'abbaye de Tournus en 1399.

Claude de Saubertier, pitancier de l'abbaye, était, en 1428, prieur et doyen de Louhans.

Famille noble de Bresse dont le nom fut changé, en 1710, en celui de Scorailles, dont les armes étaient celles ci-dessus décrites.

Fief : Montagny (en partie).

SAUCIÈRES-TENANCE)DE). — ARMES : *De gueules à un lion d'or, armé et couronné du même* (La Chesnaye-Desbois, Vertot).

André de Saucières-Tenance était commandeur de Chalon, Montbellet et Rougepont (1567-1579).

Famille originaire de Champagne et Bourgogne, existant encore au xviiie siècle.

Fiefs : La Goutière, Récécourt, Tenance, Serrigny-en-Auxois.

Alliances : Saulcier-du-Fèvre, La Tour, Brabant, Vieil-Châtel, Choiseul-Traves (B. et d'Arbaumont).

SAUDON (DE), al. DE SAULDON. — ARMES : *D'or à trois pals d'azur* (Niepce).

Au xiie siècle, Guichard de Saudon est nommé dans un acte relatif à la donation faite par lui aux religieux de La Ferté de la dîme sur un terrain sis à la partie dextre du chemin allant de Sevrey à Bertrey.

Au xvie siècle, Claude de Saudon fut prévôt de Brancion.

Famille noble, d'origine chalonnaise. En 1137, Bertrand de Saudon jura, avec plusieurs seigneurs, les privilèges de la commune de Dijon. Au xiie siècle, Bernard de Saudon fut un des bienfaiteurs de l'abbaye de La Ferté-sur-Grosne.

Cette famille s'est éteinte au xvie siècle.

Fiefs : Savigny-sous-Beaune jusqu'au xiiie siècle. Royères-les-Montpont, La Tour-de-Vincelles (Saint-Loup-de-Varennes), Montille, Chanceau, Saudon, Sevrey, Mepilley, La Tour-du-Bois, La Chapelle-Villars, Vessey, Mercurey, Reure, Récourt.

Alliances : de La Marche, de La Boutière, de Marbeuf, Bon, Buxillon, La Borde, des Prés, Granges, Fussey, de Jordanne.

SAULES (de). — Armes :

En 1197, Jocerand et Dalmace de Saules approuvèrent une donation que Guichard de Saules, à son retour de la croisade, avait faite aux religieux de La Ferté-sur-Grosne (Bazin).

Guichard de Saules, Jocerand et Guy, ses frères, étaient possessionnés à Lalheue au commencement du xiie siècle. Bernard de Saules fut moine de La Ferté-sur-Grosne, en 1120 (Bazin).

Alliance : de Brancion.

SAULNIER-de LANOUE. — Armes : *De gueules au chevron d'or, accompagné de trois trèfles du même.*

En 1722, Pierre Saulnier-Delanoüe était prêtre et chanoine de Tournus, il y fut enterré dans la chapelle Saint-Blaise cette même année. Guillaume Saulnier-Delanoüe, avocat en Parlement, juge-mage de Cluny, ancien bailli de Tournus, subdélégué de l'intendant, décéda dans cette ville en 1748. Son fils, Gaspard-Antoine, avocat, lui succéda dans cette charge (*Pierres tombales, abbaye de Tournus*).

Famille bourgeoise originaire de Charolles où vivait, en 1501, Gilbert Saulnier, procureur du Mâconnais. Elle est encore représentée dans la région par les Vallier, Gauthey, Pesseaud, Pernin, Ducharne, Le Normand (Voir *Répertoire*).

SAULX-TAVANNES (de). — Armes : *D'azur au chevron d'or chapé, accompagné de trois glands du même, à la bordure engrelée d'azur (La Chesnaye-Desbois).*

Dans la première moitié du xviie siècle, Charles de Saulx, chevalier, était comte de Brancion, Tavannes et Montpont, seigneur de Lugny, Lessard et autres, bailli de Mâcon, époux de Philiberte d'Occors de La Tour. Vers 152., sa fille, Claire-Françoise de Saulx-Tavannes, était femme de Charles-François de La Baume, marquis de Saint-Martin, Montrevel, comte de Brancion, baron de Montpont, Lessard, Le Verger, etc. (Arch. S.-et-L., E 593-682). En 1673, il reprit de fief le comté de Cruzille (Lex, *Fiefs du Mâconnais*).

En 1752, Marie-Anne de Saulx-Tavannes était abbesse de l'abbaye de Lancharre (H. Batault).

La famille de Saulx a pour origine Guy, comte de Saulx et de Langres, mort avant 1057. Elle s'est divisée en trois branches, parmi lesquelles celle des sires de Saulx, dont sont sortis les rameaux des seigneurs d'Arc-sur-Tille et des seigneurs de Vantoux ; de ces derniers descend la maison de Saulx-Tavannes, par Erard, seigneur de Vantoux, d'Orain et d'Arc-sur-Tille, époux d'Antoinette de Dinteville et père de Jean, gruyer et grand louvetier de Bourgogne, qui s'allia en 1504 à Marguerite de Tavannes (B. et d'Arbaumont).

D'après Chevillard, les armes primitives de Saulx étaient : *D'azur au lion d'or armé, et lampassé de gueules*, alias : ... *couronné d'azur* (Chevillard).

Cette maison s'éteignit en 1845 par la mort du duc de Saulx-Tavannes (Rivoire de La Bâtie).

Fiefs : Saulx, Langres, Orain, Fontaines-les-Dijon, Courtivron, Vantoux, Poiseul, Tarsul, Is-sur-Tille, Villefrancon, Prangey, Arc-sur-Tille, Torpes, Beire, Mont-Saint-Vincent, Dampierre-sur-Vingeanne, Beaumont (baronnie érigée en comté en 1613), Clénay, Le Pailly, Vitry-sur-Loire, Lux, Sully, Savianges, Vantoux, L'Epervière (partie), Le Donjon, Igornay.

Alliances : de Dinteville, de Tavannes, Ruffey, Pontailler, Magny, Bauffremont, Pommard, Arc-sur-Tille, Villefrancon, Rye, Amanges, Pot, La Marche, Crux, Drée, Vergy, Balay, Lenoncourt, Anglure, Joyeuse, Ligneville, La Baume, Rochechouart, Chabot, Brûlart, Daguesseau, Froulay, Vienne.

SAUVAJOT, *al.* **SAUVAGEOT.** — ARMES : *D'or à un sauvage de carnation, ceint de feuilles de lierres de sinople, sa main droite appuyée sur une massue de sable, posée sur une terrasse de sinople* (D'Hozier).

Claude Sauvajot était chanoine et chantre de l'abbaye de Tournus ; il décéda en 1734 et portait les armes ci-dessus décrites. Lui et son frère Jean-Baptiste furent les bienfaiteurs de l'hôpital de cette ville.

En 1648, Yves Sauvajot fut abbé de La Ferté-sur-Grosne.

Jean-Baptiste Sauvajot, procureur fiscal à Tournus en 1691, scellait : *de ...... à une fasce de ...... chargée de deux étoiles de ...... accompagnée de deux arcs de ......, l'un en chef, l'autre en pointe* (Arch. du bailliage de Tournus).

Cette famille, paraissant originaire du Chalonnais, acquit, en 1644, les charges de conseiller du roi et de grénetier du grenier à sel de Tournus. Elle s'est alliée aux de Pernaton, de La Barre, de Beugre, et fut possessionnée à Préty et à Tournus.

SAUVEMENT (DE), *al.* DE **SAULVEMENT.** — ARMES : *De gueules à un sautoir denché d'or* (Niepce).

En 1365, Henry de Sauvement, écuyer, reprend fief du duc de Bourgogne pour sa maison de Balleure.

Guillaume de Balleure était, en 1315, capitaine du château d'Argilly.

En 1395, Henry de Saulvement, écuyer, capitaine-châtelain de Brancion.

Cette famille est appelée alternativement Saulvement et Balleure ; elle s'éteignit dans les Rabutin à la fin du xive siècle.

Alliances : de Chintrey, du Boys, de Montagu, de Rabutin.

SAUVET.

En 1509, Michel Sauvet et sa femme, Pierrette Deymie, héritent de la terre de la Tour Mailly (à Igé).

SAUVEUR. — Armes : *D'or au cœur de gueules, chargé d'une croisette ancrée d'argent ; au chef de sable, chargé de trois roses d'argent* (Panneau et carreaux émaillés, musée de Tournus).

Mathurin Sauveur, originaire de Vaas, dans le Maine, commença ses études de prêtrise en 1622. Il fut chanoine, puis chantre de l'abbaye de Tournus en 1654 (Juénin), décéda en 1674 et fut inhumé à l'abbaye, laissant pour héritier René Sauveur, seigneur de la Brosserie (Maine), son neveu. C'est lui qui probablement fit construire, en 1643, la tour hexagonale qui se trouve en face la petite porte du nord de l'église, et sur laquelle sont gravées des armes, entourées de cette devise encore apparente : *Hac cordis mei salus*, 1643. Par testament il légua ses biens moitié à l'hôpital de Tournus, moitié à la fabrique de l'abbaye. Il était l'oncle de Joseph Sauveur, de l'Académie des sciences, professeur de mathématiques au collège royal, décédé en 1716.

SAVELLI. — Armes :

Vers 1258, Robert Savelli possédait une terre en vignes sur les pentes du mont Pugis, proche de Saint-Gengoux-le-Royal, cette terre fut donnée à Cluny en 1280 (Raffin et Contenson, Académie de Mâcon, 1910, p. 70).

SAVIANGES (de). — Armes :

En 1188, Eudes de Savianges, de *Saviengis*, archidiacre de Chalon, est nommé dans un acte relatif à la donation faite aux religieux de La Ferté, par Pierre et Gaultier de Taisey, d'une terre sise au-dessous du clos de La Perrière, à Laives (Bazin, 348).

Après 1250, Falcon de Savianges fut un des bienfaiteurs de l'abbaye de La Ferté-sur-Grosne (Arch. S.-et-L., H 28).

En 1270, Jean de Courtiambles et sa femme, Guillaume, fille de Guillaume de Savianges, font hommage de ce qu'ils possédaient du fief de cette dame aux territoires de Tournus, de Lambres et de Plottes (Juenin, p. 166).

En 1299, Hugonin de Savianges, écuyer, était seigneur de Vers.

En 1331, Hugonin de Savianges fait hommage à l'abbé de Tournus

de sa maison de Vers, du bois de Montboron et de tout ses biens sis à
Vers et Nanton.

Vers 1630, Jean de Savianges, écuyer, cède à l'abbaye de La Ferté
tout ce qu'il possède en fief à Sainte-Hélène (Arch. S.-et-L., H 33).

SAVIGNY (DE). — Voir COLOMBIER.

SAVOIE (DUC DE). — ARMES : *De gueules à la croix d'argent.*

Philippe II, duc de Savoie, seigneur de Bresse, réfugié en France, par
suite de sa brouille avec sa famille, reçut du duc de Bourgogne une partie
de la seigneurie de Brancion ; et du roi les seigneuries de Sagy, Cuisery
et Beaumont La Colonne. Il décéda en 1497 et était fils de Louis Ier de
Savoie et d'Anne de Chypre. C'est lui qui devint duc de Savoie sous le
nom de Philippe II ou Philippe le Beau (Niepce).

SCORAILLES (DE), *al.* D'ESCORAILLES. — ARMES : *D'azur à trois
bandes d'or* (La Chesnaye-Desbois).

En 1785, le comte Eustache-Marie-Alexandre de Scorailles, seigneur
de Flacé, achète la seigneurie de Saint-Romain.

En 1676, dame Denise d'Escorial, femme de Georges de Raffin, écuyer,
seigneur de Pommiers (Cortevaix) et de Sermaize, est marraine à Saint-
Oyen.

Famille d'ancienne chevalerie, la maison des Comptours de Scorrailles
est originaire du fief de Scoraille, dans la Haute-Auvergne. Elle remonte
à Bégon Ier, seigneur de Scoraille, qui testa en 1030. Elle prit part à la
première croisade, s'allia aux ducs de Rhodez et de Périgord.

Elle se divisa en plusieurs branches, dont l'une s'établit en Bourgogne dès le xvie siècle, et fut possessionnée en Mâconnais à la
fin du xviiie siècle. Les Scorailles s'allièrent aux Thianges, Alixant,
Chevrier, Villers-la-Faye, Raguet-des-Fossés, Royer de Saint-Micaud,
Langheac, Portia, Marescalchi, Ducret, de La Rodde, Saubertier.

Fiefs : Flacé, Saint-Romain, Reure, Bouhans en Chalonnais, La Roche-
sous-Uchon, Saint-Martin-sous-Montaigu.

Le nom est encore représenté en Chalonnais (Arcelin, B. et d'Arbaumont).

SEGUIN. — ARMES : *D'azur au chevron d'or accompagné en chef de 2 quintefeuilles d'argent et un cygne s'essorant en pointe du même* (Dunod).

Guillaume Seguin, chevalier, habitait Uchizy en 1303. Seguin était
évêque de Mâcon en 1243. Nous trouvons un Claude Seguin, originaire
de Chalon-sur-Saône, époux de Thomasse Lamy, qui eut pour fils :
1° Nicolas, receveur des impositions du bailliage de Dijon, secrétaire du
roi en la chancellerie du Parlement de Bourgogne, en 1735 ; 2° Edme,
seigneur de Broin et de Bonencontre, receveur des impositions du
bailliage de Nuits, receveur des épices de la Chambre des Comptes,
secrétaire du roi en 1749, qui épousa Marie-Anne Barbier d'Entre-deux-

Monts. Sa descendance susbiste sous le nom de Seguin de Broin. Ils avaient pour armes : *de gueules à une couleuvre d'argent mise en fasce ; au chef cousu d'azur, chargé de 3 étoiles d'or* (D'Arbaumont).

SEMUR (DE). — ARMES : *D'argent à 3 bandes de gueules* (Duchesne, Palliot).

Une pierre tombale sans inscription portant l'écu de Semur paraît, à l'abbaye de Tournus, avoir recouvert les restes d'un membre de cette famille au xiie siècle. Jean de Semur était, en 1489, religieux en la même abbaye. Claude, pitancier, mourut en 1524.

En 1190, on trouve Simon de Semur, bienfaiteur de l'abbaye de La Ferté, à laquelle il donna, suivant le roi à la croisade, six sols sur le manse appelé Montmégin et le pâturage sur toutes ses terres. (L. Bazin).

En 1621, Léonard de Semur, seigneur de Sercy, achète 3.600 livres tournois la part du roi sur le doyenné de Saint-Gengoux-le-Royal.

Cette illustre maison tire son origine, selon quelques auteurs, de Guillaume, duc d'Aquitaine, fondateur de l'abbaye de Cluny en 909. Un puîné des comtes du Brionnais eut Semur pour son partage au xe siècle, en prit le nom et le laissa à sa postérité. Les premiers membres connus furent Froilaud et Josserand. Dalmace de Semur fut père de Geoffroy, fondateur du prieuré de Marcigny, de saint Hugues, abbé de Cluny et d'Alix, femme de Robert Ier, duc de Bourgogne. Cette famille se divisa en plusieurs branches : celles de L'Etang, d'Oué, de Sancenier, de L'Aubespin, de Trémont.

Fiefs : baronnies de Semur et de Luzy, seigneuries d'Arcy, Saint-Christophe, Trémont, Sancenay, Varennes-sous-Dun, Uxelles, Fougères, Xercy, Rouy, Saint-Hippolyte, etc...

Alliances : de Nevers, de Vernay, de Villers-la-Faye, de Sercy, de Damas, de Jaquot, de Gorrevod, de Rochefort, de Saint-Germain, etc.

(Pour généalogie, voir *Annales Société Eduenne*, t. XVI, par l'abbé Cucherat).

SENECEY (DE). — ARMES : *De gueules à 3 fasces ondées d'or* (Bazin, Beaune et d'Arbaumont) ; al. : *d'azur au lion d'or couronné, armé et lampassé d'argent* (Juénin).

Ancienne et illustre famille du duché de Bourgogne possessionnée à Sennecey dont elle prit le nom. D'après les armes primitives, elle paraîtrait être une branche de celle de Brancion. En 1113, Tibert de Senecey est témoin dans la charte de fondation de l'abbaye de La Ferté. Richard, en 1163, cède à cette même abbaye la dîme de Saint-Ambreuil et donne des terres au-dessous du Mont-Saint-Martin, à Laives, pour faire des vignes (L. Bazin). En 1197, Guy de Sennecey confirme les donations faites par son oncle maternel, Nicolas, et donne aux religieux un terrain pour y construire l'église de Saint-Ambreuil (L. Bazin).

En 1227, Guy, seigneur de Senecey, avait pris en fief de l'abbé Bérard toute la châtellenie de Senecey et tout ce qu'il possédait au-delà de la Grosne, excepté la tour du château. En 1275, son petit-fils, Guy, fit hommage à l'abbé Jean de tout ce qu'il possédait, à la réserve de sa maison de Senecey. En 1300, l'abbé Jean, voulant tenir compte à Guillaume de Senecey des améliorations qu'il avait faites aux fiefs qu'il tenait de l'abbaye de Tournus, lui céda celui de Marnay. Henri de Senecey fut abbé de Tournus de 1306 à 1311. Hugues de Senecey était capitaine de Brancion en 1373. Guillaume, juge ordinaire de Tournus, mourut en 1504 ; fils naturel d'un seigneur de Senecey, qui lui donna le meix de Scivolières, il eut pour héritier Jean Bureteau. Cette famllie s'éteignit en 1407 dans la maison de Toulongeon.

Guy II de Sennecey était moine de La Ferté en 1224. En 1229, Guillaume de Sennecey reçut en fief de l'abbé de Tournus les biens que Jacques de Saint-Poncin et son fils, Renaud, tenaient dudit abbé, biens provenant de Janette et Jaquète de Montbellet, leurs femmes ; ces biens étaient situés sur les paroisses de Sennecey et Saint-Cyr.

Alliances : de Cuiseaux, de Frolois, de Nanton, du Quart, de Toulonjon, de Montagu, de Châtellux, de Ferlay.

SENOZAN-VIRIVILLE (DE). — Voir OLIVIER DE SENOZAN.

SERCY (DE). — ARMES : *D'azur à trois fasces ondées d'argent* (Palliot).

Famille chevaleresque, connue dès le xı^e siècle, possessionnée à Sercy et à Uxelles. Vers 1126, Gaultier de Sercy, évêque de Chalon, et son frère Guy, donnent à l'abbaye de La Ferté-sur-Grosne tout ce qu'ils possédaient sur le territoire de Nully (L. Bazin). Jean de Sercy, chevalier, donne en 1234, à l'abbaye de La Ferté, à la louange de sa femme Jacquette, pour trente livres de Dijon, les terres qu'il possédait près de Chazeuil. Jocerand y fut enterré en 1311 (L. Bazin). Vers 1204, Hervé de Sercy, père de Guy, Robert et Jean, déclara se faire moine à La Ferté. Honoré de Sercy épousa Marie de Brancion en 1312. Guillaume était bailli de Chalon et capitaine de Saint-Gengoux-le-Royal en 1450. Jean de Sercy acheta, en 1489, une partie de la châtellenie d'Uxelles, et son fils Claude, en 1508, la totalité de cette seigneurie (Uxelles et ses seigneurs). Claude mourut en 1541 et ne laissa que deux filles.

Fiefs : Sercy, Igornay, Champallement, Uxelles, Ougy, Seugnes, Colombier, Cortamblin, Bresse, Cormatin, Mont-dessus-Cortevaix, Savigny, L'Epervière.

Alliances : de Damas, de Brancion, de Villers, de Rossillon, d'Allerey, de Champallement, de Montjeu, de Bar, de Dyo, du Blé, de Messey, de Lespinasse, de Semur, de Montessus, de Vers, d'Estrées, de Saint-Amour, de Fussey, de Régnier, de Clugny, de Gand, de Pérard, du Crest, de Belluchon, de Jaucourt.

SERMOYER (DE). — ARMES :

En 1261, Guillaume de Sermoyer et Béatrix, sa femme, tiennent fief de l'abbaye à Farges et Uchizy (*Livre des Hommages*).

Ancienne famille de Bresse possessionnée près de Pont-de-Vaux. Brandequin de Sermoyer, chevalier, vivait en 1223 (Révérend du Mesnil).

SERRE (de). — Armes :

A la fin du xve siècle, Philippe de Serre, écuyer, achète différents biens à Satonnay (Arch. S.-et-L.). Claude de Serre, veuve de François Dormy, président au Parlement de Paris, fait, en 1571, reprise de fief de la baronnie de Vinzelles, des seigneurie et châtellenie de la tour de Chassignolle, de la moitié de la seigneurie et châtellenie de Vérizet, et pareillement des seigneuries de Farges, La Roche-de-Solutré et Beugne (Lex).

De Serre, en Lyonnais, originaire de Montpellier, porte : *d'azur au lion d'or tenant une scie d'argent* (Steyert). De Serre, en Nivernais, blasonne : *d'azur à 6 besants d'or posés 3, 2 et 1* (Palliot).

SERTE (de).

Charles de Serte était écuyer gentilhomme de son Altesse éminentissime le cardinal de Bouillon en 1701.

SERVIGNAT (de). — Armes :

En 1315, Peronin de *Silvigniaco* tient fief de l'abbaye à Uchizy (*Livre des Hommages*).

Guy de Servignat, damoiseau, vivait en 1272.

Ils faillirent, vers 1400, par Marguerite de Servignat qui porta la seigneurie de Servignat à Galéas de Vaugrigneuse (Révérend du Mesnil).

SEVRÉ (de). — Armes :

Edme-Nicolas Sevré, écuyer, trésorier des Etats du Mâconnais, fils de Jean-Claude Sevré, trésorier de France au bureau des finances de Bourgogne, acheta, en 1777, la seigneurie de Saint-Romain.

Famille originaire de Bourgogne établie à Mâcon au xviiie siècle (Arcelin).

Alliances : Le Moyne, de Tricaud, Siraudin, Noly.

SEYSSEL (de). — Armes : *Gironné d'or et d'azur de 8 pièces* (P. Menestrier, Guichenon). Armes des Seyssel-La Chambre, branche de la précédente : *d'azur semé de fleurs de lys d'or, à la bande de gueules brochant sur le tout* (Rév.).

Au xve siècle, Bonne de La Chambre, dame de Meillonas, baronne de La Villeneuve et La Truchère, était femme de Philibert de Seyssel, seigneur d'Aix.

Famille chevaleresque et illustre de Savoie, de laquelle proviennent les marquis d'Aix et de La Serra. Guigues de Seyssel, seigneur d'Aiguebelle, rendit hommage en 1362 pour le château de Villeneuve-de-Marc.

Fiefs : Aiguebelle, La Tivolière, Bourdeaux, Saint-Bassin.

Alliance : de Saint-Point.

SEYTURIER (de). — Armes : *D'azur à deux faux d'argent au manche d'or, posées en sautoir* (Guichenon).

Jean de Seyturier, dit Massonas, était « receveur » de l'abbaye de Tournus en 1562. Il était fils de Jacques de Seyturier, écuyer, seigneur de Massonas et de Montfort, conseiller et maître d'hôtel du duc de Savoie et de Françoise de Bussi.

Famille originaire de Bresse où vivait, en 1379, Guichard de Seyturier, notaire à Treffort. Son fils, Etienne, par son mariage, en 1411, avec Isabelle de Ville, devint seigneur de Cornod (Franche-Comté). Au XVIIe siècle, Louis de Seyturier, écuyer, seigneur de La Verjonnière, du Tillet et de Serrières, perpétua la race et forma les seigneurs de Beauregard, Marmont, Le Tillet, Serrières, Lyonnières, Massonas, Pommiers et Montfort (Révérend Du Mesnil).

Fiefs : Beron, Chastanay, Montfalcon, Lyonnières, Pélagey, La Beyvière, La Griffonnière, Tillet, Servignat, Marmont, Cornon, Montdidier.

Alliances : de Bussi, de Ville, Duport, de Lucinge, de La Roche.

SILLY (DE). — ARMES : *D'hermine à la fasce vivrée de gueules, surmontée de 3 tourteaux du même* (Palliot).

En 1200, Hugues de Silly était chambrier à l'abbaye de Tournus.

Philibert de Silly, moine de l'abbaye de Tournus, mourut en 1483.

Cette famille, originaire de Normandie, connue dès le XIIIe siècle, s'éteignit au XVIIe siècle.

Fiefs : Silly, Watteville, Offainville (La Chesnaye-Desbois).

SIMON (DE). — ARMES :

Au XIIIe siècle, Symon, seigneur de la chapelle de Bragny, et son fils Gaulthier donnent à l'abbaye de La Ferté-sur-Grosne des biens à Nully (L. Bazin).

Au début du XVIe siècle, Philippe de Simon, écuyer, époux de Louise de Sampigny, était seigneur de Boye, Bouhy et La Chapelle-de-Bragny.

En 1699, Nicolas Simon, conseiller du roi à Dijon, portait : *d'azur à une montagne de 6 coupeaux d'or* (D'Hozier).

Cette famille paraît être originaire de Chalon où vivait, au milieu du XVe siècle, Jean de Simon, seigneur en partie de La Charmée, avocat fiscal du roi au bailliage (P. Perry).

Fiefs : La Charmée, Fley-en-Auxois, La Chapelle-de-Bragny, Le Maupas, Boye, Bouhy, Simard, Bessandrey, Villargeot.

Alliances : Arbeleste, Dupin, de Boisseau, de Charnoz, de Nance, de Vesvre, de Chaudesaigues, de Foudras, de Duretal, Lebeau, de Civria, du Vernois, Machureau, Ragot, de Beugre, du Pin, de Chissey, de La Tour.

SIMONY (DE). — ARMES : *Écartelé au 1 d'or ; au 2 de gueules à une étoile d'or ; au 3 d'azur ; au 4 d'argent à la croix de sinople brochant sur le tout* (Beaune et d'Arbaumont).

N. de Simony habite actuellement le château de Saint-Remy, par Chalon-sur-Saône (Jouve).

Cette famille, établie en Lorraine sous René II, prit les armes de Combles après le mariage de Martin Simony, écuyer, un instant possesseur de la baronnie de La Fauche, avec Marguerite de Combles. Elle a formé plusieurs branches en France et en Belgique. Celle de Bourgogne a pour auteur Guillaume, seigneur de Varange, Champfroy et Barault, chevalier de Saint-Louis, capitaine de cavalerie au régiment de Poitou.

SIRAUDIN. — ARMES ANCIENNES : *D'argent à un daim de sable, accompagné de trois griottes de gueules, 2 en chef, 1 en pointe* (D'Hozier). ARMES NOUVELLES : *D'argent à la fasce de gueules accompagnée en chef de 3 cerises au naturel et en pointe d'un daim aussi au naturel, soutenu de sinople* (id.). La branche cadette porte : *parti au premier, de Siraudin et au deuxième de Blanot, qui est d'azur à 3 épis liés d'or, mouvant d'un croissant d'argent* (id.)..

Ancienne famille noble mâconnaise encore existante, dont une branche donna des capitaines-châtelains à Cuisery et un notaire à Tournus (xvi⁰ siècle).

Fief : Saint-Léger (Charnay-les-Mâcon).

Alliances : de Sagie, Alarmite, de Lachaut, de La Tour, Tuppinier, Dauphin, Achaintre, Dumont, Barbier, de Marboz, Sevré de Préval, Poncet, de Blanot, Canard, Baudenet, Riballier, Thouret, Pageaut, Henriot, Chagot, Perret, de Chabannes, Martinet, de Riberolles, etc.

SIRE. — ARMES :

En 1621, Etienne Sire était président du mépart de l'église de Saint-Gengoux-le-Royal (Raffin et Contenson, Ac. Mâcon, 1910). On trouve, vers la fin du xvi⁰ siècle, un Lazare Sire, notaire et procureur à Chalon.

SIRMEON.

En 1329, Jean Sirmeon reconnaît à l'abbé de Tournus un sestier et 5 coupes de froment de rente annuelle sur ses biens sis à Bingiac.

SISSEY (DE).

En l'année 1218, *Ascherius* de Sissey a donné à l'abbaye de La Ferté 12 deniers de cens que lui payait le seigneur Henry, surnommé « le Moine »

En 1249, Jean de Sissey, chanoine de Saint-Vincent de Chalon, inhumé en ladite église, était fils d'Ansaulme de Sissey, gentilhomme ; son frère, Ponce, devint évêque de Chalon en 1269 et décéda en 1272.

SOLOGNY (DE), *al.* SOLIGNI. — ARMES :

En 1368, Guillaume de Sologny, damoiseau, avoue tenir en fief la moitié par indivis de la justice des chemins et des bois d'Azé (Lex). Un Ponce de Sologny, chevalier, est cité comme témoin en 1080 dans un échange de serfs entre l'abbé de Cluny et Lambert Descheaux, seigneur de La Bussière (Perraud).

SOULEYRAC. — ARMES :

Antoine Souleyrac, général de brigade, mourut en l'an VIII. Il avait épousé Marie-Thérèse Porta, qui vint après la mort de son mari s'établir à Tournus. Leur fils Jean-Baptiste épousa, en cette ville, Marie-Elisabeth Kaufmann.

SOUVRÉ (DE). — *D'azur à 5 cotices d'or* (La Chesnaye-Desbois).

En 1615, messire Jacques de Souvré, chevalier, gouverneur de Touraine, marquis de Courtanvaux, vicomte de Chalon, était seigneur de Passy, Saint-Loup, Saint-Remy, Lux, Sevrey, Varennes, Saudon, Savigny, Cortevaix, Mont, Droux (en partie), Mépillet, Moroges, Mortière.

Famille originaire du Perche connue depuis le XIVe siècle.

SULLY (DE). — ARMES : *D'azur au lion d'or, semé de molettes d'éperon,* alias *de fleurs de lys, du même.*

En 1224, Gaultier, seigneur de Sully, donne aux religieux de La Ferté le manse de *Champiale,* sis à *Boteun,* en dehors du village de Sully, avec toutes les dépendances. Il confirme en même temps la donation de deux setiers d'avoine faite auxdits religieux par son père (L. Bazin).

SYMONNET. — ARMES :

En 1580, Philibert Symonnet était greffier de la châtellenie de Saint-Gengoux-le-Royal (Arch. S.-et-L.). Zacharie Simonnet, avocat à la cour, greffier au bailliage de Semur-en-Brionnais (1698), portait : *d'azur à six monts d'or et une fasce d'argent chargée de trois annelets de gueules* (D'Hozier). Un N. Simonet, bourgeois de Lyon en 1696, blasonnait : *de gueules à six monts d'argent* (Steyert).

TAISEY (DE). — ARMES :

Vers 1177, Gaultier de Taisey était moine à La Ferté; en prenant l'habit des mains de l'abbé Guillaume, il donne au monastère un meix à Talant et des cens sur six meix à *La Perrière* (L. Bazin).

En 1599, Pierre de Taisey vend ses terres de Laives à Marie de Brichanteau, dame de Sennecey.

TALANT (DE). — ARMES : *De gueules à un coq d'argent.*

La maison des seigneurs de Talant, d'origine inconnue, s'éteignit en celle de Verdun, en 1345, par le mariage de la dernière héritière, Mathieule de Talant avec J. de Verdun, qui prit le nom et les armes des Talant (Courtépée, Niepce).

Robert de Talant, prêtre, est mentionné dans un acte de 1203 (donation faite aux religieux de La Ferté faite par Bernard des Moulins).

TALLEYRAND-PÉRIGORD (DE). — ARMES : *De gueules à trois lions d'or armés, lampassés et couronnés d'azur* (La Chesnaye-Desbois).

Archambaud-Joseph, comte, puis duc de Talleyrand-Périgord (1817), maréchal des camps et armées du roi, épousa, en 1778, Madeleine-Henriette-Sabine Olivier de Senozan-Viriville, marquise de Sennecey, héritière de Senozan, Le Parc, Givry, etc. (Niepce).

D'après le P. Anselme, cette famille est issue de la maison des anciens comtes de La Marche.

Fiefs : Senozan, Jugy, Scivolières, Marnay, Chazeau, Saint-Cyr.

Alliances : de Damas-D'Antigny, Olivier de Senozan, de Noailles, de Sagon, Ulrich.

TAPIN. — ARMES : *D'azur à un chevron d'or accompagné en chef de deux étoiles et en pointe d'un pin, le tout d'or* (D'Hozier).

Famille originaire de Laives, où Pierre Tapin était notaire en 1499, époque où il acheta les dîmes de Royer. Après 1651, Pierre Tapin, seigneur de Perrigny, conseiller du roi au bailliage de Chalon, possédait des biens à Laives et Sermaisey. Cette famille, qui a donné plusieurs officiers au bailliage de Chalon et au Parlement de Dijon, s'est éteinte en 1706.

Fiefs : baronnie de Grignon, seigneuries de Perrigny, Guerfans, Chassignolle, Serville, Ouroux.

Alliances : Caillard, Nicquevard, Duréau, Tatoillet, Didier, Burgat, Julien, Rigoley, Fleury, Pontoux, Espiard.

TARDY (DE). — ARMES :

Marie-Charlotte de Tardy, dame de Saint-Pierre(-le-Vieux), femme de François Rousset, seigneur de Marfontaine, fut inhumée en 1682 dans le chœur de l'église Saint-Didier de Montbellet.

TARDY. — ARMES : *D'azur à un chevron d'argent, accompagné de 3 étoiles aussi d'argent, 2 en chef, 1 en pointe, un chef aussi d'argent* (Révérend du Mesnil).

En 1639, Louis Tardy donne sa démission de demi-chanoine. (Juénin, p. 330).

Famille bourgeoise de Pont-de-Vaux qui remonte à Jean Tardy, juge de Bresse, de La Valbone et de Dombes en 1419.

TARTRE (DU). ARMES : *D'azur à 2 barbeaux adossés d'argent, accompagnés de 4 croix de même, 1 en chef, 2 en flanc, 1 en pointe* (Palliot).

Avant 1527, Robert et François du Tartre, père et fils, étaient possesseurs de biens aux finages de Fley, du Petit-Bragny et de Rimond.

Fiefs : baronnie de Vincelles, seigneuries du Tartre, du Thil, de La Minute (Sainte-Croix), Dommartin, Rotalier, Toutenant.

Alliances : de Vichy, de Montjournal, de La Boutière, de Loisy, de Civria, de Nanton, Gelin.

TATOUT. — ARMES :

Cette famille était originaire de Sermaizey (Laives). On trouve vers 1500, Pierre Tatout, prêtre, curé de Beaumont-sur-Grosne, et en 1650 Jean-Baptiste, procureur d'office au même lieu (Archiprêtré de Tournus).

TAVANNES (DE). — ARMES : *D'azur au lion d'or, armé et lampassé de gueules* (J. M.).

Au début du xvie siècle, noble et puissant seigneur messire Jean de Tavannes, était chevalier, seigneur de La Colonne, époux d'Antoinette de Dinteville (Crépet).

Fiefs : Arc-sur-Tille, La Colonne, La Loge, Lampagny, Gigny, L'Epervière, Beaumont.

TECHTERMANN DE CONCISE. — ARMES : *D'or à un soc de charrue d'azur
posé en bande, la pointe en haut* (Rietstap).

François de Techtermann fut profès à l'abbaye de La Ferté en 1781
(Niepce).

Famille de Fribourg (Suisse).

TELLET. — ARMES :

Dans la seconde moitié du xvᵉ siècle, Claude Tellet était receveur
de l'abbaye de Tournus (Arch. S.-et-L.).

TENARRE (DE). — ARMES : *D'azur à 3 chevrons d'or* (Palliot).

François de Tenarre était religieux de l'abbaye de Tournus en 1529.
Claude de Tenarre fut prieur de Lancharre en 1516. René de Tenarre,
baron et seigneur d'Ormes, Vanoise, et Anne de Chastenay, sa femme,
signent, en 1626, l'acte de mariage de Louis de Lorme fait à Tournus en
la maison des seigneurs de Tenarre, rue de la Pêcherie (Arch. Bailliage).

Cette maison tire son nom de Tenarre, baronnie de la paroisse de
Beaudrières-en-Bresse. Huguenin de Tenarre vivait en 1272 ; Ponce,
son fils, fut enterré à La Ferté en 1312.

Fiefs : Verchisy, Tenarre, Souterrain, Dracey-le-Fort, Beaudrières,
Montagny, Cersot, La Frette, Vanoise, Denizet, Noiry, Montmain, La
Serrée, Genlis, Montmoyen, La Panissière, Grosbois, Chassagne, Plancy,
Morey, Sept-Chênes, Bissy, Ormes, Martigny.

Alliances : de Lugny, de Bauffremont, de Janly, de Châtenay, Faul-
quier, de Vichy, du Seetz, de Gellan, de La Tour, Bérard, de Marcilly,
de Grandmont.

TENAY (DE). — ARMES : *D'or à la bande de sable* (Beaune et d'Arbaumont) ;
al. : *écartelé au 1 et 4 d'or à la bande de sable au 2 et 3 d'or à la bande
engrêlée de sable* (Steyert).

Guillaume de Tenay, né en 1493, fut moine à l'abbaye de Tournus.
En 1280, Josserand de Tenay était seigneur de La Tour de Vers et de
Besanceuil.

Famille noble originaire de Tenay en Bugey, établie en Bourgogne
dès le xiiiᵉ siècle.

Fiefs : Tenay, La Tour de Vers, Limas, Saint-Christophe-en-Brion-
nais, La Loge, Le Molard, Maltaverne, Sancenay, Fougères, Noyers,
Collange, Bouchenevoux, Rouis, Saint-Fons, La Matrouille, Foumoux,
Saint-Cyr, Saint-Julien, Saint-Martin-de-Laives, Beaumont, Chazaux,
La Varenne, Sainte-Foy, La Guiche, Briant, Les Forges, Vieux-Moulin,
Montaney, Besanval, Le Nocle, Chevilly-sur-Arroux, La Falconnière.

Alliances : de Mincé, de Chardonnay, de Lavieu, de Francheleins, de
Layé, de Fléchières, de Thelis, de Sercy, de Fougères, de Moyria, de La

Baume, de Chavannes, de Messey, de Montagu, de La Boutière, de Digoine, de Chevriers, du Molard, Le Noble, de Salenard, de Semur, de Sivriac, du Bost, de Lestouf, de Chauvigny, de Bécerel, de Marillat, de La Rivière, du Fay-la-Tour-Maubourg, de Damas-d'Audour, Taillandier.

TENISAY (DE). — ARMES :

En 1468, Jehan de Tenisay, chevalier, était seigneur en partie de Sully (Nanton) (Niepce).

TERRASSON. — ARMES : *D'azur à 3 croissants d'argent adossés et entrelacés, accompagnés de 3 étoiles d'or posées 2 et 1* (Steyert).

Famille de négociants lyonnais établie à Tournus par le mariage en cette ville (1793) de Jean-François Terrasson avec Marie-Jane-Louise Rocaffort. Vers 1820, Jean-Pierre-Laurent-Washington Terrasson, fonda une sucrerie à Tournus. En 1721, Daniel Terrasson était capitaine au régiment de La Fère.

TERRAT (DU). — ARMES : *De gueules à 3 fasces ondées d'or* (D'Assier de Valenches).

Après 1675, Jean Terrat, chevalier, était seigneur de Cornon, Lissiat, et conseiller-secrétaire du roi (Arch. S.-et-L.).

Fiefs : La Place, Cornon, Lissiat et Rivoire.

TERREAU (DU). — Voir LE ROUX.

TESSÉ (DE). — ARMES : *De gueules à un sautoir engrêlé d'or* (J. M.) ; al. : *d'argent au sautoir de gueules denché et bordé de sable.*

René, comte de Tessé, grand d'Espagne, maréchal de camp, époux de Marie-Elisabeth-Claude-Pétronille Bouchu, en 1704, habita Tournus.

Famille originaire de Tessé, dans le Maine, érigé en comté en 1618 (Cf. : *Répertoire*).

THÉNARD. — ARMES : *D'azur à trois creusets de chimie, avec leurs couvercles, d'argent, 2, 1* (Cf. Annuaire Borel d'Hauterive, 1897, p. 378, et 1902, p. 302).

Le château de La Ferté-sur-Grosne appartient au baron Thénard, descendant du célèbre chimiste Louis-Jacques, baron Thénard, pair de France, membre de l'Institut (1777-1857), qui épousa Jeanne-Victoire Humblot-Conté, fille de M. Humblot-Conté, pair de France.

THESART. — ARMES : *D'or à une fasce d'azur.*

Pierre Thesart, seigneur de la province de Normandie, décéda à Tournus, au XVe siècle, et fut inhumé en l'église Saint-Philibert. Son écu porte : *de ...... à une fasce de ...... surmontée au canton dextre d'une rose* (Pierres tombales).

Les Thésart, seigneurs des Essarts, étaient de vieille famille normande.

THÉSUT (DE). — ARMES : *D'or à la bande de gueules chargée de 3 sautoirs d'or* (Beaune et d'Arbaumont).

Dom Jean-Baptiste de Thésut fut profès et administrateur des bois à l'abbaye de La Ferté en 1790.

Cette famille prit son nom du fief de Thésut au Mont-Saint-Vincent où vivait en 1330 Gérard de Thésut. Elle se divisa en plusieurs branches : celles des Puits, Montmurger, Juchault, des Essarts, Champoussot, Juilly, Aumont, Moroges, Fissey, Vingelles, Mortières, Lans, Ragy, Verrey (Pour généalogie, voir *La maison de Thésut*, par G. Jeanton et J. Martin. — *Mémoires de la Société d'Histoire et d'Archéologie de Chalon-sur-Saône*, 1912).

THEVENOT. — ARMES : *De gueules à deux barres d'or* (D'Hozier).

François Thevenot, demi-chanoine de Saint-Philibert de Tournus, mourut en 1707. Il était fils de Claude Thevenot, notaire, marié en 1643 à Marie Muguet. Antoine Thevenot, notaire à Tournus, portait en 1695 les armes ci-dessus décrites. En 1567, on trouve un Claude Thévenot, notaire à Messey.

THIBAUT (DE). — ARMES : *D'argent à un chevron d'azur, au chef du même.* Ont écartelé de Noblet au xvııe siècle et de Saulx-Tavannes au xvıııe siècle (Steyert).

En 1648, Gabriel de Thibaut, écuyer, seigneur de Saint-Simon (en Gascogne) reprend de fief de son frère François de Thibaut, seigneur de Saint-Huruge-sur-Guye, la seigneurie de Burzy (canton de Saint-Gengoux-le-Royal). (Lex).

Famille originaire du Beaujolais, issue de Hugues Thibaut, prévôt et juge à Beaujeu, à la fin du xvıe siècle. Elle se divisa en deux branches : 1º les Thibaut de La Roche-Thulon, marquis des Prés-Saulx-Tavannes; 2º les Thibaut de Noblet, comtes de La Roche-Thulon.

Fiefs : Thulon, Les Prés, Les Ardillats, Le Mont-de-France, Les Terreaux (Verosvres), Saint-Huruge, Burzy, Saint-Hélène (Buxy), Bragny, Bissy, Malfontaine, Saint-Simon, Thorigny, Voutré, La Raguénière, La Tour de Romanèche, Chevagny-le-Lombard, Saint-Romain.

Alliances : de Marcilly-Cypierre, Charreton, Alamartine, de Noblet-des-Prés, Arteloupe, Berthet de Gorze, de Beaumanoir, Donguy d'Origny, de Saulx-Tavannes, de Chigy, Monnier des Hauts, de Plumartin, de Lavardin, de Martel, de Rébé, de La Roche-Chevreux.

THIBEAU.

François Thibeau, seigneur de Chauve, demeurant à Tournus, épousa, en 1711, Catherine, fille de feu Morel Fresteau, vigneron dudit lieu, et de Pierrette Chardonnay (Thevenot Nre).

THIERS (DE). — ARMES : *D'or au lion de gueules* (Rietstap).

En 1113, Guillaume de Thiers et Savaric de Vergy fondent l'abbaye de La Ferté, dans la forêt de Bragny, paroisse de Saint-Ambreuil (Courtépée). En 1637, Isidore de Thiers était gardien des récollets de Tournus ; Modeste de Thiers l'était également en 1693 (Arch. hôpital).

Les de Thiers, en Auvergne, portent les armes ci-dessus décrites.

THOIRE (DE). — ARMES : *Bandé d'or et de gueules de 6 pièces* (Guichenon).

En 1231, Ponce de Thoire, évêque de Mâcon, fut enterré dans le chœur de l'église de La Ferté (L. Bazin).

Guichenon rapporte la filiation de cette famille, une des plus importantes du Bugey, depuis Hugues, sire de Thoire, vivant en 1080. Elle fonda plusieurs villes et châteaux, entre autres : Poncin, Montréal, Le Châtelard, Arbent, Loyes, Villars.

Cette maison, depuis longtemps éteinte, a formé plusieurs branches : 1º les aînés, sires de Thoire et de Villars, comtes de Genève ; 2º les seigneurs de Montellier, Belvoir et Montribloud ; 3º les seigneurs de Glarens ou Lyarens, en Bresse ; de Surpierre, Berchier et L'Ile, au pays de Vaud (Révérend Du Mesnil).

THOISY (DE). — ARMES : *D'azur à 3 glands d'or* (Palliot).

En 1446, Jeoffroy de Thoisy, chevalier, seigneur de Mimeure, était capitaine-châtelain de La Colonne (Crépet). En 1528, Claude de Thoisy, écuyer, était seigneur de Varennes (Arch. S.-et-L.). François de Thoisy, seigneur de Marcilly, Bruailles, Montagny, Loëse, épousa à Romenay, en 1714, Anne, fille de Joseph Colin, écuyer.

Cette famille, selon Courtépée, remonterait à Jean de Thoisy qui, partant pour la croisade, céda une partie de la terre de ce nom à l'évêque d'Autun ; mais la filiation n'est régulièrement établie que depuis Regnault, receveur des bailliages d'Autun et de Montcenis, en 1399.

Fiefs : Thoisy, Gamay, Rancy, Molaise, Joudes, Villars-sous-Joudes, Pantières, Torcy, La Motte-Chissey, Mimeure, Varennes, Marcilly, Bruailles, Montagny-les-Louhans, Loëse, La Serrée, Chamesson, Grannod, Sagy, Chichevières, Courcelles, La Bruyère.

Alliances : de Sainte-Croix, Thorel, Colin, d'Ambly, de Montconis, de Clugny, de La Bruyère, Lafâvre, de Durestal, de Beaurepaire, de Chavandon, Dugars, de La Hante, de Foudras, de La Tour.

Cette famille est encore représentée à Joudes (Guillemaut).

THOMAS. — ARMES :

N. Thomas, prêtre, demi-chanoine, fut nommé en 1699 à la chapelle de La Grange à Tournus.

En 1642, Pierre Thomas était avocat en Parlement à Saint-Gengoux et avait épousé Françoise de Royer de Saint-Micaud (Arch. S.-et-L.).

François et Pierre Thomas, ce dernier écuyer, conseiller du roi, maître ordinaire en la Chambre des comptes de Bourgogne, portaient : *d'azur à une fasce d'or, chargée en cœur d'une étoile de gueules, accompagnée en chef de 2 quintefeuilles d'or et en pointe d'un croissant d'argent* (D'Hozier). Cette famille remonte à Jacques Thomas, châtelain et capitaine des gens d'armes de la garnison de Villaines en Duesmois vers le XIVe siècle. Sa

descendance a fourni un grand nombre de magistrats au Parlement de
Bourgogne.

THOMASSET .— Armes :

En 1575, Louis Thomasset était avocat au Mont-Saint-Vincent (Arch.
S.-et-L.). Charles-François Thomasset, procureur du roi en la châtellenie de Cortevaix, en 1713, Pierre Thomasset de Chessy, écuyer, était
propriétaire à Marnay en 1773. Dom Pierre Thomasset fut moine à
l'abbaye de La Ferté en 1790.

Fiefs : Les Autels, Le Puley, La Saule.

Alliances : Beaubernard, Dard, Greuze, de Tours.

THOMASSIN (de).

Etienne de Thomassin, écuyer, résidant à Sailly, en Charollais, pos-
sédait des biens à Collonges (La Chapelle-sous-Brancion) en 1756. Marie-
Antoinette de Thomassin était épouse de François-Olivier, bourgeois de
Bissy-la-Mâconnaise, en 1778.

THOMASSIN (de). — Armes : *D'azur à la croix écotée d'or* (Beaune et
d'Arbaumont).

Christine, fille d'Etienne de Thomassin et d'Anne Niepce, fut inhumée
en l'église de Saint-Ambreuil, en 1782 (Archiprêtré de Tournus).

Famille originaire de Franche-Comté qui reconnaît pour auteur Jean
Thomassin, lieutenant d'Amont, conseiller de Philippe le Hardi en 1403.
En 1700, Philippe de Thomassin fut élu de la noblesse des Etats du Cha-
rollais. Sa branche fournit un grand nombre de capitaines et baillis du
Mont-Saint-Vincent où elle était anciennement établie (Beaune et
d'Arbaumont).

Fiefs : baronnie de Montboillon, seigneuries de Torpes, Pin-les-Magny,
Montmartin, Mirebel, Mercey, Flémoy, Charnay, Virey, Serrigny, Serles,
La Féante, Le Grand-Bourgueuil, Juilly.

Alliances : de Villedieu, Niepce, de Montrichard, de Thésut, de Boiveau,
Felbvre, de Lauthevenin, de Pouilly-Bessey, de Chaffoi, Foucaut de
Joyeuse, Dubiez de Bécour, de Binans, de Vaux, de Chauvirey, de Pierre-
fontaine, de Scey, du Châtelet.

THOMÉ. — Armes :

En 1381, Pierre Thomé était feudataire de l'abbaye de Tournus, à
Saint-Romain (*Livre des Hommages*).

THORIGNY (LEULLION de). — Armes : *D'azur à l'aigle au vol
abaissé d'argent* ; al. : *d'azur à l'aigle d'or, au vol abaissé sur une montagne du même fixant un soleil d'or mouvant du franc-canton* (Jouvencel) ;
al. : *Parti d'or et d'azur à la bande engrêlée de gueules brochant sur le tout*
(Bachelin-Deflorenne).

Famille originaire d'Italie. Pierre-François-Elisabeth-Tiburce Leullion
de Thorigny, tournusien par sa mère, Marguerite-Hélène Bonin de Beau-
pré, fit construire, au xixe siècle, le château de Fontaine-Couverte
(Cuisery).

THY DE MILLY (DE), *al.* DE THIL. — ARMES : *D'or à 3 lions de gueules, posés 2 et 1, lampassés et armés d'azur* (Juénin) ; al. : *d'argent à 3 lions de gueules, 2 en chef, 1 en pointe, le premier supportant de sa patte dextre une fleur de lys d'azur* (D'Hozier) ; al. : *d'or* (Guichenon).

Gaspard d'Ethy, dit de Milly, chanoine de Saint-Philibert de Tournus, mourut en 1644. Edouard de Beaujeu, époux de Marie du Thil, achètent, en 1350, la seigneurie de Berzé-le-Châtel et le péage de Montbellet. En 1485, François du Thil, écuyer, était seigneur de La Douze (Lugny), d'Avenas et de La Tour de La Maigrette (Arch. S.-et-L.).

La maison de Thil est originaire de l'Auxois. Le premier de ce nom est Miles de Thil, chevalier sous le roi Robert, fondateur du prieuré de Précy, inhumé à Flavigny en 1018. Hugues de Thil vivait en 1106.

Fiefs : Thil, Nolay, Saint-Beury, Marigny, Châteauvillain, Milly, Montreuil, Montceaux, Ravenel, Neuville-sur-Oudeuil, Corcelles, Curtil, Claveysoles, Thoiriat, Trades, La Bruyère, etc.

Alliances : de Nolay, de Frolois, de Châteauvillain, d'Achy, de Milly, de Gamaches, de Temuse de Vergy, d'Equesnes, de Villaudras, de Brunvilliers, de Renel, de Conti, de Saint-Cierge, de Thy, de Soyecourt, Pridal, de Brizon, de Chavagneux, de Bristel, d'Odieux, de Servizac, de Belloy, de La Porte, de Colonges, de Trécesson, Geauffroy de Livry, de Villarveau, de Viry de Claveysolles, de Clermont de La Farge-Saint-Huruge, de Brosse de La Bruyère, Prisque de la Tour-Servile, de Villers-la-Faye, de Damas-Colombette, de Luzy de Couzan, de Liancourt, du Terrail, Chauveau de Quercize, Espiard de Clamercy, Perrin de Précy, de Comeau, de Masson d'Antume, de Thuisseau, Leschenault du Villars, de Chambes, Gérentet, de Collonges, de Servissac.

THYARD (DE). — ARMES : *D'or à 3 écrevisses de gueules* (Palliot).

Famille qui paraît être originaire de Saint-Gengoux. Elle fut anoblie en la personne de Jean Tyard, bourgeois en 1397, et posséda le fief de La Saugerée (Etrigny) par suite du mariage de Jean de Thyard avec Huguette de Courcelles. En 1461, Josserand Thiard, seigneur de Bissy, était capitaine de Saint-Gengoux. En 1521, Antoine de Thyard fut curé d'Etrigny et de Saint-Gengoux-le-Royal (Courtépée).

Fiefs : Bissy, érigé en marquisat, Tallenay, Pierre, La Saugerée, La Salle, Chassagne, Fley, Champagne, Faulquemont, Charnay, Haraucourt, Authumes, Fretterans, Varennes-le-Grand, Marchizeuil, Juilly, Villenotte, baronnies de Bragny et de Vauvry, Chevrey, Saint-Maurice, Saint-Didier, La Chapelle-Saint-Sauveur, Dampierre, Savianges.

Alliances : de Courcelles, de Bissy, de Chapiteau, de Lugny, de Goux, de Missery, de La Chambre, de Ferrières, d'Essertines, de La Rochette, Decousu, de Busseul, de Viry, de Ganay, de Chanlecy, de Montgommery, de Drée, Bernard de Montessus, de Neuchèzes, de Haraucourt, de Chauvelin, Le Féron, Andrault de Langeron, de Brissart, de Tessier, Moreton de Chabrillan, du Faur de Pibrac, de Bouton.

TILLET (DU). — ARMES : *Ecartelé au 1 et 4 d'azur au chevron d'or, accompagné de 3 molettes du même ; au 2 et 3 de gueules à 3 chabots d'or ; sur le tout d'or à la croix pattée et alaisée de gueules* (Chevillard).

En 1672, Jean du Tillet était seigneur et prieur commendataire du prieuré du Villars et de celui de Morangle ; il portait les armes ci-dessus décrites (Arch. hôpital de Tournus).

Guillaume du Tillet, chevalier de Saint-Jean de Jérusalem, vivait en 1200. Hélie, secrétaire du roi Charles IX, conseiller à la Chambre des Comptes de Paris, devint enquêteur réformateur général des Eaux et Forêts de France et gouverneur du Mâconnais.

TINTRY (DE). — ARMES : *D'argent à la barre componée de gueules et d'or, accompagnée de 3 étoiles de sable* (Palliot) ; al. : *d'... à la croix endenchée* (Beaune et d'Arbaumont).

A la fin du XVIe siècle, Gaspard de Tintry était seigneur de Tintry; Rains et Genouilly (Arch. S.-et-L.).

Ancienne et noble famille connue depuis le XIIIe siècle, qui tire son nom de la seigneurie de Tintry, au bailliage d'Autun ; elle paraît s'être éteinte au XVIe siècle.

Fiefs : Tintry, Rolonges (Gilly), Masse, Buxy, Chassagne, Corcelles-les-Beaune, baronnie de Rully, Dennevy, Saint-Léger-sur-Dheune, Saint-Gilles, Sercy-les-Beaune, Taperey-le-Grand, Gergy, Luchey, Viecourt, Epertully.

TORCY (DE). — ARMES : *De gueules à la bande d'or* (Beaune et d'Arbaumont) ; al. : *De gueules à 3 pals de vair, au chef d'or* (Guichenon).

Dans la seconde moitié du XVIe siècle, Antoine de Torcy, écuyer, seigneur de Venarre-en-Nivernais, archer de la compagnie du comte de Tavannes, épousa Antoinette de Genevois et devint seigneur de Moiziat, Saint-Nizier et Ténarre.

Cette famille a pris son nom de la seigneurie et baronnie de Torcy au bailliage de Montcenis ; elle est connue depuis le XIIIe siècle.

Fiefs : Torcy, Champleau, Montvaltin, Genay, Chauvirey, Ocle, Billy, Venarey (partie), Reuillon, Marcigny-les-Nonains, Lantilly et Vénarre, en Nivernais, Moiziat, Saint-Nizier-le-Bouchoux, Ténarre.

Alliances : de Chavannes, de Genevois, de Moilleroncourt, de Mandelot, d'Espiard, de Recey, de Balathier, Desgeorges, de Damas, de Chevrier.

TORNEILAULETS (DE).

En 1330, Macé de Torneilaulets fait hommage à l'abbé de Tournus des biens qu'il possède en Poitou et qui relèvent du prieuré de Loudun.

TOULON (DE). — ARMES : *D'azur à 2 ancres d'or passées en sautoir ; au chef cousu de gueules, chargé d'un mât de navire, la voile d'argent pliée le long de l'antenne* (Rietstap).

En 1528, Anne de Toulon, femme de François de La Platrière, écuyer, seigneur de Bordes, vend la moitié de la terre et seigneurie de L'Epervière et le quart du péage de La Colonne (Crépet).

De Toulon, en Forez, porte les armes ci-dessus décrites.

TOULONJON (de), *al.* de **TOULONGEON**. — Armes : *Ecartelé au 1 et 4 de gueules à 3 jumelles d'argent*, qui est Toulonjon ; *au 2 et 3 de gueules à 3 fasces ondées d'or*, qui est Sennecey (Pierres tombales de l'abbaye).

Jean IV de Toulonjon fut abbé de Tournus de 1471 à 1498. Jean de Toulonjon, marié à Catherine de Roussillon, hérita en 1400 de son grand-oncle, Jean de Sennecey, de la baronnie de Sennecey. Claude de Toulonjon, chevalier, baron de Traves, seigneur de Larais, Saint-Chéron et autres lieux, confirma en 1465 les franchises de Traves. Il était le frère de l'abbé de Tournus et fut enterré à l'église Saint-Philibert en 1495.

Maison originaire du château de Toulongeon, situé dans le bailliage d'Orgelet. Etienne, seigneur de Toulongeon et de Germagna, épousa, en 1270, N. de Saint-Julien. Elle se divisa en plusieurs branches, dont les principales furent celles de Sennecey, de Germagna, de Champrongeroux, de La Villeneuve, près Seurre, de Traves, de Montrichard, de La Bâtie-sur-Cerdon.

Fiefs : Champlitte, Saint-Aubin, Plousey, Vitreux, Montagna-le-Templier, Raucourt, Hauterive, Larrey, Vellexon, Mornay, Parcey, Chevignat, Walfin, Chevannes, Messanges, La Craye, Chazeau, Saint-Cyr, Dracy-les-Viteaux, Lée et Linières sous-Saint-Beury, Saint-Andeux-en-Morvan, Farincourt, Rimaucourt, Antorpe, Bordeau, La Gorge, Monthelon, Alonne.

Alliances : de Saint-Julien, de Rougemont, de Frétans, de Marnay ou Mornay, de Sennecey, de Traves, de Chalon, de Champdivers, de Roussillon, de Saint-Chéron, de Bourbon-Montperroux, de Vergy, de Granson, de Beaumont, de Bauffremont, de Saint-Amour, de Grancey, de Clermont, de La Trémouille, de Bachelard, de Poligny, de Montfort, de Rabutin, de La Chambre, de Grachaux, de Sommant, Cordier de Launay.

TOURNIER.

Antoine Tournier, diacre du diocèse d'Autun, devint chanoine de l'abbaye de Tournus en 1788.

Joseph Tournier, de Saint-Claude, portait : *de gueules à 3 tours d'argent, maçonnées de sable, 2 et 1* (D'Hozier).

TOURNON (de). — Armes : *Semé de France, parti de gueules au lion d'or* (Palliot).

François Ier, cardinal de Tournon, né en 1489, fut abbé de Tournus de 1535 à 1562. Il était fils de Jacques, chevalier, seigneur de Tournon, et de Jeanne de Polignac.

Maison une des plus illustres de France, originaire du Vivarais. Dès 1130, Pons de Tournon était abbé de La Chaise-Dieu et fut ensuite élu évêque du Puy (Pour généalogie, voir Le Laboureur, Guichenon et Symphorien Champier).

TOURNUS (Ville de). — Armes : *De gueules au château de 3 tours créne-*
lées d'argent, maçonnées de sable, celle du milieu ouverte et ajourée du
champ accompagné en pointe de l'étoile de la Légion d'honneur, au chef
cousu d'azur chargé de 3 fleurs de lys d'or.

Un décret impérial du 7 juin 1815 autorisa la ville à ajouter à ses armes
la croix de la Légion d'honneur.

TOURNUS (Prévots de). — Armes : *D'hermine au lambel à 4 pendants*
(Peincedé).

Une ancienne famille de ce nom, connue dès le xiiie siècle, possédait
la prévôté de Tournus et portait les armes ci-dessus décrites.

En 1406, Alexandre de Tournus (de Trenorchio) était gardien du
couvent des Frères mineurs de Mâcon (*Journal des Dupré*).

TOURNUS (Séminaire, Collège Saint-François de Sales de). —
Armes : *D'azur à une croix latine, alaisée d'argent, posée en abîme, sus-*
pendue à un ruban du même, mouvant du chef et cantonnée de quatre cœurs
enflammés de gueules (Ex-dono et ex-libris du xviiie siècle).

Au xviiie siècle le petit séminaire puis collège Saint-François
de Sales, de Tournus, avait les dites armes.

TOURNUS. — Armes : *D'azur à une tour d'argent* (D'Hozier).

Jean Tournus, curé de Brienne, en 1697, portait les armes ci-dessus
décrites.

Actuellement une famille de ce nom, possessionnée en dernier lieu en
Maine-et-Loire, où Jean Tournus était seigneur de Gonet et de La
Brelaudière, en 1741, porte les mêmes armes.

TRAMA. — Armes :

En 1507, Philibert Trama, bourgeois de Mâcon, fait reprise de fief de
la seigneurie de Viré (Lex). Vers 1529, François Trama, prêtre habitué
en l'église Saint-Vincent de Mâcon, était curé de Saint-Point et de
Pierreclos (Arch. S.-et-L.).

TRÁMBLY (de), *al.* de TREMBLY. — Armes : *D'argent à un arbre de*
sinople (D'Hozier).

Une famille de ce nom fut bienfaitrice de l'église de Saint-Gengoux.
Jacques de Trambly, prêtre, curé de Sassangy en 1697, portait les armes
ci-dessus décrites.

Famille d'ancienne bourgeoisie mâconnaise, dont la filiation remonte à
Louis Trambly, qui vivait à la fin du xviie siècle. Claude, son fils, fut
anobli par une charge de secrétaire du roi près le Parlement de Dijon,
en 1721. Actuellement représentée par M. Trambly de Laissardière
(Arcelin).

TRAMELAY (de). — Armes : *D'or au chef de gueules* (Palliot).

En 1365, Jean de Tramelay, damoiseau, tant en son nom qu'en celui
de Catherine de Mypont, sa femme, donne le dénombrement d'héritages

sis à Talant et Etrigny, qu'il tenait de son aïeule, Mathiéule de Talant, et de son oncle, Jean de Verdun.

Maison originaire de la comté de Bourgogne. Humbert, sire de Tramelai, est nommé dans une charte de 1131. Les membres de cette famille se qualifiaient de seigneurs de Pressilly et de Beaufort, en Comté (Voir pour généalogie, Dunod de Charnage).

Alliances : de Mypont, de Pélapussin, Molard d'Ortains, de La Teyssonnière, de Granchamp.

TRAPPES (DE). — ARMES : *D'argent au chevron de gueules accompagné de 3 chausse-trapes de sable* (Rietstap).

Jean de Trappes, dit de La Graverotte, religieux de Tournus, était aumônier de pairie en Bourgogne vers 1531.

Des Trappes, en Ile-de-France, portait les armes ci-dessus décrites.

TRAVES (DE). — ARMES : *D'azur à la croix d'or cantonnée de 18 billettes du même posées 5 et 5 au 1er et 2e quartier et 4 et 4 au 3e et 4e quartier* (J. M.).

Bernard de Traves, infirmier à l'abbaye de Tournus, mourut en 1529. En 1299, Guillaume de Traves, écuyer, était seigneur de *Loyse*, près Nanton (L. Bazin). Falquette de Traves fut religieuse au monastère de Lancharre au début du xive siècle.

Cette famille est une branche de l'illustre maison de Choiseul, formée par Robert de Choiseul, chevalier, troisième fils de Raynard, troisième du nom, sire de Choiseul, et d'Alix de Dreux, qui vivait au commencement du xiiie siècle et fut sire de Traves, Scey-sur-Saône, Grandville, Bouz-le-Châtel et autres terres considérables dans le comté de Bourgogne. Sa postérité, connue sous le nom de Traves, a possédé les seigneuries de La Porcheresse, Diombes, Dracy-le-Fort, Aniot, Montjallin, Tollay, Vauthot, La Vesvre, Le Vernoy, Collonges, Charbonnay, Montagny, Saint-Léger-sur-Dheune, Châtel-Moron, Savigny, Blanzy. De cette branche est sorti le rameau des seigneurs de Dracy-le-Fort et de Saint-Huruge.

Alliances : Girard, de Dreux, de Bernault, de Rougemont, de Brancion, de Bourbon-L'Archambault, de Chamblanc, de Rabutin, de Pontailler, de Ragny, de Tenarre, de Fouquières, d'Amanzé, de Dyo, Hugonet de Saillant, de Montjeu, de Saint-Ligier, de Damas, de Rye, de Mâlain, de Chalon, des Aubuys, de Rochebaron, de Chastellux, Foudras du Plessis, de Vichy, Garnier du Vouchot, de Grasset, Papillon, Cochard, de Villars, d'Andigné (Beaune et d'Arbaumont).

TRÉCOURT. — ARMES : *De gueules à deux chevrons d'or* (D'Hozier).

Au xviiie siècle, Antoine Trécourt était greffier de la justice de La Tour de Romanèche (Arch. S.-et-L.).

A la fin du xviie siècle, Aubin Trécourt, procureur fiscal au bailliage de Mâcon, portait les armes ci-dessus décrites.

Originaire de Trécourt, canton de Matour.

TREFFORT (DE). — ARMES :

Barthélemy de Treffort était moine de l'abbaye de Tournus en 1399.

Un Humbert de Tréfort, docteur en droit, fut témoin, en 1308, dans un acte par lequel Me de Beaujeu se reconnaissait vassal de l'archevêque de Lyon pour Meximieux, Chalamont et Montmerle. Péronnin de Tréfort est mentionné comme ayant eu part à la guerre qui se fit en 1318 entre Edouard de Savoie et l'église de Mâcon (Révérend du Mesnil).

TRÉZETTES (DE). — ARMES : *D'argent à 3 fasces d'azur, au chevron de gueules brochant sur le tout* (Le Laboureur, Steyert).

En 1439, Pierre de Trézettes, d'une famille du Beaujolais, connue depuis 1374, et dont le fief dépendait de Thizy, chevalier, était seigneur d'Uxelles par son mariage avec Marguerite de Saint-Germain. Leur fille, Marguerite, épousa Aymard de Neufville, à qui elle apporta la seigneurie d'Uxelles. Marie de Trézettes était, en 1451, prieure de Lancharre. A la même époque, Jacquette de Trézettes était femme de Jean Gorremont, capitaine de Tournus.

Fiefs : Trézettes, Torcy, Sigy-le-Châtel, Uxelles, La Tessonnière.

Alliances : de Maisey, de Saint-Germain, d'Albon, Chopard, de Lespinasse, de Marcilly, de Loize.

TRIBILLET, al. TRIBILLIET. — ARMES : *De sable à une tierce d'or* (Révérend du Mesnil).

En 1642, Catherin-Antoine Tribillet, licencié en droit, lieutenant au bailliage de Saint-Amour, bailli de Coligny, résidait à Romenay (Arch. S.-et-L.).

Fiefs : Condal, La Charmée, etc.

TROYES (DE). — ARMES :

Jean de Troyes (*Johannes de Trecis*) était commandeur de Chalon, Rougepont et Sainte-Catherine de Montbellet en 1324. (Jeanton, *La Commanderie de Montbellet*).

Martin de Troye, conseiller de ville à Lyon en 1541, portait : *d'azur à 3 fasces d'argent au chef d'or chargé d'un lion passant d'azur* (Steyert).

TRUCHIS (DE). — ARMES : *d'azur au palmier*, anciennement *au pin d'or soutenu par deux lions affrontés du même* (Beaune et d'Arbaumont).

Caroline, fille de Charles-Joseph-Marie-Etienne, comte de Truchis, ancien major aux chevau-légers de la garde du roi, épousa, le 27 novembre 1816, Charles-Louis, chevalier, marquis de Folin, qui habitait Tournus. Samuel de Truchy, natif du lieu de Centale, au marquisat de Saluces, petit-fils de Barthélemy, qui vivait en 1518, vint en France lors de la cession faite par Henri IV, au duc de Savoie, de ce marquisat. Cette famille s'établit en Bourgogne en 1601.

Fiefs : Comtes de Lays, barons de Tenarre, seigneurs de Môle, Terrans, Varennes, Communes, Serville, Merzey, Couches, Bouze, Chailly, Frontenard, La Motte-de Frontenard, Vannoise, Ormes, Villars, Saugy, Baudrières, Vonant dit Béost, Serrigny, Moley.

Alliances : Pincis, Scaglia, Pélissonnier, Commiers, Armet, Bourée, Lesage, Dupuy, Charlent, Musy, Regnault, La Croix, Comtot, Chanteray, La Forest, Thyard, Ganay, Guillier, Ferrette, La Toison (Beaune et d'Arbaumont).

TRUCHOT. — Armes :

En 1351, Jean Truchot était châtelain et juge royal de La Colonne (Gigny, Crépet).

TRUTTETI, *al.* TRUTTEY. — Armes :

En 1489, Guillaume Trutteti, moine, est témoin dans un échange fait entre Jean de Toulonjon et le chambrier de Tournus.

TUPINIER. — Armes : *D'argent à 3 alérions d'azur, 2 en chef, 1 en pointe* (D'Hozier); al. : *à 3 alérions de sable*. La branche cadette, actuellement représentée, porte : *d'argent à 3 aigles de sable, posées 2 et 1, à la champagne de gueules chargée d'une étoile d'argent* (Arcelin).

Jean Tupinier, juge-bailli de Tournus en 1788, élu juge au Tribunal de Cassation à Paris (1791), puis député de Saône-et-Loire, fut l'un des plus grands jurisconsultes de cette époque (Voir *Répertoire des familles notables de la région de Tournus*).

Ancienne famille originaire de Cluny où vivait, au xvie siècle, Jacques Tuppinier, bourgeois de cette ville. Elle s'établit à Mâcon au xviie siècle, puis à Tournus (xviiie siècle), et enfin à Cuisery, où elle est encore représentée par deux officiers supérieurs dont le général baron Tupinier.

Fiefs : Les Murgers, *al.* La Grange de Murget, La Grange Murget, La Grange Murger, La Grange des Murgers, Montillet.

Alliances : Degordon, Alamartine, Pelissonnier, Micot, du Rousset, Ray, de Pise, Desbois, Rétif, Sabatin, Vallier de Baleine, Moisson de Montceau, Chesnard, Préaud, Richy, Siraudin, Bérardan, Boussard d'Hauteroche, Vuiron, Dupré, Palain, Mounot, Chambosse, Cointet, Labergère, André, Lecoutre, Royer, Vivien, Laplace, Oudin.

UCHIZY (d'). — Armes : *De ... à la croix losangée de ...* (Arch. Côte-d'Or).

Guillaume d'Uchizy était seigneur de Mancey en 1277. Jean d'Uchizy vivait en 1300, et Guillaume fut prévôt avant 1379 (*Livre des Hommages et des Fiefs de l'abbaye de Tournus*).

En 1506, Guillaume d'Uchizy, homme-lige de l'abbé à Uchizy, tient fief audit lieu, à Farges et au Clos (*Livre des Hommages et des Fiefs de l'abbaye de Tournus*).

UFFEREL (d'). — Armes :

En 1597, Louis d'Ufferel, seigneur des Mottes et de La Verrerie, amodie le château et la terre de Tallant (Arch. S.-et-L.).

UGNIES (d'), *al.* d'UGNYE. — Armes : *D'azur à la fasce d'argent, à une quintefeuille du même en pointe* (Guichenon).

Claude d'Ugnies était prieur du Villars et grand prieur de Tournus en 1501.

La seigneurie d'Ugnies dépendait de Varennes, fief de la paroisse de Sainte-Croix. En 1553, Etienne, écuyer, était seigneur d'Ugnies et de La Chault-en-Bresse. François d'Ugnye fit reprise de fief en 1602, pour Varey et Jujurieux. Nicole, sa fille et héritière, transmit ses biens aux Beaurepaire en 1643.

Fiefs : Saint-Martin-en-Gâtinois, Corgengoux, Vacheret, Demigny, Charnay, Frangy, Gevry, Verjux, Mornay, Gergy.

Alliances : de Vienne, de Montcony, de Vichy, de L'Aubespin, du Breuil, de Montonnent, de Moiziat, de Morel.

URSIN. — ARMES : *De ... à une fasce de ... chargée de deux oursins de ... accompagnée en chef de 2 quintefeuilles de ... et en pointe d'un croissant de ...* (Bailliage de Tournus).

Claude Ursin, maître arquebusier à Tournus, époux d'Antoinette Cartel, puis de Marie Evrat, décéda en 1670. Son frère, Benoît Ursin, était également maître arquebusier de la ville de Mâcon.

URSINS (DES). — ARMES : *Bandé d'argent et de gueules de 6 pièces, au chef d'argent chargé d'une rose de gueules boutonnée d'or* (Palliot).

Avant 1628, François des Ursins, marié à Guillemette d'Orgemont, était baron et seigneur de La Villeneuve et La Truchère (G. Jeanton, *Histoire de Préty*).

Maison originaire de Rome (Orsini) qui se divisa en de nombreuses branches, dont quelques-unes chargent : *d'une anguille d'azur mise en fasce* (La Chesnaye-Desbois).

URSULINES DE SAINT-GENGOUX. — ARMES : *D'argent à une sainte Ursule de sable* (D'Hozier).

UXELLES (D'), *al.* DE OSCELLA, *al.* DE HUIXELLES.

En 1208, Symon et Martin, fils de Robert et de Sibille d'Uxelles, donnent à l'abbaye de La Ferté leur part de La Colonge de Sermisey à Laives. Peu après, Pierre, prévôt d'Uxelles, donna aussi à l'abbaye de La Ferté toute sa part de La Colonge de Sermaisey (Bazin).

Au mois de mai 1264, Pierre d'Uxelles vend aux moines de La Ferté, pour 14 livres viennoises, une rente de 28 sols 8 deniers de la monnaie de Bourgogne, rente assise sur des fonds à Saint-Vallerin et qu'il avait achetée de son frère, Hugues d'Uxelles, prêtre (Bazin).

VAILLANT. — ARMES :

Avant 1621, Gaspard Vaillant, époux d'Angèle Boyer, était seigneur de Ruffey. Claude Vaillant, prêtre, concuré de Saint-Gengoux-le-Royal, portait en 1697 : *d'azur à un lion d'or et un chef d'argent, chargé de 3 mouchetures d'hermines* (D'Hozier).

VALBREUSE (GILLET DE). — ARMES : *D'argent à 2 palmes adossées de sinople.*

N. Gillet de Valbreuse était propriétaire du château de Marfontaine (commune de Montbellet), qu'il avait acheté de M. André de La Vernette Saint-Maurice.

Cette famille, originaire du Beaujolais, s'établit à Lyon au xviie siècle avec Aimé Gillet, marchand toilier, né à Villefranche. André-Roch-François-Marie Gillet, propriétaire à Lyon, obtint, en 1819, l'autorisation d'ajouter à son nom celui de Valbreuze.

VALENCE (de). — Armes :

En 1399, Philibert de Valence fut moine à l'abbaye de Tournus.

VALIN (de), *al.* de VALLIN. — Armes : *De gueules à la bande componée d'argent et d'azur de 6 pièces* (Palliot).

Vers la fin du xviiie siècle, le comte Henri de Valin épousa, à Tournus, Antoinette-Louise-Jeanne-Olympe-Sabine-Camille Chapuys de Montlaville.

Famille noble, originaire de la terre de Vallin, située près de La Tour-du-Pin. Guillaume de Vallin vivait en 1187. Il prit part ainsi que Pierre de Vallin à la troisième croisade. Cette maison se divisa en plusieurs branches, les seigneurs du Rosset et d'Hières, puis de Vallin ; les seigneurs de Conilieu Encore existante. (Pour généalogie, voir Rivoire de La Bâtie, *Armorial du Dauphiné*).

VALLIER. — Armes : *D'argent à 3 bandes de gueules à un chef de gueules chargé de 3 annelets d'argent* (D'Hozier).

Abraham Vallier acheta la terre de Scivolières et la revendit à Marie de Brichanteau, veuve de Claude de Beauffremont.

Famille originaire de La Vessière (paroisse de Saint-Martin de Salencey), dont on commence la filiation à Benoît Vallier, marchand de Cluny, au xvie siècle. Elle se divisa en deux branches, éteintes actuellement : 1º Vallier de Baleine ; 2º Vallier d'Ecolles.

Fiefs : Baleine, Ecolles, Scivolières.

Alliances : Cire, Bullion, Delagrange des Murs, Chambre, Perrachon, Tuppinier, Chesnard de Layé, Rolland, Paisseaud, Desbois de Choiseau, Cochet.

VARAX (de). — Voir RIVÉRIEULX.

VARENNES (de). — Armes :

Guillaume de Varennes, mentionné comme témoin en 1194 dans un acte passé entre Lambert de Marcilly et les religieux de La Ferté.

Au xiiie siècle, Hugues et Josserand de Varennes possédaient la terre de Varennes ; et Artaud était doyen de Chalon en 1230 (Courtépée). Jacques de Varennes donne, en 1257, à l'abbaye de La Ferté, sa grange de Sevrey, avec l'étang et le moulin, ainsi que les dépendances, et douze setiers de vin sur ses rentes de Varennes (A. Dubois). En 1258, Jacques de Varennes était archiprêtre de Tournus. En 1514, Jean de Varennes, religieux du couvent de Saint-Pierre-les-Chalon, fait une donation en faveur d'Antoine, son frère, écuyer. Selon Palliot, de Varennes portait : *d'or à deux haches adossées, posées en sautoir d'azur.*

VARENNES (de). — Armes :

François de Varennes, *al.* des Varennes, docteur en médecine à Tournus, conseiller et médecin du roi, médecin de l'abbaye de Tournus, décéda en 1663 et fut inhumé aux Récollets. En 1685, Jeanne de Varennes, de Lacrost, était femme de Philibert Verjus. Au début du xviiie siècle, un Pierre de Varennes devait une rente à la Charité de Tournus (Arch. Tournus et hôpital de Tournus).

VAUBOREL (de). — Armes : *D'azur à une tour d'argent* (Steyert).

A la fin du xviie siècle, Marie-Anne Poulain, veuve de Jean Magnon, de Pierre David de Sertoville, épousa en troisièmes noces Julien de Vauborel, marquis de Digoville. Ils habitèrent Farges-les-Mâcon.

Famille originaire de Mortain (Normandie). (Voir La Chesnaye-Desbois).

VAUBRESSON (de). — Voir MAZILLE.

VAUGRIGNEUSE (de). — Armes : *De sinople à la croix d'or* (Guichenon).

Guillaume de Vaugrigneuse était pitancier de l'abbaye de Tournus en 1478. Jean, aussi moine de Tournus, fut prieur de Noirmoutier en 1451.

Famille noble originaire du Bugey. Josserand de Vaugrigneuse, chevalier, vivait en 1270.

Fiefs : Vaugrigneuse, Thol, Servignat, Chaffaut.

Alliances : de Luyrieux, de Coucy, de Servignat (Révérend du Mesnil).

VAURIOT. — Armes : *De ...... à une pomme de pin renversée de ......*
Claudine Vauriot, bourgeoise de Tournus, 13 avril 1763.

VAUTHIER. — Armes :

En 1383, Vauthier, chevalier, seigneur de Mirebel en Montagne, déclare tenir en fief, au Mont-Saint-Martin, une vigne du seigneur de Sennecey (Niepce). Vaultier-Grandbois portait, d'après Paillot : *d'or au cœur enflammé de gueules, au chef d'azur chargé de 3 étoiles du champ.*

VAUVRY (de). — Armes :

Isabelle de Vauvry fut inhumée à Lancharre en 1295. Elle était femme de Geoffroy de Germoles. La seigneurie de Vauvry, située dans le bailliage de Chalon, paroisse de Saint-Didier, archiprêtré d'Allériot, fut érigée en baronnie en 1344 (H. Batault).

VELLAUFANT (de), *al.* WUILLOFANT, WUILLAFANS, WILLOFANT, VELLOFANT, VIEIL-ENFANT. — Armes : *D'argent à la fasce de sable* ; al. : *d'argent à la bande de sable, chargée de 3 coquilles d'or, accompagnée de 2 cotices aussi de sable* (Niepce).

Hugues de Vellaufant, époux, en 1390, de Jeanne Le Gallois d'Arlay, devint par ce mariage seigneur de La Tour de Sennecey. En 1455, Jean de Vellofant achète, de Pierre de Digoine, le château de La Colonne (Crépet).

Cette maison est originaire du bourg de Vuillafant, près d'Ornans, en Comté. Ponce de Villafans, chevalier, vivait en 1300. Eteinte au XVIᵉ siècle.

Alliances : de Fertans, d'Aigremont, de Dompré, de Lambré, de Thomassin, de Saint-Mauris, de Saint-Trivier, de Sainte-Croix, Le Gallois, de Saint-Seine, de Nans, de Courlaou, de Vaudrey.

VENTROUX.

Urbain Ventroux, prêtre de Genay, reçoit insinuation de ses lettres de bachelier en 1660.

VENUAT. — Armes : *De ... à un chevron de ... accompagné de 3 trèfles de ...* (Arch. notariales).

Famille bourgeoise, originaire du Bourbonnais, fut propriétaire à Tournus et à Préty du XVIᵉ au XVIIIᵉ siècle. Jean Venuat était bourgeois à Tournus en 1574, échevin en 1601, bienfaiteur de l'hôpital.

Alliances : Morel, Conte, Reinard, Delaval, Magnon, Collot, Réty, Bureteau, Mitoud, Chesnard.

VERDIER (du). — Armes : *De ... à 3 pals de ..., celui du milieu d'hermines ; au chef de ... chargé de 3 étoiles de ...* (Steyert).

Pierre du Verdier était chanoine et trésorier de l'abbaye de Tournus en 1642 ; il décéda en 1673. Noble Thevenin, *al.* Jérôme du Verdier, seigneur de La Brosse, au bailliage d'Autun, épousa, en 1611, Oriane, fille de Jean-Baptiste Galland, seigneur de Venières.

Une famille de ce nom était originaire du Forez. Antoine du Verdier, né à Montbrison en 1544, contrôleur des finances à Lyon, seigneur de Valprivas, est l'auteur d'un ouvrage estimé ayant pour titre : *La Bibliothèque des auteurs français*, 1585.

VERDUN (de). — Armes : *D'argent à 3 chevrons de sable* (Beaune et d'Arbaumont).

En 1427, Guillaume de Verdun était propriétaire à La Pêcherie (Tournus). En 1112, Guy de Verdun assistait à la fondation de l'abbaye de La Ferté-sur-Grosne.

Famille originaire de Verdun-sur-le-Doubs, connue dès le XIᵉ siècle. En 1234, Guy V de Verdun affranchit les habitants de cette ville. En 1272, ses membres devinrent seigneurs de Talant par le mariage de N. de Verdun avec Mathieule de Talant. On la trouve au XVᵉ siècle également possessionnée à La Corbière, pays de Gex. En 1819, Catherine Prud'homme de Fontenay, veuve de Jacques de Verdun, ancien fermier général, hérita du domaine des Nuguets (La Chapelle-de-Guinchay).

VEREY (de), *al.* de VERÉ. — Armes : *De gueules à la bande d'or accompagnée de 6 coquilles mises en orle de même* (Palliot).

Antoine de Verey, chantre de l'abbaye de Tournus, mourut en 1548.

Jean de Véré, dit *La Mouche*, était ordonnance du duc Charles de Bourgogne. Il sut conquérir les faveurs de Philippe Ier et de Charles-Quint. Son neveu, Jean de Véré, était seigneur de Vaux-sur-Aisne.

Fief : Germolles.

VERGYÉ (DE), *al.* DE VERGY. — ARMES : *De sable à une bande d'or accompagnée de 3 étoiles d'argent posées 2 et 1* (P. de Saint-Julien).

Pierre de Vergyé, chevalier, seigneur de Dulphey, Royer, Flacé, etc., fit bâtir au XVe siècle le château de Dulphey.

Ancienne famille chevaleresque du Mâconnais, dont était Renaud de Vergié, évêque de Mâcon,. de 1186 à 1199. Elle s'éteignit à la fin du XVe siècle avec Pierre de Vergyé, seigneur de Dulphey et Flacé, qui ne laissa, de son mariage avec Claude d'Andelot, que quatre filles : 1° Françoise, mariée à Gabriel de Saint-Julien ; 2° Pernette, épouse du seigneur de Saint-Point ; 3° Claude, mariée au seigneur de Gorrevod ; 4° Denise, femme de Claude de Chavannes.

VERGY (DE). — ARMES : *De gueules à 3 roses ou quintefeuilles d'or* (Beaune et d'Arbaumont, Palliot, Rivoire de La Bâtie).

En 1113, Savaric de Vergy et Guillaume de Thiers, comtes de Chalon, fondent l'abbaye de La Ferté dans la forêt de Bragny (Courtépée).

Duchesne donne pour auteur à cette illustre maison Guérin, comte d'Auvergne, de Chalon et de Mâcon en 825. Ce qu'il y a de certain, c'est qu'elle remonte au moins à Manassès, dit le Vieil, comte d'Auxois, de Chalon, de Beaune et de Dijon, seigneur de Vergy et fondateur du prieuré de Saint-Vivant, vers 890. Son fils Gislebert, comte d'Autun, époux d'Hermengarde, sœur de Raoul, roi de France, fut duc de Bourgogne de 950 à 956. Manassès le Jeune, frère du précédent, fut la tige des comtes de Chalon et des seigneurs de Vergy qui retinrent le nom de leur château situé près de Nuits (Pour généalogie, voir P. Duchesne). (Pour. fiefs et alliances, voir Beaune et d'Arbaumont).

VERINS (DE), *al.* VIERRY. — ARMES :

En 1230 Landry de Verins était feudataire de l'abbaye de Tournus, à Uchizy (*Livre des Hommages*), Plottes et Lambres.

VERJUS. — ARMES :

Famille ancienne, connue à Tournus dès le XVIe siècle, dont était Jeanne de Verjus, dame des fiefs de Loisy et de Pymont, qu'elle porta à Philibert Quarré, par son mariage vers 1530 (Arcelin). Ses membres fondèrent, avec les Venuat, une chapelle dans l'église de la Madeleine de Tournus.

Une famille Verjus, connue à Mâcon dès 1539, peut-être la même que celle de Tournus, portait : *d'azur à un lion d'or, au chef d'argent, chargé d'un sarment de vigne au naturel, feuillé de sinople et fruité de deux raisins de sable* (D'Hozier).

VERJUS. — ARMES : *D'argent à un sautoir de gueules cantonné de 4 raisins tigés et feuillés au naturel.*

En 1631, Georgette Verjus était religieuse au couvent des bénédictines du Villars.

Famille existant à Tournus au xviie siècle, dont était Pierre Verjus, curé de Saint-André, protonotaire apostolique, mort en 1697 et qui portait les armes ci-dessus décrites (Arch. hôpital).

VERNE. — ARMES : *D'argent au chevron de gueules accompagné de 3 roses du même, 2 en chef, 1 en pointe.*

En 1766, Jean-Gabriel Verne, écuyer, conseiller et secrétaire du roi au Parlement de Besançon, contrôleur des équipages des petites écuries du roi, marié à Catherine-Julie-Guy de La Findoise, acquit d'Henri-Camille de Beringhen la châtellenie d'Uxelles.

Fiefs : Uxelles, Cormatin, Chapaize, Ameugny, Massilly, Bessuge, Colombier, Bissy-sous-Uxelles.

VERNEUIL (DE). — ARMES :

Bernard, de Verneuil, religieux à l'abbaye de La Ferté en 1200, lui cède tous ses biens sis entre Saint-Julien-sur-Dheune et Le Gratoux (Arch. S.-et-L.).

Une famille de ce nom, originaire du fief de Verneuil (Charnay-les-Mâcon), fut confirmée en noblesse en la personne de Pierre de Verneuil, écuyer, châtelain du châtel de Mâcon, officier en la cuisine du roi, qui vivait en 1364.

Jehan de Vernus et Etienne furent capitaines de Mâcon en 1409 et 1422. Cette famille s'est éteinte vers la fin du xve siècle (Arcelin).

VERNEUIL (DE). — Voir QUARRÉ.

VERNEY (DU). — ARMES :

En 1329, Michel du Verney reconnaît au seigneur abbé de Tournus une terre et une vigne situées en Barey (Auvergne).

VERNEYS (DE). — ARMES : *De gueules à 3 jumelles d'argent.*

Hugues de Verneys, dit de Toulonjon, infirmier de l'abbaye de Tournus, prieur de Coligny en 1442, décéda en 1460. Ce religieux n'est pas cité dans la généalogie de la famille Toulonjon ni par P. de Saint-Julien, ni par Gollut ; cependant il en porte les armes primitives.

La seigneurie de Verneys est sise en Bresse (Pierres tombales).

VERNOBLE. — ARMES :

En 1591, le capitaine N. Vernoble, qui commandait à Romenay, fut fait prisonnier et envoyé à Montmélian par le marquis de Treffort, qui commandait les troupes du duc de Savoie (Juénin, p. 284).

VERNOY (DU), *al.* DE VERNOIL.

En 1218, Bernard, *al.* Pierre de Vernoil, se faisant moine à La Ferté, donna à cette abbaye ce qu'il avait dans le village de Saint-Julien, jusqu'au village de « Gratour », et ce qu'il avait à Saint-Leu, à Montchanin, à Poloiset et à Saint-Romain. Guillemette, sa femme, et Etienne, son fils, approuvent cette donation (Bazin).

VERNOY DE **MONTJOURNAL.** — ARMES : *De sable à 3 fleurs de lys d'argent* (Rietstap).

En 1588, Cl. de Montjournal, seigneur du Thil, paroisse de Chenoves, assiste aux Etats de Blois.

Jean-Marie Vernoy de Montjournal, fils de François, président à la Cour des Aides de Moulins, était moine à La Ferté en 1710 et mourut en 1725. Il en fut abbé de 1707 à 1718 (Arch. S.-et-L., B 116).

Montjournal, seigneur de Cindré (Allier), portait en 1580 les armes ci-dessus.

Fiefs : Cindré, Trézette, Rains (partie).

Alliances : d'Amanzé, de Vichy, du Tartre.

VÉROT. — ARMES :

En 1553, Grégoire Vérot était châtelain de La Colonne (Crépet).

VERRIER. — ARMES :

En 1428, Jean Verrier fut établi premier chapelain de la chapelle N.-D. de Consolation, en l'abbaye de Tournus, par l'abbé de La Palu (Juénin, p. 215).

VERS (DE). — ARMES :

Famille chevaleresque tirant son nom de Vers, près Tournus. En 1074, le cartulaire de Saint-Vincent de Mâcon cite un Bertrand de Vers, témoin d'une restitution faite par Landric le Gros à l'évêque de Mâcon, de la *villa* de Scissé. Bertrand et son frère Léobald donnent, en 1152, leurs terres à Sainte-Marie de Beaumont et à l'Abbaye de La Ferté. Richard de Vers vivait en 1164.

En 1268 André de Vers tenait fief du duc de Bourgogne pour la châtellenie d'Uxelles (J. Martin et G. Jeanton). Jacques et Jean figurent dans un partage en 1325 ; Girard, chevalier, seigneur de La Salle et de Senozan, en 1368, donne aveu de ce qu'il possède en la paroisse de La Chapelle de Guinchay. Jacob, vivant en 1457 est le dernier connu du nom. A cette époque la seigneurie de Vers passa aux Lugny.

Les de Vers de Gorze, en Beaujolais, éteints au XVIe siècle, portaient : *palé d'or et d'azur* (Steyert).

VESTU. — ARMES : *Coupé au 1 d'azur à 3 pals d'or ; au 2 d'argent à une rose de gueules tigée et feuillée de sinople* (Ex-libris de Quantin).

Famille originaire de Saint-Martin-de-Croix, près Saint-Gengoux, qui s'établit à Tournus en 1632 par le mariage de Noël Vestu, boucher, avec Michelette Canard. Jacques Vestu, avocat, fut échevin de la ville en 1781.

Alliances : Canard, Poncet, Fromont, Plaignard, Monnot, Pernet, Piot, Delaval de Lostange, Narboud, La Croix d'Azolette.

VEYRENC DE **LAVALETTE.** — ARMES : *Parti au 1 de vair, au 2 de gueules à une colonne d'argent la base et le chapiteau d'or, sommé d'une couronne de même.*

19

En 1899, naquit à Préty Bernard-Marie-René, fils de Marie-Louis-Jean Veyrenc de Lavalette, domicilié à Aubenas, époux de Germaine-Mathilde Canat de Chizy.

VEYLE (DE). — ARMES :

En 1151, Hugues, fils d'Etienne de Veyle, signa entre les mains de Ponce, évêque de Mâcon, un déguerpissement au profit de l'abbaye de Tournus (Juénin, t. II, p. 167).

VIALLIER.

Antoine Viallier, prêtre du diocèse de Lyon, devint demi-chanoine de l'abbaye de Toúrnus en 1709.

VIANTAIX (BEURET DE). — ARMES : *De ...... à un chevron de ......* *accompagné en chef de deux ...... et en pointe d'un croissant de ....*

Ancienne famille noble de Besançon. Victoire de Pierre de Viantaix, fille du général, unique et dernière héritière de cette famille, épousa N. Beuret de Blazy, chef d'escadron, dont : François-Henri, né en 1822, qui obtint la substitution du nom de de Viantaix à celui de de Blary.

François-Henri Beuret de Vianlaix, lieutenant de vaisseau, par son mariage avec Caroline Le Grand de Mercey devint propriétaire de l'ancien fief de La Tour de Vers. Une de ses filles, Blanche, se maria, en 1886, avec Gustave Fondi de Niort, actuellement directeur des contributions directes à Lyon, dont deux enfants ; l'autre de ses filles épousa N. de la Morsanglière.

VIARD. — ARMES : *D'or à un violon de sinople* (D'Hozier).

Famille bourgeoise de Tournus, connue dès le XVIᵉ siècle. François Viard, bourgeois de cette ville, en 1697, portait les armes ci-dessus décrites.

Alliances : de Sagie, de Joux, Guérard, Brunet, Mainguet, Collot, Georges, Ravel, Delaporte, Sally, Mathey, Bessard, Chavot, Recal, Buchelier, Mitoud, Desmard, Vauriot, Guinet.

VIARD. — ARMES : *D'azur à une aigle d'argent,* al. *d'or, passant et s'essorant sur un rocher de même* (Bailliage de Tournus, D'Hozier).

Les Viard, de Mâcon, anoblis en 1772, seigneurs de Sercy, Santilly, Cules, La Plotte, Molleron, Colombier, Saint-Gengoux-le-Royal, portaient primitivement les armes ci-dessus décrites. Ils les changèrent en 1772 contre celles des Viard du Bressois de Blois (V. Beaune et d'Arbaumont), dont ils prétendaient descendre, qui sont : *d'or à un phénix de sable posé sur un bûcher de gueules.*

En 1777, Antoine Viard, par son mariage avec Geneviève-Henriette-Sophie Verne, devint seigneur d'Uxelles.

Alliances : Guignard, de Rymon, Bernard de Châtenay, Forest, Lamin, Poncet, Dauphin, Noly, Aujas, Billet, Verne, Bernard de La Vernette, Perruchot de La Bussière.

VIENNE (DE). — ARMES : *De gueules à l'aigle éployée d'or, membrée d'azur*
(Beaune et d'Arbaumont).

Guillaume, comte de Vienne et de Mâcon, mort en 1224, avait élu sa
sépulture à l'abbaye de Tournus. Girard, comte de Vienne et de Mâcon,
avait donné, en 1171, à l'abbaye de La Ferté des biens sis dans le *pagus*
de Besançon, à Lons-le-Saulnier (L. Bazin). En 1441, hommage rendu
par Philippe duc de Bourgogne des biens que la maison de Vienne tenait
de l'abbaye de Tournus. Jean de Vienne était commandeur de Chalon,
Montbellet, Rougepont, de 1435 à 1451. Antoine de Vienne, abbé de La
Ferté au commencement du XVIᵉ siècle, fut confesseur de la reine Catherine de Médicis, devint évêque de Chalon et abbé de Maizières.

Famille chevaleresque qui tire son origine de Philippe, seigneur d'Antigny, de Pagny et de Sainte-Croix, qui vivait en 1180. Son arrière petit-
fils, Hugues III, épousa Béatrix, fils de Guillaume, comte de Vienne et
de Mâcon, et en eut Hugues IV, qui prit le nom et les armes de Vienne.
Ses descendants se divisèrent en un grand nombre de branches, entre
autres celle des seigneurs de Pimont et Ruffey, qui portaient : *de gueules
à l'aigle d'argent, à la cotice d'argent ou d'azur brisant sur l'aigle* (Rietstap).

Fiefs : Antigny, Pagny, Sainte-Croix, Lons-le-Saunier, Longwy,
Saint-Georges, Pimont, Ruffey, comtes de Commarin, barons de Châteauneuf et de Chevreau, comte de Vienne, Neublans, Rollans, Listenois,
baron de La Roche-Nolay, Arc-en-Barrois, Clairvaux, Vauvillars, comtes
de Châteauvieux, baron de Coppet, Mirebeau, Mirebel-en-Montagne,
Louhans, Longepierre, Navilly, Saint-Seine, La Perrière, Montmorot,
Senecey, Bonnencontre, Grosbois-en-Montagne, Dracy-le-Fort, Pommard, etc.

Alliances : de Bourgogne, de Champagne, de Genève, de Vergy, de
Chalon, de Montbéliard, de Longwy, de Granson, de Rye, de Dinteville,
de Chastellux, de Bauffremont, de La Baume, de Rupt, de Frolois, de
Pontailler, de Clermont, de Toulonjon, de Luxembourg, de La Rochefoucauld, de Damas, de La Guiche, de Choiseul, de Jaucourt, de Grolée,
de Rochechouart, de Saint-Julien, de Cusance, de Fyot, de Bouton, etc.

VIEUX-PONT (DE). — ARMES : *D'argent à 10 annelets de gueules* (Niepce).

Guillaume-Alexandre, marquis de Vieux-Pont, devint seigneur de
Sennecey à la mort de son cousin (1714) Henri-François de Foix. Il
épousa Françoise-Chrétienne Dauvet, puis Marie-Louise de Beringhen
et mourut en 1729, laissant pour héritier Pierre-Louis d'Ailly.

Maison illustre, en Normandie et dans le pays Chartrain, dont le
premier membre connu est Ives de Vieux-Pont, qui vivait en 881.

Alliances : de Tille, de Vendôme, Le Baveux, Monvoisin, de Harcourt,
de Brouillard, de Billy, de Husson, Paynel, de La Haye, de Roucherolles,
Sauvé, de Clérembault, de Melun, de Champagne, d'Aubray, de Boulain-
villiers, de Tournemine, de Rieux, de Créquy, de Vieux-Pont, de Villette, Le Roux, de Vaux, de Saveuse, de Bauffremont, de Morand, de
La Noue, Auberi, Dauvet, de Beringhen.

VILLAIN. — Armes :

N. Villain fut bienfaiteur de l'église de Saint-Gengoux. Vers 1694, Philibert Villain se disait capitaine des garçons de cette ville (Arch. S.-et-L.). Au milieu du xviie siècle, Guillaume Villain était notaire royal à La Plotte, paroisse de Saint-Boil (*id.*).

Benoît Villain, natif du pays de Bresse, vint se fixer à Mâcon en 1527. Il est probable qu'il fut la souche d'une famille enrichie, dont était Etienne Villain, écuyer, demeurant à Beaune, seigneur de La Motte-Martenot, fils de Pierre Villain, écuyer, conseiller du roi. Cette famille portait : *d'azur à un poisson d'argent*, appelé Vilain, *posé en fasce, accompagné de 3 étoiles de même* (Albrier, Révérend du Mesnil).

VILLARS (du). — Armes :

En 1660, Jean du Villars était bourgeois de Tournus et roi de l'Arquebuse (Arch. hôpital). Au début du xviiie siècle, on trouve un Louis du Villard, maître de la Poste, de Saint-Oyen (*id.*).

VILLARS-VAUX (de). — Armes : *D'azur au cornet d'argent, enguiché et lié en sautoir d'or* (Beaune et d'Arbaumont).

Girard de Villars, ou Villarvaux, était demi-chanoine de Tournus en 1621 ; élu chanoine en 1627, il mourut de la peste en 1631.

Famille du Charollais qui remonte à Bernod de Villars, écuyer, connu au xvie siècle. Son fils, Antoine, épousa, en 1546, Catherine du Crest. Elle s'éteignit au xviiie siècle.

Fiefs : La Chapelle-des-Bois, Vaux-sous-Suin, Saint-Brancher, Mont.

Alliances : de Raflin, de Mole, de Thésut, Maritain.

VILLE (de). — Armes : *De gueules à la croix d'argent, cantonnée de 4 billettes ou carreaux de même* (Guichenon).

En 1461, Antoine de Ville, était seigneur de Scivolières, Jean de Ville, prêtre, co-chapelain de Saint-André de Tournus, mourut en 1525. Noble Antoine de Ville, damoiseau, était seigneur au xive siècle d'une maison dite Petite Grange de Ville ou Petite Colonge, qui avait appartenu à Bérard de Francheleins (Révérend du Mesnil).

VILLEGAUDIN — Armes :

En 1529, Jeanne Villegaudin était religieuse à Lancharre (Arch. S.-et-L.).

VILLEMOT. — Armes : *D'azur à un chiffre d'or composé des lettres P et V.*

En 1720, Pierre Villemot, ancien curé de Verissey et de Nanton, résidait à Chalon et portait les armes ci-dessus.

VILLERS-LA FAYE (de), *al.* **de VILLARS. — Armes :** *D'or à la fasce d'azur* (Palliot) ; al. : *d'or à la fasce gueules* (Beaune et d'Arbaumont).

Jehanne de Villers, épouse de Philibert Magnien, qui acquit, en 1493, la seigneurie d'Uxelles, fut enterrée à Brancion. Vers 1530, Claude de Villars commence la construction d'un château sur la colline de Burgeot. Il mourut en 1540 laissant inachevée cette construction (L. de Contenson, *Le Château de Sercy*).

Le plus ancien membre connu de cette famille est Aurat de Villers, qui vivait en 1263. Mais on ne trouve une filiation suivie qu'à partir de Jean, maître d'hôtel du duc en 1380 ; aïeul de Jacques, conseiller, chambellan et échanson de Philippe le Bon, chevalier d'honneur au Parlement de Bourgogne en 1447 (Beaune et d'Arbaumont).

Fiefs : comtes de Villers-la-Faye et du Rousset, marquis de Vaugrenans, Igornay, Magny, Gerland, Arconcey, Boncourt, Echigey, Mauvilly, Villeneuve, Châtelard, Montmoyen, Ruffey, Chevigny-Saint-Sauveur, Thoisy-le-Désert, Saint-Romain, Sercy, Mailly, Visargent.

Alliances : de Brancion, de Lenoncourt, de Pontailler, de Bourbon-Busset, Roussin de Crépan, des Barres, de Breschard, de Montjeu, de Villeneuve, de Sercy, d'Occors, de Mâlain, de Baissey, de Maillot, de Châtenay, de Dugon, de Damas, de Clermont, de Thyard, de Tenarre, de La Palu, Le Long, de Cœurderoy, de Saint-Belin, de Dyo, d'Abreu, de La Tour, de Terrières.

VILLEVAUD.

Michel Villevaud, clerc du diocèse de Clermont, fut demi-chanoine de Saint-Philibert de Tournus en 1705.

VILLIÈRES (DE).

En 1650, Sébastien de Villières, écuyer, demeurait à Outry, commune d'Ozenay.

VINCENS (DE). — ARMES : (V. Bouillet, *Armoiries d'Auvergne*).

Mathurin de Vincens, seigneur de Thèdes et Pardon, échevin de Clermont-Ferrand, maria sa fille Antoinette à Antoine Auger, avocat en Parlement. Jeanne-Marie Auger, sœur d'Antoine, épousa François de Vincens, qui devint seigneur de Cornon et de Lissiat (Romenay).

Antoinette, femme d'Antoine Auger, scellait : *d'azur à un croissant de* ...... (Bailliage de Tournus).

Une famille de Vincent, originaire du Dauphiné, établie à Saint-Etienne, portait : *écartelé au 1 et 4 de gueules, à 3 bandes d'argent, au chef d'hermines ; au 2 et 3 d'azur au chevron d'or accompagné de 2 besants d'or en chef et d'un lion de même en pointe* (D'Assier de Valenches).

VINCENT. — ARMES :

En 1559, Jacques Vincent était bourgeois de Tournus. Dans la première moitié du XVIIe siècle, Jean Vincent, seigneur de Marigny possédait des fonds à Chardonnay et à Gratay (Arch. S.-et-L.).

VINDAIX, *al.* VIESDYNS. — ARMES :

En 1373, Pierre Viesdyns obtint la permutation de son office d'aumônier de Tournus avec Philibert de Ballore, chambrier de Parcy (Juénin, p. 192).

VINOT. — ARMES :

En 1670, Laurent Vinot était demi-chanoine de l'abbaye de Tournus.

VIOD. — ARMES :

En 1021, N. Viod fait don à l'abbaye de Cluny de tout ce qui lui appartient à Saint-Gengoux (Arch. S.-et-L.).

VIRGILE (DE). — ARMES :

En l'an XIII, Pierre de Virgile, né à Saint-Sernin-du-Bois, en 1744, habitant Farges-lesMâcon, fils d'Antoine de Virgile, gentilhomme verrier et propriétaire à Russillon (*sic*) et de Marie Morot, épousa Jeanne-Marie Antoina (*sic*), née à Arbigny en 1757, fille de Jean et de Marie Bricart.

En 1789, Claude de Virgile paraît à l'assemblée de la noblesse du bailliage d'Autun.

VIRIDET. — ARMES :

Au milieu du xvie siècle, dom Abel Viridet, natif de Charolles, religieux de La Ferté, fait une fondation pieuse en cette abbaye (Arch. S.-et-L.).

VIRY (DE). — ARMES : *De sable à une croix anilée d'argent* (Révérend du Mesnil, Steyert).

En 1414, noble Pierre de Viry tient fief de l'abbaye à Uchizy (*Livre des Hommages*).

En 1486, Claudine de Viry était dame de Roy, de Beaujeu-sur-Saône, de Meillonas, de La Villeneuve et de La Truchère.

Famille beaujolaise établie à Claveysolles. En 1461, Jean de Viry fut avocat fiscal de Beaujolais et Dombes. Cette famille se fondit vers 1620 en celle des Arthaud qui s'appela dès lors Arthaud de Viry.

VITTE. — ARMES : *D'azur au sautoir d'or, accompagné en chef d'un croissant d'argent* (D'Hozier).

Au milieu du xviie siècle, noble Nicolas Vitte, seigneur de Granges, avocat en Parlement, était possessionné à Laives et à Sermaisey. Il avait épousé Madeleine de Pontoux (Arch. S.-et-L.). Claude Vitte, conseiller du roi, maître ordinaire en la Chambre de Dijon, portait les armes ci-dessus décrites.

Famille originaire de Louhans.

VIVIEN. — ARMES : *D'or à un phénix de sable sur son bûcher de même ; au chef d'argent, chargé de 3 mouchetures d'hermine* (D'Hozier).

De ...... au lion de ...... au chef chargé d'une croisette de ...... accompagnée de 2 étoiles. Armes de Françoise Vivien, bourgeoise de Tournus sur son testament, 1791.

Famille bourgeoise originaire de Châtillon, diocèse de Soissons, établie à Tournus par le mariage, en 1687, de Jean-Baptiste Vivien, conseiller du roi, avec Antoinette Bureteau. Jean Vivien, receveur du grenier à sel de Tournus, en 1697, portait les armes ci-dessus décrites.

Alliances : Bureteau, David, Gouget, Rivaut, Vivien, Moine, Tupinier, Sousselier de Latour, Hachard.

VOISIN. — Armes : *D'azur à 3 étoiles d'or, au croissant de même en abîme* (Palliot).

En 1209, Michel, fils de Pierre Voisin, de Givry, donne aux religieux de La Ferté les droits qu'il avait dans la ville et la seigneurie de Givry (Bazin).

Pierre, surnommé *Seruns*, convers de La Ferté, *Berennus* et Pierre de Givry, firent une même déposition.

VOLATIER. — Armes : *D'azur à un lion d'argent, couronné, lampassé et armé de gueules* (D'Hozier).

Vers 1580, noble Toussaint Volatier était seigneur des cens et servis de la maison de La Train. En 1642, Claude Philibert Volatier, co-seigneur de La Train, épousa Lucrèce de Romanet, fille de feu Antoine de Romanet, écuyer, seigneur de La Moutonnière et de Moiziat. Louise-Marguerite Volatier de Latrain, veuve de François-Marie Aymond, seigneur de Montépin, en 1700, portait les armes ci-dessus décrites.

Famille de la région de Cuisery, dont une chapelle de l'église porte le nom.

Alliances : de Charnot, de Biolay, de Romanet, Aymon de Montépin.

VONNETO (de). — Armes.

Aymon de *Vonneto* fut vicaire général de l'abbaye de Tournus en 1405.

VOULDY-JACQUES ou JACQUET (du). — Armes :

En 1638, Antoinette du Vouldy-Jacquet, veuve de Claude Girard, praticien ; de Nicolas Jamynon, également praticien ; épousa Jean Guérin, capitaine et enseigne de la ville de Tournus. Son frère, N. du Vouldy-Jacques, résidait à la même époque au château d'Ozenay. Un autre de ses frères, Dom Jean du Vouldy-Jacquet, était sous-prieur de Tizy, en Beaujolais, en 1638. (Arch. Bailliage).

WAGO.

En 1006, N. Wago était abbé de Tournus.

WIGNAUCOURT (de), *al.* de **WIGNACOURT.** — Armes : *D'argent à 3 fleurs de lys au pied nourri de gueules.*

Claude de Wignacourt fut hostelier et grand prieur de l'abbaye de Tournus ; il devint vicaire général du cardinal de Guise en 1572 et décéda en 1579.

Maison originaire des Pays-Bas, une des plus anciennes de la noblesse chevaleresque de Picardie. En 1190, Simon de Wignaucourt prit part à la troisième croisade et fut l'un des quatorze chevaliers dont Raoul, comte de Soissons, assuma les dettes.

INDEX

DES FIEFS ET LIEUX DITS

AVEC LE NOM DES FAMILLES QUI Y ÉTAIENT POSSESSIONNÉES

INDEX

DES FIEFS ET LIEUX DITS

AVEC LE NOM DES FAMILLES QUI Y ÉTAIENT POSSESSIONNÉES [1]

A

Abergement-Molleron, comm. de Burzy cant. de Saint-Gengoux-le-National, Saône-et-Loire.
de Fussey.
Ablain-Saint-Nazaire, cant. de Vimy, Pas-de-Calais.
de Béthune.
Achey, cant. de Dampierre-sur-Saône, Haute-Saône.
d'Achie.
Agencourt, cant. de Nuits, Côte-d'Or.
de Saint-Martin.
Agnay-le-Duc, arr. de Chatillon-sur-Seine, Côte-d'Or.
de Chandé.
Aigremont, cant. de Bourbonne-les-Bains, Haute-Marne.
de Choiseul.
Aigueperse, cant. de Monsol, Rhône.
de Merzé.
Ailly, cant. de Parigny, comm. de Perreux, Loire.
de Lestouf.
Ailly-le-Haut-Clocher, arr. d'Abbeville, Somme.
d'Ailly.
Aiserey, cant. de Genlis, Côte-d'Or.
de Courcelles.

Aisey, cant. de Chatillon-sur-Seine, Côte-d'Or.
Millotet.
Aisnes, comm. d'Azé, cant. de Lugny, Saône-et-Loire.
de Maugiron.
Aisy-sur-Thil, cant. de Précy-sur-Thil, Côte-d'Or.
de Clugny.
Allerey, cant. de Verdun-sur-le-Doubs, Saône-et-Loire.
de Lugny.
Albon, cant. de Saint-Vallier, Drôme.
d'Albon.
Alligny-en-Morvan, cant. de Montsauche, Nièvre.
Quarré.
Allériot, cant. de Saint-Martin-en-Bresse, Saône-et-Loire.
de Lugny.
Allevard, arr. de Grenoble, Isère.
de Genton.
Alloise, comm. de Chapelle-Saint-Sauveur, Saône-et-Loire.
Bataille de Mandelot.
Aluze, cant. de Chagny, Saône-et-Loire.
Bon.
Amanzé, cant. de La Clayette, Saône-et-Loire.
d'Amanzé.

---

1. Les noms commençant par La, Le, Les, sont classés à la lettre L.

Amareins, cant. de Saint-Trivier-sur-Moignans, Ain.
de Burges, du Rousset.
Ambérieux, arr. de Belley, Ain.
d'Antigny, de Boissieu.
Ambronay, cant. d'Ambérieux, Ain.
Bouchu.
Ameugny, cant. de Saint-Gengoux-le-Royal, Saône-et-Loire.
du Blé, de Chassaigne, Dezoteux, Verne.
Amfréville, cant. de Troarn, Calvados.
David de Sertoville.
Amiens, Somme.
d'Ailly.
Ampilly-le-Sec, cant. de Chatillon-sur-Seine, Côte-d'Or.
d'Anglure.
Amplepuis, cant. de Thizy, Rhône.
de Rébé.
Ampuis, cant. de Condrieu, Rhône.
de Maugiron.
Ancey, cant. de Sombernon, Côte-d'Or.
de Canablin.
Ancy-le-Franc, arr. de Tonnerre, Yonne.
de Mont-Saint-Jean.
Andelot-les-Saint-Amour, cant. de Saint-Julien, Jura.
de Salins.
Anglure, comm. de Mussy-sous-Dun, cant. de Chauffailles, Saône-et-Loire.
Donguy, de Franc.
Angoin, comm. de Solornay-sur-Guy, cant. de Cluny, Saône-et-Loire.
de La Fage, Prisque.
Anost, cant. de Lucenay-l'Evêque, Saône-et-Loire.
de Changy, Fibry de Chemilly.
Anthon, cant. de Meyzieu, Isère.
d'Anthon.
Antigny, cant. d'Arnay-le-Duc, Côte-d'Or.
d'Antigny, de Montaigu, de Vienne.
Antilly, comm. d'Argilly, cant. de Nuits, Côte-d'Or.
de Longvic.
Apagnié, comm. de Lantignié, cant. de Beaujeu, Rhône.
de Chandieu.
Apcher, comm. de Prunières, cant. de Malzieu, Lozère.

Rochefort d'Ailly, Randon de Châteauneuf, de Châteauneuf-Randon.
Arbois, arr. de Poligny, Jura.
de La Platière.
Arc-en-Barrois, arr. de Chaumont, Haute-Marne.
de Beauffremont, de Vienne.
Arc-sur-Tille, cant. de Dijon, Côte-d'Or.
Bastier, de Mailly, de Saulx-Tavannes, de Tavannes, de Rochechouart de Chandenier.
Arceau, cant. de Mirebeau-sur-Bèze, Côte-d'Or.
de Mailly.
Arcelot, comm. d'Arceau, cant. de Mirebeau-sur-Bèze, Côte-d'Or.
de Mailly.
Arcenay, cant. de Précy-sous-Thil, Côte-d'Or.
Julien.
Arcinges, cant. de Belmont, Loire.
d'Amauzé.
Arconcey, cant. de Pouilly-en-Montagne, Côte-d'Or.
de Mont-Saint-Jean, de Rochechouart, de Chandenier de Villers-la-Faye.
Arcy, comm. de Vindecy, cant. de Marcigny, Saône-et-Loire.
de Semur.
Arcy-sur-Cure, cant. de Vermenton, Yonne.
de Digoine.
Argilly, cant. de Nuits, Côte-d'Or.
de Ballore.
Arguel, cant. de Besançon, Doubs.
de Chalon.
Arinthod, arr. de Lons-le-Saulnier, Doubs.
de La Chambre, de Luyrieu, Mareschal de Montsimon.
Arlay, cant. de Bletterans, Jura.
Gallois d'Arlay, de Chalon.
Arnay-sous-Vitteaux, cant. de Vitteaux, Côte-d'Or.
Le Gouz.
Ars, cant. de Trévoux, Ain.
Buchet.
Artus, comm. de Beaubery, cant. de Saint-Bonnet-de-Joux, Saône-et-Loire.
de Boyer, de Fautrières.

Asnières, cant. de Bagé-le-Chatel, Ain.
de Feurs, de Montbellet.

Asnières, comm. de Confrançon, cant.
de Montrevel, Ain.
d'Asnières, de La Baume-Montrevel,
de Sachins.

Attignat, cant. de Montrevel, Ain.
de Montferrand.

Auberives, Isère.
de Maugiron.

Aubeterre-sur-Dronne, arr. de Barbe-
zieux, Charente.
Bouchard d'Aubeterre.

Aubigny, comm. d'Aluze, cant. de
Chagny, Saône-et-Loire.
d'Aumont.

Aubigny-la-Ronce, cant. de Nolay,
Côte-d'Or.
de La Collonge.

Aubigny-les-Sombernon, cant. de Sombernon, Côte-d'Or.
du Meix.

Audour, cant. de Dompierre-les-Ormes, Saône-et-Loire.
de Fautrières, de Lestouf.

Aumont, comm. de Mary, cant. du
Mont-Saint-Vincent, Saône-et-Loire.
de Rochebaron d'Aumont.

Annebault (dit Appeville), cant. de
Montfort-sur-Risle, Eure.
d'Ailly.

Authume, cant. de Rochefort, Jura.
de Masson d'Authume.

Authumes, cant. de Pierre, Saône-et-
Loire.
Baillet, de Thyard.

Autun, Saône-et-Loire.
Bouchaud de Bussy, Callard des
Brosses, Lemaire de La Bonduc, de
Neufville.

Auvillars-sur-Saône, cant. de Seurre,
Côte-d'Or.
de Saint-Hilaire.

Availly, comm. de Rigny-sur-Arroux,
cant. de Geugnon, Saône-et-Loire.
de Saint-Privé.

Avangour, comm. de Saint-Péver,
cant. de Plouagat, Côtes-du-Nord.
d'Avangour.

Avenas, cant. de Beaujeu, Rhône.
Guillin d'Avenas, de Thy de Milly.

Avilley, cant. de Rougemont, Doubs.
d'Achie.

Avoise, comm. de Montchanin-les-
Mines, cant. de Mont-Saint-Vincent,
Saône-et-Loire.
du Breuil, Duhoux, de Massey.

Avot, cant. de Grancey-le-Château,
Côte-d'Or.
d'Avout.

Aynard, comm. de Bonnay, cant. de
Saint-Gengoux-le-Royal, Saône-et-Loire.
de Belleperche.

Azé, cant. de Lugny, Saône-et-Loire.
de Beaufort, de Champrond, de
Franchelins, de La Bletonnière, de
Louvel, de Maugiron, Morin, de Sologny.

Azolette, cant. de Monsol, Rhône.
de La Croix d'Azolette.

B

Bagé-la-Ville, cant. de Bagé-le-Chatel,
Ain.
Duchesneau.

Bagneaux, comm. de Melay, cant. de
Marcigny, Saône-et-Loire.
de Foudras.

Bailly, Saine-et-Marne.
de Brichanteau.

Balançon, comm. de Thervay, cant. de
Montmirey-le-Château, Jura.
de Rye.

Balanod, cant. de Saint-Amour, Jura.
de Montjouvent.

Balbins, cant. de La Côte-Saint-André,
Isère.
de Salignons.

Balleure, comm. d'Etrigny, cant. de
Sennecey, Saône-et-Loire.
de Blagny, de Boine, de Châtenay,
de Changy, de Digoine, Floris de
Fleury, de Lantages, de Molan, de
Nance, de Naturel, de Rabutin, de
Saint-Julien, Sauvement.

Ballore, cant. de La Guiche, Saône-et-
Loire.
de Mucie, de Rabutin.

Balosle, comm. et cant. de Saint-Ger-
main-du-Bois, Saône-et-Loire.
Duretal, de La Chambre, de La
Rodde.

Banand, comm. de Vinzelles, cant. de Mâcon, Saône-et-Loire.

de Germolles.

Bantange, cant. de Montpont, Saône-et-Loire.

de Chamillard, Guyet, Le Gouz, de Saint-Clément.

Barain, comm. d'Avosne, cant. de Vitteaux, Côte-d'Or.

de Pontoux.

Barbières, comm. de Champlieu, cant. de Senneccy-le-Grand, Saône-et-Loire.

de Boine, de Naturel.

Bard, comm. de Saint-Maurice-les-Châteauneuf, cant. de Chaufailles, Saône-et-Loire.

de Lanneau.

Barjon, cant. de Grancey-le-Château, Côte-d'Or.

de Lestouf.

Barizey, cant. de Givry, Saône-et-Loire.

de Rochefort.

Barob, cant. de Charolles, Saône-et-Loire.

de Boyer, Cadot.

Batant, comm. de Charmoy, cant. de Montcenis, Saône-et-Loire.

de Belleperche.

Baudrières, cant. de Saint-Germain-du-Plain, Saône-et-Loire.

de Marcilly, de Montconis.

Bauffremont, arr. de Neufchâteau, Vosges.

de Bauffremont.

Baugis, comm. de Dracy-le-Fort, cant. de Givry, Saône-et-Loire.

de Baugis.

Bazolles, cant. de Châtillon-en-Bazois, Nièvre.

Damas.

Beaubery, cant. de Saint-Bonnet-de-Joux, Saône-et-Loire.

de Fautrières.

Beaudésir, comm. de Vendenesse-sur-Arroux, cant. de Gueugnon, Saône-et-Loire.

de Changy, de Moroges.

Beaudrières, cant. de Saint-Germain-du-Plain, Saône-et-Loire.

de Chastenay, de Tenarre.

Beaufort, arr. de Lons-le-Saulnier, Jura.

de Beaufort, de Laurencin, de Luyrieu.

Beaulieu, comm. de Varennes-les-Mâcon, cant. de Mâcon, Saône-et-Loire.

de Bessac, de Germolles.

Beaumont, comm. de Saint-Etienne-sur-Chalaronne, cant. de Thoissey, Ain.

de Challes.

Beaumont-sur-Grosne, cant. de Senneccy-le-Grand, Saône-et-Loire.

Abbaye de Cluny, Bonamour, Bonnot, de Brancion, Bugnon, de Chanay, de Chassepot, de Choiseul, de Colombier, de Crussol d'Uzès, Imbert de La Chambre, de La Marche, de La Perrière, Le Tellier, Levesque, de Loyse, de Meyria, de Pierrefontaine, de Ryer, de Savoye, Tatout, de Tavannes, de Tenarre.

Beaumont-sur-Vingeanne, cant. de Mirebeau-sur-Bèze, Côte-d'Or.

de Saulx-Tavannes.

Beaune, Côte-d'Or.

Bouchin, de Grosbois.

Beauregard, comm. de Lescheroux, cant. de Saint-Trivier-de-Courtes, Ain.

de Chabeu.

Beaurepaire, arr. de Louhans, Saône-et Loire.

d'Amanzé, d'Amoncourt, de La Chambre.

Beaurepaire, comm. de Meyriat, cant. de Ceyzériat, Ain.

de Meyriat.

Beauvoir-de-Marc, cant. de Saint-Jean-de-Bournay, Isère.

de Maugiron.

Bécerel, comm. de Journans, cant. de Pont-d'Ain, Ain.

de Bécerel, de Chabeu.

Beire, cant. de Mirebeau-sur-Bèze, ou de Genlis ?, Côte-d'Or.

de Mailly, de Saulx-Tavannes.

Belan-sur-Ource, cant. de Montigny-sur-Aube, Côte-d'Or.

de Lantage.

Béliguenx, cant. de Montluel, Ain.

de Murard de Saint-Romain, de Montherot.

Bellefont, comm. et cant. de Saint-Martin-en-Bresse, Saône-et-Loire.

Barthelot, de La Rodde,. de Montconis.

Bellenot-sous-Origny (ou *sur-Seine*), cant. d'Aignay-le-Duc, Côte-d'Or.

de Régnier.

Belleroche, cant. de Belmont, Loire.

de Merzé.

Belleville, arr. de Villefranche, Rhône.

d'Espiney.

Bellonne, cant. de Vitry, Pas-de-Calais.

d'Ailly.

Belmont, arr. de Roanne, Loire.

d'Amanzé.

Bergues, arr. de Dunkerque, Nord.

de Béthune.

Berneuil, cant. de Domart, Somme.

d'Ailly.

Berrieux, cant. de Craonne, Aisne.

de Miremont, Berrieux.

Berzé-la-Ville, cant. de Mâcon, Saône-et-Loire.

Benon de Chânes, de Rochebaron.

Berzé-le-Châtel, cant. de Cluny, Saône-et-Loire.

de Marchizeuil, de Thy de Milly.

Besanceuil, comm. de Bonnay, cant. de Saint-Gengoux-le-National, Saône-et-Loire.

de Bressey, de La Fage, Prisque de La Tour-Serville, de Mincey, de Tenay.

Bessandrey, comm. de Simard, cant. de Moutret, Saône-et-Loire.

Duretal, de Simon.

Bessuge, comm. de Chapaize, cant. de Saint-Gengoux-le-National, Saône-et-Loire.

de Blanot, Verne.

Béthune, Pas-de-Calais.

de Béthune.

Beugne, comm. de La Vineuse, cant. de Cluny, Saône-et-Loire.

de Sermoyer.

Beurizot, comm. de Saint-Beury, cant. de Vitteaux, Côte-d'Or.

de Dyo.

Bévière, comm. et cant. de Chatillon-les-Dombes (ou sur-Chalaronne), Ain.

du Biolay.

Bévy, Ain.

Joly.

Bey, cant. de Saint-Martin-en-Bresse, Saône-et-Loire.

de Montconis.

Bézerans, comm. de Mancey, cant. de Sennecey-le-Grand, Saône-et-Loire.

de Bézerans, Marin, de Meyzieux.

Bierre, comm. de Saint-Ythaire, cant. de Saint-Gengoux-le-National, Saône-et-Loire.

d'Amanzé, Chartraire.

Biesles, cant. de Nogent, Haute-Marne.

de Saint-Belin.

Bissey-la-Pierre, cant. de Laignes, Côte-d'Or.

de Chaviré.

Bissy, comm. de Saint-Martin-la-Patrouille, cant. de La Guiche, Saône-et-Loire.

de Foudras.

Bissy-la-Mâconnaise, cant. de Lugny, Saône-et-Loire.

de Beaufort, de Neublans.

Bissy-sur-Fley, cant. de Buxy, Saône-et-Loire.

de Tenarre, de Thibaut, de Thyard.

Bissy-sous-Uxelles, cant. de Saint-Gengoux-le-National, Saône-et-Loire.

de Blanot, Perruchot de La Bussière, Ravier, Verne.

Blaisy, cant. de Sombernon, Côte-d'Or.

de Saint-Anthost.

Blaizy, comm. de Saint-Mard-de-Vaux, cant. de Givry, Saône-et-Loire.

Burnot de La Boulaye.

Blancey, cant. de Pouilly-en-Montagne, Côte-d'Or.

Bernard.

Blandans, comm. de Domblans, cant. de Voiteur, Jura.

de La Balme.

Blangey, comm. de Jouey, cant. d'Arnay-le-Duc, Côte-d'Or.

de La Palu.

Blanot, cant. de Cluny, Saône-et-Loire.

de Blanot, Bruys des Gardes, de La Bletonnière.

Blanot, cant. de Liernais, Côte-d'Or.

de Gasse.

Blany, comm. de Laizé, cant. de Mâcon, Saône-et-Loire.

de Blagny, de La Ferté.

Blanzy-sur-Bourbince, cant. de Montcenis, Saône-et-Loire.

de Traves.

Bletterans, arr. de Lons-le-Saulnier, Jura.

de Bletterens.

Blézy-Vaudremont, cant. de Juzennecourt, Haute-Marne.

de Saint-Belin.

Blye, cant. de Couliège, Jura.

de Moisson.

Boën-sur-Lignon, arr. de Montbrizon, Loire.

de Boissieu.

Bohas, cant. de Ceyzériat, Ain.

de Montjouvent.

Boiry, cant. de Tournus, Saône-et-Loire.

Narboud.

Bois-Bureau, comm. de Saint-Bérain-sur-Dheune, cant. de Givry, Saône-et-Loire.

de Damoiseau.

Bois-Sainte-Marie, cant. de La Clayette, Saône-et-Loire.

Barthelot.

Boivin, comm. de Charmoy, cant. de Montcenis, Saône-et-Loire.

de Chassepot.

Bona, comm. de Dortan, cant. de Oyonnax, Ain.

de Dortan.

Boncourt-le-Bois, cant. de Nuits, Côte-d'Or.

de Villers-la-Faye.

Bonnay, cant. de Saint-Gengoux-le-National, Saône-et-Loire.

de Brancion, de Chardonnay, Ducret de Montigny, de La Porte, Prisque, de Ryer.

Bonnencontre, cant. de Seurre, Côte-d'Or.

de Bauffremont.

Borde, comm. de Château, cant. de Cluny, Saône-et-Loire.

Pelletrat de Borde.

Bornay, comm. de Saint-Eugène, cant. de Mesvres, Saône-et-Loire.

de L'Aubépin.

Bosjean, cant. de Saint-Germain-du-Bois, Saône-et-Loire.

Bouton de Chamilly.

Boudreville, cant. de Montigny-sur-Aube, Côte-d'Or.

d'Amoncourt.

Bouhans, cant. de Saint-Germain-du-Bois, Saône-et-Loire.

de Saint-Hilaire, de Scorailles.

Bouhy, cant. de Saint-Maurice-les-Couches, Saône-et-Loire.

de Simon.

Bourbilly, comm. de Vic-de-Chassenay, cant. de Semur, Côte-d'Or.

de Rabutin.

Bourbon-Lancy, Saône-et-Loire.

Ducret de Montigny, de Faubert.

Bourcia, cant. de Saint-Julien, Jura.

de Branges, de Civria.

Bourg, Ain.

Bergier, Gallet, Gauthier, Guyot, Imbert, Juénin.

Bourg-Saint-Christophe, cant. de Meximieux, Ain.

de Luyrieu, de Meyriat.

Bourgoin, arr. de La Tour-du-Pin, Isère.

Pianello.

Bourgueil, comm. et cant. du Mont-Saint-Vincent, Saône-et-Loire.

du Châtelet.

Bourlemont, comm. de Frébécourt, Vosges.

d'Anglure.

Bousselanges, cant. de Seurre, Côte-d'Or.

de Courcelles, de Mailly.

Boussenois, cant. de Selongey, Côte-d'Or.

d'Anglure.

Bouzeron, cant. de Chagny, Saône-et-Loire.

Clermont.

Boye, comm. de Saint-Gengoux-de-Cissé, cant. de Lugny, Saône-et-Loire.

de Simon.

Boyer, cant. de Sennecey-le-Grand, Saône-et-Loire.

de Bourrache, Chapitre de Saint-Vincent de Chalon, de Dyo, Despiney, Girard, Quarré, de Rivérieux, de Varax.

Boz, cant. de Pont-de-Vaux, Ain.

de La Collonge.

Bragny, cant. de Verdun-sur-le-Doubs, Saône-et-Loire.

Bouton de Chamilly, de Bragny, de Chauvirey, de Lévis, Rolin, du Tartre, de Thibaut, de Thyard.

Bragny, cant. de Palinges, Saône-et-Loire.

de Foudras, de La Fage.

Brancion, cant. de Tournus, Saône-et-Loire.

d'Azé, de Bauffremont, de Beaupont, Desancenot, de Blagny, de Boine, Boisselier, Bonne, de Brancion, du Breul, Buchepot, Buffart, des Buissons, Canat de Chizy, Chabot, de Champfray, de Chantemerle, de Charrette, de Chastelmoron, de Châteauneuf, Claret de Revermy, de Couiselet, Crochet, Decret, Denizot, Desmaurice, de Digoine, d'Essertines, d'Etampes, de Fommeraud, de Franchelins, Gaulthier, de Genton, Gevray, Gimarey, Giraud, de Givray, de Gorgedey, Guillon, de Haulvas, Hugoneaul, de Jordanne, Juget, Jully, de La Baune-Montrevel, de La Bruère, de La Mazille, de La Mulatière, de La Roque, Lepage d'Arbigny, Le Force, de L'Isle, de Longchamp, de Lugny, Mainsonnat, de Malain, de Marchizeuil, de Massenay, Mermelat, Molineau, de Montherot, de Montclaine, de Moroges, de Murard de Saint-Romain, de Naturel, d'Oyselet, de Pailley, Patarin, Patrin, de Polignac, Prost de Royer, de Prye, Quiros, de Rabutin, de Saint-Andry, Salé, de Salnable, de Saudon, de Saulx-Tavannes, de Savoie, de Sennecey.

Brandon, cant. de Matour, Saône-et-Loire.

de La Coste.

Branges, cant. de Louhans, Saône-et-Loire.

d'Amoncourt, de Branges, Burdin, Chabot, Grant, de La Chambre, de Lugny, de Polignac.

Bray, cant. de Cluny, Saône-et-Loire.

Desbois, de Filloux.

Brazey, Côte-d'Or.

Baillet, Millotet.

Brèche, comm. de Saint-Symphorien-les-Charolles, cant. de Charolles, Saône-et-Loire.

de Brêche.

Brécy, cant. de Guillon, Yonne.

Filz-Jean de Chemilly.

Bresse-sur-Grosne, cant. de Sennecey-le-Grand, Saône-et-Loire.

Belin, de Bresse, de Cambis, Cluquet, de Créteuil, de Dyo, de La Guiche, de Montaigu, de Murard de Saint-Romain, Palain, de Perrethan, de Seray.

Bressey-sur-Tille, cant. de Dijon, Saône-et-Loire.

de Bressey.

Bretenières, cant. de Genlis, Côte-d'Or.

Baugis, de Bretenières.

Briaille, comm. et cant. de Saint-Pourçain, Allier.

Brianny, cant. de Précy-sous-Thil, Côte-d'Or.

Le Gouz, de Malain.

Brienne, cant. de Cuisery, Saône-et-Loire.

de Salignac.

Bringou (Mas de), comm. de Cras, cant. de Lauzès, Lot.

de Crussol d'Uzès.

Brion, cant. de Nantua, Ain.

de Lyobard.

Brion-sur-Ource, cant. de Montigny-sur-Aube, Côte-d'Or.

d'Amoncourt.

Brisolle, al. *Brisoule*, comm. et cant. de Cluny, Saône-et-Loire.

Chanuet.

Brissac, cant. de Thouarcé, Maine-et-Loire.

de Cossé-Brissac.

Brissy, cant. de Moy, Aisne.

du Plouys.

Brognon, cant. de Dijon, Côte-d'Or.

Baillet.

Brouilly, comm. d'Odenas, cant. de Belleville-sur-Saône, Rhône.

de Chardonnay.

Broyères, comm. de Bagé-la-Ville, cant. de Bagé-le-Châtel, Ain.

de Montjouvent.

Bruailles, cant. de Louhans, Saône-et-Loire.

de Thoisy.

Bruant, comm. de Détain, cant. de Gevrey, Côte-d'Or.

de Longvic.

Bulgnéville, arr. de Neufchâteau, Vosges.

de Bauffremont.

Burgy, cant. de Lugny, Saône-et-Loire.

Bernard, de La Faye.

Burnand, cant. de Saint-Gengoux-le-National, Saône-et-Loire.

de Bric, Cajot de Burnand.

Burzy, cant. de Saint-Gengoux-le-National, Saône-et-Loire.

Cajot de Burnand, de La Fage, de Rochebaron d'Aumont, du Roussot, de Thibaut.

Busseuil, comm. de Poisson, cant. de Paray-le-Monial, Saône-et-Loire.

de Busseul.

Bussières, cant. de Mâcon, Saône-et-Loire.

de Bletterens, de Rougemont.

Bussy, comm. de Dezize, cant. de Couches, Saône-et-Loire.

de La Chambre, Dagoneau, de Rabutin, de Rougemont, de Florette.

Buxy, arr. de Chalon, Saône-et-Loire.

de Bressey, Chaillot, de Charnoz, de Gasse, de Malain, de Meyria, de Mucie, Ragot.

C

Carency, cant. de Vimy, Pas-de-Calais.

de Béthune.

Carlisle, chef-lieu du comté de Cumberland, Angleterre.

Anglois.

Cénaret, comm. de Barjac, cant. de Change, Lozère.

de Rochefort, d'Ailly.

Censerey, cant. de Liernais, Côte-d'Or.

de Marcilly.

Cenves, cant. de Montsols, Rhône.

du Châtelet, de Rochebaron.

Cerdon, cant. de Poncin, Ain.

de Moyria.

Cersot, comm. de Moroges, cant. de Buxy, Saône-et-Loire.

de Dramels, Ducret de Langes, de La Chambre, de La Collonge, de Loges, de Montconis, Rolin, de Tenarre.

Cessiat, comm. de Saint-Jean-d'Etreux, cant. de Saint-Amour, Jura.

de Montconis.

Ceyzériat, arr. de Bourg, Ain.

de Rye.

Chabannes, Puy-de-Dôme.

du Clos.

Chabotte, comm. d'Igé, cant. de Cluny, Saône-et-Loire.

de Chandieu, Desbois.

Chaffauds, comm. de Saint-Laurent-en-Brionnais, cant. de La Clayette, Saône-et-Loire.

de La Guiche.

Chagny, arr. de Chalon, Saône-et-Loire.

Clermont, de Montaigu, Perrault.

Chailly, comm. de Saint-Emilaud, cant. de Couches, Saône-et-Loire.

de Clugny.

Chailly, cant. de Pouilly-en-Montagne, Côte-d'Or.

de La Collonge, Machureau.

Chaintré, cant. de La Chapelle-de-Guinchay, Saône-et-Loire.

de Beauvoir, Bernard, de Chaintré, de Feurs, Joly, de Nanton.

Chalain, cant. de La Potherie, Maine-et-Loire.

Fouquet.

Chalais, comm. de Voreppe, cant. de Voiron, Isère.

de Livron.

Chalamont, arr. de Trévoux, Ain.

Labbé de La Genardière, de Pisey.

Chaleins, cant. de Saint-Trivier-sur-Moignans, Ain.

d'Amareins.

Challes, comm. et cant. de Bourg, Ain.

de Challes, de La Beaume-Montrevel.

Chalon, Saône-et-Loire.

Ausque, de Beligny, Boffeaud, Boisselier, Bon, Bonnot, Borrelier, de Bourrache, Braissoud, de Branges, Brusson, des Buissons, Burgat, Burignot, Colin, de Colmont, Delavigne, Désir de Fortunet, Dulphey, Floris de Fleury, de Frangy, Gagnepain, Galoche, Gallois, Gon, Grand, Guyet,

Joly, de La Chapelle-de-Vilers, de La Charmée, de La Couldre, Lantin, Laurenchet, Lélide, Le Noble, de Longchamp, Miconnet, de Montherot, Perreney, de Pontoux, de Poupet, Prisque, Ribondeau, Ricaumont (Mieulet de), de Varennes.

Chamblet, cant. de Gorze, Moselle.

de Chambley.

Chambost-Allières ou *sur-Chamelet*, cant. de La Mure, Rhône.

de Châteauneuf, Giraud, de Rivérieulx.

Chamilly, cant. de Chagny, S.-et-L.

Bouton de Chamilly, de Moroges.

Chamirey, comm. de Touches, cant. de Givry, Saône-et-Loire.

Baillet, Bouton de Chamilly, Gon.

Champagne, comm. de Saint-Maurice-des-Prés, cant. de Lugny, Saône-et-Loire.

de Louvel, de Maugiron.

Champagne-en-Valromay, arr. de Belley, Ain.

de Grolée, de Luyrieu.

Champagnole, arr. de Poligny, Jura.

d Salins.

Champagny, comm. de Colombier-sous-Uxelles, cant. de Sennecey-le-Grand, S ône-et-Loire.

Gerbaud, de La Boutière.

Champallement, cant. de Brimont-les-Allemands, Nièvre.

de Sercy.

Champcery, comm. et cant. d'Issyl'Evêque, Saône-et-Loire.

de Salins, Ducret de Montigny.

Champeau, Saône-et-Loire.

Fournier, de Lestouf.

Champerny, comm. de Varennes-sous-Dun, cant. de La Clayette, Saône-et-Loire.

de Marcilly, de Salornay.

Champforgeuil, cant. de Chalon, Saône-et-Loire.

de Barnaut.

Champ-Frécaud, comm. de Thurey, cant. de Saint-Germain-du-Bois, Saône-et-Loire.

de Nance.

Champ-Grenon, comm. de Charnay, cant. de Mâcon, Saône-et-Loire.

de Rymon.

Champ-Jacob, comm. de Saint-Vallier, Saône-et-Loire.

Baudinot.

Champier, cant. La Côte-Saint-André, Isère.

Alemant.

Champlain, comm. de Jambles, cant. de Givry, Saône-et-Loire.

Lemaire de La Bonduc.

Champlecy, cant. de Charolles, Saône-et-Loire.

de Boyer, Cadot, de Cossé-Brissac, de Saint-Privé.

Champlieu, cant. de Sennecey (Saône-et-Loire.

Joleau, de La Guiche, de La Rochette, Mercier, de Nanton, de Roz.

Champlitte, arr. de Gray, Haute-Saône.

de Toulonjon.

Champrenault, cant. de Vitteaux, Côte-d'Or.

de Malain.

Champrongeroux, comm. de Saint-Usuges, cant. de Louhans, S.-et-L.

de Loges, de Montbéliard, de Montconis.

Champvent, comm. de Chardonnay, cant. de Tournus, Saône-et-Loire.

de Nonton.

Champvent, cant. de La Guiche, Saône-et-Loire.

Chavot, de La Guiche.

Champvent, comm. de Polliat, Ain.

Carrondelet.

Champvigny, comm. de Saint-Bonnet-de-Vieilles-Vignes, cant. de Palinges, Saône-et-Loire.

de Rabutin.

Chandée, comm. de Vendeins, cant. de Châtillon-les-Dombes, Ain.

de Carroudelet, de Chandée, de La Coste, de Rougemont.

Chandon, cant. de Charlieu, Loire.

de Chandon.

Chaneins, cant. de Saint-Trivier-sur-Moignans, Ain.

d'Ornaison.

Chânes, cant. de La Chapelle-de-Guinchay, Saône-et-Loire.

de Belouze, de Chaintré, de Chandon, de Feurs.

Changey, Côte-d'Or.
Millotet.
Changy, cant. de Charolles, Saône-et-Loire.
de Laurencin, de Lévis, de Rabutin.
Chapaize, cant. de Saint-Gengoux-le-National, Saône-et-Loire.
Abbaye de Saint-Pierre de Chalon, Bernet, du Blé, de Clavière, de Collanot, de Constant, de La Cour, de Craso, Dezoteux, de Gayant, Imbert, Provost, Ravier, Verne.
Charangeroux, comm. de Saint-Usuges, cant. de Louhans, Saône-et-Loire.
Le Gouz.
Charbonnières, cant. de Mâcon, Saône-et-Loire.
de Chappon, Descrivieux, de Maugiron.
Chardonnay, cant. de Tournus, Saône-et-Loire.
de Chardonnay, de Florettes, de Nanton, Vincent.
Charéconduit, comm. de Châtenoy-le-Royal, cant. de Chalon, Saône-et-Loire.
de Bosseria.
Charéconduit, comm. de Dracy-le-Fort, cant. de Givry, Saône-et-Loire.
Charencey, cant. de Vitteaux, Côte-d'Or.
de Mont-Saint-Jean.
Charency, comm. de Saint-Didier-sur-Arroux, cant. de Saint-Léger-sur-Beuvray, Saône-et-Loire.
Bergier.
Charette, cant. de Pierre, Saône-et-Loire.
Balay.
Charéziat, comm. de Saint-Etienne-du-Bois, cant. de Treffort, Ain.
de Malaval.
Charmes, cant. de Mirebeau-sur-Béze, Côte-d'Or.
de Bauffremont.
Charmoy, Côte-d'Or.
de Digoine.
Charmoy, cant. de Montcenis, Saône-et-Loire.
de Belleperche, Ragot.
Charnailles, comm. de Jambles, cant. de Givry, Saône-et-Loire.
de Mucie, de Sagy.

Charnay, cant. de Mâcon, Saône-et-Loire.
d'Ugnies.
Charnay, comm. de Remilly, cant. de Luzy, Nièvre.
de Fussey.
Charny, cant. de Vitteaux, Côte-d'Or.
de Bauffremont, de Malain, de Mont-Saint-Jean.
Charrolles, Saône-et-Loire.
Dagoneau, Baudinot, Jacob, Perrin, Saulnier-Delanoüe, Viridet.
Charrey-sur-Saône, cant. de Saint-Jean-de-Losne, Côte-d'Or.
de Frolois.
Chasault, comm. de Saint-Cyr, cant. de Sennecey-le-Grand, Saône-et-Loire.
de Chasaulx.
Chassagne (Abbaye de la), Ain.
de Grillet.
Chassagne, cant. de Nolay, Côte-d'Or.
de Clermont, de Ferrières, Pitois, de Rabutin, de Tenarre.
Chassagne, comm. de Confrançon, cant. de Montrevel, Ain.
Chapuis d'Ozenay, de Chassagne.
Chasselas, cant. de La Chapelle-de-Guinchay, Saône-et-Loire.
de Challes, Paisseaud.
Chassey, cant. de Chagny, Saône-et-Loire.
de La Marche, Pitois.
Chassignole, comm. de Bonnay, cant. de Saint-Gengoux-le-National, Saône-et-Loire.
de Belleperche, Li-Hongre, de Martigny, Petit de Chassignole, de Sermoyer, Tapin.
Chassigny-sous-Dun, cant. de Chauffailles, Saône-et-Loire.
Fibry de Chemilly, de Montchanin, de Saint-Georges.
Chassy, cant. de Geugnon, Saône-et-Loire.
de Barnaut.
Chastanet, comm. de Saint-Sixte, cant. d'Astaffort, Lot-et-Garonne.
de Chastanet.
Chauteaubois, comm. de Chassy, cant. de Geugnon, Saône-et-Loire.
Cochardet.

Châteaubourg, cant. de Rives-sur-Fure, Isère, ou cant. de Saint-Péray, Ardèche?
de Maugiron.
Château-Gaillard, cant. d'Ambérieux, Ain.
de Montferrand.
Châteauneuf, cant. de Chauffailles, Saône-et-Loire.
de Bourbon, de La Rodde.
Châteauneuf-de-Randon, arr. de Mende, Lozère.
de Châteauneuf.
Château-Renaud, cant. de Louhans, Saône-et-Loire.
de Moisy, de Montbéliard, Quarré.
Château-Thiers, comm. et cant. de Matour, Saône-et-Loire.
de Foudras.
Châteauvillain, arr. de Chaumont, Haute-Marne.
de Chauvirey.
Châteauvillain, cant. de Bourgoin, Isère.
Fabry.
Châtelet, comm. de Demigny, cant. de Chagny, Saône-et-Loire.
de Lévis.
Châtelet, Vosges.
du Châtelet.
Châtellenot, cant. de Pouilly-en-Montagne, Côte-d'Or.
de Mont-Saint-Jean.
Châtelmoron, cant. de Givry, Saône-et-Loire.
de Chastellux, de Chatelmoron, de Lévis, du Rousset, de Traves.
Chatenay, comm. de Sancé, cant. de Mâcon, Saône-et-Loire.
Bernard, Bullion.
Chatenay, comm. d'Etrigny, cant. de Sennecey, Saône-et-Loire.
de Barnaut, de Chatenay, de Nanton.
Chatenoy-en-Bresse, cant. de Chalon, Saône-et-Loire.
de Clugny.
Châtillon, comm. de Viré, cant. de Lugny, Saône-et-Loire.
de Meaux.
Châtillon-de-Cornelle, comm. de Saint-Jérôme, cant. de Poncin, Ain.
de Moyria.

Châtillon-sur-Chalaronne (ou *Chatillon-les-Dombes*), arr. de Trévoux, Ain.
Guichenon, de Caille.
Châtillon-en-Bazois, arr. de Château-Chinon, Nièvre.
de Rochefort.
Chaudenay, cant. de Chagny, Saône-et-Loire.
de Damoiseau, de Gasse, Pitois.
Chauffailles, arr. de Charolles, Saône-et-Loire.
d'Amanzé, de Saint-Georges.
Chauffour, cant. de Bar-sur-Seine, Aube.
de Lenoncour.
Chaumont, comm. de Saint-Bonnet-de-Joux, cant. *idem*, Saône-et-Loire.
de Corgenon, de La Guiche.
Chauvirey-le-Châtel ou *Chauvirey-le-Vieil*, cant. de Vitrey, Haute-Saône.
de Chauvirey, de Haraucourt, de Torcy.
Chaux, comm. de Simard, cant. de Moutret, Saône-et-Loire.
de Corsaire, de La Glace.
Chavagnat, comm. de Saint-Jean-sur-Reyssouze, cant. de Saint-Trivier-de-Courtes, Ain.
du Breul.
Chavance, comm. de Gilly, cant. de Bourbon-Lancy, Saône-et-Loire.
de Breschard.
Chavannes, comm. de Savigny-en-Revermont, cant. de Beaurepaire, Saône-et-Loire.
de Chavannes, Galland, de Lugny, d'Oyselet.
Chavy, comm. d'Ozenay, cant. de Tournus, Saône-et-Loire.
Canat de Chizy, de Chavannes, Comte, de Corsaire, de La Glace, de Moroges, de Rollet, de Saint-Preux.
Chazeau, comm. de Saint-Cyr, cant. de Sennecey, Saône-et-Loire.
de Talleyrand-Périgord, de Tenay.
Chazelles, comm. de Saint-Etienne-sur-Chalaronne, cant. de Thoissey, Ain.
de Chabeu.
Chazeuil, comm. de Sainte-Hélène, cant. de Buxy, Saône-et-Loire.
de Bourbon, de Marcilly, de Rabutin.

Chemillat, comm. de Lescheroux, cant. de Saint-Trivier-de-Courtes, Ain.

Descrivieux.

Cheminau, comm. de Varennes-sous-Dun, cant. de La Clayette, S.-et-L.

d'Amanzé.

Chenavel, comm. de Jujurieux, cant. de Poncin, Ain.

du Breul.

Chenôves, cant. de Buxy, Saône-et-Loire.

de La Boutière, Mauguin.

Chérier, cant. de Saint-Just-en-Chevalet, Loire.

du Bessey de Contenson.

Chérizet, cant. de Cluny, Saône-et-Loire.

de Fautrières, Perrault, du Rousset,

Chevanne, cant. de Gevrey-Chambertin, Côte-d'Or.

de Toulonjon.

Chevagny, comm. d'Aigueperse, cant. de Monsol, Saône-et-Loire.

de Rébé.

Chevagny-les-Chevrières, cant. de Mâcon, Saône-et-Loire.

de La Bletonnière, de Salornay.

Chevenizet, comm. de Nochize, cant. de Paray-le-Monial, Saône-et-Loire.

de Lévis.

Chevignat, comm. de Cournangoux, cant. de Treffort, Ain.

de Toulonjon.

Chevigné, comm. de Davayé, cant. de Mâcon, Saône-et-Loire.

de La Baume-Montrevel.

Chevigny, comm. de Saint-Léger-sous-Beuvray, Saône-et-Loire.

de Montaigu.

Chevigny-Saint-Sauveur, cant. de Dijon, Côte-d'Or.

de Villers-La Faye.

Chevreaux, cant. de Saint-Amour, Jura.

Bonnot.

Chevrey, comm. de Saint-Maurice-en-Rivière, cant. de Saint-Martin-en-Bresse, Saône-et-Loire.

de La Collonge, de Thyard.

Chevriaux, comm. de Vendenesse-sur-Arroux, cant. de Geugnon, Saône-et-Loire.

Ducret de Montigny.

Chichevières, comm. de Bruailles, cant. de Louhans, Saône-et-Loire.

Bernaut, de Beaufort, de Thoisy.

Chigy, comm. de Vitry-les-Cluny, cant. de Cluny, Saône-et-Loire.

de L'Aubépin, de Rabutin.

Chelia, comm. de Grièges, cant. de Pont-de-Veyle, Ain.

de Chaintré.

Chilley, comm. de La Villeneuve, cant. de Verdun-sur-le-Doubs, Saône-et-Loire.

de La Roche.

Chissey-les-Mâcon, cant. de Saint-Gengoux-le-National, Saône-et-Loire.

Abbaye de Cluny, Bauderon de Sennecé, de La Bletonnière, de Lugny.

Chissey-en-Morvan, cant. de Lucenay-l'Evêque, Saône-et-Loire.

de Fussey, de Régnier.

Chocques, cant. de Béthune, Pas-de-Calais.

de Béthune.

Choiseau, comm. de Saint-Albain, cant. de Lugny, Saône-et-Loire.

Desbois.

Chorey, cant. de Beaune, Côte-d'Or.

Barolet, de Courcelles, de Frolois.

Ciel, cant. de Verdun-sur-le-Doubs, Saône-et-Loire.

de Charnoy.

Cindré, cant. de Jaligny, Allier.

Vernoy de Montjournal.

Ciry-le-Noble, cant. de Toulon-sur-Arroux, Saône-et-Loire.

de Changy.

Civria, comm. de Bourcia, cant. de Saint-Julien, Jura.

de Branges.

Civrieux, cant. de Limonest, Rhône.

de Rivérieulx.

Civry, comm. de Saint-Julien-de-Civry, cant. de Charolles, Saône-et-Loire.

Bataille de Mandelot.

Clairvaux, arr. de Lons-le-Saulnier, Jura.

de Bauffremont, de Vienne.

Clamerey, cant. de Précy-sur-Thil, Côte-d'Or.

de Dyo, Juget.

Clefmont, arr. de Chaumont, Haute-Marne.

de Choiseul.

Clénay, cant. de Dijon, Côte-d'Or.
de Saulx-Tavannes.
Clermain, cant. de Tramayes, Saône-et-Loire.
de La Fagye.
Clermont, comm. de La Roche-en-Breuil, cant. de Saulieu, Côte-d'Or.
de Clermont.
Clermont-Ferrand, Puy-de-Dôme.
Dupré.
Clervans, comm. de Chamblay, cant. de Villers-Farlay, Jura.
d'Oyselet.
Clessé, cant. de Mâcon, Saône-et-Loire.
Chanuet.
Clinchamp, cant. de Bourmont, Haute-Marne.
de Mailly.
Clomot, cant. d'Arnay-le-Duc, Côte-d'Or.
de Mailly.
Cloudeau, comm. d'Ozolles, cant. de Charolles, Saône-et-Loire.
Mazille de Vaubresson.
Cluny, arr. de Mâcon, Saône-et-Loire.
Animé, Arcelin, Blanchet, Delavaivre, de Cluny, de Lamartine, de Lucenay, Maître, Tupinier.
Clux, cant. de Verdun-sur-le-Doubs, Saône-et-Loire.
de La Roche, de Navilly, de Pailleau.
Coanac, comm. de Varaire, cant. de Limoges, Lot.
de Crussol, d'Uzès.
Cognard, comm. de Cronat, cant. de Bourbon-Lancy, Saône-et-Loire.
de Ballore.
Collange, arr. de Charolles, Saône-et-Loire.
de Montrichard.
Collonges, Côte-d'Or.
de Mailly.
Collonges, comm. de Saint-Etienne-sur-Chalaronne, cant. de Thoissey, Ain.
de Chabeu.
Collongette, comm. de Saint-Martin-du Tartre, cant. de Buxy, Saône-et-Loire.
d'Hénin-Liétard.
Colonges, comm. de Brancion, cant. de Tournus, Saône-et-Loire.
Dunoyer, Julien.

Colmier, cant. d'Auberive, Haute-Marne.
d'Anglure.
Colmont, comm. de Charleval, cant. de Fleury-sur-Andelle, Eure.
Gripière de Montcroc.
Colombier, cant. de La Clayette, Saône-et-Loire.
de Digoine, de Drée.
Colombier, comm. de Romenay, cant. de Tournus, Saône-et-Loire.
du Bois, de Damoiseau.
Colombier, cant. de Vesoul, Haute-Saône.
de Chauvirey.
Colombier, comm. d'Uchizy, cant. de Tournus, Saône-et-Loire.
de Chassepot.
Colombier, comm. de Chêne-Arnoult, cant. de Charny, Yonne.
de Colombier.
Colombier-sous-Uxelles, cant. de Sennecey-le-Grand, Saône-et-Loire.
de Blanot, de Chacipol, Dezoteux, de Sercy, Verne.
Commarin, cant. de Pouilly-en-Montagne, Côte-d'Or.
de Vienne.
Commune, comm. et cant. de Saint-Germain-du-Bois, Saône-et-Loire.
de Cossé-Brissac.
Condal, cant. de Cuiseaux, S.-et-L.
Tribillet.
Condé, cant. de Saint-Germain-du-Bois, Saône-et-Loire.
de La Rodde.
Condemines, comm. de Charnay, cant. de Mâcon, Saône-et-Loire.
Bauderon de Sennecé.
Conforgien, comm. de Saint-Martin-de-la-Mer, cant. de Liernais, Côte-d'Or.
de Clugny.
Corabœuf, comm. d'Ivry, cant. de Nolay, Côte-d'Or.
de La Collonge, de Saint-Martin, de Salins.
Corberon, comm. de Saint-Etienne-en-Bresse, cant. de Montret, Saône-et-Loire.
Bouton de Chamilly.
Corcelle, comm. et cant. d'Issy-l'Evêque, Saône-et-Loire.
Bernard, de Dyo.

Corcelles, comm. de Jours-en-Vaux, cant. de Nolay, Côte-d'Or.
de Saint-Martin.
Corcelles, cant. de Beaune, Côte-d'Or.
de Tintry.
Corcelles, comm. de Saint-Symphorien-les-Charolles, cant. de Charolles, Saône-et-Loire.
de Brêche.
Corcelles, comm. d'Ozenay, cant. de Tournus, Saône-et-Loire.
Canat de Chizy, de Changy.
Corcelles, comm. de Saint-Etienne-la-Varenne, cant. de Belleville-sur-Saône, Rhône.
de Madière.
Corcelles, comm. de Saint-Clément-sur-Guye, cant. du Mont-Saint-Vincent, Saône-et-Loire.
Cajot de Burnand.
Corcelles ou *Courcelles-sous-Grignon*, cant. de Montbard, Côte-d'Or.
de Saint-Authot.
Corcheval ou *Courcheval*, cant. de Beaubery, cant. de Saint-Bonnet-de-Joux, Saône-et-Loire.
de Fautrières.
Corcondray, cant. d'Audeux, Doubs.
de Rye.
Cordiron, cant. d'Audeux, Doubs.
d'Oyselet.
Corent, comm. de Simandre, cant. de Ceyzériat, Ain.
de Chandée, de Corent.
Corgeat, comm. de La Chapelle-Maude, cant. de Louhans, Saône-et-Loire.
Arnoux.
Corgengoux, cant. de Seurre, Côte-d'Or.
d'Ugnies.
Corgenon, comm. de Buellas, cant. de Bourg, Ain.
de Challes, Chapuis, d'Ozenay de Corgenon.
Corlay, comm. de Nanton, cant. de Sennecey-le-Grand, Saône-et-Loire.
de Montel.
Corlier, cant. de Hauteville, Ain.
de Breul.
Cormatin, cant. de Saint-Gengoux-le-National, Saône-et-Loire.
du Blé, de Bresse, de Lacretelle, de La Théolière, de Laye, de Sercy, Verne.

Cormoz, comm. de Château-Gaillard, cant. d'Ambérieux, Ain.
de Montferrand.
Cornon, comm. de Romenay, cant. de Tournus, Saône-et-Loire.
Auger, de Cornon, de Gorrevod, de La Roche, de La Rodde, de Montjouvent, de Prata, de Seyturier, du Terrat, de Vincens.
Corpeau, cant. de Nolay, Côte-d'Or.
de Clermont.
Corrobert, comm. de Charnoz, cant. de Chatillon-les-Dombes, Saône-et-Loire.
Gergier, du Saix.
Corrombles, cant. de Semur, Côte-d'Or.
de Lanneau.
Cortambert, cant. de Cluny, S.-et-L.
Abbaye de Cluny.
Cortamblin, comm. de Malay, cant. de Saint-Gengoux-le-National, Saône-et-Loire.
de Blanot, du Blé, Dezoteux, de Sercy.
Cortelin, comm. de Saint-Remy, cant. de Chalon, Saône-et-Loire.
de Clugny, Lélide.
Cortevaix, cant. de Saint-Gengoux-le-National, Saône-et-Loire.
Besancenot, de Brancion, de Colombier, de Cortevaix, Gauthier, de Gorrevod, de La Garde, Le Tellier, de Malain, Petitjean de La Garde, de Poitiers, de Pomiers, Prisque, de Raffin, de Rohan-Chabot, de Souvré, Thomasset.
Cossé, cant. de Chemillé, Maine-et-Loire.
de Cossé-Brissac.
Côte-Brune, cant. de Beaume-les-Dames, Doubs.
de Rye.
Coublanc, cant. de Chauffailles, Saône-et-Loire.
Buchet.
Couches-les-Mines, **arr.** d'Autun, Saône-et-Loire.
d'Aumont, de Bauffremont, de Couches, de Montaigu, de Rochechouart de Chandenier.
Couchey, cant. de Gevrey-Chambertin, Côte-d'Or.
de Bauffremont.

Courcelles, comm. de Bruailles, cant. de Louhans, Saône-et-Loire.

   d'Amanzé, de Thoisy.

Courcheval, comm. de Beaubery, cant. de Saint-Bonnet-de-Joux, Saône-et-Loire.

   d'Amanzé.

Courmangoux, cant. de Treffort, Ain.

   du Biolay.

Courquetaine, cant. de Tournan, Seine-et-Marne.

   de Maugiron.

Courtivron, cant. d'Is-sur-Tille, Côte-d'Or.

   de Mailly, de Saulx-Tavannes.

Coutouvre, cant. de Perreux, Loire.

   d'Arcy.

Couverte-Fontaine, comm. et cant. de Cuisery, Saône-et-Loire.

   de Rivoire de La Bâtie.

Couzan, cant. de Sail-sous-Couzan, Loire.

   Damas.

Crangeat, cant. de Montrevel, comm. d'Attignat, Ain.

   Charbonnier, Dinet.

Craz, cant. de Chatillon-de-Michailles, Ain.

   de Montherot.

Créancey, cant. de Pouilly-en-Montagne, Côte-d'Or.

   de Comeau.

Crêches, cant. de La Chapelle-de-Guinchay, Saône-et-Loire.

   d'Amoncourt, de Belouze, Bouchaud, de Bussy, de Chandon, Gallet.

Crémelot, comm. de Saint-Martin-en-Bresse, cant. de Saint-Martin, Saône-et-Loire.

   Burignot.

Cressey-sur-Tille, cant. d'Is-sur-Tille, Côte-d'Or.

   Baillet, de Rochechouart de Chandenier.

Cressieu, comm. de Chezey-Bons, cant. de Belley, Ain.

   de L'Aubépin.

Cressy, cant. d'Issy-l'Evêque, Saône-et-Loire.

   de Faubert, de Marcilly.

Crest, arr. de Die, Drôme.

   de Murard de Saint-Romain.

Créteuil, comm. de Chaudenay, cant. de Chagny, Saône-et-Loire.

   de Bresse, Pitois.

Creullay, comm. de Viessoix, cant. de Vassy, Calvados.

   de Valois.

Creusenoir, cant. de La Chapelle-de-Guinchay, Saône-et-Loire.

   Dejussieu.

Crèvecœur, comm. d'Orbagna, cant. de Beaufort, Jura.

   de Laurencin, de Luyrieu, de Poupet.

Crèvecœur.

   de Crèvecœur.

Crissey, cant. de Chalon, Saône-et-Loire.

   de Marcilly.

Cronat, cant. de Bourbon-Lancy, Saône-et-Loire.

   de Cronat.

Cruchaud, comm. de Bissey-sous-Cruchaud, cant. de Buxy, Saône-et-Loire.

   Bonamour.

Crux-la-Ville, cant. de Saulge, Nièvre.

   Damas.

Cruzille, cant. de Lugny, Saône-et-Loire.

   de Bauffremont, de Beaufort, Bégon, de Crestien, de Cruzilles, d'Esclaine, de Foix, de Foudras, Giraud, de Gribaldi, de La Baume-Montrevel, Le Noble, de Nanton, de Saillant.

Cucurieux, comm. de Saint-Cyr-de-Favières, cant. de Saint-Symphorien-de-Lay, Loire.

   de Champeron.

Cuiseaux, arr. de Louhans, Saône-et-Loire.

   de Loisy, de Rochefort.

Cuisery, arr. de Louhans, Saône-et-Loire.

   d'Antigny, Bergier, Berthet, de Boussi, Cordier, Deschamps, Dinet, de Frangy, de Frenay, de La Chaux, de Loisy, Lornot, de Malain, Ponsard, de Savoye, Siraudin, Volatier.

Cuiserey, cant. de Mirebeau-sur-Bèze, Côte-d'Or.

   de Bauffremont, de Ganay.

Cuissia, cant. de Beaufort, Jura.

   d'Antigny, de Beaufort.

Culey, comm. de Chissey-les-Mâcon, cant. de Saint-Gengoux-le-National, Saône-et-Loire.

Bauderon de Sennecé, de Chappon, de Lugny.

Culles, cant. de Buxy, Saône-et-Loire.

Abbaye de Saint-Pierre de Chalon, Burnot de La Boulay, Ducarruge, Viard.

Culoz, cant. de Seyssel, Ain.

d'Angeville.

Curciat-Dongalon, cant. de Saint-Trivier-de-Courtes, Ain.

de La Baume-Montrevel.

Curgy, cant. d'Autun, Saône-et-Loire.

de Laye.

Curis, cant. de Neuville-sur-Saône. Rhône.

d'Albon.

Curtil-sous-Burnaud, cant. de Saint-Gengoux-le-National, Saône-et-Loire.

de Chappon, de Masson, d'Autume, Richepance, de Rymont.

Cussey-les-Forges, cant. de Grancey-le-Château, Côte-d'Or.

d'Amoncourt.

Cussigny, comm. de Corgoloin, cant. de Nuits, Côte-d'Or.

de Saint-Belin.

Cussy-la-Colonne, cant. de Bligny-sur-Ource, Côte-d'Or.

Bataille de Mandelot, du Blé, de Frolois, de Laye, de Moroges.

Cussy-les-Forges, cant. de Guillon, Yonne.

Fibry de Chemilly.

Cuzy, cant. d'Issy-l'Evêque, Saône-et-Loire.

de Changy.

Cypierre, comm. de Volesvres, cant. de Paray-le-Monial, Saône-et-Loire.

de Marcilly, Perrin de Cypierre.

D

Damerey, cant. de Saint-Martin-en-Bresse, Saône-et-Loire.

de Bourrache, Gagnepain, Lautin, de Messey.

Dampierre-en-Bresse, cant. de Pierre, Saône-et-Loire.

Bataille de Mandelot, de Thyard.

Dampierre-en-Montagne, cant. de Vitteaux, Côte-d'Or.

de Damoiseau, Le Gouz.

Dampierre-sur-Vingeanne, cant. de Fontaine-Française, Côte-d'Or.

de Saulx-Tavannes.

Darcey, cant. de Flavigny, Côte-d'Or.

de Barnaut, de Clugny.

Daron, comm. d'Oyé, cant. de La Clayette, Saône-et-Loire.

Blanchet, Perrin de Cypierre.

Davayé, cant. de Mâcon, Saône-et-Loire.

de Chandon, Desvignes, de Germolles.

Demigny, cant. de Chagny, Saône-et-Loire.

de Frolois, de Malain, de Marcilly, de Molins, d'Ugnies.

Demptezieu, comm. de Saint-Savin, cant. de Bourgoin, Isère.

Alemant.

Denizet, comm. et cant. de Montpont, Saône-et-Loire.

de Tenarre.

Dennevy, cant. de Chagny, Saône-et-Loire.

de Beauchamp, de La Chambre, Lemaire de La Bonduc, de Tintry.

Desnes, cant. de Bletterans, Jura.

Dunoyer.

Diconne, cant. de Saint-Germain-du-Bois, Saône-et-Loire.

de Chauvirey.

Digoine, comm. de Saint-Martin-de-Commune, cant. de Couches, Saône-et-Loire.

de Malain.

Digoine, comm. et cant. de Palinges, Saône-et-Loire.

Damas.

Dijon, Côte-d'Or.

Finet, Galloche, d'Inteville, Janot, Mermelat, de Molin.

Dinechain, comm. de Fleury-la-Montagne, cant. de Semur-en-Brionnais, Saône-et-Loire.

de Chandon.

Diombe, comm. de Devrouz, cant. de Saint-Germain-du-Bois, Saône-et-Loire.

de La Marche, de Traves.

Dôle, Jura.

Durusseau, Lorin de Reure.

Dommange, comm. d'Igé, cant. de Clugny, Saône-et-Loire.

de La Bletonnière.

Dommarien, cant. de Prauthoy, Haute-Marne.

de Lantages.

Dommartin-les-Cuiseaux, cant. de Cuiseaux, Saône-et-Loire.

du Tartre.

Dompierre, cant. de Précy-sous-Thil, Côte-d'Or.

de Clugny.

Dompierre-les-Ormes, cant. de Matour, Saône-et-Loire.

Bergier.

Dompierre-sur-Chalaronne, cant. de Thoissey, Ain.

Labbé de La Genardière.

Domsure, cant. de Coligny, Ain.

Michel.

Dortan, cant. d'Oyonnax, Ain.

de Dortan.

Douvres, cant. d'Ambérieux, Ain.

d'Angeville, d'Oncieux.

Dracé, cant. de Belleville-sur-Saône, Rhône.

de Feurs.

Dracy-le-Fort, cant. de Givry, Saône-et-Loire.

de Beugre, de Drée, Quarré, de Rye, de Tenarre, de Traves.

Dracy-les-Couches, cant. de Couches, Saône-et-Loire.

de Laubépin.

Dracy-les-Vitteaux, cant. de Vitteaux, Côte-d'Or.

de Genlis, de Toulonjon.

Drambon, cant. de Pontailler, Côte-d'Or.

Joly de Fleury.

Drée, cant. de Sombernon, Côte-d'Or.

de Drée.

Drée, cant. de Curbigny, comm. de La Clayette, Saône-et-Loire.

de Drée.

Dromvent, comm. de Vérosvres, cant. de Saint-Bonnet-de-Joux, Saône-et-Loire.

de Lyon.

Drousson, comm. de Curgy, Saône-et-Loire.

Bataille de Mandelot.

Droux, comm. de Lux, cant. de Chalon, Saône-et-Loire.

Bernard, Burgat, de Colombey, Joly de Fleury, de La Rochefoucauld, de Messey, de Pontoux, Robert, de Sagy.

Droux, comm. de Sevrey, cant. de Chalon, Saône-et-Loire.

Baillet, de Crussol d'Uzès, Floris de Fleury, Galois, Lélide, Le Tellier, de Rohan-Chabot, de Souvré.

Dulphey, comm. de Mancey, cant. de Sennecey-le-Grand, Saône-et-Loire.

d'Azé, Blanchard de Saint-Martin, de Chavannes, de La Gastille, de La Salle, Marin, de Nanton, de Naturel, de Plaine, du Rousset, de Saillant, de Vergyé.

Duretal, comm. et cant. de Montpont, Saône-et-Loire.

de Duretal, de Périoux.

Dyo, cant. de La Clayette, Saône-et-Loire.

de Dyo.

E

Ebaty, cant. de Beaune, Côte-d'Or.

de Fussey.

Ebaugy, cant. de Lucenay-l'Evêque, Saône-et-Loire.

de Fussey.

Echallon, cant d'Oyonnax, Ain.

de Montjouvent.

Echalot, cant. d'Aignay-le-Duc, Côte-d'Or.

de Lestouf.

Echevronne, cant. de Nuits, Côte-d'Or.

du Meix.

Echigey, cant. de Genlis, Côte-d'Or.

Baillet, de Villers-la-Faye.

Echirey, comm. de Ruffey-les-Echirey, Côte-d'Or.

de Bauffremont.

Eclose, cant. de Saint-Jean-de-Bournay, Saône-et-Loire.

de Chandée.

Ecolles ou *Escole*, comm. de Verzé, cant. de Mâcon, Saône-et-Loire.

de Busseuil, Vallier.

Ecommes, comm. de Maconge, cant. de Pouilly-en-Montagne, Côte-d'Or.

La Palu.

Ecot, cant. d'Audelot, Haute-Marne.

de Mailly.

Ecuelles, cant. de Verdun-sur-le-Doubs, Saône-et-Loire.

de Lévis, de Lugny, de Mucie.

Eculigny, cant. de Bligny-sur-Ouche, Côte-d'Or.

Joly de Fleury.

Eguilly, cant. de Pouilly-en-Montagne, Côte-d'Or.

de Digoine.

Emeringes, cant. de Beaujeu, Rhône.

de Chevriers.

Epertully, cant. d'Epinac, Saône-et-Loire.

de Tintry.

Epiry, comm. de Saint-Emiland, cant. de Couches, Saône-et-Loire.

de Rabutin.

Epoisses, cant. de Semur, Côte-d'Or.

Hugonnet, du Meix, de Mello, de Montaigu, Ragot, de Saillant.

Esbordes, comm. de Marcheseuil ou de Vandenesse, Côte-d'Or.

La Palu.

Essaulay, comm. et cant. de Gueugnon, Saône-et-Loire.

de Dyo.

Essaule, comm. de Saint-Romain-sous-Versigny, cant. de Toulon-sur-Arroux, Saône-et-Loire.

de Busseuil.

Esserteaux, comm. de Bussière, cant. de Mâcon, Saône-et-Loire.

de Franc.

Etampes, Saine-et-Oise.

d'Estampes.

Etrigny, cant. de Sennecey-le-Grand, Saône-et-Loire.

de Charvot, de Chastenay, d'Etrigny, Gallois d'Arlay, de Genton, de Marchizeuil, du Pin, Prost de Royer, de Sachins, de Tramelay.

Etroyes, comm. de Touches, cant. de Givry, Saône-et-Loire.

de Digoine, de Messey, de Montrichard, Quarré.

F

Falletans, cant. de Rochefort, Jura.

de Fallerans.

Fangy, comm. de Toulouse, cant. de Sellières, Jura.

de Mont-Saint-Jean.

Farges, cant. de Collonges, Ain.

Gribaldi.

Farges-les-Mâcon, cant. de Tournus, Saône-et-Loire.

Arcelin, Berthet, Colas, Colbert, de Costables, Dinet, de L'Horme, de Loisy, de Sermoyer, d'Uchizy, de Vauborel, de Virgile.

Farincourt, cant. de Fayl-Billot, Haute-Marne.

de Toulonjon.

Faucogney, cant. de Lure, Haute-Saône.

de Longvic.

Faulin, comm. de Grury, cant. d'Issy-l'Evêque, Saône-et-Loire.

de Blanot.

Faverges, comm. d'Uchizy, cant. de Tournus, Saône-et-Loire.

Fournier, de Gaillon.

Faverges, comm. de Villeneuve-le-Charnod, cant. de Saint-Julien-sur-le-Suran, Jura.

de Charnoz, de Florette.

Fay, comm. de Viry, cant. de Charolles, Saône-et-Loire.

de Busseuil, Gacon.

Feillens, cant. de Bagé-le-Chatel, Ain.

de Chabeu.

Fiennes, cant. de Guines, Pas-de-Calais.

d'Estampes.

Fissey-les-Moroges, comm. de Moroges, cant. de Buxy, Saône-et-Loire.

de Rabutin.

Fissy, comm. et cant. de Lugny, Saône-et-Loire.

de La Ferté, de Montlaferté.

Fixey, cant. de Gevrey-Chambertin. Côte-d'Or.

de Moroges.

Flacé, cant. de Mâcon, Saône-et-Loire.

Bullion, de Laurencin, de Lugny, de Maugiron, de Maux, de Pise, de Scorailles, de Vergyé.

Flacey-en-Bresse, cant. de Cuiseaux, Saône-et-Loire.
de Beaufort.
Flammerans, cant. d'Auxonne, Côte-d'Or.
de Montrichard.
Fléchères, Ain.
de Dyo.
Fleurie, cant. de Beaujeu, Rhône.
de Feurs.
Fleurville, comm. de Vérizet, cant. de Lugny, Saône-et-Loire.
Olivier de Senozan.
Fleury, cant. de Longjumeau, Seine-et-Oise.
Floris de Fleury.
Fley, cant. de Buxy, Saône-et-Loire.
Bourgeois de Moleron, Chiquet, de Simon, du Tartre, de Thard.
Florette, comm. de Culles, cant. de Buxy, Saône-et-Loire.
Chuffaing.
Foissiat, cant. de Montrevel, Ain.
de La Baume de Montrevel.
Foncegrive, cant. de Selongey, Côte-d'Or.
Baillet.
Fontaines, cant. de Chagny, Saône-et-Loire.
de Bourrache, de La Boutière.
Fontaine-en-Duesnois, cant. de Baigneux-les-Juifs, Côte-d'Or.
d'Azincourt.
Fontaines-les-Dijon, cant. de Dijon, Côte-d'Or.
de Saulx-Tavannes.
Fontenailles, comm. de Chassy, cant. de Geugnon, Saône-et-Loire.
de Changy.
Fontenay, comm. de Marmagne, Côte-d'Or.
Bataille de Mandelot.
Fontenay-le-Comte, Vendée.
Buisson de Beauvoir.
Fontenelle, cant. de Fontaines-Française, Côte-d'Or.
Fontenelle, cant. de Fontaines-Française, Côte-d'Or.
de La Palu.
Forléans, cant. de Semur, Côte-d'Or.
de Rabutin.

Fortunet, cant. de Santilly, comm. de Busy, Saône-et-Loire.
Ballard, Désir de Fortunet, Ducret de Montigny, Perrault, des Prés, de Rains.
Fouchanges, comm. d'Arceau, cant. de Mirebeau-sur-Bèze, Côte-d'Or.
de Mailly.
Fougères, comm. de Poub, cant. de La Mûre, Rhône.
de Chandieu.
Foux, comm. d'Epoisses, cant. de Semur, Côte-d'Or.
de Rabutin.
Fragnes, comm. de Cruzilles, cant. de Lugny, Saône-et-Loire.
Fourrat.
Francheleins, cant. de Saint-Trivier-sur-Moignans, Ain.
Aymard de Montval, de Franchelins.
Frangy, cant. de Saint-Germain-du-Bois, Saône-et-Loire.
Bouton de Chamilly, de Frangy, de Fussey, d'Ugnies.
Fressinet, comm. de Saint-Priest-Ligoure, cant. de Mexon, Haute-Vienne.
de La Rodde.
Fretières, comm. de Romenay, cant. de Tournus, Saône-et-Loire.
du Bois.
Frettechise, comm. de La Chapelle-Thècle, cant. de Montpont, Saône-et-Loire.
Auger.
Fretterans, cant. de Pierre, Saône-et-Loire.
de Thyard.
Fréty, comm. de Toulon-sur-Arroux, Saône-et-Loire.
de Bissey.
Frolois, cant. de Flavigny, Côte-d'Or.
de Frolois, Juget.
Fromental, Puy-de-Dôme.
du Clos.
Frontenaud, cant. de Cuiseaux, Saône-et-Loire.
de Beaufort, Dompmartin.
Frontenay, cant. de Voiteur, Jura.
de Salins.

Fuissé, cant. de Mâcon, Saône-et-Loire.

de Busseuil, Chesnard, de Feurs, Lhuillier, de Meaux.

Fussey, cant. de Nuits, Côte-d'Or.

de Fussey.

G

Gamay ou *Gameys*, comm. de Saint-Sernin-du-Bois, Saône-et-Loire.

Bouton de Chamilly, de Thoisy.

Garnerans, cant. de Thoissey, Ain.

de Franchelins, de La Guiche.

Gemaugues, comm. de Chapaize, Saône-et-Loire.

de Blanot, du Blé, de Champvent, de Luyrieu.

Gemeaux, cant. d'Is-sur-Tille, Côte-d'Or.

de Bauffremont.

Genay, cant. de Trévoux, Ain.

de La Baume-Montreval.

Génelard, cant. de Toulon-sur-Arroux, Saône-et-Loire.

de Brêche.

Genlis, arr. de Dijon, Côte-d'Or.

du Blé, de Genlis, de Tenarre.

Genost, comm. de Certine, cant. de Pont-d'Ain, Ain.

Desbois, Descrivieux.

Genoud, comm. de Crottet, cant. de Pont-de-Veyle, Ain.

Descrivieux, de Planche.

Genouilly, cant. de Mont-Saint-Vincent, Saône-et-Loire.

de Genouilly, de Tintry.

Gergy, cant. de Verdun-sur-le-Doubs, Saône-et-Loire.

de Frolois, de Gondy, Languet de Rochefort, de Marcilly, de Montaigu, Quarré, de Tintry, d'Ugnies.

Gerland, cant. de Nuits, Côte-d'Or.

de Canablin, Le Gouz, de Villers-la-Faye.

Germolles, cant. de Tramayes, Saône-et-Loire.

de Busseuil, de Feurs, de Germolles, de Malain, de Verey.

Gevigney, cant. de Combeaufontaine, Haute-Saône.

de La Baume-Montrevel.

Gevrey, Côte-d'Or, arr. de Dijon.

de Longvic.

Gevry, cant. de Dôle, Jura.

d'Ugnies.

Gibles, cant. de La Clayette, Saône-et-Loire.

de Marcilly.

Gien-sur-Cure, cant. de Montsauche, Nièvre.

de Changy.

Gigny, cant. de Sennecey-le-Grand, Saône-et-Loire.

de Bresse, de Clugny, de Cossé-Brissac, de Ferrières, de Géramb, de La Boutière, de La Collonge, de Molesmes, de Tavannes.

Gissey-sous-Flavigny, cant. de Flavigny, Côte-d'Or.

Baugis, de Drée.

Givry, arr. de Chalon, Saône-et-Loire.

Baillet, de Barnaut, Borrelier, Gon, de Longvic, de Mello, Olivier de Senozan, de Puète, Quarré, de Rye.

Gizia, cant. de Beaufort, Jura.

Bonnot.

Glux, cant. de Château-Chinon, Nièvre.

de Saint-Léger.

Glux, comm. et cant. de Lucenay-l'Evêque, Saône-et-Loire.

de La Cour.

Godan, comm. de Saint-Mesmin, cant. de Vitteaux, Côte-d'Or.

Le Gouz.

Goix, comm. de Villargoix, cant. de Saulieu, Côte-d'Or.

de Marcilly.

Gommerans, comm. du Tartre, cant. de Saint-Germain-du-Bois, Saône-et-Loire.

Pitois.

Gorrevod, cant. de Pont-de-Vaux, Ain.

de Gorrevod.

Gondard, comm. de Saint-Nizier-sous-Charmoy, cant. de Montcenis, Saône-et-Loire.

de Fautrières.

Grammont, Ain.

de Meyriat.

Granchamp, comm. de Messigny, cant. de Dijon, Côte-d'Or.

de Foucault.

Grandmaison, cant. de Chauffailles, Saône-et-Loire.

Fibry de Chemilly.

Grand-Mont, comm. de Montceau-et-Echarnant, cant. de Bligny-sur-Ouche, Côte-d'Or.

Bouchin.

Grand-Mont, comm. de Pierre, cant. de Louhans, Saône-et-Loire.

Bouton de Chamilly.

Grandval, comm. et cant. de Saint-Trivier-de-Courtes, Saône-et-Loire.

de Pellapussin.

Grandveau, cant. de Palinges, Saône-et-Loire.

Deschamps de La Villeneuve.

Granges, cant. de Givry, Saône-et-Loire.

de La Chambre, de Pontoux.

Granges, Saône-et-Loire.

Doret.

Grannod, comm. de Sornay, cant. de Louhans, Saône-et-Loire.

Godefroi de Granod, de Thoisy.

Gratay, comm. d'Ozenay, cant. de Tournus, Saône-et-Loire.

de Chandieu, Conte, François, de Gratay, de La Coste, de Lyon, Morandat, de Nanton, de Perrethan, de Saillant, Vincent.

Gregaine, comm. de Bragny-en-Charollais, cant. de Palinges, Saône-et-Loire.

Perrin de Cypierre.

Grenod, comm. de Rigny-sur-Arroux, cant. de Geugnon, Saône-et-Loire.

de Foudras.

Grenot, comm. d'Uchizy, cant. de Tournus, Saône-et-Loire.

de Fitigny, de Foudras, de Franc, de Lavaur, de Mincey, de Montrichard.

Grevilly, cant. de Lugny, Saône-et-Loire.

de Beaufort, de Benoist, de Brancion, de Chandieu, Conte, Dahon.

Grignon, cant. de Montbard, Côte-d'Or.

de Clugny, Tapin.

Grigny, cant. de Longjumeau. Seine-et-Oise.

Floris de Fleury.

Grosbois, arr. de Beaune, Côte-d'Or.

de Bauffremont, Perreney, de Tenarre.

Grosbois-les-Tichey, cant. de Seurre, Côte-d'Or.

de Courcelles.

Groslée, cant. de Lhuis, Ain.

de Groléc.

Grousseau, comm. de Champagny-sous-Uxelles, cant. de Sennecey-le-Grand, Saône-et-Loire.

Dezoteux.

Grozon, cant. de Poligny, Jura.

d'Achic.

Guerfand, cant. de Saint-Martin-en-Bresse, Saône-et-Loire.

Tapin.

Gueurce, comm. de Chavigny-sur-Guye, cant. de La Guiche, S.-et-L.

Dagoneau.

Gurgy-la-Ville, cant. de Recey-sur-Ource, Côte-d'Or.

Le Gouz.

H

Haroué, arr. de Nancy, Meurthe.

de Lenoncourt.

Hautefond, cant. de Paray-le-Monial, Saône-et-Loire.

de Lévis.

Hauterive, comm. de La Chapelle-de-Bragny, Saône-et-Loire.

de Beugre.

Hauterive, cant. de Rioz, Haute-Saône.

de Toulonjon.

Hauteville, arr. de Belley, Ain.

Lorin de Reure.

Heuilley-sur-Saône, cant. de Pontailler, Côte-d'Or.

Joly de Fleury.

Heurtière, comm. et cant. de Tullins, Isère.

Perrin.

Hierce, comm. de Montmoyen, cant. de Recey-sur-Ource, Côte-d'Or.

de Régnier.

Huilly, cant. de Cuisery, Saône-et-Loire.

de Bretagne, Chartraire, de Bourbonne, de Lugny.

Hurigny, cant. de Mâcon, Saône-et-Loire.

de La Bletonnière, de La Ferté, de La Martine, de Lestouf.

I

Igé, cant. de Cluny, Saône-et-Loire.

d'Amoncourt, d'Azé, de La Bletonnière, de Lugny, de Maugiron, Pagès de Vitrac.

Ignancourt, cant. de Moreuil, Somme.

d'Ailly.

Igornay, cant. de Lucenay-l'Evêque, Saône-et-Loire.

de Saulx-Tavannes, de Sercy, de Villers, La Faye.

Illiat, cant. de Thoissey, Ain.

d'Authon.

Innimont, cant. de Lhuis, Ain.

de Grillet.

Isenay, cant. de Moulins-en-Grillet, Nièvre.

de Fussey.

Is-sur-Tille, arr. de Dijon, Côte-d'Or.

Baillet, Le Gouz, de Lenoncourt, de Saulx-Tavannes.

Issy-l'Evêque, arr. d'Autun, Saône-et-Loire.

de Montchanin.

Ivry, cant. de Nolay, Côte-d'Or.

de Saint-Martin.

J

Jaligny, arr. de La Palisse, Allier.

de Jaligny.

Jalogny, cant. de Cluny, Saône-et-Loire.

de La Bletonnière.

Jambles, cant. de Givry, S.-et-L.

de Bissey.

Jancigny, cant. de Mirebeau-sur-Bèze, Côte-d'Or.

Le Gouz.

Jasseron, cant. de Ceyzériat, Ain.

de Rye.

Jausiers, cant. de Barcelonnette, Basses-Alpes.

Olivier de Senozan.

Jayat, cant. de Montrevel, Ain.

Perruquet.

Jolimont, comm. de Taizé, cant. de Saint-Gengoux, Saône-et-Loire.

Chanuet.

Joncy, cant. de La Guiche, S.-et-L.

de Mont-Saint-Jean, de Rochebaron.

Josserand, comm. de Saint-Jean-des Ollières, cant. de Saint-Dier, Puy-de-Dôme.

de Rochefort-d'Ailly.

Joudes, cant. de Cuiseaux, S.-et-L.

Bouthillon, de Chevrel, de Montjouvent, de Thoisy.

Journans, cant. de Pont-d'Ain, Ain.

de Bécerel.

Jours-en-Vaux, cant. de Nolay, Côte-d'Or.

de Breschard, de Gasse.

Jouvelle, cant. de Jussey, Haute-Saône.

de Bauffremont.

Joux, comm. d'Anost, cant. de Lucenay-l'Evêque, Saône-et-Loire.

Arnoux, Perrin de Cypierre.

Jubilé, comm. d'Uchizy, cant. de Tournus, Saône-et-Loire.

de Chassepot.

Juchaux, comm. de Viry, cant. de Charolles, Saône-et-Loire.

Dagoneau.

Jugy, cant. de Sennecey-le-Grand, Saône-et-Loire.

d'Anguillon, Bureteau, de Lugny, Olivier de Senozan, Robert, Sarton du Jonchay, de Jugy.

Jujurieux, cant. de Poncin, Ain.

de Chalant, de L'Aubépin.

Julliénas, cant. de Beaujeu, Rhône.

de La Roche, de Lyon.

Jullié, cant. de Beaujeu, Rhône.

de La Roche.

Juilly-les-Buxy, cant. de Buxy, Saône-et-Loire.

Quarré, de Thyard.

L

La Balme, cant. de Poncin, Ain.

de Dortan.

La Balmondière, comm. de Saint-Vérand, cant. de La Chapelle-de-Guinchay, Saône-et-Loire.

de La Balmonière.

La Barre, comm. de Bragny, cant. de Verdun-sur-le-Doubs, Saône-et-Loire.

de Beugre, de Lévis.

La Bâtie, comm. et cant. de La Chapelle-de-Guinchay, Saône-et-Loire.

de Feurs.

La Bâtie, comm. de Leynes, cant. de La Chapelle-de-Guinchay, Saône-et-Loire.

de Franchelins, de Nanton.

La Bâtie, comm. de Charnay-les-Mâcon, Saône-et-Loire.

de Busseuil.

La Beluze, comm. de Briant, cant. de Semur-en-Brionnais, Saône-et-Loire.

de Coudras.

L'Abergement, comm. de Ciry-le-Noble, cant. de Toulon-sur-Arroux, Saône-et-Loire.

de Changy.

L'Abergement, cant. de Cuisery, Saône-et-Loire.

Balay.

L'Abergement, comm. de Clemenciat, cant. de Châtillon-les-Dombes, Ain.

de Chabeu.

La Bévière, comm. et cant. de Châtillon-les-Dombes, Ain.

de Seyturier

La Bluze, comm. de Baudemont, cant. de La Clayette, Saône-et-Loire.

Charbonnier.

La Boissière, comm. de Bourcia, cant. de Saint-Julien, Jura.

de Branges.

La Bondue, comm. de Saint-Agnan, cant. de Digoin, Saône-et-Loire.

Lemaire de La Bondue.

La Borde, comm. de Mursange, cant. de Beaune, Côte-d'Or.

de Comeau.

La Borde, comm. de Bellenot-sous-Origny ou sur-Seine, cant. d'Orignay-le-Duc, Côte-d'Or.

de Bauffremont.

La Bouchardière, comm. de Colombier-en-Brionnais, cant. de La Clayette, Saône-et-Loire.

de Brye.

La Boulaye, cant. de Mesvres, Saône-et-Loire.

de Rochefort.

La Boulaye, comm. de La Petite-Verrière, cant. de Lucenay-L'Evêque, Saône-et-Loire.

Burnot de La Boulaye, de Changy.

La Boutière, comm. et cant. de Saint-Gengoux-le-National, Saône-et-Loire.

de Chappon, de Fautrières.

La Boutière, comm. de Chenôves, cant. de Buxy, Saône-et-Loire.

de La Boutière.

La Brèche, comm. et cant. de Saint-Symphorien-les-Charolles, Saône-et-Loire.

Deschamps de La Villeneuve.

La Breille, comm. de Savigneux, cant. Saint-Trivier-sur-Moignans, Ain.

de Massenay.

La Brosse, comm. de Saint-Yan, cant. de Paray-le-Monial, Saône-et-Loire.

Baudinot.

La Bruyère, comm. d'Igé, cant. de Cluny, Saône-et-Loire.

Dumolin, de La Bruyère, de Meyzieux, de Mincey.

La Buissonnière, Isère.

de Salignons.

La Bussière, comm. de Saint-Léger-sous-la-Bussière, cant. de Tramayes, Saône-et-Loire.

de Foudras, de Laurencin.

La Cailloterie, comm. de La Vineuse, cant. de Cuny, Saône-et-Loire.

Desbois.

La Carrière, comm. de Saint-Martin-en-Haut, cant. de Saint-Symphorien-sur-Coise, Rhône.

de Madière.

La Chaigne, cant. et comm. de Beaurepaire-en-Bresse, Saône-et-Loire.

d'Amoncourt.

La Chanée, comm. de La Chapelle-Volant, cant. de Bletterans, Jura.

du Pin.

La Chapelle-au-Mans, cant. de Geugnon, Saône-et-Loire.

Ducret de Montigny.

La Chapelle-de-Bragny, cant. de Sennecey-le-Grand, Saône-et-Loire.

de Beugre, Blanchet, de Bresse, de Carmoy, de Chasson, de Civria, de Constant, de Machureau, de Raffin, de Rivoire de La Bâtie, de Sampigny, de Simon.

La Chapelle-de-Guinchay, arr. de Mâcon Saône-et-Loire.

Benon des Chânes, de Guinchay, de La Charrière, de Lugny, Malard.

La Chapelle-de-Villard, comm. de Villeneuve-en-Montagne, cant. de Buxy, Saône-et-Loire.

de Bissey, de Chopéria, Ducret de Montigny, de La Chambre, de Saudon.

La Chapelle-du-Mont-de-France, cant. de Matour, Saône-et-Loire.

de Noblet.

La Chapelle-Saint-Sauveur, cant. de Pierre, Saône-et-Loire.

de Thyard.

La Chapelle-sous-Brancion, cant. de Tournus, Saône-et-Loire.

d'Azé, de Chantemerle, de Cornet, Juget, Julien, de La Guiche, de Marchizeuil, Monin, Prost de Royer, Ravier.

La Chapelle-Thècle, cant. de Montpont, Saône-et-Loire.

Boudier, Chartraire.

La Charité-sur-Loire, arr. de Cosne, Nièvre.

de Breschard.

La Charme, comm. d'Auroux-sur-Saône, cant. de Saint-Germain-du-Plain, Saône-et-Loire.

de La Boutière.

La Charme, comm. de Pierreclos, cant. de Tramayes, Saône-et-Loire.

de Cornon.

La Charmée, cant. de Chalon, Saône-et-Loire.

de Beugre, Colin de Serre, de Mucie, de Simon, Tribillet.

La Chassagne, comm. et cant. de Saint-Gengoux-le-National, S.-et-L.

Combriat, Deschamps de La Villeneuve.

La Chassagne, cant. d'Anse ou comm. de Saint-Nizier-d'Azergues ? Rhône.

de Merzé.

La Chaux, comm. de Cuisery, cant. idem, Saône-et-Loire.

de La Chaux.

La Chaux, comm. de Messey-sur-Grosne, cant. de Buxy, Saône-et-Loire.

Bataille de Mandelot.

La Chaux-des-Crotenay, cant. des Planches, Jura.

de Poupet.

La Clayette, arr. de Charolles, Saône-et-Loire.

de Chantemerle, Damas, de Dyo, de Lestouf, Malard, de Noblet.

La Collonge, comm. de Saint-Martin-de-Senozan, cant. de Mâcon, S.-et-L.

Buchet.

La Colonne, comm. de Gigny-sur-Saône, cant. de Sennecey, Saône-et-Loire

Baasge, Baillet, Bordelle, Bugnon, de Chanay, de Charnoz, de Chissey, de Clugny, de Coigneaux, de Colombier, de Ferrières, Floris de Fleury, de Foucault, Frépier, Gevray, de Gorgedey, Joly, de La Boutière, de La Collonge, de La Marche, Lantin, de La Perrière, de La Platière, de Lô, de Malain, du Meix, de Moisy, Mugnier, Paisseaux, de Pierrefontaine, de Pontailler, Salé, de Tavannes, de Thoisy, Truchot, de Vellaufant, Vérot.

La Comelle, cant. de Saint-Léger-sous-Beuvray, Saône-et-Loire.

Baugis.

La Condamine, Ain.

de Harenc.

La Cosme, cant. d'Epinac, comm. de Sully, Saône-et-Loire.

Julien.

La Cosme, comm. de Ciel, cant. de Verdun-sur-le-Doubs, Saône-et-Loire.

de Chauvirey, de La Collonge.

La Côte-Saint-André, arr. de Vienne, Isère.

de Salignons.

La Coudraye, comm. et cant. de Saint-Germain-du-Bois, Saône-et-Loire.

de Dyo.

La Coudre, comm. de Saint-Germain-des-Bois, cant. de Buxy, Saône-et-Loire.

de Bressey, Fibry de Chemilly, de Nance.

La Coutière-du-Bouchet, comm. de Toutenaut, cant. de Verdun-sur-le-Doubs, Saône-et-Loire.

de Fussey.

Lacrost, cant. de Tournus, Saône-et-Loire.

de Baugé, du Biolay, Duliron de

Montivers, Gauthier, de La Croix Laval, de La Fontaine, du Protet, Rozé de Champavert.

La Cueille, comm. de Poncin, arr. de Nantua, Ain.

de Champion, de La Chambre, du Luyrieu, Mareschal de Montsimon.

La Douze, comm. de Saint-Maurice-des-Prés, cant. de Lugny, Saône-et-Loire.

Aymard de Montval, Bezerans, Larme, de Laurencin, Marin, de Meaux, de Meyzieux, Moisson, Paisscaud, Pelletrat de Borde, de Thy de Milly.

La Duchère, comm. de Meylan, cant. de Grenoble, Isère.

de Rivérieulx.

La Farge, comm. de Serrières, cant. de Tramayes, Saône-et-Loire.

de Foudras.

La Faye, comm. de Saint-Germain-du-Bois, cant. *idem*, Saône-et-Loire.

Guyet, Mercier.

La Faye, comm. de Ventavon, cant. de Laragne, Hautes-Alpes.

de Pierre de La Faye.

La Ferté (Abbaye de), comm. de Saint-Ambreuil, cant. de Sennecey-le-Grand, Saône-et-Loire.

Anglois, Ausque, de Beauchamp, de Beaune, Béraud, de Bissey, Bizot, Boniers, Bouchu, de Breschard, de Bresse, de Breuil, de Brancion, de *Balgiaco*, de Beaumont, de Bourbon, Bridart, Burnon, de Buxy, de *Bosseria*, de Chaigney, de Chalon, de Chevannes, Cordier, de Canablin, de Chasault, de Chopéria, de Couches, de Créteuil, de Crose, de Cussey, Damas, Damerey, Descrivieux, Desvignes, Dramels, de Digoine, Espiard, de Fautrières, de Faverney, Fibry de Chemilly, de Fussey, Garchery, de Germoles, Gribout, Gros, de Grosbois, de Guibert, Humblot-Conté, d'Inteville, Jacob, Labastide, de La Perrière, de La Roche, de Lavernoys, de Laye, de Larc, Le Blanc, La Chapelle-de-Vilers, de La Charmée, de La Chèze, de La Genestoye, de Laives, de Lalheue, de Langle, de La Salle, de La

Tour, de Limont, de L'Isles, de Loges, de Loyse, de Luzy, Mallet, de Mallon, de Marcilly, de Martailly, de Massey, de Marnay, Mathis, de Mello, de Messey, de Molin, de Monetoy, Monnier, de Montaigu, de Montcaulier, de Montcenis, de Montel, de Mont-Saint-Jean, de Nanton, de Navilly, de Neublans, de Noblet, de Nora, de Nugiaco, de Palleau, Paligot, de Perrecy, Petit, de Pierrechamp, Pitois, Puète, du Puley, de Rastels, de Réons, Ribondeau, Robat, de Rochebaron, de Rochefort, de Ruilly, de Russilly, de Saint-Désert, de Saint-Martin, de Saint-Pierre, de Saint-Romain, de Sainte-Hélène, de Saudon, de Saules, Sauvageot, de Savianges, de Semur, de Sercy, de Taisey, de Tavannes, de Tenarre, Thénard, de Thiers, de Thoire, Thomasset, de Vergy, de Verneuil, Vernoy de Montjournal, de Vers, de Vienne, Viridet.

La Ferté-Imbault, comm. de Selles-Saint-Denis, cant. de Salbris, Loir-et-Cher.

d'Estampes.

La Flachère, comm. de Saint-Véraud, cant. le Bois-d'Oingt, Rhône.

de Chevriers.

La Font, comm. de Saône-et-Loire, d'Amanzé.

La Forétille, comm. d'Artaix, cant. de Marcigny, Saône-et-Loire.

Perroy de La Forestille.

La Fougère, comm. de Saint-Bonnet-de-Vieille-Vigne, cant. de Palinges, Saône-et-Loire.

Giraud.

La Frette, cant. de Montret, S.-et-L.

Chartraire, de Chastenay, de Ténarre

La Gachetierre, comm. de Voreppe, cant. de Voiron, Isère.

de Belle.

La Gaillardière, comm. d'Uchizy, cant. de Tournus, Saône-et-Loire.

de Gaillon.

La Garde, comm. de Saint-Léger-sous-la-Bussière, cant. de Tramayes, Saône-et-Loire.

de Foudras, de Laurencin.

La Gardette, comm. de Propières, cant. de Monsol, Rhône.

    de Rébé.

La Genète, cant. de Cuisery, Saône-et-Loire.

    Héran.

La Grande-Verrière, cant. de Saint-Léger-sous-Beuvray, Saône-et-Loire.

    de Montmorillon.

La Grange, comm. de Marcilly-les-Buxy, cant. de Buxy, Saône-et-Loire.

    de Breschard.

La Grange-du-Bois, comm. de Solutré, cant. de Mâcon, Saône-et-Loire.

    Desvignes.

La Grange-Grimoud ou *Gormoud*, comm. et cant. de Tournus, Saône-et-Loire.

    de Couchain, Grenelle, Grimoud, Larme, du Meix.

La Griffonnière, comm. de Mervaus, cant. de Saint-Germain-du-Bois, Saône-et-Loire.

La Grollière, comm. de Belleville, cant. le Poiré-sous-Napoléon, Vendée.

    Châtegner du Rouvre.

La Guiche, arr. de Charolle, Saône-et-Loire.

    de La Guiche, de Tenay.

Laignes, arr. de Châtillon-sur-Seine, Côte-d'Or.

    de Chalon.

Lailly, comm. de Saint-Léger-du-Bois, cant. d'Epinac, Saône-et-Loire.

    de La Palu.

Laives, cant. de Sennecey-le-Grand, Saône-et-Loire.

    d'Amoncourt, Burgat, de Charnoy, de Châteauneuf, de Clermont, de Clugny, de Cussey, de Drée, Féel, de Marbrel, Géliot, de Louves, de La Granges, de Lespine, de La Rochette, de Martailly, Mercier, de Messey, de Mons, d'Oyselet, de Perrenot La Grange, de Poncey, de Pontoux, de Taisey, Tapin, Vitte.

Laizé, cant. de Mâcon, Saône-et-Loire.

    de Lugny.

Lalheue, cant. de Sennecey-le-Grand, Saône-et-Loire.

    d'Amoncourt, d'Azé, Damerey, de Laye, de Pierrechamp, de Saules.

Lally, comm. de Saint-Léger-du-Bois, cant. d'Epinac, Saône-et-Loire.

    de Breschard.

La Loge, comm. de Flacey-en-Bresse, cant. de Cuiseaux, Saône-et-Loire.

    de Tavannes.

La Mâconnière, cant. de Louhans, Saône-et-Loire.

    Chartraire.

Lambres, cant. de Tournus, Saône-et-Loire.

    de Cortiambles, de La Cour, de Savianges.

La Madeleine, comm. de Saint-Antoine, cant. de Saint-Marcellin, Isère.

    de Maugiron.

La Malvelle, comm. de Vendenesse-sur-Arroux, cant. de Saint-Geugnon, Saône-et-Loire.

    Ducret de Montigny.

La Marche, comm. de Villegaudin, cant. de Saint-Martin-en-Bresse, Saône-et-Loire.

    de La Marche, de Lenoncourt.

La Minute, comm. de Sainte-Croix, cant. de Montpont, Saône-et-Loire.

    du Tartre.

La Mothe-Fénelon, cant. de Payrac, Lot.

    de Salignac.

La Mothe-Vaugrenand, comm. de La Racineuse, cant. de Pierre, Saône-et-Loire.

    de Foucault.

La Motte, comm. de La Racineuse, cant. de Pierre, Saône-et-Loire.

    Baillet, de Corent.

La Motte, comm. de Saint-Léger-sur-Dheune, cant. de Chagny, Saône-et-Loire.

    de La Collonge.

La Motte-Reuillon, comm. de Varennes-Reuillon, cant. de Digoin, Saône-et-Loire.

    de Busseul.

La Motte Saint-Eusèbe, cant. du Mont-Saint-Vincent, comm. de Saint-Eusèbe, Saône-et-Loire.

    de Carbonnet.

La Motte-Saint-Jean, cant. de Digoin, Saône-et-Loire.

    de Cossé-Brissac.

La Motte-Ternant, cant. de Saulieu, Côte-d'Or.

de Marcilly.

La Moutonnière, comm. de Bray, cant. de Cluny, Saône-et-Loise.

de Romanet.

Lampagny, comm. de Gigny, cant. de Sennecey-le-Grand, Saône-et-Loire.

de Barbière, de Clugny, de Corsaire, de Ferrières, de Tavannes.

Lancharre, comm. de Chapaize, cant. de Saint-Gengoux-le-National, Saône-et-Loire.

Bernet, du Blé, de Boisvert, Bouton de Chamilly, de Bouville, de Bragny, de Brêche, de Brâle, de Bresse, Burignot, de Busseul, de Chassaigne, de Chastenay, de Changy, de Chauvigny, de Cozant, Damarins, de Digoine, Duretal, Durusseau, des Essarts, d'Essertines, de Fautrières, de Fussey, Galoche, de Genouilly, de Germolles, Girard, Gon, La Bocaude, Le Chapelle-de-Vilers, Lantin de Montagny, Lepage d'Arbigny, de La Salle, La Vière, de Laye, Le Goust, Lungre, de Mailly, de Matreuil, Milotet, de Montserin, de Nagu-Varennes, de Nanton, de Neublans, Perrin, Prieur, Provost, de Saffre, de Saint-Clément, de Saint-Privé, de Sainte-Claire, de Saulx-Tavannes, de Tenarre, de Traves, de Trézettes, de Villegaudin.

Lancié, cant. de Belleville, Rhône.

Focard.

Langeac, arr. de Brioude, Haute-Loire.

Morel de Langeac.

Langère, comm. de Génélard, cant. de Toulon-sur-Arroux, Saône-et-Loire.

d'Amanzé, de Busseuil.

Langes, comm. de Saint-Sulpice, cant. de Bagé-le-Châtel, Ain.

du Breul, Ducret de Langes, Galland.

Langres, Haute-Marne.

de Saulx-Tavannes.

La Nocle, comm. de Marmagne, cant. de Montcenis, Saône-et-Loire.

de Marcilly, de Salins.

Lanques, cant. de Nogent, Haute-Marne.

de Choiseul.

Lans, cant. de Chalon, Saône-et-Loire.

Gon.

Lantenay, cant. de Dijon, Côte-d'Or.

de Courcelles, de La Collonge, de Mailly.

Lantilly, comm. de Cervon, cant. de Corbigny, Nièvre.

de Torcy.

La Palisse, Allier.

de Chabannes.

La Palud, comm. de Vilette, cant. de Chalamont, Ain.

de Malain.

La Panissière, comm. de Bosjean, cant. de Saint-Germain-du-Bois, Saône-et-Loire.

de Rollet, de Tenarre.

La Place, Saône-et-Loire.

d'Amanzé.

La Plaine, comm. de Royer, cant. de Tournus, Saône-et-Loire.

de Chappon, de Naturel.

La Planche, comm. de Damerey, cant. de Saint-Martin-en-Bresse, Saône-et-Loire.

Gagnepain, Lantin.

La Planche, comm. d'Auxy, cant. d'Autun, Saône-et-Loire.

Machureau.

La Plotte, comm. de Gourdon, cant. de Mont-Saint-Vincent, Saône-et-Loire.

Dezoteux, Viard.

La Porcheresse, comm. d'Auxy, cant. d'Autun, Saône-et-Loire.

de Traves.

La Porte, comm. de Saint-Nizier-d'Azergues, cant. de La Mure, Rhône.

de La Porte.

La Prasle, comm. de Gibles, cant. de La Clayette, Saône-et-Loire.

de Raffin.

La Prée, comm. de Chissey, cant. de Saint-Gengoux-le-National, Saône-et-Loire.

de Damoiseau.

La Racineuse, cant. de Pierre, Saône-et-Loire.

Chiquet.

La Riepe, comm. de Messey-sur-Grosne, cant. de Buxy, Saône-et-Loire.

Fournier.

La Rivière, comm. de Romanèche, cant. de La Chapelle-de-Guinchay, Saône-et-Loire.

Maridonneau.

Larnaud, cant. de Bletterans, Jura.

Pourtier de Larnaud.

La Roche, comm. de Boyer, cant. de Sennecey-le-Grand, Saône-et-Loire.

de Chappon.

La Roche-en-Bresnil, cant. de Saulieu, Côte-d'Or.

de Dyo.

La Roche-Milay, cant. de Luzy, Nièvre.

de Mello.

La Roche-Posay, cant. de Pleumartin, Vienne.

Chategner du Rouvre.

La Rochepot, cant. de Nolay, Côte-d'Or.

Pot dit de Rhodes, de Vienne.

La Rochette, comm. de Saint-Maurice-des-Champs, cant. de Buxy, Saône-et-Loire.

d'Hénin-Liétard, de Lavernette-Saint-Maurice, de Rymon.

La Rongère, comm. d'Epervans, Saône-et-Loire.

de Beugre.

La Roue, comm. de Versaugues, cant. de Paray-le-Monial, Saône-et-Loire.

du Blé.

Larvolot, comm. de Boyer, cant. de Sennecey-le-Grand, Saône-et-Loire.

de Bessey-de-Contenson, Ducret de Lange, Dulong de Rosnay.

La Salle, comm. de Mauziat, cant. de Bagé-le-Châtel, Ain.

de Franc.

La Salle, cant. de Lugny, Saône-et-Loire.

Bernard, Houitte de Lachesnais, de La Tour de Montbellet, Olivier de Senozan, de Vers.

La Saugerée, comm. d'Etrigny, cant. de Sennecey-le-Grand, Saône-et-Loire.

d'Angeville, de Chevriers, de Courcelles, Décousu, d'Expaulx, de Moyria, de Salignons, de Tyard.

La Serrée, comm. de Curtil-sous-Burnaud, cant. de Saint-Gengoux-le-National, Saône-et-Loire.

de Dée, Gerbaud, de Mucie, de Neufville, Perrault, du Roys.

La Serrée, comm. d'Ormes, cant. de Cuisery, Saône-et-Loire.

de La Serrée, de Tenarre.

La Serrée, comm. et cant. de Nuits, Côte-d'Or.

de Comeau.

La Serve, comm. de Prissé, cant. de Mâcon, Saône-et-Loire.

Desvignes, de Rymon.

La Servette, comm. de Romenay, cant. de Tournus, Saône-et-Loire.

de Pellapussin.

La Servette, comm. de Leyment, cant. de Lagnieu, Ain.

du Bois.

La Tessonnière, comm. de Sanvigne, cant. de Toulon-sur-Arroux, Saône-et-Loire.

de Trézettes.

La Teyssonnière, comm. de Buellas, cant. de Bourg, Ain.

Baillet, de Barnaut, de Bernault, Bernard, Galois, Lélide.

La Tour, comm. de Crêches, cant. de La Chapelle-de-Guinchay, Saône-et-Loire.

de La Tour de Montbellet.

La Tour, comm. de Varennes-l'Arconce, cant. de Semur-en-Brionnais, Saône-et-Loire.

de Busseuil, Joleau.

La Tour-Bandin, comm. de Montagny-les-Buxy, cant. de Buxy, Saône-et-Loire.

Alemant, Bon, de Saffre.

La Tour de Marcilly, comm. de Marcilly, cant. de Charolles, Saône-et-Loire.

Galois.

La Tour de Replonges, comm. de Replonges, cant. de Bagé-le-Châtel, Ain.

de Feurs.

La Tour-de-Romanèche, comm. de Romanèche, cant. de La Chapelle-de-Guinchay, Saône-et-Loire.

de Chabeu, Chesnard, de Thibaut, Trécourt.

La Tour-de-Vellaufant, cant. de Sennecey-le-Grand, Saône-et-Loire.

Larchevêque, de Parthenay, de Vellaufant.

La Tour-de-Vers, comm. et cant. de Sennecey-le-Grand, Saône-et-Loire.

Beuray de Viautaix, Fondi de Niort, Le Grand de Mercey, de Livron, Perrency, Petit, Prisque, de Tency.

La Tour-du-Bois, comm. d'Uxeau, cant. de Geugnon, Saône-et-Loire.

Bouchard d'Aubeterre, Ducret de Montigny, de Mandelot, de Saudon.

La Tour-du-Bost, comm. de Charmoy, cant. de Montcenis, Saône-et-Loire.

de Belleperche, de Moroges.

La Tour-Guérin, comm. et cant. de Couches, Saône-et-Loire.

de Montaigu.

La Tour-Mailly, comm. d'Igé, cant. de Cluny, Saône-et-Loire.

Colin de Serre, Desbois, de Maugiron, de Saint-Vallier.

La Tournelle, comm. de Saint-Martin-du-Mont, cant. de Beaurepaire, Saône-et-Loire.

Bouton de Chamilly.

La Tour-Saint-Giraud, cant. de Sennecey-le-Grand, comm. de Champlieu, Saône-et-Loire.

Clerguet.

La Train, comm. de Romenay, cant. de Tournus, Saône-et-Loire.

Aymon de Montépin, du Biolay, de Romanet, Volatier.

Latrecey, cant. de Châteauvillain, Haute-Marne.

de Lantages.

La Tremaillère, comm. de Saint-Usuge, cant. de Saint-Germain-du-Bois, Saône-et-Loire.

de Rollet.

La Truchère, cant. de Tournus, Saône-et-Loire.

d'Anthon, d'Antigny, d'Avaugour, Bouchin, de Bretagne, Deschamps, Guyet, de La Chambre, Le Sueur, Le Valois, d'Orgemont, Péret, Regnault, de Saint-Trivier, de Seyssel, des Ursins.

Laubépin, comm. de Villette-les-Saint-Amour, cant. de Saint-Amour, Jura.

de L'Aubespin.

La Valette, comm. de Joncy, cant. de La Guiche, Saône-et-Loire.

Decret.

La Valette, comm. de La Chapelle-au-Mans, cant. de Geugnon, Saône-et-Loire.

Ducret de Montigny, de Dyo.

La Valette, Isère.

Pianello.

La Vallée, comm. d'Amanzé, cant. de La Clayette, Saône-et-Loire.

d'Amanzé.

La Vallée, comm. de Cussy-en-Morvan, cant. de Lucenay-l'Evêque, S.-et-L.

Burnot de La Boulaye.

Lavaux, Puy-de-Dôme.

Bittard des Portes.

La Vaux, comm. de Pruzilly, cant. de La Chapelle-de-Guinchay, Saône-et-Loire.

d'Amanzé.

Lavaux, comm. de Dyo, cant. de La Clayette, Saône-et-Loire.

de Rabutin, de Raffin.

La Vavre, comm. de Saint-Martin-du-Mont, cant. de Pont-d'Ain, Ain.

Descrivieux.

La Verne, comm. d'Ouroux-sur-Saône, cant. de Saint-Germain-du-Plain, Saône-et-Loire.

de La Boutière.

La Vernée, comm. de Trivy, cant. de Matour, Saône-et-Loire.

d'Andelot.

La Vernette, comm. de Leynes, cant. de La Chapelle-de-Guinchay, Saône-et-Loire.

Bernard, de Marcilly.

La Verpillière, cant. de Vienne, Isère.

Olivier de Senozan.

La Vesvre, comm. de Blanzy, cant. de Montcenis, Saône-et-Loire.

de Traves.

La Villeneuve, comm. de La Genête, cant. de Cuisery, Saône-et-Loire.

d'Avaugour, Bouchin, de Bretagne, Deschamps, Guyet, de La Chambre, Méchin, d'Orgemont, Péret, Perrault, de Saint-Trivier, de Seyssel, des Ursins, de Viry, Le Sueur, Le Valois.

La Villeneuve, comm. de Frangy, cant. de Saint-Germain-du-Bois, S.-et-L.

de Fussey.

Layé, comm. de Vinzelles, cant. de Mâcon, Saône-et-Loire.

Bullion, de Busseuil, Chesnard.

Layer, comm. et cant. de Saint-Germain-du-Bois, Saône-et-Loire.

de Gondy.

Lays-sur-le-Doubs, cant. de Pierre, Saône-et-Loire.

Hugonnet, de Genlis, de Saillant, de Truchis.

Le Biolay, comm. de Saint-Usuge, cant. de Louhans, Saône-et-Loire.

de Brie.

Le Biolay, comm. de Romenay, cant. de Tournus, Saône-et-Loire.

de Biolay.

Le Bouchet, Nièvre.

de Fussey.

Le Bourgneuf, comm. de Touches, cant. de Givry, Saône-et-Loire.

Bouton de Chamilly, de Digoine.

Le Breuil, comm. de l'Abergement, cant. de Cuisery, Saône-et-Loire.

de La Boutière.

Le Breuil, cant. de Montcenis, Saône-et-Loire.

Callard des Brosses, Duhoux.

Le Brouillat, comm. d'Ouroux, cant. de Saint-Germain-du-Plain, Saône-et-Loire.

de Clugny.

Le Brouillat, comm. de Neuvy-Grand-Champ, cant. de Geugnon, Saône-et-Loire.

Bergier, de Cossé-Brissac.

Le Champ-Saint-Pierre, comm. de Baudrières, cant. de Saint-Germain-du-Plain, Saône-et-Loire.

de Marcilly.

Le Champseau, comm. d'Iguerande, cant. de Semur-en-Brionnais, Saône-et-Loire.

de Chandon.

Le Chanay, comm. de Tenay, cant. de Saint-Rambert, Ain.

de Montjouvent.

Le Châtelard, comm. de La Chapelle-du-Châtelard, Ain.

du Breul, Dinet.

Le Châtelard, comm. de Saint-Remy, cant. de Bourg, Ain.

de Saint-Oyen.

Le Châtelet, comm. de Demigny, cant. de Chagny, Saône-et-Loire.

du Châtelet.

Le Chêne, comm. et cant. de Sennecey-le-Grand, Saône-et-Loire.

Labbé de La Genardière.

Le Chêne, comm. de Jugy, cant. de Sennecey, Saône-et-Loire.

Bureteau, de Gondy.

Le Colombier, comm. de Clermain, cant. de Tramayes, Saône-et-Loire.

de Foudras.

Le Colombier, comm. de la Racineuse, cant. de Pierre, Saône-et-Loire.

Le Colombier, comm. de Romenay, cant. de Tournus, Saône-et-Loire.

du Puys.

Le Côté, comm. de Gibles, cant. de La Clayette, Saône-et-Loire.

de Marcilly.

Le Devant, comm. de Ciry-le-Noble, cant. de Toulon, Saône-et-Loire.

de Saint-Clément.

L'Echelette, comm. de La Chapelle-sous-Brancion, cant. de Tournus, Saône-et-Loire.

Dejussieu.

Leé, comm. de Saint-Beury, cant. de Vitteaux, Côte-d'Or.

du Meix, de Toulonjon.

Le Fay, cant. de Beaurepaire, Saône-et-Loire.

Bouton de Chamilly, de Crèvecœur, de Montbéliard, d'Oyselet.

Le Fied, cant. de Voiteur, Jura.

du Pin.

Le Fournet, comm. de Vauban, cant. de La Clayette, Saône-et-Loire.

de Noblet.

Le Grand-Chevagny, comm. de Saint-Vincent-les-Bragny, cant. de Palinges, Saône-et-Loire.

Perrin.

Le Grand-Limont, cant. de Saint-Germain-du-Plain, Saône-et-Loire.

de Montconis, de Neufville.

Le Grand-Taperey, comm. de Saint-Bonnet-en-Bresse, cant. de Pierre, Saône-et-Loire.

Gallois.

Le Gratoux, comm. de Saint-Eusèbe, cant. du Mont-Saint-Vincent, Saône-et-Loire.

Quarré.

Le Havet, comm. de Coudessiat, cant. de Châtillon-les-Dombes, Ain.

de Laye.

Le Jonchay, comm. et cant. d'Anse, Rhône.

Sarron, Sarton du Jonchay.

Le Lac, cant. de Marcigny-sur-Loire, Saône-et-Loire.

de Massenay, Perrin.

Le Larrey, comm. de Chissey-en-Morvan, cant. de Lucenay-l'Evêque, Saône-et-Loire.

de Toulonjon.

Le Magny, comm. de Sauvignes ou de Montceau-les-Mines ? Saône-et-Loire.

d'Amanzé, du Meix.

Le Maupas, comm. de Chatenoy-le-Royal, cant. de Chalon, Saône-et-Loire.

de Foudras, Paisseaud, de Simon.

Le Miroir, comm. et cant. de Cuiseaux, Saône-et-Loire.

Dompmartin, de Haraucourt, de Ratte.

Le Moutet, comm. de Châteauneuf, cant. de Chauffailles, Saône-et-Loire ou comm. et cant. de Palinges ?

de Raffin.

Le Moulin de Morestin, comm. d'Azé, cant. de Lugny, Saône-et-Loire.

de Chandieu.

Lenax, cant. de Dijon, Allier.

Avril, de Chabannes.

Lenoncourt, cant. de Saint-Nicolas-du-Port, Meurthe.

de Lenoncourt.

Le Pailly, cant. de Longeau, Côte-d'Or.

de Saulx-Tavannes.

Le Palais, comm. de Mailly, cant. de Semur-en-Brionnais, Saône-et-Loire.

de Digoine.

Le Parc, comm. de Sancé, cant. de Mâcon, Saône-et-Loire.

de Busseuil, Mareschal de Montsimon, Olivier, de Senozan.

Le Pasquier, cant. de Champagnole, Jura.

de Salins.

L'Epervier, comm. de Saint-Loup-de-la-Salle, cant. de Verdun-sur-le-Doubs, Saône-et-Loire.

de La Chambre.

L'Epervière, comm. de Gigny-sur-Saône, cant. de Sennecey-le-Grand, Saône-et-Loire.

d'Amoncourt, Arnoux, Baillet, de Charnoz, Charpy, de Cossé-Brissac, de Digoine, de Ferrières, Floris de Fleury, de Foucault, de Géramb, Huvé, de La Boutière, de La Perrière, de La Platière, de Loyse, du Meix, de Rochebaron, de Roussillon, de Saint-Julien, de Saulx-Tavannes, de Sercy, de Tavannes, de Toulon.

L'Epine, comm. de Boyer, cant. de Sennecey-le-Grand, Saône-et-Loire.

Lévesque.

Le Pin, comm. de Varennes-Saint-Sauveur, cant. de Cuiseaux, Saône-et-Loire.

Puget.

Le Plantay, cant. de Chalamont, Ain.

de Chandée, de La Palu.

Le Plessis, comm. de Blanzy-sur-Bourbince, cant. de Montcenis, Saône-et-Loire.

Quarré.

Le Pont, comm. de Vitry-en-Charollais, cant. de Paray-le-Monial, Saône-et-Loire.

de La Cour.

Le Puley, cant. de Mont-Saint-Vincent Saône-et-Loire.

du Blé, de Boisvert, Thomasset.

Le Pussey, comm. d'Allerey, cant. de Verdun-sur-le-Doubs, Saône-et-Loire.

de Languidonne.

Le Rousset, comm. de Marcilly-la-Gueurce, cant. d'Issy-l'Evêque, Saône-et-Loire.

Dagoneau, de Villers-la-Faye.

Le Rousset, cant. de La Guiche, Saône-et-Loire.

de Lestouf.

Le Saugey, comm. de Bey, cant. de Pont-de-Veyle, Ain.

de Sachins.

Les Ardillats, cant. de Beaujeu, Rhône.

de Thibaut.

Les Aumonts, comm. de Mary, cant. du Mont-Saint-Vincent, Saône-et-Loire.
de Franc, de Lugny.

Les Autels, comm. de Pouilloux, cant. de La Guiche, Saône-et-Loire.
Thomasset.

Les Brousses, comm. de Puy-Saint-Gulmier, cant. de Pontaumur, Puy-de-Dôme.
Gilbert.

Les Chanaux, comm. de Mâcon, Saône-et-Loire.
de Meaux.

Les Chezeaux, comm. d'Audes, cant. de Hérisson, Allier.
de Chevriers.

Les Colins, comm. d'Anzy, cant. de Marcigny, Saône-et-Loire.
Perrin de Cypierre.

Les Couardes, comm. de Marboz, cant. de Coligny, Ain.
Descrivieux.

Les Devants, comm. de Saint-Bonnet-de Cray, cant. de Semur-en-Brionnais, Saône-et-Loire.
de Nanton.

Les Feuillées, Saône-et-Loire.
d'Amanzé.

Les Filletières, comm. de Chenôves, cant. de Buxy, Saône-et-Loire.
Chiquet, de Lévis, Mercier, Perrin.

Les Forges, comm. de Varennes-l'Arconce, cant. de Semur-en-Brionnais, Saône-et-Loire.
Joleau.

Les Fossés, cant. de La Clayette, Saône-et-Loire.
de Cossé-Brissac.

Les Fougères, comm. de Saint-Bonnet-de-Vieille - Vigne, cant. de Palinges, Saône-et-Loire.
de Semur.

Les Iles, comm. de Kernours, cant. de Lesneven, Finistère.
du Coëtlosquet.

Les Lesnes, comm. de Saint-André-en-Bresse, cant. de Montret, Saône-et-Loire.
de Mandelot.

Les Loges, comm. de Gourdon, cant. du Mont-Saint-Vincent, Saône-et-Loire.
de Loges.

Les Lyonnières, comm. de Saint-Etienne-du-Bois, cant. de Treffort, Ain.
de Corent, de Seyturier.

Lesmes, cant. de Bourbon-Lancy, Saône-et-Loire.
Baillet.

Les Murgers, comm. de Donzy-le-National, cant. de Cluny, S.-et-L.
de La Guiche, Petit de Chassignoles.

Les Murgers, al. *Murget, La Grange Murget, — de Murget, — des Murgers, Murger*, comm. de Solutré, cant. de Mâcon, sud.
Tupinier.

Les Nuguet, comm. et cant. de La Chapelle-de-Guinchay, Saône-et-Loire.
Colin de Serre, de Verdun.

Le Soleil, comm. de Saint-Symphorien, des-Bois, cant. de La Clayette, Saône-et-Loire.
de Chevriers.

Les Plantes, comm. de Saint-Jean-de-Trézy, cant. de Couches, Saône-et-Loire.
Bouchu.

Les Pierres, comm. de Pierreclos, cant. de Tramayes, Saône-et-Loire.
de La Bletonnière.

Les Portes, comm. de Latour-d'Auvergne, cant. *idem*, Puy-de-Dôme.
Bittard des Portes.

Les Poutet, comm. de Varennes-Reuillon, cant. de Digoin, Saône-et-Loire.
de La Cour.

Les Pradels, comm. de Luc, cant. de Laugogne, Lozère.
Rochefort d'Ailly.

Les Puits, comm. de Gourdon, cant. du Mont-Saint-Vincent, Saône-et-Loire.
de Raffin.

Les Putigny, comm. et cant. de Saint-Martin-en-Bresse, Saône-et-Loire.
de Clugny.

Les Quarrés, comm. de Vitry-en-Charollais, cant. de Paray-le-Monial, Saône-et-Loire.
Blanchet.

Les Rippes, comm. de Saint-Jean-sur-Veyle, cant. de Pont-de-Veyle, Ain.
de Prata.

Les Robins, comm. de La Chapelle-Thècle, cant. de Montpont, S.-et-L.
Auger.

Les Saillant, comm. de Viry, cant. de Charolles, Saône-et-Loire.

de Boyer.

Lessard-en-Bresse, cant. de Saint-Germain-du-Plain, Saône-et-Loire.

Chabot, de La Baume-Montrevel, de Polignac, de Saulx-Tavannes.

Lessard-le-Royal, cant. de Chagny, Saône-et-Loire.

de Haulvas.

Les Saugets, comm. de Sornays, cant. de Louhans, Saône-et-Loire.

de La Chambre.

L'Essertot, comm. de Saint-Vallier, cant. de Mont-Saint-Vincent ou de Sauvignes, cant. de Toulon-sur-Arroux, Saône-et-Loire.

d'Amanzé, Bernault, de Busseul, de L'Aubépin.

Lessot, comm. et cant. de Montpont, Saône-et-Loire.

de Durtal, de Nance.

Les Terreaux, comm. de Vérosvres, cant. de Saint-Bonnet-de-Joux, Saône-et-Loire.

Le Roux du Terreaux, de Tibault.

Les Thorins, comm. de Romanèche, cant. de La Chapelle-de-Guinchay, Saône-et-Loire.

Malard.

Les Tours, comm. de Crèches, cant. de La Chapelle-de-Guinchay, Saône-et-Loire.

de Feurs, de Nanton.

Les Vignolles, comm. de Montret, cant. de Louhans, Saône-et-Loire.

Ragot.

Le Tartre, cant. de Saint-Germain-du-Bois, Saône-et-Loire.

de Chastenay, du Tartre.

L'Etoile, cant. de Lons-le-Saulnier, Jura.

du Clos.

Le Thil, comm. de Chenôves, cant. de Buxy, Saône-et-Loire.

de Lévis, Mercier, Perrin, du Tartre.

Le Thil, comm. de Vaux-Renard, cant. de Beaujeu, Rhône.

de Chevriers.

Le Tillet, comm. de Curciat-Dongalon, cant. de Saint-Trivier-de-Courtes, Ain.

de Seyturier.

Le Tiret, comm. d'Ambérieux, cant. id., Ain.

de La Balme, de Montjouvent.

Le Tremblay, comm. de Saint-Nizier-sous-Charmois, cant. de Montcenis, Saône-et-Loire.

de Fussey.

Le Tremblay, comm. et cant. de Saint-Trivier-de-Courtes, Ain.

Mareschal de Montsimon.

Le Vernay, Saône-et-Loire.

de Messey.

Le Vernoy, comm. de Montceau-les-Mines, ou de Saint-Vallier, cant. du Mont-Saint-Vincent, Saône-et-Loire.

de Traves.

Le Versoix, comm. de Lamoura, cant. de Saint-Claude, Jura.

de La Balme.

Le Vignaux, comm. de Varennes-sous-Dun, cant. de La Clayette, Saône-et-Loire.

Perrin de Cypierre.

Levigny, comm. de Charnay, cant. de Mâcon, Saône-et-Loire.

de Meaux.

Le Villars, cant. de Tournus, Saône-et-Loire.

d'Andelot, d'Anglure, de Beugre, Bouchet, des Bravards-d'Eyssiat, de Chacipol, de Grillet, de Montivert.

Le Villard-sous-Joudes, cant. de Cuiseaux, Saône-et-Loire.

de Branges.

Levis, cant. de Toucy, Yonne.

de Lévis.

Leynes, cant. de La Chapelle-de-Guinchay, Saône-et-Loire.

du Bon, Guerbaud, de Marcilly, Perruquet, de Ruis.

Leyssiat, comm. de Romenay, cant. de Tournus, Saône-et-Loire.

Auger, de La Rodde, de Montjouvent.

Lhuirieu, comm. de Béon, cant. de Champagne, Ain.

de Grolée.

Lhuis, arr. de Belley, Ain.

de Grolée.

L'Huisserie, près Laval, **Mayenne.**

de Beaufort.

Liconna, comm. de Villechantria, cant. de Saint-Julien, Jura.
 de Montmoret.
Lieffrans, cant. de Scey-sur-Saône, Haute-Saône.
 de La Baume-Montrevel.
Ligny, cant. de Semur-en-Brionnais, Saône-et-Loire.
 Pelletrat de Borde.
Limand, cant. de Toulon-sur-Arroux, Saône-et-Loire.
 de Changy.
Limont, comm. de Saint-Germain-du-Plain, Saône-et-Loire.
 de Lévis.
L'Isle, comm. de Saint-Cyr-sur-Menthon, cant. de Pont-de-Veyle, Ain.
 du Breul, de Colmont.
Lissiat, comm. de Romenay, cant. de Tournus, Saône-et-Loire.
 de Chavannes, de Gorrevod, de La Roche, de Malaval, de Saint-Nizier, du Terrat, de Vincens.
Loché, cant. de Mâcon, Saône-et-Loire.
 Bernard, Chesnard, Morel.
Lochères, Côte-d'Or.
 de Courcelles.
Loches, cant. d'Essoyes, Aube.
 de Lenoncourt.
Loire, cant. de Condrieu, Rhône.
 de Maugiron.
Loisia, cant. de Saint-Amour, Jura.
 de Loisy.
Loisy, cant. de Cuisery, Saône-et-Loire.
 Animé, d'Antigny, Bouchu, de Bretagne, Clerguet, de La Chapelle, Chartraire de Bourbonne.
Loize, comm. et cant. de La Chapelle-de-Guinchay, Saône-et-Loire.
 du Bois, de Challes, de Chevrel, de Franc, Perruquet.
Lompnes, cant. de Hauteville, Ain.
 d'Angeville.
Longeault, cant. de Genlis, Côte-d'Or.
 de Mailly.
Longepierre, cant. de Verdun-sur-le-Doubs, Saône-et-Loire.
 Alemant, de Canablin, de Chauvirey, de Longvic, de Pontoux.

Longueville, comm. de Montel-de-Gelat, cant. de Pontaumur, Puy-de-Dôme.
 Gilbert.
Longwy, cant. de Chemin, Jura.
 de Longvic.
Lons-le-Saulnier, Jura.
 de Vienne.
Loriol, comm. de Confrançon, Ain.
 d'Asnières.
Louhans, Saône-et-Loire.
 d'Antigny, de Branges, Burdin, de Chamillard, de Chillie, Duchesneau, Godefroy de Granod, Guyet, de La Marche, Le Gouz, de Loisy, Marchand, Vitte.
Louvois, cant. d'Ay, Marne.
 Le Tellier.
Loyettes, cant. de Lagnieu, Ain.
 d'Anthon.
Loyse, comm. de Nanton, cant. de Sennecey-le-Grand, Saône-et-Loire.
 de Loyse, de Lugny, de Traves.
Lozanne, cant. d'Anse, Rhône.
 de Rivérieulx.
Lucenay-l'Evêque, arr. d'Autun, Saône-et-Loire.
 de Breschard, de Fontenay.
Lucey, cant. de Recey-sur-Ource, Côte-d'Or.
 Le Gouz, de Rochefort.
Luchey, comm. de Saint-Pierre-de-Varennes, cant. de Couches, Saône-et-Loire.
 de Tintry.
Lucy-le-Bois, cant. d'Avallon, Yonne.
 Fabry de Chemilly.
Lugny, arr. de Mâcon, Saône-et-Loire.
 d'Azé, Benon, de Bontour, de Cabrol, Chabot, du Chesnet, Denaconne, de Gomeret, de La Baume-Montrevel, de La Ferté, de Lugny, de Montlaferté, d'Occors de La Tour, Olivier, de Polignac, de Repère, de Saint-Point, de Saulx-Tavannes.
Lugny-les-Charolles, comm. de Charolles, Saône-et-Loire.
 de Lévis.
Lurcy, cant. de Saint-Trivier-sur-Moignans, Ain.
 de Ryer.

Lux, comm. de Sevrey, cant. de Chalon, Saône-et-Loire.

Bernard, Bon, de Bresse, Burgat, de Colombey, de Crussol d'Uzès, de Drée, de La Collonge, de La Rochefoucauld, Lélide, Le Tellier, de Malain, de Mandelot, de Pontoux, de Rochefort, de Saulx-Tavannes, de Souvré.

Lyon, Rhône.

Chopin, Fay de Sathonay, Janton, Lorin de Reure, Mabire, Paradis de Barolles.

Lyonnières, comm. de Saint-Etienne-du-Bois, cant. de Treffort, Ain.

de Corent, de Scyturier.

Lys, comm. de Chissey-les-Mâcon, cant. de Saint-Gengoux-le-National, Saône-et-Loire.

d'Aumont, Bauderon de Sennecé, Ducarruge, Hugonnet, de Rochebaron, de Saillant.

M

Mâcon, Saône-et-Loire.

d'Antigny, Bonne, Bonnet, Bordet, Boudier, de Boyer, de Brancion, Bret, de Brosse, Buchet, Bugnon, Bullion, Cajon, de Chèvriers, Chuffaing, Colas, Colbert, Colin, de Colombier, Cortambert, Crochet, Dagoneau, Dahon, Delaporte, Delavigne, Desvignes, Dupré, Dupuis, Finet, Focard, Gimarey, Guichenon, Guillon, Hugonnet, Hugand, Jay, de Lamartine, Larme, Lhuillier, de Lyon, de Mandelot, Marin, Moisson, Montaudry, de Montlaferté, Mothion, de Naconne, de Namps, de Nanton, Pelez, Pelletrat de Borde, de Pernaton, Perrier de Marigny, Picollier, de Pise, de Rochebaron.

Maconge, cant. de Pouilly-en-Montagne, Côte-d'Or.

de La Palu.

Magnien, cant. d'Arnay-le-Duc, Côte-d'Or.

Millot, de SaintMartin.

Magny, comm. de Sarcey, cant. de l'Abresle, Rhône.

de La Porte.

Magny-la-Ville, cant. de Semur, Côte-d'Or.

de Janly.

Magny-sur-Tille, cant. de Genlis, Côte-d'Or.

Bastier, Dagoneau, de Frolois, Le Gouz, de Villers-la-Faye.

Maillat, cant. de Nantua, Ain.

de Moyria.

Maillot-Granges, cant. d'Ornans, Doubs.

d'Achie.

Mailly, cant. de Semur-en-Brionnais, Saône-et-Loire.

de Digoine, de Saint-Privé.

Mailly, cant. d'Auxonne, Côte-d'Or.

de Mailly.

Maison-Blanche, comm. de Châtenay-le-Royal, Saône-et-Loire.

Bernard.

Maison-Rouge, comm. de Charcey, cant. de Givry, Saône-et-Loire.

Baillet, Borrelier, Floris de Fleury.

Mâlain, cant. de Sombernon, Côte-d'Or.

de Bauffremont.

Malatrait, comm. de Pruzilly, cant. de La Chapelle-de-Guinchay, Saône-et-Loire.

de Germolles.

Malaval, comm. de Marboz, ou de Serrières-sur-Ain, Ain.

de Bécerel, de Malaval, de Saint-Nizier.

Malay, cant. de Saint-Gengoux-le-National, Saône-et-Loire.

Malfontaine, comm. de Burzy, cant. de Saint-Gengoux-le-Royal, Saône-et-Loire.

de La Faye, de Montrichard, de Thibaut.

Malicorne, comm. de Dolus, cant. de Loches, Indre-et-Loire.

de Grillet.

Mallerey, cant. de Beaufort, Jura.

de Poupet.

Mancey, cant. de Sennecey-le-Grand, Saône-et-Loire.

de Jaligny, de La Salle, de Montfalcon, Morandat, Prost de Royer, de Rébé, d'Uchizy.

Mandelot, comm. de Navilly, cant. de Beaune, Côte-d'Or.

Bataille de Mandelot, du Blé, de Régnier.

Mantenay-Monthin, cant. de Saint-Trivier-de-Courtes, Ain.

de Montregnard.

Mantry, cant. de Sellières, Jura.

Borrelier.

Manziat, cant. de Bagé-le-Châtel, Ain.

Rabutin.

Maraud, comm. d'Arronnes, cant. de Mayet-de-Montagne, arr. de La Palisse, Allier.

d'Amauzé.

Marbé, comm. de Mâcon, Saône-et-Loire.

Aymard de Montval, Bernard, de Meaux.

Marboz, cant. de Coligny, Ain.

de La Baume-Montrevel.

Marchizeuil, comm. de Saint-André-le-Désert, cant. de Cluny, Saône-et-Loire.

de Belleperche, de Lanneau, de Thyard.

Marchizeuil, cant. de Change, comm. d'Epinac, Saône-et-Loire.

de Marchizeuil.

Marcilly, comm. de Grury, cant. d'Issy-l'Evêque, Saône-et-Loire.

de Bernault, Dagoneau, Damas.

Marcilly-les-Buxy, ou Marcilly-sur-Grosne, cant. de Buxy, Saône-et-Loire.

Julien.

Marcilly-d'Azergues, cant. de Limonest, Rhône.

de Rivcrieulx.

Marcilly-la-Geurce, cant. de Charolles, Saône-et-Loire.

de Gueurce, de La Cour, de Marcilly.

Marcilly-les-Nonains, cant. de Vitteaux, Côte-d'Or.

de Genlis, de Torcy.

Marcigny, arr. de Charolles, Saône-et-Loire.

Combriat, Perroy de La Forestille.

Marcy, comm. de Cronat ou Maltat, cant. de Bourbon-Lancy, Saône-et-Loire.

Perrault.

Mardiangue, comm. de Vigny, cant. de Paray-le-Monial, Saône-et-Loire.

de Belleperche, de Marcilly.

Marefontaine, comm. de Montbellet, cant. de Lugny, Saône-et-Loire.

du Rousset, Gillet de Valbreuse.

Marey, comm. de Cussy-en-Morvan, cant. de Lucenay-l'Evêque, Saône-et-Loire.

de Lanneau.

Marey-sur-Tille, cant. de Selongey, Côte-d'Or.

de La Collonge, de Longchamp, de Rochechouart de Chandenier.

Marigny, cant. du Mont-Saint-Vincent, Saône-et-Loire.

de Bourbon.

Marigny, Côte-d'Or.

de Bauffremont, de Montaigu, de Thy de Milly.

Marigny, comm. de Vérizet, cant. de Mâcon, Saône-et-Loire.

Channet, de Foudras.

Marigny, près Fleurville, Saône-et-Loire.

Pelez, Perrier de Marigny.

Marigny, cant. de Clairvaux, Jura.

de Salins.

Marillat, comm. de Viriat, cant. de Bourg, Ain.

Charbonnière.

Marizy, cant. de La Guiche, Saône-et-Loire.

de Cossé-Brissac.

Marliens, cant. de Genlis, Côte-d'Or.

Fabry de Chemilly.

Marley-sous-Issy, cant. d'Issy-l'Evêque, Saône-et-Loire.

de Dyo, de Marcilly.

Marmont, comm. de Vonnas, cant. de Châtillon-les-Dombes, Ain.

d'Andelot, de Seyturier.

Marnay, comm. de Saint-Symphorien-de-Marmagne, cant. de Montcenis, Saône-et-Loire.

de Livron.

Marnay, cant. de Chalon, Saône-et-Loire.

Berthelier, de Bourrache, de Chastellux, de La Tour de Montbellet, de Marnay, de Sennecey, de Talleyrand-Périgord.

Marolles-les-Bailly, cant. de Bar-sur-Seine, Aube.

de Lenoncourt.

Martailly, cant. de Tournus, Saône-et-Loire.

d'Azé, de Boine, de Chastenay, de Drompvent, Mainsonnat, de Marchizeuil, Ménestrier, Prost de Royer, de Rains.

Martenet, comm. de Saint-Romain-sous-Versigny, cant. de Toulon-sur-Arroux, Saône-et-Loire.

de Digoine.

Martignat-sous-Jerros, cant. d'Oyonnax, Ain.

de Dortan, de Montferrand.

Martigny-le-Comte, cant. de Palinges, Saône-et-Loire.

de Cossé-Brissac, de La Guiche.

Martray, comm. de La Vineuse, cant. de Cluny, Saône-et-Loire.

Deschamps de La Villeneuve.

Masoncle, comm. de Marly-sur-Arroux, cant. de Toulon-sur-Arroux, Saône-et-Loire.

Deschamps de La Villeneuve.

Masse, comm. de Corcelles-les-Arts, cant. de Beaune, Côte-d'Or.

de Tintry.

Massilly, cant. de Cluny, Saône-et-Loire.

du Blé, Decret, Verne.

Massingy, cant. de Châtillon-sur-Seine, Côte-d'Or.

d'Anglure, Collot.

Maubec, Isère.

Pianello.

Mauffans, comm. de Mantry, cant. de Sellières, Jura.

Borrelier.

Maupas, comm. de Châtenoy-le-Royal, cant. de Chalon, Saône-et-Loire.

de Pontoux.

Maupré, comm. et cant. de Charolles, Saône-et-Loire.

Dagoneau.

Mauvilly, cant. d'Aignay-le-Duc, Côte-d'Or.

de Chaviré, de Villers-la-Faye.

Mavilly, arr. de Beaune, Côte-d'Or.

Bataille de Mandelot, du Blé.

Maxilly-sur-Saône, cant. de Pontailler, Côte-d'Or.

de Barnaud, de Bernault.

Mazoncle, comm. de Hautefond, cant. de Paray-le-Monial, Saône-et-Loire.

Perrin de Cypierre, de Saint-Authot.

Meillonnas, cant. de Treffort, Ain.

de La Chambre, de Viry.

Mellecey, cant. de Givry, Saône-et-Loire.

de Germolles, de Marnay.

Mépieu, cant. de Morestel, Isère.

de Grolée.

Mépillat, cant. de Pont-de-Veyle, Ain.

de Moyria.

Mépiller, ou *Mépilley*, comm. de Sevrey, cant. de Chalon, Saône-et-Loire.

Bernard, de Colombey, de Crussol, d'Uzès, de La Rochefoucauld, Le Tellier, de Mandelot, de Saudon, de Souvré.

Mercey, comm. de Cheilly, cant. de Couches, Saône-et-Loire.

de Saint-Léger.

Mercey, comm. de Montbellet, cant. de Lugny, Saône-et-Loire.

de Boyer, de La Baume-Montrevel, Le Grand de Mercey, Noly, de Saint-André.

Mercurey, cant. de Givry, Saône-et-Loire.

de Digoine, de Montrichard, Narjoux, Paisseaud, de Saudon.

Mercy, cant. de Neuilly-le-Réal, Allier.

de Cossé-Brissac.

Mérignat, cant. de Poncin, Ain.

de Moyria.

Mervans, cant. de Saint-Germain-du-Bois, Saône-et-Loire.

de Charnoz, de La Marche.

Messanges, cant. de Gevrey, Côte-d'Or.

de Toulonjon.

Messey, comm. d'Ozenay, cant. de Tournus, Saône-et-Loire.

Canat de Chizy, Conte.

Messey-sur-Grosne, cant. de Buxy, Saône-et-Loire.

Animé, Bataille de Mandelot, de Bressey, de Clugny, de Falberans, de Gasse, de Lévis, de Messey, de Montjouvent, Ragot, Thevenot.

Messia, comm. de Chambéria, cant.
d'Orgelet, Jura.
    de Dortan.
Messimy-sur-Saône, cant. de Saint-
Trivier-sur-Moignans, Ain.
    de Cambis, de Laye, Pelletrat, de
Borde.
Meursault, cant. de Beaune, Côte-
d'Or.
    de Malain.
Meximieux, arr. de Trévoux, Ain.
    de Bauffremont, de La Chambre, de
Laye, Mareschal de Montsimon.
Meyrieu, cant. de Saint-Jean-de-
Bournay, Isère.
    Cornet, de Maugiron.
Milieu, Isère.
    Cornet.
Millery, Saône-et-Loire.
    Doret.
Milly, cant. de Marseille-le-Petit, Oise.
    de Thy de Milly.
Milly, cant. de La Roche-Vineuse,
cant. de Mâcon, Saône-et-Loire.
    Perrault.
Milly, comm. d'Arbuissonnas, cant.
de Villefranche-sur-Saône, Rhône.
    de Madière.
Mimande, comm. de Chaudenay,
cant. de Chagny, Saône-et-Loire.
    Bouton de Chamilly, Fibry de Che-
milly, de Malain, Pitois.
Mineure. cant. d'Arnay-le-Duc, Côte-
d'Or.
    de Thoisy.
Mincey, comm. de Sermoyer, cant. de
Pont-de-Vaux, Ain.
    de Mincey.
Mirande, comm. de Montbellet, cant.
de Lugny, Saône-et-Loire.
    Bordet de Mirande, de Chacipol, de
Chassepot, Puget.
Mirbel, cant. de Vignory, Haute-
Marne.
    de Chalon.
Mirebeau-sur-Bèze, arr. de Dijon,
Côte-d'Or.
    de Bauffremont, de Mailly.
Mirebeau, arr. de Poitiers, Vienne.
    Chabot.
Miribel, cant. de Montluel, Ain.
    de Mirabel, *al.* de Miribel.

Missery, cant. de Pouilly-en-Monta-
gne, Côte-d'Or.
    de Malain.
Mogneneins, cant. de Thoissey, Ain.
    d'Ornaison.
Moiron, cant. de Lons-le-Saulnier,
Jura.
    de Montaigu.
Moisenans, comm. de Montjay, cant.
de Pierre, Saône-et-Loire.
    de Pontoux.
Moiziat, comm. de Romenay, Saône-
et-Loire.
    du Biolay, de Caille, de Romanet, de
Torcy.
Molaise, comm. d'Ecuelles, cant. de
Verdun-sur-le-Doubs, Saône-et-Loire.
    de Mont-Saint-Jean, de Thoisy.
Molinot,
    d'Aumont, Bauffremont, de Frolois,
de Lantages.
Molleron, comm. de Vaudebarrier,
cant. de Charolles, Saône-et-Loire.
    Bourgeois de Molleron, de Rains,
Viard.
Monay, comm. de Chauffailles, cant.
idem, Saône-et-Loire.
    Quarré.
Montachon, comm. de Saint-Didier,
cant. de Saulieu, Côte-d'Or.
    de Clugny.
Montagna-le-Templier, cant. de Saint-
Julien, Jura.
    de Toulonjon.
Montagnat, cant. de Bourg, Ain.
    du Saix.
Montagneux, comm. et cant. de Saint-
Trivier-sur-Moignans, Ain.
    d'Ornaison.
Montagny, cant. de Givors, Rhône.
    Olivier de Senozan.
Montagny, cant. de Beaune, Côte-
d'Or.
    de Courcelles.
Montagny-les-Buxy, cant. de Buxy,
Saône-et-Loire.
    de Traves.
Montagny-les-Louhans, cant. de Lou-
hans, Saône-et-Loire.
    de Thoisy.

Montagny-en-Bresse, comm. d'Allériot, cant. de Saint-Martin-en-Bresse, Saône-et-Loire.

Lantin, de Saubertier.

Montaigu, comm. de Touches, cant. de Givry, Saône-et-Loire.

de Barnaut, de Bernault, Bouton de Chamilly, de Malain.

Montaiguet. cant. du Donjon, Allier.

de Chabannes.

Montalibord, comm. de Vescours, cant. de Saint-Trivier-de-Courtes, Ain.

Descrivieux, Mareschal de Montsimon.

Montanay, cant. de Trévoux, Ain.

de Gorrevod.

Montarcher, cant. de Saint-Jean-Soleymieux, Loire.

de Rochebaron.

Mont-Aubry, comm. de Breuil, cant. de Montcenis, Saône-et-Loire.

du Breuil, de Moroges.

Montaubin, cant. de Nyons, Drôme.

de Rastels.

Montbard, arr. de Semur, Côte-d'Or.

Bouchu.

Montbellet, cant. de Lugny, Saône-et-Loire.

d'Amoncourt, Brunet, de Brye, de Champion, de Chandée, Giraud, de La Tour de Montbellet, de Lugny, de Martel, de Maugiron, de Mirabel, de Montconis, de Montregnard, de Montrol, de Moras, de Namps, de Saint-Aubin, Montbellet.

Montboillon, cant. de Gy, arr. de Gray, Haute-Saône.

de Thomassin.

Montceau, comm. de Prissé, cant. de Mâcon, Saône-et-Loire.

de Lamartine, Moisson.

Montceau, comm. de Saint-Huruge, cant. de Saint-Gengoux, Saône-et-Loire.

Ducret de Montigny, de Lucenay. de Poncelet.

Montceau, cant. de Sennecey-le-Grand, Saône-et-Loire.

de Colmont, de Montel.

Montcenis, arr. d'Autun, Saône-et-Loire.

de Bresse, Callard, des Brosses de Châteauneuf, de Force, de Neufville.

Montchanin, arr. de Chalon-sur-Saône, cant. du Mont-Saint-Vincent, Saône-et-Loire.

de Franc, de Montchanin.

Mont-Charvey, comm. de Mervaus, Saône-et-Loire.

Arnoux.

Montcony, cant. de Beaurepaire, Saône-et-Loire.

de La Rodde, de Montconis.

Montcoy, cant. de Saint-Martin-en-Bresse, Saône-et-Loire.

Lantin de Montconis.

Montcroc, comm. de Toutainville, cant. de Pont-Audemer, Eure.

Gripière de Montcroc.

Montdidier, comm. de Saint-Léger-sous-la-Bussière, cant. de Tramayes, Saône-et-Loire.

de Cornon, de Seyturier.

Montellier, comm. de Saint-Cyr-au-Mont-d'Or, cant. de Limonest, arr. de Lyon, Rhône.

Grolée.

Montépin, comm. de Bagé-la-Ville, Ain.

Aymon de Montépin.

Montfalcon, comm. de Mézeriat, cant. de Chatillon-les-Dombes, Ain.

de Chandée, de Seyturier.

Montferrand, comm. de Banassac, cant. de La Canourgue, Lozère.

Rochefort d'Ailly.

Montferrand, comm. de Torcieu, cant. de Saint-Rambert, Ain.

de Montferrand, de Montherot, de Murard de Saint-Romain.

Montflin, comm. de Devrouze, cant. de Saint-Germain-du-Bois, Saône-et-Loire.

Arnoux.

Montfort, comm. de Chaudenay, cant. de Chagny, Saône-et-Loire.

de La Chambre, de Launeau.

Montfort, comm. de Cuisia, cant. de Beaufort, Jura.

d'Antigny, de Montbéliard.

Montgeron, cant. de Boissy-Saint-Léger, Seine-et-Oise.

d'Ailly.

Montgriffon, cant. de Saint-Rambert, Ain.

de Moyria.

Monthelie, cant. de Beaune, Côte-d'Or.
du Blé.

Monthelon, cant. d'Autun, Saône-et-Loire.
de Clugny, de Toulonjon.

Monthieux, cant. de Saint-Trivier-sous-Moignans, Ain.
Descrivieux.

Monthoux, comm. de Saint-Cyr-au-Mont-d'Or, cant. de Limonest, Rhône.
d'Albon.

Montigny-Montfort, Côte-d'Or.
de Frolois.

Montiernoz, Ain.
d'Oncieux.

Montigny, comm. de Vitry-sur-Loire, cant. de Bourbon-Lancy, Saône-et-Loire.
Chartraire, de Changis, de Chemilly, Ducret de Montigny.

Montigny-sur-Aube, Côte-d'Or.
d'Amoncourt, de Malain.

Montillet, comm. et cant. de Cluny, Saône-et-Loire.
Tupinier.

Montjai, comm. de Ménétreuil, Saône-et-Loire, cant. de Montpont.
de Boussi.

Mont-Jouvan, comm. de Bohas, cant. de Ceyzériat, Ain.
de Belouze, de Montjouvent.

Montlaville, comm. de Chardonnay, cant. de Tournus, Saône-et-Loire.
Chapuis.

Montluel-en-Bresse, Ain.
du Puys.

Montmartin, comm. de Marcilly, cant. de Buxy, Saône-et-Loire.
Alemant, de Thomassin.

Montmelas, cant. de Villefranche, Rhône.
Campanus.

Montmorillon, Vienne.
de Montmorillon.

Montmort, cant. d'Issy-l'Evêque, Saône-et-Loire.
de Bernault, de Bourbon, de Dyo.

Montmoyen, cant. de Recey-sur-Ource, Côte-d'Or.
de Chaviré, de Régnier, de Ténarre, de Villers-la-Faye.

Montot, comm. de Vaudebarrier, cant. de Charolles, Saône-et-Loire.
de Brêche, Deschamps de La Villeneuve.

Montpatey, comm. de Couches-les-Mines, Saône-et-Loire.
de Carbonnet.

Montperroux, comm. de Grury, cant. d'Issy-l'Evêque, Saône-et-Loire.
de Blanot, de Bourbon, de Dyo, de Moroges.

Montpont, arr. de Louhans, Saône-et-Loire.
Hugonnet, d'Antigny, de Saillant, de Saulx-Tavannes.

Montrachy, comm. de Saint-Nizier-le-Bouchoux, cant. de Saint-Trivier-de-Courtes, Ain.
Descrivieux, de Pellapussin.

Mont-Regard, comm. de Maulay, cant. de Liernais, Côte-d'Or.
de Saint-Léger.

Montret, arr. de Louhans, Saône-et-Loire.
Ragot.

Montrevel, arr. de Bourg, Ain.
Duchesneau, de La Baume-Montrevel.

Montrevost, comm. et cant. de Cuisery, Saône-et-Loire.
de Duretal, Perrault.

Montrichard, comm. de Trouhans, cant. de Saint-Jean-de-Losne, Côte-d'Or.
de Montrichard.

Montrouge, comm. et cant. de La Chapelle-de-Guinchay, Saône-et-Loire.
Chesnard.

Mont-Saint-Jean, cant. de Pouilly-en-Montagne, Côte-d'Or.
de Mont-Saint-Jean.

Mont-Saint-Vincent, arr. de Chalon-sur-Saône, Saône-et-Loire.
Bonamour, Jacob, de Saulx-Tavannes, de Thomassin.

Montsimon, comm. de Vescours, cant. de Saint-Trivier-de-Courtes, Ain.
Gripière de Montcroc, Maréchal de Montsimon.

Mont-Simon, comm. de Vescours, cant. de Saint-Trivier-de-Courtes, Ain.
de Burges, de Caille.

Montval, comm. de Bourgvilain, cant.
de Tramayes, Saône-et-Loire.
de Busseuil.
Mont-Valtin, comm. de Breuil, cant.
de Montcenis, Saône-et-Loire.
de Torcy.
Montvoisin, comm. de Collonges-en-
Charollais, cant. de La Guiche, Saône-et-
Loire.
de La Platière.
Morestel, arr. La Tour-du-Pin, Isère.
de Luyrieu.
Morgeot, comm. de Chassagne, cant.
de Nolay, Côte-d'Or.
La Boutière.
Morges, cant. de Saint-Julien, Jura.
Joly de Fleury.
Mornay, cant. de Fontaine-Française,
Côte-d'Or.
d'Ugnies.
Mornay, cant. d'Izernore, Ain.
de Noyria.
Moroges, cant. de Buxy, Saône-et-
Loire.
Bouton de Chamilly, Le Tellier, de
Moroges, de Rollet, de Souvré.
Mortain, Manche.
de Vauborel.
Mortière, comm. de Givry ou Moroges,
Saône-et-Loire.
de Bressey, de Crussol, de Gasse, de
La Rochefoucauld, Le Tellier, Ragot,
de Souvré.
Moulin-Lacour, comm. de Marcilly-
la-Gueurce, cant. de Charolles.
de La Cour.
Moulin-l'Arconce, comm. de Poisson,
cant. de Paray-le-Monial.
de Busseuil.
Moulin-Neuf, comm. de Saint-Cyr,
Saône-et-Loire.
Bastier.
Mounot, comm. de Saint-Symphorien-
les-Charolles, Saône-et-Loire.
de Brèche.
Moux, comm. de Corgoloin, cant. de
Nuits, Côte-d'Or.
de La Collonge, de Salins.
Murger, cf. *Les Murgers*.
Mussy-sous-Dun, cant. de Chauffailles,
Saône-et-Loire.
Bastier, Donguy, de Franc.

N

Namps, comm. de Guignemicourt,
cant. de Molliens-Vidame, Somme.
de Namps.
Nance, cant. de Bletterans, Jura.
de Nance.
Nangis, arr. de Provins, Seine-et-
Marne.
de Brichanteau.
Nanton, cant. de Sennecey-le-Grand,
Saône-et-Loire.
Bonne, de Couches, de La Chambre,
de La Guiche, Machureau, de Mar-
chizeuil, de Montel, de Nanton, du
Pin, Ricaumont (Miculet de), de
Santans.
Nantoux, cant. de Chassey, comm. de
Chagny, Saône-et-Loire.
Bouton de Chamilly, de Damoiseau,
de La Marche.
Nantua, chef-lieu d'arr., Ain.
Hervé de Lavaur.
Navilly, cant. de Verdun-sur-le-Doubs,
Saône-et-Loire.
de Constant, de Livron, de Longvic.
Nay, comm. de Tramayes, Saône-et-
Loire.
de Chantemerle, de Dyo, de Faurras,
de Lévis.
Neublans, cant. de Chaussin, Jura.
de Neublans, de Vienne.
Neuilly, comm. de Cersot, cant. de
Buxy, Saône-et-Loire.
de La Perrière.
Neuvelle, comm. de Saint-Gervais-en-
Vallière, cant. de Verdun-sur-le-Doubs,
arr. de Chalon, Saône-et-Loire.
de Fussey.
Neuville-sur-Dudeuil, cant. de Mar-
seille-le-Petit, arr. de Beauvais, Oise.
de Thy, de Milly.
Nevy-sur-Seille, cant. de Voiteur, arr.
de Lons-le-Saulnier, Jura.
de Salins.
Neyrieu, comm. de Saint-Benoît-de-
Lhuis, arr. de Belley, Ain.
de Grolée.
Noailles-les-Brive, cant. de Brive,
Corrèze.
de Noailles.

Nobles, comm. de La Chapelle-sous-Brancion, cant. de Tournus, Saône-et-Loire.

de Bresse, de Dyo, de La Baume-Montrevel, de Murard de Saint-Romain, de Nanton, de Pise, de Saillant.

Nochize, cant. de Paray-le-Monial, Saône-et-Loire.

de Levis, de Marcilly.

Nogent, comm. de La Chapelle-sous-Brancion, cant. de Tournus, Saône-et-Loire.

d'Azé, de Lanneau, de Marchizeuil.

Noisy, comm. de Verissey, cant. de Montret, Saône-et-Loire.

Duretal.

Noiry, comm. d'Ormes, cant. de Cuisery, Saône-et-Loire.

Chartraire, de Chastelleux, de Polignac, de Tenarre.

Nolay, arr. de Beaune, Côte-d'Or.

d'Aumont, Carnot, de Thy de Milly.

Nuits, arr. de Beaune, Côte-d'Or.

Joly de Fleury.

Nully, comm. de Saint-Cyr, cant. de Sennecey-le-Grand, Saône-et-Loire.

de La Serrière, Mallet.

O

Ocle, comm. de Blanzy, cant. de Montcenis, arr. d'Autun.

Ragot, de Torcy.

Ogny, Côte-d'Or.

de Folin.

Oingt, cant. du Bois-d'Oingt, Rhône.

de Châteauneuf.

Oisilly, cant. de Mirebeau-sur-Bèze, Côte-d'Or.

de Longchamp.

Oncieux, arr. de Bellicey, comm. de Saint-Rambert, Ain.

de Grolée.

Orgeux, cant. de Dijon, Côte-d'Or.

de Mailly.

Orain, cant. de Fontaine-Française, arr. de Dijon, Côte-d'Or.

de Saulx-Tavannes.

Origny, comm. de Bellenot-sous-Origny, cant. d'Agnay-le-Duc, arr. de Chatillon-sur-Seine, Côte-d'Or.

de Regnier.

Orliénas, cant. de Mornant, arr. de Lyon, Rhône.

Robin d'Orliens, *alias* d'Orliénas.

Ormes, cant. de Cuisery, arr. de Louhans, Saône-et-Loire.

de Tenarre.

Ornans, arr. de Besançon, Doubs.

Denizot.

Orsan, cant. de Bagnols, Gard.

de Cambis.

Orsans, cant. de Vercel, Doubs.

de Mont-Saint-Jean.

Ouroux, cant. de Saint-Germain-du-Plain, Saône-et-Loire.

Bauffremont, de Chauvirey, de Lévis, Tapin.

Orval, comm. d'Oyé, Saône-et-Loire.

Blanchet, de Busseuil.

Oudry, cant. de Palinges, arr. de Charolles, Saône-et-Loire.

Deschamps de La Villeneuve, de Digoine, de Rabutin.

Ouge, cant. de Vitry, arr. de Vesoul, Haute-Saône.

de Chauvirey.

Ougy, comm. de Malay, cant. de Saint-Gengoux-le-National, Saône-et-Loire.

de Blanot, du Blé, Robin, de Sercy.

Outre-Cosne, comm. de Villegaudin, cant. de Saint-Martin-en-Bresse, Saône-et-Loire.

de Frangy.

Ouxy, comm. de Cruzilles, cant. de Lugny, Saône-et-Loire.

d'Essertine, de La Rochette.

Ozenay, cant. de Tournus, Saône-et-Loire.

Barthelot, de Brosses, de Chacipol, de Chanay, de Chandieu, Conte, François, de Lyon, Monin, du Vouloy.

Ozolles, cant. de Charolles, Saône-et-Loire.

de Foudras, de la Cour.

P

Pagny, cant. dè Seurre, Côte-d'Or.

d'Antigny, de Longvic, de Neublans, de Vienne.

Paray-le-Monial, arr. de Charolles, Saône-et-Loire.

Le Roux du Terreau, Petit.

Parcey, arr. et cant. de Dôle, Jura.
de Toulonjon.

Pardon, comm. de Saint-Genès-Champanelle, cant. de Clermont-Ferrant, Puy-de-Dôme.
de Vincens.

Pasques, cant. de Dijon, Côte-d'Or.
de La Collonge.

Passy, cant. de Saint-Gengoux-le-National, Saône-et-Loire.
de Mandelot, de Souvré.

Pauléon, comm. de Saint-Georges-du-Bois, Charente-Inférieure.
Bouchard d'Aubeterre.

Pauvray, comm. de Curgy, cant. d'Autun, Saône-et-Loire.
de Montaigu.

Périgas, comm. et cant. de Montcenis, Saône-et-Loire.
Mercier.

Pernaud, cant. et arr. de Beaune, Côte-d'Or.
de Frolois.

Péronne, cant. de Lugny, Saône-et-Loire.
de La Martine, de La Fage, de Mincey, de Mucie.

Pérouges, cant. de Meximieux, Rhône.
d'Anthon, Charbonnier.

Le Perroux, comm. de Toutenant, cant. de Verdun-sur-le-Doubs, Saône-et-Loire.
Gallois.

Perrecy-les-Forges, cant. de Toulon-sur-Arroux, arr. de Charolles, Saône-et-Loire.
Gallois.

Perret, comm. de Crissey, arr. de Chalon-sur-Saône, Saône-et-Loire.
Bataille de Mandelot.

Perrigny-la-Plaine, comm. et cant. d'Issy-l'Evêque, Saône-et-Loire.
Ducret de Montigny, Tapin.

Petit-Bois, comm. d'Adam-les-Passavant, Doubs.
Bataille de Mandelot, de Changy.

Petit-Pont-de-Montrevost, cant. et com. de Cuisery, Saône-et-Loire.
Geoffroy, Perrault.

Pierrefontaine-les-Varans, chef-lieu de cant., arr. de Beaume-les-Dames, Doubs.
de Pierrefontaine, de Sagy.

Pierre-en-Bresse, arr. de Louhans, Saône-et-Loire.
de Beligny, Bouton de Chamilly, de Thyard.

Pierrelay, comm. et cant. de Matour, Saône-et-Loire.
de Foudras.

Pierreclos, cant. de Tramayes, Saône-et-Loire.
Bergier, de Bletterans, de Rougemont.

Pimont, comm. de Boyer, cant. de Sennecey-le-Grand, Saône-et-Loire.
Alin, Aubel, Grenelle, Lapyat, Pelez, Quarré, de Riverieulx, Verjus, de Vienne.

Pisay, comm. de Belleville, arr. de Villefranche, Rhône.
de Pisay.

Pitegny, comm. et cant. de Gex, Ain.
de Poncey.

Pizey, comm. de Laizé, cant. de Mâcon, Saône-et-Loire.
de Nanton.

Plessis-le-Comte, comm. de Fleury-Méroges, cant. de Longjumeau, Seine-et-Oise.
Floris de Fleury.

Pleure, cant. de Chaussin, Jura.
de Folin.

Plottes, cant. de Tournus, Saône-et-Loire.
de Branges, Chesnard, Claret, de Cortiamble, de La Cour, Le Berbelet, Noly, de Paillot, Pelletier, de Sarron, de Savianges.

Plumeron, comm. d'Epoisses, cant. et arr. de Semur, Côte-d'Or.
de Rabutin.

Pluvault, cant. de Genlis, Côte-d'Or.
de Boyer, de Mailly, de Rochefort.

Pluvet, cant. de Genlis, Côte-d'Or.
de Mailly.

Pluvier, comm. de Fontangy, Côte-d'Or.
Bouchu.

Poiseul-les-Saule, cant. d'Is-sur-Tille, arr. de Dijon, Côte-d'Or.
de Saulx-Tavannes.

Poinsenot, cant. d'Auberive, Haute-Marne.
de Lestouf.

Poinson-les-Grancey, cant. d'Aube-rive, Haute-Marne.
de Lestouf.
Polisot, cant. de Mussy-sur-Seine, Aube.
de Lantages.
Pommier, comm. de Cortevaix, cant. de Saint-Gengoux-le-National, Saône-et-Loire.
de Chemilly.
Pont-d'Aisy, comm. d'Aisy-sur-Thil, cant. de Précy-sur-Thil, Côte-d'Or.
de Clugny.
Polignac, cant. et arr. de Le Puy, Haute-Loire.
de Polignac.
Poligny, Jura.
Borrelier, de Lévis, de Poupet.
Pommay, comm. d'Ozolles, cant. de Charolles, Saône-et-Loire.
de La Cour.
Poncey, cant. d'Arnay-le-Duc, comm. de Vievy, Côte-d'Or.
de Frolois.
Poncin, arr. de Nantua, Ain.
de Champion.
Ponneau, comm. de Jully-les-Buxy, cant. de Buxy, Saône-et-Loire.
de Bressey, Febry, de Chemilly.
Pomiers, comm. de Cortevaix, cant. de Saint-Gengoux-le-National, Saône-et-Loire.
de Pomiers, de Raffin.
Pontailler-sur-Saône, chef-lieu de cant., arr. de Dijon, Côte-d'Or.
de Pontailler.
Pont-d'Ain, chef-lieu de cant., arr. de Bourg, Ain.
de Rye.
Pont-Audemer, Eure.
d'Ailly.
Pont-Authou, cant. de Montfort-sur-Risle, Eure.
d'Ailly.
Pont-de-Vaux, arr. de Bourg, Ain.
Borjon de Scellery, Bouthillon, de Comeau, Duchesneau, de Gorrevod, Larme, Le Grand, de Mercey, de Mucie, Pascal, Pion, de Sachins.
Pont-de-Veyle, arr. de Bourg, ain.
Bouchu, de Planche.
Pont-Minard, comm. de Forcey, cant.

d'Andelot, arr. de Chaumont, Haute-Marne.
de Saint-Belin.
Pont-Seille, comm. de Ralamelle ou La Truchère, Saône-et-Loire.
de Boussi.
Portes, comm. de Bénonces, cant. de Lhuis, arr. de Belley, Ain.
de Plombs.
Posange, cant. de Vitteaux, arr. de Semur, Côte-d'Or.
de Frolois.
Pouguadoire, comm. et cant. de Saint-Chély-du-Taru, Lozère.
Rochefort d'Ailly.
Pouligny, comm. de Torcy et Pouligny, cant. et arr. de Semur, Côte-d'Or.
Hugonnet.
Pouilly, comm. de Solutre, cant. de Mâcon, Saône-et-Loire.
Desvignes.
Pouilly, comm. de Vitry-en-Charollais, Saône-et-Loire.
Baudinot.
Pouilly-les-Feurs, cant. de Fleurs, Loire.
de Boisvair.
Pouilly-en-Auxois, arr. de Beaune-Côte-d'Or.
de Comeau, Juget.
Poule, cant. de La Mure, Rhône.
de Chandieu.
Le Poupet, comm. de Salins et cant., arr. de Poligny, Jura.
de Poupet.
Prades, cant. de Saint-Emince, Lozère.
Rochefort d'Ailly.
Pradines, cant. de Saint-Symphorien-de-Lay, Loire.
de Lestouf.
Prangey, cant. de Longeau, arr. de Langres, Haute-Marne.
de Saulx-Tavannes.
Praslin, comm. d'Anizy-le-Duc, cant. de Marcigny, Saône-et-Loire.
de Choiseul.
Prayes, comm. de Chissey-les-Mâcon, cant. de Saint-Gengoux-le-National, Saône-et-Loire.
Baudron de Sennecé, de Champluault, de Lugny.

Précy, comm. d'Anizy-le-Duc, cant. de Marcigny, arr. de Charolles, Saône-et-Loire.

Perrin de Cypierre.

Précy-sous-Thil, arr. de Semur, Côte-d'Or.

Bouchu.

Préjelan, comm. de Salives, Côte-d'Or.

de Gomeret.

Premeaux, cant. de Nuits, arr. de Beaune, Côte-d'Or.

de Saint-Martin, Bataille de Mandelot.

Presles, comm. de Cussy-les-Forges, cant. de Guillon, Yonne.

Fibry, de Chemilly.

Pressiat, cant. de Treffort, Ain.

d'Andelot, de Fitigny, de Loisy, de Neyriat.

Pressy-sous-Dondin, cant. de Saint-Bonnet-de-Joux, Saône-et-Loire.

de Fautrières, de Montel, Petit Chassignoles.

Préty, cant. de Tournus, Saône-et-Loire.

de Baugé, Bégon, Bouthillon, de Brive, Canat de Chizy, de Chivré, Clerc, Fugier, Gacon. de Massol, Pourtier de Larnaud, du Protet, de Sainte-Avoye, Sauvageot, Venuat, Veyrene, de Lavalette.

Prissé, cant. de Mâcon, Saône-et-Loire.

Colbert, Dinet, Fournier, Perrier de Marigny.

Prizy, cant. de Charolles, Saône-et-Loire.

d'Amanzé.

Prondevaux, comm. d'Allériot, cant. de Saint-Martin-en-Bresse, Saône-et-Loire.

Gagnepain.

Promby, comm. de La Chapelle-Naude, Saône-et-Loire.

Arnoux.

Propières, cant. de Monsol, arr. de Villefranche-sur-Saône, Rhône.

de Chandieu.

Pruzilly, cant. de La Chapelle de Guinchay, arr. de Mâcon, Saône-et-Loire.

d'Amanzé, de Lyon, de Salornay.

Puligny, cant. de Nolay, Côte-d'Or.

d'Amanzé, de Clermont, de Mailly.

Puthières, comm. de Saint-Yan, Saône-et-Loire.

Baudinot.

Q

Quierre, comm. de Beaubery, cant. de Saint-Bonnet-de-Joux, Saône-et-Loire.

de Fautrières.

Quincey, cant. de Nuits, arr. de Beaune Côte-d'Or.

de Regnier.

R

Rabutin, comm. de Champlecy, cant. et arr. de Charolles, Saône-et-Loire.

de Boyer, Cadot, de Rabutin.

Raconnay, comm. de Gergy, cant. de Verdun-sur-le-Doubs, Saône-et-Loire.

de Marcilly.

Raguy, comm. de Montceau, cant. de Senneccy-le-Grand, Saône-et-Loire.

de Colmont.

Raguy, cant. de Mont-Saint-Vincent, comm. de Saint-Eusèbe, Saône-et-Loire.

de Clugny.

Rahon, cant. de Chaussin, Jura.

de Longvic.

Rains, comm. de Joncy, cant. de La Guiche, Saône-et-Loire.

Cajot, de Burnand, de Messey, de Rochebaron, d'Aumont, de Tintry, Vernoy, de Montjournal.

Ramasse-en-Bresse, cant. de Ceyzeriat, arr. de Bourg, Ain.

de Rye.

Rambuteau, comm. d'Ozolles, Saône-et-Loire.

Barthelot.

Rancy, cant. de Cuisery, Saône-et-Loire.

de Clugny, de Loisy.

Ratecamp, comm. d'Etrigny, cant. de Sennecey, Saône-et-Loire.

Clerguet.

Ratenelle, cant. de Tournus, Saône-et-Loire.

Bernizet, Chesnard, de Fieux, de La Rodde, Lornot.

Ratte, cant. de Louhans, Saône-et-Loire.

de Montbéliard.

Rancourt, comm. de Roche, cant. de Dampierre-sur-Salon, arr. de Gray, Haute-Saône.

de Toulonjon.

Rébé, comm. d'Amplepuis, cant. de Thizy, Rhône.

de Malvoisin, de Rébé.

Recey-sur-Ource, arr. de Chatillon-sur-Seine, Côte-d'Or.

d'Anglure, de Lestouf.

Reclesne, cant. de Lucenay-l'Evêque, Saône-et-Loire.

Baugis, Juget.

Recologne, cant., Haute-Saône.

de Chaviré.

Récourt, cant. de Montigny-le-Roi, Haute-Marne.

de Lantages.

Réglois, comm. d'Alligny-en-Morvans, cant. de Montsanche, arr. de Château-Chinon, Nièvre.

Quarré.

Remigny, cant. de Chagny, Saône-et-Loire.

Bauffremont, de Clermont.

Remilly, cant. de Sombernon, Côte-d'Or.

de Drée.

Retourtour, comm. de La Mastre, arr. de Tournon, Ardèche.

de Chalant.

Reure, comm. de Mervans, cant. de Saint-Germain-du-Bois, arr. de Louhans, Saône-et-Loire.

Bataille de Mandelot, de Saudon, de Scorailles.

Revonnas, cant. de Ceyzériat, arr. de Bourg, Ain.

du Saix.

Riel-Dessus, comm. de Riel-les-Eaux, cant. de Montigny-sur-Aube, Côte-d'Or.

Deschamps de La Villeneuve.

Riel-les-Eaux, cant. de Montigny-sur-Aube, Côte-d'Or.

d'Anglure.

Rimaucourt, cant. d'Andelot, arr. de Chaumont, Haute-Marne.

de Toulonjon.

Rimboz, comm. de L'Abergement, cant. de Cuisery, Saône-et-Loire.

de Chastellux.

Rimont, comm. de Fley, Saône-et-Loire.

Bourgeois de Moleron, de la Tour, du Tartre.

Rion, comm. de Demigny, cant. de Chagny, Saône-et-Loire.

de Molins.

Riotys, comm. de Lans, cant. de Chalon-sur-Saône, Saône-et-Loire.

de Dyo.

Riverie, cant. de Mornant, Rhône.

de Laurencin.

Rivoire, comm. de Montagnat, cant. et arr. de Bourg, Ain.

du Terrat, du Saix.

Rignat, cant. de Pont-d'Ain, arr. de Bourg, Ain.

du Saix.

Roanne, Loire.

Duval, de La Bu, Cardière.

Rochebaron, comm. de Bas-en-Basset, chef-lieu de cant. et arr. d'Issingeaux, Haute-Loire.

de Rochebaron.

Rochechouart, Haute-Vienne.

de Rochechouart, de Chandenier.

Rochefort, cant. d'Agnay-le-Duc, Côte-d'Or.

de Chalon.

Rochefort, comm. et cant. de Chauffailles, Saône-et-Loire.

de Dyo.

Rochefort, comm. de Villereversure, cant. de Ceyzériat, Ain.

de Montjouvent.

Rochetaillée, cant. de Neuville-sur-Saône, Rhône.

de Rochebaron.

Romanèche, cant. de La Chapelle-de-Guinchay, Saône-et-Loire.

de Belouze, du Bois, de Feurs, Focard, Gaudard, de Monthieu, de Saint-Romain.

Romans, cant. de Chatillon-les-Dombes, Ain.

de Lyobard.

Romenay, cant. de Tournus, Saône-et-Loire.

Aujay, Bouthillon de La Serve,

Braissoud, de Branges, du Buisson de La Boulaye, Chanut, de Chavand, du Chemin, Chollet, Colbert, Colin, Cordier, Coudery, de Crestieu, Dinet, Dompmartin, de Frenay, Gonnet, Héran, Jay, Lachanal, de La Théolière, de La Verrière, de Longvic, de Malaval, de Molan, de Montillon, de Montjouvent, Pion, Rieule, Tribillet.

Ronfand, comm. de Devrouze, Saône-et-Loire.

Arnoux.

Rosey, cant. de Givry, Saône-et-Loire.

Alemant, Clerguet, Le Roux du Terreau, de Romanet.

Rossau, comm. de Davayé, cant. de Mâcon, Saône-et-Loire.

Desvignes.

Rotalier, cant. de Beaufort, Jura.

du Tartre.

Rouille (*La*), comm. de Pierre-de-Varennes, cant. de Couches, Saône-et-Loire.

de Chaviré.

Rougemont, comm. d'Aranc, cant. d'Hauteville, Ain.

de Rougemont.

Rougemont, cant. de Montbard, arr. de Semur, Côte-d'Or.

de Frolois.

Roussillon, cant. de Lucenay-l'Evêque, Saône-et-Loire.

de Changy, de Roussillon.

Rouvray, comm. de Jours-en-Vaux, cant. de Nolay, Côte-d'Or.

de Gasse.

Rouvre, cant. de Champdeniers, Deux-Sèvres.

de Chatenier de Rouvre.

Rouvres-sous-Meilly, cant. de Pouilly-en-Montagne, Côte-d'Or.

de La Palu.

Royer, cant. de Tournus, Saône-et-Loire.

d'Azé, Buchet, Decret, de Marchizeuil, Prost de Royer, de Saint-Julien, de Vergyé,

Ruffey, cant. et arr. de Beaune, Côte-d'Or.

Bauffremont de Foucault, de Villers-La Faye.

Ruffey, comm. et cant. de Sennecey-le-Grand, Saône-et-Loire.

d'Amoncourt, Bernard, de Gontaut-Biron, de Boyer, Burgat, de La Chambre, de Lugny, de Lauzun, de Nanton, Vaillant, de Vienne.

Rully, cant. de Chagny, Saône-et-Loire.

de La Chapelle-de-Vilers, de Saint-Léger, de Tintry.

Ruppes, cant. de Coussey, Vosges.

Bauffremont.

Russilly, comm. de Givry-près-l'Orbizi, arr. de Chalon-sur-Saône, Saône-et-Loire.

Quarré.

Rutey ?, comm. de Péron, cant. de Collonges, Ain.

Perrault.

S

Saffres, cant. de Vitteaux, arr. de Semur, Côte-d'Or.

de Saffre.

Sagy, cant. de Beaurepaire, Saône-et-Loire.

d'Antigny, du Blé, de Chamillard, de Clugny, de Crèvecœur, Guyet, Le Gouz, de Malain, Pitois, de Sagy, de Savoye, de Thoisy.

Saillant, comm. de Viry, cant. de Charolles, Saône-et-Loire.

de Saillant.

Saillenard, cant. de Beaurepaire, Saône-et-Loire.

Putigny.

Saint-Aignan, cant. de Digoin, Saône-et-Loire.

Chartraire.

Saint-Alban, cant. de Poncin, Ain.

de Luyrieu.

Saint-Ambreuil, çant. de Sennecey-le-Grand, Saône-et-Loire.

du Clergé, Decize, de Germolles, Humblot-Conté, Le Blanc, de Crose, du Puys.

Saint-Amour, cant. et arr. de Lons-le-Saulnier, Jura.

de Branges, Dompseure, Grant, de Saillant.

Saint-Amour, cant. de La Chapelle-de-Guinchay, Saône-et-Loire.

    Joly.

Saint-André, comm. de Limonest, Rhône.

    d'Albon.

Saint-André-d'Huiriat, cant. de Pont-de-Veyle, Ain.

    de La Balmondière.

Saint-Aubin-en-Charollais, cant. de Palinges, arr. de Charolles, Saône-et-Loire.

    Ducret de Montigny, Giraut, de La Guiche.

Saint-Aubin, cant. de Chemin, Jura.

    de Toulonjon.

Saint-Autin, comm. de Tournus, Saône-et-Loire.

    de La Croix d'Azolette.

Saint-Beury, cant. de Vitteaux, Côte-d'Or.

    de Dyo, de Thy de Milly.

Saint-Boil, cant. de Buxy, Saône-et-Loire.

    de Bressay, de Gasse, de La Chambre, de Lévis, Perrin, Ragot.

Saint-Bonnet-en-Bresse, cant. de Pierre Saône-et-Loire.

    Le Gouz, de Montconis.

Saint-Brancher, comm. de Vendenesse-les-Charolles, cant. de Charolles, Saône-et-Loire.

    de Villars-Vaux.

Saint-Claude, Jura.

    de Dortan.

Saint-Clément-sur-Guye, cant. de Mont Saint-Vincent, Saône-et-Loire.

    Cajot de Burnand, de Rochebaron d'Aumont, de Saint-Clément.

Sainte-Colombe, cant. de l'Isle-sur-Serein, arr. d'Avallon, Yonne.

    Fabry de Chemilly.

Saint-Chély-d'Opelier, arr. de Marvéjols, Lozère.

    Rochefort d'Ailly.

Saint-Christophe-en-Bresse, cant. de Saint-Germain-du-Plain, Saône-et-Loire.

    Prisque.

Saint-Christophe-en-Brionnais, cant. de Semur-en-Brionnais, Saône-et-Loire.

    de Tenay.

Sainte-Croix, cant. de Montpont, Saône-et-Loire.

    d'Antigny, de Vienne.

Saint-Cyr-les-Colons, cant. de Chablis, Yonne.

    Colbert.

Saint-Cyr, cant. de Sennecey-le-Grand Saône-et-Loire.

    de Boissieu, de Chastellux, Curnier de Pilvert, Narjoux, Niepce, de Tenay, de Toulonjon.

Saint-Désert, cant. de Givry, Saône-et-Loire.

    Baillet, de La Boutière, Niepce.

Saint-Denis-le-Ceyzériat, cant. de Bourg, Ain.

    de Chalant.

Saint-Didier au Mont-d'Or, cant. de Limonest, Rhône.

    d'Albon.

Saint-Didier-en-Bresse, cant. de Saint-Martin-en-Bresse, Saône-et-Loire.

    de Montconis, de Thyard.

Saint-Didier-sur-Chalaronne, cant. de Thoissey, Ain.

    Labbé de La Genardière.

Saint-Etienne-sur-Reyssouze, cant. de Pont-de-Vaux, Ain.

    de La Baume-Montrevel.

Saint-Etienne-en-Bresse, cant. de Montret, Saône-et-Loire.

    de Chastenay, de Clugny, Gerbaud, de Montconis, de Neufville.

Saint-Forgeux, cant. de Tarare, Rhône.

    d'Albon.

Saint-Forgueil, comm. de Colombier-sous-Uxelles, cant. de Saint-Gengoux-le-National, Saône-et-Loire.

    de Cortevaix.

Saint-Gengoux-le-National, arr. de Mâcon, Saône-et-Loire.

    Abbaye de Cluny, Apvril, Baudot, Belin, Bertoud, Blanchet, Bonnet, Bourgeois de Moleron, Brusson, Burnot de La Boulay, Chaillot, Cochardet, Colson, Combriat, Delavigne, Denis, Désir de Fortunet, Doret, Fouquet, Germain, Gigault de Bellefond, Grandjean, de Grolée, de La Bletonnière, Lapyat, de La Rochette, de La Vigne, de Lucenay, de Luyrieu, Mariotte, Mauguin, Mercier, Mespin, de Montchanin, Mothion, Narboud, Palain, Patrier, Perrault, Perrin de Cypierre, Perroy de La Forestille, Ricollier, de Poncelet, de Rains, Ravier, de Rochefort, de Rougemont, de Ryonon, Saclier, de Saint-Léger, de Saint-Loup, de Sercy, Sire, Symonnet, Thomas, de Thyard, de Trambly, Viard, Villain, Viot.

Saint-Germain-des-Bois, cant. de Buxy Saône-et-Loire.

de Gasse, de Nance, Ragot.

Saint-Germain-des-Bois, cant. de La Clayette, Saône-et-Loire.

de Foudras.

Saint-Germain-des-Buis. V. Jugy.

Saint-Germain-du-Bois, cant. de l'arr. de Louhans, Saône-et-Loire.

de Bressey, Colin, de Serre, Floris de Fleury, de Luyrieu.

Saint-Germain-du-Plain, chef-lieu de cant. et arr. de Chalon-sur-Saône, Saône-et-Loïre.

Baillet, de Berzé, de Chamillard, de Chastelmoron, de Foucault, Guyot, de Lévis, de Neufville.

Saint-Germain-la-Montagne, cant. de Belmont, Loire.

d'Amanzé.

Saint-Germain-Laval ou *La Sauveté*, cant. et arr. de Roanne, Loire.

de Saint-Germain.

Saint-Gilles, comm. de Dennevy, cant. de Chagny, Saône-et-Loire.

de Tintry.

Saint-Gratien-Savigny, cant. de Fours, Nièvre.

de Fussey.

Sainte-Hélène, cant. de Buxy, Saône-et-Loire.

de Bissey, de Bourbon, de Buxy, de Chopéria, de La Genestoye, de Luzy, de Marcilly, du Rousset de Saint-Authot, de Savianges, de Thibaut.

Saint-Hippolyte, comm. de Bonnay, cant. de Saint-Gengoux-le-National, Saône-et-Loire.

Li Hongre, de Semur.

Saint-Huruge, cant. de Saint-Gengoux, Saône-et-Loire.

de Bernaut, Dallemagne, de Foudras, de La Fage, de L'Aubépin, Le

Gouz, d'Ornaison, de Thibaut, de Traves.

Saint-Jean-de-Vaux, cant. de Givry, Saône-et-Loire.

Bonnot, de Marnay.

Saint-Jean-en-Royans, **arr.** de Valence, Drôme.

Grand de Châteauneuf.

Saint-Jean-le-Priche, cant. de Mâcon, Saône-et-Loire.

de Montbellet.

Saint-Julien, comm. et cant. de Sennecey, Saône-et-Loire.

de Chappon, de Courcelles, Delavaivre, Febvre, Perret de Bonnouvrier, Saint-Seine, de Tenay.

Saint-Julien-sur-Reyssouze, cant. de Saint-Trivier-des-Courtes, Ain.

d'Asnières, Gonnet.

Saint-Julien, cant. et arr. de Charolles, Saône-et-Loire.

de Fautrières.

Saint-Julien-sur-Suran, cant. et **arr.** de Lons-le-Saulnier, Jura.

de Saint-Julien.

Saint-Lager, cant. de Belleville-sur-Saône, Rhône.

de Chardonnay, de La Roche-Nully, de Laye.

Saint-Laurent-de-Mure, cant. d'Heyrieux, Isère.

Olivier de Senozan.

Saint-Laurent-les-Chalon, cant. de Chalon-sur-Saône, Saône-et-Loire.

Galoche.

Saint-Laurent-d'Andenay, cant. de Buxy, Saône-et-Loire.

d'Aumont, abbaye de La Ferté.

Saint-Léger-sur-Dheune, cant. de Chagny, arr. de Chalon.

de Tintry, de Traves.

Saint-Léger-les-Paray, cant. de **Paray**, arr. de Charolles, Saône-et-Loire.

Perrin de Cypierre.

Saint-Léger-sous-la-Bussière, cant. de Tramayes, Saône-et-Loire.

de Foudras.

Saint-Léger-sous-Beuvray, **arr.** d'Autun, Saône-et-Loire.

Baugis.

Saint-Léger, comm. de Charnay, cant. de Mâcon, Saône-et-Loire.

Chesnard, de Meaux, Pelletrat, de Borde.

Saint-Lô, Manche.

Duhamel de Montigni.

Saint-Loup-de-La Salle, cant. de Verdun-sur-le-Doubs, Saône-et-Loire.

Charpy, de Masson d'Authume, de Souvré.

Saint-Loup-de-Varennes, cant. de Chalon-sur-Saône, Saône-et-Loire.

de Bresse, de Colombey, de Crèvecœur, de Crussol d'Uzès, de Drée, de Genlis, Jauley de La Marche, de La Rochefoucauld, Lélide, Le Tellier, de Mandelot, de Neufville, Prisque, de Rabutin, de Rohan-Chabot, de Saudon.

Saint-Mamert, cant. de Monsol, arr. de Villefranche, Rhône.

de Fautrières.

Saint-Marcelin, cant. de La Guiche, Saône-et-Loire.

de Drée.

Saint-Martin-de-Commune, cant. de Couches, Saône-et-Loire.

de Breschard.

Saint-Martin-de-Croix, comm. de Burnand, cant. de Saint-Gengoux, Saône-et-Loire.

Richepanse.

Saint-Martin-de-La Coudre, cant. de Loulay, Charente-Inférieure.

Bouchard d'Aubeterre.

Saint-Martin-de-Laives, comm. de Laives, cant. de Sennecey.

Abbaye de Saint-Pierre-de-Chalon, de l'Isle, de Longvic, de Tenay.

Saint-Martin-de-Senozan, cant. de Mâcon, Saône-et-Loire.

de Busseuil, de Montbellet, Olivier de Senozan.

Saint-Martin-des-Vignes, comm. de Mâcon, Saône-et-Loire.

Blanchard de Saint-Martin.

Saint-Martin-la-Patrouille, cant. de La Guiche.

de La Guiche, de La Fage.

Saint-Martin-des-Plains, cant. de Sauxillanges, Puy-de-Dôme.

Guittard.

Saint-Martin-du-Tartre, cant. de Buxy Saône-et-Loire.

Hénin-Liétard.

Saint-en-Bresse, arr. de Chalon-sur-Saône, Saône-et-Loire.

Bataille de Mandelot.

Saint-Martin-en-Gâtinois, cant. de Verdun-sur-le-Doubs, Saône-et-Loire.

de La Chambre, d'Ugnies.

Saint-Martin, comm. d'Ozolles, cant. de Charolles, Saône-et-Loire.

de La Cour.

Saint-Martin-sous-Montaigu, cant. de Givry, Saône-et-Loire.

de Scorailles.

Saint-Martin-de-Croix, comm. de Bournaud, cant. de Saint-Gengoux-le-National, Saône-et-Loire.

Vestu.

Saint-Maurice-des-Champs, cant. de Buxy, arr. de Chalon, Saône-et-Loire.

d'Hénin-Liétard.

Saint-Maurice-des-Prés, al. *de Satonnay*, cant. de Lugny, Saône-et-Loire.

de Chevriers, de Mincey, de Mucie.

Saint-Maurice-en-Rivière, cant. de Saint-Martin-en-Bresse, Saône-et-Loire.

de La Collonge, de Thiard.

Saint-Micaud, cant. du Mont-Saint-Vincent, Saône-et-Loire.

Bouton de Chamilly, Colin de Serre, de Montserin.

Saint-Nizier-d'Azergues, cant. de La Mure, Rhône.

de La Porte.

Saint-Nizier-le-Bouchoux, arr. de Bourg, cant. de Saint-Trivier-de-Courtes, Ain.

de Chabeu, de Chavannes, de Malaval, de Montjouvent, de Saint-Nizier, de Torcy.

Saint-Oyen, comm. de Montbellet, cant. de Lugny, Saône-et-Loire.

de Dortan, de Frenay, de Genestoux, Giraud, de Lagnieux, Olivier, Rolin de Champclau, de Rye, de Saint-Belin.

Saint-Papoul, cant. de Castelnaudary, Aude.

de Cros.

Saint-Paul-de-Varax, cant. de Chalamont, Ain.

de Rivérieulx, de Rye.

Saint-Pierre-le-Vieux, cant. de Tramayes, Saône-et-Loire.

de Foudras, de Tardy.

Saint-Point, cant. de Tramayes, Saône-et-Loire.

de Montherot, Rochefort, d'Ailley.

Saint-Pourçain, Allier.

La Tour de Montbellet.

Saint-Privé, cant. de Buxy, Saône-et-Loire.

Petit de Chassignoles, du Rousset.

Saint-Quentin, cant. de Perrecy-les-Forges, Saône-et-Loire.

Bauderon de Sennecé.

Saint-Rémy, cant. de Chalon-sur-Saône, Saône-et-Loire.

de Colombey, de Crussol d'Uzès, de La Rochefoucauld, Le Tellier, de Mandelot, de Saint-Clément, de Simony, de Souvré.

Saint-Romain-au-Mont-d'Or, cant. de Neuville-sur-Saône, Rhône.

Saint-Romain-sous-Gourdon, cant. du Mont-Saint-Vincent, Saône-et-Loire.

de Clugney.

Saint-Romain-des-Iles, cant. de La Chapelle-sous-Guinchay, Saône-et-Loire.

de Beauvon, Bernard, Bittard des Portes, de Chaintré, Dinet, Focard, Gimaret, Malard, de Nanton, Perruquet, de Ruis, de Seurailles, de Thibaut, Thomé.

Saint-Romain-du-Breuil, comm. de Romenay, cant. de Tournus, Saône-et-Loire.

de Frenay, de La Rodde.

Saint-Seine, arr. de Dijon, Côte-d'Or.

de Saint-Seine, de Digoine, Le Gouz, de Mailly.

Saint-Sernin-du-Bois, cant. de Montcenis, arr. d'Autun, Saône-et-Loire.

de Virgile.

Saint-Sorlin-La Roche-Vineuse, cant. de Mâcon, Saône-et-Loire.

de Clavière, de Rochebaron.

Saint-Symphorien-d'Ancelles, cant. de La Chapelle-de-Guinchay, S.-et-L.

Baritel, de Chandon, de La Charrière, Massot.

Saint-Thibaud, cant. de Vitteaux, Côte-d'Or.

de Dyo.

Saint-Trivier-sous-Moignans, chef-lieu de cant., arr. de Trévoux, Ain.

d'Anglure, de Berzé, de Chabeu, de Grillet, de La Chambre, de Lugny, de Saint-Trivier.

Saint-Trivier-de-Courtes, chef-lieu de cant. et arr. de Bourg, Ain.

de Bona, Braissoud, Clerc, Colin.

Saint-Try, comm. d'Anse, arr. de Villefranche, Rhône.

Giraud.

Saint-Vallier, cant. de Mont-Saint-Vincent, Saône-et-Loire.

de Cossé-Brissac.

Saint-Vérand, cant. de La Chapelle-de-Guinchay, Saône-et-Loire.

de Feurs, de La Balmondière.

Saint-Vidal, cant. de Laudes, Haute-Loire.

Rochefort d'Ailly.

Saint-Vincent, cant. de Montret, Saône-et-Loire.

de Chastenay, de Marcilly.

Salignac, cant. et arr. de Sarlat, Dordogne.

de Salignac.

Saillant, comm. de **Viry**, **arr. et cant.** de Charolles, Saône-et-Loire.

Hugonnet.

Sailly, cant. de Saint-Gengoux-le-Royal, Saône-et-Loire.

de Drompvent, de Fautrières, de La Bletonnière, de Marcilly, Perrault.

Sains, arr. d'Amiens, Somme.

d'Ailly.

Salmaise, cant. de Flavigny, Côte-d'Or.

de Mont-Saint-Jean.

Salins, arr. de Poligny, Jura.

de Chairry, Chalon.

Salornay, comm. d'Hurigny, cant. de Mâcon, Saône-et-Loire.

Chesnard, de La Bletonnière, de Salornay.

Salornay-sur-Guye, cant. de Cluny, Saône-et-Loire.

de Chardonnay, d'Expaulx, de Fautrières.

Sancé, cant. de Mâcon, S.-et-L.

Olivier de Senozan, de Saint-Haon.

Sancenay, comm. d'Oyé, cant. de Semur-en-Brionnais, Saône-et-Loire.
de Semur.

Sancergues, arr. de Sancerre, Cher.
Bouchu.

Sans, comm. de Sennecey-le-Grand, Saône-et-Loire.
d'Avout, de Longeville, de Lyon.

Santenay, cant. de Nolay, arr. de Beaune, Côte-d'Or.
de Frolois, de Gasse, de Livron, de Saint-Martin.

Santilly, cant. de Buxy, arr. de Chalon, Saône-et-Loire.
de Rains, Viart.

Santosse, cant. de Nolay, Côte-d'Or.
Beauffremont.

Sanvignes, cant. de Toulon-sur-Arroux, Saône-et-Loire.
de Montaigu.

Sarigny, comm. de Poilly, Yonne.
de Frolois.

Sarry, cant. de Semur-en-Brionnais, Saône-et-Loire
de Busseuil.

Sassangy, cant. de Buxy, Saône-et-Loire.
de Messey, de Trambly.

Sassenay, cant. et arr. de Chalon-sur-Saône, Saône-et-Loire.
de Digoine, de Pontoux, de Regnier.

Satonnay, cant. de Lugny, Saône-et-Loire.
d'Arcy, de La Bletonnière.

Saudon, comm. de Saint-Loup-de-Varennes, cant. et arr. de Chalon-sur-Saône, Saône-et-Loire.
Bouchard d'Aubeterre, Le Tellier, de Saudon, de Souvré.

Saules, cant. de Buxy, arr. de Chalon-sur-Saône, Saône-et-Loire.
d'Hénin-Liétard.

Saulx, comm. de Marcigny-sous-Thil, arr. de Semur, Côte-d'Or.
de Saulx-Tavannes ?

Saulon-la-Chapelle, cant. de Gevrey-Chambertin, Côte-d'Or.
de Jauly.

Saulx-de-Vesoul, cant. et arr. de Lure, Haute-Saône.
de Saulx-Tavannes ?.

Saulx-le-Duc, cant. d'Is-sur-Thille, Côte-d'Or.
d'Avoust, de Folin, de Saulx-Tavannes ?

Sauvin, cant. de Saint-Georges-en-Couzan, Loire.
Dauras.

Sauvement, comm. de Montry, cant. de Sellières, Jura.
Sauvement.

Sauxillanges, arr. d'Issoire, Puy-de-Dôme.
Bouchu.

Savianges, cant. de Buxy, arr. de Chalon, Saône-et-Loire.
de Beaufort, Dulac, de Saulx-Tavannes, de Thyard.

Savigny-en-Revermont, cant. de Beaurepaire, Saône-et-Loire.
d'Amoncourt, de La Chambre, de Luyrieu, Mareschal de Montsimon, Petit-jean.

Savigny-sur-Cannes, comm. de Saint-Gratien-Savigny, cant. de Fours, arr. de Nevers, Nièvre.
de Fussey.

Savigny, comm. de Blanzy, cant. de Montcenis, Saône-et-Loire.
de Charvot.

Savigny-sur-Grosne, cant. de Saint-Gengoux-le-National, Saône-et-Loire.
de Colombier, Le Tellier, de Livron, de Mandelot, de Neufville, de Sercy, de Souvré, de Traves.

Savoisy, cant. de Laigues, Côte-d'Or.
de Lévis.

Savigny, comm. de Champlecy, cant. et arr. de Charolles, Saône-et-Loire.
de Boyer.

Savigny-sous-Beaune, cant. de Beaune, Côte-d'Or.
de Mailly, de Saudon.

Scey-sur-Saône, arr. de Vesoul, Haute-Saône.
Bauffremont, de Traves.

Scivolière, comm. de Jugy, cant. de Sennecey-le-Grand, Saône-et-Loire.
Bureteau, Cadot, de Chacipol, Dagoneau, d'Entragues, de Franchelins, Olivier de Senozan, Scivolières, Vallier, de Ville.

Selore, comm. de Saint-Yan, Saône-et-Loire.
Baudinot.
Seignelay, arr. d'Auxerre, Yonne.
Colbert, de Rochefort.
Semoutier, cant. de Chaumont, Haute-Marne.
de Lestouf.
Semur-en-Brionnais, arr. de Charolles, Saône-et-Loire.
d'Essertines, Millotet, de Semur, Symonnet.
Sennecé-les-Macon, cant. de Mâcon, Saône-et-Loire.
Bullion.
Sennecey-le-Grand, arr. de Chalon-sur-Saône, Saône-et-Loire.
Bauffremont, de Brichanteau, de Brive, de Drée, de Foix, Gallois d'Arlay, Geoffroy, La Roque de Champfray de L'Horme, de Noailles, Olivier de Senozan, Patarin, Petit, de Saint-Seine, de Sennecey, de Toulonjon, de Vieux-Pont.
Sennecey-en-Bresse, comm. de Toutenant, cant. de Verdun-sur-le-Doubs, Saône-et-Loire.
de Dyo.
Senozan, cant. de Mâcon, Saône-et-Loire.
Bonne, Olivier de Senozan, de Talleyrand-Périgord, de Vers.
Sens, cant. de Saint-Germain-du-Bois, arr. de Louhans, Saône-et-Loire.
Pitois.
Sens, comm. de Sennecey-le-Grand, Saône-et-Loire.
Burget, du Plouys.
Sercy, cant. de Buxy, Saône-et-Loire.
du Bessey de Contenson, de Charnoy, de Changy, de Chivre, Dézoteux, Gigault de Bellefond, Lemaire de La Bondue, Perroy de La Forestille, de Pains, de Rochefort, de Semur, de Sercy, Viard, de Villers-La Faye.
Sermaize, cant. de Gibles, comm. de La Clayette, arr. de Charolles, Saône-et-Loire.
de Raffin ?
Sermaise, comm. de Poisson, cant. de Paray-le-Monial, arr. de Charolles, Saône-et-Loire, ou comm. de Gibles, cant. de La Clayette, arr. de Charolles.
de Raffin ?
Sermaizey, comm. de Laives, cant. de Sennecey-le-Grand, Saône-et-Loire.
de Birra, de Burgei, de Charmoy, de Lalheue, Mercier, de Nanton, Perrenot de La Grange, de Poncey, Randon de Châteauneuf, Rochefort d'Ailly, de Saint-Seine, Tapin, Tapout, Vitte.
Sermoyer, cant. de Pont-de-Vaux, Ain.
Méchin.
Serres, comm. et cant. de Tournus, Saône-et-Loire.
Colin de Serres.
Serrières, cant. de Tramayes, Saône-et-Loire.
Bruys des Gardes, Bullior, Donguy de Feurs, de Franc, de Lugny, de Nanton, de Salornay.
Serrigny, cant. de Beaune, Côte-d'Or.
de Fussey.
Servignat, cant. de Saint-Trivières-de-Courtes, Ain.
de Servignat, de Seyturier, de Vaugrineuse.
Serville, cant. de Saint-Christophe-en-Bresse, cant. de Saint-Germain-du-Plain, Saône-et-Loire.
de Colombier, de La Chapelle-de-Villers, Prisque, Tapin.
Seugne, comm. de Malay, cant. de Saint-Gengoux-le-National.
Pagès de Vitrac, de Sercy.
Sevrey, cant. de Chalon-sur-Saône, Saône-et-Loire.
Bernard, de Bresse, de Colombey, de La Collonge, Languet, de Rochefort, de La Rochefoucauld, Lélide, Le Tellier, de Mandelot, de Saudon, de Souvré.
Sienne, comm. de La Charmée, cant. de Chalon-sur-Saône, Saône-et-Loire.
du Blé, du Gasse, de Laye.
Sigy-le-Chatel, cant. de Saint-Gengoux-le-National, Saône-et-Loire.
Ducret de Montagny, de La Guiche, de Rochefort, de Trezette.
Simandres, cant. de Cuisery, arr. de Louhans, Saône-et-Loire.
Guyet, de La Chaux.

Simard, cant. de Montret, Saône-et-Loire.

    Duretal, Le Gouz, de Longvic, Paisseaud, de Simon.

Sirot, comm. de Flagy, cant. de Cluny, Saône-et-Loire.

    de Lestouf.

Sivignon, comm. de La Vineuse, cant. de Cluny, Saône-et-Loire.

    de La Guiche.

Sologny, cant. de Mâcon, S.-et-L.

    d'Azé, de Chevriers, de La Fage.

Solutré, cant. de Mâcon, Saône-et-Loire.

    Desvignes.

Sombernon, arr. de Dijon, Côte-d'Or.

    Bauffremont, Languet, de Rochefort.

Somméré, comm. de La Roche-Vineuse Milly, Saône-et-Loire.

    de La Bletonnière.

Sommery, comm. de Gilly-sur-Loire ou Ozolles, cant. de Charolles, Saône-et-Loire.

    de Lacour.

Sourzy, comm. de Montagny, cant. de Givors, Rhône.

    Olivier de Senozan.

Souterrain, comm. de Martigny-le-Comte, cant. de Palinges, Saône-et-Loire.

    de Cossé-Brissac, de Tenarre.

Soye, cant. de l'Isle-sur-Doubs, Doubs.

    Bauffremont, Rolin.

Soyers, cant. de La Ferté-sur-Amance, Haute-Marne.

    de Longvic.

Sully, comm. de Saint-Apollinaire, cant. et arr. de Dijon, Côte-d'Or.

    de Saulx-Tavannes.

Sully, cant. d'Epinac, Saône-et-Loire.

    Belin.

Sully, comm. de Nanton, cant. de Sennecey-le-Grand, Saône-et-Loire.

    de Chaumont, de Sully, de Tenisay.

T

Tageat, comm. de Varennes-Saint-Sauveur, cant. de Cuiseaux, Saône-et-Loire.

    d'Oyselet.

Taizé, comm. de Saint-Rémy, cant. de Chalon-sur-Saône, Saône-et-Loire.

    Bataille de Mandelot, Burgat, de Mandelot, de Saint-Clément.

Talant, comm. d'Etrigny, cant. de Sennecey-le-Grand, Saône-et-Loire.

    d'Angeville, Bataille de Mandelot, de Bessac, de Carrondelet, de Charmois, de Chardot, de Chavannes, de Chevriers, Clermont, de Lévis, de Mincey, de Molan, de Montjouvent, de Saint-Georges, de Saint-Nizier, de Talant, de Tramelay, d'Ufferel, de Verdun.

Talmay, cant. de Pontailler, **arr.** de Dijon, Côte-d'Or.

    Fabry de Chemilly, de Pontailler.

Tanay, cant. de Mirebeau-sous-Bèze, Côte-d'Or.

    Bauffremont, de Chevriers.

Taperey, comm. de Saint-Bonnet-en-Bresse, Saône-et-Loire.

Taperey, comm. de Saint-Bonnet-en-Bresse, cant. de Pierre-en-Bresse, Saône-et-Loire.

    de Montconis, de Tintry.

Tarsul, cant. d'Is-sur-Tille, arr. de Dijon, Côte-d'Or.

    de Saulx-Tavannes.

Tart-l'Abbaye, cant. de Genlis, Côte-d'Or.

    de Folin.

Tart-le-Bas, cant. de Genlis, Côte-d'Or.

    de Folin.

Taulignan, cant. de Grignan, Drôme.

    Olivier de Senozan.

Tavernosts, comm. de Cesseins, cant. de Saint-Trivier-sur-Moignans, Ain.

    Buffart.

Temples de Chalon, Montbellet, Rougepont.

    d'Anglure, Bourlemont, d'Arcy, de Berbisey, du Bois, Bordet de Mirande, de Bretenay, de Bretenière, du Chatelet, de Cherisey, Chopin, de Dyo, de Fouchereulles, Fournier, de Fussey, Garnier d'Augeux, Godet de Soudé, de La Barre, de Bretenières, Lemaire de La Bondue, de Lestouf, de Miremont-Berrieux, Perroit, Picot de Dampierre, de Pontailler, Pot dit de Rhodes, de Pradines, de Saint-Belin, de Saucières-Tenance, de Troyes, de Vienne.

Tenarre, comm. de Beaudrières-en-Bresse, cant. de Saint-Germain-du-Plain, arr. de Chalon-sur-Saône, Saône-et-Loire.

de Beringhen, du Blé, de Chamillard, de Tenarre, de Torcy, de Truchis.

Tenay, cant. de Saint-Rambert, arr. de Belley, Ain.

de Tenay.

Terzé, comm. de Marcilly-la-Gueurce, cant. de Charolles, Saône-et-Loire.

Dagoneau, de La Cour.

Tessé, comm. de Villaines-sur-Malicorne, cant. de Malicorne, arr. de La Flèche, Sarthe.

de Tessé.

Thémines, cant. de La Chapelle-Marival, Lot.

de Bessac.

Themissey, cant. de Flavigny, Côte-d'Or.

Baugis, de Clugny.

Thésut, comm. de Saint-Micaud, cant. de Mont-Saint-Vincent, arr. de Chalon, Saône-et-Loire.

de Thésut.

Thiellet ou *Thellay*, comm. de Saint-Usuge, cant. de Louhans, Saône-et-Loire.

Chartraire, de Rollet.

Thil, cant. de Buxy, Saône-et-Loire.

Chiquet de Rymon, de Thy de Milly.

Thèdes, comm. de Saint-Genès-Champanelle, cant. de Clermont-Ferrand, Puy-de-Dôme.

de Vincens.

Thivet-Biesles, cant. de Nogent, arr. de Chaumont, Haute-Marne.

Saint-Belin.

Thizy, arr. de Villefranche, chef-lieu de cant., Rhône.

de Trezette.

Thoires, cant. de Montigny-sur-Aube, Côte-d'Or.

de Lantages.

Thoiriat, cant. de Clairvaux, arr. de Lons-le-Saulnier, Jura.

de Montferrand.

Thoiriat, comm. de Crèches, cant. de La Chapelle-de-Guinchay, Saône-et-Loire.

de La Coste, de Melin.

Thoissey, chef-lieu de cant., Ain.

Labbé de La Genardière, Lorin de Reure.

Thoisy-la-Berchère, cant. de Saulieu, Côte-d'Or.

de Marcilly.

Thoisy-le-Désert, cant. de Pouilly-en-Montagne, Côte-d'Or.

du Comeau, de Mont-Saint-Jean, de Rochefort, de Villers-La Faye.

Thol, comm. de Neuville-sur-Ain, cant. de Pont-d'Ain, Ain.

de Vaugrineuse.

Thoraise, cant. de Boussière, Doubs.

d'Achie.

Thorey, comm. de Saint-Germain-du-Plain, Saône-et-Loire.

de Lévis.

Thorey-sous-Charny, cant. de Vitteaux, Côte-d'Or.

de Dyo.

Thurey, cant. de Saint-Germain-du-Bois, Saône-et-Loire.

de Lugny, de Nance, de Rochefort.

Thury, cant. de Nolay, Côte-d'Or.

d'Aumont, de Breschard.

Tiffailles, comm. d'Huilly, cant. de Cuisery, Saône-et-Loire.

de Lugny.

Tigny, comm. de Chaudenay, cant. de Chagny, arr. de Chalon-sur-Saône, Saône-et-Loire.

de Fondras, de Gasse.

Tintry, cant. d'Epinac, Saône-et-Loire.

de Breschard, de Tintry.

Torcy, cant. de Montcenis, arr. d'Autun, Saône-et-Loire.

de Carrondelet, de Torcy, de Trézette.

Torcy-et-Pouligny, cant. et arr. de Semur, Côte-d'Or.

Hugonnet.

Torpes, cant. de Pierre-en-Bresse, arr. de Louhans, Saône-et-Loire.

de Saulx-Tavannes, de Thomassin.

Toulongeon, comm. de Germagnat, cant. de Treffort, Ain.

de Meyriat, de Toulonjon.

Tournon-sur-Rhône, chef-lieu d'arr., sous-préfecture de l'Ardèche.

    de Tournon.

Toutenant, cant. de Verdun-sur-le-Doubs, arr. de Chalon, Saône-et-Loire.

    Gallois, du Tartre.

Trades, cant. de Monsol. Rhône.

    de Boyer.

Tramayes, cant. et arr. de Mâcon, Saône-et-Loire.

    Bullion.

Trambly, cant. de Matour, Saône-et-Loire.

    de Foudras.

Traves, cant. de Scey-sur-Saône, Haute-Saône.

    de Choiseul, de Toulonjon, de Traves.

Travoisy, comm. de Ruffey-les-Beaune cant. de Beaune, Côte-d'Or.

    de Clugny.

Trécourt, cant. de Matour, arr. de Mâcon, Saône-et-Loire.

    Trécourt.

Treffort, cant. et arr. de Bourg, Ain.

    de Rye.

Trelins, cant. de Boën, Loire.

    de Boissieu.

Tremolle, comm. de Vitry, Saône-et-Loire.

    de Boyer.

Trezette, comm. de Bourg-de-Thizy, arr. de Villefranche-sur-Saône, Rhône.

    de Trezettes, Vernoy, de Montjournal.

Tronchy, cant. de Saint-Germain-du-Plain, Saône-et-Loire.

    de Montchanin.

Turcey, cant. de Saint-Seine, Côte-d'Or.

    Juget.

U

Uchey, comm. de Genlis, cant. de Vitteaux, Côte-d'Or.

    de Genlis.

Uchizy, cant. de Tournus, Saône-et-Loire.

    de Beaufort, Bernard, de Blesson, de Bonayre, de Bonne, de Chacipol, de Chatillon, Colas, de Costables, Dalmas-

Le Hongre, de Faverges, Fournier, Fugier, de Gesne, de La Gaillarde, de Loisy, de L'Horme, Martenne, de Montfort, Morel, Olivier, Puget, de Robelet, de Rolland, Seguin, de Sermoyer, de Servignat, d'Uchizy, de Vérins, de Viry.

Uchon, cant. de Mesvres, Saône-et-Loire.

    de Belleperche, de Moroges.

Uffel, comm. de Dortan, cant. d'Oyonnax, Ain.

    de Dortan.

Urbize, cant. de La Pacaudière, Loire.

    Damas.

Uriage, comm. de Saint-Martin-d'Uriage, Isère.

    Alemant.

Uxelles, cant. de Chapaize, comm. de Saint-Gengoux-le-National, Saône-et-Loire.

    de Beringhen, de Blanot, du Blé, de Bresse, de Brancion, Dalmace Le Hongre, Dezoteux, de Dramels, de La Chapelle, de La Salle, de Laye, Mayneaud Bisfranc de Laveaux, de Neufville, de Rabutin, de Saint-Germain, de Semur, de Sercy, de Trézettes, Verne, de Vers, Viard.

V

Vacheret, comm. de Demigny, cant. de Chagny, Saône-et-Loire.

    de Marcilly, d'Ugnies.

Vaivre, comm. de Grury, cant. d'Issy-l'Evêque, Saône-et-Loire.

    Dagoneau.

Valbonnais, arr. de Grenoble, Isère.

    Alemant.

Val-d'Aoste, Italie.

    de Chalain.

Val de Mercy, cant. de Coulange-La Vineuse, Yonne.

    de Luyrieu.

Valençay, Indre.

    d'Estampes.

Valetine, comm. de Colombier-en-Brionnais, cant. de La Clayette, Saône-et-Loire.

    de Naturel.

Vallière, comm. de Romenay, cant. de Tournus, Saône-et-Loire.

de Genestoux.

Valognes, Manche.

de Buisson de Laboulay.

Valecot, comm. de Saint-Martin-la-Patrouille, cant. de La Guiche, S.-et-L.

de La Fage.

Vanoise, comm. d'Ormes, cant. de Cuisery, arr. de Louhans, Saône-et-Loire.

de Tenarre.

Vanoise, comm. de La Roche-Milay, Nièvre.

Damas.

Varacieu, cant. de Vinay, Isère.

de Maugiron.

Varambon, cant. de Pont-d'Ain, Ain.

de Boissieu, de Rye, de La Palu.

Varange, comm. de Cortambert, cant. de Cluny, Saône-et-Loire.

Bernard, de Chaintré, de La Bletonnière, de Montchanin.

Varanges, cant. de Genlis, Côte-d'Or.

de Chissey, de Folin.

Varennes, comm. de Ruffey-les-Beaune, cant. de Beaune, Côte-d'Or.

Bouchin, Bataille de Mandelot, de Fussey, de Marbeuf.

Varennes-le-Grand, cant. de Chalon-sur-Saône, Saône-et-Loire.

d'Amoncourt, Bernard, de Bourrache, de Clugny, de Crustol-d'Uzès, de Drée, Grand, de Genlis, Jaules, de La Rochefoucauld, de Messey, Le Tellier, de Mandelot, Niepce, de Pontoux, de Souvré, de Thyard, de Varennes.

Varennes-les-Mâcon, cant. de Mâcon, Saône-et-Loire.

de Bessac, de Chaintré, de Germolles.

Varennes-Reuillon, cant. de Digoin, Saône-et-Loire.

de Lestouf.

Varennes-sous-Dun, cant. de La Clayette, Saône-et-Loire.

de Semur.

Varennes-sur-le-Doubs, cant. de Pierre-en-Bresse, Saône-et-Loire.

de Lugny.

Varey, comm. de Saint-Jean-le-Vieux, cant. de Poncin, Ain.

de Chalant, de L'Aubépin.

Varignolles, comm. de Dommartin, Saône-et-Loire.

de Branges.

Varin, comm. d'Anost, cant. de Lucenay-l'Evêque, Saône-et-Loire.

de Changy.

Vassalieu, comm. de Chambles, cant. de Saint-Rambert, Loire.

de Chandée.

Vaublanc, comm. de Chaudenay, cant. de La Guiche, Saône-et-Loire.

Fibry de Chemilly, de Gasse.

Vaubresson, comm. de Gibles, cant. de La Clayette, Saône-et-Loire.

Fournier, Mazille, de Vaubresson.

Vaubuzin, comm. de Frolois, cant. de Flavigny, Côte-d'Or.

Juget.

Vauconcourt, cant. de Dampierre-sur-Salon, arr. de Gray, Haute-Saône.

de Haraucourt.

Vaudremont, cant. de Juzennecourt, arr. de Charolles, Haute-Marne.

de Saint-Belin.

Vaugrenand, comm. de La Racineuse, cant. de Pierre, Saône-et-Loire.

Arnoux, Baillet, de Colmont, do Pontailler, de Villers-la-Faye.

Vaugrineuse, comm. de Cornod, cant. d'Arinthod, arr. de Lons-le-Saulnier, Jura.

de Salins, de Vaugrineuse.

Van-de-Chizeuil, comm. de Saint-Julien-de-Civry, cant. de Charolles, Saône-et-Loire.

de Messey.

Vauthot, comm. de La Grande-Verrière, cant. de Saint-Léger-sous-Beuvray, arr. d'Autun, Saône-et-Loire.

de Traves.

Vauvry, comm. de Ciel, cant. de Verdun-sur-le-Doubs, arr. de Chalon, S.-et-L.

Prisque, de Thyard, de Vauvry.

Vaux-en-Pré, cant. du Mont-Saint-Vincent, Saône-et-Loire.

de Gomeret.

Vauxrenard, comm. de Beaujeu, Rhône.

de Chevriers.

Vaux-sous-Targe, comm. de Péronne, cant. de Lugny, Saône-et-Loire.

de La Fage, de Mincey.

Vaux-sur-Aisne, comm. d'Azé, cant. de Lugny, Saône-et-Loire.

Patissier de La Forestille, de Verey.

Vellaufant, comm. de Sennecey-le-Grand, Saône-et-Loire.

de Béthune, Bouchard d'Aubeterre, Robert.

Vellée, comm. d'Anost, cant. de Lucenay-l'Evêque, Saône-et-Loire.

de Chaugy.

Vellerot, comm. de Saint-Berain-sur-Dheune, Saône-et-Loire.

de Breschard.

Vellescon, cant. de Fresne-Saint-Mamès, arr. de Gray, Haute-Saône.

de Toulonjon.

Velogny, cant. de Vitteaux, Côte-d'Or.

de Clugny, Joly de Fleury.

Vendenesse, cant. de Gueugnon, Saône-et-Loire.

Ducret de Montigny, de Dyo.

Veneuze, comm. d'Etrigny, S.-et-L.

de Blagny.

Venières, comm. de Boyer, Saône-et-Loire.

de Boyer, de Champrond, de Fontanes, de Franc, Froissard de Broissia, Galland, Humbert, Quarré.

Vercel, arr. de Beaume-les-Dames, Doubs.

Le Gouz, de Pierrefontaine.

Verchamp, cant. de Montbozon, arr. de Vesoul, Haute-Saône.

de Pierrefontaine.

Verchizeuil, comm. de Verzé, cant. de Mâcon, Saône-et-Loire.

d'Azé.

Verchisy, comm. de Saint-Beury, cant. de Vitteaux, Côte-d'Or.

de Jauly, Julien, de Tenarre.

Verdun-sur-Doubs, arr. de Chalon-sur-Saône, Saône-et-Loire.

d'Azincourt, de La Chambre, de Luyrieu, de Malain, Mareschal de Montsimon, de Verdun.

Véreux, cant. de Dampierre-sur-Salon, Haute-Saône.

d'Achie.

Vergennes, comm. de Saint-Gervais-sur-Couches, cant. d'Epinac, Saône-et-Loire.

Perrault.

Vergezac, cant. de Louves, H^{te}-Loire.

Rochefort d'Ailly.

Vergisson, cant. de Mâcon, S.-et-L.

Donguy, de Franc.

Vergoncey, comm. de Curgy, cant. d'Autun, Saône-et-Loire.

de Clugny.

Vergy, comm. de Reulle-Vergy, cant. de Gevrey-Chambertin, Côte-d'Or.

de Mont-Saint-Jean, de Vergy.

Verissey, cant. de Montret, S.-et-L.

Duretal.

Vérizet, cant. de Lugny, S.-et-L.

Bullion, de Chandon, Chesnard, Chevillard, Dinet, Galopin, Grillet, Pelez, Perrier de Marigny, Robin, de Vermoyer.

Verjus, cant. de Verdun-sur-Doubs, Saône-et-Loire.

d'Ugnies.

Verneuil, comm. de Charnay-les-Mâcon, cant. de Mâcon, Saône-et-Loire.

de Verneuil.

Verneuil, comm. de Marcilly-la-Gueurce, cant. et arr. de Charolles, S.-et-L.

Quarré.

Vernot, cant. d'Is-sur-Tille, Côte-d'Or.

de Folin.

Verrey-sur-Salmaise, cant. de Flavigny, Côte-d'Or.

Juget.

Vers, cant. de Sennecey-le-Grand, Saône-et-Loire.

de Bressey, Bureteau, de Chantemerle, de Gondy, de La Tour, de Lestouf, de Mucie, de Naturel, de Savianges, de Vers.

Versailleux, cant. de Chalamont, arr. de Trévoux, Ain.

de Groléc.

Versaugues, cant. de Paray-le-Monial, arr. de Charolles, Saône-et-Loire.

de Saint-Georges.

Vertpré, comm. de Tancon, cant. de Chauffailles, Saône-et-Loire.

Damas.

Verzé, cant. de Mâcon, Saône-et-Loire.

d'Azé, de La Bletonnière.

Vescours, cant. de Saint-Trivier-de-Courtes, Ain.

Mareschal de Montsimon.

Vessey, comm. de Chatenoy-le-Royal,

cant. et arr. de Chalon, Saône-et-Loire.

de Sandon.

Vesvres, comm. de Clessé, cant. de Lugny, Saône-et-Loire.

Chesnard, de Dyo.

Vic-de-Chassenay, cant. et arr. de Semur, Côte-d'Or.

Hugonnet.

Viecourt, comm. de Saint-Gervais-sur-Couches, cant. d'Epinac, arr. d'Autun, Saône-et-Loire.

de Tintry.

Vieil-Moulin, cant. de Sennecey-le-Grand, Saône-et-Loire.

de La Collonge.

Vienne, Isère, Dauphiné.

d'Antigny.

Vienne, comm. de La Croix-en-Brie, cant. de Nangis, Seine-et-Marne.

de Brichanteau.

Vierzon, cant. et arr. de Bourges, Cher.

Hervé de Lavaur.

Vignoles, cant. de Beaune, Côte-d'Or.

Millotet.

Vignory, cant. et arr. de Chaumont, Haute-Marne.

de Chalon, de Lenoncourt.

Villaine comm. de Volesvre, cant. de Paray-le-Monial, Saône-et-Loire.

Dagoneau, Ducret de Montigny.

Villargeot, al. *Villargeault*, comm. de L'Abergement-Sainte-Colombe, cant. de Saint-Germain-du-Plain, Saône-et-Loire.

de Charnoz, de Ferrières, de La Marche, de La Rodde, de Simon.

Villars (*Le*), cant. de Tournus, S.-et-L.

Deschamps, Deschaux, Duclos, de Fussey, Mareschal de Montsimon, Méchin, de Montferrand, du Tillet, d'Ugnies.

Villars, comm. et cant. de Lucenay-l'Evêque, arr. d'Autun, Saône-et-Loire.

de Gasse.

Villars, comm. de Ciry-le-Noble, cant. de Toulon-sur-Arroux, Saône-et-Loire.

de La Guiche.

Villars, cant. de Domsure, cant. de Coligny, Ain.

de Damoiseau.

Villars-Chapelle, comm. de Condal, cant. de Cuiseaux, Saône-et-Loire.

de Gorrevod, du Saix.

Villars-les-Dombes, cant. de Saint-Trivier-sur-Moignans, Ain.

d'Antigny, Chapuis d'Ozenay, de La Roche.

Villars-sous-Treffort, cant. de Treffort, Ain.

Blanchard de Saint-Martin, de Montferrand.

Villars-sous-Joudes, comm. de Joudes, cant. de Cuiseaux, arr. de Louhans, Saône-et-Loire.

de Thoisy.

Villeberny, cant. de Vitteaux, arr. de Semur, Côte-d'Or.

de Saint-Belin.

Villebœuf, comm. de Cussy-en-Morvan, cant. de Lucenay-l'Evêque, Saône-et-Loire.

de Moroges.

Villecomte, cant. d'Is-sur-Tille, Côte-d'Or.

de Lantages, de Régnier, de Folin.

Villeferry, cant. de Vitteaux, Côte-d'Or.

Le Gouz.

Villefranche, Rhône.

Desfincy de Meaux.

Villefrancon, cant. de Gy, arr. de Gray, Haute-Saône.

de Saulx-Tavannes.

Villeneuve, comm. de Saint-Aubin-en-Charollais, cant. de Palinges, arr. de Charolles, Saône-et-Loire.

de Fautrières, de Digoine, Jacob.

Villeneuve-les-Scurre, Côte-d'Or.

de Foucault.

Villerest, comm. de La Vineuse, cant. de Cluny, arr. de Mâcon, Saône-et-Loire.

de Salornay.

Villeron, comm. de Savigny-en-Revermont, cant. de Beaurepaire, Saône-et-Loire.

de Cambis.

Villers, comm. de Grury, cant. d'Issy-l'Evêque, arr. d'Autun, Saône-et-Loire.

de Saint-Léger.

Villers, comm. de Toulon-sur-Arroux, ou de Grury, Saône-et-Loire.

Mazille de Vaubresson.

Villers-Chemin, comm. de Mont-les-Etrelle, cant. de Gy, Haute-Saône.

d'Oyselet.

Villers-la-Faye, cant. de Nuits, arr. de Beaune, Côte-d'Or.
de Villers-la-Faye.
Villers-les-Pots, com. d'Auxonne, Côte-d'Or.
de Mailly.
Villers-Robert, cant. de Chaussin, arr. de Dôle, Jura.
de Salins.
Villesolier, cant. de Saint-Etienne-sur-Chalaronne, cant. de Thoissey, Ain.
de Chabeu.
Ville-sur-Arce, cant. de Bar-sur-Seine, Aube.
de Lestouf.
Villey, comm. de Saint-Germain-du-Bois, Saône-et-Loire.
de Chauvirey.
Villey-sur-Tille, cant. d'Is-sur-Tille, Côte-d'Or.
d'Amoncourt.
Villorbame, cant. de Mornay, S.-et-L.
Baudinot.
Villotte, comm. et cant. de Sombernon, Côte-d'Or.
Juget.
Vincelles, cant. de Coulange-la-Vineuse ,Yonne.
de La Couldre.
Vincelles, cant. de Beaufort, arr. de Lons-le-Saulnier, Jura.
de Salins.
Vincelles, comm. de Saint-Loup-de-Varennes, cant. et arr. de Chalon-sur-Saône, Saône-et-Loire.
d'Hénin-Liétard.
Vincelles, comm. de Nanton, cant. de Sennecey-le-Grand, Saône-et-Loire.
de Saint-Haon.
Viré, cant. de Lugny, Saône-et-Loire.
d'Amanzé, Chapuis, Pelez, Perrier, de Marcigny, Trama.
Vinzelles, cant. de Mâcon, S.-et-L.
Chesnard, de Feurs, de Germolles, de Sermoyer.
Viremont, cant. d'Arinthod, arr. de Lons-le-Saulnier, Jura.
du Saix.
Virey, arr. et cant. de Chalon-sur-Saône, Saône-et-Loire.
Bataille de Mandelot, Lélide de Pontoux, de Thomassin.

Viriat, cant. de Bourg, Ain.
Charbonnier.
Viriville, cant. de Roybon, Isère.
Olivier de Senozan.
Visargent, comm. de Sens, cant. de Saint-Germain-du-Bois, Saône-et-Loire.
de Brancion, de Villers-la-Faye.
Viseruy, cant. de Montbard, Côte-d'Or.
de Damoiseau.
Vitreux, cant. de Gendry, arr. de Dôle, Jura.
de Toulonjon.
Vitrey-sur-Mauce, arr. de Vesoul, Haute-Saône.
de Chauvirey.
Vitry, cant. de Cluny, Saône-et-Loire.
du Blé.
Vitteaux, Côte-d'Or.
de Mandelot.
Voite, comm. de Devrouze, cant. de Saint-Germain-du-Bois, Saône-et-Loire.
Arnoux.
Volognat, cant. d'Izernore, arr. de Nantua, Ain.
de Moyria, du Saix.
Vonnas, comm. de Chatillon-les-Dombes, arr. de Trévoux, Ain.
de Sachins.
Vonges, cant. de Pontailler, Côte-d'Or.
de Chissey.
Voreppe, cant. de Voiron, Isère.
de Belles.
Voudenay, cant. d'Arnay-le-Duc, arr. de Beaune, Côte-d'Or.
Vougy, cant. de Charlieu, Saône-et-Loire.
de Chantemerle.
Vuillafans, cant. d'Ornans, Doubs.
de Vellaufant.

W

Warneton, cant. de Quesnoy-sur-Dheule, Nord.
de Béthune.

Y

Yrouerre, cant. du Tonnerre, Yonne.
de Dyo.

BIBLIOGRAPHIE

Annales de l'Académie de Mâcon.

ANSELME (Le P.). *Histoire généalogique et chronologique de la Maison Royale de France...* (Paris, 1726-1733).

ARBAUMONT (d'). *Armorial de la Chambre des Comptes de Dijon* (1881).

ARBAUMONT (d'). *Les anoblis de Bourgogne* (1867).

ARBAUMONT (Beaune et). *La Noblesse aux Etats de Bourgogne* (1864).

ARCELIN. *Indicateur héraldique du Mâconnais* (1865).

Archives des Départements de Saône-et-Loire et de l'Ain et de la ville de Tournus.

BACHELIN-DEFLORENNE. *Etat présent de la noblesse française* (1873).

BALLOFFET. *L'Abbaye royale de Joug-Dieu* (1904). *Généalogie de la famille de la Porte* (1911).

BATAULT (H.). *Notice sur l'Archiprieuré de Lancharre.*

BAZIN (L.). *Les Comtes de Chalon, — Brancion, les Seigneurs, la Paroisse, la Ville...* (Paris, 1908). *— Notice historique sur l'Abbaye de la Ferté-sur-Grosne.*

BAUX (Jules). *Nobiliaire du Département de l'Ain* (1862).

BEAUNE ET D'ARBAUMONT. *La Noblesse aux Etats de Bourgogne* (1864).

BERNARD (Albert). *Les Bénédictines du Villars, Les Récollets.*

BERNARD (Cl.). *Manuscrit sur les anciennes familles de Mâcon* (Acad. de Mâcon).

BOREL D'HAUTERIVE. *Annuaire de la Noblesse* (1843-1913).

BOUCHOT (Henri). *Armorial général de France* (d'Hozier). *Généralité de Bourgogne, Franche-Comté* (1876).

CHEVILLARD (Jacques). *Armorial de Bourgogne et de Bresse* (Paris, 1726).

COURTÉPÉE. *Description générale et particulière du Duché de Bourgogne* (1847). 2e éd.

CREPET. *Histoire de Gigny* (Manuscrit Biblioth. de Tournus).

DARD (Ch.). *Petite Histoire de Tournus* (1914). *Le Villars-en-Mâconnais* (1919).

DUNOD DE CHARNAGE. *Mémoires pour servir à l'histoire du Comté de Bourgogne* (1740).

FONTENAY (H. de). *Armorial de l'Autunois* (1868).

GÉLIOT (Louvan). *Indice Armorial* (1635).

GUICHENON. *Histoire de Bresse et Bugey* (1650).

GUILLEMAUT. *Histoire de la Bresse Louhannaise* (1892). *Armorial et familles nobles du Louhannais* (1909).

JEANTON (G.) et MARTIN (J.) *Répertoire des familles notables de Tournus et de sa région* (1915).

JEANTON (G.). *Histoire de Préty* (1904). *Le Tournugeois* (1918). *Le Temple*

Sainte-Catherine de Montbellet (1919). *Les Chevaliers de Saint-Lazare-en-Bresse, la Commanderie d'Aigrefeuille*, etc.

Journal des Dupré (édité par M. Lex).

Journal de Jean Magnin (édité par Juénin, 1733).

Jouve. *Dictionnaire de S.-et-L.* (édité par).

Juénin. *Nouvelle histoire de l'Abbaïe royale et collégiale de Saint-Philibert et de la Ville de Tournus* (1733).

Hozier (d'). *Armorial général* (1696).

La Chesnaye-Desbois. *Dictionnaire de la Noblesse* (1770).

Lex (L.). *Les Fiefs du Mâconnais* (1897).

Livre des Hommages et des Fiefs de l'Abbaye de Tournus (Manuscrits Bibliot. Tournus).

Marches (des). *Le Parlement de Bourgogne* (1851).

Martin (J.) et Jeanton (G.). *Répertoire des familles notables de Tournus et de sa région* (1915).

Martin (J.). *Pierres tombales. Ouvrages sur Tournus.*

Martinet. *Histoire de Montpont. Saint-Pierre de Mâcon* (Armorial des chanoines).

Mémoires de la Société des Amis des Arts et des Sciences de Tournus (1878-1920).

Menestrier (P.). *Ouvrages héraldiques.*

Meurgey (J.). *Etudes sur les armoiries de la Ville et de l'Abbaye de Tournus.*

Palliot (P.). *Histoire du Parlement de Bourgogne* (1649). *La Vraye et parfaite science des Armoiries* (1661).

Perraud (Fr.). *Les Environs de Mâcon* (1912, in-8°).

Perry (J.). *Histoire de Chalon-sur-Saône.*

Petitot. *Histoire du Parlement de Bourgogne* (1733).

Potier de Courcy. *Nobiliaire de Bretagne* (1890).

Rameau (Mgr). *Les Châteaux ; les Paroisses* (Manus. Ac. de Mâcon).

Révérend du Mesnil. *Armorial historique de l'Ain* (Lyon, 1873).

Rietstap (J.-B.). *Armorial général* (1861).

Rivoire de la Batie. *Armorial du Dauphiné.*

Saint-Allais (Viton de). *Dictionnaire universel de la noblesse de France* (Paris, 1814).

Saint-Julien de Balleure. *De l'origine des Bourgongnons* (Paris, 1581).

Steyert. *Armorial du Lyonnais* (1860).

Tardieu. *Dictionnaire des communes d'Auvergne.*

Vertot (l'abbé de). *Histoire des Chevaliers hospitaliers de Saint-Jean de Jérusalem* (Paris, 1726).

ABBEVILLE. — IMPRIMERIE F. PAILLART

ERRATA ET ADDENDA

Page 103, DÉSIR DE FORTUNET :

Alliances, ajouter : Charpy, Petitjean, Narboud, de Rymon, Denis, Richepanse, Rivet, Tuppinier, Monnier, de Thézut, Le Clerc, de Monginot, Henrion, de Pressey, de France de Charchillat, Ballard, Mercier, Regnaud, Sallien de Bize, Belin, Trochon de Launay, Brunet, Saclier, Villot, Perrault, Deley, Deshaires, Mautrey, Gaudriot, Gauthier, Masson, de Labretoigne du Mazel, Desvignes.

Page 120, FONDI DE NIORT (DE) :

Lire Fonds Lamothe et Fonds Montmort, au lieu de Fondi Lamothe et Fondi Montman.

Page 171, LE GRAND DE MERCEY :

ARMES : *Coupé au I. parti d'azur au casque d'or, et de gueules à l'épée d'argent, au II. d'azur à la tour crénelée d'or, accompagnée de quatre étoiles du même posées en pal, deux à dextre, deux à senestre.*

Ajouter après Mâcon, Tournus et Chalon-sur-Saône.

Page 237, RIVÉRIEULX :

Ajouter après Steyert, Paul de Varax, *Généalogie des Rivérieulx.*
Ligne 2, La branche aînée habite la Bretagne (Brest).

Fiefs : lire Pymont au lieu de Pimont.

Alliances : lire Lantin de Montcoy, La Croix-Laval.

Ajouter : Bouchet de Pomey, Houitte de la Chesnais, de Virieu, de Goussencourt, Peillon, d'Avout, de Sampigny, de la Rochette, de Mazenot, d'Authumes, de Vaux, de la Serrière, de Boissieu, de Sedaiges.

Page 268, SIRAUDIN :

Alliances : Ajouter de Jussieu avant de Riberolles.

Page 290, BEURET DE VIANTAIX :

ARMES : *D'azur à un chevron d'or, accompagné en chef de deux étoiles, et en pointe d'un croissant du même.*

Victoire de Pierre de Viantaix, épouse de François Beuret de Blary *(non Blazy)* avait une sœur, Mme du Vernet de la Cassagne (Famille éteinte).

Avant-dernière ligne, lire : une autre de ses filles épousa Henri le Carbonnier de la Morsanglière, dont une fille.

9 782019 306953